Ten Lessons in Criminal Practice
Trial Thoughts and Methods

刑事实务十堂课

刑事审判思路与方法

（第二版）

于同志 著

法律出版社 LAW PRESS·CHINA
北京

图书在版编目(CIP)数据

刑事实务十堂课：刑事审判思路与方法 / 于同志著. -- 2版. -- 北京：法律出版社，2025
ISBN 978 - 7 - 5197 - 8136 - 1

Ⅰ. ①刑… Ⅱ. ①于… Ⅲ. ①刑事诉讼 - 审判 - 研究 - 中国 Ⅳ. ①D925.218.24

中国国家版本馆 CIP 数据核字（2023）第 138392 号

刑事实务十堂课 ——刑事审判思路与方法（第二版） XINGSHI SHIWU SHITANGKE — XINGSHI SHENPAN SILU YU FANGFA(DI - ER BAN)	于同志 著	策划编辑 李 群 陈昱希 责任编辑 陈昱希 装帧设计 汪奇峰 臧晓飞

出版发行 法律出版社	开本 710 毫米×1000 毫米 1/16
编辑统筹 法规出版分社	印张 40.25　　字数 637 千
责任校对 张红蕊	版本 2025 年 2 月第 2 版
责任印制 耿润瑜	印次 2025 年 2 月第 1 次印刷
经　　销 新华书店	印刷 天津嘉恒印务有限公司

地址：北京市丰台区莲花池西里 7 号（100073）
网址：www.lawpress.com.cn　　　　　　　销售电话：010 - 83938349
投稿邮箱：info@lawpress.com.cn　　　　　客服电话：010 - 83938350
举报盗版邮箱：jbwq@lawpress.com.cn　　　咨询电话：010 - 63939796
版权所有·侵权必究

书号：ISBN 978 - 7 - 5197 - 8136 - 1　　　　定价：128.00 元
凡购买本社图书，如有印装错误，我社负责退换。电话：010 - 83938349

作者简介

于同志

最高人民法院法官，法学博士、博士后，兼任湘潭大学法学部教授、博士生导师。在二十多年的司法生涯里，参与过多个重大疑难刑事案件的办理和多份司法文件的起草。撰有《刑事实务十堂课》《案例指导研究：理论与应用》《刑法案例指导：理论·制度·实践》《死刑裁量》《网络犯罪》《刑法热点裁判与规则适用》《刑事审判前沿问题思考》《金融犯罪前沿问题审判实务》等著作，在《法学研究》等刊物发表论文百余篇，获评第九届"全国十大杰出青年法学家"提名奖、中国法学会案例法学研究会2021年年度人物等多项学术奖励。

第二版序言

本书自 2020 年 3 月出版发行以来,受到了读者朋友的厚爱,当年即加印三次,入选十大法律实务类畅销书。特别是因为实用性强,在法院、检察院、监委、律师界等办案一线更受欢迎,有的同仁把它作为常翻的"手边书"。这对于我来说是个莫大的鼓励,也让我有了继续完善书稿的"冲动"。

事实上,本书确有修订的必要。一则,虽然原版发行至今时间不长,但其间已有多部新的法律及司法解释文件出台,书中的一些内容有必要作相应更新、调整,以对读者负责;二则,司法实践常新、探索不断,书中的部分观点需要随之充实、完善,同时亦有一些新问题有待回应;三则,理论界对一些方面的研究在进一步深化,我自己在学习和工作中也在思索和积累,又有所得。最后,本书原版中存在一些文字表述、资料引用等方面的"硬伤",亟待纠正。

从 2021 年年底决定修订本书以来,我的业余时间大多花在其上,对各讲的内容均作了相应修改,增补、调整了近 20 万字。同时,为使全书体例更为合理,还对部分章节的编排顺序作了调整。有关内容的修订主要围绕以下几个方面进行:

1. **紧扣新法**。此次修订重点围绕《刑法修正案(十二)》、新修改的《监察法》,以及《最高人民法院关于适用〈中华人民共和国刑事诉讼法〉的解释》《全国法院毒品案件审判工作会议纪要》《监察法实施条例》等新近颁行的一系列规范性文件展开。尽可能地,立足于司法实践,坚持问题导向,结合最新案例,尝试对相关规范性文件适用中的突出疑难问题加以阐释,力求反映最新的立法、司法动向。

2. **解读新题**。为有效回应实践中的疑难问题,此次修订就审判思路、庭前会议、非法证据排除、刑事证据规则适用、认罪认罚从宽制度、常见量刑情节认定、新型毒品犯罪适用死刑等方面,增补了不少新内容。近年来,我的工作主要转向职务犯罪案件审判,办案中遇到很多新型疑难问题需要破解,其间也多次就职务犯罪议题在全国法院、检察院和纪检监察系统进行授课,已尽最大可能地将相关问题及授课内容纳入本书,所以,第九讲"监察体制改革后职务犯罪案件的审判"的修改用时、用力最多,也是本书修订版的"亮点"之一。

3. **充实案例**。结合鲜活案例阐释司法理念与实务难题,是本书的突出特点,原版共收录117个司法案例。此次修订继续坚持这一点,补充了90多个新案例,同时对个别过时的案例作了替换处理。在案例选择上,既重视时效性,更注重权威性,仍主要收录《刑事审判参考》刊载的案例和人民法院案例库案例,以及最高人民法院裁判或参与指导的一些典型案件。

4. **更新观点**。既根据新出台的法律调整、完善了某些方面的阐述,同时也根据实践的新形势、新情况,更新了部分观点,如对监察证据的使用、涉股票股权类贿赂的司法认定、索贿情节的认定、诱惑侦查案件的裁量等。相关内容既有个人不断思考的成果,也有读者与我交流反馈的意见、建议,并借鉴了理论界的最新研究成果。

5. **完善表述**。因本书系讲座课件材料加工整理而来,原版中存在一些表述过于口语化,有的引注不够规范,个别案例的信息不够准确等问题,此次修订均一并作了核改、调整。

虽然本着尽可能使图书趋于完美的目标进行修订,三年里反复打磨、数易其稿,但我深知本书实为个人阶段性的办案体悟,疏漏、错误难免,为此,期待并感谢读者诸君继续不吝赐教。

特别感谢最高人民法院的各位领导、同事在工作中给予的帮助、指导,以及对本书观点的交流、指正。为能持续保持研究问题的热情,应湘潭大学邀请并报院政治部批准,我兼任了该校法学部教授、博士生导师,一并对湘潭大学的领导和同仁表示衷心感谢。

法律出版社的李群分社长热情协调、组织,陈昱希责任编辑精心设计、编校,使本书修订版从内容到形式都焕然一新,特致诚挚谢意!

于同志

2025年1月5日夜

序　言

　　呈献于读者面前的这本书,是我在国家法官学院、国家检察官学院等处授课课件材料的整理汇编,集结了本人近年来对刑事审判工作的感悟、思考。

　　2015年,我由工作十余年的北京市高级人民法院遴选至最高人民法院,起初主要负责审判调研,这让我得以从过去繁杂的个案事务中脱身,当时有了结合调研事项对以往工作及体会进行梳理、总结,以对司法生涯近半时光做点记录的想法。但刚到新岗位上需要学习的东西很多,加之一时也不知道该从哪里动手,故迟迟未能行动。

　　2016年10月底,我接到国家法官学院梁欣教授的电话,她说学院里有一个全国法院刑事裁判文书写作培训班即将结课,由于是第一次尝试研修式教学,想在学员结题报告之后增加专家点评环节,希望我能到场交流一下,发言可以针对学员报告,也可以另起炉灶,内容不限制。考虑到这也是一次与各地法院同仁面对面交流的难得机会,我就答应了。这样便有了调换工作岗位后的第一场授课活动,也是本书第一讲"刑事审判的一般思路"的由来。

　　梁欣教授在课后说学员反映不错,希望我能继续为即将开班的全国法院刑事证据裁判培训班授课。由此开始,在其后的近三年里,应国家法官学院以及国家检察官学院的邀请并报经领导同意,我多次与来自全国法院、检察院系统的同仁进行交流。

　　2017年9月,最高人民法院启动第八次讲师团赴西部巡回授课活动,这也是自2006年活动首次开展以来规模最大的一次,巡回地区由之前的三五个省扩展至九个省。院政治部对这项活动很重视,提前向各巡回地区法院下发通知要求报送培训需求，然后将各地的需求反馈给讲师团成员准备。我有幸被选为讲师团成员，还担任了甘青藏巡回授课小组组长。利用这次巡回授课活动，我静下心来，不仅对大家关注的突出问题逐个进行梳理，还将此前的一些授课材料、文章重新作了整理，既立足于实务也重视从理论层面解读，形成了多份课件。此项活动结束后，受单位的指派我又参加了一些省市法院对辖区刑事法官的培训。

参与的这些授课活动，对于我来说大多属于"命题作文"，事先要根据培训对象的需求来准备。各地情况不一，但是共性问题很多，概括起来，就是当前刑事司法领域中的重点、难点与热点。比如，新时期的刑事审判理念、以审判为中心的诉讼制度改革、刑事证据的审查与运用、排除非法证据的实务操作、刑事裁判文书的写作、热点刑事案件的审理、监察体制改革下职务犯罪案件的审判、死刑政策与死刑适用标准、常见疑难争议情节的裁量、刑事指导案例的参照适用等。由于授课建立在需求导向基础之上，紧紧围绕具体个案、问题来解读，注重将审判实务与前沿理论结合、司法原理与细节问题融合，尤其重视从方法论的角度提出解决方案，不仅课堂现场反响较好，其中一些授课内容经报刊及微信公众号等自媒体传播后，还引起了不少读者的共鸣，我也为此经常收到私信或留言建议将授课材料汇编成册。

2019年年初，法律出版社计划出版一套司法实务方面的专业书籍，经李群编辑提议，我开始对这些课件进行系统化的加工、整理。半年多时间、百余个不眠之夜的投入，终见小书成形。一直以为，做法官如同当医生，都是一门技术活，最终还是要靠业务说话。所以，经常反思，不断总结、提高，应是必备的功课。当初答应做这件事，有巩固与各地同仁交流业务的想法，但更多的是为了却心愿。如今我又重回个案审判一线，觉得在新岗位上"初来乍到"的这段时光，也很值得纪念。

感谢单位的各位领导、同事提供机会、给予支持，如果没有他们的无私指导、帮助，也就不会有这本书。感谢法律出版社李群编辑、陈昱希编辑的信任，以及她们勤勉而富有成效的工作。

在种种因缘际会下，此书成稿并出版，我的心情既释然也惶恐。因由授课而成书,满篇口语化表述,很可能不严谨;个人阶段性思考,必存有不妥处,此刻唯有至诚地欢迎和感谢司法同仁们指教!

于同志

2019年12月6日夜

于北京·北花市大街9号

十堂课简称表

全　　称	简　　称
《中共中央关于全面推进依法治国若干重大问题的决定》（2014年10月23日）	《决定》
《最高人民法院关于全面推进以审判为中心的刑事诉讼制度改革的实施意见》（法发〔2017〕5号）	《审判中心改革意见》
《最高人民法院 最高人民检察院 公安部 国家安全部 司法部办理刑事案件庭前会议规程》（法发〔2024〕12号）	《庭前会议规程》
《人民法院办理刑事案件第一审普通程序法庭调查规程（试行）》（法发〔2017〕31号）	《法庭调查规程》
《最高人民法院关于适用〈中华人民共和国刑事诉讼法〉的解释》（法释〔2021〕1号）	《适用刑诉法解释》
《最高人民法院 最高人民检察院 公安部 国家安全部 司法部 全国人大常委会法制工作委员会关于实施刑事诉讼法若干问题的规定》（2012年12月26日）	《实施刑诉法规定》
《最高人民法院关于建立健全防范刑事冤假错案工作机制的意见》（法发〔2013〕11号）	《防范刑事冤假错案意见》
《最高人民法院 最高人民检察院 公安部 国家安全部 司法部关于办理死刑案件审查判断证据若干问题的规定》（法发〔2010〕20号）	《办理死刑案件证据规定》
《最高人民法院 最高人民检察院 公安部 国家安全部 司法部关于办理刑事案件排除非法证据若干问题的规定》（法发〔2010〕20号）	《非法证据排除规定》
《最高人民法院 最高人民检察院 公安部 国家安全部 司法部关于办理刑事案件严格排除非法证据若干问题的规定》（法发〔2017〕15号）	《严格排除非法证据规定》

续表

全　称	简　称
《最高人民法院 最高人民检察院 公安部 国家安全部 司法部办理刑事案件排除非法证据规程》（法发〔2024〕12号）	《排除非法证据规程》
《最高人民法院 最高人民检察院 公安部关于办理刑事案件收集提取和审查判断电子数据若干问题的规定》（法发〔2016〕22号）	《收集提取和审查判断电子数据规定》
《最高人民法院 最高人民检察院 公安部办理毒品犯罪案件毒品提取、扣押、称量、取样和送检程序若干问题的规定》（公禁毒〔2016〕511号）	《毒品提取、扣押、称量、取样和送检程序规定》
《最高人民法院关于加强和规范裁判文书释法说理的指导意见》（法发〔2018〕10号）	《裁判文书释法说理意见》
《最高人民法院关于裁判文书引用法律、法规等规范性法律文件的规定》（法释〔2009〕14号）	《裁判文书引用规定》
《全国法院维护农村稳定刑事审判工作座谈会纪要》（法〔1999〕217号）	《维护农村稳定纪要》
《最高人民法院关于贯彻宽严相济刑事政策的若干意见》（法发〔2010〕9号）	《宽严相济意见》
《最高人民法院 最高人民检察院关于常见犯罪的量刑指导意见（试行）》（法发〔2021〕21号）	《量刑指导意见》
《最高人民法院关于被告人亲属主动为被告人退缴赃款应如何处理的批复》（1987年8月26日）	《亲属主动退赃批复》
《最高人民法院关于处理自首和立功具体应用法律若干问题的解释》（法释〔1998〕8号）	《自首和立功解释》
《最高人民法院关于处理自首和立功若干具体问题的意见》（法发〔2010〕60号）	《自首和立功意见》
《最高人民法院 最高人民检察院关于办理职务犯罪案件认定自首、立功等量刑情节若干问题的意见》（法发〔2009〕13号）	《职务犯罪认定自首、立功等意见》
《最高人民法院 最高人民检察院 公安部 国家安全部 司法部关于适用认罪认罚从宽制度的指导意见》（高检发〔2019〕13号）	《认罪认罚从宽意见》
《最高人民法院关于审理抢劫刑事案件适用法律若干问题的指导意见》（法发〔2016〕2号）	《抢劫案件适用法律意见》

续表

全　　称	简　称
《最高人民法院关于抢劫过程中故意杀人案件如何定罪问题的批复》（法释〔2001〕16号）	《抢劫杀人案件定罪批复》
《全国法院审理毒品犯罪案件工作座谈会纪要》（法〔2000〕42号）	《南宁会议纪要》
《全国部分法院审理毒品犯罪案件工作座谈会纪要》（法〔2008〕324号）	《大连会议纪要》
《全国法院毒品犯罪审判工作座谈会纪要》（法〔2015〕129号）	《武汉会议纪要》
《全国法院毒品案件审判工作会议纪要》（法〔2023〕108号）	《昆明会议纪要》
《全国法院审理经济犯罪案件工作座谈会纪要》（法发〔2003〕167号）	《经济犯罪纪要》
《最高人民法院 最高人民检察院关于办理国家出资企业中职务犯罪案件具体应用法律若干问题的意见》（法发〔2010〕49号）	《国家出资企业意见》
《全国人民代表大会常务委员会关于〈中华人民共和国刑法〉第九章渎职罪主体适用问题的解释》（2002年12月28日）	《渎职罪主体解释》
《最高人民法院 最高人民检察院关于办理渎职刑事案件适用法律若干问题的解释（一）》（法释〔2012〕18号）	《渎职解释（一）》
《最高人民法院关于村民小组组长利用职务便利非法占有公共财物行为如何定性问题的批复》（法释〔1999〕12号）	《村民小组组长批复》
《最高人民法院 最高人民检察院关于办理商业贿赂刑事案件适用法律若干问题的意见》（法发〔2008〕33号）	《商业贿赂意见》
《最高人民检察院关于人民检察院立案侦查司法工作人员相关职务犯罪案件若干问题的规定》（高检发研字〔2018〕28号）	《检察院立案侦查职务犯罪规定》
《最高人民法院 最高人民检察院关于办理贪污贿赂刑事案件适用法律若干问题的解释》（法释〔2016〕9号）	《贪污贿赂解释》
《最高人民法院 最高人民检察院关于办理受贿刑事案件适用法律若干问题的意见》（法发〔2007〕22号）	《新型受贿意见》
《最高人民法院关于国家工作人员利用职务上的便利为他人谋取利益离退休后收受财物行为如何处理问题的批复》（法释〔2000〕21号）	《离退休收受财物批复》
《最高人民法院 最高人民检察院关于办理职务犯罪案件严格适用缓刑、免予刑事处罚若干问题的意见》（法发〔2012〕17号）	《职务犯罪适用缓、免刑意见》

续表

全　　称	简　　称
《最高人民法院关于审理民间借贷案件适用法律若干问题的规定》(法释〔2020〕17号)	《民间借贷规定》
《最高人民法院 最高人民检察院关于办理盗窃刑事案件适用法律若干问题的解释》(法释〔2013〕8号)	《盗窃解释》
《最高人民法院 最高人民检察院关于办理行贿刑事案件具体应用法律若干问题的解释》(法释〔2012〕22号)	《行贿解释》

目 录

第一讲　刑事审判的一般思路 / 001

一、强化四种意识 / 001
（一）政治敏感意识 / 001
（二）风险防范意识 / 003
（三）矛盾化解意识 / 005
（四）裁判身份意识 / 006

二、办好三类案件 / 009
（一）重大敏感案件 / 009
（二）新类型案件 / 010
（三）常见多发型案件 / 013

三、抓住两个环节 / 019
（一）开好庭审 / 019
（二）写好判决 / 020

四、达成一个目标 / 024
（一）坚持严格司法，反对机械司法 / 024
（二）将专业判断与常识判断相结合 / 028
（三）重视发挥裁判的社会引领功能 / 031

第二讲　以审判为中心的刑事诉讼制度改革 / 035

一、准确认识此项制度改革背景 / 035
（一）基于司法规律 / 035
（二）解决现实问题 / 036

二、全面把握制度改革深刻内涵 / 038

  （一）突出三个地位 / 038

  （二）厘清三种认识 / 039

三、有效促成一体化的诉讼理念 / 041

  （一）无罪推定 / 041

  （二）正当程序 / 042

  （三）证据裁判 / 043

四、立足现实着力解决突出问题 / 046

  （一）围绕审判这一中心，逐步统一侦（调）控审的证据标准 / 046

  （二）围绕庭审这一关键，深入推进庭审的实质化 / 048

  （三）围绕一审这一重心，充分发挥一审认定事实的基础作用 / 058

五、放眼长远优化司法职权配置 / 060

  （一）公诉审查制度 / 061

  （二）检察引导侦查制度 / 062

  （三）程序性违法的救济与制裁制度 / 062

  （四）司法令状制度 / 063

第三讲　刑事证据审查运用的基本思路 / 065

一、庭前准备：做好证据梳理 / 068

二、开庭审理：落实庭审实质化 / 074

  （一）举证：确保有用的证据全部、有效地出示 / 074

  （二）质证：围绕争议关键和存疑问题充分展开 / 077

  （三）认证：改进方法，全面、有效地裁量证据 / 078

三、作出裁判：依法审慎定案 / 099

  （一）全面准确理解证明标准 / 099

  （二）运用间接证据定案要求 / 104

  （三）疑罪的正确认定与处理 / 109

第四讲　排除非法证据的实务操作 / 112

一、排除非法证据的理论依据 / 114
二、排除非法证据的适用范围 / 117
 （一）适用范围具有法定性 / 118
 （二）排除辩方证据的适用 / 118
三、各类非法证据的具体认定 / 119
 （一）关于非法的犯罪嫌疑人、被告人供述 / 120
 （二）关于非法的证人证言、被害人陈述 / 134
 （三）关于非法的物证、书证 / 134
四、排除非法证据的适用阶段 / 136
五、排除非法证据的操作程序 / 138
 （一）程序启动 / 138
 （二）初步审查 / 144
 （三）法庭调查 / 146
 （四）控方证明 / 148
 （五）法庭处理 / 153

第五讲　裁判文书的制作方法与规范样式 / 164

一、裁判文书是什么 / 164
二、裁判文书有何用 / 166
三、裁判文书的基本构成要素 / 167
 （一）严谨的事实认定 / 168
 （二）精准的证据表述 / 170
 （三）准确的法律适用 / 173
 （四）有力的裁判说理 / 178
 （五）适当的程序审查 / 181
 （六）规范的形式表达 / 181
四、裁判文书制作的常见问题解析 / 184
 （一）当事人的基本情况 / 184

（二）案件由来与审理经过 / 190

（三）控辩意见 / 193

（四）审理查明的事实 / 196

（五）证据表述 / 201

（六）裁判理由 / 205

（七）法条引用 / 211

（八）判决主文 / 216

（九）第二审判决 / 223

（十）尾部 / 228

第六讲　热点刑事案件判决书的撰写思路
——以于欢故意伤害案第二审判决书为例 / 230

一、全面反映诉讼参与各方的意见 / 230

二、严格地依照证据认定案件事实 / 234

（一）基于证据认定案件事实 / 236

（二）无证据支持和无关的事实主张不予认定 / 236

（三）坚持对案件事实全面认定、表述 / 237

三、认真梳理证据实现精准的表达 / 237

（一）证据摘录 / 240

（二）证据排列 / 240

四、聚焦争点对各方意见公正评判 / 241

五、严格依法并充分考虑情理裁判 / 248

（一）重事理 / 249

（二）重法理 / 249

（三）重学理 / 249

（四）重情理 / 249

（五）重文理 / 250

六、积极回应关切打造大众化判决 / 251

（一）从法律效果考量 / 251

（二）从社会效果考量 / 251
　　（三）从政治效果考量 / 252

第七讲　刑事案件常见情节的司法裁量 / 254

　一、被害人过错的认定与量刑 / 254
　　（一）被害人过错的司法认定 / 257
　　（二）被害人过错对量刑的影响 / 262

　二、民间矛盾激化引发犯罪的裁量 / 267
　　（一）有关刑事政策及司法裁判 / 267
　　（二）"受虐妇女杀夫案"的量刑 / 270

　三、民事赔偿与刑罚适用 / 274
　　（一）赔偿从轻判处的法律依据 / 275
　　（二）赔偿从轻判处的司法限制 / 278

　四、坦白情节的司法认定 / 285
　　（一）坦白情节的法律价值 / 286
　　（二）坦白情节的具体认定 / 286
　　（三）坦白避免严重后果发生减轻处罚的适用 / 293

　五、退赃情节的司法运用 / 296
　　（一）退赃情节的法律性质 / 296
　　（二）退赃从宽的法理依据 / 298
　　（三）退赃从宽的适用条件 / 300

　六、雇凶犯罪的法律适用 / 302
　　（一）雇凶犯罪的法律特征与性质 / 302
　　（二）雇凶者和受雇者的罪名确定 / 304
　　（三）雇凶者和受雇者的罪责认定 / 305
　　（四）实行过限的判断及责任认定 / 312

　七、诱惑侦查的司法裁量 / 315
　　（一）诱惑侦查的法律定位 / 316
　　（二）诱惑侦查情节的裁量 / 319

第八讲　死刑案件的政策把握与刑罚适用 / 330

一、我国的死刑立法梳理 / 330

二、死刑适用的一般标准 / 333

　（一）关于"罪行极其严重" / 334

　（二）关于"应当判处死刑" / 336

　（三）关于"不是必须立即执行的" / 337

　（四）关于"死缓"限制减刑制度 / 338

　（五）关于终身监禁制度 / 341

三、常见刑事案件的死刑适用 / 344

　（一）故意杀人 / 344

　（二）故意伤害 / 356

　（三）抢劫 / 358

　（四）强奸 / 365

　（五）绑架 / 370

　（六）以放火、爆炸等危险方法危害公共安全 / 375

　（七）走私、贩卖、运输、制造毒品 / 379

　（八）贪污、受贿 / 406

第九讲　监察体制改革后职务犯罪案件的审判 / 416

一、职务犯罪主体问题 / 417

　（一）公务员和参照《公务员法》管理的人员 / 419

　（二）法律、法规授权或者受国家机关依法委托管理公共事务的组织中从事公务的人员 / 420

　（三）国有企业管理人员 / 421

　（四）公办的教育、科研、文化、医疗卫生、体育等单位中从事管理的人员 / 429

　（五）基层群众性自治组织中从事管理的人员 / 430

　（六）其他依法履行公职的人员 / 439

二、案件管辖问题 / 442

　　(一)刑事案件职能管辖的新格局 / 442

　　(二)监察机关管辖的案件范围 / 443

　　(三)监检法办案中的管辖实务问题 / 449

三、利用职务便利的认定 / 453

　　(一)司法认定思路:"三个结合" / 454

　　(二)"利用职务上的便利"与"利用职权或者地位形成的便利条件"的界分 / 460

　　(三)利用职务便利的认定与行为人的身份 / 465

　　(四)利用职务便利与利用工作便利之别 / 467

四、为他人谋取利益的认定 / 471

　　(一)司法认定的分歧意见 / 472

　　(二)扩张的司法解释及其适用 / 472

五、贪污、受贿故意的判断 / 481

　　(一)赃款赃物去向与故意认定 / 481

　　(二)特定关系人收受财物与故意认定 / 482

　　(三)借贷型受贿的故意认定 / 485

六、贿赂犯罪中的"财物" / 491

　　(一)关于"财物"范围的理解 / 491

　　(二)受贿数额的认定规则 / 496

　　(三)收受房屋型受贿的认定 / 502

七、涉股票股权类贿赂的司法认定 / 506

　　(一)现实司法困境 / 506

　　(二)个案裁判突破 / 509

　　(三)司法认定新思路 / 510

八、新型腐败与隐形腐败的惩处 / 514

　　(一)贿赂犯罪形态演进 / 515

　　(二)司法裁判的思路与方法 / 515

九、"受贿行贿一起查"的相关问题 / 518
　　(一)有关背景及立法、司法应对 / 518
　　(二)"谋取不正当利益"的认定 / 525
　　(三)单位行贿罪与行贿罪的区分 / 529

十、量刑情节的审查与认定 / 531
　　(一)量刑情节对职务犯罪认定的意义 / 531
　　(二)量刑情节的查证、移送与裁量 / 532
　　(三)职务犯罪常见量刑情节的认定 / 534

十一、涉案赃款赃物的处置 / 560
　　(一)赃款赃物的处理办法 / 560
　　(二)赃款赃物的处置程序 / 564

十二、证据的审查与判断 / 568
　　(一)监察证据转化问题 / 569
　　(二)调查录音录像问题 / 572
　　(三)证据补查补正问题 / 574
　　(四)非法证据排除问题 / 578
　　(五)调查人员出庭问题 / 579

第十讲　刑事指导案例的"参照适用" / 581

一、案情相似性的判断 / 581
　　(一)判断案情相似的思路 / 582
　　(二)判断案情相似的方法 / 583
　　(三)情势权衡原则的运用 / 587
　　(四)刑法谦抑原则的制约 / 590
　　(五)案例选择的基本法则 / 593

二、指导性案例的援用 / 594
　　(一)案例援用的内容 / 595
　　(二)案例援用的方式 / 600

三、指导性案例的排除 / 602
　　（一）域外判例的排除规则 / 602
　　（二）指导性案例排除适用 / 604

案例索引 / 607

要点索引 / 616

第一讲　刑事审判的一般思路

刑事审判关涉国家安全、社会秩序和个人生杀予夺,作为一名司法人员参与其中,其职责不可谓不重要。刑事审判活动本身有着丰富的内涵,其中办案是关键环节,这也是一线司法人员的主业与要务。办好案件,履职尽责,必然要讲究工作的理念、方法与思路。就笔者本人的体会而言,**重点是强化政治敏感意识、风险防范意识、矛盾化解意识、裁判身份意识四种意识**,办好重大敏感案件、新类型案件、常见多发型案件三类案件,抓住庭审和判决两大环节,达成一个目标即司法的"最大公约数",此可概称为刑事审判的"四三二一",亦可谓刑事审判工作的一般思路。

一、强化四种意识

(一)政治敏感意识

为什么首先要提政治敏感意识,因为刑事审判从来就没有也不可能脱离政治,讲政治是刑事法官的基本素质要求。过去人们常说刑事审判是"刀把子",现在这种说法少了,但是**刑事审判的"刀把子"功能,从来就没有丢也不可能丢**。事实上,不仅是刑事审判,也不仅是法院审判工作,整个政法工作的首要任务是要维护政权安全、制度安全。

为什么要把维护政权安全、制度安全作为政法工作的首要任务?笔者理解,不仅因为它是党和国家安全的生命线,是不可动摇的底线,还在于我们的国家政权、社会制度仍现实地面临一些威胁和挑战。比如,在生活中我们常听到一句话,说"境外敌对势力"如何插手和干预我国内政。上大学时听到这句话还疑惑,现在是和平年代,朗朗乾坤之下怎么会有敌对势力呢?参加工作后才逐渐明白,原来所谓"境外敌对势力"从未在我们面前消失,不是我们不注意,只因他们太隐蔽。

我们知道,在当今国际社会中,不同社会制度和不同发展道路的国家之间的意识形态分歧与对立依然存在,包括中国在内的诸多发展中国家,在应对国际竞争环境中面临着较大的压力。在此背景下,意识形态领域的斗争越来越成为维护国家政权安全、制度安全的主要阵地。就其表现形式来看,随着国际国内形势的发展变化,敌对势力动刀动枪地去颠覆一个国家政权,相较于过去已有所减少,更多的是用所谓和平与非暴力的方式搞政权更迭,也称"颜色革命"。[1]和平与非暴力的方式通常是从一个国家的内部发起的。从内部发起,教唆和鼓动国内的"异见者",官方说法是"培植代理人",是其惯常手法。所谓的"代理人",不少以"意见领袖"的形象出现,以便能够起到"一呼百应"的效果。此为其一。其二是借突发事件制造一种所谓正当的理由和舆论,并常常打着争取民主、自由、人权的旗帜等,具有蒙蔽性。其三是攻击制度缺陷。往往从具体事件、问题和制度入手,上纲上线进而波及乃至直指党和国家的基本路线、方针和政策。中国现在正处于社会主义初级阶段、社会转型的特殊时期,在具体层面找一些问题,并不难做到,所以此招屡试不爽。一些刑事案件本身就是负能量,其发生也可能有社会方方面面的原因,这就为一些人炒作案件、攻击制度提供了条件。所以,近年来非法聚集、围观法院庭审,炒作刑事案件审判的情况频频出现,案件审判工作的风险性明显增大。其四是摧毁偶像。一个民族一定要有自己的英雄,英雄是这个民族的价值凝结和灵魂归宿,可以起到精神支柱的作用。近年来攻击雷锋、邱少云、张海迪、戍边英烈等英雄人物的事件层出不穷,摧毁他们,就等于抽掉一个民族的精神支撑,此招不可不谓险恶。其五是唱衰中国,美化西方。其六是鼓吹西方国家所谓的普世价值,等等。

---

[1] 参见王喆:《警惕!专家告诉你,什么是"颜色革命"》,载微信公众号"共青团中央"2019年8月13日。

治国理政，必须"立治有体，施治有序"。政治制度对一个国家长治久安具有十分重要的意义。习近平总书记说，"当今世界，意识形态领域看不见硝烟的战争无处不在，政治领域没有枪炮的较量一直未停"。**司法领域越来越成为意识形态斗争的重要领域**，一些境内外敌对势力插手司法个案、煽动挑事的情况时有发生。所以，作为一名刑事法官，对此应始终有清醒认识，办案、办事都应有政治上的敏锐性和定力，尤其不能在这方面犯糊涂。

（二）风险防范意识

正如党的十九大报告所指出的，当今世界正处于大发展、大变革、大调整时期，各国面临的不稳定性、不确定性突出，世界经济增长动能不足，贫富分化日益严重，地区热点问题此起彼伏，恐怖主义、网络安全、重大传染性疾病、气候变化等非传统安全威胁持续蔓延，人类面临许多共同挑战。可以说，人类世界现已整体步入"风险社会"，不确定、难预料因素增多，各种"黑天鹅""灰犀牛"事件随时可能发生。所以，2018年年初召开的中央政法工作会议明确提出了当前政法工作的主线是"防控风险"，要重点防范"颜色革命"风险、暴恐袭击风险、社会稳定风险、公共安全风险、网络安全风险五大风险。党的二十大报告进一步强调"世界进入新的动荡变革期"，"我们必须增强忧患意识，坚持底线思维，做到居安思危、未雨绸缪，准备经受风高浪急甚至惊涛骇浪的重大考验"。

从我们面临的现实情况来看，目前在不少领域都存在一些可能诱发矛盾和风险的潜在因素，而且社会矛盾的燃点很低。这就要求参与刑事审判工作的每一名司法人员都应有风险意识。其实大家都在讲防范风险，只是我们刑事法官尤其需要强调。因为犯罪本身就是自我与社会、与环境产生激烈矛盾冲突的结果，所以，从事刑事审判工作，就是在直面社会的各类矛盾，更要有风险意识。

从实际来看，在办案中有两大风险值得特别关注：一是案件质量风险，要切实避免办案中出现不应该有的低级错误，尤其要坚决防止出现冤错案件，这也是刑事审判的底线。二是舆情风险。现在全国法院每年审判执行各类案件已超过4000万件，其中刑事案件不到150万件，占比仅有4%左右，但引发舆情关注的绝大多数是刑事案件。从这个角度讲，在人民法院工作全局中，刑事案件虽然总量相对不多，但其分量丝毫不容低估。

在这里，要特别注意涉及特定主体、特定对象和特定领域的一些刑事案件，如对于涉及公职人员犯罪、弱势群体犯罪、侵害医生、儿童权益的犯罪，涉及拆迁、信访、宗教、民族等领域的犯罪，涉及环境保护、食品药品安全等直接关乎民生领域的犯罪等刑事案件，办案时要有高度的敏感性。此外，对特定时期、特殊时代背景下的一些案件也应当予以重视，如当前在国际形势复杂多变的情况下，办理某些涉外案件时就需要进一步增强风险意识和判断力。这些案件特别容易引起社会关注甚至炒作，其审理工作本身就具有较大的潜在风险性。

现在，随着司法深度公开和网络自媒体高度发达，案件的微小失误或瑕疵都可能瞬间被放大、热炒，对舆情方面的突发情况，一旦处理不当，就会造成审判工作被动。为此，我们在办案中应有充分的风险预估与防范意识，高度关注社会反响，综合各类因素审慎判断，不能绝对化、片面化地理解法律。**案件裁判既要严格依照国法，还要重视天理与人情**。既要充分考虑法律效果，也要充分考虑社会效果。社会效果是什么，通俗地讲，就是社会公众的反应和接受程度。

记得在北京法院工作时，笔者曾参与办理街头小贩崔某某杀害城管的案件。被告人崔某某因在中关村大街上无照卖烤肠而被城管执法人员李某等人扣押三轮车，在三轮车被抬上执法车的时候，他突然发疯般地将手持的刀子刺入李某的颈部，致李某当场死亡。

这个案子涉及比较敏感的社会弱势人员犯罪问题，社会上非常关注法院怎么判。当然也有一些人炒作案件，如提出这个案件反映民众生存权和政府执法权的冲突，法院怎么判意味着优先保护哪一个。这就有些煽风点火的意思，但承办法院当时确实面临很大压力。

办理这类案件的体会如下：一是不能无视社会反响，要积极回应社会的关切。二是既要善于从社会大的方面看问题，即所谓高处着眼，又要善于低处落脚，也就是要**善于把社会政治问题法律化，法律问题技术化，技术问题细节化**。无论你对大的方面考虑多少，终归都要落到定罪量刑的法律适用上。所以，无论如何裁判，在法律层面都要找足依据，站得住脚，这是裁判避免争议的终极之路。三是案内和案外联动，寻求更多的支援。**有些工作必须得做，但不一定由法院去做，要善于协调和争取当地党委与政府以及有关部门的支持。**

例如,上述崔某某杀害城管案在法院审判处理的过程中,实际上有关方面也以各种方式与被害人、被告人家属积极接触、沟通,包括提供必要的疏导、救助等,所以,最后案件不判死刑,取得了社会各方都接受和认可的效果。

(三)矛盾化解意识

对于矛盾化解意识,我们可以从两方面来认识:一方面,解决纠纷和规则治理本来就是现代法院的两大基本功能。审判案件,不仅是把案子判完,而且要追求化解矛盾、解决纠纷。另一方面,公正是司法的根本目标,但司法公正绝不仅仅是形式上、程序上的公正,还要有实体和实质上的公正。实体和实质上的公正是什么,笔者理解就是力争把矛盾纠纷化解掉,达到一个相对合理、各方都接受的结果,"让人民群众在每一个司法案件中感受到公平正义"。**实质上的公正一定是建立在问题解决之上的。**

诚如最高人民法院张军院长所指出的,"老百姓到法院是为了解决问题的,绝不是来'走程序'的。程序合乎规范,同时能实质解决问题,案结事了,才是诉讼的目的、才能体现诉讼的价值"[1] 所以,我们不能把公正的标准绝对化、抽象化,认为只要严格依法办案、办事就可以实现公正。如果问题不解决,矛盾没化解,当事人不接受,人民群众不满意,未能在司法裁判中"感受"到公平正义,我们谈何实现司法公正?

在此分享一下最高人民法院审判委员会原副部级专职委员胡云腾大法官说的一段话:"司法公正必须是法官和当事人的共识,而不是法官个人的一厢情愿。法官的公平正义观念需要融合群众的感受,应当考虑群众如何评判,尽量符合群众的公平正义观念。法官不仅要努力作出公正的判决,而且要努力作出让当事人接受的判决,这才能实现司法化解矛盾和解决纠纷的初衷,才是实现司法公正的应有之义。"[2] 从这些年舆论热炒的一些案件来看,它们的裁判,单纯从法律上衡量似乎没有多大问题,但是当事人就是不接受,人民群众就是不拥戴。其中的根本原因是什么,笔者理解,这与我们将公正标准单一化、法律适

---

[1] 《抓实抓好公正与效率 为大局服务为人民司法》,载《人民法院报》2023年3月17日,第1版。
[2] 胡云腾:《向群众和传统学习司法智慧》,载《中国审判》2016年第19期。

用形式化有一定关系,裁判不符合人民群众朴素的公平正义观念,无论我们多努力,就是得不到支持。这确实是需要深入反思的一个问题。

从最高审判机关的立场来看,这些年的刑事审判也非常强调"化解矛盾",对此可以从有关司法文件和历届领导的讲话中找到很多相关要求。笔者的体会是,**审判实践中对以下几类案件尤其要加强矛盾化解工作:(1)涉及群体利益或涉案人数众多的案件;(2)敏感性强、社会关注度高的案件;(3)当事人情绪严重对立的案件;(4)相关法律法规没有规定或规定不明的案件。**严格来讲,这几类案件的矛盾化解工作都很难做,但仍需要我们知难而进,因为这些案件本身存在较大的"隐患",如果不设法把案件矛盾化解掉,就很有可能引发其他社会不稳定因素。可以说,这也是刑事法官的担当和其应承担的社会责任。

如何化解矛盾,其实手段还是比较多的,我们可以综合运用民事调解、司法救助、量刑调解等方法,也可以借助当地党委和政府的相关部门的力量,如民政、维稳、信访、街道、社区等。总之,只要想办法,总会有办法。

(四)裁判身份意识

所谓裁判身份意识,就是作为一名法官,要自觉地把自己当成裁判员,不能当观众,更不能直接当选手。裁判是什么,它是法官运用法律在法定程序中解决特定矛盾纠纷的过程。法官参与其中,有明显的约束:

第一,你的言行要有法律依据,规范行事,不能肆意妄为。

第二,要有强烈的程序意识。程序很重要,你为裁判实体结果的努力别人时常看不到,但是程序上的瑕疵,哪怕是一点,都在别人眼里,因为程序是显性的、刚性的。

第三,中立消极一些。特别是在法庭上,一定要把自己摆在"中立裁判者"的位置,身份是裁判员而不是运动员,切不可将两种身份混同。

这几年刑事审判中出现一个怪现象,法庭上律师不与公诉人较劲,偏找法官单挑,特别是在一些重大、敏感案件的审判中。笔者还曾为此专门找了一些庭审视频研究,发现问题是多方面的。这里单讲法庭的问题,主要是法官过于积极,太过主动,偏离中立定位。律师提出问题后,法官没有让公诉人回应,而是自己抢先表态,所以,律师就直接对法官来了。有几个案子,整个庭审过程公诉人大多数时间是沉默不语的,而一直是法官在与律师对质。这就有很大的问题。**作为法官,应当是庭审的主持者、倾听者、判断者,没有必要也不应该那么积极、主动**。过于积极,就难免偏离中立地位,就容易在形式上、程序上引发不客观、不公正、有偏袒的质疑。

笔者主持庭审的体会是,法庭上只要控方或辩方提出自己的主张,法官一般就应当首先询问另一方是什么意见,在另一方没有发表意见之前,不宜主动表态、引火烧身。**引导控辩双方对抗,是法庭的职责,切记只当裁判员,不当运动员**。而且,控辩双方对抗越激烈,越有利于把事实查清、问题说透,越有利于法庭公正裁判,越应该欢迎。所以,笔者多年来的感受一直是,不怕双方话痨,就怕各自无话。法庭上对问题没说清说透,随后的裁判就会难受。

当然,这里也存在如何引导公诉人积极应对的问题。记得有几次开庭,当把辩方的意见抛给出庭的检察官后,检察官却说"请法庭依法裁判"。笔者当时就提出"依法裁判是法庭的事,现在是听取你方的意见,同意或反对你得有明确的态度"。这样,他才进一步提出自己的意见。不仅如此,表态还要有具体理由。如果庭审控辩双方对抗不充分、意见表达不到位,作为法官,其在庭后的裁判就会很难受、很被动。

现在,最高检察机关提出要发挥检察官在法庭的主导责任,依据主要是检察官系诉讼的发起者、证明者、驳辩者,所以其在法庭上履职必须是积极、主动的。所谓"沉默的法官,争斗的当事人",便是对控、辩、审三方的形象描述。笔者的直观感受是,**判断一个庭审开得好不好,其实有一个标准,就是你让检察官在法庭上有压力还是很轻松**,如果是前者,那是正常不过的,因为检察官肩负的责任决定了其在法庭上不应当是轻松的。如果是后者,这个庭审十之八九是不成功的,因为很可能法官抢干了检察官的活儿。"法官的越位主要是因为检察官主导责任没有发挥好"[1],所以引导、督促检察官在庭审中积极、主动地履职尽责,也是法官的重要工作。

第四,敢于判断。司法权不同于行政权,后者主要是一种执行性的权力。司法权本质上就是判断权,放弃判断,就不是司法,就不是裁判。所以,我们要

---

[1] 张军:《关于检察工作的若干问题》,载《人民检察》2019 年第 13 期。

切记自己是裁判者,如果不裁不判,就不是合格的法官。现在强调敢于判断,是有现实意义的。随着司法责任制改革的推进,特别是终身追责制度的建立,一些办案人员不敢判断、畏惧判断、怠于判断的问题凸显出来了。

比如,在一些主要依据间接证据定案的案件中,本来根据法律及司法解释的规定,是可以考虑认定的,但是承办人提出这个案子证据薄弱,定不了。最后,经过庭、院长指导乃至审判委员会审议等程序后,承办人才说,其实我也认为这个事情就是被告人做的,但是承办人之前就是不愿公开表达自己的真实想法,这也使实践中合议庭的少数无罪意见经常来自案件承办人。

不仅要强调敢于判断,还要坚持独立判断,不能人云亦云,领导说啥就是啥,上级说啥就是啥。现在我们提"让审理者裁判,让裁判者负责",如果自己都没能独立判断,谈何去负责？当然,现在审判权运行机制上确实还存在较强行政化的问题,但作为承办人,这个问题其实也不难解决。一句话,让法律的归于法律。案件出现合议庭成员意见不一致,合议庭意见与庭、院长意见不一致的情况,就按照法定程序提交审委会讨论决定,最后执行审委会的决议就是了。关键是承办人自己得有独立的意见。

这里值得一提的是,司法活动不同于行政事务,它有很强的书面化特点。整个案件审理过程、各个环节都会有文字性的记录,所以,独立地发表自己的真实意见很重要。因为,**你的意见永远在卷,既是追责的依据,也是自我的"保护衣"**。

当然,敢于判断,绝不是号召大家做"葫芦僧",擅断、乱断,**判断要依据"证据、事实、程序、法律、法理、情理、逻辑和价值"**,笔者把这八个方面称为司法裁判的"八个维度"。它们都是在案件裁判时要充分考量的要素,哪一个都不应忽视。这里要强调一下价值判断,就是我们的裁决要符合主流社会的核心价值,符合社会的公平正义标准。

第五,法治思维。作为裁判者,仅仅拥有法律知识还不够,更为重要的是法治思维。法治思维是什么？笔者理解,就是要从内心尊崇法治,敬畏法律,恪守规则,切实严格依法办案,公平公正司法。

在这里,要注意妥善处理好以下几个关系:

(1)法律与权力。习近平总书记说,"党大还是法大"是一个伪命题,但"权大还是法大"是一个真命题。当面临权力和法律之争论时,要明确法律优位于权力,权力应当服从法律。

（2）一般与特殊。**司法工作中应当多强调一般规则,少一些特事特办。**

（3）形式与实质。既要重视实质,也不能忽视形式,尤其不能以个案实质理性的特殊调整来架空法律形式理性的一般调整。

（4）实体和程序。**当法律程序与法律实体发生冲突时,可以适度强调程序优先。**

（5）技术与价值。法治要求适当突出技术,避免唯价值（道德）论。

（6）感性与理智。司法要有温度,法律人要有情怀,但是不能为迎合某些非理性的诉求而忽略、放弃法律应有的理性和法律人的基本操守,办案、办事都应当固守理性决定情感、情感服从理智的法则,等等。

二、办好三类案件

（一）重大敏感案件

什么是重大敏感案件？官方的界定大致是指"涉及国家安全、外交关系和社会稳定的重大案件,执法过程或结果可能引起社会公众广泛关注、较大争议的案件以及其他可能对国家安全、外交关系、社会稳定、政法机关形象或执法公信力等产生重大影响的案件"。在笔者看来,重大有标准,敏感却不分大小。实践中,一些小事小案,由于撞上社会的热点、堵点或公众的难点、痛点,也可能成为敏感案件,如果处理不当、应对失策,可能会由小问题演变成大事件,从而使审判工作陷入被动。所以,问题的关键还是前面所讲到的,**办案要有政治敏感意识和风险防范意识,在接手案件时能够相对准确地进行风险的评估和预测。**

重大敏感案件不仅不可怕,而且是锻炼队伍、提升能力的绝佳机会。如果一个人能够办结几起重大敏感案件,就会拥有自信,在以后的职业生涯中应对所有案件都会游刃有余。当然,我们也要有清醒认识,重大敏感案件不好办。不好办是因为重大敏感案件通常具有较强的政治性、政策性,受到社会各界广泛关注,有的甚至在国际上引起关注,并且时常存在案情复杂、法律适用疑难等问题,稍有不慎就容易出现不可挽回的后果。

对于重大敏感案件:一要沉着应对。扎实做好各项工作的预案和方案。现在中央提出对重大敏感案件要建立"三同步"机制,同步谋划、部署和开展"依法审理""舆情引导""社会面稳控"三项工作,目的就是确保案件依法而稳妥地审结。**二要开好庭审**。如果把重大敏感案件的处理比喻成一场战争,那么庭审无疑是主战场、主战役,各方聚焦,十分关键,甚至可以说"成败在此一举"。**三要寻求支持**。该请示汇报的,就应当积极主动向上级法院和领导机关报告工作,以最大限度地获得支持。有的事项属于事前应报告的,就不能等到问题出现才报告,以免造成工作被动。**四要权衡情势**。要密切关注舆情发展趋势,善于把握国家工作大局、社会发展大势,使案件处理与之契合,且不可逆潮流而动。要时刻做社会改革和发展的促进派。**五要敢于坚持**。坚持什么?坚守法律的底线,不能让舆论牵着鼻子,搞舆论审判;案件的定罪量刑,要严格依法作出,不能放弃对法治原则的坚守。特别是,有一些案件可能涉及敏感的社会及政治问题,作为具体办案人员,要善于将政治问题法律化、法律问题技术化、技术问题细节化,确保法律适用的准确、稳妥和可靠。

(二)新类型案件

什么是新类型案件?在笔者看来,就是法律没有具体规定或规定不明确的案件。这类案件在刑事和民事行政领域都存在。遇到这类案件怎么办?第一,不能坐等法律完善。立法程序十分复杂,你等不及也时常等不到。第二,不能嘲笑法律。学者可以批判法律,并借以提出完善立法的构想,但法官不行,批判也没有意义,"等米下锅"的现实也不容你做无意义的批判工作。**切记法官永远不要嘲笑法律**。我们要做的是解释法律,通过我们合理和善意的解释,使立法的粗疏得以细化、漏洞得以弥补、过时得以更新。第三,提高适用法律能力。适用法律,就是解释法律。解释法律,最高司法机关一直竭尽全力地在做,但能否完全满足审判实践需要呢?还不能。我们也不要指望立法机关和最高司法机关把审判实践需要的所有法律和解释条文都完美地呈现在眼前,他们不是神仙,也不可能达成这个目标。**更多的时候需要我们自身的"能动司法"**。

如何能动司法?首先要评估案件的实质危害,需不需要进行刑罚处理。如果危害很严重,有了刑罚处罚的现实必要性,那么就去找最接近的刑法法条。

有人担心,是不是要进行类推解释,笔者认为还未到那一步。[1] 1997年《刑法》经过十二次修正,至今已经有了483个罪名。所以,找一个对接的罪名并不难。当然,这一过程需要进行利益、价值的梳理和判断,必要时对法律作适当的扩张性解释。

这里可以举一个例子:

2008年奥运会开幕前夕,北京发生一起新闻从业人员造假说奥运场馆周边的包子馅是纸做的案件。法院查明的基本案情如下:被告人訾某在担任北京电视台生活节目中心临时工作人员期间,通过查访,在未发现有人制作、出售肉馅内掺纸的包子的情况下,为显示工作业绩,纠集无业人员张某某(另行处理),冒充工地负责人,多次到北京市朝阳区太阳宫乡十字口村×号院内,对制作早餐的陕西省来京人员卫某某等四人谎称需订购大量包子,要求卫某某等人为其加工制作。后訾某伙同张某某携带密拍设备、纸箱及购买的面粉、肉馅等再次来到×号院,訾某以喂狗为由,要求卫某某等人将浸泡后的纸箱板剁碎掺入肉馅,制作了20余个"纸馅包子"。与此同时,訾某密拍了卫某某等人制作"纸馅包子"的过程。在节目后期制作中,訾某采用剪辑画面、虚假配音等方法,编辑制作了虚假电视专题片《纸做的包子》播出带,并隐瞒事实真相,使该虚假电视节目于2007年7月8日在北京电视台生活频道栏目播出,并被境内外上百家网站、报刊等新闻媒体转载、转播,造成恶劣的社会影响。[2]

"纸馅包子"这一虚假新闻如果发生在平时,对当事人给予行业或行政性处理就行了。但当时在北京奥运会开幕在即,国际舆论广泛关注和炒作中国食品安全的特殊时刻,这个事件的影响实在太坏了。危害很大,就有了刑罚处罚的必要性。但是以哪个罪处理,却令办案机关头疼。最后研究用了"损害商品声誉罪"这一罪名。也就是说,被告人的行为严重损害了正常经营包子业务的商

---

[1] 一般认为,类推解释和扩张解释的区分在于,是否超越法律文本可能语义的范围。可能语义是法律文本某个用语语义的最大射程。没有超越可能语义但采用词语的边缘语义的,是扩大解释。反之,如果超越可能语义则是类推解释(参见陈兴良:《刑法教义学中的缩小解释和扩大解释》,载《法学论坛》2024年第2期)。当然,是否超越可能语义,不同的人会有不同的理解和认识,应当坚持一般人的认识标准,扩张解释的结论亦不能违背常识常情常理,不能让人"大吃一惊"。

[2] 参见北京市第二中级人民法院(2007)二中刑初字第01763号刑事判决书。

户的利益,最后法院依据《刑法》第221条的规定,以损害商品声誉罪判处被告人訾某有期徒刑一年,并处罚金人民币1000元。

这个案子宣判后,有一些刑法学者提出质疑,包括有人当面向笔者提出了颇为强烈的质疑意见。当时,笔者还在中国人民大学在职攻读博士学位,就找来这个案子的相关材料进行研究,发现承办法院这样认定没有原则性的问题,无非对刑法进行了必要的扩张解释而已,而对刑法作扩张解释并未被禁止。为此就写了一篇文章登载在《法学杂志》上,之后人大报刊复印资料等刊物进行了转载。[1]当笔者再遇到提出质疑的教授时,他说看了你的文章我理解了,这个案子还是可以这么处理的。

这就是能动司法、能动解释法律的结果。笔者个人理解,现在中国进入一个快速发展和快速转型的时期,新问题层出不穷,我国的《刑法》从1997年大修以来,虽然已经修正十余次了,但仍然跑不赢千变万化的现实世界,这也是所有成文立法的宿命。**不管立法者多么勤勉,总会有一些案件找不到直接的立法依据,这就是新类型案件,也是我们常讲的"疑难案件",问题的解决之道就在于积极运用扩张性的法律解释**。近年来随着互联网的发展,出现多少这样的新类型案件,最后不都是通过适度扩张解释法律实现案件的依法处理了吗!所以,笔者曾经在《人民法院报》上写文章谈"网络犯罪的司法应对思考",提出应把扩张性解释方法作为应对涉网络案件的基本法律适用方法。[2]其实,何止涉网络犯罪案件,现实生活中有很多领域都遇到一些当时立法未能充分顾及的新情况、新问题。所以,扩张性解释方法可能是当前及今后一个时期我们判案主要的解释和适用法律的方法。

当然,这里强调对案件进行实质判断,并不是否定形式判断,不要罪刑法定原则了,而是为了更好地将我们的形式理性与实质理性结合,全面、准确地把握罪刑法定原则,最大限度地实现公正司法。坚持法无明文规定不为罪,这已是现代司法的底线。但是,理解和适用法律不能停留在形式上,仅仅拘泥于法条的字面含义,机械地司法。应当考虑到法律条文内涵本身就具有丰富性和发展

---

[1] 参见于同志:《损害商品声誉罪的司法认定》,载《法学杂志》2007年第6期。
[2] 参见于同志:《网络犯罪的司法应对思考》,载《人民法院报》2011年12月7日,第6版。

性,结合具体案件适时调整、能动适用法律是必要的,也是允许的,更是必须的。张明楷教授说,司法认定的过程,就是将法定的构成要件与现实的案件事实相对接的过程,办案人员应当"心中充满正义,目光不断往返事实与规范之间"。[1]这是对司法判断应坚持实质与形式相统一的形象表达,也是公正裁判的基础。**刑事司法就是在公正的目标指引下,将现实发生的事实与刑法规范相对接,从而形成刑事判决。**如果某一行为确定在刑法上找不到对应的条款,则只能作出无罪处理,不得勉强定罪。

例如,笔者曾参与研究处理的北京首例网络裸聊案:

这个案子的被告人在家中凭密码登录他人建立的网络聊天室,以临时管理员的身份主持聊天室,负责"开门、关门",即控制他人进入聊天室,将陌生人和进入聊天室不脱衣服的人"踢"出去。在其主持聊天室期间,先后有男、女19人进出该聊天室。其间,被告人与多名男、女在聊天室暴露生殖器、乳房和进行手淫,并有一对男女性交,供进入该聊天室的聊天者相互观看。案发后,检察机关以被告人犯聚众淫乱罪向法院提起公诉。

在案件一审期间,法院系统内部组织了研究论证,大家当时一致认为,《刑法》规定的"聚众淫乱"一般是指发生在现实生活中的群奸群宿,其中的"淫乱"应当是指多人同时发生性关系。被告人和其他涉案人员的不当性行为,只是在虚拟网络空间中进行,不具有同一时空性。这些人未能实际相聚,客观上未能实施"群宿群奸"所要求的实行行为,也就不符合聚众淫乱罪的构成要件。而且,这个案子也不具备聚众淫乱罪所要求的实质的社会危害性,从贯彻刑法谦抑原则的角度,亦不宜以该罪论处。我们将此观点与检察机关交流后,他们表示接受,后对案件作了撤诉处理。[2]

(三)常见多发型案件

关于这一类案件,笔者首先是从《刑法修正案(九)》想到的。2015年通过

---

[1] 张明楷:《如何使案件事实与构成要件相对应》,载《人民法院报》2007年6月26日,第6版。
[2] 参见于同志:《热点难点案例判解:刑事类·网络犯罪》,法律出版社2008年版,第119~127页。

的《刑法修正案（九）》算是刑法的一次大修，新增了20个罪名，修改、调整了14个罪名（包括取消"嫖宿幼女罪"），绝大多数是拓展适用范围。所以，学界普遍认为，该修正案充分体现了刑法在新时期的合理扩张。当然，不仅是《刑法修正案（九）》在进行扩张式立法，下文会提及我国刑法在1997年全面修订之后的多次修正，基本上都是在沿着扩张式立法的方向前进，只不过是《刑法修正案（九）》更具代表性。刑法扩张的是什么？主要是一些常见多发的罪名，如虚假诉讼、考试作弊等。这些行为在过去大都属于行政处罚的对象，为什么现在要入刑处理。这里有几个背景值得关注：

第一，社会转型时期不稳定因素增多需要刑法更多地介入。近年来西方国家学者提出"风险社会"及"风险刑法"的理论，认为工业革命和现代科技的发展在很大程度上已经颠覆了传统的社会秩序，在从工业社会向后工业社会迈进的过程中，当今世界已经整体步入了风险社会的时代。为防范风险，主张刑法应扩张以强化民众的安全感，包括将犯罪前置化、法益抽象化、主观要素分离化、扩大犯罪圈等。[1]我国目前仍处于社会主义初级阶段，正在从传统的农业社会向工业社会转型的过程中，尚不能完全照搬基于工业社会和后工业社会的"风险社会"理论来解决我国的现实问题。但正处于全面转型时期的我国，所面临的"风险"并不亚于任何一个西方发达国家。**我们所面临的"风险"既有农业社会的风险，也有工业社会的风险，还有后工业社会的风险，三种风险的叠加使情况更加复杂。**所以，"风险刑法"理论仍有一定借鉴意义。"风险社会"理论强调，刑法的任务应由保护法益转向保护国民的安全感，这就需要刑法更为及时、深入和广泛地介入社会风险的防范和管控，以满足人民群众对国家安全、社会安全、个人安全日益强烈的要求和期待。《刑法修正案（九）》着力完善惩治恐怖主义、网络犯罪等方面的规定，就鲜明地体现了上述考虑。

第二，全面深化改革的推进需要更为稳定有序的社会环境。2013年党的十八届三中全会确立了全面深化改革的战略部署。稳定是全面深化改革的前提，这就要求综合运用包括刑法在内的各种手段，调动立法、司法、行政等方面力

---

[1] 参见孙道萃：《风险社会与风险刑法：立场与调试》，载《中国公共安全（学术版）》2011年第2期。

量,为全面深化改革营造稳定社会环境和法治环境。所以,《刑法修正案(九)》从维护国家机关依法履行职责、维护社会公共安全、加强社会治安管理的角度,增补了扰乱国家机关工作秩序罪等罪名。

第三,劳动教养废除后的制度空档需要刑法及时补位。2013年12月28日,全国人大常委会通过了《关于废止有关劳动教养法律规定的决定》,在我国存在56年的劳教制度自此退出历史舞台。劳教制度废除后,其部分适用对象单纯依靠治安处罚措施尚难以有效处理,因而有必要纳入刑法规制,故《刑法修正案(九)》将多次抢夺等行为入刑。

第四,公民人权意识的增强需要刑法积极予以回应。人身权是第一人权,历来是人民群众关注的重点。人身权利保障有多种法律渠道,但刑法无疑是其中最为有力的手段。**人身权利的刑法保护,无论如何强调都不为过,无论到什么时候都只能加强不能削弱**,所以,《刑法修正案(九)》着力完善了虐待罪等罪名。

第五,"厉而不严"的刑法结构需要适时调整完善。储槐植教授曾指出,我国刑法存在结构上的"厉而不严"问题:一是法网不严,不仅整体刑事法网不严密,个别法网(罪状)也不严密,导致该入罪的没有入罪。二是刑罚苛厉,死刑、无期徒刑比重较大。[1]目前,我国处于社会转型期,刑事案件较为高发,当务之急是加强立法的前瞻性,更好地发挥刑法打击犯罪的作用。所以,**在犯罪化与非犯罪化上,我们现在的主要问题还是犯罪化**,比如,对于一些新兴经济领域,刑法介入力度尚不到位;一些民众难以容忍的严重道德败坏行为未能及时入刑;对贪腐渎职行为的惩治有待加强等。可以说,在当前及未来一段时间内,我国刑法调整的重点仍应是加强法网的严密性,更加有效地发挥刑法的威慑、警示、引导、教育功能。

尽管学界对刑法立法的犯罪化扩张至今仍有不同认识,但如果回顾中华人民共和国成立以来的刑法立法史,可知其一直确定无疑地沿着犯罪化的立法方向发展。比如,自1997年全面修订刑法至今20余年间,全国人大常委会先后通过1个单行刑法,12个刑法修正案,13个有关刑法的立法解释,平均每二至

---

[1] 参见储槐植:《刑事一体化与关系刑法论》,北京大学出版社1997年版,第305~322页。

三年就修正一次刑法。截至目前,1997年《刑法》已经有近1/3的条文发生了变动,其中涉及对刑法总则条文的修正共计有24处,对刑法具体个罪条文的修正有近200处。[1] 我国刑法罪名也由1997年《刑法》修订时的413个,增至《刑法修正案(十一)》颁行后的483个,增幅高达17%。

综观刑法修改调整的条文,其主要内容几乎都是关于犯罪圈扩张和刑罚量提升的立法。具体来说,犯罪圈扩张聚焦于一些集体法益或超个人法益的领域,包括恐怖犯罪、网络犯罪、腐败犯罪、食品药品犯罪、环境公害犯罪、扰乱公共秩序犯罪(主要为民事行政违法行为的犯罪化)、单位犯罪的扩充、不作为犯罪的增量等;"立法策略主要表现为犯罪化、危险犯配置、早期化介入等方面"。[2] 刑罚量提升则表现为生刑体系渐重,增设职业禁止、禁止令和终身监禁制度,减刑、假释等刑罚减免措施适用更为克制,财产刑适用范围扩展、力度加大等方面。

有学者基于我国社会发展的总体目标、社会文明的发展程度、刑法的发展水平等方面考虑,认为在我国建成富强、民主、文明、和谐、美丽的社会主义现代化强国之前,我国刑法立法总体上需要坚持以犯罪化为主的策略。但在此之前,仍可分为两个步骤:一是21世纪30年代以前,我国仍然要面临大量犯罪化的立法倾向;二是在21世纪30年代至50年代,我国犯罪化的步伐将有所放缓,但仍应以犯罪化为立法的主线。在我国建成富强、民主、文明、和谐、美丽的社会主义现代化国家之后,我国刑法立法的犯罪化之路将可能发生转向,走向以立法稳定和立法逐步非犯罪化为主的发展方向。[3] 按照我国社会发展总体规划,在中华人民共和国成立100年时(2049年)建成富强、民主、文明、和谐、美丽的社会主义现代化强国。这意味着,我国刑法尚有近30年的时间进行以犯罪化为主的立法。

刑法是社会治理的重要手段。**刑法扩张意味着刑罚手段越来越多地运用**

---

[1] 参见刘宪权:《刑法个罪修正条文具体适用的溯及力问题研究》,载《法商研究》2022年第2期。

[2] 刘艳红:《积极预防性刑法观的中国实践发展——以〈刑法修正案(十一)〉为视角的分析》,载《比较法研究》2021年第1期。

[3] 参见赵秉志:《当代中国犯罪化的基本方向与步骤——以〈刑法修正案(九)〉为主要视角》,载《东方法学》2018年第1期。

于对各类违法行为的惩治,它在一定程度上体现了我国在新时期国家管理和社会治理模式的改变,可能促使刑事司法在理念、观念、政策等方面的调整,同时也可能给实际工作带来重要影响。

首先,容易滋生"刑法万能",对犯罪问题过于依赖刑事打击而忽视综合治理的倾向。

其次,一些案件区分罪与非罪,划清一般违法与刑事犯罪的界限,将变得更加困难。

再次,刑法与其他法律可能出现衔接不畅的问题。比如,《刑法修正案(九)》规定惩治替考等犯罪行为,由于国家考试法尚未出台,仅有《教育法》《公务员法》等法律对国家考试内涵与外延的宏观抽象规定,如何在法律层面明确该罪的适用范围,需要相关行政法律法规的配套、支撑。再如,《刑法修正案(九)》规定,以捏造的事实提起民事诉讼,妨害司法秩序或者严重侵害他人合法权益的,将构成犯罪。虚假诉讼入刑,有利于维护司法秩序、保障社会诚信,但也带来了刑事法律与民事法律交叉如何适用等问题。

复次,如果不能准确适用刑法,可能导致刑事打击面不当扩大。任何违法行为入刑,都要有明确的标准。这个标准不仅需要立法界定,更需要司法明确化,否则就可能导致刑罚的滥用,乃至错用,由此造成不良后果。

最后,轻罪的立法扩容,还可能会导致轻微刑事案件的激增,使法院刑事审判的案多人少矛盾更加突出等。

上述情况,需要我们从以下几个方面积极做好应对工作。

1. 加强对有关问题的调查研究

刑法扩张,意味着刑事审判将会更为广泛地介入国家管理和社会治理,这是一个非常值得关注的议题。刑法扩张带来一个重要问题,即"犯罪圈"如何合理划定。换言之,应该依据何种标准来确定违法与犯罪的界限,哪类违法行为有必要纳入刑法规制。这个问题不仅在立法层面存在,在司法层面也应当引起重视。我国刑法对犯罪的界定,既有定性的一面也有定量的一面,这不仅鲜明地体现在《刑法》总则第13条"但书规定"上,在绝大多数的个罪上也都存在关涉入罪与否的危害性大小及情节轻重的估量与判断问题。所以,**关于"犯罪圈"的合理划定,司法层面的责任重大。**

比如,醉酒驾驶行为在2011年《刑法修正案(八)》入刑后,现已成为发案数量排名第一的犯罪类型,对此,理论界一直有诟病立法的声音。但如果深入思考,其实立法仅是宣告对"在道路上醉酒驾驶机动车"的行为予以定罪处罚,至于何种情形属于"在道路上醉酒驾驶机动车",司法、执法本身是有重要话语权的。而且,根据《刑法》总则第13条的规定,实践层面也完全可以将"情节显著轻微危害不大"的醉酒驾驶行为排除在刑事追究之外。合理划定某一类行为的入刑标准,本身就是司法机关的法定职责之一。

2. 做好刑法与其他法律的衔接

对于一些尚缺乏行政法律、法规作为认定违法性依据的罪名:一方面要积极加强与有关部门的沟通协调,共同推动立法完善;另一方面要及时研究、制定相应的法律解释,以提升刑法的可操作性。对于具体条文的适用及其与其他民事、行政法律之间可能的冲突也应当引起重视,要及时通过出台司法文件、强化案例指导、加强个案指引,对法律适用的具体标准问题加以明确。同时,在办案中要做好刑事责任与行政责任、民事责任等法律责任的衔接,并注意将相关法律责任综合、协调运用,提升司法参与社会治理和国家管理的效能。

3. 坚定不移地贯彻执行宽严相济刑事政策

"宽严相济"是我国当前和今后相当长一段时期内的基本刑事政策。从立法上看,自1997年修订的《刑法》颁布实施以来,全国人大常委会先后通过了10余个刑法修正案,前6个修正案都主要是对刑法作趋严的修正,但从2009年《刑法修正案(七)》开始,不仅有趋严的修正,还有趋宽的修正。立法重视宽严相济,司法更应一以贯之。**既要把"从严"和"从宽"的两方面工作做足,更要注意将"严"与"宽"结合,在"济"上下功夫:对严重犯罪从严惩治的同时,不无视其宽宥情节;对轻型犯罪从宽处罚的同时,不忽略其恶劣情形。**

4. 强化对被告人的诉讼权利保障

打击犯罪的同时不忽视人权保障,审理具体案件应当将两者结合起来综合考虑、保持平衡,避免顾此失彼,这也是实现刑事审判公平公正的根本保证。

5. 贯彻"严而不厉"的定罪量刑思路

为更好地发挥刑法的教育、引导功能,惩恶扬善,弘扬社会主义核心价值观,**对一些常见多发的严重违法行为进行刑事处理,可以坚持"定性先行、量刑**

调整"的思路,从性质上作犯罪认定,并采取轻刑处置。这样既对其作了否定性评价、予以谴责,教育本人,引导公众,同时处以较轻刑罚又不至于将其"一棍子打死",后续还可以探索、建立轻罪前科消灭制度,从而最大可能地减少社会对立面。

6. 在轻罪大幅扩容的情况下,积极探索案件审理繁简分流机制

1997年以来,刑法多次修正新增的罪名多数为可能判处7年有期徒刑以下刑罚的轻型犯罪。随着各个修正案的深入实施,轻罪案件必将增多。在当前刑事审判人力资源较为紧张的情况下,必然提出进一步加快改革和完善案件繁简分流机制的内在需求。一方面要用足用好现有的简易程序,另一方面要积极探索包括刑事速裁程序、认罪认罚从宽程序等在内的其他便捷审理方式,切实推动重大、疑难、复杂的刑事案件按普通程序精细审理,简单、轻微的刑事案件简便审理。

7. 继续坚持强调社会治安的综合治理

刑法扩张意味着刑罚手段越来越多地运用于对各类违法行为的惩治,这是对刑法谦抑性原则的一个调整,有其历史的必然性和现实的合理性。但是应认识到,犯罪问题是一个复杂的社会问题,综合治理是治本之策,不能有"刑法万能"的思想,并且刑罚本身也是一把"双刃剑",单纯依靠刑法治理社会成本甚高。所以,**对于能够通过民事、行政、教育等途径解决的问题,仍应当坚持强调将刑罚作为最后手段,以免引起有关机关在日常社会管理中的懈怠**。[1]

三、抓住两个环节

(一)开好庭审

前文讲到办理重大敏感案件,开好庭审是关键。其实,不仅仅是重大敏感案件,就整个刑事审判工作而言,庭审都是一个关键环节。现在我们提刑事诉讼以审判为中心,如果从法院的角度来讲,就是以庭审为中心。既然是中心,自然很重要。现在及下一阶段刑事诉讼制度改革的方向就是要充分发挥庭审的决定性作用,也即学者所说的"庭审实质化",以确保事实证据调查在法庭、定罪

---

[1] 参见于同志:《刑法扩张下的审判立场》,载《人民法院报》2016年4月20日,第6版。

量刑辩论在法庭、判决结果形成在法庭，使法庭的庭审真正成为确认和解决罪、责、刑的关键环节。

开好庭审，有以下几个方面的工作需要重点关注：

（1）充分用好庭前会议制度，做好庭审的准备工作。特别是要注意利用庭前会议过滤、解决必要的程序问题，如管辖、回避、公开审理、非法证据排除、证人和鉴定人出庭、申请重新鉴定或者勘验、举证顺序和方式、法庭调查的重点、涉案财物的查证与处置等，为庭审的顺利进行打下坚实基础。

（2）督促检察机关落实好举证责任。举证不是检察机关一家的事，在以审判为中心的诉讼制度下，公诉人怎么举证、出示哪些证据，法官在庭前不能坐视不管，而应提倡与检方积极沟通、听取意见，并给予必要指导，督促其充分履行举证责任。要审慎对待"打包出证""捆绑出证"，按照繁简分流的原则，有区别地把握举证质证程序。**对于按照普通程序审理的不认罪案件，原则上要"一证一举一质一认"，只有证明事项存在关联的几个证据才放在一起"打包出示"等。**

（3）切实保障辩方的合法权利，引导、推动控辩双方在庭审中充分对抗。前文已说过，控辩双方对抗、争执越激烈，通常越有利于法庭查明案件事实，公正裁判。

（4）最大限度地贯彻直接言词原则。要进一步规范和适当限制书面供述、证言及笔录的使用，积极推动证据主要以口头形式向法庭提出，推动关键证人、鉴定人出庭作证。直接言词原则的贯彻，是实现庭审实质化最为重要的支撑之一。

（5）高度重视非法证据排除工作。对被告人及其辩护人提出的有理有据的排除非法证据主张，要认真开展调查，对问题不推诿、不回避，切实依法认定、处理。

（6）规范组织庭审活动，保持中立裁判角色。

（7）坚持目标导向，确保庭审的实效，不走过场，不流于形式，通过实质化的庭审有效解决案件办理中的问题。

（二）写好判决

关于刑事判决书如何撰写，在本书的第五讲、第六讲中还会具体探讨，在此仅就几个原则性问题谈些个人认识。

1. 灵活处理表述问题

裁判文书的制作更多还是属于技术层面的事项,这就意味着我们作为承办人实际上拥有较大的自主空间。所以,在对一些问题的处理上,可以适当地灵活把握。比如,**案件事实的罗列,其实方法就有很多,包括自然顺序法、突出主犯法、突出主罪法、综合归纳法、先总后分法、罪名标注法等**。灵活性的立足点是具体案件的需要,每个案件都有自己的特点,要根据各自的特点采取合适的方式、方法。

2. 处理好个性化和规范化的问题

以前裁判文书制作的问题在于太过规范化、简单化,以至于判决书千篇一律、千人一面,所以大家都认为要改一改,于是近年来出现一些个性化很强的裁判文书。有的文书写得像一篇很长、很深的学术论文,有的则写得很诗意、很文学。

笔者曾从网上看到某地一名民事法官撰写离婚案件的判决书,引用《圣经》来抒发和论证男女之间应当如何两情相悦与相守(最后判决结果是不准许原、被告离婚)。个性化一些没关系,但不能矫枉过正。裁判文书是以人民法院名义发出的职务作品,不是个人的业余涂鸦。所以,无论如何改革裁判文书,规范化的基本要求还是不能丢。

3. 加强裁判说理

从法律适用上看,适用法律的过程,就是解释法律的过程,解释法律本身就要阐述法理。从裁判案件上看,法官针对当时双方争议和纠纷作出裁决,如果不说理,无异于妄断。所以,**不说理的裁判,不是合格的裁判;不善于说理的法官,也不是合格的法官**。这里的说理,包括两方面内容:一方面是裁判活动的说理,在裁判过程中要注意加强对控辩双方的沟通,以理服人;另一方面是裁判文书的说理。

裁判文书如何说理,笔者认为:第一,要围绕争议,突出重点。

第二,要全面反映和回应控辩意见。

第三,要积极运用法律逻辑。胡云腾大法官曾撰文谈裁判文书的说理,认为要讲好"五理":事理、法理、学理、情理、文理。事理是指案件的来龙去脉、本来面目和前因后果等;法理是指法律根据,即裁判所依凭的法律条文、司法解释、司法政策等规范性文件;学理就是法学理论;情理就是法律中所蕴含的人之常情;文理主要是指说理的形式和技巧等。裁判文书说理的最高境界是五理并茂,五理有机统一。[1]

在笔者看来,**这里还有一个"论理"的问题,即要积极运用法律逻辑**。法律逻辑其实很重要,但是我们在这方面的训练相对较少,这和我们成文法的法制传统也有关系。**善说理、讲逻辑,应当成为司法人员的基本素养**。

记得2013年笔者担任审判长主持社会广泛关注的"大兴摔童案"[2]的二审庭审,这个案子证据很扎实,辩护空间很小,但是辩护律师从逻辑推理的角度谈了自己对证据的看法,当时让人耳目一新,所以,在法庭上就让他很充分地发表了一个较长的辩护意见。

第四,要加强对量刑情节的评判。**被告人可能不关注你怎么定罪,却十分在意你如何量刑**。

第五,要妥善处理法理的阐释与克制。裁判文书是公共产品,个人不建议把裁判文书写成学术论文,裁判文书说理要充分,但也要注意通俗、平和、妥当和规范,让普通大众能够读得懂、看得明白。

第六,裁判说理要适当体现"败诉方思维"。一般来说,多数案件庭审完成举证、质证环节后,就大致能够判断出败诉方。从审判效果考虑,在接下来的庭审活动中法官应适当有"败诉方思维"。特别是在撰写裁判文书时,要注意多从败诉方的角度检验判决说理,务求说理充分,以理服人。从某种意义上说,判决书主要是写给败诉方的。在庭审中,哪怕是程序上的瑕疵,胜诉方接受并不难,难的是让败诉方心悦诚服。有时,法官在庭审中一些看似再简单不过的举动,

---

[1] 参见胡云腾:《论裁判文书的说理》,载《法律适用》2009年第3期。
[2] 简要案情:被告人韩某曾因犯盗窃罪被判处无期徒刑,出狱9个月后的2013年7月23日20时许,其乘坐他人驾驶的轿车,在北京市大兴区旧宫镇虎殿路西侧公共交通车站科技路站附近,因停车问题与李某发生争执,韩某对李某进行殴打,后将李某之女孙某某(殁年2岁10个月)从婴儿车内抓起举过头顶摔在地上,致使孙某某因重度颅脑损伤死亡。2013年9月25日,北京市第一中级人民法院经审理依法以故意杀人罪,判处韩某死刑,剥夺政治权利终身。一审宣判后,韩某提出上诉。北京市高级人民法院经审理于2013年11月29日作出二审裁定,驳回韩某的上诉,维持原判。本案因情节恶劣、手段残忍,在当时广受社会关注。

在败诉方眼里,都可能被视为法官明显具有不公正倾向的表现,甚至认为是"不可接受"的。这并非因为败诉方不讲理,而是因为利益的切身关联会从情感与理智两方面影响一个人的推理与判断。对此,法庭应当有清醒认识和理性应对,裁判说理要不厌其精、不辞其细,尤其是面对可能是冤假错案的案件,更要慎之又慎。必要时,法庭可以适时开展判后答疑工作,要心怀一份耐心、善意,以深入浅出的方式进一步阐明裁判的依据。实现当事人服判息诉的效果,既要裁判正确,还要把讲道理的工作做到位。[1]

这里要特别强调对证据裁判的说理。裁判文书是对审判过程及结果的客观记载,其中证据裁判的内容应当成为裁判文书制作的重点之一。但从实际来看,目前的裁判文书普遍重视记载证据裁判的结果,能够详细列出采纳了哪些证据定案,而对证据裁判的过程则反映得不够,不少案件存在以"证据罗列"替代"证据分析"的问题。有的文书即使控辩双方已经对证据的可采性发生了严重认识分歧,但仍然对采纳证据的理由和依据不予阐释,或者不善于分析评判,进行简单化处理,引发当事人质疑,这是需要引起重视的问题。事实上,证据如何裁判,其意义不仅仅在于具体个案中能否对被告人定罪和处以刑罚,还在于品评公诉及调查、侦查活动的质量与合法性,放在以审判为中心的诉讼制度改革的大背景下,证据裁判就有了更为广泛和深远的法治意义。所以,**当前刑事裁判文书制作的改革方向之一,就是要把证据裁判作为一个重要方面,全面、客观地反映证据采信过程,特别是对控辩双方认识分歧较大的证据更要详加分析、说明,这也是保证案件质量的重要举措**。[2]

4. 讲究美感

裁判文书的美感体现在多方面,如字词要精当准确,使用规范词语、避免忌用词语、多用中性词语,词句表述完整、主动被动分明、词语搭配得当,文风朴实端庄、避免夸张渲染和章法各异,谋篇布局清晰整齐、逻辑结构层次分明,让人顿感浑然天成。

这里值得一提的是,对控辩双方要对等用力。有的判决书,表述控方意见

---

[1] 参见孙妍:《居中裁判应有"败方思维"》,载《人民法院报》2011年8月10日,第2版。
[2] 参见同志:《审判中心改革下的证据裁判》,载《人民法院报》2016年12月21日,第6版。

有两三页纸,但表述辩方意见仅有三五行字,显得特别不对等,让人感到有偏袒,同时也丧失了形式表达上的对称美。有的法官可能提出,辩护意见本来就简单,没有啥可写,巧妇难为无米之炊嘛。对此笔者想说,那是因为你没有组织好庭审,未能引导控辩双方充分对质、实质性对抗,如果法庭真能做到"平等对抗,你来我往",就不可能没有东西写。裁判文书是对审判过程的记录,庭审是文书制作的基础,所以,应注意将两者结合起来,一体把握,全面提升。

四、达成一个目标

这里的目标就是寻找到司法的最佳平衡点或者说"最大公约数"。法律本身就是利益的载体,司法过程中必然充斥着种种利益的并存、竞合、纠纷乃至冲突,司法裁决就是对各种利益、因素进行平衡的结果。所以,司法是一门平衡的艺术。我们常说当社会矛盾以案件的形式进入司法领域时,裁判就是在矛盾头上切"一刀"。这"一刀"切下去,让纠纷停止,还社会安定、平和的秩序,这是司法的基本功能。该功能也决定了司法必须尽可能兼顾各方利益,在利益格局中找到一个基本平衡点。

例如,在刑事司法中就要面对维护法律尊严、维护国家与公共利益、维护社会秩序与安宁、保护被害人利益、保障被告人合法权利等多个方面的诉求。身处多方利益旋涡,司法就容易被置于两难境地。即便司法裁判者小心翼翼地试图平衡天平的两端,法槌落下之时,往往也很难做到"一碗水"端平。**我们的目标只能是在对各种利益进行平衡过程中尝试找到它们的"公约数"**。平衡之道即在于发掘各自的同质因素,如果将这一同质因素进行量化,那么,它就像是数学领域的公约数,能被其他若干个量化了的整体因素进行整除,成为这些整体因素的"最大公约数"。

司法的"最大公约数"如何达成,对此在一般意义上可以从多个方面来认识,如兼顾法律效果和社会效果,做好利益衡量和价值衡平,统筹客观公正价值和裁判的可接受性,平衡案结事了目标和社会引领功能。笔者认为,就刑事审判而言,以下三个方面值得特别关注。

(一)坚持严格司法,反对机械司法

当今社会,不同的社会阶层有不完全相同的利益诉求,但只有法治最容易达成共识，因为法律本身代表了最广大人民群众的利益和意志。所以，**从大的方面来说，法治是这个社会的"最大公约数"**。在刑事审判工作中贯彻法治原则，坚持严格司法，依法裁判，既是我们不能动摇的原则、必须坚守的底线，也是化解冲突、减少争议的最好办法，亦是实现司法效果最佳化的必由之路。

但是，应当明确严格司法并非机械司法，不能僵化地理解和适用法律，无论是制定司法解释，还是办理案件适用法律、进行司法活动，都应当遵循罪刑法定和程序公正等原则，符合法律规定和法定程序的要求，并以实现司法公正为最终目标，避免因僵化地理解和适用法律而妨碍司法公正的实现。

举一个典型例子：

2011年《刑法修正案（八）》将醉酒驾驶纳入犯罪后，根据相关文件，主要以酒精浓度作为判断醉驾的依据，由此确立了"醉驾一律入刑"的做法，以回应当时极为严峻的醉驾现象治理需要。但是也要看到，这种基于治理形势需要的司法政策，在实践层面容易导致"机械司法"，单纯以酒精含量作为醉驾入刑的唯一判断标准。实际上，一些酒精含量达标的案件，因其社会危害性较低，虽然形式上符合危险驾驶罪的构成要件，但并无刑事处罚的必要性，定罪处罚也不符合《刑法》第13条关于"情节显著轻微危害不大的，不认为是犯罪"的规定。

比如，如果行为人的血液酒精含量刚超过80毫克/100毫升，具有自首、立功等法定从宽处罚情节，或者具有自动停止驾驶、短距离驾驶等酌定从宽处罚情节，或者具有为救治病人而醉酒驾驶等符合情理的事由（紧急避险除外），只要其不属于2013年《最高人民法院、最高人民检察院、公安部关于办理醉酒驾驶机动车刑事案件适用法律若干问题的意见》第2条规定的造成交通事故后逃逸，在高速公路、城市快速路上驾驶，驾驶载有乘客的营运机动车，曾因酒后驾驶机动车受过行政处罚或者刑事追究等从重处罚情形，完全可以认定为醉酒驾驶机动车情节轻微或者显著轻微，进而依照《刑法》第37条、第13条的规定，免予刑事处罚或者不作为犯罪处理。[1]

---

[1] 参见高贵君、马岩等：《〈关于办理醉酒驾驶机动车刑事案件适用法律若干问题的意见〉的理解与适用》，载《人民司法》2014年第3期。

如何避免机械司法,关键是要把形式判断与实质判断结合起来,避免单纯地依靠法条字面含义来对案件进行形式判断,禁锢于"严格规则主义",而忽视了司法裁决还需要从社会危害性的角度进行实质判断,以达成裁判的实质合理性。

比如,曾引起社会广泛关注的内蒙古农民收购玉米案:

2014年11月至2015年1月,被告人王力军未办理粮食收购许可证、未经工商行政管理机关核准登记并颁发营业执照,擅自在巴彦淖尔市临河区白脑包镇附近村组无证照违法收购玉米,将所收购的玉米卖给巴彦淖尔市粮油公司杭锦后旗蛮会分库,经营数额218,288.6元,非法获利6000元。案发后,王力军主动到公安机关投案自首,并退缴获利6000元。

根据该事实,巴彦淖尔市临河区人民检察院以非法经营罪对被告人王力军提起公诉,巴彦淖尔市临河区人民法院于2016年4月15日作出刑事判决,以非法经营罪判处王力军有期徒刑一年,缓刑二年,并处罚金2万元,其退缴的非法获利人民币6000元由侦查机关上缴国库。一审宣判后,王力军未上诉,检察机关未抗诉,判决发生法律效力。2016年12月16日,最高人民法院就此案作出了再审决定,指令巴彦淖尔市中级人民法院对本案进行再审。后王力军被再审改判无罪。

最高人民法院审查认为,《刑法》第225条关于非法经营罪的规定中,第4项"其他严重扰乱市场秩序的非法经营行为"是在前三项规定明确列举的三类非法经营行为具体情形的基础上,规定的一个兜底性条款,在司法实践中适用该项规定应当特别慎重,相关行为需有法律、司法解释的明确规定,且要具备与前三项规定行为相当的社会危害性和刑事处罚必要性,严格避免将一般的行政违法行为当作刑事犯罪来处理。就本案而言,王力军从粮农处收购玉米卖给粮库,没有严重扰乱市场秩序,且不具有与《刑法》第225条规定的非法经营罪前三项行为相当的社会危害性,不具有刑事处罚的必要性。[1]

在此案中,最高审判机关认为,认定非法经营罪时不仅"相关行为需有法

---

[1] 参见罗书臻:《内蒙古农民收购玉米被判非法经营罪案引争议 最高法院指令巴彦淖尔中院再审》,载《人民法院报》2016年12月31日,第1版。

律、司法解释的明确规定",而且"要具备与前三项规定行为相当的社会危害性和刑事处罚必要性",这样就坚持了形式判断与实质判断的结合。原审法院之所以认定非法经营罪成立,主要依据形式判断,单纯地从法律条文的字面含义中找答案,而忽视了对行为危害性的实质判断。事实上,如果仅着眼于法律与事实的表层对应性作出裁判,则势必落入机械司法的窠臼,裁判效果欠佳亦不出意外。

重视实质判断,必然要求我们要多作价值判断、利益衡量和理性裁决,这样容易让我们的裁判切合立法目的、充满活力、富有张力。上海市高级人民法院原副院长黄祥青法官说:"注重形式、强调规则,其价值归于实现秩序。重视实质、切入本质,目的在于保障自由、激发人的创造活力……就司法侧面而言,注重实质,自然赋予法官相当的价值判断职责和理性裁酌空间;专注规则,法官则容易养成不假思索、按图索骥的裁判惯性,乃至思维固化、渐失价值判断能力。约言之,'先形式后实质'不妨作为一般的法律适用方法,但不能作为基本的司法裁判规则。实践中必须警惕貌似合于法律、实际背离法律价值目的的司法裁判。"[1]此观点值得我们重视。在办理案件过程中,既要严格遵循法律和司法解释的明确规定,也要注意对个案进行具体分析。"如果认识到依照法律、司法解释和相关规定机械照搬处理案件是不公正的,就应当本着实质正义的要求,将案件拉回到应有的正义轨道上去。"[2]

在司法实践中亟待激活《刑法》总则第13条的但书规定。我国《刑法》第13条明确规定"情节显著轻微危害不大的,不认为是犯罪",此规定表明我国刑法中的犯罪概念不仅有质的要求,还有行为程度即量的要求,这是我国刑事立法的一大特色。"犯罪概念由立法定性,司法定量,这是世界通例。而我国刑事立法中,犯罪概念既定性又定量。它是我国传统治国经验'法不责众'的现代模板,实际起着刑法'谦抑原则'的制度保障作用。"[3]**对犯罪构成的定量要素应当予以重视**,如果我们回看多年来的刑事司法实践,一些难解的重大问题莫不与犯罪概念定量因素密切相关。司法考虑定量因素,就是要审查判断行为的实

---

[1] 黄祥青:《法官如何裁判才能防止机械司法》,载微信公众号"法影斑斓"2019年3月22日。
[2] 张建伟:《司法机械主义现象及其原因分析》,载《法治社会》2023年第1期。
[3] 储槐植、汪永乐:《再论我国刑法中犯罪概念的定量因素》,载《法学研究》2000年第2期。

质危害性,从而将一些形式上合乎犯罪构成要件但情节显著轻微危害不大的行为排除在犯罪之外,以实现司法处理的实质合理性、正当性。

总之,法官判案不能仅满足于法律上的形式判断,还要善于从案件涉及的多个方面考量,案件的必要事实及其体现的法律关系、案件背后的诉讼目的、判案理由、当时的社会环境、判决的社会效果、最新的学术研究成果、相关法律规定等,都是司法裁判应予考虑的因素。**特别是,要关注法律的基本精神、立法目的和预设价值。司法两难,往往源于价值两难。所以,作为司法工作者,要善于价值衡量、利益权衡,要把社会主义核心价值观、社会最基本共识作为理解刑法和刑事诉讼法的灵魂和基础,作为衡量、检验刑事裁判合理与否的重要标准。**

(二)将专业判断与常识判断相结合

英国法学家麦克白有一句名言:"良知是最高的法律准则。"从形式上看,法律是一个个冷冰冰的规则,但其内核中一定有人伦道德的脉脉温情,一定有对常识常情常理的基本遵循。我们讲"法不悖情",其道理即在于此。

笔者记得刚刚参加法院工作不久,曾与来京访问的英国法官代表团的一位资深法官探讨过"办案中遇到疑难纠结事项,内心不知如何决断"时该怎么办的问题,他说,"通常我会回家问问妈妈该怎么判"。当时听到这句话,笔者心里很是疑虑。但经过这么多年的办案实践,再回过头来品味这位外国同行的话,开始认同并对其中的道理越来越深信不疑。英国同行说的其实就是,**司法要善于回归常识和经验法则,关注人之常情常理,多用百姓视角看问题,将法律人基于规则的专业判断与普通人基于人类的朴素认识与情感而作出的一般判断相结合**。这一点对于办理疑难复杂案件来说十分重要,也是提升裁判可接受性的重要方面。

笔者曾经对近来纠正的重大冤假错案进行梳理,发现不少案件从侦查之初,"就不仅违背了法律规定的诉讼程序和办案规则,而且背离了常情常理,违背了生活的逻辑",由此将案件的"侦查方向引入歧途,最后酿成冤错案件"。[1]

---

[1] 胡云腾:《向群众和传统学习司法智慧》,载《中国审判》2016年第19期。

例如,安徽的于英生"杀妻"案:[1]

在该案中,没有任何证据或者线索显示案发前被告人与妻子关系不和、存在矛盾,而且被告人当时年纪轻轻已被组织部门任命为区长助理,仕途顺利,前程美好,这样一个人却被指控以极其残忍、龌龊手段杀害妻子并伪造其被奸杀的假象,从常情常理上就无法让人理解与解释。

又如,浙江的张氏叔侄案:[2]

二被告人是没有任何前科劣迹的正经生意人,且受熟人之托,顺道带一个女孩即本案被害人至杭州。按照生活常识,这种人不大可能在光天化日之下、共同将搭便车的被害人先奸后杀,但办案人员却背离常识地认定叔侄二人系真凶,以致酿成一桩冤案。

再如,云南的杜培武冤错案:[3]

被告人作为一名公安局戒毒所民警,工作及生活均属正常,没有表现出任何犯罪潜质和迹象,且案发时正潜心准备中央党校考试,但却被认定故意持枪当面杀害自己的警察妻子及其警察同学并陈尸车上(后返回单位继续复习

---

[1] 简要案情:1996年12月2日,安徽省蚌埠市东市区原区长助理于英生之妻韩某被发现在家中遇害,20天后,于英生被作为凶手逮捕。后经公安机关侦查、检察机关提起公诉,一审法院以故意杀人罪判处于英生无期徒刑,于英生上诉后,二审法院裁定驳回上诉,维持原判。2013年8月13日,安徽省高级人民法院经再审认定,于英生故意杀妻事实不清、犯罪证据"不具有唯一性和排他性",依法撤销原判,宣告于英生无罪。随后,公安机关启动再侦程序,于2013年11月27日将真凶武某抓获。

[2] 简要案情:2003年5月18日晚,安徽歙县籍的长途货运司机张高平和其侄张辉驾车去上海,17岁的被害人王某经别人介绍搭乘他们的顺风车去杭州。5月19日,在杭州一水沟内发现了王某的尸体。5月23日,张高平和张辉被当地公安机关刑事拘留。2004年4月21日,一审法院以强奸罪判处张辉死刑,张高平无期徒刑。二人上诉后,二审法院改判张辉死缓,张高平有期徒刑15年。2013年3月26日,浙江省高级人民法院经再审认定,根据公安机关出具的《物证鉴定查询比对报告》,经将被害人指甲内提取的DNA材料与数据库进行比对,发现与2005年即被执行死刑的罪犯勾某高度吻合,本案不能排除系他人作案的可能,故依法撤销原判,宣告张辉、张高平无罪。

[3] 简要案情:1998年4月20日下午,昆明市公安局通讯处民警王某与昆明市石林县公安局副局长王某某被人近距离枪杀在一辆昌河微型警车上,杀人的凶器是王某某随身佩带的"七七"式手枪,枪支去向不明。4月22日下午,王某的丈夫、昆明市公安局戒毒所民警杜培武被作为犯罪嫌疑人拘押讯问,7月2日被刑事拘留,8月3日被批准逮捕,10月20日被提起公诉,1999年2月5日一审法院以故意杀人罪判处杜培武死刑。杜培武上诉后,二审法院于同年10月20日经终审改判杜培武死缓。2000年6月中旬,昆明市公安机关破获杨某等抢劫杀人团伙案,缴获王某某被抢手枪等赃物,杨某供认了枪杀王某、王某某的犯罪事实。2000年7月6日,云南省高级人民法院经再审改判杜培武无罪。

课业)。

这些血淋淋的案子警示我们：**不顾常识常情和生活逻辑办案，就容易误入歧途。与职业和专业相伴相生的"傲慢与偏见"，在任何领域都可能存在，所以，我们要有对自身专业判断保持警惕的能力。**当基于法律规则的专业判断得出令人"大吃一惊"的结论时，不应轻易地否定公众的一般判断，而应该首先反思我们是不是对赖以判断的规则选择或理解有误。古人云，事出反常必有妖。司法的道理亦如此。

在刑事司法领域将专业判断与常识判断结合起来，很重要的一点就是保持"百姓视角"，裁判兼顾法、理与情，将个案的审判置于国法、天理、人情之中综合考量，**把国法作为裁判的底线不可逾越，把天理作为裁判的精神予以彰显，把人情作为裁判的温度可感可知。**换言之，司法裁判首先要最大限度追求法律正义，同时还要兼顾社会普遍正义，不能违背人之常情。从实际来看，很多刑事案件，特别是因民间矛盾引发的故意杀人、故意伤害等案件，案发起因可能包含复杂的社会问题和情感因素等。如果单纯地从法律上评判并不能真正地定分止争、让人接受，则结合情理裁判，晓之以理、动之以情，更能够有效地化解矛盾、令人信服。

中国是一个有深厚传统文化基础的国家，国法、天理、人情都是深深扎根人们心中的正义观念，反映的是这个社会的普遍正义，其实质就是民心。民心不可违，对此应当有足够清醒的认识。在审查、判断案件事实和证据时，除了证据规则，我们还应当结合经验层面的常识、常情、常理进行分析判断；适用法律作出裁判时，除了严格依照法律规定，还应当考虑人与人在社会交往中的情感、社会公众通行的价值理念和公平正义观念，使裁判符合社会公众所理解的社会基本是非观、价值观、善恶观，以严谨的法理彰显司法的理性，以公认的情理彰显司法的良知。

当然，我们说司法裁判要重视情理，不是要照顾某些个人的私人感情和私人利益，而是要尊重人民群众的朴素情感和基本的道德诉求，不能违背人之常情。事实上，情理与法律并不是互相背离的两极，人情上普遍难以接受的，往往也是违背法律本意的。从司法实践来看，定案证据、法律事实可能随着新证据的出现或者原有证据存在的重大瑕疵被揭示而被推翻；随着我国经济社会的发展,新的裁判规则也会不断地被引入,而唯有人情是亘古不变的,纯粹的亲情伦理、良善的道德动机、朴素的价值观念,背后往往代表着广泛的民意,且有坚实的正当性基础。

作为一名司法工作者,在个案裁判中对情理问题,要予以高度重视并在法律上积极给予正面评价。**在符合法律规定的情况下,应当放下职业和专业可能带来的傲慢、偏见与冷漠,多用老百姓的视角来看问题,设身处地地考虑当事人的实际困境,在法律和情理间往返顾盼,以找到最佳的融合点,让裁判结果及其理由既不逾越法律也不背离情理,从而更好地满足人民群众对公平正义的实质需求。**

(三)重视发挥裁判的社会引领功能

裁判不是非黑即白、非此即彼的简单取舍与理论推演,而是需要在反复进行逻辑推理、利益权衡、价值衡量的基础上作出抉择。而且,在很多时候,这场决策都很难达成百分之百的公平,而只能是一种相对的合理与公平。但这绝不意味着裁判是"和稀泥"。它本身应有自己清晰的标准与边界。换言之,裁判结果可能因为兼顾多种考虑、多项利益、多个价值而圆通,但是司法裁判的标准应是始终明确的,也即必须按照一定的法律规则进行,司法裁判应当自觉地遵循规则、维护规则,进而创制规则、建构规则体系。

我们常说审判工作要达成法律效果、社会效果、政治效果的统一,这里的"三个效果"应针对裁判结果而言,并不是说存在三个裁判标准,要把裁判标准与裁判结果或裁判效果分开看待。个案的裁判可以也应该追求"三个效果"的统一,但是其裁判标准只能有一个,那就是法律规则,不能抛开法律规则来谈裁判、谈裁判效果。事实上,如果不坚持依据规则裁判案件,任意突破法律底线,也不可能有好的法律效果,更不能有好的社会效果、政治效果。"如果一个裁判违反基本法律规则,给社会带来不正确的指引,那只会让社会付出更加沉重的代价。"[1]

当然,正如前文所述,强调依据法律裁判,并不是要机械奉行"严格规则主

---

[1] 江必新:《关于裁判思维的三个维度》,载《中国审判》2019年第3期。

义",拘泥于法条的字面含义来适用法律,而是对法律规则应坚持从实质正义的角度来理解。我们再以曾一度引发社会广泛关注的"天津老太非法持有枪支案"为例:

被告人在天津市海河亲水平台附近摆设射击游艺摊位进行营利活动,民警在巡查过程中当场从其经营的摊位上查获枪形物9支及配件、塑料弹等物品,经鉴定,现场查获的9支枪形物中的6支为能正常发射、以压缩气体为动力的枪支。

依据2001年《最高人民法院关于审理非法制造、买卖、运输枪支、弹药、爆炸物等刑事案件具体应用法律若干问题的解释》的规定,非法持有以压缩气体等为动力的非军用枪支5支以上为"情节严重",应判处三年以上七年以下有期徒刑。如果单纯地从法律规定的枪支标准及数量来裁量,本案应当纳入重罪惩治范围。但从被告人行为的主客观危害程度分析,却与重罪的罪质相去甚远,对被告人判处较重刑罚既无必要,亦不合理。所以,二审法院将一审法院以非法持有枪支罪判处被告人有期徒刑三年六个月的量刑结果,改判为有期徒刑三年,缓刑三年,由此取得良好社会效果。[1]

从司法实际来看,任何的裁判总是由个案纠纷引发,有效化解矛盾纠纷、实现案结事了,毫无疑问地成为审判活动应当首先面对和着力解决的现实问题。但是,在解决个案问题的同时,还应当自觉地遵循、维护乃至充实、发展法律规则,积极弘扬法治精神,努力通过个案裁判实现社会引领功能,推动完善社会管理制度,影响和推进时代发展进程。而不宜把裁判思维仅局限于个案纠纷的解决,局限于案结事了。**特别是不能简单地为消化案件而背离法律规则,作出与现代法治精神、社会发展趋势和社会主义核心价值观明显不符的裁决。**

例如,引发社会舆论高度关注的福建赵宇案:

李华与邹某(女,27岁)相识但不是太熟。2018年12月26日23时许,二人一同吃饭后,一起乘出租车到达邹某的暂住处福州市晋安区某公寓楼,二人在室内发生争吵,随后李华被邹某关在门外。李华强行踹门而入,殴打谩骂邹

---

[1] 参见张晓敏:《赵春华涉枪案二审宣判 天津一中院改判其有期徒刑三年缓刑三年》,载《人民法院报》2017年1月27日,第3版。

某,引来邻居围观。暂住在楼上的赵宇闻声下楼查看,见李华把邹某摁在墙上并殴打其头部,即上前制止并从背后拉拽李华,致李华倒地。李华起身后欲殴打赵宇,威胁要叫人"弄死你们",赵宇随即将李华推倒在地,朝李华腹部踩一脚,又拿起凳子欲砸李华,被邹某劝阻住,后赵宇离开现场。经法医鉴定,李华腹部横结肠破裂,伤情属重伤二级;邹某面部软组织挫伤,属轻微伤。

该案经福州市公安局晋安分局侦查终结后,以赵宇涉嫌过失致人重伤罪向福州市晋安区人民检察院移送审查起诉。晋安区人民检察院于2019年2月21日以防卫过当对赵宇作出相对不起诉决定。该相对不起诉决定受到了公众的质疑。因为相对不起诉虽然在结论上是不追究其刑事责任,但仍然认定其有犯罪事实存在,只是因防卫过当,情节轻微,而不再追究刑事责任。从法律规定和在案证据来看,本案应没有犯罪事实。

根据最高人民检察院的通报材料,在本案中,李华强行踹门进入他人住宅,将邹某摁在墙上并用手机击打邹某头部,其行为应属于"正在对他人的人身进行不法侵害"的情形。赵宇在这种情况下,上前制止李华殴打他人,其目的是阻止李华继续殴打邹某,其行为具有正当性、防卫性,应属于"为了使他人的人身免受正在进行的不法侵害"的情形。概言之,赵宇的行为完全符合正当防卫的构成要件。

并且,赵宇的防卫行为也没有明显超过必要限度。首先,从防卫行为上看,赵宇在制止李华正在进行的不法侵害行为过程中始终是赤手空拳与李华扭打,其实施的具体行为仅是阻止、拉拽李华致李华倒地,情急之下踩了李华一脚,虽然造成了李华重伤二级的后果,但是,从赵宇防卫的手段、打击李华的身体部位、在李华言语威胁下踩一脚等具体情节来看,不应认定为"明显超过必要限度"。其次,从行为目的上看,赵宇在制止李华殴打他人的过程中,与李华发生扭打是一个完整、连续的过程,整个过程均以制止不法侵害为目的。李华倒地后仍然用言语威胁,邹某仍然面临再次遭李华殴打的现实危险,赵宇在当时环境下踩李华一脚的行为,应当认定为在"必要的限度"内。所以,检察机关经重新审查本案的事实证据和具体情况,最终依照《刑事诉讼法》第177条第1款的规定,以"犯罪嫌疑人没有犯罪事实"作出不起诉决定。这次对赵宇作出的是无罪的不起诉决定,也就是通常所说的法定不起诉。[1]

从个案解决问题的角度来看,检察机关第一次作出的相对不起诉决定,也能够直接达成不处理行为人的目的与效果。但这种司法处理仍认为其涉案行为属于犯罪(只不过因情节轻微而不再追究刑事责任),显然未能彻底分清是非曲直,有"和稀泥"之嫌,不仅无助于鼓励公民见义勇为、弘扬社会正气,也有悖于正当防卫制度的立法精神和社会主义核心价值观,最后被纠正是必然的结果。

司法的"最大公约数",最终要体现在裁判对这个社会、这个时代的引领价值。回顾古今中外的审判史,那些堪称"伟大的判决",它们的共同特点都是不仅能够为解决案件矛盾问题提供妥切的方案,而且能够超越个案范畴,因其确立的裁判规则及价值导向而对整个现实社会乃至未来发展产生积极推动和引导作用。作为一名司法工作者,理应拥有更为高远的职业追求、更为强烈的社会担当,在作出司法裁判时不能仅仅满足眼前的纠纷解决,还应适当放眼长远,多想想当下的裁判是否合乎社会主义核心价值观,是否维护或践行了弘扬社会主义核心价值观的裁判规则,甚至要想一想裁判是否顺应历史发展潮流,能否在几年、几十年后仍立于潮头,经得起检验。**一名法官能够几十年、上百年后仍被人们铭记、惦念,最大可能是因为一份署着他或她名字的"伟大的判决"**,这样的判决因引领社会、牵引时代而拥有了穿越时空、历久弥新的魅力。

---

〔1〕 参见陈菲、丁小溪:《最高人民检察院就"赵宇正当防卫案"作出回应》,载《检察日报》2019年3月2日,第1版。

第二讲　以审判为中心的刑事诉讼制度改革

2014年10月23日,中国共产党第十八届中央委员会第四次全体会议审议通过了《决定》,明确提出,"推进以审判为中心的诉讼制度改革,确保侦查、审查起诉的案件事实证据经得起法律的检验"。这为改革与完善我国的诉讼制度指明了方向。一般而言,以审判为中心的诉讼制度主要针对刑事公诉,因为只有刑事公诉领域才存在侦查、审查起诉与审判、执行的分离问题。在民事、行政诉讼以及刑事自诉中,人民法院审判的中心地位也是毋庸置疑的。所以,我们完全可以更进一步地将此项改革称为"以审判为中心的刑事诉讼制度改革"。

一、准确认识此项制度改革背景

为什么要在刑事司法领域推进以审判为中心的诉讼制度改革,这是我们首先必须面对的重要问题。此前,笔者曾参加一个国际研讨会,我们的一位领导在会上向外方人员提出了一个问题:你怎么看"以审判为中心的诉讼制度"?外国同仁听完问题后的表情可用四个字来描述,即"一头雾水"。他连连表示其本人没有研究甚至没有听说过这个概念,他们国家的法学理论和司法实践也没有"审判中心"的提法。我们解释后,其反应是,当然!刑事诉讼当然要以审判为中心,因为这是刑事司法的规律使然。

(一)基于司法规律

刑事司法规律决定了审判在诉讼中的中心地位,最高人民检察院原副检察长朱孝清大检察官对此有一个较全面的阐述：（1）在职能上，任何案件都只有经过审判，才能对被告人认定有罪并处以刑罚，审判是决定诉讼结局的环节，侦查、起诉的成果都要接受审判的审查和检验。（2）在诉讼地位上，审判对刑事诉讼活动具有终局意义，侦查、起诉、执行都围绕审判并服务于审判。（3）在证据上，侦查、起诉环节收集、固定、审查、运用证据，都"应当与刑事审判关于证据的要求和标准相一致"。（4）在条件上，只有审判具备程序正义的最完整形态，因而最有条件作为刑事诉讼的中心。（5）在目的上，"以审判为中心"有利于提高办案质量，防止冤假错案等。[1]

从法理上讲，审判体现诉讼的终局结果，适当突出其功能与地位，其实不难理解。但是，如果单纯用"司法规律"来解释以审判为中心的诉讼制度改革之动因，显然还不能让所有人都能"心领神会"。任何一项制度改革，都需要理论引导和支持，但我们不能仅从理论层面来看问题。**理论上具有正当性固然重要，但作为国家的一项司法制度改革，其提出必然首先要满足功利性的需要，也即要以解决现实突出问题为旨归。**那么，我们正在面临什么问题需要启动和推进这项涉及面广、影响深远的司法制度改革呢？

（二）解决现实问题

让我们还是回到党的十八届四中全会《决定》上。《决定》旗帜鲜明地提出坚持走中国特色社会主义法治道路、建设中国特色社会主义法治体系、建设社会主义法治国家，并从科学立法、严格执法、公正司法、全民守法等多个方面详细描绘了法治中国的新蓝图。其中，第四部分专门阐述了"保证公正司法，提高司法公信力"，明确指出"公正是法治的生命线"，依法治国的一个重要任务就是"保证公正司法，提高司法公信力"，这也是我国司法工作的主线。**一直以来，人民群众对司法的唯一或者最重要的价值诉求就是"公正"**。然而，司法不公现象乃至冤假错案在实践中却时有发生。《决定》明确指出："司法公正对社会公正具有重要引领作用，司法不公对社会公正具有致命破坏作用。"冤假错案会造成

---

[1] 参见朱孝清：《认罪认罚从宽制度中的"主导"与"中心"》，载《检察日报》2019年6月5日，第3版。

受害人生命财产重大损失,更是严重损害了司法公正以及社会公正。"以审判为中心的诉讼制度改革"正是在一些冤假错案陆续披露、社会各界广泛关注的大背景下提出的,既是刑事诉讼规律的基本要求,更是防范冤假错案的制度回应。

长期以来,我国刑事诉讼中侦查、起诉、审判流水作业,权力平行,各管一段,以至于形成业内所戏称的"刑事诉讼是公安煮饭、检察端饭、法院吃饭"的状况。以侦查为中心的刑事诉讼模式有它的制度优势,如诉讼效率高,打击犯罪有力,但是弊端也是显而易见的,近年来纠正的多起冤错案件就是一个重要例证。诚如有观点所言,"冤假错案发生原因极其复杂,既有技术层面的原因,也有制度层面的原因,还有理念层面的原因。从刑事诉讼模式的视角进行考察,冤错案件的成因与审判的诉讼中心地位未完全确立有着密切关系"。[1]

虽然1996年和2012年进行的两次《刑事诉讼法》修改都强调审判程序对案件的终极裁判意义,但在具体制度设计上,审前的侦查、审查起诉程序仍基本不受审判程序的制约。这就导致一些事实不清、证据不足的案件时常"带病"进入审判环节。加之无罪推定、证据裁判等司法理念未能深入人心,法院一旦作出无罪判决,不仅难以被公安、检察机关认可,也难以被社会公众接受。在此情况下,"如果强行下判,则可能造成冤假错案,如果依法放人,又难以承受来自社会各方的巨大压力,当事人往往超期羁押,人民群众反映强烈"。[2]

故此,唯有强调侦查和审查起诉程序围绕审判程序的要求进行,**确保侦查、审查起诉环节的办案标准符合审判环节的法定定案标准,才能从源头上有效防范冤假错案的发生**,保证案件质量,"让人民群众在每一个司法案件中感受到公平正义"。这正是推进以审判为中心的诉讼制度改革的重要出发点和落脚点。概言之,此项司法改革举措的推出,既是遵循刑事诉讼规律的必然要求,也是解决现实突出问题、实现司法公平公正的客观需要。

立足于司法规律和现实需要来看,**刑事诉讼以审判为中心,只有进行时、没有完成时**。推进以审判为中心的刑事诉讼制度改革,虽然已经进行多年,且改

---

〔1〕 张立勇:《强化审判中心地位 切实防范冤错案件》,载《人民法院报》2013年8月21日,第5版。

〔2〕 周强:《推进严格司法》,载《人民日报》2014年11月14日,第6版。

革成果显著,但远没有到鸣金收兵之际,还有不少方面需要进一步完善、巩固、强化和拓展。**当前及今后一段时期,我们仍应当继续把深化这项改革,作为刑事诉讼法治建设的重点,特别是要积极推动立法跟进**。事实上,通过司法机关先行先试,以审判为中心的刑事诉讼制度改革在一些方面已经积累了丰富的实践经验,形成了一系列卓有成效的诉讼机制、制度,并有相关司法解释文件作为依托,有必要及时提炼提升,转化为法律规定,以巩固改革成果。此外,一些制约改革持续推进的体制机制性问题,也亟待通过立法完善加以解决。[1]

二、全面把握制度改革深刻内涵

深入推进以审判为中心的诉讼制度改革,必然要求我们全面、准确地理解和把握此项改革的基本内涵。何为"以审判为中心",目前学界有诸多探讨。例如,有观点指出,"以审判为中心具体来说就是以庭审(审理程序)为中心、庭审实质化";[2]"以审判为中心就是以庭审作为整个诉讼的中心环节,提高庭审质量"[3]在笔者看来,如此界定"以审判为中心",无异于将"以审判为中心"等同于"以庭审为中心",这就大大限缩了"以审判为中心"的深刻内涵,也低估了这项诉讼制度改革的深远意义。从我国实际出发,对"以审判为中心"可从以下两个方面深入理解与全面把握,以避免认识上出现偏差。

(一)突出三个地位

"以庭审为中心"主要讲审判环节的庭审活动,而"以审判为中心"则不限于庭审,针对的是整个刑事诉讼程序,特别强调审判对侦查、审查起诉等诉讼活动的影响甚至主导作用,这恰恰是该项诉讼制度改革最引人注目之处。笔者认为,"以审判为中心"至少应包含三个层面的内容,也即要"突出三个地位"。

1. 突出审判在诉讼中的"中心地位"

具体来说,刑事公诉案件的整个诉讼制度和诉讼活动要围绕审判这一中心

---

[1] 参见于同志:《深化以审判为中心的刑事诉讼制度改革》,载《中国应用法学》2023年第3期。
[2] 甄贞:《推进以审判为中心的诉讼制度改革》,载《检察日报》2014年11月4日,第3版。
[3] 王守安:《以审判为中心的诉讼制度改革带来深刻影响》,载《检察日报》2014年11月10日,第3版。

来建构和展开。**所谓"围绕审判"：一是强调审判对案件的终局裁判功能**。也就是说，只有经过审判才能对被告人定罪量刑，确保审判对案件事实认定、证据采信、法律适用、作出裁决起决定性和最终性作用。**二是强调审判对侦查、审查起诉等诉讼活动的引导和制约功能**，其他诉讼活动要按照审判的标准和要求进行，"确保侦查、审查起诉的案件事实证据经得起法律的检验"。

2. 突出庭审在审判中的"关键地位"

换言之，要充分发挥庭审在查明事实、认定证据、保护诉权、公正裁判中的决定性作用，也即学者所说的"庭审实质化"，实现"事实证据调查在法庭、定罪量刑辩论在法庭、判决结果形成在法庭"，使法庭庭审真正成为确认和解决罪、责、刑的关键环节。

3. 突出一审在审级中的"重心地位"

从审级设置看，第一审程序距离案发时间最近，相对更容易查明案件事实；同时，第一审程序全面解决案件的事实证据认定和法律适用问题，是最完整的诉讼程序，也是整个审判程序的基础，**发挥庭审的决定性作用主要体现在第一审程序上，所以应将一审作为审判程序的重心**。

上述三方面内容紧密结合，较为全面地反映出"以审判为中心的诉讼制度"的实质。其中，第一层含义涉及侦查、起诉、审判三种诉讼职能的合理配置，是最主要的；第二层、第三层含义主要体现在审判体系的机制重构，通过突出第一审程序中的庭审功能，来带动整个审判程序的实质化，进而传导至审前程序，所以，第二层、第三层含义上的改革意义也十分重大。对以审判为中心的诉讼制度改革的丰富内涵，应当全面理解、认识。

(二) 厘清三种认识

为准确把握以审判为中心的刑事诉讼制度改革的内涵，我们还需要从思想上厘清并确立以下基本认识。

1."以审判为中心"不等于"以法院为中心"

"以法院为中心"说的是公、检、法三家的关系，而"以审判为中心"侧重于诉讼制度调整，目的是确保案件质量，最大限度地避免冤假错案，它应不涉及部门利益，不涉及各专门机关及其人员的地位高低、作用大小问题。并且，从保证准确有效地执行法律、实现司法公正的角度,审判程序与侦查、审查起诉等诉讼程序的根本目标与任务也是完全一致的。所以,要克服制度改革过程中可能出现的各机关工作上互相不配合、心理上互相不服气的问题。事实上,审判不是法院一家的事,审判程序为所有诉讼参与人参加案件审理活动搭建了一个平台,各诉讼参与人都不可或缺,其中控、辩、审三方都是平台的主角。只有各诉讼参与人特别是三大主角依法履行好各自的职责,充分发挥应有功能,法院才有可能作出客观公正的裁判,最大限度地实现诉讼目的。

2. "以审判为中心"不是淡化而是强化了侦查、审查起诉的职责与重要性

"中心不代表全部"。刑事诉讼是一个包括立案、侦查、审查起诉与审判、执行等诸多环节的复杂过程,对各个诉讼环节都不能忽视或互相替代。我国《刑事诉讼法》规定,人民法院、人民检察院、公安机关进行刑事诉讼分工负责,互相配合、互相制约。其中,公安机关、人民检察院负责的侦查、审查起诉活动,是审判活动展开的前提和基础,要实现以审判为中心,就不能脱离侦查、起诉等环节,否则,审判就会成为空中楼阁。所以,**必须在坚持"分工负责"的基础上突出"以审判为中心"**。不仅如此,推进以审判为中心的刑事诉讼改革,对侦查、起诉工作提出了更高的要求,侦查、起诉案件的事实、证据要符合审判的标准,公诉人要在实质化的庭审中提升出庭支持公诉的能力和水平等,所以,"以审判为中心"丝毫没有减轻而是加重了侦查、起诉的职责与重要性。

3. "以审判为中心"不是否定检察机关对审判活动的诉讼监督

"以审判为中心"强调的是审判环节对案件处理的决定性作用,但审判活动仍然要接受检察机关的诉讼监督,两者并不矛盾。以审判为中心的诉讼制度改革也不是为改变宪法及三大诉讼法规定的"人民检察院对诉讼实行法律监督"的制度。党的十八届四中全会《决定》还明确提出,"完善检察机关行使监督权的法律制度,加强对刑事诉讼、民事诉讼、行政诉讼的法律监督"。党的二十大报告中继续强调"加强检察机关法律监督工作",所以,"'以审判为中心'与公检法互相配合互相制约、检察监督是并行不悖的两个方面,既不能以前者否定后者,也不能以后者否定前者"[1]。

---

[1] 朱孝清:《认罪认罚从宽制度中的"主导"与"中心"》,载《检察日报》2019年6月5日,第3版。

总之,强调刑事诉讼"以审判为中心"有助于引导侦控标准向审判标准看齐,侦、控、审共同严把案件质量关;有助于发挥法院庭审在定罪量刑的司法活动中所应起到的实质作用,使审判更像审判,从而推动案件办理质量的提升;有助于突出第一审程序在事实认定上的基础地位和关键作用,夯实案件得以正确处理的事实根据。因此,"以审判为中心"是确保案件办理质量、有效防范冤假错案、强化人权司法保障、实现刑事司法公正的至关重要的制度设计。同时,由于审判体现着诉讼的终局结果,在刑事诉讼中通常具有决定性意义,故推进以审判为中心的诉讼制度改革,也就抓住了公正司法的"牛鼻子"。

三、有效促成一体化的诉讼理念

"以审判为中心"既是一项制度,更是一种理念,需要我们正确认识、牢固坚持。审判是控、辩、审三方参与的诉讼活动,缺少任何一方都难以进行,推进以审判为中心的诉讼制度改革必然是一项系统工程,需要各专门机关及辩护律师的共同参与、协作配合。特别是,要围绕"公正司法"这一工作主线,统一思想认识,在诉讼的各个阶段贯彻一体化的诉讼观念和司法理念。其中,**在刑事实体领域,最突出的是坚持罪刑法定、罪刑均衡、宽严相济等;在刑事程序领域,无罪推定、正当程序和证据裁判最为重要。**

(一)无罪推定

《刑事诉讼法》第 12 条规定:"未经人民法院依法判决,对任何人都不得确定有罪。"这一规定的基本精神就是诉讼程序意义上的"无罪推定",同时也是"以审判为中心"诉讼理念的集中体现。无罪推定是现代刑事诉讼的一项基本原则,可以派生出一系列诉讼规则,但其基本内涵就是规范和制约司法权力的行使,要求办案人员不能先入为主、主观臆断、"拍脑袋定案",以最大限度地避免冤案发生。现行《刑事诉讼法》注重体现贯彻无罪推定的精神,不仅在总则部分的第 12 条作了原则性规定,而且在分则部分还规定"证据不足,不能认定被告人有罪,应当作出证据不足、指控的犯罪不能成立的无罪判决";明确了控诉方对认定犯罪的证明责任,并以是否起诉为标准将刑事诉讼中被追诉者的称谓分为犯罪嫌疑人和被告人等。

不仅审判程序应当严格坚持无罪推定原则,而且刑事诉讼的其他环节也应当毫不动摇地坚持无罪推定原则。具体有以下基本要求:

(1)坚决摒弃有罪推定、"重打击,轻保护"、重刑主义等传统观念,牢固树立惩罚犯罪与保障人权并重的司法理念。

(2)严禁采取刑讯逼供等非法方法收集证据,不得强迫任何人自证其罪。

(3)认真落实公诉案件认定犯罪的证明责任由代表国家的人民检察院承担的制度,人民检察院唯有通过确实充分的证据来推翻无罪的推定。

(4)严格依照法律规定和法定程序办案,充分保障犯罪嫌疑人、被告人的诉讼权利,既要保障无罪的人不受刑事追究,也要保证有罪的人获得公正合法的审判。

(5)进一步强化对无罪推定的认识,刑事立案并不意味着构成犯罪,提起公诉并不意味着作出有罪判决,二审判决并非对一审判决的"背书"等。从实践来看,当前亟待下决心解决各种违背司法规律的考核指标制约司法公正的问题,坚持结果导向,按照促公正、提效率、强队伍的工作要求,构建深度契合司法规律的考核机制,切实保障刑事司法公平公正。

(二)正当程序

"正当程序"观念最早出现在英国,也称自然正义(natural justice)原则,后来被很多国家引入,现在已是刑事司法的国际标准。联合国《公民权利和政治权利国际公约》第9条第1项明确规定,"除非依照法律所确定的根据和程序,任何人不得被剥夺自由"。一般认为,正当程序是一项权利保障机制,有两方面的基本内容:(1)对公民生命、自由、财产等重要权利的剥夺或者限制必须通过一定的程序进行;(2)这种程序本身必须是公正的,它实际内含着程序法定、程序中立、理性、排他、可操作、平等参与、自治、及时终结和公开等价值追求和工作要求。**"无程序即无法律,更无法治。"**对于诉讼活动而言,程序问题尤为重要。《布莱克法律大词典》在解释"正当法律程序"时甚至认为,"'正当程序'意味着基本公正"。

我国《刑事诉讼法》在1979年制定时就有正当程序的原则性规定,如要求"人民法院、人民检察院和公安机关进行刑事诉讼,必须严格遵守本法和其他法律的有关规定"。但客观地说,受到传统及现实的各种因素影响,正当程序观念在一些领域仍未能深入人心,刑事诉讼中"重实体、轻程序""重结果、轻过程"的问题一直存在。这也是导致实践中违法搜查、扣押、超期羁押、刑讯逼供乃至冤假错案等情况时有发生的根本原因。所以,**解决这些问题的突破口就在于实现刑事诉讼程序的正当化,将正当程序的理念切实引入刑事诉讼法及其实施过程中**。2012年、2018年《刑事诉讼法》修改从多个方面完善了诉讼程序,其实质就是贯彻正当程序的要求,使程序设置更为合理、正当。

推进以审判为中心的诉讼制度改革,是落实正当程序的具体举措。习近平总书记在《关于〈中共中央关于全面推进依法治国若干重大问题的决定〉的说明》中指出:"推进以审判为中心的诉讼制度改革,目的是促使办案人员树立办案必须经得起法律检验的理念,确保侦查、审查起诉的案件事实证据经得起法律检验,保证庭审在查明事实、认定证据、保护诉权、公正裁判中发挥决定性作用。这项改革有利于促使办案人员增强责任意识,通过法庭审判的程序公正实现案件裁判的实体公正,有效防范冤假错案产生。"所以,在制度改革的过程中,无论是审判执行机关,还是侦查、审查起诉机关都应当牢固树立正当程序理念,严格依照法律规定和法定程序办案,更为有效地维护被追诉人的人身权、财产权及其他程序性权利,切实做到程序公正,并通过程序公正保障和实现实体公正。

(三)证据裁判

"打官司就是打证据",无证据不能得出事实,只有经过法庭举证、质证、认证的证据才能作为案件事实认定的根据,此乃证据裁判之要义。一般认为,**证据裁判有三大基本法则:一是认定事实,必须依据合格的证据;二是认定事实,必须依据法定程序查证属实的证据;三是认定事实,必须达到法定证明标准**。这些要求涵盖了证据审查运用涉及的举证、质证、认证以及证据资格、证明责任、证明标准等多个方面。所以,证据裁判原则的内涵十分丰富,也极其重要,它是法治国家的基本司法原则,意在防止办案人员的恣意擅断,保障自由心证的合理性。

2012年《刑事诉讼法》修改,进一步完善了证据制度体系,明确了举证责任分配、证明标准、非法证据排除规则、证人保护与出庭规则,规范了取证、举证、质证、认证等程序,证据裁判体系初步形成。在此基础上,党的十八届四中全会《决定》明确要求"全面贯彻证据裁判规则"。之所以如此要求,其直接原因就是证据裁判规则在实践中未能彻底有效落实。例如,一些案件证据的收集、固定、保存等环节存在"选择性取证"、不依法移送有利于被告人的证据等问题;有罪推定、口供至上的传统观念根深蒂固,刑讯逼供、非法取证等问题在一定程度上仍然存在;非法证据排除规则不完善,司法实践中运用不够、适用不规范,未能充分发挥应有的作用等。

如前文所述,以审判为中心的诉讼制度改革的实现路径之一是庭审实质化,**而庭审实质化的关键就是证据裁判**。证据裁判,意在强化对证据的审查与运用,坚持依靠证据说话,从而确立相对严格、明晰的司法标准,并通过发挥这个标杆的引领功能,推动整个诉讼流程对案件证据的重视、办案质量的重视,从而保证案件依法客观处理、实现司法公平公正。所以,在推进以审判为中心诉讼制度改革的过程中,我们一定要牢固树立证据裁判理念。**唯有牢牢地抓住证据裁判这个关键,才有可能实现刑事诉讼"以审判为中心"**。

从立法表述来看,证据裁判规则主要针对审判活动。从建立以审判为中心的诉讼制度角度来看,**证据裁判理念应当辐射至整个刑事诉讼程序,要求公检法机关及其办案人员一体贯彻或遵守**。具体要求如下:

(1)牢固树立重证据、重调查研究、不轻信口供的意识,坚持严格依法收集、固定、保存、审查、运用证据,切实从源头上防止冤假错案的发生。

(2)坚持全面收集、移送证据,既要收集、移送证明犯罪嫌疑人、被告人有罪、罪重的证据,也要收集、移送证明其无罪、罪轻的证据。实践反复证明,如果不重视收集、移送无罪、罪轻的证据,甚至有意忽略已发现的此类证据,将会给案件的公正裁判埋下巨大隐患。

(3)落实口供补强规则,只有被告人供述,没有其他证据的,不能认定被告人有罪和处以刑罚,也不能降格作出"留有余地"的判决。

(4)重视证据的真实性、合法性和关联性审查,确保侦查、审查起诉、审判的案件事实证据经得起法律的检验。

(5)牢固坚持"证据确实充分、排除合理怀疑"的证明标准,严格落实疑罪从无制度,对定罪证据不足、事实不清的案件,敢于依法及时撤销案件、不起诉或宣告无罪。

刑事诉讼领域中存在诸多司法原则或理念,但从程序法的角度来看,最为重要的就是无罪推定、正当程序和证据裁判。对这三大诉讼原则或理念,我们从大学期间学习法律伊始到参加工作多年,在数不尽的场合听到无数人不断提及,但客观地说这三大诉讼原则或理念在司法实践中并未能得到充分的贯彻、落实。作为一名刑事法官,我们不妨扪心自问一下:

(1)全案移送卷宗下能不能克服先入为主?

(2)能不能始终保持中立并像对待控方一样平等对待辩方?

(3)举证责任由检察机关承担,但我们是不是还时不时地干控诉的活?

(4)对于采取刑讯逼供等非法方法收集证据的,敢不敢依法排除?

(5)认定犯罪必须有确实、充分的证据,有些案件证据薄弱甚至欠缺,敢不敢理直气壮地宣判被告人无罪?

(6)审判活动有没有流于形式,搞"先定后审、秘密裁判""审者不判、判者不审"?

(7)作为一审,是不是还在不加限制地进行请示汇报;作为二审,是不是常常屈从、迁就一审,无原则地为一审的瑕疵甚至错误"背书"?

坦率地说,现阶段这些问题还不同程度地存在于我们的审判工作中。**如果分析、梳理冤假错案发生的深层原因,可以说每一起案件都与上述三大诉讼原则或理念未能得到真正、有效的贯彻有关系。甚至可以说,冤假错案无一不是对三大诉讼原则或理念的失守导致的**。所以,无罪推定、正当程序、证据裁判,应当成为每一名刑事司法人员必须坚守的司法良知与底线。正因为其极端重要,2017年《审判中心改革意见》要求,"坚持严格司法原则,树立依法裁判理念",明确提出了以下诉讼原则:

(1)坚持证据裁判原则,认定案件事实,必须以证据为根据。重证据,重调查研究,不轻信口供,没有证据不得认定案件事实。

(2)坚持非法证据排除原则,不得强迫任何人证实自己有罪。经审查认定的非法证据,应当依法予以排除,不得作为定案的根据。

(3)坚持疑罪从无原则,认定被告人有罪,必须达到犯罪事实清楚,证据确实、充分的证明标准。不得因舆论炒作、上访闹访等压力作出违反法律的裁判。

(4)坚持程序公正原则,通过法庭审判的程序公正实现案件裁判的实体公正。发挥庭审在查明事实、认定证据、保护诉权、公正裁判中的决定性作用,确保诉讼证据出示在法庭、案件事实查明在法庭、诉辩意见发表在法庭、裁判结果形成在法庭。

概括来看,《审判中心改革意见》确立的上述严格司法原则正是无罪推定、正当程序、证据裁判三大司法理念的体现。在侦查、起诉、审判活动中,严格坚守这些诉讼原则或理念,既是全面推进以审判为中心的刑事诉讼制度改革的重要方面,也是此项制度得以落地、巩固和拓展的重要保障。

四、立足现实着力解决突出问题

(一)围绕审判这一中心,逐步统一侦(调)控审的证据标准

所谓适用统一的证据标准,就是将侦查、审查起诉活动的证明标准统一到审判的定罪标准上,"确保侦查、审查起诉的案件事实证据经得起法律的检验"。习近平总书记在解释以审判为中心的诉讼制度改革的方案时指出:"在司法实践中,存在办案人员对法庭审判重视不够,常常出现一些关键证据没有收集或者没有依法收集,进入庭审的案件没有达到'案件事实清楚、证据确实充分'的法定要求,使审判无法顺利进行。"笔者个人理解,**在以审判为中心的诉讼制度改革背景下,要求侦查、审查起诉的案件事实经得起法律的检验,其中重要一点就是侦查终结、提起公诉与审判定罪采用相同的证据标准。**

有观点反对"同一说",认为"以审判为中心,不能理解成以审判为标准。侦查、起诉和审判是三个不同的阶段,人们对事实的判定是由浅入深不断发展的过程。如果要求侦查机关和检察机关用审判的标准衡量,就会放掉大量的嫌疑人,导致犯罪分子逍遥法外"。该观点主张,随着刑事诉讼活动的逐步进行,侦查、起诉、审判的证据标准应当是依次提高要求,从而形成"递进说"。[1]

笔者认为,从立法规定来看,坚持"同一说"应是确定无疑的。因为,自

---

[1] 参见刘晓燕、关祥国:《"以审判为中心诉讼制度改革"研讨会综述》,载《人民司法》2015年第15期。

1996年《刑事诉讼法》颁布施行以来,立法上一直规定侦查机关侦查终结、检察机关提起公诉和审判机关判决有罪都应当做到"证据确实、充分"。立法用语一以贯之,并无二致。立法机关在解释相关条款时指出:"'证据确实、充分'是我国刑事诉讼法对侦查机关侦查终结移送起诉、检察机关提起公诉的要求,也是审判程序中人民检察院完成被告人有罪的举证责任,人民法院判决被告人有罪的证明标准。"[1]而且,最高人民法院、最高人民检察院、公安部、国家安全部和司法部于2016年联合颁布的《关于推进以审判为中心的刑事诉讼制度改革的意见》第2条第1款第2句也明确要求"侦查机关侦查终结,人民检察院提起公诉,人民法院作出有罪判决,都应当做到犯罪事实清楚,证据确实、充分",再次重申了侦查终结、提起公诉与审判定罪证据标准的同一性。

由此可见,我国《刑事诉讼法》对侦查终结、提起公诉、审判定案规定的是同一个证据标准,即"证据确实、充分",而且各阶段证据标准的"确实、充分"的含义在立法上也是完全相同的,都要符合以下条件:(1)定罪量刑的事实都有证据证明;(2)据以定案的证据均经法定程序查证属实;(3)综合全案证据,对所认定事实已排除合理怀疑。但在一些案件的实际办理中,公、检、法三机关在把握证据标准问题上没有完全按照"同一说"的要求进行,公安机关将部分没有达到审判定罪证据标准的案件移送审查起诉,检察机关也没有完全尽到把关职责,对一些没有达到审判定罪证据标准的案件提起公诉。对这些条件,人民法院本应按照疑罪从无的原则依法作出无罪判决,但现实中基于各方面压力,"定放两难",最后稍有放松、作出有罪判决,则酿成冤假错案。

推进以审判为中心的诉讼制度改革,要求侦查、审查起诉讼活动围绕审判程序展开,按照审判的司法标准和要求进行,这样既有助于侦查机关和审查起诉机关进行自我约束,自觉地按照法律规定和法定程序办案,规范诉讼行为,提升办案质量;也有利于发挥审前程序的"过滤功能",将一些达不到审判定案标准的案件提前消化掉,从而在源头上防止事实不清、证据不足或者违反法律程序的案件"带病"进入审判程序,避免审判环节的"定放两难",最大限度地防范

---

[1] 全国人大常委会法制工作委员会刑法室编著:《中华人民共和国刑事诉讼法解读》,中国法制出版社2012年版,第116页。

冤假错案,提高办案质量,节约诉讼资源。

需要指出的是,《监察法》第36条第2款明确规定:"监察机关在收集、固定、审查、运用证据时,应当与刑事审判关于证据的要求和标准相一致。"这是立法对监察机关办理职务犯罪案件提出的工作要求。**所谓"与刑事审判关于证据的要求和标准相一致",首要的是坚持证明标准的统一性,认定职务犯罪成立,必须做到事实清楚,证据确实、充分,这也体现了"以审判为中心"的理念和精神。**

按照以审判为中心的刑事诉讼制度改革的要求,当前需要重点做好以下两项工作:

(1)建立各类刑事犯罪(特别是常见类型犯罪)的证据指引。要明确办理不同类型刑事案件过程中应当收集哪些证据以及如何收集证据,探索将各类刑事案件的证明标准予以具体化、清单化,引导侦查、起诉机关按照审判定案的标准和要求,规范证据的收集、固定和判断过程,依法全面地收集、移送证据和审查起诉。

(2)规范技侦证据材料的收集和使用。要采取有力措施、有效形式,使技侦证据材料能够满足审判需要,实现在庭审中依程序举证、质证,并在裁判文书中予以表述,让诉讼参与人和社会公众真正信服。**目前的技侦证据审查,主要采取庭外核实的方式进行,有的仅由司法人员在庭外进行单方的复听后即作为认定事实的依据,不够严肃,隐患较多。**事实上,"对于起到关键证明作用的以技术侦查方式取得的证据,在庭审中完全可以采用不暴露技术方法和不泄露相关人员身份的方式进行依法有效的质证,关键还是要牢固树立以庭审为中心的程序公正意识"。[1]

(二)围绕庭审这一关键,深入推进庭审的实质化

庭审程序按照"控辩平等对抗、法庭中立裁判"的三方组合模式构建,这是最有利于发现案件真实、实现司法公正的一种程序设置。所以,以审判为中心

---

[1] 余剑:《深入推进以审判为中心的刑事诉讼制度改革》,载《人民法院报》2023年4月3日,第2版。

的诉讼制度改革要求把庭审对裁决形成的决定性作用切实发挥出来,解决目前不同程度存在的庭审形式化、虚置化问题,实现庭审的实质化。

所谓庭审实质化,是指"证据调查、定罪量刑等必须在'庭审'中进行,法官的裁决必须基于'庭审'中证据调查、法庭辩论的结果而在'庭审'中作出。这就意味着:(1)法庭调查行为必须发生在法庭之上,不能在庭审前也不能在庭审后;(2)裁判基础形成于法庭之上,不能以庭外的因素作为裁判的依据;(3)裁判结果形成于法庭之上,不能在庭审之前形成裁决结果"。[1]

按照庭审实质化的精神,当前及今后一个时期,在全面贯彻刑事诉讼法的基础上,需要重点做好以下几项工作。

1. 完善庭前准备程序

庭前准备程序,是指人民法院受理案件后至开庭审理前为开庭审理所进行的一系列诉讼活动,它是整个刑事诉讼程序的重要组成部分,直接影响甚至决定了后续审判活动的质量与效率,是实现庭审实质化,推进以审判为中心的诉讼制度改革的重要基础。

(1)进一步细化庭前会议制度,明确庭前会议可对一些程序性争议事项如回避、管辖异议等作出实质性裁判。对此,《庭前会议规程》等司法文件已作出相应的规定,对于可能导致庭审中断的程序性争议事项,人民法院应当依法作出处理,在开庭审理前告知处理决定,并说明理由;控辩双方没有新的理由,在庭审中再次提出有关申请或者异议的,法庭应当依法予以驳回。

2021年3月1日起施行的《适用刑诉法解释》就庭前会议制度的具体运行,还进一步规定了以下内容:

第一,人民法院可以就以下事项召开庭前会议,向控辩双方了解情况,听取意见:①是否对案件管辖有异议;②是否申请有关人员回避;③是否申请不公开审理;④是否申请排除非法证据;⑤是否提供新的证据材料;⑥是否申请重新鉴定或者勘验;⑦是否申请收集、调取证明被告人无罪或者罪轻的证据材料;⑧是否申请证人、鉴定人、有专门知识的人、调查人员、侦查人员或者其他人员出庭,

---

[1] 陈卫东、霍文琦:《以审判为中心推动诉讼制度改革》,载《中国社会科学报》2014年10月31日,第A5版。

是否对出庭人员名单有异议;⑨是否对涉案财物的权属情况和人民检察院的处理建议有异议;⑩与审判相关的其他问题。并且,在庭前会议中,人民法院可以开展附带民事调解。

第二,对上述可能导致庭审中断的程序性事项,人民法院可以在庭前会议后依法作出处理,并在庭审中说明处理决定和理由。控辩双方没有新的理由,在庭审中再次提出有关申请或者异议的,法庭可以在说明庭前会议情况和处理决定理由后,依法予以驳回。

第三,人民法院在庭前会议中听取控辩双方对案件事实、证据材料的意见后,对明显事实不清、证据不足的案件,可以建议人民检察院补充材料或者撤回起诉。建议撤回起诉的案件,人民检察院不同意的,开庭审理后,没有新的事实和理由,一般不准许撤回起诉。

第四,对召开庭前会议的案件,可以在开庭时告知庭前会议情况。对庭前会议中达成一致意见的事项,法庭在向控辩双方核实后,可以当庭予以确认;未达成一致意见的事项,法庭可以归纳控辩双方争议焦点,听取控辩双方意见,依法作出处理。控辩双方在庭前会议中就有关事项达成一致意见,在庭审中反悔的,除有正当理由外,法庭一般不再进行处理等。

上述司法解释规定,有效地回应了庭前会议制度实施中的突出问题,具有重要实际意义,在今后的司法实践中应注意贯彻落实。同时,**要结合审判实际,不断探索完善庭前会议制度,进一步深化对申请排除非法证据等程序性事项的解决,更好地发挥制度功效。**

(2)遵循证据全面双向开示的原则,促使控辩双方在庭审前都能全面获知与案件有关的信息,并进行充分准备,从而增强法庭控辩的针对性和平等对抗性。

(3)推动案件繁简分流、轻重分离、快慢分道,进一步扩大简易程序的适用范围,完善刑事诉讼中认罪认罚从宽制度,使复杂的案件进入普通程序精细审理,简单轻微的案件分流处理,实现简案快审、繁案精审。根据案件事实、法律适用、社会影响等因素,选择适用适当的审理程序,并进一步完善和规范不同程序之间的转换衔接,做到该繁则繁,当简则简,繁简得当。

2. 落实举证责任制度

《刑事诉讼法》第 51 条中规定,"公诉案件中被告人有罪的举证责任由人民检察院承担"。同时,该法还确立了疑罪从无制度,包括对犯罪嫌疑人没有犯罪事实,或者具有法律规定不应追究刑事责任的情形的,人民检察院应当作出不起诉决定;对于补充侦查的案件,侦查机关应当在一个月内补充侦查完毕,补充侦查以二次为限;对证据不足,不能认定被告人有罪的,人民法院应当作出证据不足、指控的犯罪不能成立的无罪判决等。据此,一方面,人民检察院要依法切实履行举证责任,不推诿,不回避。另一方面,对存疑的证据,人民法院应当及时建议人民检察院补充调查,人民检察院在规定时限内未提交证据材料的,应当依法裁判,不得降格作出"留有余地"的裁判。

为督促检察机关充分履行举证责任,2021 年《适用刑诉法解释》第 73 条还就全案移送证据材料特别规定:"对提起公诉的案件,人民法院应当审查证明被告人有罪、无罪、罪重、罪轻的证据材料是否全部随案移送;未随案移送的,应当通知人民检察院在指定时间内移送。人民检察院未移送的,人民法院应当根据在案证据对案件事实作出认定。"同时,第 85 条还规定:"对与案件事实可能有关联的血迹、体液、毛发、人体组织、指纹、足迹、字迹等生物样本、痕迹和物品,应当提取而没有提取,应当鉴定而没有鉴定,应当移送鉴定意见而没有移送,导致案件事实存疑的,人民法院应当通知人民检察院依法补充收集、调取、移送证据。"

上述规定是根据《刑事诉讼法》第 41 条"辩护人认为在侦查、审查起诉期间公安机关、人民检察院收集的证明犯罪嫌疑人、被告人无罪或者罪轻的证据材料未提交的,有权申请人民检察院、人民法院调取"和《实施刑诉法规定》第 24 条"人民检察院向人民法院提起公诉时,应当将案卷材料和全部证据移送人民法院,包括犯罪嫌疑人、被告人翻供的材料,证人改变证言的材料,以及对犯罪嫌疑人、被告人有利的其他证据材料"所作的照应性规定。

全案移送证据材料是侦控机关履行举证责任的体现,有利于全面查明案件事实,也是刑事诉讼的基本规则。**从近年来纠正的冤错案件来看,因为没有全案移送证据材料而影响了案件的公正裁判,也是冤错案件酿成的重要原因。**

例如,于英生"杀妻"案:

于英生被安徽省高级人民法院再审宣告无罪后,公安机关启动再侦程序,不久即抓获了真凶武某。经审查,根据安徽省人民检察院复查调取的公安机关侦查内卷中手写的"现场手印检验报告"及其他相关证据,能够证实现场存在的2枚指纹不是于英生及其家人所留,但侦查机关并未将该情况写入检验报告,更未随案移送给法院。后经继续侦查,发现上述指纹即为真凶武某所留。[1]

再如,张氏叔侄案:

根据杭州市公安局2003年6月23日作出的《法医学DNA检验报告》,所提取的被害人王某8个指甲末端检出混合DNA谱带,由死者王某和一名男性的DNA谱带混合形成,排除嫌疑人张辉、张高平与王某混合形成。但该关键性证据亦未能随案移送。2011年经公安机关比对,确认王某指甲检出的男性DNA分型与2005年已被执行死刑的罪犯勾某某DNA分型高度吻合,法院再审认为,综合本案现有的相关事实证据不能排除系勾某某杀害被害人王某的可能。[2]

又如,聂树斌故意杀人、强奸案:

最高人民法院再审认为,该案存在"三大证据缺失":(1)聂树斌系1994年9月23日被抓,但卷内的首次讯问笔录为9月28日,未见其被抓后前5天的讯问笔录。(2)被害人康某某之父于1994年8月10日报案、次日康某某的尸体被发现,公安机关即立案侦查,聂树斌被抓后于9月28日认罪,本案宣告侦破,但卷内除康父的报案笔录外,直至10月1日才出现康某某丈夫侯某某的首次证言,10月11日和10月21日才首次出现康某某同事王某某、余某某的证言,这些本应是破案重要线索的证人证言,却出现在聂树斌认罪并破案之后,其间50天调查走访所收集的证据材料无一入卷,全部缺失。(3)聂树斌所在车间的主任葛某证实,记载聂树斌1994年8月每日出勤情况的考勤表被侦查人员调取,该考勤表是证明聂树斌是否具有作案时间的重要书证,但未见入卷、去向不明。

上述三大证据缺失,客观上掩盖了本案被告人供述和证人证言的客观原

---

[1] 参见最高人民检察院指导案例第25号"于英生申诉案"。
[2] 参见浙江省高级人民法院(2013)浙刑再字第2号刑事附带民事判决书。

貌,掩盖了证据之间可能存在的矛盾和疑点。其中,聂树斌被抓获之后前5天的讯问笔录缺失,严重影响在卷讯问笔录的完整性和真实性;原审卷宗内案发之后前50天内证明被害人遇害前后情况的证人证言缺失,严重影响在案证人证言的证明力;聂树斌所在车间当月的考勤表缺失,导致认定聂树斌有无作案时间失去重要原始书证,从而极大地动摇了原审判决的证明体系。[1]

3. 强化辩护职能发挥

"辩护职能是近现代刑事诉讼三大职能之一,而且是不可缺少、更不可忽视的一种诉讼职能,更是防范刑事冤假错案的一支重要力量。"[2] **推进以审判为中心的诉讼制度改革,不仅要建立健全案件的实体辩护,而且要完善案件的程序辩护,以实现实体公正和程序公正为目标,全面推进刑事辩护工作。**

(1)充分维护被告人的自我辩护权、对质权等程序性权利,客观、审慎对待被告人"翻供",既不轻易肯定也不简单否定,要结合全案证据认真审查判断。

(2)将辩护律师视为法庭重点依靠的力量,依法保障其会见权、阅卷权、调查取证权和当庭充分发表辩护意见的权利,并认真对待辩护人提出的辩护意见和提交的证据材料,采纳与否应当说明理由,实现辩护的实质化。

(3)完善法律援助制度,确保犯罪嫌疑人、被告人获得律师帮助,积极探索建立专职从事刑事法律援助工作的公益律师队伍,切实提高法律援助案件的数量和质量。

从2017年10月开始,最高人民法院和司法部在北京、上海、浙江、安徽、河南、广东、四川和陕西8个省(直辖市)进行探索,开展了刑事案件律师辩护全覆盖试点工作;进入2019年后,该项试点工作范围已扩至全国31个省(自治区、直辖市)和新疆生产建设兵团。在此基础上,2018年《刑事诉讼法》修改增设了值班律师制度,第36条规定:"法律援助机构可以在人民法院、看守所等场所派驻值班律师。犯罪嫌疑人、被告人没有委托辩护人,法律援助机构没有指派律师为其提供辩护的,由值班律师为犯罪嫌疑人、被告人提供法律咨询、程序选择

---

[1] 参见胡云腾主编:《记载中国法治进程之典型案件——聂树斌案》,人民法院出版社2019年版,第221~222页。

[2] 樊崇义:《"以审判为中心"的概念、目标和实现路径》,载《人民法院报》2015年1月14日,第5版。

建议、申请变更强制措施、对案件处理提出意见等法律帮助。人民法院、人民检察院、看守所应当告知犯罪嫌疑人、被告人有权约见值班律师,并为犯罪嫌疑人、被告人约见值班律师提供便利。"

2021年《适用刑诉法解释》第44条第1款、第2款还规定:"被告人没有委托辩护人的,人民法院自受理案件之日起三日以内,应当告知其有权委托辩护人;被告人因经济困难或者其他原因没有委托辩护人的,应当告知其可以申请法律援助;被告人属于应当提供法律援助情形的,应当告知其将依法通知法律援助机构指派律师为其提供辩护。被告人没有委托辩护人,法律援助机构也没有指派律师为其提供辩护的,人民法院应当告知被告人有权约见值班律师,并为被告人约见值班律师提供便利。"

可以说,近些年法律援助制度在立法及实践层面,均获得长足发展。当然,**推进刑事案件律师辩护全覆盖工作和值班律师制度,不仅要关注律师辩护覆盖的"数量",而且更要确保律师辩护的"质量"**。我们可以适当借鉴域外做法,探索建立符合我国国情的公设辩护人制度,打造专职从事刑事法律援助工作的律师队伍,"让法律援助案件实现实质辩护、有效辩护,保'量'更保'质'"[1]。

4. 贯彻直接言词原则

直接言词原则确保了裁判活动的亲历性,是庭审实质化最为鲜明的体现。由于法官、当事人和证人等在法庭上直接接触,可以察言观色,有助于发现案件真实,防范错误认定,所以,直接言词原则也是司法公正的重要保障。一般认为,该原则包含以下两方面内容:

(1)直接原则,即法官必须与案件当事人及有关诉讼参与人直接接触,亲自审查案件事实材料和证据。这就要求,法庭审理案件时,公诉人、当事人及其他诉讼参与人应当在场,除法律另有特别规定外,如果上述人员不在场,不得进行法庭审理。同时,法官对证据的调查应当亲自进行,不能由他人代为实施,如果不能当庭直接听证和直接查证,不得采纳相关证据,不能简单地以书面审查方式采信证据。

(2)言词原则,即法庭审理案件应当以口头陈述的方式进行,包括控辩双方

---

[1] 甄贞:《如何做到刑事案件律师辩护全覆盖》,载《人民法院报》2018年4月21日,第2版。

要口头进行陈述、举证、质证和辩论,证人、鉴定人要口头作证或陈述,法官也要以口头的形式进行询问调查。除非法律有特别规定,凡是未经口头调查的证据,不得作为定案的依据采纳。

为此,当前有两项工作需要着力去做:一是认真落实《刑事诉讼法》规定的证人、鉴定人出庭作证制度,及时采取有效措施包括依法适用强制证人出庭令和训诫、拘留等,不断提高证人、鉴定人出庭作证的比例。二是规范和限制书面证言、笔录的使用,推动证据主要以口头形式向法庭提出,调查以控辩双方口头辩论、质证的方式进行,逐步淡化乃至摒弃卷宗依赖主义。

5. 重视非法证据排除

有一项调查表明,2012年《刑事诉讼法》生效后的第一年,全国刑讯逼供案件数量与上一年相比下降了87%。所以,**严格贯彻非法证据排除规则,是从根本上消除刑讯逼供的"动力源"**。有学者甚至认为,"迄今为止,这是解决程序违法问题的唯一有效途径","最有效的程序制裁措施"[1]。在开庭审理中,对当事人、辩护人、诉讼代理人提出的非法证据排除申请,法庭应当认真开展调查,先行进行证据资格审查,对于确认或不能排除非法方法收集证据的,对有关证据应当庭排除;不能当庭查清的,要把调查结论及时告知参加庭审的控辩双方,并在裁判文书中明确阐述,不遮遮掩掩,不回避问题。

6. 突出裁判主体责任

按照"审理者裁判,裁判者负责"的精神,需要理顺主审法官、合议庭和审判委员会的关系,落实主审法官、合议庭的主体责任。为此:一要改革审判委员会制度,进一步规范审判委员会讨论案件的范围,原则上主要就法律适用问题进行讨论。二要着力提高法官的庭审驾驭能力,按照控辩对抗、裁判中立的原则,进一步规范庭审程序。三要完善集中审理和当庭宣判制度,确保证据展示、质证、认证在法庭,案件事实调查、认定在法庭,诉辩和代理意见发表、辩论在法庭,最终裁判结果形成在法庭,并尽可能做到对案件当庭宣判。

7. 落实好认罪认罚从宽制度

确立认罪认罚从宽制度与推进以审判为中心的刑事诉讼制度改革,都是党

---

[1] 樊崇义、张中:《论以审判为中心的诉讼制度改革》,载《中州学刊》2015年第1期。

中央在新时期作出的重要改革部署。"贯彻落实认罪认罚从宽制度,深入推进以审判为中心的刑事诉讼制度改革,是公检法机关责无旁贷的共同责任。"[1]认罪认罚从宽案件同样需要经过法庭审判,故**在案件办理过程中,无论是公安机关立案侦查、人民检察院审查起诉,还是人民法院依法审判,都应当贯彻落实以审判为中心的刑事诉讼制度改革的要求**,这也是认罪认罚从宽制度的题中应有之义。

(1)坚持法定证明标准。犯罪嫌疑人、被告人在认罪认罚案件中对犯罪事实供认不讳,在一定程度上降低了证明难度,简化了证明程序,但办案不能因为案件经过控辩协商而放弃客观真实的底线。"在证据要求这一点上,能够允许的仅是证据'量'的减少,而不是证据'质'的降低",[2]各办案机关仍应牢固坚持"案件事实清楚,证据确实、充分"的法定证明标准,共同把好案件的质量关。

(2)切实保障被告人的程序选择权和辩护权、上诉权等法定诉讼权利,确保实体与程序的正当性。

(3)健全完善认罪认罚量刑协商和庭审实质化的衔接机制。认罪认罚量刑建议是人民检察院与犯罪嫌疑人协商一致的法律后果,一般情况下,不具有其他可能影响公正审判情形的,人民法院应当采纳人民检察院提出的量刑建议。**但法庭审理认罪认罚案件,并不是对量刑建议的简单确认,而是要对其进行实质性审查,既要对认罪认罚的自愿性、真实性、合法性进行全面审查,也要充分发挥庭审在查明事实、认定证据、保护诉权、公正裁判中的决定性作用**。所以,审判人员要保持中立、独立思考,依法严格把关,切实履行好最终决定的法定职责,确保每一起认罪认罚案件在庭审实质化审理中获得公正裁判。

8.提高刑事二审开庭率

以审判为中心的刑事诉讼制度改革要求,应当贯彻落实到一审、二审、复核和再审等刑事审判程序的全过程。目前,刑事二审开庭率偏低的问题需要重视。二审不开庭审理不仅制约了刑事辩护职能的行使,不利于法庭准确查明事实、认定证据、适用法律,在一定程度上会影响公正裁判,同时也不符合正当程

---

[1] 陈学勇:《尊重认罪认罚量刑协商 坚持以审判为中心》,载《人民法院报》2021年7月29日,第2版。
[2] 余向阳、王娟:《让认罪认罚从宽制度行稳致远》,载《人民法院报》2021年9月29日,第2版。

序的要求。刑事二审程序承担着依法纠错和权利救济的双重功能,是审判公正的重要保障。深化以审判为中心的刑事诉讼制度改革,确有必要从制度和实践层面探索扩大刑事二审程序开庭审理的案件范围,进一步提高二审开庭率。除死刑案件、抗诉案件等法律规定必须开庭的情形外,**对于上诉人及其辩护人、诉讼代理人对事实、证据提出有理有据的异议的二审案件,原则上都应当开庭审理**,以更好地发挥二审程序对公正审判的保障功能。当前,在认罪认罚从宽制度广泛运用、上诉案件数量得以减少的背景下,提高刑事二审开庭率,对二审法院和检察院来说,已非不可承受之重。

9. 加强涉案财物的审查处置

现在刑事案件涉案财物的价值巨大,财物的样态多元,如对涉案财物问题重视不够,将会严重制约案件裁判的质效;并且,如何处置涉案财物,直接关乎当事人的切身利益,不仅诉讼各方十分看重,社会公众也较为关注。深化以审判为中心的刑事诉讼制度改革,必须进一步加强对涉案财物的查证、审查与处理。

最高人民法院2021年印发的《适用刑诉法解释》有一个突出亮点就是重视对涉案财物的司法保护,增加了以下多项关于规范涉案财物审查与处置的解释条款。

(1)关于立案审查,第218条规定人民法院在收到起诉书和案卷、证据后应当审查的事项上,对查封、扣押、冻结被告人的违法所得或者其他涉案财物的情形,增加了审查"查封、扣押、冻结是否逾期;是否随案移送涉案财物、附涉案财物清单;是否列明涉案财物权属情况;是否就涉案财物处理提供相关证据材料"等内容。

(2)关于庭前会议,第228条规定对在庭前会议需要了解情况、听取意见的内容中增加了"是否对涉案财物的权属情况和人民检察院的处理建议有异议"一项。

(3)关于法庭调查,第279条进一步完善了涉案款物的法庭调查程序,规定:"法庭审理过程中,应当对查封、扣押、冻结财物及其孳息的权属、来源等情况,是否属于违法所得或者依法应当追缴的其他涉案财物进行调查,由公诉人说明情况、出示证据、提出处理建议,并听取被告人、辩护人等诉讼参与人的意见。案外人对查封、扣押、冻结的财物及其孳息提出权属异议的,人民法院应当听取案外人的意见;必要时,可以通知案外人出庭。经审查,不能确认查封、扣押、冻结的财物及其孳息属于违法所得或者依法应当追缴的其他涉案财物的,不得没收。"

(4)关于法庭辩论,第280条规定增加了"涉案财物处理"的内容,条文修改为:"合议庭认为案件事实已经调查清楚的,应当由审判长宣布法庭调查结束,开始就定罪、量刑、涉案财物处理的事实、证据、适用法律等问题进行法庭辩论。"这意味着司法解释将涉案财物处理的事实、证据、适用法律与定罪、量刑置于同等重要的位置,构建了相对独立的关于涉案财物处理的法庭调查和法庭辩论程序。

(5)关于二审审查,第391条规定对上诉、抗诉案件应当着重审查内容,增加了"对涉案财物的处理是否正确"的事项。

(6)关于二审裁判,第446条增加规定:"第二审期间,发现第一审判决未对随案移送的涉案财物及其孳息作出处理的,可以裁定撤销原判,发回原审人民法院重新审判,由原审人民法院依法对涉案财物及其孳息一并作出处理。判决生效后,发现原判未对随案移送的涉案财物及其孳息作出处理的,由原审人民法院依法对涉案财物及其孳息另行作出处理。"

以上这些修改,无比清晰地表明,在新司法解释的背景下,办理刑事案件要更加重视对涉案财物的查证和依法处置问题。要深入查明涉案财物的来源、权属和性质等,并严格依照《刑法》第64条的规定,对有关涉案财物作出妥当处理。**要认真落实以审判为中心的诉讼制度改革要求,通过实质化的法庭审理和依法裁判,积极引导和推动刑事诉讼涉案财物处置工作实现规范化、法治化。**

(三)围绕一审这一重心,充分发挥一审认定事实的基础作用

党的十八届四中全会《决定》提出:"完善审级制度,一审重在解决事实认定和法律适用,二审重在解决事实法律争议、实现二审终审,再审重在解决依法纠错、维护裁判权威。"这些要求都体现了以审判为中心的理念。如前文所述,以审判为中心的诉讼制度改革,重点在第一审程序上。"相对于二审、再审等审级而言,一审是事实审,一审提供的证据信息具有可靠性、全面性、干净性等特点,

更能够查明案件事实和认定证据。从功能上看,一审是回应全部公诉与辩护主张的全面审理和充分审理,而二审及再审等是纠错审,难以实现其保证案件质量的基础性作用。因此,只要有坚实可靠的一审审理,案件质量即可保障。"[1]

笔者理解,当前需要着力做好以下几方面工作:

(1)推动司法资源适当地向中级、基层法院倾斜,强化一审审判力量的配置,针对事实审理的较高要求,采取有效措施将办案经验丰富的法官留在审判一线。

(2)落实人民陪审员参与案件事实审理的制度。党的十八届四中全会《决定》提出,逐步实行人民陪审员不再审理法律适用问题,只参与审理事实认定问题。人民陪审员在案件评议过程中独立就案件事实认定问题发表意见,不再对法律适用问题发表意见,有助于发挥人民陪审员富有社会阅历、了解社情民意的优势,提高人民法院裁判的社会认可度。要明确人民陪审员参与审理事实认定的案件范围与表决制度,切实将人民陪审员在一审程序事实审中的积极作用激发出来。

2018年颁行的《人民陪审员法》第22条规定:"人民陪审员参加七人合议庭审判案件,对事实认定,独立发表意见,并与法官共同表决;对法律适用,可以发表意见,但不参加表决。"2019年5月1日起施行的《最高人民法院关于适用〈中华人民共和国人民陪审员法〉若干问题的解释》细化了上述规定。该解释第9条规定:"七人合议庭开庭前,应当制作事实认定问题清单,根据案件具体情况,区分事实认定问题与法律适用问题,对争议事实问题逐项列举,供人民陪审员在庭审时参考。事实认定问题和法律适用问题难以区分的,视为事实认定问题。"第13条规定:"七人合议庭评议时,审判长应当归纳和介绍需要通过评议讨论决定的案件事实认定问题,并列出案件事实问题清单。人民陪审员全程参加合议庭评议,对于事实认定问题,由人民陪审员和法官在共同评议的基础上进行表决。对于法律适用问题,人民陪审员不参加表决,但可以发表意见,并记录在卷。"

---

[1] 徐贤飞:《审判中心主义如何实现?》,载中国法院网2015年1月5日,http://www.chinacourt.org/article/detail/2015/01/id/1528101.shtml?。

2021年《适用刑诉法解释》第215条进一步规定:"人民陪审员参加三人合议庭审判案件,应当对事实认定、法律适用独立发表意见,行使表决权。人民陪审员参加七人合议庭审判案件,应当对事实认定独立发表意见,并与审判员共同表决;对法律适用可以发表意见,但不参加表决。"对于上述有关人民陪审员制度的立法及司法解释规定,在审判实践中应当注意贯彻落实。[1]

(3)充分尊重一审法院的事实认定权。对于一审程序中已经认定的案件事实,如果没有发现疑点或者出现争议,二审程序原则上应予以确认。**对于一审法院认定事实的审查,要重点审查其对证据规则的运用,证据规则适用并无不当的,一般应当给予尊重。**

(4)完善案件请示办理工作机制。各级人民法院依法对案件事实认定、证据采信独立承担审判责任,一般不得就具体案件的事实认定问题向上级人民法院提出请示。就法律适用问题提出请示的,应当规范办理流程,重视落实和保障审级制度要求。

五、放眼长远优化司法职权配置

诚如学者普遍所言,以审判为中心的诉讼制度改革,涉及刑事诉讼模式的调整,由"以侦查为中心"转向"以审判为中心",必然涉及司法权的优化配置问题。这是一个顶层设计的重大命题。党的十八届四中全会《决定》也在"优化司法职权配置"一节中提出:"健全公安机关、检察机关、审判机关、司法行政机关各司其职,侦查权、检察权、审判权、执行权相互配合、相互制约的体制机制。"这也是深入推进以审判为中心诉讼制度改革的重要前提与基础。

从实际来看,我国现有的"流水作业式"的刑事诉讼模式客观存在"配合有余、制约不足"的问题,这不利于保证案件质量和防范冤假错案。强调制约,在审判环节单纯依靠事后对事实不清、证据不足的案件宣告无罪,尚不能从根本上解决问题,且司法成本极高。**深入推进以审判为中心的刑事诉讼制度改革,**

---

[1] 根据《刑事诉讼法》及相关司法解释规定,人民法院审理刑事案件,无论是第一审程序,还是第二审程序,都不存在人民陪审员参与的五人合议庭审判刑事案件的问题。能够允许人民陪审员参与的只有三人与七人合议庭(如果合议庭成员为5人,审判员通常要有3人,最多只能由2名陪审员参加,陪审员不及半数,难以发挥实质作用)。有的地方探索由人民陪审员参与的五人合议庭审判刑事案件,没有法律依据。

需要建立健全审判程序能够事先制约审前程序而不是只能事后"倒逼"审前程序的配套制度。立足于长远考虑并借鉴国际通行做法，以下诉讼制度或机制值得我们深入研究论证，并结合我国刑事诉讼实际，积极稳妥探索。

（一）公诉审查制度

刑事案件经侦查、调查终结，由检察机关提起公诉后，法院在正式开庭审理前对起诉案件进行初步审查，以确定起诉是否合法，是否有必要开庭审判，此种活动即为"公诉审查"。这种制度在很多国家的刑事公诉程序中都存在。英美法系国家通常称为"预审"，德国称为庭审预备的"中间程序"，俄罗斯称为"交付审判"，法国则称为"二级预审"等。[1]

我国在1979年《刑事诉讼法》中有类似规定："人民法院对提起公诉的案件进行审查后，对于犯罪事实清楚、证据充分的，应当决定开庭审判；对于主要事实不清、证据不足的，可以退回人民检察院补充侦查；对于不需要判刑的，可以要求人民检察院撤回起诉。""人民法院在必要的时候，可以进行勘验、检查、搜查、扣押和鉴定。"1996年《刑事诉讼法》修改时基本废止了上述规定，同时取消了全部案卷移送制度，检察机关提起公诉时向人民法院提交起诉书并附有证据目录、证人名单和主要证据复印件或者照片即可，以避免法庭在庭审前进行实质性审查而形成预断。但这样的规定的实施效果并不理想，且实际制约了辩护人的阅卷权行使，故2012年《刑事诉讼法》修改又恢复了全部案卷移送制度，而1979年《刑事诉讼法》中的"对于不需要判刑的，可以要求人民检察院撤回起诉"的规定却未能随之恢复。

这样就带来一个问题：**侦查、审查起诉阶段没有发现和解决的事实证据问题，最终都要在审判阶段兜底解决，人民法院一旦受理达不到法定证明标准的案件，就容易陷入"定放两难"的境地**。"如果勉强下判，既违反法律规定，也极有可能导致冤假错案；如果依法放人，又难以承受放纵罪犯的质疑等巨大压力。这些问题导致了疑罪从无原则难以落实，超期羁押难以禁绝，冤假错案难以防

---

[1] 参见姚莉、卞建林：《公诉审查制度研究》，载《政法论坛》1998年第3期。

范。"[1]所以,深入推进以审判为中心的刑事诉讼制度改革,需要进一步思考重建公诉审查制度的必要性,这样也为人民法院依法裁判提供制度性的"缓冲区",更好发挥审判程序对审前程序的制约和引导功能,推动审查起诉标准向审判标准看齐,共同提升案件质量。

(二)检察引导侦查制度

从诉讼职能定位上看,公安机关与检察机关是作为刑事公诉的"大控方"一体存在的。并且,在警检关系的配置上,检察机关应具有更多的主动性。但在现实的刑事诉讼格局中,警检两家有明确的职能分工,在职权行使中互相独立、平行运作。作为"流水作业"的后端,公诉职能的行使在一定程度上依赖于侦查职能的行使,形成了"警主检辅"的倾向,客观上导致检察机关对侦查活动制约与监督乏力,这不仅在一定程度上影响了侦查活动的质量,也直接制约着审查起诉职能的发挥。**深入推进以审判为中心的诉讼制度,需要进一步调整、完善警检关系**。立足我国实际,有观点提出的"侦检一体化"的构想未必可行,但检察机关提前介入侦查程序,引导或指导侦查活动围绕公诉的要求开展工作,收集、补充证据是十分必要的(特别是对重大疑难复杂案件的办理)。这样也有助于人民检察院依法对侦查活动实施法律监督。

(三)程序性违法的救济与制裁制度

在我国现行《刑事诉讼法》中有针对程序性违法的救济制度,如该法第117条规定,当事人和辩护人、诉讼代理人、利害关系人对于司法机关及其工作人员的五种违法侦查行为(采取强制措施法定期限届满,不予以释放、解除或者变更的;应当退还取保候审保证金不退还的;对与案件无关的财物采取查封、扣押、冻结措施的;应当解除查封、扣押、冻结不解除的;贪污、挪用、私分、调换、违反规定使用查封、扣押、冻结的财产的),有权向该机关申诉或者控告;申诉人对该机关的处理不服的,可以向同级人民检察院申诉,对于人民检察院直接受理的

---

[1] 戴长林、刘静坤:《〈关于全面推进以审判为中心的刑事诉讼制度改革的实施意见〉的理解与适用》,载《人民司法(应用)》2017年第10期。

案件,可以向上一级人民检察院申诉;人民检察院对申诉应当及时进行审查,情况属实的,通知有关机关予以纠正。

上述规定将救济机关设定为侦查和控诉机关,并不符合司法审查的中立性要求,并且"通知有关机关予以纠正"缺乏强制执行力,也难以发挥实际效果。这也是导致实践中变相超期羁押、违法查扣涉案财物等问题不能禁绝的重要原因。贯彻"以审判为中心"的理念,有必要针对违法侦查行为探索设置程序性裁判和制裁机制。比如,犯罪嫌疑人认为侦查机关侵犯其合法权益或者侦查行为不合法、不适当的,可以请求审判机构进行必要的司法审查,对申请理由正当的,依法解除违法侦查措施、排除相关证据等。

(四)司法令状制度

从世界范围来看,侦查活动如果不加以限制与规范,极易引发非法取证、暴力取证等现象,影响案件质量,甚至酿成冤假错案。所以,很多国家或地区都实行令状原则,凡涉及限制或剥夺人身自由或财产权利的强制措施、侦查手段的运用,都要接受司法程序的监督,以获得司法许可为前提。我国虽然在立法上要求侦查机关在采取搜查、扣押等强制措施以及运用相关侦查手段时应当依据有关证件进行,但实践中除逮捕以外的其他强制措施均由侦查机关自行决定和自己执行,未能形成令状原则所要求的司法控制及程序制约机制,这不完全符合以审判为中心的诉讼制度改革的精神。故有观点认为,探索建立司法令状制度或类似制度,逐步将限制、剥夺人身自由或财产权利的强制措施、侦查手段的运用,统一纳入司法程序的监督范畴,以获得司法许可为其实施前提,似应成为今后我国刑事诉讼审前程序改造的一个基本方向。[1]

从世界范围内的司法运作规律来看,司法职权的合理配置以及司法审查等机制的建立,几乎可算作以审判为中心的刑事诉讼制度的"标配",没有这些措施或机制的保障,以审判为中心的刑事诉讼制度就会打折扣,甚至说,还不能真正建立起该项制度。当然,以审判为中心的刑事诉讼制度改革是一个庞大的系统工程,相关配套机制的引入、落地,不可能一蹴而就,需要循序渐进地进行,可

---

[1] 参见龙宗智:《强制侦查司法审查制度的完善》,载《中国法学》2011年第6期。

能过程很长,但值得期许。

最后还需要提及的是,本书主要基于刑事诉讼的角度来探讨。其实,"以审判为中心"的意义并不局限于刑事司法领域。如果我们把眼光再放长远一些,一个国家的诉讼活动何以"以审判为中心",它必然要建立在高度发达的法治之上。比如,司法官队伍素质普遍较高,司法裁决具有足够的权威,确立了法院"守护宪法和法律"的职能,法院成为"各类纠纷的最终裁判者",司法官独立司法,只服从法律,等等。这已是另一个话题了。

第三讲　刑事证据审查运用的基本思路

当前,刑事司法工作为什么要重视证据的审查与运用,笔者认为,有以下三个背景值得特别关注。

1. 现代证据制度发展的必然结果

从立法层面来看,刑事证据规范越来越充实。我国1979年、1996年和2012年的《刑事诉讼法》关于证据的规定分别有7条、8条和16条;"五部门"关于非法证据排除的规范性文件由2010年的15条发展到了2017年的42条;《适用刑诉法解释》中涉及证据的规定已由1998年的11条、2012年的60条增至2021年的76条;1997年的《人民检察院刑事诉讼规则(试行)》对证据未作专章规定,2012年、2019年修订时均独立成章、详加规定,等等。**关于刑事证据的规范条文数量成倍增长,必然带来司法人员要加大理解和适用的问题。**

从司法层面来看,现在对证据问题,不仅法院、检察院重视,监察、公安机关也十分重视,由此带来了案件证据材料、信息的丰富。此前,笔者曾读过最高人民法院刑事审判庭一位退休法官的回忆文章,他说过去办案的苦恼之一是缺乏证据。比如,一个反革命集团案件,可能被告人有几个、十几个乃至几十个,但案卷就是薄薄的几本,内容大致是起诉书、被告人供述、揭发检举材料等。现在办案也有烦恼,就是案卷材料普遍较多,一个案子几十本、上百本乃至数百本卷宗,比比皆是。笔者在办案生涯中,还见过卷宗多达3500余本的案件,有同事测算,如果将这些案卷铺开,可以摆满三个篮球场。案件证据材料多,有时可能"泥沙俱下"。一方面,这给了我们进行证据审查运用的巨大空间;另一方面,证据材料多、信息杂,还像过去那样主要依靠经验办案往往难以胜任,必然要求我们积极构建和适用证据规则,提升刑事证据审查与运用的技术化、专业化水平。

此外,我们还应当关注近年来刑事辩护的发展变化。**对刑事案件通常可以从法律适用、量刑、程序、证据等方面进行辩护**。由于从证据上开展辩护活动,不仅可以通过对在案证据的审查、质证以击破控方证据体系,而且在某些案件中通过调查取证、申请调取证据以及利用控方证据中对被告人有利的证据,还可以构建起证明被告人无罪、罪轻的证据体系,有时候能够收到"釜底抽薪"的功效,所以,证据辩护越来越受到重视,并常常被辩护律师运用于刑事程序的全过程。即便在一些取证基础工作较好的重大案件的审判中,辩护律师往往也会着力开展证据辩护。

例如,在广受社会关注的薄熙来受贿、贪污、滥用职权案的审判中,被告人薄熙来及其辩护人针对公诉机关的指控,提出了多项关于证据采信方面的辩解和辩护意见,并且,辩护人所提公诉机关出示的某行贿人为被告人家属支付机票、住宿、旅行费用的部分证据存在瑕疵、数额计算有误的辩护意见,最终亦为法院所采纳,一审判决对该部分费用共计人民币134万余元不予认定。[1]

刑事辩护的上述动向,既是现代证据制度发展的重要成果,同时也有助于推动司法机关办案更加重视贯彻证据裁判原则。

2. 防范冤假错案的关键举措

"冤假错案是对社会公平正义的极大伤害,是司法工作的致命伤,是危害司法公信和司法权威的灾星。"[2]中央领导同志曾在全国法院刑事审判工作座谈会上指出:"刑事审判最大的风险是发生错案,刑事法官重要的职责是防范错案。"这句话其实对整个参与刑事诉讼活动的人员均有指导意义。**不发生错案,应是每一位刑事法律人的职业底线。防范冤假错案**,固然需要从多个方面做工作,但最为重要的还是要加强对证据的**收集、审查与运用**。因为司法认定每一起刑事案件,都是基于在案证据认定过去发生的事实。因受当时、当地办案机

---

[1] 参见山东省济南市中级人民法院(2013)济刑二初字第8号刑事判决书,载最高人民法院刑事审判第一、二、三、四、五庭主办:《刑事审判参考》(总第93集),法律出版社2014年版。

[2] 胡云腾:《错案防范与司法问责刍议》,载《中国法律评论》2014年第2期。

关、办案人员的技术水平、专业技能、观念和素养等诸多因素的影响,案件证据的收集、保存、取舍和移送等可能出现偏差。案件到了审判阶段,法官只能根据在案证据作出裁判。如果作为最后一道工序的法庭审判把关不严,就有可能出现错判甚至误杀的情况。

笔者曾对党的十八大以来全国法院系统纠正的近 40 起重大冤错案件进行梳理、分析,发现绝大多数冤假错案的发生是因为证据的收集和采信出了问题,单纯地因为法律适用问题导致案件错判的情况极为少见。所以,当前无论是从事调查、侦查工作,还是从事起诉、审判工作,大家在办案中都应当高度重视、更加关注证据问题,切实把通过证据夯实每一起刑事案件的事实基础作为工作的重中之重,以此有效防范冤假错案。

3. 推进审判中心制度改革的客观需要

当前刑事司法领域最引人注目的改革是以审判为中心的刑事诉讼制度改革。此项改革如何有效推进,可能见仁见智。但有一点是清晰的,那就是**从确保案件质量、实现司法公正的角度,必须抓住证据的收集、审查和运用这一核心问题。可以说,这是推进以审判为中心刑事诉讼制度改革的"牛鼻子"。**"以审判为中心"包含着整个诉讼活动向审判标准看齐,发挥法院裁判的引导和制约作用之应有含义与要求。审判标准涉及多个方面,但最为关键的是法院裁判定案确立的证据标准,这也是当前各办案机关需要统一认识、协调立场的重要方面。

此外,近年来,人民法院强调刑事审判工作要实现庭审实质化。一般认为,**庭审实质化涉及"证明""控辩""裁判"三个方面的实质化,其支撑点仍在于对证据问题的严格把握和准确裁量。**所以,最高人民法院 2017 年印发了《审判中心改革意见》,该文件的首条内容便是规定"证据裁判原则"。在 2018 年 7 月召开的司法改革推进会上,最高人民法院还提出**要推动形成"诉讼以审判为中心、审判以庭审为中心、庭审以证据为中心"的诉讼格局。**由此可见,强化证据的审查、判断与运用,已成为推进以审判为中心的刑事诉讼制度改革的重要着力点和落脚点。

刑事证据如何审查运用,笔者理解要做好三个环节的工作:一是庭前准备,二是开庭审理,三是作出裁判。现结合自身办案体会,就此谈谈个人认识。

一、庭前准备:做好证据梳理

2012年修改后的《刑事诉讼法》恢复实行全案卷宗移送制度,法庭面对的是未经整理的全部原始卷宗材料,这就要求在庭审准备工作中必须加强对证据材料的查阅和梳理,在开庭之前对主要证据(包括对被告人有利的证据),应做到"心中有数"。要通过召开庭前会议等形式,了解和听取控辩双方对事实及证据的基本意见,是否申请排除非法证据及有无新证据向法庭出示等,并明确各自举证的内容、顺序和方式,把控辩双方关于事实及证据的争点、疑点和需要法庭着重审查的难点、重点明确在庭前,**既要防止庭审中出现控方遗漏重要证据的情况,也要避免因信息不畅、辩方进行证据突袭的情况,切实发挥庭前程序对证据问题的展示、整理和必要的过滤功能**。[1]

这里要特别强调用好庭前会议制度。在2012年《刑事诉讼法》修改前,我国是没有庭前会议制度的,因缺乏法定的庭审准备程序,这在一定程度上制约了刑事庭审质量。2012年修法时,立法机关参考和借鉴国外的证据开示等制度与做法,确立了庭前会议制度。但是,由于当时各方对该制度如何具体构建存在认识分歧,立法机关最终采取了相对保守的做法,仅规定了八个字:"了解情况,听取意见。"随后制定颁行的2012年《最高人民法院关于适用〈中华人民共和国刑事诉讼法〉的解释》也只是规定"审判人员可以询问控辩双方对证据材料有无异议,对有异议的证据,应当在庭审时重点调查;无异议的,庭审时举证、质证可以简化",都非常原则。至于具体如何运行,则交由实务部门探索。在制度实行初期,一些法院的探索是存在误区的。

例如,笔者曾经观摩过一个滥用职权案件的庭前会议,法庭用了近一天的时间来解决被告人周某及其辩护人申请排除非法证据问题。对这场庭前会议,公诉人在庭后表示"挺憋屈",认为正式的庭审尚未开始,但在一天的时间里是其而非被告人已经在接受审判。

经过近年来的探索,现在关于庭前会议的性质与功能的认识已逐渐清晰。概括起来,我们可以从以下几个方面来认识:

---

[1] 参见于同志:《审判中心改革下的证据裁判》,载《人民法院报》2016年12月21日,第6版。

1. 非必经程序,视情况召开

庭前会议不是所有庭审的必经程序,是否召开根据案件具体情况确定。如果案件的证据材料较多,案情疑难复杂,控辩双方对事实、证据存在较大争议或者社会影响重大等,一般要召开庭前会议;被告人及其辩护人在开庭审理前申请排除非法证据,并且按照法律规定提供了相关线索或者材料,应当召开庭前会议。

2. 庭审的准备程序,不是正式的庭审

庭前会议的召开意在为庭审的顺利进行打基础、做铺垫。《庭前会议规程》第3条规定:"庭前会议中,人民法院可以就与审判相关的问题了解情况,听取意见,依法处理管辖、回避、出庭证人名单,非法证据排除等可能导致庭审中断的事项,组织控辩双方展示证据,归纳争议焦点,开展附带民事调解。"概括来讲,主要包括两方面内容:一是处理诉讼中的程序性事项,如管辖异议、申请回避等,对这些可能导致庭审中断的程序性事项,庭前会议要依法作出处理,从而为正式庭审的顺利进行扫清障碍。二是对于控辩双方决定在庭审中出示的证据,人民法院可以组织展示有关证据,听取控辩双方对在案证据的意见,梳理存在争议的证据,从而确定正式庭审应当关注的重点等。所以,**如果把庭审比喻成一场大戏、一顿大餐,庭前会议则是"序曲"与"开胃小菜"。不能把庭前会议弄成变相的庭审,更不能用庭前会议来替代庭审。**

例如,《刑事审判参考》(总第128辑)收录的王伟男诈骗案:

起诉书指控,2013年5月至2016年,被告人王伟男利用其在承德市文物局避暑山庄及周围寺庙文化遗产工程指挥部安全消防项目组工作的身份,虚构承德市文物局避暑山庄及周围寺庙诸多工程,以向他人介绍工程的名义,先后诈骗姬某947.9955万元、刘某373万元、景某149.6万元、郭某116.75万元、刘某某17万元,合计金额1604.3455万元。

该案的原审法院在第一次审理中为简化庭审程序、提高庭审效率,召开了有公诉人、辩护人、被害人、被告人参加的庭前会议。在庭前会议上就案件管辖、回避、公开审理、排除非法证据等事项征求了控辩双方的意见,并组织展示了相关证据。庭前会议决定,对于公诉人在庭前会议上出示的被告人王伟男为实施诈骗行为伪造的虚假合同、中标通知书等书证,因被告人、辩护人均无异议,合议庭予以采信,该部分证据不在正式庭审中示证、质证;对于王伟男诈骗刘某某17万元的事实,因控辩双方无异议,合议庭予以确认,庭审中不再就该部分诈骗数额进行法庭调查;对于诈骗景某的数额,以及王伟男退还姬某11万元的事实,合议庭予以确认。由此,原审判决对于上述书证未经法庭举证、质证等法庭调查程序而直接作为了定案的证据。二审法院经审理认为,原判对部分证据不经法庭调查,只通过庭前会议就予以采信并作为定案的依据,违反了法律规定的诉讼程序,故将案件裁定发回原审法院重新审理。

如前文所述,庭前会议的功能主要是梳理案件程序性问题及部分实体性问题,旨在为庭审扫清阻碍,从而确保法庭集中持续审理,提高庭审质量和效率,不能忽视庭前会议的这一定位,以庭前会议替代正式庭审。《庭前会议规程》第20条第2款规定:"对于控辩双方在庭前会议中没有争议的证据,庭审时举证、质证可以简化。"这里的"庭审时举证、质证可以简化",不是说在庭审中可以不进行举证、质证。在本案中,原审法院在庭前会议出示证据,因控辩双方没有争议,就决定该证据不在庭审中举证、质证,显然是曲解了法律规定。如果这样,就会把未经当庭出示、质证等法庭调查程序查证属实的证据作为定案的根据,也就背离了刑事诉讼的证据裁判原则,对此应当引为注意。

事实上,《庭前会议规程》规定人民法院在庭前会议中可以组织控辩双方**"展示证据",并不是"出示证据"。**展示的意思是把证据展现出来,告诉对方在庭审中我方要出示哪些证据;出示的意思是把证据拿出来给对方看,是征求对方意见,双方进行质证。两者的含义是不同的,不能等而视之。

需要明确的是,按照《庭前会议规程》第20条的规定,对于控辩双方在庭前会议中没有争议的证据,庭审时举证、质证是可以简化的。简化到什么程度,笔者认为,**如果控辩双方确无异议,一些案件完全可以当庭仅宣读证据名称及其证明的主要内容即可,**这样既贯彻了证据裁判原则,又发挥了庭前会议的过滤功能,提升了诉讼效率。

3. 适当实质化

通过召开庭前会议对一些可能导致庭审中断的事项作出实质性处理。具体思路是,控辩双方在庭前会议中就有关事项达成一致意见,在庭审中反悔的,

除有正当理由外,法庭一般不再进行处理。换言之,双方达成的一致性意见经法庭确认后即具有一定的法律效力,除非理由正当,否则不能再提起;如果再提起,法庭通常也不予重复处理。

对此,2021年《适用刑诉法解释》第233条已明确规定:"对召开庭前会议的案件,可以在开庭时告知庭前会议情况。对庭前会议中达成一致意见的事项,法庭在向控辩双方核实后,可以当庭予以确认;未达成一致意见的事项,法庭可以归纳控辩双方争议焦点,听取控辩双方意见,依法作出处理。控辩双方在庭前会议中就有关事项达成一致意见,在庭审中反悔的,除有正当理由外,法庭一般不再进行处理。"该司法解释第131条还规定:"在庭前会议中,人民检察院可以撤回有关证据。撤回的证据,没有新的理由,不得在庭审中出示。当事人及其辩护人、诉讼代理人可以撤回排除非法证据的申请。撤回申请后,没有新的线索或者材料,不得再次对有关证据提出排除申请。"

4. 主要针对程序事项展开

重点对可能影响庭审中断的程序性事项进行了解、作出处理。庭前会议能不能涉及实体问题,不少人持否定态度。笔者理解,完全排除实体问题既不符合法律规定,也不利于解决实际问题。《庭前会议规程》第23条规定:"人民法院在庭前会议中听取控辩双方对案件事实证据的意见后,对于明显事实不清、证据不足的案件,可以建议人民检察院补充材料或者撤回起诉。建议撤回起诉的案件,人民检察院不同意的,开庭审理后,没有新的事实和理由,一般不准许撤回起诉。"该规定内容与2021年《适用刑诉法解释》的规定相一致。从这些规定来看,庭前会议可以涉及实体问题,包括允许控辩双方就实体问题适当发表意见,法庭对明显事实不清、证据不足的案件也可以作出进一步处理。但必须明确,这种对实体问题的介入是具有附带性质的。也就是说,**庭前会议主要针对可能影响庭审进行的程序事项展开,如果实体问题清晰明了,控辩双方分歧不大,可以"顺带"解决,以提升审判效率**。

5. 解决问题量力而行

对于实体问题,主要留给正式的庭审解决,庭前会议只是顺带解决,能够解决多少就解决多少,不作过多纠缠。即便是程序性问题,仍应把握量力而行的原则。影响庭审顺利进行的程序性问题涉及多个方面,有的适合在庭前会议中解决,那就争取消化在庭前会议环节;有的问题比较复杂,控辩双方分歧很大,不适合在庭前会议中解决,则应放在正式的庭审环节查明和处理,切实避免把庭前会议开成"庭审",甚至以庭前会议替代正式的庭审。

比如,对被告人供述是否系采用刑讯逼供手段获取的问题,根据非法证据排除的有关规定,在庭审中法庭对被告人审判前供述的合法性有疑问的,可以采取下列方式:首先,公诉人应当向法庭提供讯问笔录、原始的讯问过程录音录像或者其他证据;其次,提请法庭通知讯问时其他在场人员或者其他证人出庭作证;最后,仍不能排除刑讯逼供嫌疑的,可以提请法庭通知侦查人员出庭说明情况,对该供述取得的合法性予以证明。据此,公诉人在庭审中可以提请法庭通知其他在场人员、其他证人或者侦查人员出庭。而庭前会议如果要求侦查人员出席,则势必扩大庭前会议的参与人员范围。如果以此类推,非法证据排除过程中证人、鉴定人等诉讼参与人亦可出席庭前会议,则庭前会议就会成为变相的庭审。所以,**对通过提交讯问笔录、原始的讯问过程录音录像、办案机关出具的办案说明、体检报告等材料,控辩双方就能够达成一致意见的非法证据排除问题,可考虑在庭前会议中解决**;涉及侦查人员、证人、鉴定人等出席的非法证据排除程序,则一般不宜在庭前会议中进行。

2021年《适用刑诉法解释》第228条第1款规定:"庭前会议可以就下列事项向控辩双方了解情况,听取意见:(一)是否对案件管辖有异议;(二)是否申请有关人员回避;(三)是否申请不公开审理;(四)是否申请排除非法证据;(五)是否提供新的证据材料;(六)是否申请重新鉴定或者勘验;(七)是否申请收集、调取证明被告人无罪或者罪轻的证据材料;(八)是否申请证人、鉴定人、有专门知识的人、调查人员、侦查人员或者其他人员出庭,是否对出庭人员名单有异议;(九)是否对涉案财物的权属情况和人民检察院的处理建议有异议;(十)与审判相关的其他问题[1]。"这一规定中至少有5项内容涉及证据的审查运用,其基本要求仍涵盖在立法规定的"了解情况、听取意见"的范畴。所以,**我们要妥善处理庭前会议与正式庭审的关系,对相关实体问题的解决,应秉持量力而行的原则进行**。

---

〔1〕 如明确举证内容、顺序和方式,法庭调查的程序和重点——笔者注。

值得一提的是,此次司法解释修改对庭前会议需要了解情况、听取意见的内容增加了"是否对涉案财物的权属情况和人民检察院的处理建议有异议"一项,这体现了司法解释对涉案财物司法保护的强化。在笔者看来,这也是2021年司法解释修改的亮点之一。事实上,除了该项规定,2021年《适用刑诉法解释》还增设多个条款以加强对涉案财物的司法保护,对此笔者在第二讲"以审判为中心的刑事诉讼制度改革"中结合涉案财物的处置问题,已作了具体阐释。司法解释的上述修改,意味着现在庭前会议的功能更加丰富,基本涵盖了确定管辖等程序性事项、展示证据与审查涉案财物的权属及处置方案等三项内容。

6. 问题导向,灵活多样

立法设置庭前会议制度以及司法实践中召开庭前会议,其根本目的都是为正式的庭审做准备,应立足于有效解决问题的基本立场,对制度的具体运用灵活把握。所以,在《庭前会议规程》制定过程中,有一种意见认为,应当对庭前会议严加规范。笔者认为对其规范十分必要,但不能机械地把握。**庭前会议只是庭前的一项准备程序,应致力于消化和解决实际问题,从而为庭审顺利进行作出铺垫、提供保障,只要不违背基本诉讼原理的做法,原则上都应是允许的。**

比如,在庭前会议召开时间上,一般要求在3日前通知参会人员的具体时间、地点、人员和研究事项等。但也不排除临时召开庭前会议的情况,如原计划10点开庭,9点控辩双方到场,发现了一些问题,经征询双方同意,法庭可不可以临时召开一个庭前会议?答案应是肯定的。

此外,庭前会议的灵活性还表现在以下几个方面:(1)启动方式上,一般由法庭根据案件情况、依职权决定召开庭前会议,同时控辩双方也可以在说明理由的情况下申请法庭召开庭前会议。(2)庭前会议由审判长主持,合议庭其他审判员也可以主持庭前会议(但不得由法官助理或书记员主持庭前会议)。(3)召开庭前会议应当通知公诉人、辩护人到场;但被告人一般不是必须到场,只有在庭前会议准备就非法证据排除了解情况、听取意见,或者准备询问控辩双方对证据材料的意见的,才必须通知被告人到场。并且,有多名被告人的案件,法庭还可以根据情况确定参加庭前会议的被告人。(4)控辩双方在庭前会议中可以口头,也可以书面提出意见。(5)庭前会议一般不公开进行。(6)根据案件情况,庭前会议还可以采用视频等方式进行。(7)召开庭前会议的次数不受限制,只要还存在可能影响庭审中断的程序性事项需要庭前会议解决,就可以多次召开等。

具体办案时,按照《庭前会议规程》《适用刑诉法解释》等规定操作即可,在此不再赘述。总之,庭前会议是一项实用性强的诉讼制度,在实际办案中值得我们依法用足、用好,为正式庭审扫除障碍、铺平道路。

二、开庭审理:落实庭审实质化

庭审是进行证据审查运用的关键环节。在推进以审判为中心诉讼制度改革过程中,庭审工作的目标就是"确保诉讼证据出示在法庭、案件事实查明在法庭、诉辩意见发表在法庭、裁判结果形成在法庭,充分发挥庭审在查明事实、认定证据、保护诉权、公正裁判中的决定性作用"。为此,要深入贯彻庭前会议规程、非法证据排除规程和法庭审理规程,积极推进法庭审判实质化,切实解决庭审走过场、先定后审、"重视书面审理、轻视法庭审理"等突出问题。具体到证据的审查运用,就是要从举证、质证和认证三个方面推动实现司法证明的实质化。

(一)举证:确保有用的证据全部、有效地出示

通俗地说,**所谓司法证明实质化,就是最大可能地"让证据说话"**。让证据说话,前提是要做好举证工作,至少应满足两点要求:一是保证有用的证据都能提供给法庭;二是采取便于双方质证、裁判认证的举证形式。

我们当前的问题是,一些审判人员把刑事案件的举证看成检察机关一家的**事,庭前不管,庭中放任,庭后难受**。比如,有些证据公诉人没有出示,有些证据公诉人则是一股脑儿出示给法庭,一味求快,不分情况地进行"捆绑出证""打包出证",不仅当事人看不明白,法官也是事后才能明白。此外,在有些案件庭审中,公诉人把功夫放在讯问上,认为这个很重要,也可以显示水平,但殊不知这样可能本末倒置。比如,某市中级人民法院的调研显示,不少案件讯问被告人时长占到庭审全部用时的 1/3 以上,这是需要反思的。所以,推进庭审实质化改革过程中,必须重视和重新审视庭审举证工作。

第一,提倡法庭对控方举证活动的适当介入。要发挥好两大应有功能:一是指导,二是引导。其目的是督促检察机关落实好举证责任。**怎么举证,**出示

哪些证据,庭前不能完全不管,要积极与检方沟通、听取意见,并给予必要指导,共同努力把重要的、有用的证据在法庭上一次性出示,提高举证活动的质效。值得注意的是,2021年修改的《适用刑诉法解释》第268条也增加规定了"根据案件和庭审情况,法庭可以对控辩双方的举证、质证方式进行必要的指引"。

第二,不忽略对发案起因、被害人过错等有利于被告人的证据及量刑证据的举证。

第三,按照繁简分流的原则,有区别地把握庭审举证质证程序。**对于按照普通程序审理的不认罪案件,原则上要"一证一举一质一认",只有证明事项存在关联性的一些证据才放在一起"打包出示"。举证活动不能一味求快,更不能为追求效率牺牲公正。**为避免效率低下,可在法庭调查中适当弱化对被告人的讯问,将之融入质证中。对适用简易程序、速裁程序等审理的事实清楚、被告人认罪的案件,则可以适当扩大适用"打包、捆绑"举证形式。2021年《适用刑诉法解释》第268条第1款规定"对可能影响定罪量刑的关键证据和控辩双方存在争议的证据,一般应当单独举证、质证,充分听取质证意见";第242条第3款规定"根据案件情况,就证据问题对被告人的讯问、发问可以在举证、质证环节进行"等,就鲜明体现了上述考虑。

第四,规范和限制书面供述、证言及笔录的使用,积极推动证据主要以口头形式向法庭提出等,以有效贯彻直接言词原则。对此,《法庭调查规程》中已有明确规定。例如,该规程第25条第1款规定:"证人出庭作证的,其庭前证言一般不再出示、宣读,但下列情形除外:(一)证人出庭作证时遗忘或者遗漏庭前证言的关键内容,需要向证人作出必要提示的;(二)证人的当庭证言与庭前证言存在矛盾,需要证人作出合理解释的。"第34条第2款规定:"被告人当庭供述与庭前供述的实质性内容一致的,可以不再出示庭前供述;当庭供述与庭前供述存在实质性差异的,可以出示、宣读庭前供述中存在实质性差异的内容。"

第五,明确不同证据种类的举证要求。具体如下:

(1)庭前多次接受讯问、询问的被告人供述、证人证言、被害人陈述等,如果采取当庭宣读书面材料的方式出示证据,要明确具体的讯(询)问时间、地点(哪一次讯问和询问)。笔者曾在一些案件中发现,裁判引用的证据并不是当庭出示的供述、证言、陈述的情况。

例如，在钟某某故意伤害案中，被告人在侦查阶段有8次供述，但只有一次供述比较具体，涉及定案的关键信息，但是庭审中公诉人出示的却不是这一次供述。一审法庭注意到了这一情况，但又不想二次开庭，就图省事直接在裁判文书中引用了这次未经庭审出示、质证的被告人供述。二审时辩护律师提出了这个问题，二审法院经审查最后就裁定将案件发回重审了。

上述案例充分说明，**定案证据必须经过庭审举证、质证，这是一个基本的刑事诉讼规则，不能逾越违背。**

（2）物证、书证，要明确是原件还是复印件，复印件的要说明理由；搜查、扣押笔录、照片不能少。

（3）鉴定意见，要一并说明鉴定人及其资质等形式要件。

（4）辨认笔录，要明确是否为个别、混杂辨认等。

（5）视听资料、电子数据，要说明提取过程及来源等。

第六，重视证据的补查工作。笔者在北京法院工作时曾组织做过调研，重大命案在法院一审、二审期间的补证率可达到80%以上，最高人民法院进行死刑复核审理时也有一部分案件需要进一步做补查补正工作，这也是导致一些死刑案件审理时限较长的一个重要原因。尽管如此，证据的补查补正工作仍不容忽视，案件该补充证据的，一定要把工作做到位，避免在证据运用上留下疏漏和隐患。

这里需要强调一下证据补查补正的主体问题。应当明确，**之所以要进行证据的补查补正，主要是因为控方的举证不到位，补查补正活动本身即是控方履行举证责任的体现。故证据补查工作的主体、主责在于控方。**而且，从正当程序的角度来看，案件在审理过程中补充的证据系法庭主动发现、调取的，还是由控辩双方依程序向法庭提交的，其程序意义是不一样的，后者无疑更符合现代刑事诉讼的基本原理和特质。所以，笔者一直主张，**作为法官发现案件需要补充证据，更宜采取的方式是督促检察机关进行补查补正、切实履行举证责任。**

值得注意的是，2012年《最高人民法院关于适用〈中华人民共和国刑事诉讼法〉的解释》第108条曾规定："对侦查机关出具的被告人到案经过、抓获经过等材料，应当审查是否有出具该说明材料的办案人、办案机关的签名、盖章。对到案经过、抓获经过或者确定被告人有重大嫌疑的根据有疑问的，应当要求侦查机关补充说明。"该规定中的"应当要求侦查机关补充说明",在2021年《适用刑诉法解释》中则被修改为"应当通知人民检察院补充说明",这也鲜明地体现了检察机关在证据补查补正方面的主责地位。法官作为庭审的主持者、倾听者和判断者,适当限制其在证据补查补正中的主动角色,避免越位,是十分必要的。

第七,适当简化或弱化讯问被告人。**作为公诉人,应当明白在举证环节,其工作的重点和关键在于有效地举出证据,而不是简单地讯问被告人。**这主要因为:其一,《刑事诉讼法》第191条第1款中规定"公诉人可以讯问被告人",讯问不是必经程序。其二,从性质上讲,讯问本身不属于举证,也替代不了举证,同时也不等同于质证。其三,对于认罪的案件,过多讯问会显得多余;对于不认罪的案件,讯问只会换来被告人的辩解,最终还是要回到证据的举证、辩论上;对于认罪不稳定的案件,过多的讯问还可能增加被告人的对抗心理,甚至造成其当庭翻供。其四,讯问被告人的意义在于挖掘证据信息、搭建证据的证明体系,虽然有一定意义,但是根据案件情况适当弱化讯问是应该的。庭审资源是有限的,应当把更多的时间交给举证、质证。

当然,需要提及的是,对讯问提倡"适当的简化或弱化",而不是禁止,也不是不分情况地"一概压缩"。有些案件中,特别是对一些证据的有用信息进行挖掘,以及对一些证据辅助审查(如审查被告人辩解和翻供),对被告人多加讯问也是允许的。当前我们需要做的是,**将那些无效的、无关的、多余的讯问拿掉,尤其要避免不分情况地把讯问被告人当作法庭调查的重点和关键,从而回归到庭审举证、质证的应有状态。**

(二)质证:围绕争议关键和存疑问题充分展开

未经质证不得认证是证据裁判的基本要求,对庭审中出示的每一个证据,法庭都要组织控辩双方进行质证。**这里需要避免的问题是,质证活动走过场。**从实际来看,法庭证据信息量大,质证往往难以面面俱到,避免质证形式化的关键在于做好以下几个方面的工作。

1. 要突出重点

法庭要善于归纳控辩意见,引导双方围绕争议和存疑的问题展开。**要保证**

质证活动的控辩对抗性,针对任何一方提出的质证意见,相对方都应有答辩和回应意见,做到"有来有往"。要采取有效措施,确保关键证人、鉴定人出庭作证,并积极探索运用交叉询问机制,更好地发挥其查明事实功能。

2. 质证要充分

要把法庭调查的重心放在证据的审查上,推动控辩重点由"法律适用"转移到"证据质证"与"法律适用"并重。这也是提升办案质量、防范冤假错案的关键。质证用时长一些没关系,可在法庭辩论环节适当简化程序,重点围绕法律适用问题进行。

3. 质证要有效

"有效"意味着既要注重效率、避免重复,对控辩双方重复的、无效的意见、争辩,要果断制止;又要注重效果,切实解决问题,通过质证活动明确案件证据上的问题,尽可能地把不良的、无关的、多余的、容易被夸大的证据信息排除出去。庭审本身确实具有"剧场化"的特点,一些案件的承办法庭也负有法治宣传的职责。但是,作为案件的承办人应当清醒地认识到,开庭审理的最主要功能是审查证据、查明案情并据此正确地适用法律。换言之,**我们主要是为了解决实际问题而召开庭审**,千万不能把庭审搞成一场秀,个人角色流于"表演",应当有鲜明的"问题意识",积极引导控辩双方充分对质,从而把案件的问题暴露和解决在庭审中。

(三)认证:改进方法,全面、有效地裁量证据

"作为对经控辩双方质证的证据进行分析研判、鉴别真伪从而确认是否采纳该证据定案的诉讼活动,认证的质量好坏直接关系到庭审的成败和裁判结果公正与否,故认证是刑事审判过程中最关键、最实质的环节。"[1]刑事认证活动如何进行,笔者结合自身工作体会,将之概括为六句话,**即坚守一个立场,立足两个视角,关注三大方面,厘清分析思路,善用多种方法,坚持因材施法**。

1. 坚守一个立场

全面裁量证据,是进行证据审查运用的基本立场。依法全面收集能够证明

---

[1] 陈伶俐、陈杰:《〈刑事诉讼法〉修正后审判认证方式探讨》,载《法学杂志》2012年第11期。

被告人有罪或无罪、罪重或罪轻的各种证据,是《刑事诉讼法》对案件办理的明确要求。如果严格贯彻执行诉讼法规定收集证据,通常一个特定案件容易出现有利于被告人的证据和不利于被告人的证据共存的局面。客观、公正地进行证据审查运用,必然要求司法人员对被告人有利与不利的两方面证据都要充分考虑,不能顾此失彼、厚此薄彼。

从近年来纠正的刑事冤错案件来看,案卷材料中大都不同程度地存在定罪的反证性证据或者疑点,而对于这些有利于被告人的证据材料、信息或线索,原审时法庭以及公诉机关也大多不同程度地发现了问题,但都未能充分重视起来,亦未采取有效措施,以致铸成大错。

例如,在聂树斌故意杀人、强奸案中,就既有证明被告人有罪的证据,也存在一些与有罪证据相矛盾的反证。正如再审判决所指出的,"本案缺乏能够锁定聂树斌作案的客观证据,聂树斌作案时间不能确认,作案工具花上衣的来源不能确认,被害人死亡时间和死亡原因不能确认""聂树斌有罪供述的真实性、合法性存疑,有罪供述与在卷其他证据供证一致的真实性、可靠性存疑",等等。该案再审时,法庭既高度重视审查不利于被告人的证据,也高度重视审查有利于被告人的证据。不仅如此,在原审作出有罪判决,申诉人多年坚持作无罪申诉,同级检察机关(最高人民检察院)也认为原审判决认定事实不清、证据不足的情况下,更是加大了对定罪的反证性证据的审查力度。比如,将视线投射到被告人归案后前5天作出的含有无罪辩解的讯问笔录,而该笔录已经缺失,但合议庭通过分析在卷材料和调查研究,确认被告人曾做过无罪辩解,故仍对此反复作审查与判断。[1]

聂树斌案再审在证据审查运用上不仅针对在卷的所有证据,还注意审查相关证据与线索显示的其他材料或信息。这就拓展了证据审查运用的范围。正是建立在对案件全部证据、所有信息进行全面、深入、细致的审查、分析的基础上,再审作出了符合现代诉讼理念和司法公正要求的裁判结论。

不仅仅是聂树斌案,近年来纠正的其他多起重大冤错案件都在警示我们,

---

[1] 参见于同志:《论聂树斌案再审证据裁判的"八个方面"》,载《法律适用(司法案例)》2017年第2期。

司法运用证据认定案件事实时,对有利于被告人的证据(特别是证明无罪的证据)不仅不能忽视,还要给予更多关注、重点审查,这是构建定案的严密证据体系所必需的。所谓千里之堤溃于蚁穴,定案的证据体系也是如此。定罪证据存疑,往往意味着该证据的真实性没有保障或者不能排除非法取证的可能,该证据经审查后,要么不具有证据能力,要么不具有证明力或者证明力极低而依法不作为定案依据,进而导致案件的证据体系存在根本缺陷,无法达到"证据确实、充分"的证明标准。所以,在办案中要始终坚守住对全案所有证据进行全面裁量的根本立场。具体来说,要切实做到以下几点:

(1)加强对反证的审查与分析,只要是定罪上存在可能产生合理怀疑的"疑点",就应当引起重视,绝不放过。**运用证据认定案件事实,如同使用砖瓦等建筑材料搭建大楼,"反证"就是存在缺陷的建筑材料,如果它被放置在关键位置,就可能带来大楼的坍塌,对此要有足够警醒。**

(2)善于把反证放到全部证据中去分析、判断,只有这样才有可能防止出现"一叶障目"的问题。

(3)避免先入为主,对"反证"不加甄别,轻易否定。

(4)坚持正确、有效的证据审查思路。既要从关联性、客观性和合法性入手加强对关键、存疑证据的判断,又要注重从其与相关证据材料的比对、印证方面进行审查,必要时还应依程序开展证据的补查补正工作,以确保定案的证据体系不存在疑点或疑点都得以排除。概言之,**要善于"聚焦关键证据,解决矛盾证据,固定可变证据,明确非法证据,完善瑕疵证据,补强薄弱证据",实现对证据的有效审查、科学判断。**

2. 立足两个视角

要从证据能力和证明力两个方面入手,对全案的证据逐一进行分析、审查,决定取舍。这里需要注意区分两组概念:证据材料和证据、证据能力和证明力。打个比方,证据材料好比工厂车间里的原材料:可用的,具有证据能力;不可用的,不具有证据能力。证据好比工厂车间里生产出来的产品:经质检部门检验合格即具有证明力,被淘汰的不具有证明力。

证据能力规则解决证据资格问题,它易于法定化,所以,很多国家的刑事证据立法更多是围绕证据能力规则展开的,我们讲的非法证据排除规则、关联性规则等,基本都是证据能力规则。**证明力规则针对的是证据的作用和价值,它更多的是经验层面的问题,不宜法定化,而应更多地交由司法人员来自由裁量。**

但是,在过去的一个时期里,我们的立法及司法解释工作把重点放在证明力规则的建构上,比如,我们曾规定一些证据的原件效力大于复印件,国家机关出具的材料的效力高于其他机构出具的材料等。但如果深入思考,复印件的效力一定小于原件吗?如果我们能够保持复印件的真实可靠,它的效力就应当等同于原件。所以,在规范层面上,对易于法定化的证据能力规则应当给予更多重视。这也是近年来我国刑事证据立法上的一个重要动向,已开始重视构建成体系的证据能力规则。

梳理现行的《刑事诉讼法》以及司法解释等法律规范可见,我们目前至少已经逐步确立了以下证据能力规则:

(1)**关联性规则**。例如,2021年《适用刑诉法解释》第98条第8项规定,鉴定意见与案件事实没有关联的,鉴定意见不得作为定案根据。《防范刑事冤假错案意见》第9条中规定,现场遗留的可能与犯罪有关的指纹、血迹、精斑、毛发等证据,未通过指纹鉴定、DNA鉴定等方式与被告人、被害人的相应样本作同一认定的,不得作为定案的根据。《审判中心改革意见》第27条规定,通过勘验、检查、搜查等方式收集的物证、书证等证据,未通过辨认、鉴定等方式确定其与案件事实的关联的,不得作为定案的根据。

(2)**验真规则**。例如,《适用刑诉法解释》第83条第2款规定,物证的照片、录像、复制品,不能反映原物的外形和特征的,不得作为定案的根据。第86条第1款规定,在勘验、检查、搜查过程中提取、扣押的物证、书证,未附笔录或者清单,不能证明物证、书证来源的,不得作为定案的根据。第98条第3项规定,送检材料、样本来源不明,或者因污染不具备鉴定条件的,鉴定意见不得作为定案根据。《办理死刑案件证据规定》第9条第3款规定,对物证、书证的来源及收集过程有疑问,不能作出合理解释的,该物证、书证不能作为定案的根据。第24条第1款第5项规定,鉴定对象与送检材料、样本不一致的,鉴定意见不得作为定案根据。《收集提取和审查判断电子数据规定》第28条规定,电子数据具有下列情形之一的,不得作为定案的根据:①电子数据系篡改、伪造或者无法确定真伪的;②电子数据有增加、删除、修改等情形,影响电子数据真实性的;③其他无法保证电子数据真实性的情形。《防范刑事冤假错案意见》第 9 条第 1 款第 2 句规定,涉案物品、作案工具等未通过辨认、鉴定等方式确定来源的,不得作为定案的根据。

(3) 最佳证据规则。例如,《适用刑诉法解释》第 84 条第 2 款规定,对书证的更改或者更改迹象不能作出合理解释,或者书证的副本、复制件不能反映原件及其内容的,不得作为定案的根据。

(4) 意见证据规则。例如,《适用刑诉法解释》第 88 条第 2 款规定,证人的猜测性、评论性、推断性的证言,不能作为证据使用,但根据一般生活经验判断符合事实的除外。

(5) 传闻证据规则。例如,《审判中心改革意见》第 29 条第 1 款规定,证人没有出庭作证,其庭前证言真实性无法确认的,不得作为定案的根据。

(6) 非法证据排除规则。例如,《刑事诉讼法》第 56 条第 1 款规定,采用刑讯逼供等非法方法收集的犯罪嫌疑人、被告人供述和采用暴力、威胁等非法方法收集的证人证言、被害人陈述,应当予以排除。收集物证、书证不符合法定程序,可能严重影响司法公正的,应当予以补正或者作出合理解释;不能补正或者作出合理解释的,对该证据应当予以排除。《严格排除非法证据规定》第 2 条规定,采取殴打、违法使用戒具等暴力方法或者变相肉刑的恶劣手段,使犯罪嫌疑人、被告人遭受难以忍受的痛苦而违背意愿作出的供述,应当予以排除。第 3 条规定,采用以暴力或者严重损害本人及其近亲属合法权益等进行威胁的方法,使犯罪嫌疑人、被告人遭受难以忍受的痛苦而违背意愿作出的供述,应当予以排除。第 4 条规定,采用非法拘禁等非法限制人身自由的方法收集的犯罪嫌疑人、被告人供述,应当予以排除。第 6 条规定,采用暴力、威胁以及非法限制人身自由等非法方法收集的证人证言、被害人陈述,应当予以排除。

(7) 瑕疵证据规则。例如,《适用刑诉法解释》第 86 条第 2 款、第 3 款规定,物证、书证的收集程序、方式有下列瑕疵,经补正或者作出合理解释的,可以采用:①勘验、检查、搜查、提取笔录或者扣押清单上没有调查人员或者侦查人员、物品持有人、见证人签名,或者对物品的名称、特征、数量、质量等注明不详的;②物证的照片、录像、复制品,书证的副本、复制件未注明与原件核对无异,无复制时间,或者无被收集、调取人签名的;③物证的照片、录像、复制品,书证的副本、复制件没有制作人关于制作过程和原物、原件存放地点的说明,或者说明中无签名的;④有其他瑕疵的。物证、书证的来源、收集程序有疑问,不能作出合理解释的,该物证、书证不得作为定案的根据。第 90 条规定,证人证言的收集程序、方式有下列瑕疵,经补正或者作出合理解释的,可以采用;不能补正或者作出合理解释的,不得作为定案的根据:①询问笔录没有填写询问人、记录人、法定代理人姓名以及询问的起止时间、地点的;②询问地点不符合规定的;③询问笔录没有记录告知证人有关权利义务和法律责任的;④询问笔录反映出在同一时段,同一询问人员询问不同证人的;⑤询问未成年人,其法定代理人或者合适成年人不在场的。《人民检察院刑事诉讼规则》第 264 条规定,经审查讯问犯罪嫌疑人录音、录像,发现公安机关、本院负责侦查的部门讯问不规范,讯问过程存在违法行为,录音、录像内容与讯问笔录不一致等情形的,应当逐一列明并向公安机关、本院负责侦查的部门书面提出,要求其予以纠正、补正或者书面作出合理解释。发现讯问笔录与讯问犯罪嫌疑人录音、录像内容有重大实质性差异,或者公安机关、本院负责侦查的部门不能补正或者作出合理解释的,该讯问笔录不能作为批准逮捕或者决定逮捕、提起公诉的依据。《毒品提取、扣押、称量、取样和送检程序规定》第 3 条第 2 款规定,毒品的提取、扣押、称量、取样、送检程序存在瑕疵,可能严重影响司法公正的,人民检察院、人民法院应当要求公安机关予以补正或者作出合理解释。经公安机关补正或者作出合理解释的,可以采用相关证据;不能补正或者作出合理解释的,对相关证据应当依法予以排除,不得作为批准逮捕、提起公诉或者判决的依据。

(8)证人不适格的证言规则。《适用刑诉法解释》第 88 条第 1 款规定,处于明显醉酒、中毒或者麻醉等状态,以致不能正确表达的证人所提供的证言,不能作为定案的根据。

(9)取证程序违法影响证据客观性规则。例如,《适用刑诉法解释》第 89 条规定,证人证言具有下列情形之一的,不得作为定案的根据:①询问证人没有个别进行的;②书面证言没有经证人核对确认的;③询问聋、哑人,应当提供通晓聋、哑手势的人员而未提供的;④询问不通晓当地通用语言、文字的证人,应当提供翻译人员而未提供的。第 94 条规定,被告人供述具有下列情形之一的,不得作为定案的根据:①讯问笔录没有经被告人核对确认的;②讯问聋、哑人,应当提供通晓聋、哑手势的人员而未提供的;③讯问不通晓当地通用语言、文字的被告人,应当提供翻译人员而未提供的;④讯问未成年人,其法定代理人或者合适成年人不在场的。第98条规定,鉴定意见具有下列情形之一的,不得作为定案的根据:①鉴定机构不具备法定资质,或者鉴定事项超出该鉴定机构业务范围、技术条件的;②鉴定人不具备法定资质,不具有相关专业技术或者职称,或者违反回避规定的;……⑤鉴定程序违反规定的;⑥鉴定过程和方法不符合相关专业的规范要求的;⑦鉴定文书缺少签名、盖章的;……⑨违反有关规定的其他情形。第105条规定,辨认笔录具有下列情形之一的,不得作为定案的根据:①辨认不是在调查人员、侦查人员主持下进行的;②辨认前使辨认人见到辨认对象的;③辨认活动没有个别进行的;④辨认对象没有混杂在具有类似特征的其他对象中,或者供辨认的对象数量不符合规定的;⑤辨认中给辨认人明显暗示或者明显有指认嫌疑的;⑥违反有关规定,不能确定辨认笔录真实性的其他情形。第107条规定,侦查实验的条件与事件发生时的条件有明显差异,或者存在影响实验结论科学性的其他情形的,侦查实验笔录不得作为定案的根据。第135条第3款中规定,公诉人提交的取证过程合法的说明材料,应当经有关调查人员、侦查人员签名,并加盖单位印章。未经签名或者盖章的,不得作为证据使用。《人民检察院刑事诉讼规则》第264条中规定,发现讯问笔录与讯问犯罪嫌疑人录音、录像内容有重大实质性差异的,该讯问笔录不能作为批准逮捕或者决定逮捕、提起公诉的依据。

(10)未经法定程序查证的证据规则。例如,《适用刑诉法解释》第71条规定,证据未经当庭出示、辨认、质证等法庭调查程序查证属实,不得作为定案的根据。《人民检察院刑事诉讼规则》第404条第3款中规定,经人民法院通知,鉴定人拒不出庭作证的,公诉人可以建议法庭不予采纳该鉴定意见作为定案的根据。《防范刑事冤假错案意见》第12条第2款规定,采取技术侦查措施收集的证据,除可能危及有关人员的人身安全,或者可能产生其他严重后果,由人民法院依职权庭外调查核实的外,未经法庭调查程序查证属实,不得作为定案的根据[1]。

---

[1] 参见赵学武:《十大证据能力排除规则具体规范清单》,载微信公众号"法律知识的搬运工"2018年6月19日。

上述证据规则的内容十分丰富,涉及证据审查运用的多个方面。不仅如此,近年来最高司法机关还通过多种途径发布了一系列具有指导意义的典型案例,其中也包含了不少证据法规则。例如,最高人民法院五个刑庭共同主办的《刑事审判参考》就刊登了多篇涉及刑事证据规则运用的"指导案例"。诸如一些学者探讨的"疲劳审讯"、"威胁、引诱"、看守所之外提讯、不进行录音录像审讯等获取的口供采信问题,该刊物此前都刊登过相关案例,对这些问题都有明确的解读。这些案例都经过了最高人民法院刑事审判庭的审查、认可,代表了最高审判机关的立场,北京大学陈瑞华教授说,它"是我国目前公认的、最权威的、带有指导性作用的案例文本"[1],完全可以供我们办案参考。

此外,2024年2月27日,最高人民法院建设的"人民法院案例库"正式上线并向社会开放,集中收录经最高人民法院审核认为对类案具有参考示范价值的典型案例,其中包括不少涉及证据审查运用的案例,由于这些案例由最高审判机关遴选并审核确认,对司法实践具有重要参考价值。

总之,对于刑事证据规则,当前要注意做好以下两方面的工作。

(1)积极运用。

如前文所述,**现在的案件证据材料普遍越来越多,单纯依靠经验和一般认识来审查和判断证据**,时常不能达成理想效果,我们必须注意运用证据能力规则和证明力规则,推进刑事证据收集和采信工作的专业化、技术化、精细化。在此需要提及两个理念:

其一,综合的理念,是指不仅要积极运用非法证据排除规则,而且要注意运用其他刑事证据规则,很多时候,我们在办案中审查和判断刑事证据,往往需要综合运用多个证据规则。

其二,整合的理念,是指我们要善于挖掘散落在各个角落中的刑事证据规则,既包括有关法律、司法解释、司法文件规定的证据规则,也包括最高司法机关发布的指导性案例、参考案例中的证据规则,这些都是我们办案赖以参考或参照的依据,都应当重视并用足、用好。

---

〔1〕 陈瑞华:《辩护律师如何运用证据规则》,载中国社会科学网,http://www.cssn.cn/fx/fx_yzyw/201804/t20180420_4164217.shtml,最后访问日期:2018年9月16日。

（2）一体运用。

从道理上讲，在法官的视野里，首先映入眼帘的应是判断有无证据能力，其次才是对证明力的第二道筛选。这在实行陪审团制度的英美国家最为典型。为防止不良的证据污染和误导由普通民众组成的陪审团，这些国家构建了较为完善的证据能力规则，以保障陪审团能够置身于由合法、可靠的证据构筑的世界。我国实行专业法官全面审理事实和适用法律的制度，所以，在对证据的证明能力和证明力进行审查时，两者时常分得不那么清晰（也没有必要严格区分），很多时候需要把对证据能力的审查和证明力的审查结合起来进行，并应将之贯穿于证据裁判的全过程。

3. 关注三大方面

在办案过程中，要重点审查证据的关联性、合法性和客观性，并贯彻全面审查原则。

（1）关联性审查。

诉讼是一个用证据去发现、建构案件事实的活动，在此过程中，我们要保证能采集到各种有用的证据信息的同时剔除一切无关信息，其依据的就是证据的关联性，即有关证据材料与案件事实之间必须存在一定的联系。这是一个需要特别重视的方面。

第一，关联性是证据的首要属性。从证据裁判的要求来看，认定事实必须依据合格证据。"合格证据"有多重含义，其一便是该证据要与待证事实之间有"关联性"。如果缺乏关联性，则不是适格的证据，不可以进入诉讼中，更不得作为定案依据。所以，"关联性是证据进入诉讼的第一道'门槛'，是证据的首要属性"。[1]**一项证据材料，不管它是多么真实、合法，只要与本案无关，那就得直接剔除出去。**故在刑事诉讼中运用每一项证据时都应首先关注其有无关联性。

第二，忽视证据的关联性会造成不良后果。我国现行立法对证据的关联性关注不够，有关证据规则相对较为粗疏、简单，远没有证据客观性、合法性方面的规则发达。由此也带来了实践中对证关联性重视不够的问题。笔者在工作中时常发现一些与案件关联性不大甚至没有关联性的材料被作为定案证据

---

[1] 马秀娟：《论证据的关联性及其判断》，载《政法学刊》2008年第6期。

在庭审中出示、在裁判文书中列举。

例如,尹某、刘某受贿案:

二被告人案发前分别担任某市房产管理局产权处正、副处长。2006年至2011年,两人利用负责办理房屋产权证、管理该市房地产担保公司等职务的便利,多次收受他人贿赂,其中尹某收受他人贿赂款人民币81万元、价值人民币16.9万元的房屋一套,刘某收受他人贿赂款人民币44.7万元。一审法院以受贿罪分别判处尹某有期徒刑八年,判处刘某有期徒刑五年,并判决没收尹某、刘某受贿所得款物。后刘某因在看守所羁押期间检举了同监人魏某的盗窃犯罪事实,有立功表现,二审法院依法对其从轻处罚,以受贿罪改判其有期徒刑四年,同时维持了对尹某的定罪量刑。在尹某、刘某的生效判决书列举的据以认定事实的证据中,有二被告人所在单位出具的"请求减轻处罚的函",用以证明"某市房产管理局请求法院对二被告人减轻处罚"。[1]

该做法引起法学界的热烈讨论与质疑,认为请求减轻处罚的函件不是用来证明案件事实的证据,根本没有必要提交法庭、列入判决书。该案暴露出的问题所指向的就是证据的关联性。被告人单位出具的"请求减轻处罚的函",大体可归属于品格证据的范畴。**对于此类证据,国际上的通行做法如下:一是一般仅容许在某些特定案件中使用,如未成年人犯罪案件。二是庭审阶段一般禁止控方首先提出表明被告人品格或名声不良的意见或证据,只有在辩方首先提出证明被告人良好品格或被害人不良品格的证据之后,才允许控方使用上述证据对此进行反驳(被告人有未被消灭的犯罪前科的除外)。**对于能够证明被告人良好品格的证据,也是慎重使用。例如,《德国联邦证据法》第51条第1项规定:"凡已不列入或将不再列入记录之前科,在当事人后来另一起刑事诉讼案中,原则上不得将其视为不利于当事人之用。"品格证据之所以被限制使用,就在于其与案件事实的关联性普遍不够,使用容易引发争议、影响案件公正处理。

第三,准确把握证据关联性的内涵。诚如美国证据法学者华尔兹所言,"关联性实际上是一个很难用切实有效的方法界定的概念","容易判断,但却不容

---

[1] 参见叶铁桥:《株洲房管局出函替贪官求情》,载《中国青年报》2012年2月17日,第7版。

易描述"。[1]或因如此,各国立法都很少明确规定其概念。但这并不妨碍我们对其内涵进行理论上的剖析。从实际来看,**关联性所体现的某项证据与特定案件待证事实之间的联系,应是一种经验意义上的特殊联系,不是哲学意义上的普遍联系,哲学意义上的普遍联系观点对认识证据关联性没有多大实际意义。**同时,证据关联性是客观的,通常不以人的意志为转移,判断一个证据材料与特定案件是否有联系、能否作为定案的证据使用,虽然有个体认识的差异性,但绝不能脱离在案证据去臆测,应当始终坚持从实质意义对关联性作出客观的评判。[2]

第四,重视审查"破案经过""抓获经过"等证据材料。从实际来看,"**破案经过**""**抓获经过**"**等证据材料可直接用于确定犯罪嫌疑人、被告人与案件的关联性,它是刑事案件侦破过程中侦查机关第一时间收集到的证据材料,也是所有证据中最为直接并相对更为客观的第一手材料**。规范、客观、全面、细致的抓获经过,不仅直接关乎定案,而且对案件来源、立案时间、强制措施的运用等程序性事实,以及自首、坦白、悔罪等量刑情节都能起到重要证明作用。所以,我们在办案中应当重视对"破案经过""抓获经过"等证据材料的制作以及审查与运用。

例如,在聂树斌案再审中,法庭就是从"抓获经过"入手解构原判证据体系的。再审判决指出原审定案证据体系存在九大问题,首要的便是"聂树斌被抓获之时无任何证据或线索指向其与康某被害案存在关联"。原审认定,侦查机关出具的抓获证明记载根据群众反映将聂树斌抓获从而将案件侦破,但原审卷宗内除了仅有"群众反映"的文字表述外,并没有群众反映聂树斌涉嫌实施本案犯罪的任何证据或线索,甚至具体是哪些群众反映的证据也没有,既没有组织群众对聂树斌进行辨认的证据,也没有群众反映的所谓嫌疑青年与康某被害案存在关联的证据。故法庭再审认为,聂树斌的"抓获经过"不应具有证据的适格性,无法据此确定聂树斌为犯罪嫌疑人,由此掀开了原审定案证据体系上的"裂缝"。

---

[1] [美]乔恩·R.华尔兹:《刑事证据大全》,何家弘等译,中国人民公安大学出版社1993年版,第64页。

[2] 参见陈伶俐:《证据相关性的判断与规则构建》,载《法律适用(司法案例)》2017年第24期。

聂树斌案再审的上述做法具有一定的方法论意义。具体在于以下三点：

其一，"破案经过""抓获经过"等材料虽然由侦查、调查人员出具，但"没有人在自己的案件中被视为可靠的证人"，如作为定案依据仍要经法定程序查证属实。

其二，此类材料中记载的信息内容不全面、不客观的情况在实际办案中时常出现，我们必须对其加大审查力度，否则会给案件埋下重大隐患。

其三，对"破案经过""抓获经过"等材料，应当结合在案的其他相关证据综合审查判断，必要时通知侦查、调查人员到庭作出说明。对于经审查缺乏其他证据或线索支持的"孤证"，不得作为定案依据。

（2）合法性审查。

进行合法性审查是刑事证据得以正确运用的重要保障。从实践来看，非法取证是刑事案件办理中的"重大隐患"。近年来纠正的刑事冤错案件中大多不同程度地存在非法取证行为。甚至可以说，**刑讯逼供、非法取证是导致冤假错案发生的主要原因**。所以，必须把证据的合法性审查放在更为突出的位置，切实通过审判及审查起诉环节强化对"证据合法"的要求，引导和督促侦查、调查机关"合法取证"。

第一，厘清认识。这里要注意区分以下四组概念：

一是刑事证据规则与非法证据排除规则。刑事证据规则是一个丰富的体系，除了非法证据排除规则，还包括关联性规则、验真规则、传闻证据规则、意见证据规则、最佳证据规则、补强证据规则、自白任意性规则等。我们不能用非法证据排除规则替代所有的刑事证据规则，不能眼里只有非法证据排除规则，从而忽视了对其他刑事证据规则的运用。

二是非法证据排除程序与证据合法性审查程序。非法证据排除程序是一个特殊的证据审查程序，适用对象和具体程序由法律明确规定。从立法来看，**它的启动仅对五类法定证据：采用刑讯逼供等非法方法收集的犯罪嫌疑人、被告人供述，采用暴力、威胁等非法方法收集的证人证言、被害人陈述，以及收集取证不符合法定程序，可能严重影响司法公正且不能补正或者作出合理解释的物证、书证**（《严格排除非法证据规定》《排除非法证据规程》《适用刑诉法解释》）等司法文件虽然对非法证据排除规则的具体适用对象作了扩张性解释，但仍严格地限于上述证据类型）。有的地方文件把非法证据排除程序的适用范围弄得很大，这是不符合刑事诉讼法规定的。它实质上是把非法证据排除程序与证据合法性审查程序混同了。

任何证据的收集过程损害到证据的可信性或者有适用其他证据规则的情形的，都可能被排除而不作为定案的根据。但其排除并不是、没有必要且也不可能都通过非法证据排除程序来完成。**除了非法证据排除程序，我们还有更为灵活、简便的质证或庭审程序，经查证后决定采用与否即可。**所以，我们可以也应当对任何一个据以定案的证据在庭审中进行合法性审查，但启动非法证据排除程序只能针对五类法定对象。**当前，我们既要克服不敢启动和运用非法证据排除程序的情况，也要避免非法证据排除程序的滥用。**

三是非法证据与瑕疵证据。如前文所述，非法证据的内涵和范围特定，一般指向严重违法和严重损害司法公正的取证行为。现实中，除了非法证据之外，更多的是瑕疵证据，后者的范围、类型更为广泛、多样。比如，非法的证人证言，主要是指采用暴力、威胁等非法方法收集的证人证言。但瑕疵的证人证言则包括但不限于具有下列情形之一的证人证言：①询问笔录没有填写询问人、记录人、法定代理人姓名以及询问的起止时间、地点的；②询问地点不符合规定的；③询问笔录没有记录告知证人有关权利义务和法律责任的；④询问笔录反映出在同一时段，同一询问人员询问不同证人的；⑤询问未成年人，其法定代理人或者合适成年人不在场的。

对于瑕疵证据的审查，可以不用启动非法证据排除程序，按照通常的法庭调查程序即可完成；并且，如前文所述，瑕疵证据也不是必然地排除不用，如果能够予以补正或作出合理解释，瑕疵证据原则上还是可以采用的。只有不能补正或者作出合理解释的，才予以排除，不作为定案的根据。

四是非法证据与应当排除的证据。非法证据是一种应当排除的证据，但应当排除的证据远非法定的五类非法证据所能涵盖，其外延与内涵十分广泛。例如，应当排除的物证、书证，除了收集取证不符合法定程序，可能严重影响司法公正且不能补正或者作出合理解释的物证、书证，还包括具有以下情形之一的物证、书证：①物证的照片、录像、复制品，不能反映原物的外形和特征的；②对书证的更改或者更改迹象不能作出合理解释，或者书证的副本、复制件不能反映原件及其内容的;③在勘验、检查、搜查过程中提取、扣押的物证、书证,未附笔录或者清单,不能证明物证、书证来源的,等等。

应当排除的犯罪嫌疑人、被告人供述,除了采用刑讯逼供等非法方法收集的犯罪嫌疑人、被告人供述,还包括具有下列情形之一的犯罪嫌疑人、被告人供述:①讯问笔录没有经被告人核对确认的;②讯问聋、哑人,应当提供通晓聋、哑手势的人员而未提供的;③讯问不通晓当地通用语言、文字的被告人,应当提供翻译人员而未提供的;④讯问未成年人,其法定代理人或者合适成年人不在场的,等等。

应当排除的证人证言、被害人陈述,除了采用暴力、威胁等非法方法收集的证人证言、被害人陈述,还包括处于明显醉酒、中毒或者麻醉等状态,不能正常感知或者正确表达的证人、被害人所提供的证言、陈述;证人、被害人的猜测性、评论性、推断性的证言、陈述(根据一般生活经验判断符合事实的除外);以及具有下列情形之一的证人证言、被害人陈述:①询问证人、被害人没有个别进行的;②书面证言、陈述没有经证人、被害人核对确认的;③询问聋、哑人,应当提供通晓聋、哑手势的人员而未提供的;④询问不通晓当地通用语言、文字的证人、被害人,应当提供翻译人员而未提供的,等等。此外,经人民法院通知,证人没有正当理由拒绝出庭或者出庭后拒绝作证,法庭对其证言的真实性无法确认,该证人证言也属于应当排除的证据。

应当排除的证据除上述五种法定证据类型外,还包括鉴定意见、辨认笔录、视听资料、电子数据等证据类型。具体来说,应当排除的鉴定意见,包括具有以下情形之一的辨认笔录:①鉴定机构不具备法定资质,或者鉴定事项超出该鉴定机构业务范围、技术条件的;②鉴定人不具备法定资质,不具有相关专业技术或者职称,或者违反回避规定的;③送检材料、样本来源不明,或者因污染不具备鉴定条件的;④鉴定对象与送检材料、样本不一致的;⑤鉴定程序违反规定的;⑥鉴定过程和方法不符合相关专业的规范要求的;⑦鉴定文书缺少签名、盖章的;⑧鉴定意见与案件事实没有关联的;⑨违反有关规定的其他情形以及经人民法院通知,鉴定人拒不出庭作证的鉴定意见,等等。

应当排除的辨认笔录,包括具有下列情形之一的辨认笔录:①辨认不是在调查人员、侦查人员主持下进行的;②辨认前使辨认人见到辨认对象的;③辨认活动没有个别进行的;④辨认对象没有混杂在具有类似特征的其他对象中,或者供辨认的对象数量不符合规定的;⑤辨认中给辨认人明显暗示或者明显有指认嫌疑的;⑥违反有关规定,不能确定辨认笔录真实性的其他情形,等等。

应当排除的视听资料,包括具有下列情形之一的视听资料:①系篡改、伪造或者无法确定真伪的;②制作、取得的时间、地点、方式等有疑问,不能作出合理解释的,等等。

应当排除的电子数据,包括具有下列情形之一的电子数据:①系篡改、伪造或者无法确定真伪的;②有增加、删除、修改等情形,影响电子数据真实性的;③其他无法保证电子数据真实性的情形,等等。

上述应当排除的证据,均不得作为定案的根据。此外,对于具有瑕疵性的物证、书证,犯罪嫌疑人、被告人供述,证人证言,被害人陈述,以及鉴定意见、辨认笔录、视听资料、电子数据等,如果不能补正或作出合理解释,亦属于应当排除的证据,不得作为定案依据。对于前述五类法定非法证据以外的其他应当排除的证据,其审查可不必启动非法证据排除程序,而是运用一般的法庭调查、举证质证程序即可。

第二,全面把握。我国的非法证据排除制度是一个规范体系,除《刑事诉讼法》及其配套司法解释和《严格排除非法证据规定》《排除非法证据规程》外,还包括 2017 年《审判中心改革意见》、2013 年《防范刑事冤假错案意见》等相关规定。这些规定共同构成了我国的非法证据排除制度体系,对此应当全面把握。笔者在一些场合遇到不少同仁提问,有的条文不是规定在《严格排除非法证据规定》中,可不可以用?答案应是肯定的。这些规定,只要没有明确废除,就应当具有效力,都可以参照执行。如果是司法解释的规定,办案中还可以直接引用。并且,笔者通过梳理发现,这些规定之间并没有本质上的不同或冲突,它们之间更多是互补关系,有的规定原则,有的规定具体,完全可以结合起来使用,对这个问题应当认识到位。

第三,发展眼光。这里要注意两个"关键词":

一是"本土"。如果我们历史地看现代证据制度的发展,就会发现绝大多数刑事证据规则源于英美法系国家。过去我们一度认为,这是因为他们更加重视人权保障和程序公正。经历这些年的学习和工作,笔者渐渐明白,**任何国家的**

司法制度设置首先总是功利性的,要解决现实问题。英美法系国家为什么重视证据规则,这其实和陪审制度不无关系。由于事实审查判断交由缺乏法律专业知识的普通民众,就必须保证摆在陪审团面前的证据是干净的、没有污染的,那么就得建立一整套的证据过滤机制,把不良的、无关的、多余的、容易被夸大的证据排除出去,由此,一系列刑事证据规则脱颖而出。所以,看一个国家的刑事证据制度,要立足于该国的本土实际。

二是"本身"。非法证据排除制度本身是一个利弊共存的制度,其价值和功能是多元的。排除非法证据有助于规范侦查活动,落实程序正义。但在查明案件事实上,其不利的一面也是客观存在的。从实际来看,确实有不少非法收集的证据是真实客观的,可以有力证明案件事实,如果将这样的一些证据予以排除,势必会影响案件真相的查明。所以,人们对待它的态度一直是纠结的,各国的制度构架也大都不同。有的仅针对非法言词证据,有的还包括非法实物证据。《联合国反酷刑公约》中规定的非法证据也仅限于言词证据,并未包括实物证据。各国的制度规定也有一个不断调整的过程。

在相当长的时期内,我国是没有非法证据排除规则的。2010年我国才颁行"两个证据规定"(《办理死刑案件证据规定》和《非法证据排除规定》),2012年《刑事诉讼法》修改正式确认了非法证据排除规则。2017年最高人民法院、最高人民检察院、公安部、国家安全部、司法部又共同出台了细则性的规定(即《严格排除非法证据规定》),可以说是制度进步很大,成绩来之不易,应予充分肯定。但从立法经验来看,现行的规定应当不是终点,还会随着形势发展变化而不断调整。并且,正如前面所说,非法证据排除规则只是众多刑事证据规则中的一个,即便一些问题证据没有被立法规定为"非法证据",并不妨碍我们运用其他刑事证据规则对其作出恰当的判断与处理。

(3)客观性审查。

这是刑事证据审查运用的关键性环节。从司法实际看,有以下三个方面需要重点关注:

第一,慎用主观推测。主观推测是在一定事实基础上根据经验、情理推测和判断另一个事实,如被告人与被害人有矛盾,推测其可能有作案动机;被告人案发前与被害人在一起,推测其可能有作案机会;被告人案发后清洗衣物,推测其可能在清洗衣物上的血迹。主观推测也是司法认定的方法之一,在实践中被经常运用,但我们应当认识到它的局限性。主观推测不同于证据分析,依靠主观认识推测出的"可能性"只是线索,结论能否成立需要进一步的证据验证,而不能直接视为案件事实本身。实践反复证明,**脱离证据与程序规则的主观推测,时常不可靠,甚至是危险的。"盲目自信"不等于"内心确信",切记要始终靠证据说话。**

第二,坚持综合分析认定。分析某一个证据是否客观真实,要把它放在整个证据体系,放到与其他证据的比较中去判断,只有这样才能够看清证据的本质、问题的实质,避免出现"只见树木、不见森林"的现象。

例如,聂树斌案再审时,法庭至少从五个方面对被告人的有罪供述作了深入分析:一是从供述本身入手,指出被告人对关键事实的供述前后矛盾、反复不定、随证而变、不合常理;二是从供证一致入手,指出被告人的供述虽然与现场勘查笔录、尸体检验报告等内容基本一致,但由于存在先证后供等问题,难以保证供证一致的可靠性;三是从取证合法性入手,指出有罪供述的取得不能排除存在指供、诱供的可能;四是从经验情理入手,指出被告人关于偷拿花上衣自穿等的供述不符合生活常识;五是从供述完整性入手,指出聂树斌被抓获之后前5天的讯问笔录缺失,由此严重影响了在卷讯问笔录的客观性等。通过上述全面而深入的分析,法庭很自然地得出了被告人有罪供述存疑的结论。

第三,注意区分"先证后供"与"先供后证"。对于"先供后证"的案件,由于被告人供述在先,根据其供述、指认进一步取得其他物证、书证、证人证言等,有的还提取到隐蔽性强的客观性证据,由此既能建立被告人与这些证据之间的关联性,又能印证被告人的供述具有可靠性,所以"先供后证"所形成的供证一致体系往往具有较强的证明力。但"先证后供"则不同。被告人归案前,侦查人员在侦破案件过程中已经掌握了相关证据情况,除非能够确保被告人供述的自愿性和合法性,否则很难确定其供述的真实性。故在此情形下,即便被告人的供述与在案其他证据形成印证关系,其证明价值也相对较小。

从实践来看,在"先证后供"的案件中,由于侦查人员根据相关证据或线索事先已经锁定了嫌疑人,一旦其归案拒不供认,个别侦查人员为突破口供,就有可能采取指供、诱供甚至逼供等非法手段。**综观近年来纠正的刑事冤错案件，绝大多数属于"先证后供"案件，侦查机关在办案中基本都取得了被告人的有罪供述，并且，被告人的有罪供述内容也大都与现场勘查、检查笔录、尸体检验报告等基本一致，但案件经再审最终仍被证明是错案。这不能不令人警醒！在侦查机关已经发现作案现场及被害人尸体的情况下，被告人对现场勘查、尸体检验等方面的一致性供述往往与侦查人员指供、诱供、逼供有关。**所以，仅凭被告人的供述与现场勘验、检查、指认等笔录、尸体检验情况一致就认定被告人作案，往往并不可靠。如果案件同时缺乏客观证据，供证一致又不能完全排除指供、逼供、诱供可能，在认定被告人有罪时务必慎之又慎，以避免酿成错案。

仍以聂树斌案为例：

就聂树斌案原判而言，不能说定案全部依据被告人的有罪供述，毕竟还有现场提取的自行车、凉鞋、连衣裙、内裤等物证，尸体检验报告、现场勘查笔录和照片以及证人余某某、侯某某的证言等，但在锁定被告人作案这一关键事实的证明上，客观证据缺乏是不争事实，如果排除明显存疑的抓获经过，主要就是聂树斌的口供了。如果能够保证聂树斌有罪供述的真实性，那么结合其他在案证据，仍可依法作出有罪判决，但恰恰聂树斌的有罪供述的真实性是存疑的。再审法庭之所以认为存疑，其中依据之一是有罪供述属于"先证后供"，如果不能保证其供述的自愿性，则该有罪供述的真实性不无疑问。

在聂树斌案再审判决作出后，社会上仍有个别不同声音，认为原判认定聂树斌作案正确。主要理由是，聂树斌归案后作了有罪供述，并且其有罪供述与现场勘查笔录、尸体检验报告等内容基本一致。该意见既未能认识到聂树斌的有罪供述本身存在的前后矛盾、反复不定以及可能受指供、诱供等问题，也未能意识到本案作为先证后供案件在证据运用上所具有的特殊性，更是忽视了现场勘查、指认、辨认等笔录本身就存在不规范甚至违法并由此导致相关证据的证明能力丧失的问题。

当然，我们说"先证后供"对认定案件事实的价值低，并没有否定此类案件据此认定的可能性。对于先证后供的案件，只要证据确实充分、形成完整的证据链，仍然可以定案，特别是在有目击证人或者提取到了直接客观性证据的案件中,如现场遗留有被告人的血迹、指纹、足迹、精液,以及抓获被告人时从其身上或住所查获了被害人的手机、银行卡、首饰等物品,由于在案证据充足,即使是先证后供,也不影响定案。聂树斌案显然不具有上述情形。

4. 厘清分析思路

在对具体证据进行审查和判断时,通常可以按照以下三个步骤依次推进:

(1)单个证据的分解验证。将某个证据的相关信息掰开揉碎,仔细甄别,以查看其自身内容有无问题,如被告人的供述是否存在对关键事实的供述前后矛盾、反复不定、随证而变、不合常理的情况。通过对单个证据的分解、甄别,往往就能够审查出问题。

(2)相关证据的双向比对。将证明同一事实的两个或两个以上的证据材料进行比较和对照,查看其所证明的内容是否一致。具体有纵向对比和横向对比两种方法。前者主要针对言词证据而言,即对同一案件事实做过的多次陈述、证言或供述进行对比,辨明其前后内容有无矛盾之处。后者是指对证明同一案件事实的不同种类的证据进行比对。**比对印证是证据分析、审查最基本、最直接的方法。**

(3)全案证据的综合判断。将经过分解验证和比对分析后的各个证据材料,按照法律的逻辑再归拢起来,有机地整合成一个证据体系,这样既可以在全案证据体系中考察、评估单个证据的证明力,又能够对整个证据体系是否达到确实、充分的法定要求进行综合判断。

5. 善用多种方法

在对具体证据审查时,除经常使用的个别甄别、同一认定、比较印证等书面阅卷方法外,对一些疑难复杂案件,有时还可能运用到其他一些非常规的方法,如实证调查、咨询专家、经验识别。

例如,在聂树斌案件的再审中,合议庭在认真开展阅卷工作的同时,积极奔赴案发地核实相关证据,察看案发现场、被害人上下班路线、聂树斌被抓获地点及其所供偷衣地点,询问部分原办案人员和相关证人,还就有关尸体照片及尸检报告等证据的审查判断咨询著名的刑侦技术专家,并从经验识别的角度对原办案人员当年的办案行为和事后的解释进行评判,认为"不合常理",从而排除认定一些事实和情节等。[1]

此外,聂树斌案再审在对客观证据的审查上也是积极运用了个别甄别、同一认定、比较印证等多种方法,从不同方面、多个角度进行分析、评判。

(1) 从客观证据缺失入手,指出现场勘查未能找到直接证明被告人实施故意杀人、强奸犯罪的任何痕迹物证,导致案件缺乏锁定被告人作案的客观证据。

(2) 从证据关联性入手,指出现场勘查提取到的缠绕被害人尸体颈部的花上衣来源无法查清,由此该花上衣与被告人之间的联系难以确定。

(3) 从证据合法性入手,指出辨认程序没有依法进行,导致用于被告人辨认的花上衣与缠绕尸体颈部的衣物是否同一存在疑问,由此认定花上衣为被告人故意杀人的作案工具的证据不足。

(4) 从客观证据内容入手,指出原判据以定案的尸体检验报告没有提取、检验被害人的胃内物以确定死亡时间,且法医亦未根据被害人尸体蛆虫情况对其死亡时间作出推断,由此导致被害人的死亡时间不能确认。

(5) 从客观证据之间印证入手,指出现场勘查笔录虽然记载花上衣缠绕被害人尸体颈部,尸体检验报告进一步记载被害人"符合窒息死亡",但却未能作出确定性的鉴定意见,被害人死亡的具体原因不明。

(6) 从客观证据与被告人供述、证人证言等证据比对入手,指出现场勘查笔录、尸体检验报告等证据与后者存在不协调甚至相矛盾的情况,由此不仅揭示了客观证据的局限性,也表明了被告人供述等言词证据的真实性存疑。

上述对待客观证据的态度以及具体审查思路,对一线办案是有借鉴意义的:一方面,要重视审查客观证据。刑事诉讼法学界根据证据内容的载体不同,将刑事证据分为客观证据和主观证据。客观证据是指以人以外之物为证据内容载体的证据,包括物证、书证、鉴定意见[2]、视听资料和电子数据等。主观证据是指以人为载体的证据,包括犯罪嫌疑人、被告人供述与辩解,证人证言,被

---

[1] 参见胡云腾主编:《记载中国法治进程之典型案件——聂树斌案》,人民法院出版社2019年版,第156~161页。

[2] 鉴定意见是专家对案件中的专业问题所出具的专门性意见,应归属于客观证据还是主观证据,理论界有认识分歧,但多数认为可将其纳入客观证据的范畴。

害人陈述等。两者各有优势与不足。客观证据包含的信息量相对较少,且多呈静态化、碎片化,具有一定隐蔽性,但是其稳定性和可靠性较强。主观证据虽然在复述案件全貌方面有得天独厚的优势,但其在证据内容的稳定性和可靠性上远不如客观证据,"严刑之下其造假的可能性很高","我们传统意义上所提到的'口供中心主义'所产生的冤假错案中,起主要作用的正是被害人陈述,犯罪嫌疑人、被告人供述和辩解等主观性证据"。[1]所以,**办案中应当扭转长期存在的主观证据为中心、口供至上的倾向,树立客观证据优先的理念,高度重视和加强对客观证据的审查,进而引导调查、侦查机关注重调取客观证据。**

另一方面,要提高审查客观证据的能力。从证据审查运用的角度来看,任何据以定案的证据都要经过法定程序查证属实。但由于客观证据的载体为客观之物,其外部特征、性状及具体内容等方面受人的主观意志影响较小,通常具有较强的稳定性和可靠性,故诉讼中对其的审查工作容易被忽视,不细加审查以及不知如何审查的问题在审判实践中较为突出。客观证据虽然有较强的稳定性和可靠性,但也不能迷信客观证据,不经审查就直接采用。

办案中不仅要保持好奇、求真的欲望,充分挖掘客观证据,善于从案件的边边角角中发现问题,还要重视对客观证据进行科学解释,全面、细致地把握证据蕴含的信息。对全案证据不仅要逐一进行审查判断,还要综合进行审查判断,无论是何种证据,只有经甄别后认为具备真实性、关联性、合法性的,才可以作为定案根据。但逐一审查判断证据,并非孤立地进行,亦应将该证据与全案证据进行综合比较、分析,以便排查矛盾与疑点。

6. 坚持因材施法

概括地讲,被告人供述和辩解、被害人陈述、证人证言等主观证据的审查,更为侧重证据的内容方面;物证、书证,鉴定意见,勘验、检查、辨认、侦查实验等笔录,视听资料和电子数据等客观证据的审查,更加重视证据的形式方面。在对证据进行审查运用时,要针对证据的不同特点有针对性地开展工作。

比如,对被告人的供述和辩解,可着重从供述的时间、地点、有无逼供诱供

---

[1] 樊崇义、李思远:《刑事证据新分类:客观性证据与主观性证据》,载《南华大学学报(社会科学版)》2016年第1期。

情况等方面进行审查,必要时可一并结合讯问录音录像进行。对证人证言,可以从证人的辨别能力、其与案件的利害关系、证言内容的合理性程度等方面进行判断。对物证、书证,可着重从其来源、提取过程、签名与标注以及实物、扣押笔录与照片的一致性等方面进行甄别。对鉴定意见,要重点分析鉴定人的资质、检材的原始性、鉴定程序及相关形式要件是否符合要求,必要时可要求鉴定人出庭接受质询。对辨认笔录,要重点关注辨认有没有个别进行、混杂辨认,辨认人之前有无见到辨认对象、是否有暗示的情况,以及被辨认对象与参照对象的特征差异、辨认的环境、笔录记载是否客观等方面。对电子数据,要着重审查其来源是否可靠,提取过程是否完备,保管程序是否完善,每次使用后电子数据的形态是否完好,每一次操作是否都有详细的记录等,并应注意检视电子数据的相关辅助信息等。

这里顺便提一下"被告人翻供"的审查问题。被告人翻供情况在司法实践中经常会遇到,有时会让我们很纠结。有的办案人员信心不足,一遇到被告人翻供,就提出案件要"留有余地",其实不应该。**被告人翻供并不可怕,关键是要加大证据审查力度**:一要看怎么翻的,翻供内容是不是具有合理性;二要看怎么辩的,辩解是不是具有合理性;三要看此前是怎么供的,与事实细节能不能对得上(应注意区分"先供后证"与"先证后供"的情形);四要看什么时候翻的,翻得越晚,往往越不靠谱;五是必要时可以要求侦查人员、调查人员出庭说明情况等。

总之,各类证据的特性各有不同,只有坚持因材施法,才能够更为准确、有效地把握证据存在的相关问题及其实质,从而去粗存精、去伪存真。

三、作出裁判:依法审慎定案

审查运用证据的目的在于得出结论。从刑事司法实际来看,在定案上有两种倾向需要避免:一是未达证据标准定案,二是达到标准不敢认定。这两种情况都是对《刑事诉讼法》规定的"事实清楚,证据确实、充分"这一证明标准理解不准确、不到位和不自信所导致的。

(一)全面准确理解证明标准

《刑事诉讼法》第 55 条第 2 款规定:"证据确实、充分,应当符合以下条件:

(一)定罪量刑的事实都有证据证明;(二)据以定案的证据均经法定程序查证属实;(三)综合全案证据,对所认定事实已排除合理怀疑。"这是我们法定的证明标准,对其正确把握需要注意以下几个方面。

1. 定罪证据存疑和量刑证据存疑

定罪证据有别于量刑证据,办案中要注意区分定罪证据存疑和量刑证据存疑。**"疑罪从无"原则针对的是定罪证据存疑,不是量刑证据存疑,后者会带来刑罚裁量的宽松,但不直接关涉犯罪成立与否的问题。**只有定罪证据存在疑问,才会导致宣告当事人无罪。

2. 定罪证据瑕疵和定罪证据存疑

定罪证据体系上存在瑕疵,可以要求补侦补查或给予合理解释与说明,但一旦存疑,也即根据案件的现有证据不能排除合理怀疑、得出唯一结论时,则要慎重对待,存疑会导致无罪。在实际办案中要注意区分证据体系何种情况是"瑕疵",何种情况是"存疑",不可将二者混同,否则会引发严重问题。

例如,《刑事审判参考》(总第85集)收录的王维喜强奸案:

根据起诉书指控,2007年9月27日13时许,被告人王维喜窜至安徽省怀远县城关镇某小学,见该校女生孙某上厕所,遂用绳子勒住孙某的脖子,强行将其抱至厕所旁边的石榴林内,孙某大声呼救,王维喜又用手掐其脖子,并言语威胁,而后脱掉其裙子,强行与其发生性关系。根据侦查材料,案发后刑警大队从孙某母亲处提取到孙某当时所穿的内裤并于2008年5月30日将该内裤送交安徽省公安厅检验。安徽省公安厅出具的生物物证检验报告显示,在孙某内裤上检见人的精斑,在对该精斑的基因进行检验后录入全国公安机关DNA数据库应用系统。2010年5月王维喜因涉嫌其他犯罪被逮捕。2010年7月21日,浙江省公安厅物证鉴定中心作出DNA检验报告,证实孙某内裤上的精斑为王维喜所留。

本案除被害人的内裤及鉴定意见外,缺乏其他直接证据。换言之,上述"物证"内裤及对其所作的鉴定意见是定案的关键证据。但法院经审理发现,本案侦查过程中对被害人孙某内裤的收集、复制、保管工作存在以下多处违反法律规定的地方:

（1）侦查人员在提取内裤时没有制作提取笔录，或者通过扣押物品清单客观记录提取情况，导致有关内裤来源的证据不充分。

（2）根据有关司法解释的规定，据以定案的物证应当是原物。只有在原物不便搬运、不易保存或者依法应当由有关部门保管、处理或者依法应当返还时，才可以拍摄或者制作足以反映原物外形或者内容的照片、录像或者复制品。本案起诉书的证据目录虽然记载提取了被害人孙某的内裤，但未将该内裤随案移送。考虑到该物证的特殊性且所附生物检材易污染需要特殊条件保存，可采用照片形式对该内裤予以复制移送，但有关机关均未做此项工作。

（3）法律规定对证据的原物、原件要妥善保管，不得损毁、丢失或者擅自处理。由于该起犯罪久未侦破，其间办案人员更换，加之移交、登记、保管等环节存在疏漏，被害人孙某的内裤已遗失，导致出现疑问后有关复核工作无法进行等。

一审期间，公安机关曾就被害人孙某内裤的收集、复制、保管工作出具说明材料称："案发后，某县公安机关将孙某的内裤进行了提取，后一直放在刑警支队保管。2008年5月30日，民警将孙某的内裤送到省公安厅刑警总队进行DNA鉴定。现内裤已做技术处理。"该说明材料没有对未制作提取笔录或扣押物品清单、未拍摄照片复制以及为何将内裤处理等情况进行合理的解释。概言之，作为定案关键证据的被害人孙某内裤的收集、复制、保管工作均不符合有关法律规定，导致该内裤来源存疑，且办案机关无法补正或者作出合理解释。被害人孙某的内裤又是生物物证鉴定意见和DNA鉴定意见能够作为证据使用的基础。检材来源不明，则相关鉴定意见自然难能采用。如果被害人的内裤及其鉴定意见这一关键性证据排除，则案件就达不到证据确实充分的程度。这种情况显然已不再属于"证据瑕疵"的范畴了，而应当属于"证据存疑"。所以，法院经审理认为，本案指控事实不清、证据不足，不能认定该起强奸事实。

3. 客观证据的关联性存疑

客观证据包括实物证据与鉴定意见、勘验检查笔录等证据，多数属于间接证据，要重点审查它与被告人的关联性，存疑则要务必慎重。比如，从开放性场所取得的物证，如果没有其他证据加以佐证，则要慎重使用，如从被害卖淫女出租房提取的生物证据，包括指纹、脚印、精斑等。

笔者在北京法院工作期间曾参与办理过几起卖淫女在出租房被杀案件,指控被告人犯罪的关键证据就是从房间现场收集到的被告人的上述生物证据。被告人到案后多数是不供述,侦查机关经工作拿到了少数几次的有罪供述。但案件一旦到了审查起诉、法庭审理阶段,被告人立即翻供,辩称案发前到被害人处嫖娼了,因此留下指纹、脚印、精斑等。这些证据如果不是从开放性场所收集的,其证明力通常是比较高的,有的甚至可以作为定案的直接证据。但因为此类案件的现场是开放性的,被告人倘若嫖娼留下生物证据,实为正常。由此,这些证据在案件中的证明力就会大打折扣,如果没有取得其他有力证据,定案必须慎之又慎。

这里有一个险些酿成错案的典型案件:

被告人某甲与某乙系工友,同住在一个工地工棚里。某乙抢劫杀人后将抢到的被害人衣服(该衣服带有被害人血迹)遗留在工棚后潜逃外地,某甲对此毫不知情。因天气转凉,某甲不知道工棚内的被害人衣服是从哪里来的,就随手穿上了。随后,侦查机关在当地排查中根据被害人的衣服抓获了被告人。被告人归案后否认犯罪,并辩称不知道衣服的来源,办案人员就认定被告人系狡辩,可能存在刑讯逼供等非法取证情况,就得到了被告人的有罪供述。因为证据"扎实",案件很快诉至法院。在审判阶段,碰巧某乙在潜逃过程中继续作案被警方抓获,某乙归案后主动交代前述案件为其所为,侦查机关根据该供述从其住处搜到被害人的其他财物,至此真相大白。[1]

本案定罪的关键证据是从被告人处收集到的带有被害人血迹的衣服,但该证据与被告人的关联性恰恰存在问题,虽然被告人辩称不知道来源,但对该证据的关联性问题,公安、检察机关均未予以足够重视,以至于作出了错误的判断。从笔者办案的体会来看,**对实物物证和鉴定意见等客观证据的关联性审查十分重要,对于被告人以此为依据提出无罪辩解的,不能简单地否定其辩解,一定要结合全部案情深入地进行审查、分析。**

---

[1] 参见刘静坤:《疑罪从无原则司法适用若干问题研究》,载最高人民法院刑事审判第一、二、三、四、五庭主办:《刑事审判参考》(总第103集),法律出版社2016年版。

4. 客观证据缺失的处理

从实际来看,如果案情表明现场极有可能存在某些实物证据,但案卷材料中却没有此类证据,这表明侦查人员可能现场勘查不细,遗漏关键证据,甚至可能故意隐匿有利于犯罪人的证据,对此要格外小心,以免酿成错案。比如,杀人案件中一般应当有血迹,强奸案中一般应有精斑,如果案卷中没有,务必提高警惕,要求侦查机关提取或给出合理解释。

例如,《刑事审判参考》(总第 95 集)收录的胡某故意杀人、强奸案:

根据起诉书指控,被告人胡某和被害人苏某(女)系同村村民。2009 年 4 月 12 日上午,胡某在其房子后的公路上遇见苏某,遂产生强奸之念。胡某将苏某拽至公路下方的一平地,强行与苏某发生了性关系。苏某扬言要告发胡某,胡某遂持随身携带的镰刀朝苏某的颈部猛割一刀,并用镰刀背部砸击苏某的阴部数下,致苏某颈部甲状腺上动脉破裂,失血性休克死亡。胡某从苏某身上搜出现金人民币 50 余元后逃离现场。

针对上述指控,公诉机关提供了从被告人胡某家提取的作案工具镰刀等证据。但根据侦查材料,从胡某的镰刀及其所穿的衣服上均未能检出被害人的血迹,从现场及被害人体内也没有提取到胡某的精斑。鉴于胡某在有罪供述中始终称自己强奸时射精了,法院认为在现场或者被害人体内应当留有胡某的精斑等痕迹,遂多次询问侦查机关是否提取了精斑等痕迹物证。侦查机关一直答复称,胡某强奸时系体外射精,因案发后下过雨,所以没有提取到相关痕迹物证。法院经审理认为,公诉机关指控被告人胡某强奸杀害苏某的事实不清、证据不足,指控的犯罪不能成立,遂建议公诉机关撤回起诉。2010 年 1 月,公诉机关提出撤回起诉申请并获法院裁定准许。该案撤诉后,法院获悉侦查机关在现场勘查时从被害人苏某阴道内检出了精斑,并已将该精斑和苏某、胡某的血样送往省公安厅进行 DNA 鉴定。法院遂多次向侦查机关催要鉴定意见,侦查机关均答复称无鉴定意见。后在法院的强烈督促下,侦查机关将从苏某阴道内提取的精斑再次送检。同年 10 月,全国 DNA 数据库弹出比中通报:从苏某阴道内提取的精斑 DNA 分型与因犯强奸罪被判刑的赵某某的 DNA 分型一致。经讯问,赵某某供认了抢劫、强奸及杀害苏某的事实。

从实际来看,被告人到案后很快作出有罪供述的案件,其客观物证的提取常常没有被告人否认犯罪的案件物证收集得好。比如作案工具,在不少案件中未能提取到。有的案件发回重审后却又重新收集到了。**办案中一定要特别审查现场勘验、检查、搜查、扣押的具体情况,不放过蛛丝马迹**。对于被告人供述与客观证据存在矛盾的,不能简单地以被告人供述否定客观证据,在办案实践中要逐步树立起客观证据优先的理念。

(二)运用间接证据定案要求

从实际来看,用间接证据认定的案件往往是被告人不供述的案件,也没有其他目击证人的证言等直接证据,司法认定上相对复杂,一遇到此类案件司法人员内心会纠结和摇摆。所以,这个问题值得我们重视。《适用刑诉法解释》第140条规定:"没有直接证据,但间接证据同时符合下列条件的,可以认定被告人有罪:(一)证据已经查证属实;(二)证据之间相互印证,不存在无法排除的矛盾和无法解释的疑点;(三)全案证据形成完整的证据链;(四)根据证据认定案件事实足以排除合理怀疑,结论具有唯一性;(五)运用证据进行的推理符合逻辑和经验。"

上述规定相对较为复杂、抽象,在实际工作中理解时容易出现疑问与争议。在笔者看来,间接证据的证明标准其实从以下两个方面掌握就足够了:

(1)正面证真,即形成内心确信,其要求是保证"所有的证据都指向被告人"。

(2)反面证伪,即排除合理怀疑,其要求是保证"没有证据或者线索指向其他人(也即证据没有疑点或者疑点得以排除)"。

如果一个案子的证据体系能够满足上述两点,基本上可认为是"事实清楚,证据确实、充分"。从我们纠正的冤错案件来看,除个别案件外,原判大都能满足第一个要件,做到了"正面证真",所有的在案证据都指向了被告人(所以单纯从原审裁判文书上往往看不出问题),但是普遍没有做到"反面证伪",案件的证据体系存在疑点或者疑点未能得到完全排除,证据链上未能形成"闭合"。换言之,证据没有达到法定的证明标准,一旦作出有罪认定,则风险与隐患巨大,对此应引为警醒。

关于运用间接证据认定案件,笔者有以下几个切身体会:

1. 回归常识和经验法则

正如笔者在第一讲中所论及的,背离良知、常识、常情办案,就容易误入歧途。"生活经验虽然不能像理论法则那样揭示事物之间联系的规律性,但它揭示的事物之间的某种常态联系、某种程度的可能性或盖然性,也可以作为审查判断证据的重要依据。"[1]《适用刑诉法解释》第140条第5项也明确要求"运用证据进行的推理符合逻辑和经验"。所以,在审查运用证据认定案件事实时,**一方面,我们绝不能仅凭"经验"就认定案件事实,无视证据规则的"唯经验论"是错误的**;另一方面,证据裁判和事实认定也绝不能无视生活常识和常理。应当注意将法律上的程序及证据规则与经验层面的常识常理结合起来裁量。

2. 善于和正确运用司法推理

证据审查时运用逻辑推理手段,既有利于搭建案件的证据体系,也有助于发现案件证据体系上的"疑点"。**对于事实证据在逻辑与经验上的"反常之处",要加大审查力度。**

例如,在于欢故意伤害案中,二审法院认定被告人于欢的行为属于防卫过当,其判决书特别分析了被害人郭某1的伤情位置,指出其系"被背后捅伤",意味着被害人很可能是躲避被告人反击而非向前冲击、殴打被告人时被捅,这也是二审法院认定被告人的防卫行为明显超过必要限度的重要依据。这一认定过程就积极运用了司法推理的方法。

3. 重视对细节证据的审查

运用间接证据定案,往往需要从证据的细枝末节、蛛丝马迹中发现并建构案件事实体系,所以,加强对证据材料的细节的审查,尤显重要。

例如,笔者参与审查的任某受贿案:

行贿人陈某供称其是在任某办公室送的钱,但任某归案后始终否认收受贿赂,并辩称陈某从来没有去过他的办公室。经审查陈某的证言,陈某对任某办公室的格局、布置的描述与实际基本相符,且讲到了任某办公室墙壁上贴有一

---

[1] 江健等:《客观性证据审查模式探索》,载正义网,http://www.jcrb.com/xztpd/2015zt/lanmu/GFSFWTSSFGXL/201508/t20150825_1539242.html,最后访问日期:2019年9月17日。

个"佛头",而该细节在案件中为陈某首次提及,任某的办公室在案发前已经做过装修,基本可排除诱供可能,陈某对该细节的证言增强了合议庭成员的内心确信,结合其他在案证据最终认定了该笔贿赂。

4. 坚持对全案证据综合分析认定

如前文所述,综合分析认定是所有刑事案件证据审查判断的基本方法,但由于运用间接证据认定的案件往往缺乏直接指认、证明犯罪的证据,故对全部在案证据进行综合分析认定就变得更为重要,甚至可以说是此类案件司法认定的根本性路径。

例如,陶某被控故意杀人案:

2011年4月6日6点半左右,被告人陶某(女)与情人冉某波在贵州省遵义市湄潭县一住所夜宿时,冉某波被杀害,后公安机关在湄潭县车站将陶某抓获。在陶某的4次有罪供述中均称自己因爱生恨,因此将熟睡的冉某波杀害;在陶某9次无罪辩解中,陶某则辩称当时有强盗入室,被发现后与冉某波扭打中,将冉某波刺杀多刀致其死亡。检察机关指控被告人陶某犯故意杀人罪,向法院提起公诉。

本案除了被告人陶某的有罪供述,并无其他直接证据证明陶某实施犯罪。法庭经审查发现,陶某虽然作过4次有罪供述,但本案证据体系上存在诸多疑点:(1)陶某在案发前应冉某波电话之邀,专程从龙里县赶往思南县,并与冉某波一起前往湄潭县,当晚两人一起与朋友吃饭期间并未吵架,半夜睡醒之后陶某因情生恨,临时动杀心,杀人动机牵强。(2)若是陶某因其他原因预谋杀害冉某波,在常理上应不会在案发前张扬地与冉某波等5人一起吃饭;案发当晚,冉某波与陶某所住的房屋门锁被毁,也为第三人入室提供了条件。(3)根据现场勘验、尸检报告以及现场血迹分布动态,现场房屋里都是喷溅的血迹,当时明显发生过激烈搏斗,但身材瘦弱的陶某和身强力壮的冉某波之间悬殊较大,客观上难以形成这样的现场。(4)案发现场厕所的水龙头没有动过;案发后陶某去过的小旅店老板证明,陶某只在旅店房间里待了几分钟,没有时间和条件进行淋浴冲洗,身上衣物并未换过,而陶某除皮靴上沾有冉某波的血迹外,身上、内外层衣物上均无冉某波的血迹,与其有罪供述称近距离刺杀冉某波不相吻合。

(5)视频监控显示,案发后陶某衣衫不整地从小区慌乱离开,还分别告诉了其姐和冉某波的朋友张某,冉某波被入室盗窃的小偷杀害,陶某的种种表现明显不像刚刚杀人并消灭作案痕迹后的状态。(6)指控陶某在逃离现场时没有带走凶器而是带走了自己的手提包和被害人的皮外套不合逻辑,在陶某无罪辩解中称包与皮外套被小偷拿走,与公安机关一直未找到包和被害人的皮外套相互印证。(7)案发当日12时,湄潭县公安局勘验现场结束后,被害人亲属将被害人尸体运至殡仪馆,案发现场实际已被破坏,无法完全排除第三人作案的可能。(8)陶某的有罪供述中称凶器是在沙发上拿的,但据被害人家属回忆,从未见过那把羊角刀,而且普通家庭一般很少会出现羊角刀,经过检测,羊角刀上也没有陶某的指纹,直接证据不能指向陶某等。鉴于本案存在的疑点无法得到合理解释,在案证据无法形成完整证据锁链,不能排除有第三人作案的可能性,法院依法判决被告人陶某无罪。无罪判决宣告后,公安机关查获了本案的真凶黎某。[1]

在上述陶某被控故意杀人案中,法庭对证据的审查判断就坚持了综合分析认定的思路。事实上,**对于疑难复杂案件,如果不把全案证据结合起来整体进行分析、比对,并借助生活经验和逻辑加以审查判断,而是孤立地看被告人的供述与辩解等证据,办案很可能会不得要领,甚至误入歧途、酿成错案。**

5. 敢于和不能放弃司法判断

如前文所述,**司法权本质上是判断权,不能判断、不会判断,就不是合格的司法官**。对于运用间接证据定案来说,强调敢于和不放弃判断,具有特殊意义。由于案件缺乏直接证据,运用间接证据来认定案件本身就是一种"决断",如果不敢判断、畏惧判断、怠于判断,则运用间接证据认定案件实难成行。在实际办案中,应当坚持从在案证据出发,按照"正面证真"和"反面证伪"的双重要求,敢于并善于作出理性、审慎的判断。

6. 证据采信上杜绝侥幸心理

证据问题不同于一般的法律问题,它直接关涉被告人有罪与无罪,对于任

---

[1] 参见《坚守防止冤错案件底线——贵州高院为遵义中院陶某涉嫌故意杀人案合议庭和主审法官荣记二等功》,载微信公众号"贵州高院"2019年3月9日。

何案件来说,都是一个最为重要的根基性问题。在证据采信上,绝不能有任何的侥幸心理,否则会遗患无穷!

7. 避免"数量主导"的机械认定模式

在运用证据认定案件事实的问题上,不能片面地注重证据的数量优势,而忽视证据的质量要求。可能全案的证据基本都是定罪证据,但只要存在一个具有杀伤力的"反证",就足以否定全案。**认定有罪而证据体系不是靠证据数量取胜,而是由证据质量决定。**所以,我们运用证据去支撑案件事实应当坚持综合分析,而不能机械地搜罗证据,简单套用证据规则,以证据的多寡作为判断的标准。

8. 准确理解和把握"合理怀疑"

证明标准中的"合理怀疑",一般是指从证据材料、被告人辩解中能够反映出的疑点,而不是仅凭臆测、没有任何证据支持的怀疑。从审判实践看,虽然有证据证明被告人涉嫌犯罪,但具有下列情形之一的,很有可能属于"合理怀疑",应当严格核查相关事实、证据,审慎认定:(1)其他人作案的可能性不能被排除的;(2)被告人不在犯罪现场的证据不能被排除的;(3)被告人没有作案时间的证据不能被排除的;(4)被告人始终否认犯罪或者有罪供述被依法排除,证明犯罪的主要证据取得程序不合法且不能补正或者作出合理解释,或者主要证据之间不能相互印证,不能形成完整证明体系的;(5)共同犯罪案件部分被告人翻供,且翻供被告人不在犯罪现场、没有作案时间的证据不能被排除的,或者据以认定其犯罪事实的主要证据之间不能相互印证且无法得到合理解释的,等等。

由于《刑事诉讼法》使用"排除合理怀疑"来解释"证据确实、充分"这一证明标准,**在办案中要充分认识到"反面证伪"的重要性,特别是要强化对"反证"的审查,只有存在反证,就要引起重视、绝不放过、加强审查,确保案件事实认定排除合理怀疑。**对于辩方提出被告人不在犯罪现场、没有作案时间、其他人作案的可能性不能被排除等辩解的,要高度重视并查证落实,不具备查证条件的也应当要求调查、侦查机关出具情况说明。如果案件中的疑点或证据之间的矛盾,依靠常识、常理、常规、常情就能够解释得通,一般可不认为是"合理怀疑"。

在司法实践中,对于被告人始终不作有罪供述或作无罪辩解、时供时翻或辩护人提出定罪证据不足意见的案件,通常应当严把案件事实关和定罪关。根据《刑事诉讼法》关于证明标准的规定,拟作出有罪判决的,对于证明犯罪构成要件的事实应当综合全案证据排除合理怀疑。

(三)疑罪的正确认定与处理

所谓疑罪,是指定罪的事实不清、证据不足。按照《办理死刑案件证据规定》对"证据确实、充分"证明标准的界定,所谓定罪的事实不清、证据不足,是指据以定罪的证据之间、证据与案件事实之间存在矛盾,或者根据证据认定案件事实的过程不符合逻辑和经验法则,全案证据不能得出被告人有罪的唯一结论。该界定对疑罪的范围作了限定:**其一,排除了量刑上的事实不清、证据不足;其二,必须是定罪证据和主要案件事实上存在疑点,如果案件中存在一般的细枝末节问题和不影响定罪事实的疑点,不属于"疑罪"**。

《刑事诉讼法》第55条第2款规定了运用证据定案的具体标准,只有同时满足"定罪量刑的事实都有证据证明"、"据以定案的证据均经法定程序查证属实"和"综合全案证据,对所认定事实已排除合理怀疑"三个条件,才能认定被告人有罪和处以刑罚。笔者认为,对这一法定证明标准要从正反两个方面理解和把握。详言之,作出有罪认定,要能保证所有的证据都指向被告人,且没有证据指向其他人(定案证据体系上没有疑点或疑点得以排除)。既要从正面证实的角度做到内心确信,又要从反面证伪的角度排除合理怀疑、得出唯一结论。如果在案的证据对被告人是否犯罪既不能证实也不能证伪,那么这个案件就是我们讲的"疑罪"。

从法律规定来看,检察机关承担证明被告人有罪的举证责任,应当提供确实、充分的证据来证实被告人有罪。"疑罪"的存在意味着检察机关提供的证据不足以认定犯罪行为系被告人实施,所以,**立足于审判的角度来看,"疑罪"是检察机关未能充分实现证明责任的结果,其本身并不以被告人是否认罪为前提**。即使被告人笼统认罪,但如其有罪供述的真实性缺乏保障,在案证据未能达到确实、充分标准,也不能认定被告人有罪。

同时,"疑罪"也不同于存在无罪证据的案件,如果有证据证明被告人是无辜者,则案件不再属于"疑罪",而应当依法宣告被告人无罪,这是事实上的无罪。故而,**"疑罪"既不能在正面证实上做到内心确信,也不能在反面证伪上排除合理怀疑、得出唯一结论**。诚如有学者所指出的,"疑案的原审被告人实际上既可能是真正的罪犯,也可能是没有实施犯罪的无辜者,故从客观真相而言是或然的、不确定的状态"[1]。

对"疑罪"这一概念,我们要准确认识。如果一个案子存在"真凶出现"或"被害人现身"的情况,它就不再是"疑案",而是法定的无罪案件,如果认定被告人犯罪,那就是一个"冤案"。冤案不仅不能认定被告人有罪,而且能够认定被告人无罪,从而排除其实施犯罪的可能性,如于英生案、赵作海案[2]、佘祥林案[3]等。"疑案"则是既证明不了也否定不了的案件,但是根据法律关于疑罪从无的规定,此种情况要宣告被告人无罪。如果不作无罪宣告,那就是一个错案,在这方面,聂树斌案无疑是一个典型。**现在我们常说"冤错案件",其中"冤案"与"错案"的概念是有差异的。**

1997年对《刑事诉讼法》进行第一次修改时即确立了疑罪从无原则,对证据不足的案件,遵循程序正义和证据链条完整性的要求,自然就应该作无罪处理。但20多年来,从司法理念到司法实践,再到社会心理,疑罪从无却总是呈现出"知易行难"的尴尬。这也是一些案件不能作无罪判决,以至于酿成"错案"的重要原因。笔者在此想说的是,**如果对已确认"疑罪"的案件,我们现在还不能或不敢宣告无罪,那么就想一想聂树斌案!** 对这样一起20余年前被告人

---

[1] 胡云腾:《聂树斌案再审:由来、问题与意义》,载《中国法学》2017年第4期。

[2] 简要案情:1998年2月15日,河南省商丘市柘城县老王集乡赵楼村赵某的侄子到公安机关报案,称其叔父赵某于1997年10月30日离家后已失踪4个多月,怀疑被同村与之有矛盾的赵作海杀害,公安机关当年进行了相关调查。1999年5月8日,赵楼村发现一具无头、膝盖以下部分缺失的男性尸体。县公安局立案侦查,认为死者就是失踪的赵某,并认定赵作海为犯罪嫌疑人。后经侦查、起诉、审判,赵作海被法院以故意杀人罪判处死刑缓期二年执行。2010年4月30日,失踪多年的赵某突然回到柘城县家中。5月9日,河南省高级人民法院经再审撤销原判,宣告赵作海无罪。后公安机关经工作成功侦破赵楼村的无名尸案,抓获了杀害被害人高某并肢解、抛尸的犯罪嫌疑人李某等3人。

[3] 简要案情:1994年1月2日,佘祥林的妻子张某走失失踪,张某的家人怀疑张某被佘祥林杀害。同年4月,村里水塘发现一具女尸,经张某的亲属辨认为张某,并经有关部门检测,女尸的年龄、体征和死亡日期与张某吻合,佘祥林遂被作为犯罪嫌疑人抓获。后经侦查、起诉和审判,1998年9月22日佘祥林被法院以故意杀人罪判处有期徒刑15年。2005年3月28日,被害人张某突然回家了,称其当年因与佘祥林吵架离家出走。同年4月13日,湖北省京山县人民法院经重新开庭审理,判决宣告佘祥林无罪。

已经被执行死刑的"历史悬案",最高审判机关、最高检察机关都敢于按照疑罪从无原则宣告、认定被告人无罪,在我们的刑事司法实践中,还有什么理由不去坚守"疑罪从无"!

第四讲　排除非法证据的实务操作

排除非法证据,通常是指侦查机关在刑事诉讼过程中违背法定程序或侵犯公民的正当权益而获取的证据,不被准许进入审判程序或者不得作为定案处理依据。排除非法证据是刑事证据制度中争议最多的方面,所以各国立法对其均持十分审慎的态度,我国也不例外。1979年《刑事诉讼法》中没有涉及排除非法证据问题,1996年《刑事诉讼法》第43条虽然规定"严禁刑讯逼供和以威胁、引诱、欺骗以及其他非法的方法收集证据",但该规定更多地具有宣示意义,因为没有设置违法后果条款,并不能据此认为我们立法上确立了非法证据排除规则。

1997年《人民检察院刑事诉讼规则(试行)》[1]第265条中规定:"严禁以非法的方法收集证据。以刑讯逼供或者威胁、引诱、欺骗等非法方法收集的犯罪嫌疑人供述、被害人陈述、证人证言,不能作为指控犯罪的根据。"1998年《最高人民法院关于执行〈中华人民共和国刑事诉讼法〉若干问题的解释》[2]第61条规定:"严禁以非法的方法收集证据。凡经查证确实属于采用刑讯逼供或

---

〔1〕《人民检察院刑事诉讼规则(试行)》后于1998年12月16日最高人民检察院第九届检察委员会第二十一次会议第一次修订,2012年10月16日最高人民检察院第十一届检察委员会第八十次会议第二次修订。经进一步完善,2019年12月2日最高人民检察院第十三届检察委员会第二十八次会议通过了《人民检察院刑事诉讼规则》(高检发释字〔2019〕4号),自2019年12月30日起施行。《人民检察院刑事诉讼规则》施行后,《人民检察院刑事诉讼规则(试行)》同时废止。

〔2〕 该司法解释后被2012年12月20日最高人民法院公布的《关于适用〈中华人民共和国刑事诉讼法〉的解释》替代,故废止。

者威胁、引诱、欺骗等非法的方法取得的证人证言、被害人陈述、被告人供述,不能作为定案的根据。"但由于上述解释均没有设定关于排除非法证据的具体程序,且均系本系统的司法文件规定,仍标志不了我国非法证据排除规则的"确立"。

2008年中央启动了新一轮的司法体制和工作机制改革,建立和完善非法证据排除规则随之纳入改革议题。经过多方努力,并在赵作海故意杀人案再审等一系列重大司法案件的影响和带动下,2010年6月13日,最高人民法院、最高人民检察院、公安部、国家安全部、司法部联合发布了"两个证据规定",其中之一就是《非法证据排除规定》。该规定从司法层面对排除非法证据的范围、内容、程序及过程等作了细化,由此标志着我国非法证据排除规则的"初步确立"。

2012年我国修改《刑事诉讼法》,在法律中正式规定了非法证据排除规则,这被理论界认为"具有里程碑意义"。为推动非法证据排除立法的有效落实,进一步加强人权司法保障,党的十八届三中、四中全会均提出,严禁刑讯逼供、体罚虐待,严格实行非法证据排除规则,健全落实排除非法证据的法律制度。2017年4月18日,习近平总书记主持召开中央全面深化改革领导小组第三十四次会议,审议通过了《严格排除非法证据规定》。同年6月27日,最高人民法院、最高人民检察院、公安部、国家安全部、司法部联合向社会公开发布、实施该规定。

《严格排除非法证据规定》分为五部分,共计42条,相较于2010年《非法证据排除规定》(15条)多了27条,内容十分丰富,包括一般规定、侦查、审查逮捕和审查起诉、辩护和审判等内容。该文件着眼于预防和排除非法证据,细化非法证据的范围和认定标准,明确刑事诉讼各个阶段排除非法证据的职责和操作程序,基本涵盖了非法证据排除制度中亟待改革完善的突出问题。为深入贯彻该规定,推进以审判为中心的诉讼制度改革,最高人民法院随之制定了《排除非法证据规程》,并在2021年制定《适用刑诉法解释》时对有关非法排除规定作了强调、细化、修改和完善。此外,2024年最高人民法院还与最高人民检察院、公安部、国家安全部、司法部会签出台了新的《排除非法证据规程》。现结合有关法律规定,就实际适用非法证据排除规则的相关常见问题进行阐释。

一、排除非法证据的理论依据

所谓理论依据,指向的是"为什么要排除非法证据"的问题。对于这个问题,不同国家有不同的考虑。从英美法系国家来看,排除非法证据与其陪审团制度密切关联。由于陪审团成员不是专业司法人员,其对案件事实的判断容易受到舆论、社会情绪等不确定因素的影响。非法的证据、传闻等很可能误导陪审团,所以要从制度上阻止陪审团接触到这些证据。这也是实行陪审团制度的国家比较重视建立证据可采性规则的重要原因。通常先由法官对证据的可采性作出裁决后,再将"合格"的证据交给陪审团,由其对证据的客观性、关联性进行判断。所以,**其非法证据排除制度的一个重要支撑点就是防止非法证据"污染"陪审团,以免形成错误的预断**。[1]

在没有实行独立陪审团制度的大陆法系国家,案件的事实和法律问题都由法官裁判,且通常是全面审查案件的事实和证据,就不存在防止法官接触非法证据的问题,所以,避免非法证据"污染"法官并不是其引入该制度的出发点。**一般认为,更重要的还是为了防止警察滥用职权,落实程序正义和人权保障**。一方面,程序正义要求惩罚和打击犯罪必须以正当的程序进行,包括收集、运用证据都必须是正当、合法的。另一方面,非法收集证据在很大程度上会侵犯公民的权利,排除非法证据作为一项程序性制裁措施,有助于遏制程序违法、保障人权。

就我国而言,立法上确立非法证据排除制度有其特殊考量。我国的刑事诉讼深受客观真实、实质正义的观念影响,一直存在以查明案件事实、惩罚犯罪为基本价值诉求的倾向,尤其是在证据制度的运用上,即使在诉讼中存在非法取证等侵犯公民正当权益的行为,只要案件客观真实,则一般不否认司法的公正。所以,1996年《刑事诉讼法》第43条虽然规定"严禁刑讯逼供和以威胁、引诱、欺骗以及其他非法的方法收集证据",但对非法证据如何取舍的问题,则搁置不理。在曾经一段时间内,无论理论上还是实务界,对非法取证及非法证据一直

---

[1] 参见[美]伟恩·R.拉费弗、[美]杰罗德·H.伊斯雷尔、[美]南西·J.金:《刑事诉讼法》(上册),卞建林等译,中国政法大学出版社2003年版,第193页。

持较为宽容的态度。

例如,有观点认为,法庭审判的功能是发现事实真相,只有不真实的证据才要排除,非法收集的真实证据为什么要排除?还有观点认为,对警察违法,该处分处分,该判刑判刑,所谓非法证据排除,承担制裁后果的不是违法者,反而是被害人及整个社会,被告人岂不平白得了"便宜"。所以,在权衡非法证据与案件事实的关系时,基本是向案件真相倾斜,如果非法证据能够证明案件的事实,则倾向于容许该证据作为定案的依据。

从实际来看,非法收集的证据确实不能说都是虚假的,其中有相当一部分是真实的,客观上的确有助于案件真相的查明。但部分是真实的,也就不排除另一些可能是虚假的。不符合实际、虚假的证据进入诉讼并作为定案的依据,就可能导致冤假错案的发生。近些年陆续被媒体曝光的多起冤假错案,绝大多数涉及采取刑讯逼供等非法方法取证的问题。可以说,**非法取证是刑事案件办理中的"重大隐患",非法证据可以造成冤假错案**,几乎成为一种共识。所以,通过建立和施行非法证据排除制度,以防止冤假错案的发生,便成为立法及司法上的一个再自然不过的选择。

关于这一点,我们可以从近年来中央及最高司法机关制定的一系列防范冤假错案的文件中清晰地看出来。无论是中央政法委《关于切实防止冤假错案的规定》,还是最高人民法院《防范刑事冤假错案意见》、最高人民检察院《关于在刑事执行检察工作中防止和纠正冤假错案的指导意见》、公安部《关于进一步加强和改进刑事执法办案工作切实防止发生冤假错案的通知》等,都把严格落实非法证据排除制度作为重要措施加以规定。通过实施非法证据排除制度以遏制冤假错案,甚至写入了党的十八届三中全会通过的《中共中央关于全面深化改革若干重大问题的决定》,即"健全错案防止、纠正、责任追究机制,严禁刑讯逼供、体罚虐待,严格实行非法证据排除规则"。

平心而论,我国从党的政策、立法及司法层面强调排除非法证据,其背后的价值诉求主要是从刑讯逼供等非法方法取证可能导致冤假错案的角度切入,仍未能摆脱客观真实、实质正义等法律观念的深远影响。但不可否认,在这一过程中,将必然地对刑事侦查、调查活动形成有效制约,促使有关办案机关谨慎执法,规范行使刑事侦查权、调查权,有利于公民权利的保护和救济,落实程序正义,从而在有效控制犯罪与尊重保障人权、维护司法公正之间发挥一定的平衡作用。事实上,任何一个法治国家,其刑事诉讼的目的和任务都不可能是单一的,刑事诉讼程序不仅要保障查明案件事实、正确惩治犯罪,而且要规范和制约办案机关的诉讼活动,保障公民在诉讼程序中的生命、人身、自由、财产等基本权利不受非法剥夺或者限制。

所以,**非法证据排除规则不同于一般的证据规则,它既是一项具体的法律制度,又是一项以保障人权为根本宗旨的政策性规则,集中体现了对公民人身权的司法保障**。从实际来看,在和平年代,在公权力行使领域,公民人身权面临的最大威胁,可能就是刑讯逼供等非法取证行为,它不仅严重侵犯公民的人身权利,还会导致司法不公甚至造成冤假错案。所以,刑讯逼供行为对于社会公众的安全感,以及良法善治的法治国家建设和平安中国建设都具有致命的破坏作用。从这个角度来讲,非法证据排除规则还承载着推进依法治国方略实施、弘扬人道理性的执法司法观、尊重和保障人权、增强人民群众安全感的重要使命。

此外,我们还应当认识到排除非法证据对推进以审判为中心的刑事诉讼制度改革的特殊意义。如前文所述,在"以审判为中心"的三层含义中,处于第一层次也即最为重要的是发挥审判特别是庭审对侦查、起诉的制约与引领功能,推动侦查机关、检察机关按照裁判的要求和标准收集、审查和运用证据,向审判标准看齐,共同确保案件质量。在这里,**严格实行非法证据排除规则就是一个重要抓手**。因为,现阶段我们尚缺乏审判对审前程序的司法审查机制,如何促使和保证侦查、起诉活动向审判标准看齐,"以审判为中心",光靠口号是不行的,必须有制度意义上的制约手段。非法证据排除就是其中之一。

非法证据排除规则本质上是一种事后性的审查机制,通过确认某项证据为非法证据并加以排除,来宣告与之关联的侦查行为的非法性并进而否定该侦查行为,这就体现了审判对侦查活动的规制;同时,非法证据排除规则也在检视审查起诉活动的质量与效率,从而对其予以制约、引导。所以,严格实行非法证据排除,对推进以审判为中心的诉讼制度改革具有十分重要的牵引作用,它可以引导、推动和促使侦查活动、审查起诉活动按照裁判的要求进行(特别是按照审判定罪的标准来收集、审查和运用证据),从而逐步形成以审判为中心的刑事诉讼新格局。所以,我们要理解当前狠抓非法证据排除措施落实对推进以审判为中心的诉讼制度改革的"深意",切实把这项制度贯彻执行到位。

二、排除非法证据的适用范围

如何确定非法证据的排除范围,是非法证据排除制度的一个关键性问题。客观来讲,非法证据本身包含利弊两方面的因素。排除非法证据有助于规范侦查活动,落实程序正义,促进实体公正;但在查明案件事实上,其不利的一面也是客观存在的。从司法实践来看,确有不少非法取得的证据是客观真实的,是可以有力证明案件事实的,如果将这样的一些证据予以排除,势必会影响案件事实的查明。所以,如何合理确定非法证据的排除范围,客观上需要进行利益裁量。

从域外经验来看,美国是理论界公认的建立非法证据排除制度最早的国家。它的非法证据排除规则最初是针对物证的,即对违反宪法第四修正案,非法搜查扣押的物证予以排除。之后,随着宪法第五、第六修正案的出台,违反自白任意性规则获取的口供,以及侵犯当事人获得律师帮助权的证据,也应予以排除。20世纪60年代联邦最高法院还以微弱优势确立了"毒树之果"规则。所谓"毒树之果",就是违反了前述宪法修正案的规定进而获取的证据,即第二手的"派生证据"。对于上述非法证据(包括"毒树之果"),美国的态度早期是比较坚决的,坚持一律排除。但这一规则后来不断得以调整,联邦最高法院先后通过判例设立了若干例外法则,包括"最终的或者必然发现的例外""善意的例外""公共安全的例外""独立来源的例外"等。[1]这种"原则加例外"的做法维持了刑事司法在打击犯罪与保障人权之间的平衡。

其他多数国家,包括英国、德国等,对非法证据排除问题基本上是采取司法裁量的思路,即非法证据是否应当予以排除,由法官根据案件的具体情况以及所涉及的证据的情况综合考虑确定。换言之,各国大都走折中的路线:一方面,建立非法证据排除制度;另一方面,不是把所有的非法证据都予以排除。总体来看,**对于严重违反程序正义、严重侵犯公民人身权利并且可能导致虚假证据**

---

[1] 参见李寿伟:《非法证据排除制度的若干问题》,载《中国刑事法杂志》2014年第2期。

的非法证据,宁可放纵个别的犯罪也要维护司法公正和国家形象,坚决予以排除;对于损害程序正义不是那么严重,对于侵犯公民人身权利也不是那么严重并且证据的真实性比较高的非法证据,则有所保留。

我国《刑事诉讼法》2012年修改时,对排除非法证据采取的也是折中路线,对言词证据和物证、书证分而治之,第54条第1款明确规定:"采用刑讯逼供等非法方法收集的犯罪嫌疑人、被告人供述和采用暴力、威胁等非法方法收集的证人证言、被害人陈述,应当予以排除。收集物证、书证不符合法定程序,可能严重影响司法公正的,应当予以补正或者作出合理解释;不能补正或者作出合理解释的,对该证据应当予以排除。"对这一条款的理解,应当注意把握以下两点。

(一)适用范围具有法定性

根据《刑事诉讼法》第56条第1款的规定,**我国的非法证据排除规则针对的是犯罪嫌疑人、被告人供述,证人证言,被害人陈述以及物证、书证,上述三类言词证据、两类实物证据之外的证据类型,包括鉴定意见、勘验、检查、辨认、侦查实验等笔录,视听资料、电子数据,既然立法未加规定,则不宜纳入非法证据排除程序。**

从实际来看,这几类证据确有其特殊性:一方面,这些证据的形成具有一定客观性,其取证手段或程序的合法性问题比较外显,容易查明;另一方面,它们的收集过程更多的是借助技术手段完成的,相较而言,其在实际中取证的非法性问题通常没有那么突出,适用非法证据排除规则的迫切性也就没有那么强烈。当然,这些证据都非常重要,对一些案件来说不可或缺,轻易加以排除的后果也很严重。所以,立法采取更为审慎的立场,没有明确将其规定为"非法证据"或者说没有要求依据非法证据排除规则加以排除。

(二)排除辩方证据的适用

结合《刑事诉讼法》第59条第1款关于"人民检察院应当对证据收集的合法性加以证明"的规定,**现行的非法证据排除规则针对的是作为控诉方的检察机关提供的证据,应不包括犯罪嫌疑人、被告人及其辩护人提供的证据。**这一立法规定与《非法证据排除规定》有所不同。2010年《非法证据排除规定》第13

条第1款规定:"庭审中,检察人员、被告人及其辩护人提出未到庭证人的书面证言、未到庭被害人的书面陈述是非法取得的,举证方应当对其取证的合法性予以证明。"据此,非法证据不管是控诉方提供的,还是辩护方提供的,都可以纳入非法证据排除程序。谁提供的,谁就要负责证明其取证行为的合法性。

2012年《刑事诉讼法》修改关于排除非法证据的规定中没有涉及辩护方的非法取证问题,这应当是一个进步。笔者理解,非法证据排除规则的主要法律价值在于程序正义,旨在限制和规范公权力,保障犯罪嫌疑人、被告人的正当权益。所以,非法证据排除规则的适用范围理应不包括辩护方提供的证据,这也是世界各国的通行做法。

由此也就带来一个实际问题,对那些未纳入法定排除范围的证据类型以及辩护方提供的"非法证据"如何处理?笔者理解,立法规定"应当予以排除"的非法证据范围比较窄,也有诉讼经济方面的考虑,但并不意味着对这些证据的收集过程就不需要进行审查、质证了。《刑事诉讼法》第50条第3款规定,证据必须经过查证属实,才能作为定案的根据。非法证据排除规则只是证据规则中的一种。证据规则对应着证据的客观性、关联性、合法性三大特征,还包括关联性规则、传闻证据规则、最佳证据规则、意见证据规则等。任何证据的收集过程损害到证据的可信性或者有适用其他证据规则的情形的,都可能被排除而不作为定案的根据。**只不过对这些证据可以不启动正式的非法证据排除程序,而是采取更为灵活、简便的质证或庭审程序**,经查证后决定采用与否即可,这样也有助于提高刑事诉讼效率。笔者在前述第三讲中特别提出要注意区分"非法证据排除程序"与"证据合法性审查程序"以及"非法证据"与"应当排除的证据",主要原因即在于此。

三、各类非法证据的具体认定

我国理论界对"非法证据"有多种解读:一是认为收集证据的主体不具有法律资格,二是认为收集证据的程序不符合法律规定,三是认为证据的形式不符合相关法律规定的要件要求,四是认为收集证据的手段或者方法是违法的或者是不符合法律规定的,等等。[1] 有观点认为,"非法证据"还包括证据内容是非法的。此观点令人费解。证据的内容是用来证明事实的或者其他相关证明对象的,只存在能否证明、证明到何种程度的问题,怎么会有非法和合法之分呢?

主体不够格、程序不合法、形式不合规、手段系违法,这些都是理论上的概括。实际上立法采取的是非常狭义的表述,对言词证据和实物证据分别作出规定。对于前者,主要采取"手段说",因为取证的手段不合法,所以是非法证据。由于言词证据本身主观性较强,在非法提取过程中其可信度容易受到损害,所以,立法对采用非法手段取得的犯罪嫌疑人、被告人的供述,证人证言,被害人陈述这些言词证据,规定要无条件地、绝对地予以排除。物证、书证类的证据具有较强客观性,违反法定程序收集未必损害其可信性,所以,对非法的实物证据,是一种有条件的、相对的排除,需要衡量各方面情况综合进行判断。如果其违法性十分恶劣,以致采纳相关证据会严重影响社会公众对司法公正的信任,司法权威和司法公信力会受到损害,且无法补正或挽救的,则要予以排除。以下将结合典型案例分别加以具体阐释。

(一)关于非法的犯罪嫌疑人、被告人供述

《刑事诉讼法》第56条第1款规定,采用刑讯逼供等非法方法收集的犯罪嫌疑人、被告人供述,应当予以排除。这是我国立法关于非法的犯罪嫌疑人、被告人供述的具体规定。准确地理解和适用此规定,需要明确以下几个问题。

1. 何为"刑讯逼供"

对于"刑讯逼供",理论上虽有诸多研讨,但其内涵与外延并不完全清晰,认识也不一致。这和实践中的刑讯逼供手段繁多、花样翻新有关,笔者就曾听过一位老民警总结了数十种的刑讯手法。鉴于此种情况,我们有必要结合国际通行标准来掌握。

一般认为,"刑讯逼供"相当于《联合国反酷刑公约》中的"酷刑"。根据公约的规定,所谓酷刑,概括地说,就是"直接肉刑"和"精神折磨"。2012年《最高人民法院关于适用〈中华人民共和国刑事诉讼法〉的解释》称为"肉刑和变相肉

---

[1] 参见于同志:《非法证据排除制度的若干实务问题》,载《北京审判》2015年第3期。

刑"。但从条文内容来看,2010年《非法证据排除规定》和2012年《刑事诉讼法》及《最高人民法院关于适用〈中华人民共和国刑事诉讼法〉的解释》均未明确刑讯逼供的具体内涵。2012年《人民检察院刑事诉讼规则(试行)》第65条第2款曾对刑讯逼供作出这样的界定:"刑讯逼供是指使用肉刑或者变相使用肉刑,使犯罪嫌疑人在肉体或者精神上遭受剧烈疼痛或者痛苦以逼取供述的行为。"

借鉴上述规定,《严格排除非法证据规定》第2条规定:"采取殴打、违法使用戒具等暴力方法或者变相肉刑的恶劣手段,使犯罪嫌疑人、被告人遭受难以忍受的痛苦而违背意愿作出的供述,应当予以排除。"正确理解本条规定,应注意以下两方面。

(1)"变相肉刑"的具体范围。

在《严格排除非法证据规定》起草过程中,围绕是否对变相肉刑的方法进行列举式规定存在不同的意见。一种意见认为,为加强人权司法保障,解决实践中变相肉刑认定难的问题,应当通过列举的方式,将冻、饿、晒、烤、疲劳讯问等手段规定为变相肉刑。另一种意见则认为,冻、饿、晒、烤、疲劳讯问等手段与变相肉刑之间不能画等号,且其具体程度在实践中难以量化,不好操作,判断它们是否属于刑讯逼供还要考虑诸多因素,故不宜对变相肉刑作出列举式规定。

从规定内容来看,《严格排除非法证据规定》最终采纳了第二种意见。但如此规定并不意味着采用冻、饿、晒、烤或疲劳讯问等方法收集的证据具有合法性,如此做法只是为了给法庭认定非法证据留下合理的裁量空间。**对于实践中侦查人员故意实施的冻、饿、晒、烤或疲劳讯问等取证行为,法庭可根据具体情节、是否对被告人在肉体上造成难以忍受的痛苦,或者对被告人身体造成的损伤和严重后果等因素,综合判断相关证据是否为非法证据。**[1]

例如,《刑事审判参考》(总第106集)收录的吴毅、朱蓓娅贪污案:

检察机关指控被告人吴毅伙同被告人朱蓓娅通过制作虚假结算凭证等方式骗领养老保险金22万余元,共同构成贪污罪。在案证据显示,吴毅在到案初

---

[1] 参见戴长林、刘静坤、朱晶晶:《〈关于办理刑事案件严格排除非法证据若干问题的规定〉的理解与适用》,载《人民司法(应用)》2017年第22期。

期的1份询问笔录、3份讯问笔录中作了有罪供述,承认知道朱蓓娅骗取退保金、自己从中分得4.8万元的事实。2013年1月7日,吴毅在接受江苏省人民检察院审查批捕人员讯问时,仍承认"朱蓓娅在2009年给过其4.8万元,给钱是因为其袒护朱蓓娅,对她拿来的空白凭证没有审核就签字"。但此后包括在庭审中,吴毅翻供,否认其参与朱蓓娅骗取退保金并分赃的事实,认为自己仅仅是工作上失职、没有尽到审查义务,在一审法庭上当庭提出其有罪供述是受到疲劳审讯、精神恍惚时作出的,属于非法证据。其后,江苏省人民检察院审查批捕人员提审时,由于前期侦查人员在场,其心理上受到干扰,所作的重复有罪供述仍然属于非法证据,也应当予以排除。吴毅及其辩护人提供了吴毅到案时间、到案初期数次讯问的时间,以证明侦查机关对其实施了长时间的疲劳审讯。

一审法院经过初步审查后认为有必要中止法庭调查,启动非法证据排除审查程序,对侦查人员的取证行为是否合法进行调查。为此,法院当庭播放了讯问过程的同步录音录像,通知侦查人员出庭作证,对取证过程进行说明。讯问笔录和同步录音录像反映,侦查机关采用上下级机关"倒手""轮流审讯"的方式连续讯问吴毅长达30多小时,而且其间没有给予吴毅必要休息,属于疲劳审讯。据此,一审法院判决认定,被告人吴毅在到案初期的4份有罪供述,因侦查机关在取证时违反相关规定,故而不具有证明效力,予以排除。

从实际来看,除了传统的吊打、捆绑等暴力手段,其他一系列变相的逼供措施,如足以形成肉体或精神强烈痛苦的罚站、罚跪、冻饿、日晒、雨淋、火烤、强光、噪声、"车轮战"、不准睡眠等非暴力方法也应属于刑讯逼供方法,而且这些变相逼供手段现已成为非法取证的主要手段。就本案而言,被告人吴毅在长达30多小时的连续讯问过程中没有得到必要休息,这种疲劳审讯应属于一种变相肉刑,它对公民基本权利的侵犯程度与刑讯逼供基本相当。被告人在这种情况下所作的有罪供述,不能排除是在其精神和肉体遭受剧烈痛苦的情况下违背自己意愿作出的。所以,这种供述不可靠,属于使用非法方法取得的证据,应当予以排除,不得作为定案依据使用。

(2)刑讯逼供等非法方法的程度要求。

根据《严格排除非法证据规定》的规定,不是所有的采用殴打、违法使用戒具等方法收集的供述都要予以排除,只有使犯罪嫌疑人、被告人遭受难以忍受的痛苦而违背意愿作出的供述,也就是非法方法与取得供述存在因果关系的情形,才予以排除。所以,**实践中要关注有关取证手段的违法程度及方式问题,要根据案件情况和在案证据合理地区分非法取证与不文明司法的行为,避免将所有通过非法手段获取的犯罪嫌疑人、被告人供述一律作为"非法证据"予以排除。**[1]

2. 何为"等非法方法"

实践中逼取犯罪嫌疑人、被告人口供的非法手段很多。四川大学的龙宗智教授曾举过一个案例:把犯罪嫌疑人、被告人和艾滋病犯人关在同一个监舍,这算不算"刑讯逼供等非法方法"?[2] 这个问题值得研究。客观地说,非法取证方法在立法上很难穷尽,只能用概括性规定,"等非法方法"就属于概括性规定。所有的概括性规定都有一个显著特点,就是会存在自由裁量的空间。但司法裁量是有条件的,**该非法方法应与"刑讯逼供"具有同质性,即足以使犯罪嫌疑人、被告人遭受难以忍受的痛苦而违背意愿作出供述。**

《严格排除非法证据规定》除了规定刑讯逼供方法外,特别规定了其他三种情形下获取的供述需要排除,即采用以暴力或者严重损害本人及其近亲属合法权益等进行威胁的方法,使犯罪嫌疑人、被告人遭受难以忍受的痛苦而违背意愿作出的供述;采用非法拘禁等非法限制人身自由的方法收集的供述;采用刑讯逼供方法使犯罪嫌疑人、被告人作出供述,之后犯罪嫌疑人、被告人受该刑讯逼供行为影响而作出的与该供述相同的重复性供述。对这三种情形,2021年《适用刑诉法解释》第123条、第124条和2019年《人民检察院刑事诉讼规则》第67条、第68条均给予了直接确认。现结合典型案例分别解读如下:

(1)关于"采用以暴力或者严重损害本人及其近亲属合法权益等进行威胁的方法,使犯罪嫌疑人、被告人遭受难以忍受的痛苦而违背意愿作出的供述"。

正确理解本法条的内容,需要注意以下三点:

第一,威胁的认定标准。尽管与刑讯逼供相比,威胁没有直接对人的身体实施暴力行为,但因涉及对自由意志权这一基本人权的侵犯,故在侵犯人权的

---

[1] 参见戴长林、刘静坤、朱晶晶:《〈关于办理刑事案件严格排除非法证据若干问题的规定〉的理解与适用》,载《人民司法(应用)》2017年第22期。
[2] 参见龙宗智:《两个证据规定的规范与执行若干问题研究》,载《中国法学》2010年第6期。

程度上接近刑讯逼供，一般认为，两者均属强迫方法。如果威胁达到了使犯罪嫌疑人、被告人遭受难以忍受的精神痛苦而违背意愿作出供述的程度，就应当对采用此类威胁方法取得的供述实行强制排除。[1]事实上，如果威胁手段在超越一定"度"的情况下，即威胁达到严重程度时，一般会引起恐惧，属于典型的造成精神痛苦的非法方法，容易使犯罪嫌疑人、被告人被迫作出违背意愿的供述，严重损害口供的客观真实性，形成虚假的证据材料的可能性高。

威胁是否达到严重程度，应当综合个案案情加以判断。一般而言，仅言语上的威胁，抑制或者剥夺犯罪嫌疑人、被告人意志自由的程度是有限的，犯罪嫌疑人、被告人经过利益权衡后觉得供述比抵抗对自己更有利而交代犯罪事实，则其虚假性比刑讯逼供的要小。但是，**如果威胁的方法超出一定的限度，如以严重损害本人及其近亲属合法权益，或者以法律禁止的方法、以社会道德难以容忍的方式进行威胁，则应当认定威胁达到严重程度**，属于"使被告人在肉体上或者精神上遭受剧烈疼痛或者痛苦的方法"的情形。按照该条的规定，应当认定为《刑事诉讼法》第56条规定的"刑讯逼供等非法方法"，以此方法所收集的被告人的供述，应当予以排除。

例如，佘祥林"杀妻"案：

警察威胁佘祥林说，"你还不说我就把你全家都关起来"，事实上他们确实这么干了，把佘祥林的母亲、长兄等予以拘留审查。那么，这就很严重了，毕竟其他人是无辜的，这种"威胁"已经严重侵犯公民权利，严重损害司法公正，并足以使当事人作虚假供述，这种情况下收集的证据就应当予以排除。

第二，威胁与侦查策略的区分。在侦查活动中，为了通过讯问获取犯罪嫌疑人的供述，侦查人员在选择具体讯问方式时，通常会试图给嫌疑人施加一定的心理压力，从这个角度讲，威胁与正常的侦查策略之间存在一定的交叉，司法实践中应注意区分两者之间的界限。在日常生活中，只要以不利的后果作为要挟，都属于威胁。但非法证据排除规则意义上的威胁，与供述的自愿性紧密相关，主要是指对犯罪嫌疑人采用威逼胁迫的手段迫使其违背意愿作出供述。对

---

[1] 参见戴长林、刘静坤、朱晶晶：《〈关于办理刑事案件严格排除非法证据若干问题的规定〉的理解与适用》，载《人民司法（应用）》2017年第22期。

于讯问过程中一般性的威吓、呵斥,由于程度轻微,不足以迫使犯罪嫌疑人违背意愿供述,虽然属于不规范的讯问,但并不构成非法证据排除规则意义上的威胁。

《严格排除非法证据规定》从司法实际出发,对威胁方法作了限定,即应以暴力或者严重损害本人及其近亲属合法权益等进行威胁。**在实践中,这种威胁的方法通常表现为恐吓犯罪嫌疑人将对其使用暴力,揭露其个人隐私,对其近亲属采取强制措施,追究其配偶、子女的法律责任等。**[1]

例如,《刑事审判参考》(总第106集)收录的郑祖文贪污、受贿、滥用职权案:

广东省广州市人民检察院指控被告人郑祖文犯贪污罪、受贿罪和滥用职权罪,其中指控被告人担任汕头海关副关长兼调查局局长期间,利用职务便利收受李某某贿赂款40万元。被告人郑祖文及其辩护人均否认起诉书指控的受贿犯罪事实,提出在侦查阶段侦查人员以抓捕其家属相威胁,进行疲劳审讯,并以取保候审相诱惑,其在侦查阶段对收受贿赂款部分的供述系侦查人员非法取得,应当依法排除。同时,辩护人还认为,证人证言与被告人供述有矛盾,不能相互印证,公诉机关指控被告人犯受贿罪的事实不清,证据不充分,被告人不构成受贿罪。

广州市中级人民法院经公开审理查明后认为,李某某交代的行贿细节与被告人郑祖文的供述存在不吻合之处,且郑祖文当庭否认受贿,提出侦查办案人员以取保候审相利诱和以抓捕其子女相威胁获取其有罪供述,公诉机关未能提出有罪供述系合法取得的相关证据,故相关有罪供述依法应当排除。综合全案,在无其他证据佐证的情况下,公诉机关指控郑祖文犯受贿罪的证据不足,故有关郑祖文犯受贿罪的指控不能成立。

一审宣判后,广州市人民检察院提出抗诉,广东省人民检察院支持抗诉,认为本案在侦查过程中虽然存在侦查机关威胁被告人郑祖文要抓捕其女儿郑某某、女婿陈某某和以取保候审相利诱等情形,但这种情况是否属于刑事诉讼法

---

[1] 参见戴长林、刘静坤、朱晶晶:《〈关于办理刑事案件严格排除非法证据若干问题的规定〉的理解与适用》,载《人民司法(应用)》2017年第22期。

规定的威胁、欺骗情形,目前尚无明确的认定标准。侦查机关没有严重侵犯郑祖文的基本权利,郑祖文仍有选择余地,不能因为侦查部门的审讯策略而排除其认罪供述。郑祖文在侦查阶段对收受贿赂款的认罪供述和行贿人李某某的指认相吻合,郑祖文受贿40万元的事实清楚,证据确实充分,应予认定。

广东省高级人民法院经审理认为,检察机关指控原审被告人郑祖文受贿的依据是郑祖文的部分供述及李某某的证言。郑祖文在本案侦查阶段虽然曾经供认收受李某某40万元,但郑祖文后来否认其在侦查阶段所作的全部受贿供述,辩称之前之所以承认受贿是受侦查人员以取保候审相利诱和以抓捕其子女相威胁。郑祖文的辩解有讯问笔录,某市人民检察院反贪局出具的情况说明,某市人民检察院对郑某某、陈某某的询问笔录相印证,具有较强的合理性。侦查机关没有充分的证据排除郑祖文承认受贿的供述存在被威胁、引诱的合理怀疑,根据刑事诉讼法的规定不能采信为定案依据。因此,在仅有行贿人李某某的供述,无其他证据佐证的情况下,一审判决认定检察机关指控郑祖文犯受贿罪证据不足的理由充分。检察机关的相关抗诉意见不能成立,不予采纳。据此,依法裁定驳回抗诉,维持原判。

根据上述案例的"裁判理由",该案中指控被告人郑祖文受贿40万元的证据主要是行贿人李某某的指认和郑祖文在侦查阶段的认罪供述。郑祖文在侦查阶段的16次审讯中,后期7次供述承认收受李某某给予的贿赂款。其中,2011年8月19日第7次讯问中首次承认收受李某某贿赂款20万元,在之后有6次供述,供认收受李某某贿赂款40万元。但一审审判时,郑祖文提出其没有收受贿赂款,辩称之前之所以承认,是因为侦查人员采用疲劳审讯手段、以抓捕其家属相威胁以及以取保候审进行利诱,故其在侦查阶段对受贿的有罪供述是侦查人员非法取得的,依法应当予以排除。法庭经审理查明,郑祖文辩称侦查人员威胁他不承认受贿就查处其女婿公司,抓捕其女儿、女婿,威胁内容、时间、地点和实施人员均具体、明确,并得到相关书证、证人证言的证实,具体体现在:郑祖文的女儿郑某某、女婿陈某某于2011年8月19日15时被传唤到侦办机关并被留置至8月20日19时;首次承认受贿的讯问笔录没有记载讯问的起止时间,看守所的记录反映当天的讯问持续达8个多小时,但讯问录音录像却只有半小时的认罪供述。因此,郑祖文的辩解具有合理性。

结合本案的实际情况,郑祖文被讯问时已年近70岁、退休近10年,如果因个人的原因导致女儿、女婿(公职人员)被检察机关"抓起来",这对其心理必然产生强烈的胁迫作用,会迫使他为保住一家老小的平安,选择作出牺牲,违背本人意愿作出有罪供述。这种以针对被告人本人及其亲属的重大不利相威胁,产生的精神强制效力,已达到了严重程度,极大可能导致被告人精神痛苦并违背其意志进行供述。此外,郑祖文辩解其之所以供认受贿的事实,除受到"女儿、女婿被检察机关抓起来"威胁的因素外,还因为侦查人员承诺其供认受贿的事实后即可获得取保候审,即侦查人员同时以取保候审对郑祖文进行引诱。郑祖文所作辩解有讯问笔录等材料相印证。这种引诱与威胁相配合的方法在一定程度上加强了胁迫的作用,导致被告人精神上产生极大痛苦。据此,可以认定郑祖文为避免子女受牵连及获得取保候审而违背意志作出假供的可能性很大,其辩解具有合理性,故对其本次供述依法应当予以排除。

第三,威胁与引诱、欺骗等方法的区分。《刑事诉讼法》第52条规定,严禁刑讯逼供和以威胁、引诱、欺骗以及其他非法方法收集证据。在这里,威胁、引诱、欺骗是与刑讯逼供并列的非法方法,并且威胁、引诱、欺骗三种非法方法之间也是并列关系。实际上,刑讯逼供、威胁、引诱、欺骗四种方法在违法和侵权的程度上是有所不同的。通常而言,**刑讯逼供方法直接侵犯了犯罪嫌疑人的人身权和意志自由权,对基本人权的侵害程度最为严重;威胁方法虽未直接侵犯犯罪嫌疑人的身体,但对其精神实施强迫,侵犯了意志自由权,侵权程度仅次于刑讯逼供;引诱、欺骗方法并未对犯罪嫌疑人的身体或者精神实施强迫,没有直接侵犯人身权和意志自由权,但可能会影响司法公正。**

对于采用引诱、欺骗方法取得的供述是否应当作为非法证据予以排除,理论及实践中一直存在不同认识。一种意见认为,不应当排除采用引诱、欺骗方法取得的供述。主要理由是:立法上并未将采用引诱、欺骗方法取得的供述纳入应当排除的非法证据范围,而且引诱、欺骗与讯问技巧难以截然区分,对引诱、欺骗取得的供述是否应当排除,关键看是否系虚假供述。另一种意见则认为,应当对采用引诱、欺骗方法收集的供述予以排除。主要理由是:刑事诉讼法明文严禁引诱、欺骗,故采用此类方法收集的供述就应当排除,否则,这种缺乏制裁后果的规定在实践中难以落实,也有损法律的权威;通过总结实践经验,完全能够对引诱、欺骗方法的范围及其与讯问策略的区别作出清晰的界定等。[1]

从实际来看,刑事诉讼中的讯问活动,不可能像一般人平时谈话那样轻松,由于侦查人员与犯罪嫌疑人之间的对立甚至对抗关系,一方希望通过讯问获得口供,另一方希望找出理由进行辩解,要求讯问不带一点强制、欺骗也不现实。正如美国联邦最高法院在 1977 年 Oregon v. Mathiason 案中对于讯问本质的阐述:"警察对犯罪嫌疑人的任何讯问都具有强迫性成分在内,原因就在于这样的事实,即作为法律执行体系一分子的警察最终可能导致嫌疑人因某一犯罪所起诉。"[2] 讯问不能用身体强制的方法,那么剩下的就是"心理强制"了。打心理战,是讯问必然的选择。心理战的方法很多。就拿欺骗讯问来说,美国法学界有具体概括:假装表示同情(false sympathy)、对嫌疑人罪行的轻重进行歪曲(misrepresentations about culpability)、错误地描述情势(misleading circumstances)、对案件的形势撒谎(lies about the strength of the case)以及出示虚假的证据(presentation of false evidence)等。[3] 一般认为,对于通过讯问方式,包括欺骗的方式获取的供述不能都认为其有强迫性(coercive)成分而被全部排除,应取决于整个案件的具体情况。

考虑到引诱、欺骗的情况较为复杂,2012 年《刑事诉讼法》修改采取了一个比较圆通的处理,在立法上禁止此类取证行为,至于其法律后果则"故意"不加规定,实际上就是交由司法机关视具体情况裁量。《严格排除非法证据规定》综合考虑各种因素,也未对这一问题作出明确规定,但在司法实践中,**如果侦查人员采用以非法利益进行引诱的方法或者以严重违背社会公德的方式进行欺骗的方法收集犯罪嫌疑人、被告人供述,可能严重侵犯公民权利,严重损害供述客观真实性的,对有关供述应当予以排除。**

当然,在这里还是要注意区分诱供与侦查策略,对于通过侦查策略获取的证据则可依法予以采信。

---

〔1〕 参见戴长林、刘静坤、朱晶晶:《〈关于办理刑事案件严格排除非法证据若干问题的规定〉的理解与适用》,载《人民司法(应用)》2017 年第 22 期。

〔2〕 429 U. S. 492,495(1977).

〔3〕 Irina Khasin, *Honesty is the Best Policy: A Case for the Limitation of Deceptive Police Interrogation Practices in the U. S.* ,42 Vand. J. Transnatl L. 1029 ,2009, p. 1037 – 1042.

(2)关于"采用非法拘禁等非法限制人身自由的方法收集的供述"。

司法实践中,有的办案单位未经依法批准(采取强制措施)就非法拘禁犯罪嫌疑人、被告人,或者在采取强制措施超过法定期限后仍然羁押犯罪嫌疑人、被告人,通过此种非法限制人身自由的方法取得供述,明显违反法定程序,且严重侵犯犯罪嫌疑人、被告人的人权,应当被视为《刑事诉讼法》第52条规定的与刑讯逼供和威胁、引诱、欺骗并列的"其他非法方法"。

在《严格排除非法证据规定》起草过程中,对采用非法拘禁等限制被告人人身自由的方法收集的供述是否应当予以排除,大家也存在不同的意见。从比较法的角度看,许多国家和地区都有排除此类供述的立法例和判例。在对强制措施实行司法审查制度的美国、德国等国家,未经法院批准,不得采取限制人身自由的强制措施,因此,采用非法限制人身自由方法取得的供述,不仅取证程序严重违法,取得的供述也不具有自愿性,应当予以排除。日本刑事诉讼法明确将"长期不当羁押"取得的供述作为非法证据予以排除,判例认为,在被告人没有逃跑可能性的情况下,经过长期羁押后被告人作出的供述,应当予以排除;如果羁押不当,在另案逮捕、另案羁押中作出的供述也应当予以排除。[1]

借鉴国外做法并考虑非法限制人身自由方法违法程度和侵权程度与刑讯逼供方法相当,都足以使犯罪嫌疑人、被告人遭受难以忍受的痛苦而违背意愿作出供述的实际情况,《严格排除非法证据规定》明确提出对此类证据"应当予以排除"。从实际来看,**采用非法拘禁等非法限制人身自由的方法收集犯罪嫌疑人、被告人供述,往往容易同时使用刑讯逼供、威胁等其他非法手段,如果既有非法限制人身自由的情形,又确认或者不能排除存在刑讯逼供等非法取证情形,对有关供述应当毫无疑问地予以排除**。[2]

例如,《刑事审判参考》(总第108集)收录的黄金东受贿、陈玉军行贿案:

本案开庭审理前,被告人黄金东及辩护人提出,办案单位未经合法传唤手续,于2012年1月9日至13日将黄金东传唤至银川市人民检察院接受调查,采

---

[1] 参见[日]田口守一:《刑事诉讼法》,张凌、于秀峰译,中国政法大学出版社2010年版,第250页。
[2] 参见戴长林、刘静坤、朱晶晶:《〈关于办理刑事案件严格排除非法证据若干问题的规定〉的理解与适用》,载《人民司法(应用)》2017年第22期。

用变相体罚的方式刑讯逼供,黄金东患有高血压、心脏病,近90个小时没有休息,办案人员在黄金东多次出现胸闷且不让其吃药的情形下,连续做了7份讯问笔录,上述证据应当作为非法证据予以排除。对此,公诉机关提交了看守所体检记录、医院检查病历资料、讯问录音录像、讯问笔录、破案经过等证据,证实黄金东隐瞒人大代表身份,从而导致银川市人民检察院向人大报批迟延,黄金东在接受调查期间,侦查人员没有对其刑讯逼供,不存在对其非法取证的情况,不应将其在银川市人民检察院所作的供述作为非法证据予以排除。

一审法院经审理查明,被告人黄金东系宁夏回族自治区中卫市中宁县第十五届人大代表,根据《全国人民代表大会和地方各级人民代表大会代表法》第32条第1款、第4款的规定,对人民代表大会代表采取拘留的,应立即向同级人大主席团或常委会报告。县级以上的各级人民代表大会代表,非经本级人民代表大会主席团许可,在本级人民代表大会闭会期间,非经本级人民代表大会常务委员会的许可,不受逮捕。因此,办案单位对被告人黄金东采取刑事拘留措施后需要立即向同级人大常委会报告,对黄金东采取逮捕措施需要经过同级人大常委会许可。

本案办理过程中,被告人黄金东于2012年1月9日被传唤至银川市人民检察院,因其未如实告知人大代表身份,2012年1月12日,银川市人民检察院才委托中宁县人民检察院按照规定向中宁县人民代表大会常务委员会报请许可刑事拘留、逮捕并获批准。尽管黄金东最初未如实告知人大代表身份,但这只是影响办案单位向人大常委会报告的问题,与传唤的法定期限无关。根据《刑事诉讼法》的规定,传唤持续的时间不得超过12小时;案情特别重大、复杂,需要采取拘留、逮捕措施的,传唤持续的时间不得超过24小时。同时,不得以连续传唤的方式变相拘禁犯罪嫌疑人。在2012年1月13日银川市人民检察院对黄金东宣布刑事拘留前,已经将其传唤到案并限制人身自由达90个小时,该做法明显违反法律对传唤期限的规定,超出法定传唤期间对黄金东的羁押应属于非法限制人身自由。

本案不仅存在超出法定传唤期限非法限制被告人人身自由的情形,也包括长时间疲劳讯问以及在被告人患病情况下不让其吃药等情形,其中,超出法定传唤期限非法限制被告人人身自由居于主导地位,是长时间疲劳讯问等情形的前提。针对被告人及其辩护人提出排除非法证据申请,公诉机关虽然提交了讯问录音录像、体检记录、破案经过等证据证实没有对黄金东刑讯逼供,但由于办案单位传唤黄金东的时间违反了《刑事诉讼法》的相关规定,存在非法限制被告人人身自由的情形,且不能排除办案单位采用长时间疲劳讯问以及在被告人患病情况下不让其吃药等体罚虐待情形,故有关供述应当予以排除,不得作为定案的根据。据此,一审法院判决认为,银川市人民检察院 2012 年 1 月 9 日至 1 月 13 日传唤黄金东的时间违反了《刑事诉讼法》的相关规定,其间收集的被告人供述应依法排除,黄金东及其辩护人提出的将黄金东在银川市人民检察院的供述作为非法证据予以排除的辩解理由和辩护意见,予以采纳。

(3)关于"采用刑讯逼供方法使犯罪嫌疑人、被告人作出供述,之后犯罪嫌疑人、被告人受该刑讯逼供行为影响而作出的与该供述相同的重复性供述"。

所谓"重复性供述",又称"重复性自白"。关于此类证据,在欧美和日本等国家已经形成比较完整的理论体系及实务应用规则。例如,英国、日本等采取限制其证据能力并予以排除的规则,美国则采取排除加例外原则等。

在《严格排除非法证据规定》起草过程中,大致存在三种有代表性的观点:一是认为重复供述应当全部排除,因为刑讯逼供会对犯罪嫌疑人产生心理影响,后续供述很可能是犯罪嫌疑人的恐惧心理导致,是"毒树之果"。我国现行司法体制和刑事诉讼机制,产生了一种"绑定"效应,先前的非法讯问行为一经实施,其与后续的自白之间的因果关系就很难被切断,因而不存在不予排除的例外。二是认为重复供述不应排除,重复供述并非派生证据,不适用"毒树之果"规则,相关法律也没有对重复供述作出禁止性规定,将其排除无法律依据,且不利于打击犯罪。三是认为重复性供述原则上应予以排除,但不能一概而论,要坚持区别对待,综合考虑违法取证手段的严重性、取证主体的改变情况、特定的讯问要求等因素综合考虑确定是否排除。

"对重复供述是否排除的问题,关键看刑讯逼供与重复供述之间是否存在因果关系。以此为标准来衡量,对重复供述都排除或都不排除的观点都过于绝对。"[1]所以,《严格排除非法证据规定》基本上采取了第三种观点。主要考虑

---

[1] 朱孝清:《非法供述排除范围及重复供述排除问题》,载《人民检察》2017 年第 16 期。

是:第一,从实际来看,重复性供述与前次非法讯问行为之间大都具有延续性或者因果联系。第二,因个案具体情况不同,非法取证手段的影响、持续性效果也可能存在差异,重复性供述与前次非法讯问获取的供述之间的联系也不是固定不变的,对重复性供述不加考量、一概排除,不符合司法实践的需要。第三,对重复性供述一概不予排除,极有可能导致侦查机关采取先对犯罪嫌疑人实施非法手段取证,再经合法讯问取得犯罪嫌疑人有罪供述的策略,以此规避排除规则的适用,使非法证据排除规则被架空,同时也丧失了其吓阻和遏制非法侦查行为、保障犯罪嫌疑人合法权利的功能。故此,《严格排除非法证据规定》认为,对重复性供述如果确认系受此前的刑讯逼供行为影响而作出,应当予以排除。但以下两种情形例外:

一是侦查主体变更的例外。侦查期间,根据控告、举报或者自己发现等,侦查机关确认或者不能排除以非法方法收集证据而更换侦查人员,其他侦查人员再次讯问时告知诉讼权利和认罪的法律后果,犯罪嫌疑人自愿供述的,对其重复性供述可以不排除,此种例外以侦查主体发生变更为前提,如果侦查主体实质上没有变更,仍应当排除重复性供述。

例如,在前述的郑祖文贪污、受贿和滥用职权案中,侦查单位与审查起诉单位分别是两个市的人民检察院(本案系指定异地审判管辖案件)。被告人郑祖文对收受贿款的有罪供述均是在某市人民检察院侦查阶段作出的,而在案件移交广州市人民检察院审查起诉阶段没有作过有罪供述,一审庭审时更是当庭否认受贿的事实。法院经审理认为,由于郑祖文于2011年8月19日的第一次有罪供述是在被威胁下作出的供认,在侦查阶段取证主体没有改变的情况下,不能排除遭受这种胁迫后产生的心理恐惧始终存在。郑祖文在"不认则抓人(女儿、女婿),认了就放人"的强烈心理恐惧下,存在身处同一侦查主体讯问期间不敢改变原来供认的可能,即在取证主体没有变更的情况下,郑祖文所受的精神胁迫制约仍然存在的条件下,前后供述的关联度高。因此,不能简单以侦查阶段后续几次审讯表面上没有威胁行为就否定其供述受到前面胁迫手段的影响而予以采信,而应当根据《刑事诉讼法》第56条的规定予以排除。

值得注意的是,对侦查主体的变更不能机械理解。例如,具体办案人员变更后,讯问时如果此前参与刑讯逼供的办案人员还在场,那么,即使变更后的办案人员告知了诉讼权利和认罪的法律后果,所取得的重复供述也应予以排除,因为犯罪嫌疑人会基于对实施刑讯逼供的人员的恐惧而沿袭原来的供述。所以,**判断的关键仍要看侦查主体变更的情形是否阻断此前刑讯逼供行为对重复性供述的影响。**

二是诉讼阶段变更的例外。审查逮捕、审查起诉和审判期间,检察人员、审判人员讯问时告知诉讼权利和认罪的法律后果,犯罪嫌疑人、被告人自愿供述的。此种情形下,对重复性供述可以不排除。这也是对犯罪嫌疑人、被告人自愿供述权利的保障,而自愿供述是其争取从宽处理的一个途径。

例如,在前述的吴毅、朱蓓娅贪污案中,吴毅到案后之初所作的4份有罪供述因侦查机关取证过程中存在疲劳审讯问题而被排除,但吴毅在2013年1月7日接受江苏省人民检察院审查批捕人员讯问时,仍承认"朱蓓娅在2009年给过其4.8万元,给钱是因为其袒护朱蓓娅,对她拿来的空白凭证没有审核就签字",该有罪供述系审查逮捕期间作出的,诉讼阶段已经发生变更,相关取证行为并未违反法律规定,所以法院审理后认为该有罪供述具有证明效力。

需要注意的是,有的被告人在一审期间对侦查期间的有罪供述作了确认,没有申请排除非法证据,二审期间则提出其在侦查期间受到刑讯逼供,请求排除其有罪供述。对此,应当重点关注、审查诉讼阶段变更情形,能否阻断所谓刑讯逼供行为对重复性供述的影响。

例如,《刑事审判参考》(总第113集)收录的李继轩等贩卖运输毒品案:

被告人李继轩为贩卖而购买海洛因703.4克,被一审法院依法以贩卖毒品罪判处死刑缓期二年执行。李继轩不服一审判决,上诉提出其被抓获后遭到侦查人员刑讯逼供,请求二审法院从轻改判。二审法院经审理查明:一审庭审过程中,审判人员明确告知了被告人有申请排除非法证据的权利,李继轩当庭认罪,对公诉人所举其侦查期间的5次有罪供述,其本人及其辩护人均没有提出客观性及合法性异议。据此,二审法院认为,被告人的庭前供述已经转化为当庭供述,其当庭认罪及确认侦查阶段有罪供述真实性出于自愿,不受先前的侦查行为的影响,由此形成的当庭供述应当具有合法性。

第四讲 排除非法证据的实务操作　133

对于庭前供述转化的当庭供述,因其供述内容具有承继性,因此其合法性审查标准应当是当庭供述的自愿性,重点考虑是否切断了庭前侦查行为的影响。详言之,**即便庭前受到刑讯逼供,如果当庭告知诉讼权利及认罪的法律后果后,仍然作出重复性供述的,其当庭供述独立于庭前供述,属于自愿供述。在此种情况下,可以认为被告人的当庭供述不受之前刑讯逼供的影响,两者之间的联系被阻断**。因此,只要被告人当庭自愿确认侦查期间的供述,即使属于庭前供述的重复性供述,所转化形成的当庭供述通常也不存在非法性问题,不需要排除。

(二)关于非法的证人证言、被害人陈述

《刑事诉讼法》第56条中规定,采用暴力、威胁等非法方法收集的证人证言、被害人陈述,应当予以排除。这是立法上关于非法的证人证言、被害人陈述排除的规定。一般认为,**其中的"暴力"的方法就是指"殴打、违法使用戒具等暴力方法或者变相肉刑的恶劣手段",其中的"威胁"的方法就是指"采用以严重损害本人及其近亲属合法权益等进行威胁的方法"**。上述两种方法都足以使证人、被害人遭受难以忍受的痛苦而违背意愿作出证言和陈述。

这里的问题仍是"等非法方法"如何理解?《严格排除非法证据规定》未能作出解释,但是特别列举了"非法限制人身自由等非法方法"收集的证人证言、被害人陈述,应当予以排除。关于"非法限制人身自由等非法方法"的理解,基本可以参考前文有关"采用非法拘禁等非法限制人身自由的方法收集的供述"的阐释。

(三)关于非法的物证、书证

物证、书证属于实物证据。实物证据的排除问题较言词证据更为复杂。人们对此认识一直有分歧:第一种意见认为,以非法手段取得的证据都应当排除,物证、书证也不应当例外。否则,非法取证难以禁止。第二种意见认为,物证、书证与口供等言词证据比较,要采取十分慎重的态度,实物证据原则上不应当排除。第三种意见认为,实物证据不同于言词证据,不能简单地一概排除或者不予排除。将所有非法获得的实物证据和书证都予以排除,要求过高;如果一律不排除,也难以遏制严重侵犯当事人合法权益的非法取证行为。故建议只对侦查人员有重大违法行为亦即违法取证严重侵犯公民人权而获得的实物证据应当无条件排除。[1] 从《联合国反酷刑公约》的规定来看,非法证据排除的范围仅限于言词证据,并未包括实物证据。各国对实物证据都持谨慎态度。就我国来说,最为突出的问题是采用刑讯逼供等非法方法收集言词证据,但违法收集实物证据的情况也在一定程度上存在,所以,立法基本采取第三种意见。

《刑事诉讼法》第56条第1款中规定,收集物证、书证不符合法定程序,可能严重影响司法公正的,应当予以补正或者作出合理解释;不能补正或者作出合理解释的,对该证据应当予以排除。根据此规定,排除非法物证、书证的门槛还是相当高的:(1)收集证据的程序不符合法律的规定;(2)可能严重影响司法公正的;(3)对上述两方面不能作出补正或者合理解释。这三方面的要求同时具备,才能排除相关证据。

立法设置如此高的标准可能有以下考虑:首先,不同于口供、证言、陈述等言词证据,非法收集物证、书证通常不是直接针对公民人身权利进行的,从其侵犯客体的法益上来看,相对要轻于前者;其次,物证、书证的客观性、真实性,一般比言词证据要高;最后,物证、书证通常具有不可替代性,在是否排除问题上理应更为慎重,等等。

这里的主要问题是,如何认定"可能严重影响司法公正"? 2012年《人民检察院刑事诉讼规则(试行)》第66条曾规定,是指"收集物证、书证不符合法定程序的行为明显违法或者情节严重,可能对司法机关办理案件的公正性造成严重损害"。2021年《适用刑诉法解释》第126条规定,认定"可能严重影响司法公正",应当综合考虑收集物证、书证违反法定程序以及所造成的后果的严重程度等情况。这样的解释仍然不够清晰。

笔者理解,所谓"可能严重影响司法公正",应指不符合法定程序的收集物证、书证行为明显违法或者情节严重,如果允许办案人员以这种行为收集证据的话,可能会对司法机关办案的公正性、权威性以及司法公信力产生严重的损害。由于立法上对"影响司法公正"有具体程度的限定,[2] **以非法方法收集的**

---

[1] 参见于同志:《非法证据排除制度的若干实务问题》,载《北京审判》2015年第3期。
[2] 在2010年《非法证据排除规定》中,对非法物证、书证"影响司法公正"的表述中,没有设置"严重"的限定语。

物证、书证是否排除,不仅要综合考虑案件性质及犯罪的严重程度、非法取证的严重程度、非法取证行为对社会造成的不良影响、对司法公正造成的危害程度和社会公共利益等几方面的因素,还要结合案件的其他证据是否能够补正或者侦查机关能否作出合理解释等情况,最终决定是否予以排除。所以,在这个问题上需要利益权衡。**通常而言,侦查一个轻微案件,是否以牺牲较大利益为代价,这也是一个不容忽视的因素。**

综上,除《刑事诉讼法》第 56 条第 1 款明确规定的应予排除的三类言词证据和两类实物证据外,对于非法收集的其他证据类型以及以威胁、引诱、欺骗等非法方法收集的犯罪嫌疑人、被告人供述,以引诱、欺骗等非法方法收集的证人证言、被害人陈述等,立法并未明确要求"应当予以排除",则要在实践中根据案件实际情况综合判定,不能不加考量、简单地予以排除或不排除。

具体操作中要注意防止两种不当倾向:(1)放纵严重违法取证行为,对严重损害司法公正的非法证据不予排除;(2)非法证据排除泛化,将非法证据与瑕疵证据等而论之,只要侦查机关在取证过程中有违反《刑事诉讼法》规定的情形,如违反《刑事诉讼法》第 118 条关于"二人"讯问的规定,只有一个侦查人员进行讯问的,就直接予以排除。这两种做法都不符合《刑事诉讼法》规定的精神。

四、排除非法证据的适用阶段

根据 2010 年《非法证据排除规定》的规定,排除非法证据程序既适用于审查批准逮捕、审查起诉阶段,又适用于法院开庭审判前和庭审中。这意味着人民检察院和人民法院是裁决非法证据的主体。2012 年《刑事诉讼法》修改对此作了调整,第 54 条第 2 款规定"在侦查、审查起诉、审判时发现有应当排除的证据的,应当依法予以排除,不得作为起诉意见、起诉决定和判决的依据"。由此可见,排除非法证据的时间已经前提至侦查阶段,这意味着在侦查、审查起诉和审判整个诉讼阶段都可以排除非法证据。相应地,非法证据的裁决主体也扩展至公安机关、人民检察院和人民法院,它们都可以分别依职权决定排除某项证据。

值得提及的是,我国的现行做法与多数实行审判中心主义的国家不一样。众所周知,国际上通行的非法证据的排除阶段主要是审判环节,包括在庭审中和审判前阶段,而法官是排除非法证据的唯一裁判主体。**虽然不少国家已经摒弃了只允许被告人在审判期间提出非法证据主张的传统做法,而采用由被告人在审前提出动议的排除方式,但由法官主持庭审并作出裁决仍是主要模式,排除非法证据一般认为是法官独有的一项职权。**

例如,在美国,刑事诉讼在庭审之前有诸多审前程序,包括由治安法官主持的预审听证程序,主要决定逮捕、搜查和扣押是否合法;审前证据开示程序,由控辩双方向对方展示本方证据;非法证据排除程序,由法院主持听审,被告人提出排除非法证据的动议。

再如,在德国,刑事诉讼法规定的证据禁止制度包括两方面的内容:一是证据的取得禁止,指有关证据收集、取得程序和方式上的禁止性规范;二是证据的使用禁止,指事实裁判者对于特定的证据不得用作裁判的根据。前者旨在规范并限制侦查机关的取证内容、方式及行为,后者则是将一定条件下获取的非法证据排除于刑事诉讼之外。相较而言,德国学术界对于证据取得禁止的关注程度较低,认为证据的使用禁止才属于真正意义上的刑事证据排除规则范畴。[1]相应地,审判程序在其中无疑会扮演核心角色,起到关键性作用。

从法理上讲,排除非法证据属于证据裁判范畴。所谓排除,是指某个证据已经作为起诉犯罪的依据,并且提交给法院审查判断,因有人提出它是非法证据应当予以排除,故而启动一个审查程序以决定是采纳还是排除该证据。所以,排除非法证据通常应当是在审判的机制中,即控、辩、审三方均在场的情况下进行的,这意味着只有在控方向法庭提起控诉的过程中也就是庭审阶段才存在。因此,国外的非法证据排除主要发生在审判阶段。审前也有,但一般也是法官(治安法官)主持进行的。从实际来看,缺乏辩护方参与的侦查、审查起诉阶段排除非法证据,更多地属于办案机关对证据的自主审查应用,还不是严格意义上的排除非法证据程序。并且,由于庭前各自的办案机关性质,在一定程度上可能会存在排除非法证据动力不足的问题。

当然,我们也应看到,立法将排除非法证据机制引入审前的侦查和审查起诉阶段,有其积极意义。从实际效果来说,如果在实践中能够排除非法证据,排

---

[1] 参见王大为、赵辰熹:《如何对待非法证据》,载《检察日报》2022年7月7日,第3版。

除的阶段越早,则越有利于规范侦查机关的诉讼活动,提高刑事案件的办理质量,保障当事人的合法权利。同时,尽早排除非法证据,也会减轻法院庭审阶段的压力,提高刑事诉讼效率。此外,从公安机关、人民检察院办案的流程管理来看,无论是公安机关还是检察机关,其系统内部也都有相应的具体办案规范,由它们来排除非法证据也是基本可行的。并且,非法证据在侦查、审查起诉阶段及早地由公安、检察机关予以排除,体现了整个刑事诉讼过程对证据合法性问题进行递进式的层层把关,有助于切实"阻击"非法证据。

五、排除非法证据的操作程序

排除非法证据的标准流程和程序主要体现在审判环节。2012年《刑事诉讼法》修改确立了五个具体步骤:程序启动、初步审查、法庭调查、控方证明、法庭处理。

(一)程序启动

《刑事诉讼法》第58条规定,法庭审理过程中,审判人员认为可能存在本法第56条规定的以非法方法收集证据情形的,应当对证据收集的合法性进行法庭调查。当事人及其辩护人、诉讼代理人有权申请人民法院对以非法方法收集的证据依法予以排除。由此可见,我国采取依职权和依申请排除非法证据并行的程序启动模式。

有观点认为,排除非法证据属于被告人、辩护人等诉讼参与人的诉讼权利,相关诉讼参与人没有申请,应视为对权利的放弃,人民法院因此不需要进行证据的合法性审查。这种观点是不对的。对于人民法院来说,审查证据的合法性,是其法定的职责,无论被告人是否申请排除非法证据,人民法院均应当依职权对证据的合法性进行审查,对判决采信证据的合法性承担责任。申言之,**排除非法证据既是当事人的诉讼权利,也是司法机关依法应当履行的职责,这一职责的履行并不以诉讼参与人申请为必要前提。**

从司法实践来看,目前较为突出的问题在于被告人及其辩护人申请排除非法证据方面,故这里重点谈谈依申请启动。

1. 权利告知

非法证据排除规则的适用涉及较为复杂的程序问题,为确保被告人知晓相关权利,法庭有必要在开庭前尽早提示被告人及其辩护人有权申请排除非法证据。故此,《严格排除非法证据规定》第 23 条第 1 款规定:"人民法院向被告人及其辩护人送达起诉书副本时,应当告知其有权申请排除非法证据。"

需要明确的是,被告人申请排除的非法证据应当限定用于定案的证据,在一审中表现为控辩双方向法庭所举,用于证明案件事实的证据,不包括虽然作为侦查或者审查起诉活动依据,但未向法院移送、出示作为指控犯罪依据的相关证据;二审期间则是一审作为定案根据的证据和拟作为二审定案根据的证据。**与人民法院审判职权行使无关的证据,尽管可能发生在刑事诉讼过程中,并作为其他司法机关实施刑事诉讼活动的依据,但只要不用于案件审判,并不是法院进行证据合法性审查的范围。**

所以,在前述的李继轩等贩卖运输毒品案中,由于原判采信的是被告人侦查阶段供述转化形成的当庭供述,法庭审查的内容应当是当庭供述的合法性,而不是侦查阶段供述的合法性。因此,被告人上诉提出的侦查阶段受到刑讯逼供问题,独立于被告人供述的合法性审查,通常不属于人民法院二审证据合法性审查范围。《刑事诉讼法》第 14 条第 2 款规定,诉讼参与人对于审判人员、检察人员和侦查人员侵犯公民诉讼权利和人身侮辱的行为,有权提出控告。被告人二审提出的侦查人员对其刑讯逼供的问题可视为对相关侦查人员的控告。国家工作人员违法犯罪行为的调查处理不属于人民法院的职权范围,对此类问题,应当由人民法院根据《刑事诉讼法》第 110 条的规定移送主管机关处理,并且通知报案人、控告人、举报人。故二审法院对本案的最终处理方式是,驳回上诉,维持原判,并将刑讯逼供问题线索依法移交给了相关机关处理。

2. 申请时限

为避免被告人及其辩护人在庭审过程中突然提出排除非法证据申请而导致庭审中断,有必要督促其在庭前程序中尽早提出申请,以便检察机关做好相应的准备工作,更好地履行证明责任。故此,《严格排除非法证据规定》第 23 条第 2 款以及 2021 年《适用刑诉法解释》第 128 条均规定,被告人及其辩护人申请排除非法证据,应当在开庭审理前提出,但庭审期间才发现相关线索或者材料等情形除外。换言之，排除非法证据的申请在一审开庭审理前提出是原则，但不绝对。依据《严格排除非法证据规定》，一审开庭前未申请排除非法证据，在法庭审理过程中提出申请的，应当说明理由。在第一审程序中未申请排除非法证据，在第二审程序中提出申请的，应当说明理由，二审法院应当审查。

此外，为避免诉讼拖延、浪费司法资源，立法虽然未赋予控辩双方单独就一审法院有关证据收集合法性的处理结果提出抗诉、上诉的权利，但证据收集合法性的处理结果直接影响案件事实认定和最终裁判结果的，可以将之作为上诉、抗诉的部分理由。同时，目前我国的刑事二审程序实行全面审查原则，一审法院对证据收集合法性的审查和处理结果，是二审程序应当重点审查的事项。因此，被告方不服一审法院对证据收集合法性的处理结果，并在上诉中再次提出排除非法证据申请的，二审法院也应当对证据收集的合法性进行审查，并依法作出相应处理。概言之，**对证据收集合法性的审查基本贯穿刑事诉讼的始终**。

3. 申请方式

2012年《刑事诉讼法》修改未明确当事人以何种方式提起非法证据排除的申请。依照《严格排除非法证据规定》并考虑司法实际，被告人及其辩护人申请排除非法证据，应当向人民法院提交书面申请书。被告人没有辩护人且书写确有困难的，可以口头提出申请，上述情况应当记录在案，并由被告人签名或者捺手印。人民法院应当在开庭审理前将申请书和相关线索或者材料的复制件送交人民检察院。

4. 申请条件

《适用刑诉法解释》第127条规定，当事人及其辩护人、诉讼代理人申请人民法院排除以非法方法收集的证据的，应当提供涉嫌非法取证的人员、时间、地点、方式、内容等相关线索或者材料。之所以规定申请方承担提供相关线索或材料的责任，主要是基于诉讼成本以及控辩双方诉权平衡的考虑，同时，这样也有利于法庭明确争点、解决争议，提升诉讼效率。

根据《排除非法证据规程》第8条的规定，这里的"相关线索"，是指内容具体、指向明确的涉嫌非法取证的人员、时间、地点、方式等，如被告人明确提出讯问人员于特定时间在看守所以外的场所对其实施刑讯逼供，或者提供能够证明非法取证的在场人员、同监羁押人员信息等。"相关材料",是指能够反映非法取证的伤情照片、体检记录、医院病历、讯问笔录、讯问录音录像或者同监人员的证言等。如果当事人及其辩护人、诉讼代理人申请排除非法证据,未提供相关线索或者材料,或者提供的线索或材料不符合要求的,法庭可以告知其补充提交。当事人及其辩护人、诉讼代理人未能补充或者补充后仍然不符合要求的,对其申请予以驳回,并在开庭审理前告知当事人及其辩护人、诉讼代理人,上述情况应当记录在案。

例如,《刑事审判参考》(总第108集)收录的郑建昌故意杀人案:

一审法院经审理认定,被告人郑建昌因与妻子严某感情不和,于2013年5月23日7时许在家中与严某发生争吵后,持铁锤猛砸严某头部,后用手猛掐严某颈部直至严某死亡,并肢解严某尸体抛弃他处。一审法院依法以故意杀人罪判处郑建昌死刑。一审宣判后,郑建昌不服,上诉提出其有罪供述系刑讯逼供所得,应当予以排除,在案证据不足以证实其杀害严某,请求二审法院改判其无罪。

二审法院经审理查明,上诉人郑建昌虽然辩称其有罪供述系刑讯逼供所得,但其对本人遭受刑讯逼供的时间、地点、参与人员及刑讯逼供的方式、手段等相关问题无法作出清楚说明,也不能提供相关的线索或者材料。同时,郑建昌到案后作出过多次有罪供述,相关讯问笔录均经其本人签名确认,在案的审讯光盘亦证实讯问过程中没有发现诱供、逼供情形。故认为郑建昌所提其有罪供述系刑讯逼供所得的辩解理由不能成立,法庭遂直接驳回了其排除非法证据的申请及有关上诉理由,依法维持了原审判决。

需要明确的是,**当事人及其辩护人、诉讼代理人申请排除非法证据应当提供相关线索或者材料,但不承担证明刑讯逼供等非法取证的举证责任**。理论上一般将当事人及其辩护人、诉讼代理人"提供相关线索或者材料"的责任,称为争点形成责任或者初步的提供证据责任,不同于法律上的证明责任。详言之,证明责任是指检察机关提供相应的证据来证明被告人有罪的法定负担,一旦举证不能,或举证达不到法定的证明标准,则要承担指控的犯罪不能成立的法律后果。相比之下,争点形成责任或者初步的提供证据责任,则是指被告方提出排除非法证据申请后,提供相关线索或者材料促使法庭对有关指控证据的合法性产生怀疑,进而使证据收集合法性争议成为诉讼的争点。

进一步讲,当事人及其辩护人、诉讼代理人并不承担证明侦查人员进行刑讯逼供等非法取证行为的证明责任,其所提交的线索或者材料只需要使法庭对有关证据的合法性产生怀疑即可,不要求达到"事实清楚,证据确实、充分"的证明标准。

例如,《刑事审判参考》(总第101集)收录的李志周运输毒品案:

公诉机关指控,被告人李志周违反国家毒品管理规定,非法运输毒品甲基苯丙胺196.86克、甲基苯丙胺片剂89.8克,其行为已构成运输毒品罪。在该案审理过程中,被告人李志周及其辩护人提出,李志周在派出所接受讯问期间遭到刑讯逼供,并提供了相关线索、材料,申请排除李志周所作的有罪供述。李志周提出,其在派出所接受讯问时,有一名年龄较大、约40岁模样的侦查人员脱下黑色皮鞋,用鞋跟殴打其头部,致其头部出血,一名年龄只有十多岁的人帮其用卫生纸按住头部止血,但止不住,其被迫作出有罪供述。李志周的辩护人提出,看守所入所人员身体检查表显示,李志周入所时曾接受体检,体检表载明"头顶见血迹,衣服大片血迹,头部肿痛",证实李志周入所前头部有明显伤痕。但该体检表的"体表检查"一栏记载"有伤。自述在楼梯上碰伤";"备注"一栏又记载"自述昨天下午抓捕时头部撞在铁栏杆上"。该两处记载对李志周在何处受伤的描述自相矛盾,不能证明李志周是在抓捕时被撞伤。一审法院经审查认为,侦查人员可能存在以刑讯逼供方法收集被告人供述的情形,遂依法启动了证据收集合法性调查程序。

在司法实践中,应当准确把握当事人及其辩护人、诉讼代理人"提供相关线索或者材料"之责任的法律性质,不能拔高,将之理解为证明证据非法性的责任。

例如,《刑事审判参考》(总第108集)收录的杨增龙故意杀人案:

被告人杨增龙提出其有罪供述系侦查人员刑讯逼供所得,并提供了讯问人员的姓名、相关情况等线索。一审法院对证据收集的合法性启动了专门调查程序,并经审理认定被告人排除非法证据的申请不能成立。一审判决认定,关于杨增龙提出的有罪供述系侦查人员对其刑讯逼供所得的辩解理由,经查,杨增龙在侦查阶段所作的有罪供述和其主动向公安机关提交的悔过书相同;杨增龙当庭承认作出有罪供述时对其讯问的两名侦查人员郝某某、陆某未对其刑讯逼供,并有庭审录像为证;杨增龙所称刑讯逼供的侦查人员均出庭作证,并称没有对其实施刑讯逼供;看守所体检记录记载杨增龙入所时体表无外伤;除杨增龙供述外,无其他证据证实侦查人员对其有刑讯逼供行为,综上,对该辩解理由不予采纳。杨增龙故意杀害郭某某的事实,有其在侦查阶段的供述及尸体鉴定意见、现场勘查笔录、证人证言等证据证实,证据之间能相互印证,本案基本事实清楚,基本证据确实、充分,杨增龙的行为已构成故意杀人罪。

最高人民法院刑庭在审编该案例时明确指出,**一审判决的上述认定与表述,在某种程度上让被告方承担了证明侦查人员刑讯逼供的证明责任,这种做法并不符合法律规定由人民检察院证明取证合法性的要求,也不符合非法证据排除规则的基本原理。**首先,一审判决认定,杨增龙在侦查阶段所作的有罪供述和其主动向公安机关提交的悔过书相同;杨增龙当庭承认作出有罪供述时对其讯问的两名侦查人员郝某某、陆某未对其刑讯逼供,并有录像为证,这实际上是通过杨增龙的有罪供述本身来证明取证合法性,但这些有罪供述恰恰是杨增龙申请排除的证据,并不能作为证明取证合法性的根据。其次,一审判决认定,杨增龙所称刑讯逼供的侦查人员均出庭作证,并称没有对其实施刑讯逼供。实践中,侦查人员出庭鲜有承认非法取证的情形,但侦查人员出庭作证并不能仅是简单地否定没有刑讯逼供,而是应当阐述取证细节,并对被告人提供的线索或者材料作出合理的解释。如果被告人与侦查人员对取证合法性问题各执一词,在缺乏其他证据特别是讯问录音录像等客观证据佐证的情况下,简单地采信侦查人员的供述,并不妥当。再次,一审判决认定,看守所体检记录记载杨增龙入所时体表无外伤,但实际上,在2009年1月16日1时的讯问录像中,显示杨增龙额头上有明显的伤痕,这与看守所体检记录记载的情况存在矛盾,对于该问题,应当由侦查人员作出合理的解释。最后,一审判决认定,除杨增龙供述外,无其他证据证实侦查人员对其有刑讯逼供行为,这明显是要求被告人承担侦查人员刑讯逼供的证明责任等。

(二)初步审查

根据司法解释的规定,法庭审理过程中,当事人及其辩护人、诉讼代理人申请排除非法证据的,人民法院应当进行审查。经审查,对证据收集的合法性有疑问的,应当进行调查。由此可见,是否启动证据收集合法性调查程序,取决于法庭对取证合法性有无疑问。只有经审查认为存在非法取证可能的才启动调查程序,申请事由明显不成立的可以直接驳回。

在司法实践中,法庭对当事人及其辩护人、诉讼代理人提出的排除非法证据申请以及提供的相关线索或者材料,可以从以下两方面进行审查:

一是看是否存在刑讯逼供等非法取证行为的可能性。例如,被告人是否杜撰非法取证人员姓名,是否虚构根本不可能发生刑讯逼供的时间、地点、方式和相关情节等。

二是看当事人及其辩护人、诉讼代理人的申请理由和相关线索、材料是否有据可查。例如,被告人对非法取证行为的描述是否具体和详细,尤其是要注意被告人所描述的非法取证细节,并注意审查其所提供的线索或者材料能否得到其他证据的印证等。

2012年《刑事诉讼法》修改设立了庭前会议程序,为庭前初步处理非法证据排除问题搭建了制度平台。法庭对证据收集合法性的争议问题可以通过庭前会议来了解情况、听取意见。为避免出现因被告人及其辩护人当庭突然提出排除非法证据申请而导致庭审中断的情形,《严格排除非法证据规定》第25条、第26条以及2021年《适用刑诉法解释》第130条、第131条、第133条,从多个方面明确了庭前会议对证据收集合法性争议的处理机制。

1. 应当召开庭前会议的情形

2021年《适用刑诉法解释》第130条第1款规定,开庭审理前,人民法院可以召开庭前会议,就非法证据排除等问题了解情况,听取意见。虽然司法解释将用语表述由此前的"应当"召开庭前会议调整为"可以"召开庭前会议,但考虑到庭前会议制度的确立,为证据收集合法性争议的处理提供了更加广阔的空间,也为防止证据收集合法性争议全部进入法庭审理提供了有效的缓冲环节,具有重要实际价值,对该制度应当用足用好。故此,**在实践中,如果被告人及其**

辩护人能够按照法律规定提供相关线索或材料，则法庭一般就应当组织召开庭前会议，这几乎是一个必经程序。事实上，《严格排除非法证据规定》第25条第1款也明确要求，被告人及其辩护人在开庭审理前申请排除非法证据，按照法律规定提供相关线索或者材料的，人民法院应当召开庭前会议。

2. 庭前会议的证明方式

为充分发挥庭前会议程序在解决证据收集合法性争议方面的预期功能，需要促使控辩双方就争议问题充分交换意见，积极进行协商。故此，《严格排除非法证据规定》第25条第1款中规定，人民检察院应当通过出示有关证据材料等方式，有针对性地对证据收集的合法性作出说明。人民法院可以核实情况，听取意见。2021年《适用刑诉法解释》第130条第2款中进一步规定，必要时，可以通知调查人员、侦查人员或者其他人员参加庭前会议，说明情况。

在这里，**将《刑事诉讼法》规定的"了解情况"调整为了"核实情况"，强调法庭在充分听取控辩双方意见的基础上，应当引导控辩双方明确争点，必要时可以核实有关争议问题**。而且，根据实际需要，召开庭前会议后，发现控辩双方的争议焦点有待进一步明确，或者出现新的争议，检察机关需要补充收集证据的，法庭也可以再次甚至多次召开庭前会议。庭前会议的召开次数没有限制。

3. 控辩双方撤回证据或者申请的情形

为强化庭前会议的有效性，避免控辩双方随意反悔，《严格排除非法证据规定》第25条第2款、第3款规定："人民检察院可以决定撤回有关证据，撤回的证据，没有新的理由，不得在庭审中出示。被告人及其辩护人可以撤回排除非法证据的申请。撤回申请后，没有新的线索或者材料，不得再次对有关证据提出排除申请。"2021年《适用刑诉法解释》第131条亦增加了类似规定。

根据上述规定，如果人民检察院确认或者不能排除以非法方法收集证据的情形，可以决定撤回有关证据，不作为指控犯罪的根据。人民检察院决定撤回的证据，没有新的理由，不得在庭审中出示。同理，如果被告方认为人民检察院出示的证据材料足以证实证据收集的合法性，也可以决定撤回申请。被告方撤回申请后，没有新的线索或者材料，不得再次对有关证据提出非法证据排除申请。需要强调的是，**如果被告人未参加庭前会议，辩护人需有被告人明确授权，**

否则不得随意撤回申请。[1]

4. 庭前会议对证据合法性争议的处理

为实现法庭集中高效审理,《审判中心改革意见》第9条第1款对庭前会议中控辩双方达成的合意决定赋予约束力,规定"控辩双方在庭前会议中就相关事项达成一致意见,又在庭审中提出异议的,应当说明理由"。

如果双方未能达成一致意见,是否一律进入法庭调查程序呢？被告人及其辩护人在开庭审理前申请排除非法证据,按照法律规定提供相关线索或者材料的,人民法院可以召开庭前会议,但如果经庭前会议审查后,对证据收集合法性已经没有疑问却仍然要求都要进入法庭调查程序,不仅浪费司法资源,还将架空庭前会议制度。故此,《严格排除非法证据规定》第26条规定："公诉人、被告人及其辩护人在庭前会议中对证据收集是否合法未达成一致意见,人民法院对证据收集的合法性有疑问的,应当在庭审中进行调查；人民法院对证据收集的合法性没有疑问,且没有新的线索或者材料表明可能存在非法取证的,可以决定不再进行调查。"2021年《适用刑诉法解释》第133条亦增加了类似规定。

(三)法庭调查

1. 以先行调查为原则,以法庭调查结束前调查为例外

这里需要说明的是,有关规定前后有变化。在2010年《非法证据排除规定》中,对上述情况要求"应当"先行当庭调查。2012年《适用刑诉法解释》规定,法庭在公诉人宣读起诉书后可以先行调查,也可以在法庭调查结束前一并进行,规定得比较灵活。2021年《适用刑诉法解释》基本延续了2012年解释的精神,其中第134条规定："庭审期间,法庭决定对证据收集的合法性进行调查的,应当先行当庭调查。但为防止庭审过分迟延,也可以在法庭调查结束前调查。"

《排除非法证据规程》第20条中规定,人民法院决定对证据收集的合法性进行法庭调查的,应当先行当庭调查。这是一个原则,但也有关于例外情形的

---

[1] 参见戴长林、刘静坤、朱晶晶:《〈关于办理刑事案件严格排除非法证据若干问题的规定〉的理解与适用》,载《人民司法(应用)》2017年第22期。

规定。为防止庭审过分迟延,有下列情形之一的,可以在法庭调查结束前进行调查:(1)多名被告人及其辩护人申请排除非法证据的;(2)其他犯罪事实与被申请排除的证据没有关联的。《排除非法证据规程》第20条第2款同时规定,"在对证据收集合法性的法庭调查程序结束前,不得对有关证据宣读、质证"。

2. 法庭调查的具体步骤

根据《排除非法证据规程》的规定,证据合法性的调查一般按照以下步骤进行:

(1)召开庭前会议的案件,法庭宣布庭前会议中对证据收集合法性的审查情况,以及控辩双方的争议焦点;被告人及其辩护人在庭审中提出排除非法证据申请的,法庭应当说明启动调查程序的理由,并确定调查重点。

(2)公诉人出示证明证据收集合法性的证据材料,被告人及其辩护人可以对相关证据进行质证,经审判长准许,可以向出庭的侦查人员或者其他人员发问。

(3)控辩双方对证据收集的合法性问题进行质证、辩论。

例如,在前述的杨增龙故意杀人案中,被告人杨增龙上诉后再次提出有罪供述系侦查人员刑讯逼供取得,申请排除非法证据。二审法院经审查后,继续启动证据收集合法性调查程序,要求检察机关提供证明取证合法性的证据材料。检察机关向法庭出示了讯问笔录、羁押记录、体检记录等材料,有针对性地播放了相关讯问过程的录音录像,并提请法院通知侦查人员出庭说明证据收集的合法性。二审法院组织上诉方和检察机关对供述取得的合法性问题进行了质证、辩论。

二审法院经审查发现取证工作存在以下问题:(1)有关被告人供述的录音录像不完整。从被告人杨增龙第一次供述的讯问笔录记载来看,讯问时间为2009年1月15日22时30分至2009年1月16日1时0分,而相关录像的讯问时长仅为47分18秒,录音录像不完整。(2)相关指认录像不完整。经审查,被告人杨增龙对现场的指认录像未能完整还原指认经过,特别是缺失了杨增龙对杀人现场和掩埋被害人头颅地点的指认细节,指认过程的客观性存疑,使得指认的证明价值大打折扣。(3)被告人杨增龙的健康检查笔录与相关讯问录像存在矛盾。据看守所健康检查笔录记载,2009年1月16日及同年1月20日对杨增龙健康检查,体表无外伤。而在2009年1月16日1时0分的讯问录像中,则显示杨增龙额头上有明显的伤痕,二者存在明显矛盾。(4)取证工作存在其他违反法定程序的行为。例如,在提讯证上没有写明提讯的时间、事由,侦查人员也未签字等。

基于上述问题,二审法院认定,检察机关对供述合法性的证明未能达到证据确实、充分的证明标准,不能排除存在以非法方法收集证据的情形,故上诉人杨增龙的有罪供述应当予以排除,不得作为定案的根据。

(四)控方证明

《刑事诉讼法》第59条第1款规定:"在对证据收集的合法性进行法庭调查的过程中,人民检察院应当对证据收集的合法性加以证明。"

根据《排除非法证据规程》及《适用刑诉法解释》的规定,公诉人可以宣读证明证据收集合法性的调查、讯问笔录,出示提讯登记、体检记录、采取强制措施或者侦查措施的法律文书以及调查、侦查终结前对讯问合法性的核查材料等证据材料,也可以针对被告人及其辩护人提出异议的讯问时段播放讯问录音录像,还可以提请法庭通知有关调查人员、侦查人员或者其他人员出庭说明情况。被告人及其辩护人可以对相关证据进行质证,经审判长准许,可以向出庭的有关调查人员、侦查人员或者其他人员发问,还可以出示相关线索或者材料,并申请法庭播放特定讯问时段的讯问录音录像。

这里有两点需要特别注意:

1. 公诉人可以出示证据材料,不得以调查、侦查人员签名并加盖公章的说明材料替代调查、侦查人员出庭

2012年《适用刑诉法解释》第101条第2款仅规定,公诉人提交的取证过程合法的说明材料,应当经有关侦查人员签名,并加盖公章。相较而言,现在已有很大进步。并且,2021年《适用刑诉法解释》第136条还增加规定,控辩双方申请法庭通知调查人员、侦查人员或者其他人员出庭说明情况,法庭认为有必要的,应当通知有关人员出庭。根据案件情况,法庭可以依职权通知调查人员、侦查人员或者其他人员出庭说明情况。调查人员、侦查人员或者其他人员出庭的,应当向法庭说明证据收集过程,并就相关情况接受控辩双方和法庭的询问。

概言之,在证明证据合法性的问题上,宜适当淡化办案机关或人员单方出具情况说明材料的证明价值或效力,倡导办案人员出庭说明情况,并应当更加重视讯问录音录像等客观性证据,以落实直接言词原则,提升证据合法性审查的实质化。

例如,在前述的李志周运输毒品案中,人民法院在被告人提出排除非法证据申请并提供了相关线索或者材料的情况下,依法启动了证据收集合法性的调查程序。为证明证据收集的合法性,公诉人当庭出示了以下证据:江西省莲花县看守所出具的说明,萍乡市公安局安源分局出具的情况说明、关于李志周等人被抓获的情况和审讯情况的补充说明,安源分局后埠派出所出具的情况说明、办案说明,安源分局缉毒大队出具的同案犯易某贩毒案抓获情况及审讯情况说明、办案说明、说明,又对参与审讯的陈某、陶某华、许某等13名侦查人员逐一进行了询问,提取了证人证言,13名侦查人员也均出具了情况说明,声明在审讯中无刑讯逼供行为。

法院经审查认为,公诉机关出具的上述证据材料数量虽多,但本质上都是办案单位和办案人员的说明材料,根据有关司法解释规定,此类说明材料不能单独作为证明取证过程合法的根据。对于能够证明证据收集合法性的关键证据,如讯问过程的同步录音录像、被告人李志周出入派出所的监控视频等,公诉机关未能提供。故法院审理认定,对于被告人李志周供述收集的合法性,公诉机关未能提供确实、充分的证据予以证实,本案不能排除存在刑事诉讼法规定的以非法方法收集供述的情形,对李志周的有罪供述,依法予以排除。

根据有关规定并结合实践做法,人民法院决定对证据收集的合法性进行法庭调查的,应当根据申请人提供的线索、材料,结合调查、侦查机关的讯问笔录、讯问过程的录音录像、看守所管教人员的谈话笔录、驻所检察员的记录、同监室人员的证言、被告人出入看守所的身体检查记录、医院检查病历、侦查机关出具的说明等材料,综合审查判断被申请排除的证据是否采取合法手段收集。如果现有证据材料不能证明证据收集合法性的,人民法院可以通知有关侦查人员出庭说明情况。经人民法院通知,侦查人员没有正当理由拒绝出庭说明有关情况,不能排除存在《刑事诉讼法》第58条规定的以非法方法收集证据情形的,人民法院对有关证据应当予以排除。

例如,《刑事审判参考》(总第97集)收录的李刚、李飞贩卖毒品案:

公诉机关指控,被告人李刚向韦某贩卖毒品,2012年4月1日,李刚经与韦某联系后,将一装有毒品的塑料袋交给其子李飞,让李飞送到安徽省临泉县瓦店东侧路边一大棚子处交给韦某。李飞到达后即被公安人员抓获,毒品被当场查获。经鉴定,塑料袋内的毒品重199.7克,海洛因含量为51.37%。公诉机关据此指控李刚、李飞犯贩卖毒品罪。在法庭审理中,被告人李飞以其不知道父亲李刚让其送的是毒品,其在侦查机关的有罪供述是侦查人员刑讯逼供的结果为由,申请对其庭前有罪供述予以排除。

一审法院经审理查明:侦查机关于2012年4月1日下午将李飞抓获,当晚20时3分至22时19分对李飞第一次讯问;4月2日凌晨1时,办案人员带李飞到临泉县人民医院,进行B超、心电图、血液、双下肢外伤等检查,但检查后侦查人员并未把李飞送看守所羁押;4月3日,李飞被送看守所羁押后,看守所对李飞再次进行健康检查,体检结果为李飞身体健康,无外伤。对李飞提出排除其审判前供述的申请,合议庭组织召开庭前会议,听取控辩双方对非法证据排除的意见,归纳双方争议焦点。开庭审理时,公诉人通过宣读李飞在侦查机关的供述,出示看守所收押登记表及侦查机关依法办案的情况说明等材料,以证明侦查人员没有对李飞刑讯逼供,但对侦查人员讯问结束后于凌晨带李飞到医院检查身体的原因没有作出说明。为查明侦查人员在临泉县人民医院对李飞进行健康检查的原因,法庭要求侦查机关对李飞在临泉县人民医院的检查情况进行说明,侦查机关没有回应;法庭依法通知办案人员出庭说明情况,但办案人员无合适理由拒绝出庭。鉴于公诉机关在一审开庭时出示的李飞的有罪供述笔录、在押人员体检登记表以及侦查机关依法办案的情况说明不足以证明取证的合法性,侦查机关对李飞讯问时也没有按照法律规定进行同步录音或者录像,当法庭通知侦查办案人员出庭说明情况时办案人员无正当理由拒绝出庭,故法庭认为不能排除李飞审判前的有罪供述系采取非法方法取得。据此,依法将李飞在审判前的有罪供述予以排除,不作为定案的根据。

2. 重视审查讯问录音录像

《刑事诉讼法》第123条规定了讯问录音录像制度:"侦查人员在讯问犯罪

嫌疑人的时候,可以对讯问过程进行录音或者录像;对于可能判处无期徒刑、死刑的案件或者其他重大犯罪案件,应当对讯问过程进行录音或者录像。录音或者录像应当全程进行,保持完整性。"2012年《实施刑诉法规定》第19条进一步规定:侦查人员对讯问过程进行录音或者录像的,应当在讯问笔录中注明。人民检察院、人民法院可以根据需要调取讯问犯罪嫌疑人的录音或者录像,有关机关应当及时提供。据此,《排除非法证据规程》第27条第2项明确要求,对于应当对讯问过程录音录像的案件没有提供讯问录音录像,或者讯问录音录像存在选择性录制、剪接、删改等情形,综合现有证据不能排除以非法方法收集证据情形的,对有关证据也应当予以排除。《排除非法证据规程》第28条第2款规定,对依法予以排除的证据,不得出示、质证,不得作为判决的根据。

为保障有关制度的实施,《严格排除非法证据规定》第22条还赋予犯罪嫌疑人、被告人及其辩护人可以向人民法院、人民检察院申请调取公安机关、国家安全机关、人民检察院收集但未提交的录音录像资料的权利。人民法院、人民检察院经审查认为犯罪嫌疑人、被告人及其辩护人申请调取的证据材料与证明证据收集的合法性有联系的,应当予以调取;认为与证明证据收集的合法性没有联系的,应当决定不予调取并向犯罪嫌疑人、被告人及其辩护人说明理由。

此外,《监察法》对职务犯罪的办理也确立了讯问及重要取证工作的录音录像制度。2020年12月28日国家监察委员会、最高人民法院、最高人民检察院、公安部联合印发的《关于加强和完善监察执法与刑事司法衔接机制的意见(试行)》明确规定,对于监察机关立案调查的职务犯罪案件,在进行证据收集的合法性审查时,人民检察院、人民法院经审查认为有必要的,可以商请监察机关调取讯问被调查人的同步录音录像,对证据收集的合法性以及被调查人供述的真实性进行审查,监察机关应当支持配合。

关于检察机关如何证明证据收集合法性的问题,2021年《适用刑诉法解释》第135条第1款、第2款规定,法庭决定对证据收集的合法性进行调查的,由公诉人通过宣读调查、侦查讯问笔录、出示提讯登记、体检记录、对讯问合法性的核查材料等证据材料,有针对性地播放讯问录音录像,提请法庭通知有关调查人员、侦查人员或者其他人员出庭说明情况等方式,证明证据收集的合法性。讯问录音录像涉及国家秘密、商业秘密、个人隐私或者其他不宜公开内容的,法庭可以决定对讯问录音录像不公开播放、质证。**由于讯问录音录像具有较强客观性,在实际办案中对该类证据应当重视运用、重点审查。**

例如,《刑事审判参考》(总第108集)收录的黄志坚等贩卖、运输毒品案:

公诉机关指控,被告人黄志坚单独或伙同他人贩卖、运输甲基苯丙胺类毒品9688.2100克、麻古100粒,犯有贩卖、运输毒品罪;被告人卢寒文伙同他人贩卖甲基苯丙胺类毒品9794.1651克、麻古100粒,被告人陈乐伙同他人贩卖甲基苯丙胺类毒品9688.2100克、麻古100粒,二人犯有贩卖毒品罪。在法庭审理中,三被告人均提出其有罪供述系侦查机关刑讯逼供所得,申请排除非法证据,并提供了身体存在损伤、办案人员非法取证的相关线索。一审法院对证据收集的合法性进行了审查,公诉机关提交了讯问录音录像、入所健康检查登记表和办案机关情况说明等证据材料。一审法院认为,讯问录音录像并非讯问时制作,不能证明取证过程的合法性,但办案单位情况说明和入所健康检查登记表证明对被告人卢寒文、陈乐的讯问合法;被告人黄志坚入所时虽然身体有伤,但办案单位情况说明及入所医生刘某某的证言等证明对黄志坚的讯问合法,最终采信了三名被告人的有罪供述,进而结合其他证据认定三名被告人有罪。

一审宣判后,三名被告人对一审判决不服,在上诉中再次提出排除非法证据申请,并提供了相关的线索。二审法院对证据收集的合法性重新启动审查,发现讯问录音录像存在问题:办案单位先后出具了多份说明材料,但办案单位有关讯问录音录像的制作说明与讯问笔录的记载内容以及光盘制作时间不一致,不具有真实可靠性。被告人黄志坚在二审庭审中辩称,讯问录音录像系作假,讯问过程没有同步录音录像,经查,黄志坚的讯问录音录像时长为10分43秒,黄志坚的12次讯问笔录中只有第2次是认罪供述,但第2次讯问笔录记载的讯问时长为1小时22分,与讯问录音录像的时长不一致,且录音录像内容与第2次讯问笔录差异极大。被告人卢寒文在二审庭审中辩称,办案单位对其讯问过程没有做过录像,录像是其被送交看守所收押前按侦查人员的要求做的,录像时没有做笔录,经查,卢寒文的讯问录音录像时长为21分8秒,而其当日讯问笔录记载的讯问时长为2小时4分,与讯问录音录像的时长不一致,且该次讯问笔录记载的内容与讯问录音录像完全不符。被告人陈乐在二审庭审中辩称,对其讯问过程的同步录音录像系作假,录像时侦查人员让其按照做好的笔录照着念,经查,陈乐的讯问录音录像时长为 21 分 43 秒,而第 1 次讯问笔录记载的讯问时长为 1 小时,与讯问录音录像的时长不一致,且讯问录音录像中可明显看到陈乐手中持有一叠材料,回答问题非常书面化,陈述作案过程或内容较多时有低头动作,头部、眼睛反复从左至右来回移动,陈述完即抬头看着讯问人员,大段内容一气呵成,顺畅、完整,回答简单问题时始终抬头看着讯问人员,回答时常不顺畅、不连续,讯问录音录像的内容与各次讯问笔录差异极大。综上,办案单位提交的三名被告人讯问过程录音录像,并非对实际讯问过程的录音录像,不排除系事后补录,不能作为证明讯问程序合法的证据。

此外,关于被告人黄志坚身体损伤的成因,在押人员入所健康检查登记表及伤情照片显示,黄志坚入所时头脸、手、脚有擦伤,左、右上臂外侧有多条长条形伤痕,头额、下唇、右前肩胛区有多处伤痕。黄志坚入监时的亲笔字条写明:"有些是打的,头部、手、脚,有些是摔的,左脚膝盖、右脚膝盖。"押送民警熊某、朱某某在该字条上签字并附警号。二审庭审中,黄志坚辩称打伤是在刑侦队审讯室讯问过程中被讯问人员殴打造成的,摔伤是其在被告人卢寒文租住处被抓时摔倒造成的。对此,办案单位出具情况说明称黄志坚的身体损伤系其脱逃被抓捕时扭打造成的。经查,看守所医生刘某某的证言证明黄志坚的伤是擦伤,"是很轻微的体表伤",但刘某某并未出庭作证,而黄志坚同监室的胡某、李某的证言则证明,"看到黄志坚手、脚都肿了";看守所协防员汪某、李某的证言证明黄志坚在讯问中脱逃,在被抓捕过程时受伤,但办案单位并未提供该时段的监控录像,因此,证明黄志坚的身体损伤系脱逃被抓捕时扭打所形成的相关证据关联性、真实性均存疑。

鉴于此,二审法院经审理认定,对于三名被告人提出的排除非法证据申请,检察机关未能提供有效的证据证明取证合法性,现有证据材料不能排除刑讯逼供的可能性。故对三被告人的有罪供述依法予以排除,不作为定案依据。

(五)法庭处理

在法庭处理上,有几个问题值得关注:一是法庭经过证据合法性的调查程序后什么时候作出结论;二是证据收集合法性的证明标准;三是排除非法证据后的裁判结果;四是裁判文书的表述。

1. 结论作出

2010年《非法证据排除规定》第5条规定:"被告人及其辩护人在开庭审理前或者庭审中,提出被告人审判前供述是非法取得的,法庭在公诉人宣读起诉书之后,应当先行当庭调查。法庭辩论结束前,被告人及其辩护人提出被告人审判前供述是非法取得的,法庭也应当进行调查。"对非法证据问题,先行进行当庭调查,在当时是通常做法。例如,最高人民法院领导在2012年全国法院贯彻修改后《刑事诉讼法》培训班的讲话中指出:人民法院原则上应当当庭对证据合法性作出裁判,确定是否为应予排除的"非法证据",进而决定是否对该证据依法进行举证、质证。如果当庭难以确认的,可以休庭进行评议、研究,休庭后必须对是否存在非法取证情形给出决定意见。检察机关和律师方面通常也希望法院这样做。

但是,这个意见并未完全反映在其后的配套司法解释中。2012年《适用刑诉法解释》第102条第2款规定:"人民法院对证据收集的合法性进行调查后,应当将调查结论告知公诉人、当事人和辩护人、诉讼代理人。"司法解释仅规定"告知调查结论",并未明确何时及如何告知结论,更没有要求必须在调查程序结束后当庭告知结论。这意味着司法解释采取了一种比较灵活的处理方式。

《严格排除非法证据规定》对此有所调整,第33条规定:"法庭对证据收集的合法性进行调查后,应当当庭作出是否排除有关证据的决定。必要时,可以宣布休庭,由合议庭评议或者提交审判委员会讨论,再次开庭时宣布决定。在法庭作出是否排除有关证据的决定前,不得对有关证据宣读、质证。"正确理解本条规定,主要有以下要求:

(1)**法庭对证据收集的合法性进行调查后,原则上应当当庭作出决定。**这是因为只有首先解决证据合法性争议,才能确定有关证据能否作为诉讼证据使用。从司法实践来看,一些法院不愿或者不敢当庭对证据收集合法性争议作出决定,既制约了非法证据排除规则的实施,也影响了案件依法、及时、公正裁判。

(2)**特殊情形下可以休庭后作出决定。如果案件重大、疑难、复杂,同时争议证据又是案件的关键证据,合议庭短时间难以形成一致意见,或者合议庭认为难以作出决定的,则可以宣布休庭,由合议庭进行评议或者提交审判委员会讨论,再次开庭时宣布决定。**通过这种原则与例外相结合的处理方式,既能确保按照法律规定和诉讼原理对证据收集的合法性争议当庭作出处理,又能确保特殊案件的处理符合司法实际的需要。实际上,证据合法性认定是一个重要、复杂的问题,按照现行的审判权运行机制,综合考虑各种因素后依照审判流程及程序作出处理,符合我国的刑事司法实际。

(3)如果一味强调对证据合法性问题当庭裁判,可能诱发司法风险。一旦法庭囿于各种客观原因不能当庭作出结论,容易引起当事人及其辩护人、诉讼代理人的不满,进而影响法庭审理工作的正常进行。"贵阳小河案"就是典型的案例。[1]所以,对证据合法性问题采取灵活的裁判方式,既不违背法律规定,又较为稳妥可行。

(4)无论是当庭还是休庭后作出决定,在法庭作出相关决定之前不得对有关证据宣读、质证。这就避免了一些学者担心的"如果法庭对证据合法性问题不及时告知结论,会影响到法庭调查程序以及控辩双方发表意见"的问题。

(5)关于法庭作出决定的方式。鉴于《刑事诉讼法》未对排除非法证据申请的处理结果单独规定救济途径,法庭对证据收集的合法性进行调查后,可以采用口头决定方式当庭作出处理,并将相关情况记录在案。当事人对法庭有关该问题的处理结果不服,可以在上诉程序中一并提出。[2]

值得注意的是,2012年《最高人民法院关于适用〈中华人民共和国刑事诉讼法〉的解释》第102条第2款关于告知调查结论的规定,在2021年司法解释修改中已被删除。2021年《适用刑诉法解释》第137条仅规定,"法庭对证据收集的合法性进行调查后,确认或者不能排除存在刑事诉讼法第五十六条规定的以非法方法收集证据情形的,对有关证据应当排除"。笔者理解,由于新司法解释没有明确规定法庭何时对证据合法性作出裁判,故原则上仍可按照《严格排除非法证据规定》的上述精神来把握和执行。

---

[1] 在"贵阳小河(黎庆洪等组织、领导黑社会性质组织)案"的庭审中,参与辩护的多名律师提出排除非法证据申请,并坚持要求法庭先进行证据合法性调查程序,排除非法证据后方可进行后续审理工作,该诉求遭法庭拒绝后,辩护律师抗议并集体退出庭审。该案经媒体报道、炒作后几乎酿成一个法治事件。

[2] 参见戴长林、刘静坤、朱晶晶:《〈关于办理刑事案件严格排除非法证据若干问题的规定〉的理解与适用》,载《人民司法(应用)》2017年第22期。

2. 证明标准

当事人及其辩护人、诉讼代理人提出排除非法证据申请,并提供相关线索或者材料,促使法庭对有关指控证据收集的合法性产生疑问并依法启动专门调查程序的,检察机关需要承担证据收集合法性的证明责任。基于证据裁判原则的要求,指控的犯罪事实必须有证据证实,犯罪事实与指控犯罪的证据之间具有直接对应关系,而证明证据收集合法性的事实又与指控犯罪的证据直接相关,据此,证据收集合法性事实与指控的犯罪事实也存在紧密关联,可谓为指控的犯罪事实的附带性事实,鉴于法律要求对犯罪事实的证明需要达到"证据确实、充分"的证明标准,故检察机关对证据收集合法性的证明也应当达到这一法定证明标准。换言之,**证据收集合法性事实的证明标准与犯罪构成事实的证明标准,两者在本质上应当保持基本一致**。

《严格排除非法证据规定》第 34 条规定:"经法庭审理,确认存在本规定所规定的以非法方法收集证据情形的,对有关证据应当予以排除。法庭根据相关线索或者材料对证据收集的合法性有疑问,而人民检察院未提供证据或者提供的证据不能证明证据收集的合法性,不能排除存在本规定所规定的以非法方法收集证据情形的,对有关证据应当予以排除。对依法予以排除的证据,不得宣读、质证,不得作为判决的根据。"2021 年《适用刑诉法解释》第 137 条亦规定:"法庭对证据收集的合法性进行调查后,确认或者不能排除存在刑事诉讼法第五十六条规定的以非法方法收集证据情形的,对有关证据应当排除。"

根据上述规定,法庭对非法证据的认定大致可分为以下两种情形:

(1)确认以非法方法收集证据的情形,即当事人及其辩护人、诉讼代理人提出排除非法证据的申请后,提供了明确的证据材料,足以证明办案人员对其实施了刑讯逼供等非法取证行为。

(2)不能排除以非法方法收集证据的情形。此情形是从人民检察院对证据收集合法性负有举证责任的角度作出的规定。**"不能排除以非法方法收集证据"**,已表明立法对证据收集合法性事实实际适用了"证据确实、充分"的证明标准。

2010 年《非法证据排除规定》第 11 条规定:"对被告人审判前供述的合法性,公诉人不提供证据加以证明,或者已提供的证据不够确实、充分的,该供述不能作为定案的根据。"该规定与2017年《严格排除非法证据规定》第34条规定的精神并无二致。对于所要排除的证据,只要公诉机关未能提供确实、充分的证据证明其合法性,就应当对该证据予以排除,即只需怀疑其合法性,且该怀疑没有得到公诉机关的证据排除即可,而无须证明其"确系非法"。事实上,侦查机关依照《刑事诉讼法》的相关规定所进行的每项侦查行为,均须有相应的诉讼文书记载,按照法律规定进行的侦查活动都应当在文书中体现出来。所以,证明某一证据"确系合法取得"容易,但证明其"确系非法取得"却比较困难。**故被告方申请排除某一证据,无须证明该证据"确系非法取得",只要证明存在"不能排除以非法方法收集证据的情形"即可;但检察机关欲要证明某一证据的合法性,则要达到"事实清楚,证据确实、充分"的证明标准。**

例如,《刑事审判参考》(总第95集)收录的邢某、吴某故意杀人案:

公诉机关指控,被告人邢某为报复被害人符某,携带一支火药枪,由被告人吴某驾驶摩托车载至符某家附近埋伏,伺机射杀了符某,后由吴某驾车载其逃离现场,对二被告人应以故意杀人罪追究刑事责任。在法庭审理过程中,被告人邢某、吴某提出二人在侦查阶段所作的有罪供述是受刑讯逼供、引诱等非法手段所致,应当予以排除,邢某当庭陈述并提交了其受刑讯逼供、诱供的书面材料。被告人邢某辩称:2011年5月31日上午,A市公安局将他押解到D市刑警大队,侦查人员对其使用了暴力(用一双蓝色护腕套住手腕,外加一层旧毛巾卷捆后上手铐,将人挂在房顶的电风扇挂钩上,仅脚尖着地,捶打胸部、右侧腋下部分),并诱导其如何供述。2011年6月4日、5日、6日制作指认现场笔录、讯问笔录并同步录像。同月11日,A市人民检察院对其讯问并制作同步录像,其哭着喊冤称遭到公安机关刑讯逼供。同月15日上午,在D市刑警大队对其再次进行刑讯逼供,并于当晚制作同步录像。被告人吴某辩称:侦查人员用手铐铐住他的手,然后用绳子吊他,大概吊了五六天,每天吊约30分钟,其是在刑讯逼供的情况下作了虚假的有罪供述。法庭遂依法启动了对被告人的有罪供述是否属于非法证据的调查程序。公诉机关当庭提交了7名侦查人员出具的情况说明,D市第一看守所、C县看守所健康检查表3份(其中吴某2份),同步录像光盘10张,以此证明侦查和讯问程序及内容的合法。

法庭以侦查机关讯问被告人的时间、地点为切入点,结合办案说明、录像等证据材料,全面审查侦查机关获取被告人的供述是否符合法律规定。经审查,2011年4月8日,被害人符某被枪杀后,A市公安局于次日决定立案侦查,根据线人反映的情况,于同年5月8日以涉嫌寻衅滋事罪对被告人吴某刑事拘留,并于次日将其收押于A市看守所,之后换押到D市第一看守所,后又于6月9日前换押到C县看守所(因为缺乏相关的法律文书记载,两次换押的具体时间均不详)。在此期间,侦查机关先后6次提讯吴某,其中前5次提讯都在A市公安局进行,仅第6次在D市第一看守所进行。从第5次开始,吴某作出其伙同邢某枪杀符某的有罪供述。2011年5月31日被告人邢某被刑事拘留,6月2日被收押于D市第一看守所(此前的羁押处所不明)。侦查机关分别于5月31日21时13分至22时31分、6月3日17时13分至20时47分、6月5日20时05分至22时53分、6月6日、6月11日、6月15日20时02分至22时42分提讯邢某,其中第1次、第2次在D市公安局刑侦支队进行,其余在D市第一看守所进行。第1次讯问时,邢某否认有罪;第5次讯问(宣布逮捕)时,邢某拒绝签名并表示沉默。其余几次讯问,邢某均作出其伙同吴某枪杀符某的有罪供述,直至公诉机关讯问时否认有罪。此外,侦查人员于2011年6月2日21时00分(有涂改)至6月5日19时00分、6月15日10时00分(有涂改)至6月15日19时50分将邢某提解出D市第一看守所。除6月3日17时13分至20时47分在D市公安局刑侦支队进行讯问、6月4日14时10分至15时05分指认现场内容有记载外,其余时间均无侦查活动的书面记载。侦查机关破案报告记载:"2011年5月31日吴某同监仓的犯罪嫌疑人向D市看守所提供符某被杀案是吴某伙同其表哥邢某所为,我专案组迅速提审了该案犯罪嫌疑人吴某,之后于2011年5月31日将涉嫌故意杀人的犯罪嫌疑人邢某抓获。"经查,该报告记录的情节与实际侦查活动不符。本案有关侦查法律文书表明,与吴某同监仓的犯罪嫌疑人陈某于5月30日向D市看守所提供线索,侦查机关于5月31日下午2时许抓获邢某,当晚9时宣布并执行刑事拘留。侦查机关在抓获邢某之前的5月11日至31日,并没有提审吴某,也没有对所谓提供情况的举报人陈某进行询问。

在本案中,侦查机关对被告人邢某、吴某羁押、提讯、提解行为,明显违反了《刑事诉讼法》关于"拘留后,应当立即将被拘留人送看守所羁押""犯罪嫌疑人被送交看守所羁押以后,侦查人员对其进行讯问,应当在看守所内进行"等规定。邢某、吴某第一次的有罪供述均系侦查机关违反上述规定将其提押到非法定场所讯问取得。公诉机关虽然当庭出示了相关证据,以证明侦查和讯问程序及内容的合法性。但是,这些证据无法否定侦查机关上述违法羁押、讯问邢某、吴某事实的存在,不足以完全排除邢某、吴某有关非法取证辩解的真实性。

尤其是A市人民检察院于6月10日提审和侦查机关于6月11日宣布逮捕邢某时,邢某均不认罪之后,侦查机关于6月15日10时将邢某提解出D市第一看守所达9个多小时而未有任何侦查活动记载。公诉机关虽然补充证据证明以上9个多小时内,A市公安局刑侦大队办案人员获批准将邢某提押出看守所指认现场,但明显与邢某指认现场笔录所记载的时间6月4日14时10分至15时05分不相符。侦查机关在还押后仅10分钟却再次提讯邢某,邢某又作了有罪供述。这一情节实属反常。对于公诉机关提供的同步录像能否证明讯问合法的问题,以及二被告人提出被提押到看守所以外的地方,先逼供后制作笔录和录像的问题,公诉机关未能够提供相关证据予以排除。因此,该录像仅能证明讯问当时的情况,不能否定被告人提出的事先存在逼供的情况,达不到证明取证合法性的效果。据此,法庭认定,公诉机关据以证明被告人邢某、吴某审判前有罪供述合法性的证据未达到确实、充分的程度,邢某、吴某审判前的有罪供述,不能作为定案的依据。

从实践来看,**调查、侦查机关对取证行为是否合法出具情况说明,是办案中经常遇到的问题。对该情况说明的效力应当具体分析,不能仅凭这一说明就认为取证合法。**无论在什么情况下,都必须综合全案证据认真审查并依法作出裁判。

3. 排除后果

《严格排除非法证据规定》第35条规定:"人民法院排除非法证据后,案件事实清楚,证据确实、充分,依据法律认定被告人有罪的,应当作出有罪判决;证据不足,不能认定被告人有罪的,应当作出证据不足、指控的犯罪不能成立的无罪判决;案件部分事实清楚,证据确实、充分的,依法认定该部分事实。"该规定实际上分列出三种不同情形:(1)案件事实清楚,证据确实、充分,依法能够认定被告人有罪的,应当作出有罪判决;(2)证据不足,不能认定被告人有罪的(排除的是据以定罪的关键证据），应当作出证据不足、指控的犯罪不能成立的无罪判决；(3)案件部分事实清楚，证据确实、充分的，应当依法认定该部分事实并作出相应处理。司法实践中排除非法证据的案件，多数属于第三种情形。

非法证据排除规则解决的是特定证据材料的证据资格问题，非法证据排除应与案件的实体处理区分开来。针对证据收集合法性的争议，之所以建立独立的调查和裁判程序，并要求法庭一般应先行调查并当庭作出裁决，就是要与案件的实体处理剥离。**排除非法证据并不意味着案件一定要宣告无罪，案件最终如何处理还要取决于其他在案证据情况。**从司法实践来看，被告人及其辩护人往往是对案件中部分证据的合法性提出异议，即使认定有关证据是非法证据而予以排除，仍然要看其他在案证据是否足以认定犯罪事实。如果其他在案证据确实、充分，能够证明指控事实，则依法仍应作出有罪认定。

例如，前述的李志周运输毒品案：

虽然被告人李志周的有罪供述被法院认定为非法证据，并依法予以排除，但其他在案证据仍能够证明李志周实施了公诉机关指控的运输毒品犯罪行为，包括搜查笔录及扣押物品清单、照片证实，办案民警系从坐在汽车后座的李志周手中持有的黑色布袋中搜出涉案毒品；证人廖某的证言、同案被告人易某的供述均证实李志周对此次去湖南联系毒品事宜是明知的，且实施了运输毒品的行为等。上述证据足以认定被告人李志周有运输毒品的主观目的，并在易某安排下参与实施了具体的运输毒品行为。故此，法院经审理认定被告人李志周的行为构成运输毒品罪。

当然，实践中也有不少案件，**法庭经过合法性审查程序后，排除的是据以定罪的关键证据，该证据被排除后，案件的证据体系达不到事实清楚，证据确实、充分的证明标准，则应当依法宣告被告人无罪。**

例如，前述的邢某、吴某故意杀人案：

二被告人的有罪供述被排除后，只能运用其他证据认定案件。但是，在案的现场勘验检查笔录载明，侦查机关在案发现场没有提取到被告人邢某的脚印、指纹等客观性证据，也没有其他证据证实案发当时被告人邢某、吴某在案发现场出现过；除证人陈某外，本案其余证人都不能证实邢某、吴某实施了杀害被害人符某的行为。证人陈某系吴某羁押期间的同仓犯罪嫌疑人,其虽证实吴某曾告诉他和邢某开枪打死一个人,但是,侦查机关没有问及吴某是否告诉陈某具体的犯罪事实,从而导致陈某的证言这一传闻证据没有"源头",失去证明价值,也不排除其为争取立功而编造的可能;本案唯一现场目击证人、被害人妻子符某甲的证言与被告人邢某的供述,在案发时间、案发时被害人骑车的状态(摩托车是否熄火)、枪响后经过案发现场的人数等情节上,都明显不一致,供证之间亦不能互相佐证等。故法院依法认定,公诉机关指控被告人邢某、吴某犯罪的事实不清、证据不足,指控的犯罪不能成立。

这里有个问题值得关注:如果被告人在上诉中提出排除非法证据申请,二审法院经审查认为原判据以定案的证据系非法证据,依法应当予以排除,对此应当如何处理?

如前文所述,被告方不服一审法院对证据收集合法性的处理结果,在上诉中再次提出排除非法证据申请并提供了相关线索或者材料的,二审法院也应当对证据收集的合法性进行审查并依法作出相应处理。如果二审法院认可一审法院的处理结果,没有问题。

例如,前述的李刚、李飞贩卖毒品案:

一审法院对李飞审判前供述排除后,综合全案证据分析,不能认定李飞明知自己所送物品系毒品,故认定公诉机关指控李飞犯贩卖毒品罪的证据不足,依法判决李飞无罪。宣判后,检察机关对李飞的无罪判决提出抗诉。二审法院经审理认为,李飞在审判前的有罪供述不能排除系采取非法方法取得,不能作为定案的根据,应予排除;一审法院认定李飞贩卖毒品证据不足,对李飞作出无罪判决正确,故二审维持了一审对李飞的无罪判决。

如果二审法院不认可一审法院的认定,认为原判据以定案的证据系非法证据,应予排除,则需要区分以下两种具体情形分别处理:

(1)被告方在一审程序中提出排除非法证据申请,但一审法院未予审查,径行驳回被告方的申请。如果被告方申请排除的证据系关键定案证据,而一审法院对该申请未予审查,并以有关证据作为定案根据,可能影响公正审判的,二审法院应当将之作为违反法律规定的诉讼程序的情形,对案件裁定撤销原判,发回重审。

(2)被告方在一审程序中提出排除非法证据申请,一审法院经过审查后对证据收集合法性进行调查,最终认定取证合法,进而驳回被告方的申请。如果二审法院经审查认为,一审法院有关证据收集合法性的处理结果并不准确,有关证据应当作为非法证据予以排除的,则需要进一步区分案件情况作出处理:一是排除有关证据后其他证据仍然能够证明被告人有罪的,二审法院可以依法排除有关证据,并在认定被告人有罪的基础上驳回上诉,维持原判;二是排除有关证据后,案件事实不清,证据不足的,二审法院可以在查清事实后改判,也可以裁定撤销原判,发回重审。

例如,前述的黄志坚等贩卖、运输毒品案:

被告方在一审期间申请排除非法证据,一审法院经过审查后对证据收集合法性进行调查,认定取证合法,驳回了被告方的申请。被告方在上诉中再次提出排除非法证据申请,二审法院经审查认为,对有关证据应当予以排除,而排除有关证据后,其他证据不足以认定案件事实,且办案单位获取本案线索、锁定三名被告人的证据材料以及办案场所的监控录像等关键证据有待进一步查证,故裁定撤销原判,发回重审。

从实践来看,在一些案件中,被告人供述是公诉机关指控和一审法院定案的关键证据,一旦二审法院将被告人供述认定为非法证据并依法排除,其他证据就达不到事实清楚、证据确实、充分的证明标准,对于此类案件,二审法院多数会选择将案件发回重审。《严格排除非法证据规定》第40条第2款亦规定:"第一审人民法院对依法应当排除的非法证据未予排除的,第二审人民法院可以依法排除非法证据。排除非法证据后……原判决事实不清楚或者证据不足的,可以裁定撤销原判,发回原审人民法院重新审判。"

笔者认为,为了依法保障当事人合法权益,避免超期羁押,对于二审法院排除被告人供述后,经审查认为事实不清、证据不足的案件,如果不具备补查补正条件,发回重审亦无助于查清案件事实的,就应当严格落实疑罪从无原则,依法宣告上诉人无罪。

例如,前述的杨增龙故意杀人案:

原判据以定案的证据主要是被告人杨增龙的有罪供述,但该有罪供述不能排除非法取证的可能性,依法应当予以排除,其他间接证据未能形成完整的证明体系,二审期间检察机关亦没有补充证明杨增龙犯罪的新证据,在案证据达不到法定的定罪标准,不能认定杨增龙有罪,故二审法院依法直接判决撤销原判,改判上诉人杨增龙无罪。

4. 裁判说理

证据收集的合法性问题,既是庭审中控辩双方关注和争议的焦点,也是法庭认定证据、查明事实的基础。法庭对排除非法证据申请的审查情况,以及启动非法证据排除程序后的处理结果,应当在裁判文书中写明并阐释具体理由。这既是加强裁判文书说理的内在要求,也是控辩双方了解裁判理由并据此决定是否抗诉、上诉的依据。此外,加强裁判的释法说理,也有助于积累审判经验,为其他类似案件的裁判提供有益参考。故此,《严格排除非法证据规定》第36条规定:"人民法院对证据收集合法性的审查、调查结论,应当在裁判文书中写明,并说明理由。"

笔者认为,对上述规定,在司法实践中可区分以下情形具体掌握:

(1)如果当事人及其辩护人、诉讼代理人的排除非法证据申请经调查成立,检察机关主动撤回该证据,法庭亦予以认可,就等于控诉方没有提出该证据,裁判文书中不需要表述此情形。

(2)检察机关能够证明取证的合法性,当事人及其辩护人、诉讼代理人予以认可,等于其撤回了排除非法证据申请,法庭对此亦予同意,裁判文书也可以不表述。

(3)检察机关能够证明取证合法性,法庭经调查采信相关证据,而被告人及其辩护人、诉讼代理人坚持认为存在非法取证情形,则需要在裁判文书中阐述调查过程及采信的具体理由。

(4)检察机关不能证明取证合法性,不能排除存在非法取证情形,且不同意撤回该指控证据的,裁判文书要排除相关证据并详细说明理由。

概言之,**在裁判说理方面,总的把握原则是,控、辩、审三方认识一致的可以不在裁判文书中表述,控辩双方意见不一致或者法庭有不同认识的,则需要详加阐述。**

第五讲　裁判文书的制作方法与规范样式

2013年11月,最高人民法院开通了"中国裁判文书网"。截至2024年年底,该网站已累计公布各类裁判文书超过1.5亿份,总访问量突破1152亿余次。数据显示,有相当多的访问量来自海外。这意味着,我们的裁判文书不仅接受国人的检视,也在世界范围内被检阅。"将裁判文书放在网上供亿万人审视、监督,对承办法官处理案件的公正性、法学理论的深度、文书的说理性、逻辑性甚至文笔流畅性等都提出了更高要求。"[1]在人民法院司法深度公开的大背景下,迫切需要把裁判文书制作放到审判工作中更加突出的位置,切实重视,精心撰写,确保质量。

一、裁判文书是什么

裁判文书,是指人民法院在诉讼活动中就争议案件的实体问题和程序问题依法制作的具有效力的文书。它是人民法院审判活动、裁判结果及具体理由、依据的重要载体,但其意义并不局限于审判,裁判文书应是整个诉讼活动的最终的产品形式。作为案件诉讼活动的终极成果,裁判文书记录案件的诉讼过程、公开裁判的具体理由、宣告处理的实质结果,既解决当事人之间的纠纷,也确立引领社会公众的规则,有十分丰富的内涵。这也让我们得以从多个角度来认识裁判文书。

---

[1] 徐娟:《规范裁判文书制作的法治意义》,载《人民法院报》2017年5月14日,第2版。

裁判文书是法律实施的手段，人民法院借此行使审判权、适用法律、保护人民、惩罚犯罪，履行审判职能，参与社会治理；上级人民法院据以监督、指导下级人民法院审判活动，维护司法公正；当事人据此享有权利、负担义务，充实和实现法的价值。

裁判文书是法制宣传的素材，可以据此宣示法律规则，弘扬法治精神，彰显法治正义，教育公民守法。**裁判文书还是司法判例的载体，那些有着重要法治建设意义的个案裁判文书往往具有判例价值和指导作用，如同晴朗夜空里的耀眼星辰，可以为后来者指明前行的道路。**

裁判文书是法治的基本单位。它几乎涵盖了所有关于法的信息，如立法的文本、司法的相关要素、实体规则与程序规范、字面上的法条与观念中的法律，几乎包含了关于法的所有信息。所以，**裁判文书是一个国家或地区法治水平最直接、最鲜明的体现**，它可作为评判一个国家或地区法治水平的最佳样本。

不仅如此，对于人民法院而言，裁判文书展示审判工作质量、宣示公正司法形象，是法院的名片、对外的门脸、立院的基石。对于法官而言，裁判文书凝结了其法律素养、价值取向、文字功底，甚至工作态度、责任心、公道心等，既是法官的脸谱、立业的根基，也是其声望的支撑、价值的源泉。审视一个法官、一家法院办案的水平如何、质量高低，也只要看看其输出的裁判文书便可知晓答案。

裁判文书是法治文明的重要标志、法治建设的有力抓手。法治建设既要有理念、原则的深入人心，制度层面的科学设计，也需要细节问题的不断完善，如裁判文书的高质量。裁判文书忠实记录了法官运用自身的智慧、经验衡平个体利益、解决社会纠纷、彰显法治正义的过程，是法律规则和法治正义的再现，是当事人感受司法正义和法律精神的载体、民众培育法治信仰和法律意识的土壤。

裁判文书是应然规则的实然形式，是活生生的法治，**一份结构完整、要素完备、书写规范、制作精良并饱含法治精神的裁判文书，对社会公众来说就是一堂生动的法治课**。提高裁判文书的质量，无疑会促进法治文明与社会进步。

裁判文书还是"时代的记录者""当代中国的百科全书"。人民法院审理的案件如同经济社会发展的"晴雨表"、社情民意的"风向标"，人民法院作出的判决、形成的案例是司法公共服务产品，是进行国家治理的重要依据。

现在全国法院每年审执各类案件已超过 4000 万件,它们包含了当代中国社会生活的方方面面信息。**笔者每每想到这些,特别是每次打开中国裁判文书网,总觉得是在翻开一部"当代中国史",它不仅比野史更客观,而且比正史更鲜活。所以,从这个角度讲,我们每一名法官,都是在用倾注其心血的裁判文书,参与、创造并记录这个伟大的时代。如果一名法官的英名能够在数十年、上百年或者更长时间之后还能被后人铭记,最大可能是因为一份署着他(或她)名字的裁判文书(作为一名法官,我们也希望能够以这种方式被惦记)**。所以,面对裁判文书,我们不仅要有历史责任感,还应心怀敬畏感。[1]

二、裁判文书有何用

现在我们讲做工作要有底线思维。就裁判文书制作而言,防止出现低级失误应是一个工作底线。在这里不妨看看"问题文书"可能有的负面影响:

(1)法院严谨、公正形象降低。裁判文书是法院的名片,低质量、有差错的文书会直接导致法院形象受损。

(2)外界对法官素质的抱怨。社会公众对司法公正的质疑、对法官素质的疑虑,时常是从个案的裁判生发而来并逐渐波及广泛。

(3)当事人长期申诉、上访。笔者在工作中遇见过不少因对裁判文书的具体内容、表述不满而不断申诉、上访者。

(4)司法权威的丧失。公众对司法裁判结果的普遍遵从,是司法权威的基本含义。如果当事人及社会公众对裁判文书不认同,遵从裁判结果将会是一句空话。

(5)国家法治的损害,这是一个综合性的终极后果。国家林林总总的立法,时常会体现在一份份裁判文书中,社会公众也总是从个案裁判去触摸规则、感受法治。裁判文书在其中无疑是一个重要媒介,如果法律规定及其精神不能有效落实在个案裁判中,公众从裁判文书中感受不到规则的力量、法治的精神,这将是国家法治建设的巨大陷阱。

---

〔1〕 参见于同志:《认真对待案例——基于法院审判的认知与思考》,载《法律适用》2021 年第 1 期。

当然,仅有底线思维还不够。作为一名法官,进行案件审判、撰写裁判文书必有其或现实或高远的自我追求。有的同志撰写裁判文书仅仅是为了完成案件审判任务,有的则兼具砥砺学术、参加评选、获取奖励等目的。这些自我性动机本无可厚非,但应清醒认识到,**裁判文书是司法公共产品,不是个人的学术作品,所以,个体性的追求应当有所节制,不能舍本逐末**。

作为司法公共产品,**制作裁判文书的最直接、最主要的目的应在于说服当事人和社会公众接受裁判的结论**,所以,裁判文书的服务对象应首先是当事人和社会公众。裁判文书要为人民群众所接受,首先必须让人看明白、读得懂,领会其中传递的观点、讲述的道理。但现实中有的裁判文书俨然一篇深奥、晦涩的学术论文,专业概念满天飞,当事人着实看不懂,甚至同行也不易懂。例如,有的文书一旦进行证据说理,就摆出证据的"三性",却不对"三性"进行阐释,直接拿来就用,很多时候当事人看不明白,社会公众更是一头雾水,这是应当加以避免的。裁判文书如果过于深奥、晦涩,必然会阻碍人民群众理解法律规则、感受法治精神、接受裁判结果,弊明显大于利。

裁判文书的价值不在于多么高深的理论,而在于蕴含其中的能为人们感受到的规则、领悟到的道理。作为一名法官,应当多想想如何把裁判文书写得更加通俗易懂,而不是刻意追求深刻,写得让人不懂。在制作裁判文书时,应注意用规范、平实、准确的语言,用人民群众易于接受的表达方式,说清裁判的依据和思路,讲明裁判的道理和规则,从而让当事人及社会公众易于理解并接受法院裁判。

三、裁判文书的基本构成要素

如果把一份裁判文书的相关信息分解,可以看到它至少应包含以下六大基本要素:事实、证据、法律、法理、程序、形式。具体来说,**一份高质量的裁判文书,应当具有严谨的事实认定、精准的证据表述、准确的法律适用、有力的裁判说理、适当的程序审查、规范的形式表达**。[1]

---

[1] 参见于同志:《刑事裁判文书的构成要素分析》,载《法律适用》2024年第3期。

(一)严谨的事实认定

案件事实是裁判的物质基础,对裁判结论的形成具有关键意义,也是刑事裁判文书的核心内容。对案件事实应当牢牢坚持以证据为支撑,给予全面、客观的认定、表述。具体来说,主要有以下几个方面。

1. 严格按照证据裁判原则认定事实

所谓证据裁判,就是"事实认定必须依据有关证据作出,没证据不得认定事实",这句话引申出了证据审查运用上的三大规则:(1)认定事实,必须依据合格的证据;(2)认定事实,必须依据法定程序查证属实的证据;(3)认定事实,必须达到法定证明标准。证据裁判是证据审查运用和案件事实认定的重要基石,是确保案件质量、防范冤错案件的关键。刑事裁判文书对案件事实的认定与表述,应当遵循上述司法规则。

2. 保持事实认定与证据的协调、一致

裁判文书在认定和表述案件事实时,要坚持"一切靠证据说话""有多少证据,认定多少事实"的原则,切实将案件事实与在案证据对应起来,既要防止出现"事实多、证据少"的问题,也要避免形成"证据多、事实少"的局面。

3. 全面认定和表述事实

定罪量刑必须以事实为根据。这里的事实既包括直接影响案件定罪量刑的核心事实,也包括可能影响量刑的边际事实,如案件发生的前因后果、有关社会背景、传统文化、民情风俗等。这些因素虽然通常不属于案件的基本事实,但却是客观存在的,影响法律事件发生、发展的重要因素,它对于避免认定事实偏离客观真相起着重要作用,在查明事实真相中扮演着不可或缺的角色。

从司法实践来看,**案件的边际事实可以起到以下作用:(1)影响事实全貌,影响法官对指控事实完整性的认定;(2)影响证据证明力,从而影响全案证据的充分性;(3)影响对被告人主观方面的评定等**。在一定程度上讲,边际事实是量刑公正的"催化剂"。此外,边际事实的核心内容其实是情理。从于欢故意伤害案等一系列热点案件看,重视边际事实,有助于推动裁判实现国法、天理和人情融合,提升裁判的可接受性和社会公信力。所以,从准确定罪量刑的角度,裁判文书对于有充分的在案证据支持的边际事实,不能忽视,应视情予以认定、表述。

全面认定、表述事实,还要注意保持事实与裁判认定、评判的各种情节相互呼应,保证定罪量刑的各种情节均有相应的案件事实提供支撑,避免出现由于事实部分认定、表述缺位,导致后续裁判说理显得突兀、生硬,无的放矢,让人不知所云。

4. 事实认定的自主性

在刑事诉讼中,既存在检察机关的控诉事实,也有被告方的辩护事实,两者时常不一致,甚至完全相反。法院审理认定并写入裁判文书中的案件事实:一方面,要遵循不告不理原则,受制于指控事实,不得超越指控事实;同时,在一定程度上会受到辩护事实的影响,辩护事实可以矫正、塑形指控事实,也会成为案件事实的一部分。另一方面,案件事实形成及具体表述本身又具有自主性,体现了法官的个体认知特点,法官的法律素养、价值取向、操守品行和文字功底等都会不同程度地投射到事实认定与表述上。

在这里尤其需要强调对指控事实的裁判转化。基于裁判中立立场,**即便裁判认定指控事实的成立,判决书通常也不宜照搬照抄起诉书的指控事实,除非指控事实在内容及表述上均属完美、无懈可击**。如果属于此情形,与其照搬照抄指控事实,还不如直接概括地表述为"本院确认指控事实"。从实践看,法院审理查明的事实不仅要满足定罪量刑的需要,还要满足公开审理、文书上网甚至案件被媒体炒作的情况下社会公众了解案情的需要。如果简单照抄起诉书的指控事实,很容易因为事实认定不全面、不准确导致说理不充分、量刑不适当,甚至出现罪与非罪认识偏差、此罪与彼罪把握不准的问题,故对待指控事实要有"扬弃"的立场和勇气,根据在案证据依法合理地取舍、评判,避免偷懒图省事、照搬照抄。

5. 事实表述的原则性与灵活性

所谓原则性,是指案件事实的表述存在一些常规性做法,如对于不同罪名的多起犯罪事实,一般按照被告人实施犯罪的罪行轻重排列;对于同一罪名的多起犯罪事实,一般按照时间先后顺序排列,等等。

所谓灵活性,是指案件事实的表述本身会因个案而异,比如,当存在多起犯罪事实时,可以根据个案的具体特点而采取自然顺序法、突出主犯法、突出主罪法、综合归纳法、先总后分法等方式方法来表述案件事实。

笔者曾见过一份职务犯罪的刑事判决书,还采用了图表列举法。该案的被告人张某某利用职权便利受贿 295 次,涉及行贿人 110 人,如果采取传统的逐人逐次表述,案件事实会显得十分冗长。本案判决书制作打破常规做法,首先用简明扼要的语言概述本案的总体情况,然后直接用图表列举的形式来表述各起事实,简洁清晰,一目了然,值得借鉴。

《裁判文书释法说理意见》第 14 条规定:"为便于释法说理,裁判文书可以选择采用下列适当的表达方式:案情复杂的,采用列明裁判要点的方式;案件事实或数额计算复杂的,采用附表的方式;裁判内容用附图的方式更容易表达清楚的,采用附图的方式;证据过多的,采用附录的方式呈现构成证据链的全案证据或证据目录;采用其他附件方式。"该规定也对案件事实、证据表述上的灵活性作了确认。

考虑到裁判文书是面向社会的公共司法产品,事实表述上还应注意体现故事性。在严格遵循证据裁判原则的基础上,需要适当考虑案件事实的可读性。在叙事手法上不应都是白描式的,可以适当借鉴一些文学作品的叙事策略与方法,如顺叙、倒叙、插叙等,以提升案件事实表述的张力,增强裁判文书的可读性。这里值得提及的是,伏笔和铺垫等手法的运用。比如,裁判认定上如果涉及被害人过错、自首、立功、退赔等情节,则应在案件事实部分有一定的表述,以为后续的裁判打下基础、做好铺垫。

此外,在一些热点案件中,事实表述上还应注意回应社会的关切。比如,在劳荣枝故意杀人、绑架、抢劫案死刑复核刑事裁定书中,在"合肥绑架、故意杀人事实"部分叙述被害人陆某某时,特别注明"木匠陆某某"。[1] 这样就容易让人与媒体广泛报道的被告人杀害"小木匠"的事实建立联系,更加清楚明了,事半功倍。

(二)精准的证据表述

随着以审判为中心诉讼制度改革的深入推进,证据裁判原则获得空前重

---

[1] 参见最高人民法院(2023)最高法刑核 95814630 号刑事裁定书。

视,诉讼参与各方均越来越重视证据。与此相适应的是,刑事案件的在卷证据材料以及呈现给法庭的证据信息越来越多,证据内容在裁判文书中的分量也越来越大,尤其是重大复杂疑难案件,可能一篇裁判文书80%以上的内容都是在表述证据。所以,证据表述问题客观上会严重地制约甚至直接决定了裁判文书的制作质量。如何恰当地表述证据,笔者认为,需要从证据的摘录、罗列和分析三个方面做好文章。

1. 证据摘录

在证据摘录上,要紧扣裁判认定的事实,遵循客观、中立、准确、全面、匹配事实、详略得当的原则,通过精心梳理证据以实现表述的准确、精练。具体有以下要求:

(1)遵循证据裁判原则,对未经法庭举证、质证的证据,一般应当禁止在刑事裁判文书中摘录、表述。换言之,除非存在庭外核实证据的情况,在裁判文书中表述的证据内容,均应当经过当庭出示、控辩双方质证、法庭认证等程序。

(2)贯彻繁简分流原则,按照案件具体情况的不同有区分地把握证据摘录的内容。对被告人不认罪或控辩双方对事实认定有较大分歧的复杂、疑难案件,应当总体坚持对证据详细摘录、表述;对被告人认罪认罚,案件事实清楚、证据确实充分的案件,裁判文书可以适当从简表述证据。

(3)妥善处理证据摘录上的详略关系,重点关注直接关乎定罪量刑的关键性信息,可以视情录入原文原话、详加表述,不重要的证据信息则一笔带过,无关的信息可以不列。

(4)对被告人有利和不利的证据内容原则上都应当关注、反映,不能厚此薄彼,尤其不能为了定罪或重判而有意忽略有利于被告人的证据,这也是防范出现冤错案件的重要举措。

(5)对内容重复的被告人供述、证人证言、被害人陈述等言词证据,要善于归纳、整合,避免堆砌、过于繁琐,尤其不能照搬照抄到裁判文书上。

(6)适当突出物证、书证,鉴定意见、勘验、检查等笔录和视听资料等客观证据,必要时对相关证据的内容、信息多加摘录,重视发挥客观证据的证明作用。

(7)不忽略证据的附随信息,对一些特殊证据应注意列明其来源、提取过程和取证机关等,继而为后续的证据分析奠定基础。

此外，案件的审理报告一般会对证据摘录得更为丰富、详实，但裁判文书不同于审理报告，它是诉讼的终极产品，制作时必须升华，要对证据内容进行取舍、加工，使之更为精炼、准确，与裁判认定事实更加对应、契合，切实避免不加区别地将审理报告内容直接复制粘贴到裁判文书上。

2. 证据罗列

证据罗列也是裁判文书证据表述的重要方面。目前，无论是相关法律还是刑事裁判文书样式均未就此作出统一规定，实践中的做法也千差万别。概括而言，大致有以下几种形式：

（1）法定证据法，即根据"物证—书证—证人证言—被害人陈述—被告人供述和辩解—鉴定意见—勘验、检查等笔录—视听资料、电子数据"的立法顺序罗列证据。为便于梳理清楚证据之间的逻辑关系，笔者一般不建议直接按照《刑事诉讼法》规定的证据种类顺序来罗列证据。

（2）主客观分列法，即按照先客观证据后主观证据或者先主观证据后客观证据的顺序排列。

（3）按照定罪证据与量刑证据分别罗列。

（4）按照犯罪构成要件排列证据。

（5）按照犯罪阶段罗列证据。

此外，还有总分结合法、一罪一证法、突出主罪法、突出主犯法以及图表列举法等。**证据如何具体罗列本无定法，但应有原则性要求：一要控辩对等，二要条理清晰，三要符合逻辑。**此外，按照庭审实质化的要求，还应适当突出对庭审中新证据的裁判。

这里需要强调的是，列入裁判文书中的证据，应当都是经过法院查实的证据。经过"排非"程序排除的证据，以及没有证明力的证据、不能证明案件事实的证据，不应在裁判文书证据部分罗列。对于否定案件事实的反向证据以及某个证据的反向部分，不能忽视、应予关注，但一般放在裁判文书说理部分反映、分析，而不作为定案证据予以罗列。对于证明内容与其他证据相矛盾的证据、证人证言中内容不客观的部分、被告人供述与辩解中供述不客观的部分，在裁判文书中一般也不予罗列。但被告人或辩护人以上述反向证据或反向部分作为辩解、辩护理由的，应在文书说理部分予以回应、评判，做到以理服人。

3.证据分析

对证据内容进行科学摘录,并按照一定法则有序排列之后,还要对证据进行分析,具体阐释对特定证据采信与否的理由以及根据在案证据体系认定案件具体事实的考量。实践操作中,基本可参照本书第三讲论述的刑事证据审查运用的基本思路进行,即坚守一个立场,立足两个视角,关注三大方面,厘清分析思路,善用多种方法,坚持因材施法等。在此不再赘述,并且,证据分析本身也属于裁判说理的范畴,下文也会有所涉及。

需要特别提及的是,证据分析要充分考虑常识、常理、常情。证据能力的有无及证明力的大小,需要结合法律规定和常识、常理、常情来判断。比如,在被告人否认主观故意的情况下,可以在查明客观基础事实的前提下运用经验法则来推定其主观认知及意志情况,但要确保基础事实有充分证据证实,且无相反证据。此外,当案件事实无法运用证据直接认定或者难以收集到直接证据来查明案件犯罪构成要件事实时,通常要研判间接证据是否形成完整证明体系,考虑能否运用经验法则通过刑事推定予以认定。如果办理的是涉土地管理、税务管理、金融证券、食品药品、安全生产、环境资源等领域的案件,遇到专业性较强的问题,也可以向有关专业部门咨询。

(三)准确的法律适用

司法裁判必须以事实为依据,以法律为准绳。对案件事实的正确认定是适用法律进行公正裁判的基础和前提,所以,要根据事实选择适当的法律。这是一个总的原则。就司法实践而言,多数案件的法律适用方面没有争议或者争议不大,少数案件则争议很大。争议可能源于诉讼各方对法律含义的理解存在分歧,也可能是因为法律规范本身有竞合或者冲突之处,还可能因为法官一时找不到相应的法条而陷入"无法可司"的局面等。所以,我们仍需要研究技术层面的法律适用方法或规则。笔者认为,以下几点值得特别关注。

1.找寻最接近事实的法条

在法学方法论中,认定事实、适用法律的过程就是"司法三段论",即将法律规范作为大前提,将具体案件事实通过涵摄过程归属于法律构成要件,形成小前提,然后通过三段论的逻辑推理以得出裁判结论,具体要经历"从具体事实到法定事实,从法定事实到法律规范,从法律规范到法律适用"的逻辑推理过程。由于案件事实需要通过涵摄完成,这一过程本身存在一定的不确定性,由此导致特定案件事实往往可能与多个相关法条关联、对应。**法律适用的最基础法则就是,寻找到最接近案件事实、与案件事实契合度最高的法律条文。**

2. 根据法律体系位阶选择法条

法律适用经常会遇到条文冲突的问题,这种法律上的"冲突"既可能在异位阶法律之间发生,也可能存在于同位阶法律规范之间。如何选择法条,需要遵循一定的法律适用规则,具体包括异位阶法律之间要遵守"高法优于低法"原则,同位阶法律之间要遵守"特别法优于一般法"、"后法优于前法"以及"变通法优于被变通法"等原则。〔1〕

需要提及的是,对上述法律适用原则不能绝对化理解。比如,刑法规定的罪名存在法条竞合问题,如果认为犯罪事实不符合指控的特殊罪名的犯罪构成要件,还要考虑是否符合其他一般罪名的犯罪构成要件;符合一般罪名犯罪构成要件的,通常仍可以认定一般罪名。而不是机械照搬"特别法优于一般法"原则,因为犯罪事实不符合特殊罪名的犯罪构成要件,就不加分析地径直作出无罪认定。

3. 适用内涵更为丰富的法律

如果特定案件事实与若干具有关联性的《刑法》条款对应,或者说可能对接几个相近的罪名,**一般的原则是适用法律内涵更为丰富或者涵摄事实范围更为广泛的条款或罪名。**以选择性罪名的适用为例,如《刑法》第125条规定的"非法制造、买卖、运输、邮寄、储存枪支、弹药、爆炸物罪",如果案件客观上存在立法明示的若干行为,原则上都应予认定,如制造枪支并予以销售的行为,应认定为"非法制造、买卖枪支罪",而不是仅认定为"非法制造枪支罪",如果将"销售"纳入"制造"的事后行为来认定,不独立表述出来,则不能够完整反映该犯罪行为的全部。

4. 善于情势权衡与价值衡量

很多时候,适用此法条、此罪名而不是彼法条、彼罪名,往往是情势权衡、价

---

〔1〕 参见胡建淼:《发生"法律冲突"时如何适用法律?》,载《学习时报》2020年10月28日,第A2版。

值衡量的结果。在有的情况下,适用彼法条、彼罪名,并不一定是法律效果不好,而是从价值导向、社会效果等考虑,应当选择适用此法条、此罪名。

例如,乌鲁木齐铁路运输中级法院被指控单位受贿案:

在此案中,被告单位乌鲁木齐铁路运输中级法院经院长决定,以乌铁法官协会名义收受承接该院拍卖业务的某拍卖公司给付的"分成",以及某科技公司申请判决执行给予的"感谢费"共计450多万元。检察机关起诉指控乌鲁木齐铁路运输中级法院犯单位受贿罪,如果照此审理,亦完全符合单位犯罪的相关规定,但是如此认定将会直接损害司法机关的威信和国家法治的形象。所以,最后经过反复考虑,法庭对相关责任人员以滥用职权罪等定罪处罚。这样处理不仅在法律效果上没有打折扣,还获得了更好的社会效果和政治效果。[1]

5. 恰当运用法律解释方法

审理刑事案件时,控辩双方基于各自主张和对法律的理解不同,而对案件法律适用存在争议,或者法律含义本身有需要予以阐明的内容,法庭需要在裁判文书中予以回应,阐明法律含义及法律适用的理由。阐明法律含义与说明法律适用的理由均涉及法律解释。法律解释可谓法律适用中一个至关重要的环节。法律解释的方法有多种,如文义解释、历史解释、目的解释、体系解释,但从司法实践来看,法律解释无非是对法律条文的含义进行或扩张或限缩的理解。所以,法律解释基本上可分成扩张性解释与限缩性解释两类。

就笔者体会而言,现阶段在社会转型的大背景下,各类矛盾问题突出,新类型案件层出不穷,这些注定了扩张解释可能成为当前司法的主要适用法律方法。事实上,现实中已有相当多的案件最终得以妥善处理,往往也是因为司法

---

〔1〕 1997年《刑法》将国家机关作为单位犯罪主体规定以来,已有一些地方行政机关和个别地方司法机关被以职务犯罪或者经济犯罪的相关罪名追究刑事责任,案件数量虽然不多但社会公众十分关注。法学界对此一直有不同声音,认为将国家机关作为单位犯罪主体缺乏充足法理依据,域外立法也无类似可资借鉴先例,且对国家机关判处刑罚难以执行,对直接责任人员按照单位犯罪处理还可能轻纵犯罪等,据此建议对国家机关单位犯罪制度予以变革,在政策上否定国家机关单位犯罪,包括在法律上取消《刑法》中国家机关单位犯罪的规定,在刑法修改前采取撤回起诉、变更起诉、宣告无罪、变更罪名等司法能动措施,以保证刑法实施效果符合法治中国建设的现实需要。参见裴显鼎:《国家机关单位犯罪的困境与变革——对190份生效刑事裁判文书的实证研究》,载《法律适用》2021年第12期。参考上述观点,在现行法律框架下,基于审判效果的考虑,对于国家机关实施的单位犯罪,可考虑对其直接负责的主管人员和其他直接责任人员,以滥用职权罪等渎职罪追究刑事责任。

机关积极运用了扩张解释法律的方法。比如,涉网络领域的一些刑事犯罪,由于立法滞后等各种原因,办案中一时找不到明确的对应条文的情况时有发生,这也就决定了扩张解释方法的巨大适用空间,业已成为其最主要的法律解释和适用方法。[1]

当然,不论是使用扩张解释还是限缩解释,对刑法的解释都应当符合经验法则,即符合普通人对法律的朴素认知,能够被普通人所理解、所预测。**当我们将某一个刑法条文适用到具体的案件,明显得出荒谬结论时,就应该回到立法的原点去思考、去寻找答案,从而找寻到最符合社会基本是非观、价值观、善恶观的案件裁判方案。**

6. 妥善处理定罪及量刑情节

一个案件通常会具备多个情节,这些情节有的主要归属于定罪范畴,有的则主要归属于量刑范畴。司法处理时有几项原则应注意把握:

(1)禁止重复评价。**在实践操作中,一般不得同时将一个情节既作为定罪根据,又作为量刑依据。**

例如,2017年第6期《最高人民法院公报》刊载的安徽省颍上县人民检察院诉龚德田交通肇事案:

该案在"裁判摘要"中指出,"交通肇事案件中,已作为入罪要件的逃逸行为,不能再作为对被告人加重处罚的量刑情节而予以重复评价"。

在该案中,被告人龚德田驾驶机动车辆在公共道路上超速行驶,违反交通运输管理法规,因而发生重大事故,致一人死亡。根据《刑法》第133条、《最高人民法院关于审理交通肇事刑事案件具体应用法律若干问题的解释》第2条第1款的规定,交通肇事致一人死亡的,需同时具备负事故全责或者主要责任,行为人才能构成交通肇事罪。但在该案中,交警部门就是根据龚德田驾驶机动车超速行驶并且在事故发生后弃车离开现场认定其对事故负主要责任,即龚德田弃车离开现场的行为是其构成交通肇事罪的构成要件。故法院终审认为,被告人龚德田构成交通肇事罪,但对龚德田不能同时认定"构成交通肇事罪,且系交通肇事后逃逸",以避免重复评价。

---

[1] 参见于同志:《网络犯罪的司法应对思考》,载《人民法院报》2011年12月7日,第6版。

(2)**定罪情节优先**。一般可先考虑是否作为定罪情节使用,定罪条件已满足的情况下,则将之作为量刑情节考虑。

(3)**多余的定罪情节转化为量刑情节**。例如,《刑法》第263条后半段规定了以下八种抢劫加重处罚情形:入户抢劫的;在公共交通工具上抢劫的;抢劫银行或者其他金融机构的;多次抢劫或者抢劫数额巨大的;抢劫致人重伤、死亡的;冒充军警人员抢劫的;持枪抢劫的;抢劫军用物资或者抢险、救灾、救济物资的。具有这些情形之一的,处十年以上有期徒刑、无期徒刑或者死刑,并处罚金或者没收财产。如果行为人在旅客列车上冒充警察持枪抢劫,则可选择将"持枪抢劫"作为定罪情节,而将"在旅客列车上""冒充警察"这两种多余的情形转化为从重处罚的量刑情节,从而使其所受到的处罚重于那些只具有上述一种情形的抢劫行为。

7.确保罪责刑相适应

不管如何选择法条、如何解释法律、如何处理罪刑关系,都必须满足一个前提条件,即裁判结果符合罪责刑相适应要求,这也是刑事司法的基本原则之一。在实务层面,罪责刑相适应原则的重要性丝毫不亚于罪刑法定原则,对现阶段的司法而言,甚至更为重要、更需要强调。从实践看,一些刑事案件裁判引发舆情,往往与罪责刑不相适应,不符合社会公众的一般判断有直接关系,所以,适用法律、裁判案件必须根据案件整体事实,结合国法、天理、人情,遵循罪责刑相适应原则进行。特别是对于罪与非罪争议较大案件、界限不明案件,一定要站在社会公众的视角进行考量,综合考虑法、理、情等因素,研判社会公众对案件处理结果的反应,会不会引起舆情质疑。要把社会主义核心价值观、社会最基本共识作为理解刑法和刑事诉讼法的灵魂、前提和基础,作为衡量、检验刑事裁判合理与否的重要标准。

比如,有的案件貌似符合特定罪名的犯罪构成,但罪责评判结果明显导致刑罚裁量不当,这种情况下就要考虑调整罪名适用或者遵循"以刑定罪"法则选择罪名,即根据犯罪行为所应承担的刑事责任的大小、合理的量刑进而为其选择最为恰当的罪名。

又如,当一个行为表面上完全符合重罪的构成要件但是按照重罪的法定刑幅度量刑又感觉明显过重时,就需要进一步考量行为的社会危害性,结合罪责刑相适应原则适当转换罪名,甚至考虑是否属于"情节显著轻微、危害不大,不认为是犯罪"的情形。反之亦如此。

再如,当此罪与彼罪之间并非泾渭分明、一个犯罪行为看似符合多个罪名而模棱两可难以确定时,也可以考虑"以刑定罪",其目的就在于实现罪责刑相适应,使裁判结论更加契合社会基本是非观、价值观、善恶观,从而让人民群众在司法案件中切实感受到公平正义。

(四)有力的裁判说理

党的十八届四中全会明确要求,"加强法律文书释法说理"。为贯彻中央的要求,进一步加强和规范人民法院裁判文书释法说理工作,提高释法说理水平和裁判文书质量,2018年6月1日最高人民法院印发了《裁判文书释法说理意见》,不仅具体规定了裁判文书释法说理应当遵守的基本原则,还从证据采信说理、事实认定说理、法律适用说理、自由裁量权说理四个方面阐释了裁判文书释法说理的方式、方法,并明确了释法说理应遵循的技术规范、法律引用、裁判辅助论据、表达方式、语言规范以及指导机制、考核机制、评估监督机制、评查机制等配套机制,在刑事裁判文书的制作中对该规范文件的有关要求应当认真贯彻。

1. 裁判说理的基本要求

《裁判文书释法说理意见》第2条规定:"裁判文书释法说理,要阐明事理,说明裁判所认定的案件事实及其根据和理由,展示案件事实认定的客观性、公正性和准确性;要释明法理,说明裁判所依据的法律规范以及适用法律规范的理由;要讲明情理,体现法理情相协调,符合社会主流价值观;要讲究文理,语言规范,表达准确,逻辑清晰,合理运用说理技巧,增强说理效果。"由此确立了裁判文书释法说理的基本要求:

(1)阐明事理。要阐明案件的来龙去脉、本来面目和前因后果。

(2)释明法理。既要释明裁判所依据的法律规范,包括法律、行政法规、司法解释等,也要说明适用法律规范的具体理由。

(3)讲明情理。要把法律所包容或者与法律相协调的人情讲清楚,充分尊重常识常情常理,有效引导和化解不当或者错误的民情民意。

(4)讲究文理。既要做到语言规范、表达准确、逻辑清晰,也要合理运用说理技巧,增强说理效果。

2. 裁判说理的具体原则

《裁判文书释法说理意见》第3条规定:"裁判文书释法说理,要立场正确、内容合法、程序正当,符合社会主义核心价值观的精神和要求;要围绕证据审查判断、事实认定、法律适用进行说理,反映推理过程,做到层次分明;要针对诉讼主张和诉讼争点、结合庭审情况进行说理,做到有的放矢;要根据案件社会影响、审判程序、诉讼阶段等不同情况进行繁简适度的说理,简案略说,繁案精说,力求恰到好处。"由此确立了裁判文书释法说理的五大基本原则:

(1)合法性原则。释法说理要合乎法律,不管法律适用的说理、证据审查判断的说理、认定案件事实的说理,还是行使自由裁量权的说理,都应当遵守相关法律规定,做到"有法必依"。

(2)正当性原则。释法说理的内容要正当合理,传达社会正能量,宣扬正确的价值观,将法理和情理融为一体;要遵守罪刑法定原则,不能借口符合情理来突破法律规定;要平等对待诉讼各方,积极回应诉讼各方的意见;要符合正当程序的基本要求和内在精神。

(3)层次性原则。通常要依次围绕证据审查判断、事实认定、法律适用进行说理,并能够反映出具体的推理过程。**在案件定性分析的说理方面,一般可按照客观判断先于主观判断、具体判断先于抽象判断、形式判断先于实质判断的规则进行**,以增强裁判说理的层次性、逻辑性和说服力。

(4)针对性原则。释法说理不仅要针对诉讼各方的主张、争点进行,还要针对不同的程序要求各有侧重。比如,**一审裁判文书的释法说理主要针对公诉方的指控意见和被告方的辩护意见,二审裁判文书的释法说理主要针对上诉人的上诉意见或检察机关的抗诉意见,改判发回案件的裁判文书释法说理还要针对下级法院的原审判决等。**

(5)必要性原则。要根据案件难易、讼争事实、庭审情况的不同进行繁简适度的说理,简单案件简化说理,繁难案件强化说理;要针对判决书、裁定书、调解书、决定书的差异性在说理上各自有所区别;并且,针对不同诉讼程序、不同层级法院的裁判文书,也不能搞"一刀切";说理既要到位、避免欠缺,也要防止烦琐,为说理而说理,力争做到适可而止、恰到好处。

根据《裁判文书释法说理意见》第 8 条的规定,对于以下几类案件要加强裁判释法说理:(1)疑难、复杂、新类型、影响大的案件,具体包括疑难、复杂案件,诉讼各方争议较大的案件,社会关注度较高、影响较大的案件,新类型或者可能成为指导性案例的案件等。(2)裁判结果特殊的案件,包括宣告无罪、判处法定刑以下刑罚、判处死刑的案件等。(3)审判程序特殊的案件,包括二审改判或者发回重审的案件、重审案件、再审案件等。(4)其他需要加强释法说理的案件。

此外,对于适用刑事速裁程序、简易程序审理的案件,当事人达成和解协议的轻微刑事案件等,则可以简化释法说理。**在具体操作上,二审或者再审裁判文书应当针对上诉、抗诉、申请再审的主张和理由强化释法说理。**二审或者再审裁判文书认定的事实与一审或者原审不同的,或者认为一审、原审认定事实不清、适用法律错误的,应当在查清事实、纠正法律适用错误的基础上进行有针对性的说理。针对一审或者原审已经详尽阐述理由且诉讼各方无争议或者无新证据、新理由的事项,二审或者再审裁判文书可以简化释法说理。

3. 裁判说理的关注重点

《裁判文书释法说理意见》第 4 条、第 6 条、第 7 条对裁判文书释法说理的具体类型和重点作了规定,概括起来主要是以下四种类型或者四个方面:

(1)审查判断证据说理。裁判文书中对证据的认定,应当结合诉讼各方举证质证以及法庭调查核实证据等情况,根据证据规则,运用逻辑推理和经验法则,必要时使用推定和司法认知等方法,围绕证据的关联性、合法性和真实性进行全面、客观、公正的审查判断,详细阐明证据采纳和采信的理由。

(2)认定案件事实说理。裁判文书应当结合庭审举证、质证、法庭辩论以及法庭调查核实证据等情况,重点针对裁判认定的事实或者事实争点进行释法说理。依据间接证据认定事实时,应当围绕间接证据之间是否存在印证关系、是否能够形成完整的证明体系等进行说理。**采用推定方法认定事实时,应当说明推定启动的原因、反驳的事实和理由,阐释裁判的形成过程等。**

(3)适用法律说理。诉讼各方对案件法律适用无争议且法律含义不需要阐明的,裁判文书应当集中围绕裁判内容和尺度进行释法说理。诉讼各方对案件法律适用存有争议或者法律含义需要阐明的,法官应当逐项回应法律争议焦点并说明理由。法律适用存在法律规范竞合或者冲突的,裁判文书应当说明选择适用的具体理由等。

(4)运用自由裁量权说理。法官行使自由裁量权处理案件时,应当坚持合法、合理、公正和审慎的原则,充分论证运用自由裁量权的依据,并阐明自由裁量所考虑的相关因素。[1]

(五)适当的程序审查

《裁判文书释法说理意见》基于刑事、民事、行政等各类案件共性的考虑,在裁判文书说理的具体类型和重点方面,没有规定"诉讼程序"说理。但就刑事案件而言,现在的审判实践中,程序性辩护越来越多,控辩双方围绕诉讼程序问题展开激烈交锋的情况越发普遍。作为审判活动的记录,刑事裁判文书不能不加以反映与回应。而且,法庭在刑事案件中依法开展程序性的审查、说理,本身也是落实以审判为中心的诉讼制度改革的重要方面。

笔者认为,刑事裁判文书要注意对以下程序事项的审查、回应:(1)案件管辖异议;(2)回避申请;(3)是否公开审理;(4)排除非法证据申请;(5)调取新证据、重新鉴定或者勘验申请;(6)证人、鉴定人、侦查人员、调查人员、有专门知识的人出庭申请;(7)诉讼程序瑕疵问题等。**特别是对被告人及其辩护人排除非法证据的申请,应当重视审查并根据案件实际予以适当的回应、反映。**

(六)规范的形式表达

1. 要素完整

裁判,顾名思义,要在全面倾听双方意见的基础上中立地作出抉择,控、辩、审三方组合,控辩平等对抗,裁判中立裁决,应是其基本的运作架构。所以,在刑事裁判文书的制作中,对控、辩、审三方的意见都应当充分反映,缺一不可。**有的文书仅表述控辩一方的意见,便展开回应、论述,由于缺少相对方的意见,这种处理就会让人觉得裁判不中立、不全面、不客观、不公正;有的文书甚至不**

---

[1] 参见胡仕浩、刘树德:《〈关于加强和规范裁判文书释法说理的指导意见〉的理解与适用》,载《法律适用》2018 年第 16 期。

表述控辩双方的意见,而是直接进行单方的评价,这样容易造成"自言自语"的局面,把"三方组合"搞成法庭的"独角戏",显然不符合裁判的基本要求,应当加以避免。

2. 结构合理

一般认为,刑事判决书由首部、正文、尾部三部分组成。其中,首部、尾部有固定内容和表述,"首部"通常包括"文书名称""文书编号""当事人的基本情况""案由""案件来源和审理经过"等。"尾部"包括法院的"告知事项""法官署名""判决日期""用印""附录说明"等。这里需要重点关注的是正文部分。"正文"通常由"事实""理由""结论"三部分组成。

刑事裁判文书的正文部分如何谋篇布局,应无固定做法。但基本要求是结构科学合理、逻辑脉络清晰。概括地讲,正文的表述结构大致有以下三种形态:

(1)控辩审内容分列,一次性表述。将案件中的控诉方、辩护方的意见逐一列出后,法庭集中给予评判。此形式一般适用于犯罪事实单一、案情较为简单、控辩意见集中的案件。

(2)一事一控一辩一认。将案件的相关信息分成几块,然后逐一列出控辩意见,予以评判。实践中,有的根据案件指控事实分列,如《刑事审判参考》(总第93集)收录的山东省济南市中级人民法院关于薄熙来受贿、贪污、滥用职权案第一审刑事判决书,该判决书就对被告人的受贿事实和贪污事实分别进行了表述、评判,这也是较为常用的表述方式。有的则将控辩双方的意见梳理概括、分类表述,如《刑事审判参考》(总第109集)收录的北京市海淀区人民法院关于深圳市快播科技有限公司及王欣等传播淫秽物品牟利案第一审刑事判决书,法院考虑到该案经过两次庭审,控辩双方意见均发生较大变化,判决书制作时按照"控辩意见""举证、质证""查明的事实""定性""刑罚"五个方面进行阐述和论证,依序展现审判过程。

(3)综合模式。针对一些案件特殊情况,有时会把上述两种形式结合进行。例如,《刑事审判参考》(总第110集)收录的山东省高级人民法院关于于欢故意伤害案第二审刑事判决书,该判决书首先集中地表述了各上诉人的上诉意见、辩护人的辩护意见、山东省人民检察院的出庭意见、被害人及各诉讼代理人的意见,以及庭审调查的证据和查明的事实,然后综合、梳理控辩各方的意见及案件事实、证据,分列"关于事实和证据""关于法律适用""关于刑罚裁量""关于诉讼程序"四块内容,逐一加以具体阐述、评判。

3. 表述规范

具体来说,要做到字词精当、词语规范、句式规范、文风朴实等。

(1)字词精当。要准确使用法律术语,如何种情况下使用"犯罪嫌疑人"、"被告人"或"罪犯"的称谓,不能混淆;要准确使用近义词,如何种情况下使用"强制"、"胁迫"、"威胁"或"强迫"的表述,要力求妥帖、准确;要正确使用简称,一般情况下首次出现用全称,后续内容中可用简称;要正确使用数字,做到"真""准""慎";要恰当使用量词,包括何种情况下使用一般量词(如"一些""不少""有的""有些"),何种情况下使用全称量词(如"所有""每个""一切"),应当心中有数,符合实际。

(2)词语规范。要尽可能地使用规范词语,避免方言俚语、行话、黑话、污言秽语、生僻字词、文言文、繁体字、外语等忌用词语,特殊情形必须使用的,应当注明实际含义。

(3)句式规范。具体来说,词句表述完整,主动被动分明,词语搭配得当等。

(4)文风朴实。要做到精练端庄、准确凝练,避免夸张渲染、章法各异;**一般不得使用贬损人格尊严、具有强烈感情色彩的表述、主观臆断的表达方式以及明显有违常识常理常情的用语,如"罪大恶极""不杀不足以平民愤""咎由自取、罪有应得"等**,表述上应当力求客观、理性、克制、平和、庄重。

例如,《刑事审判参考》(总第129辑)收录的最高人民法院关于杨光毅强奸案("百香果女童被害案")死刑复核刑事裁定书,其裁判理由中有以下表述:

严厉惩处严重损害未成年人身心健康的犯罪行为是我国法律的明确规定。保留死刑,严格控制和慎重适用死刑,是我国现阶段的死刑政策。根据法律规定及死刑政策,对于罪行不是十分严重的犯罪分子,不得适用死刑,但是,对于罪行极其严重,严重影响人民群众安全感的暴力犯罪分子依法判处死刑,是我国的民情所在,民愿所向,民意所期。杨光毅的犯罪行为既违国法,又悖天理,更逆人情,严重突破国家法律界线,严重挑战伦理道德底线,严重冲击社会公共安全红线,社会危害性极大。杨光毅主观恶性深,人身危险性大,罪行极其严重,依法应当予以严惩。杨光毅虽有自首情节,但依法不足以对其从宽处罚……

上述表述情感饱满、态度鲜明、铿锵有力,十分清晰地传递了司法立场,且用语规范、洗练、冷静、到位。特别是能够围绕法律和政策展开,通过"释法"来强化"说理",值得借鉴学习。法律是裁判的准绳。援引法条进行说理,是裁判文书说理的"必需品",这也是《裁判文书释法说理意见》把"释法""说理"放在一起表述、规定的重要原因。但近年来,在加强裁判文书的释法说理改革中,似乎出现了一种过于强调"说理"而弱化"释法"的苗头。例如,有的裁判文书刻意追求"诗意化表达",文学色彩浓烈的表述洋洋洒洒,但对法律、法理却讲得少,甚至根本不提及;有的裁判文书大量援引中外文史典籍、学者观点展开说理论证等。这些探索固然是有价值的,在一定程度上也是值得尊重的,但似不应成为裁判文书说理改革的主流。

刑事裁判文书的说理应当首先建立在"释法"的基础之上,不宜脱离法律规范进行"说理",从而将"说理"与"释法"人为隔离。"否则,脱离法条的说理与裁判,纵使文采飞扬、情真意切,也难符合法院依法裁判、以法律为准绳的基本职责与司法定位。"[1]

四、裁判文书制作的常见问题解析

现结合 1993 年《法院诉讼文书样式(试行)》、1999 年《法院刑事诉讼文书样式》、2006 年《最高人民法院死刑复核案件法律文书样式》等的相关要求,对当前刑事裁判文书的一般表述与常见突出问题进行梳理、解析。

(一)当事人的基本情况

一般按照"先原告,后被告;先公诉,后自诉;先刑事,后民事"的顺序列写。一审公诉案件先写公诉机关,即"公诉机关×××人民检察院",次写被告人。被告人的基本情况包括姓名、性别、年龄、文化程度、职业、居住地等。具体可参考身份证件格式,按照"姓名—性别—民族—出生年月—文化程度—职业—住址—因本案所受强制措施情况—现羁押处所"等进行排序。

1. 姓名

(1)原则上依据户籍证明、居民身份证上记载的姓名确定;如果当事人干部

---

[1] 李友根:《论裁判文书的法条援引》,载《中国应用法学》2022 年第 2 期。

人事档案中的常用名广为人知,也可采用该常用名,但同时应备注户籍登记姓名,如"被告人李士祥(户籍登记名李仕祥)"。

(2)被告人姓名无法查清的,可写"自报名"并加以备注,如"被告人张明(自报名)"。

(3)列出与案件事实关联的"曾用名""化名""别名""绰号""乳名"等,通常在被告人姓名后面用括号注明,如"被告人李鸣(曾用名李明)"。**具体表述上一般不用"小名"的表述。**

(4)被告人系外国人的,写明护照中通用的外文姓名、国籍、护照号码;**被告人有多国身份的,以入境时所持证件的具体情况确定**。如果国籍无法查明,按无国籍人对待,文书中注明"国籍不明"。

(5)被告人系港、澳、台居民的,通常按照入境时所持证件的内容写明被告人基本情况,并注明"香港特别行政区居民"、"澳门特别行政区居民"或者"台湾地区居民"。

2. 年龄

(1)一般精确到日,查不清的可写至年、月,或者只写年龄。**对于刚满16周岁、18周岁的被告人,因年龄直接关乎定罪量刑,一般应当写清楚出生的年、月、日。**如果在案证据材料存在矛盾之处,应当根据户籍证明、户籍登记底卡、居民身份证、出生证明文件、学籍卡、人口普查登记、计生台账、防疫证等证明文件,接生人员、邻居、同学等无利害关系人的证言等证据,综合审查判断,排除合理怀疑,通常采纳在案证据共同证实的相对一致的年龄。

(2)写明出生日期的,一般可不再写当事人的具体岁数。有的文书表述为"×岁(×年×月×日出生)",稍显多余(审理报告中可以写)。

3. 出生日期与出生地

(1)连写与分开均可。如"被告人薄熙来,男,1949年7月3日出生于北京市……"(或者1949年7月3日出生,出生地北京市……)。

(2)查不清的,可写"某省某市人"。

4. 民族

一般依据户籍登记的为准,特定情况下亦可采用被告人干部人事档案确定的民族情况。例如,某原中管干部受贿案中,被告人现有户籍登记为满族(被告人供称系其找人将以前的汉族变更为满族），组织部门在人事档案材料中确认为汉族，司法机关经综合考虑最终采纳了组织部门的认定意见。

5. 文化程度

有具体证明材料的，通常要写明，这样有助于判断其认知能力；如果查不清的，也可以不写。表述上应当注意规范、简洁，如可表述为"博士"、"硕士"、"博士研究生"、"硕士研究生"（尚未取得学位）或"高中文化"等。未毕业的，可用括号标注"肄业"。**一般不在"××文化"后加上"程度"一词，如"高中文化程度"，多余。**

6. 职业

一般可写为农民、工人、个体工商户、现役军人、国家工作人员、在校学生等。如有工作单位的，应写明工作单位和职务。具体如下：

（1）农业家庭户口的被告人在城市没有找到工作的写"农民"。

（2）非农业家庭户口的被告人没有工作的写"无业"。

（3）在个体工商户、私营企业从事劳务的写"劳务人员"。

（4）不论农业家庭户口还是非农业家庭户口，从事个体经营并有营业执照的写"个体工商户"；在歌厅、舞厅、餐厅从事陪唱、陪舞、陪吃工作的写"歌厅（舞厅、餐厅）服务员"等。

7. 职务

（1）与案件事实证据、定罪量刑有关联的职务要写明，无关联的可不写。比如，**在受贿案件中，有的被告人具有多个职务身份，但是仅利用其中部分职务便利收受贿赂的，则未被利用的职务可不予标明。**

（2）被告人职务通常可表述为"××市原市长""原系（任）××市市长""曾任××市市长"等，一般不表述成"原××市市长"，除非原单位的名称也发生了变化。

（3）如果被告人案发时拥有人大代表的身份，因涉及适用逮捕等强制措施的特别程序，应当标示出来。

例如，《刑事审判参考》（总第93集）收录的薄熙来受贿、贪污、滥用职权案第一审刑事判决书的表述：

被告人薄熙来，男，1949年7月3日出生于北京市，汉族，研究生文化，原系十七届中共中央政治局委员,曾任辽宁省大连市人民政府市长、中共大连市委书记、中共辽宁省委副书记、辽宁省人民政府省长、商务部部长、中共重庆市委书记,第十一届全国人民代表大会代表(2012年9月28日被依法终止代表资格),户籍地北京市东城区新开路胡同71号,住重庆市渝中区中山四路36号中共重庆市委3号楼,因涉嫌犯受贿罪于2012年9月29日被逮捕,现羁押于公安部秦城监狱。

另外,被告人案发时系政协委员的,一般也标示出来。例如,《刑事审判参考》(总第107集)收录的最高人民法院关于刘汉等组织、领导、参加黑社会性质组织案死刑复核刑事裁定书的表述:

被告人刘汉,男,汉族,1965年10月25日出生于四川省广汉市,大学文化,四川汉龙(集团)有限公司董事局主席,曾任中国人民政治协商会议四川省第九届委员会委员,第十届、第十一届委员会常务委员会委员,四川省工商业联合会副会长,住四川省成都市武侯区棕南正街6号3幢3单元2楼2号。2013年8月8日被逮捕。现在押。

(4)被告人系党员的,在对其党纪处分作出前,对其党员身份可以不表述,但是应当及时将被告人涉案事实、性质和情节通知其所在的党组织、单位。

8. 住所与籍贯

(1)"住所"通常按户籍证明或身份证上标明的写。

(2)"住所地"与"户籍地"分离的,原则上两者都要写、分别列明,可具体表述为"户籍地××省××市××区××街××号,住(住所地)××省××市××区××街××号"。

(3)通过租、借、寄宿等入住不满3个月的,一般应当将"居住地"变更表述为"暂住地"。

(4)有多处住所的,写犯罪时的住所地;居无定所的可不写住所地,但要在事实部分写清楚案发地。

(5)必须同时表述户籍地、居住地(暂住地)的,如果同一市(县)第二次出现的,可以直接表述该市(县)名称,无须再冠以省(自治区)的名称。

(6)所在地行政区划发生变化的,应按照案发当时的名称表述,同时用括号注明变化后的名称。

9.强制措施适用及前科劣迹情况

一般表述为"因涉嫌××于×年×月×日被刑事拘留、逮捕、采取留置措施（或者采取其他强制措施）"，如果受过或者正在接受刑事处罚、行政处罚、处分，也应相应予以表述。具体如下：

（1）被告人曾被刑事处罚的，应当写明前罪判决时间、罪名、释放时间，具体可写成"×年×月×日因犯×罪被判处……，×年×月×日刑满释放"，但符合前科封存条件的除外。被告人前科情况应以生效裁判文书为准（如果生效文书中还记载有被告人其他前科，但其他前科的相关文书确实找不到的，通常也可视情予以表述）。**前罪被依法判处的主刑和附加刑一般均应写明，但无须表述作出判决的法院名称。**

（2）被告人曾经受过行政处罚、处分等的，也应当写明适用的具体措施、事由和时间。有的文书表述成"因涉嫌犯故意杀人罪于2015年9月2日被羁押，后在×市×医院监护治疗，又于2018年3月2日被羁押……"，在"×医院"的期间究竟是否被取保候审不明确，这样就会导致刑期起算、折抵出现困难。

（3）被告人因本案所受强制措施情况，应写明被拘留（或者被逮捕、被指定居所监视居住、被采取留置措施等）的具体时间，即"因涉嫌××于×年×月×日被刑事拘留（或者被逮捕、被指定居所监视居住、被采取留置措施等）"，以便于折抵刑期。**其中"涉嫌××（如盗窃）"，写明案由即可，可不写成"涉嫌（犯）××罪"，以免烦琐**。如果强制措施决定分别由不同的司法机关、监察机关作出，也可以将作出强制措施决定的机关名称标示出来。如"因涉嫌受贿于2022年5月15日被××县监察委员会采取留置措施，同年7月22日经××县人民检察院决定被刑事拘留，8月1日被逮捕"。

（4）被告人被采取强制措施（包括拘留、逮捕、监视居住）的时间，通常以办案机关向被告人宣布的时间为准，不能以文书落款时间为准。同时要注意核对被采取强制措施的时间及涉嫌的罪名，避免因简单照抄上一诉讼阶段文书的表述导致错误。

（5）曾因犯数罪被判处刑罚的，可不写各罪的具体刑罚，只表述数罪并罚后决定执行的刑罚，表述为"×年×月×日因犯×罪、×罪、×罪被判处……"。

(6)被告人有多次犯罪前科的,应写明最后一次前科犯罪的刑满释放日期。

(7)累犯要写明释放日期。

(8)被告人曾因犯罪被判处缓刑的,一般无须写明缓刑考验期满时间。但是被告人如果在缓刑考验期限内犯罪的,则要写明缓刑考验期满的时间;在假释考验期内犯罪的,同样也要写明假释考验期的起止时间。

(9)**被告人曾因犯罪被判刑,服刑期间被裁定减刑的,一般无须写明减刑的具体内容(如减刑事由、依据以及判决法院等)**,只写"经减刑于×年×月×日释放"。

(10)不属于被告人基本情况的内容不宜写,如被告人前罪被判处死刑缓期二年执行,后被减为无期徒刑,中间就不用写"×年×月在×市×监狱服刑……"等信息。

10. 其他方面

(1)同案被告人有二人以上的,一般按照以下原则排序:主从关系排序,主犯在前,从犯在后;在犯罪中的地位和作用排序,由重到轻排列;涉及多个罪名时,先重罪名被告人后轻罪名被告人;涉及单位犯罪时,先单位犯罪被告人,后自然人被告人等。

(2)一审附带民事诉讼的,先写附带民事诉讼原告人,后写被告人。**被告人同时为附带民事诉讼被告人的,"被告人"后一般无须用括号注明(附带民事诉讼原告人)**。附带民事诉讼中,除了依法负有赔偿责任的被告人,还包括未被追究刑事责任的其他共同侵权人、刑事被告人的监护人、死刑罪犯的遗产继承人、共同犯罪案件中案件审结前死亡的被告人的遗产继承人,以及对被害人的物质损失依法应当承担赔偿责任的其他单位和个人,如果存在这些情况,通常应在被告人之后列明。

(3)被告人是未成年人的,应当在写明被告人基本情况之后,另行续写法定代理人的姓名、与被告人的关系(如法定代理人为被告人父亲的,表述为"系被告人×××之父")、工作单位和职务以及住址。如果系附带民事诉讼,应当把未成年刑事被告人的监护人列为"被告人的法定代理人暨附带民事诉讼被告人",并注明其被告人的关系。

(4)对于单位犯罪案件,先列被告单位及其诉讼代表人,再列自然人被告人。被告单位已被注销或者宣告破产,但单位犯罪中直接负责的主管人员和其他直接责任人员应当负刑事责任的,一般仍应当写明被告单位的基本情况,并注明其被注销或者被宣告破产。被告单位通常应写明全称、住所地、法定代表人、实际控制人、主要负责人以及代表被告单位出庭的诉讼代表人的姓名和职务。诉讼代表人由被告单位的法定代表人或者主要负责人担任,若法定代表人或者主要负责人被指控为单位犯罪中直接负责的主管人员的,则应当由单位的其他负责人作为单位的诉讼代表人出庭参加诉讼。

(5)被告人有辩护人的,在被告人项下列写其辩护人。辩护人是律师的,写姓名、工作单位和职务,即"辩护人×××,×××律师事务所律师";辩护人是人民团体或者被告人所在单位推荐的,写姓名、工作单位和职务;辩护人是被告人的监护人、亲友的,写明其与被告人的关系;辩护人是法律援助中心指派的,写为"辩护人×××,×××律师事务所律师,×××法律援助中心指派"或者"指派辩护人×××,×××法律援助中心律师",并在审理经过段做相应改动。

(6)除被告人之外的当事人,一般写明姓名、性别、年龄、职业或者工作单位和职务。

(7)对于不通晓当地通用语言文字的诉讼参与人,法院在审理过程中聘请翻译人员的,在文书相应部分注明。

(8)死刑复核案件的裁判文书,通常不需要写明原判非死刑同案被告人的基本情况。附带民事判决已生效的案件,可不再列举附带民事诉讼当事人的基本情况。

需要特别提及的是,**诉讼各个环节都应当注意对当事人的基本情况仔细审查,切忌不经核实,判决书照搬照抄起诉书,二审照搬照抄一审,这样就会导致"一步错、步步错、错到底"**。当事人的基本情况居于判决书的首部,一旦出错,非常醒目,应当引起警惕。

(二)案件由来与审理经过

总的原则是,要全面反映案件的审理过程,包括起诉情况、合议庭组成情况、案件审理过程、公开开庭情况、控辩双方及诉讼参与人参加庭审情况等。这里有几个需要特别提及的事项：

（1）对立案日期一般应当写明，可以在"×××人民检察院……于××××年××月××日向本院提起公诉"之后，续写"本院于××××年××月××日立案，并依法组成合议庭……"。

（2）**对不公开开庭审理的一般应有不公开开庭的原因**，可以表述为"本院依法组成合议庭，因本案涉及国家秘密（或者个人隐私、被告人系未成年人，或者涉及商业秘密当事人申请不公开审理等），不公开开庭审理了本案"；**开庭审理的则应有当事人出庭参加诉讼情况（包括未出庭或者中途退庭情况）**等。

（3）对出庭的公诉人（检察员），在第一审程序中，可表述为"出庭支持公诉"；在第二审程序中，可表述为"出庭履行职务"或者"出庭支持抗诉"；在再审程序中，应当根据适用程序的不同，按照前述规定分别表述。

（4）被害人及其诉讼代理人参加诉讼的，应当在"案件由来与审理经过"中写明，一般放在附带民事诉讼当事人之后，公诉人之前，可表述为"被害人×××及其诉讼代理人到庭参加诉讼"。

例如，于欢故意伤害案第二审刑事判决书的表述：

山东省聊城市中级人民法院审理聊城市人民检察院指控原审被告人于欢犯故意伤害罪并建议对于欢判处无期徒刑，原审附带民事诉讼原告人杜某1、许某、李某1、杜某3、杜某4、杜某5、杜某6、严某、程某提起附带民事诉讼一案，于2017年2月17日作出（2016）鲁15刑初33号刑事附带民事判决。宣判后，原审附带民事诉讼原告人杜某1、许某、李某1、杜某3、杜某4、杜某5、杜某6和原审被告人于欢不服，分别提出上诉。本院受理后，依法组成合议庭，于2017年5月20日召开庭前会议，27日公开开庭审理了本案刑事部分。山东省人民检察院指派检察员郭琳、扈小刚、李文杰出庭履行职务。上诉人于欢及其辩护人殷清利，被害人杜某2近亲属委托的诉讼代理人方辉，被害人郭某1及其诉讼代理人山东泉沣律师事务所律师伊丕国、李中伟，被害人严某的诉讼代理人严树魁、严建亭到庭参加诉讼。证人苏某、杜某7出庭作证。对本案附带民事部分，经过阅卷、调查，听取当事人、诉讼代理人的意见，进行了不开庭审理。现已审理终结。

(5)在表述案件由来与审理经过时,以下情况原则上也要注明,以体现对案件审判过程的完整记载:①指定管辖的情况;②变更起诉或补充起诉的情况;③先前起诉被宣告无罪或撤诉后重新起诉的情况;④发回重审的情况;⑤延期审理的情况,包括具体原因、时间及批准机关等信息;⑥庭前会议召开情况等。

(6)对于诉讼参与人参加庭审情况,要注意完整表述,不遗漏。例如,因法定代理人不能到场的,法庭通知未成年被告人的其他成年亲属,所在学校、单位、居住地基层组织或者未成年人保护组织的代表作为法定代理人到庭参加诉讼的,应将有关情况在"案件的由来和审理经过"中写明;对于未成年人刑事案件有社会调查员参加庭审的,也应当写明,可表述为"社会调查员×××等到庭参加诉讼"。此外,如果诉讼期间发生中止审理情形的,也应当加以反映,可在开庭审理后增写:"本案于×年×月×日裁定中止审理,于×年×月×日恢复审理。"

例如,深圳市快播科技有限公司及王欣等传播淫秽物品牟利案第一审刑事判决书的表述:

北京市海淀区人民检察院以京海检公诉刑诉(2015)1、2号起诉书指控被告单位深圳市快播科技有限公司(以下简称快播公司)和被告人王欣、吴铭、张克东、牛文举犯传播淫秽物品牟利罪,向本院提起公诉。本院于2015年2月10日立案受理,依法由审判员杨晓明、审判员吴扬传、人民陪审员梁铭全组成合议庭,适用普通程序进行了审理。鉴于本案系取证困难的重大复杂单位犯罪案件,以及被告单位、被告人王欣变更诉讼代理人或辩护人等原因,经本院报请,北京市第一中级人民法院于2015年4月22日批准同意延长审限一个月。2015年5月28日,本院召开第一次庭前会议,听取控辩双方意见。北京市海淀区人民检察院根据庭前会议情况,于2015年6月5日、10月3日先后两次以需要补充侦查为由提请延期审理,本院予以同意。2015年11月30日,北京市海淀区人民检察院向本院提交了京海检公诉刑变诉(2015)15号变更起诉决定书,并于2015年12月11日向本院移交了补充侦查的证据材料。在向被告单位及各被告人、辩护人送达了变更起诉决定书、辩护人阅卷完毕后,本院于2016年1月7日至8日第一次公开开庭审理了本案。在庭审过程中,控辩双方对部分证据争议较大,本院决定检验核实相关证据。鉴于本案涉及面广,取证困难,经本院报请,北京市第一中级人民法院于2016年1月15日批准同意延长审限二个月,最高人民法院于2016年3月26日、2016年6月29日分别批准同意延长审理期限三个月。在依法向被告人、辩护人送达了本院检验核实的证据材料后,经2016年9月6日第二次召开庭前会议,听取控辩双方意见,本院于2016年9月9日恢复法庭调查,再次公开开庭审理了本案。两次开庭审理过程中,北京市海淀区人民检察院指派检察员胡志强、闫莉、姜楠、代理检察员肖瑶出庭支持公诉,被告单位快播公司诉讼代表人黄勇及辩护人北京市时代九和律师事务所律师陈学军、北京市康达律师事务所律师刘立木,被告人王欣及辩护人北京市中洲律师事务所律师赵志军、北京康达(天津)律师事务所律师曾志俊,被告人吴铭及辩护人北京实地律师事务所律师范伯松、北京市盈科律师事务所律师崔欣,被告人张克东及辩护人北京市尚权律师事务所律师于洪伟、北京大成律师事务所律师张志勇,被告人牛文举及辩护人北京天达共和律师事务所律师杜连军、朱岳等到庭参加诉讼,鉴定人北京市公安局治安总队行管支队淫秽物品审验员丁燕华、国家信息中心电子数据司法鉴定中心王笑强出庭作证。现已审理终结。

(三)控辩意见

为体现诉讼要素的完整性,适用普通程序审理的案件,一审裁判文书应当写明公诉机关指控的事实及意见,被告人及其辩护人的辩解与辩护意见。即使审理查明的事实与公诉机关指控的事实高度一致,也应在裁判文书中分别写明,不能省略。如前文所述,控辩意见可以集中、一次性地表述,也可以根据案件事实、争议焦点等情况分列表述,要坚持具体案件具体分析,采取适合各自案件特点的表述方式。

1. 控方意见

(1)指控事实。

第一,对检察机关的指控事实,判决书原则上可以照抄,也可以概括。

第二,如果指控的事实纷繁复杂、篇幅过长,最好概括,但概括不能改变指控事实的原貌,不能作实质意义的改动。

第三,如果法院认定的事实与指控的事实有较大出入,对指控的事实一般应当详写、全文抄录。

第四，**对指控事实可以作出技术调整**。如果指控事实存在文字性错误或表述不当，如过于口语化、啰唆、用语感情色彩浓、词语错误、语法不当，应予调整、修改（否则该错误、不当就会成为判决书的问题），但通常不得改变其原意。

第五，如果指控事实表述得语意不明，最好通过庭审加以确认，以确保判决认定事实的准确、稳妥。例如，在汪某受贿案中，起诉书指控被告人汪某三次收受单位财物、一次收受个人财物，但表述为"被告人汪某收受××公司等单位财物共计××元"，由此忽略了汪某还有收受个人财物的事实。对此，法庭要核实系笔误还是认识问题。**对于属于笔误的，可以在判决书审理查明的事实部分直接更正；如果属于指控遗漏事实，则可能属于补充起诉的范畴，一般不宜在判决书中直接补充、补正。**

(2) 证据表述。

总的原则是做到繁简适宜。一般而言，判决书对指控证据的表述不宜做过于具体、详尽的列举，这样会导致"喧宾夺主"，实践中对指控证据最好做适当的概括。但要避免表述上过于简单、一笔带过，例如，有的判决书表述为"针对上述指控的事实，公诉机关向法庭提供了相应的证据"，这样处理太过简单，至少应当列出主要证据的名称、种类。例如，"公诉机关针对指控的上述事实，向本院移交了证明××的书证、证明××的物证、证明××的现场勘查笔录、证明××的鉴定意见、证明××的证人证言、被告人关于××的供述等证据材料"等。但如果诉讼各方对证据争议较大，则应当详细表述，例如，按照疑罪从无原则宣告被告人无罪的刑事判决书，一般应当详细列出检察机关指控的具体证据，以便进行证据审查判断与说理。

(3) 法律意见。

第一，**表述控诉意见不能局限于起诉书，原则上应当以公诉人在庭审中发表的意见为准。**在实践中，有些起诉书内容较为简单，对案件情节未涉及或者表述不全面，但公诉人可能在庭审中提及或具体阐述相关内容，故一般可以庭审意见为依据。这也是落实庭审实质化的要求。

当然，公诉人当庭发表与起诉书不同的意见，情况较为复杂。有的变更不影响定罪量刑，如对作案时间发表不同意见，直接变更即可。一些情形下则对定罪量刑会产生影响,但具体情况又会存在差异:有的是直接变更罪名,如由职务侵占罪调整为贪污罪;有的涉及法定刑幅度的调整,如盗窃金额由 10 万元调整为 1 万元;有的只是涉及具体犯罪情节的认定,如盗窃金额由 3500 元调整为 3000 元。**如果属于变更、追加、补充或者撤回起诉等重大事项的,则应当要求公诉人提供书面材料。**

2021 年《适用刑诉法解释》第 289 条规定:"公诉人当庭发表与起诉书不同的意见,属于变更、追加、补充或者撤回起诉的,人民法院应当要求人民检察院在指定时间内以书面方式提出;必要时,可以宣布休庭。人民检察院在指定时间内未提出的,人民法院应当根据法庭审理情况,就起诉书指控的犯罪事实依法作出判决、裁定。人民检察院变更、追加、补充起诉的,人民法院应当给予被告人及其辩护人必要的准备时间。"

第二,**对指控意见表述不当或者存在内容遗漏的,应当在庭审中加以明确**。例如,指控事实中有"索要财物"的表述,但在指控意见中却没有提及"索贿"情节,对此就需要在庭审中由公诉人表明立场。公诉人未能主动明示的,法庭应当追问、查明。

第三,注意对量刑情节的表述。**被告人具有的自首、立功、坦白等情节,容易在起诉书中被遗漏,法庭应当注意查明、表述。**

2. 辩方意见

(1)对被告人的辩解及其辩护人的辩护意见要善于归纳,做到既准确全面,不失原意,不遗漏观点和意见,又尽可能简洁明了、层次清楚。

(2)被告人与辩护人意见一致的,可以概括、合并表述。

(3)表述辩方意见同样不能局限于书面辩护词,一般应当坚持以被告人及其辩护人在庭审上发表的意见为准,必要时可要求辩护人就庭审发表的新意见提供书面材料。

(4)对于辩方提出的证据材料,要善于归纳、概括,一般要表述出辩方提供的证据名称、种类及主要证明内容。

(5)**被告人认罪认罚并同意适用速裁程序的,一般应当在该部分内容中写明**。例如,"被告人×××对公诉机关指控的事实、罪名及量刑建议没有异议,同意适用速裁程序,且签署认罪认罚具结书,在开庭审理过程中亦无异议"。

（6）讲究控辩对等、表达上基本对称。在内容篇幅上，一般不宜形成一方过多、另一方太少的失衡局面。这样不仅让裁判文书失去平衡的美感，而且也容易让社会公众产生法庭不平等对待控辩双方的观感。事实上，如果法庭在庭审过程中能够坚持中立裁判立场，引导控辩双方充分对质，针对任何一方的意见都要有对方的回应和答辩意见，切实做到"你来我往"，控辩双方意见的分量原则上应是基本对称的。**如果造成失衡的局面，其原因不仅仅是控方或辩方发表意见不够，还在于法庭引导不到位。**

笔者一直以来坚持认为，**写好文书的前提是开好庭，庭审质量不高，文书写作必然会受影响**，有些内容之所以写不出来，原因就在于庭审中没有涉及或者未能充分展开。所以，一定要把"文书制作"和"法庭审理"结合起来把握。

3. 被害方意见

在刑事审判中，被害人及其家属通常是作为附带民事诉讼原告人参与诉讼。如果被害方作为附带民事诉讼原告人出现，则其意见主要是围绕民事赔偿诉求展开。但也有的案件中被害人及其家属并没有提起附带民事诉讼，而是作为刑事被害人参与诉讼的。根据《刑事诉讼法》的规定，**刑事被害人是法定的诉讼参与人，如果单纯作为刑事被害人参加庭审，制作判决书时对其在庭审中针对定罪量刑等刑事方面发表的意见原则上也应予适当表述。**例如，于欢故意伤害案第二审刑事判决书对参加庭审的几名被害人及其诉讼代理人的意见，均分别作了具体表述。

（四）审理查明的事实

审理查明的案件事实是判决的基础，是判决理由和判决结果形成的根据。制作裁判文书时，首先要把案件事实叙述清楚。表述案件事实时，应当注意以下几点：

（1）贯彻证据裁判原则。具体要求如下：

①立足于证据，表述事实具体、确定、清晰，不能含混、猜测、夸张。比如，对案件起因的表述，应当在查清事实的基础上，遵循社会主义核心价值观，并结合公序良俗来准确判断，要分清是非曲直，明确各方责任，**尽量避免以"因琐事纠纷""因故"等概而论之，最大限度地减少公众质疑，增强裁判文书的说服力。**

②事实表述要写明案件发生的时间、地点,被告人犯罪动机、目的、手段,实施行为的准备、实行过程,危害结果和案发后的表现等内容,并以犯罪构成要件为重点(建构案件事实),同时兼叙影响量刑的各种情节。需要特别提及的是,对于犯罪行为造成被害人轻伤、重伤的,通常要了解一下被害人的愈后情况,但可不作为案件事实予以认定、表述,可以在量刑时作为考量因素。

③如果是共同犯罪案件,需要查明各被告人在共同犯罪中所处的地位和作用。如果是毒品犯罪等链条式犯罪案件,应尽可能查明上下线犯罪情况,避免一审认定事实过于简单导致二审大篇幅更改。对于共同犯罪人未同时归案的,审理后归案被告人案件时,要注意事实认定与已结案件事实的协调一致;关联案件的行为人已经被另案处理的,也要注意事实认定不能存在明显冲突(但有新证据证实前裁判事实确有不当的除外)。

④**被告人有累犯、再犯、自首、立功、如实供述、积极赔偿、认罪认罚等法定和酌定量刑情节的,一般也应当在事实部分写明。**

⑤对于因邻里纠纷、婚姻家庭纠纷、经济纠纷等民间矛盾引发的案件,应重点查明案发背景、案发起因、当事人的关系等前因事实;前因事实不清的,应当通过证据补查尽可能查明。

⑥对于刑事附带民事诉讼案件,事实认定部分不能仅表述犯罪事实,还要认定、表述附带民事诉讼事实,不能遗漏。

(2)**一般不照抄起诉书事实**。如果起诉书的事实写得完美无缺,也可以对事实直接予以认定,如"根据上述证据,本院对起诉书指控的该起事实予以认定,经法庭审理还查明……"。

(3)表述事实要层次清楚,重点突出。一个罪名涉及多起事实的,一般按时间先后顺序叙述;一人犯数罪的,可按照罪行主次的顺序叙述,或者着重叙述主要犯罪事实,概括叙述非主要犯罪事实;一般共同犯罪案件,可以主犯为主线进行叙述;集团犯罪案件,可先综述集团的形成和共同的犯罪行为,再按首要分子、主犯、从犯、胁从犯或者罪重、罪轻的顺序分别叙述各个被告人的犯罪事实。

(4)有多起事实的,在叙述每起事实时宜加小标题,如"一、抢劫事实""二、故意杀人事实"等,但**不宜直接写成"抢劫犯罪""故意杀人犯罪"**,以避免有"未审先定"之嫌。同一罪名下有多起事实,如需分项表述的,可加阿拉伯数字序号,如"1.""2."等。

(5)客观表述事实,不宜主观评定。例如,有的判决书表述成:"被告人王某与李某共同实施了一系列犯罪活动,王某实施的犯罪事实如下……",其中**直接写为"犯罪活动""犯罪事实",有未审先定之嫌,不合适**。

(6)被告人在每段落第一次出现时,在其姓名前写"被告人"三字,表述为"被告人×××",本段落中再出现时可把"被告人"省去,直接表述为"×××",不需要在案件事实的每一处都表述为"被告人×××"。同案被告人、另案处理的共同作案人、在逃的共同作案人第一次出现时均要写明,分别表述为"×××(同案被告人,已判刑)""×××(另案处理)""×××(在逃)",之后出现的均直接表述为"×××"。

需要注意的是,应规范使用"另案处理"的表述。根据《最高人民检察院、公安部关于规范刑事案件"另案处理"适用的指导意见》(高检会〔2014〕1号)第2~4条的规定,"另案处理",是指在办理刑事案件过程中,对于涉嫌共同犯罪案件或者与该案件有牵连关系的部分犯罪嫌疑人,由于法律有特殊规定或者案件存在特殊情况等原因,不能或者不宜与其他同案犯罪嫌疑人同案处理,而从案件中分离出来单独或者与其他案件并案处理的情形。涉案的部分犯罪嫌疑人有下列情形之一的,可以适用"另案处理":①依法需要移送管辖处理的;②系未成年人需要另案办理的;③在同案犯罪嫌疑人被提请批准逮捕或者移送审查起诉时在逃,无法到案的;④涉嫌其他犯罪,需要进一步侦查,不宜与同案犯罪嫌疑人一并提请批准逮捕或者移送审查起诉,或者其他犯罪更为严重,另案处理更为适宜的;⑤涉嫌犯罪的现有证据暂不符合提请批准逮捕或者移送审查起诉标准,需要继续侦查,而同案犯罪嫌疑人符合提请批准逮捕或者移送审查起诉标准的;⑥其他适用"另案处理"更为适宜的情形。**对于现有证据表明行为人在本案中的行为不构成犯罪,或者情节显著轻微、危害不大,依法不应当或不需要追究刑事责任,拟作或者已经作出行政处罚、终止侦查或者其他处理的,以及行为人在本案中所涉犯罪行为之前已被司法机关依法作出不起诉决定、刑事判决等处理并生效的,不适用"另案处理"**。该意见同时规定,公安机关应当在提请批准逮捕书、起诉意见书中注明处理结果,并将有关法律文书复印件及相关说明材料随案移送人民检察院。目前在司法实践中,无论是判决书,还是提请批准逮捕书、起诉意见书、起诉书等,都存在使用"另案处理"表述不规范的问题,应当引为注意。

(7)被告人主体身份情况复杂的,在事实中可以单独写一段表述。

例如,有一份判决书在分述案件多起事实前专门写了这样一段总括性的话:

被告人梁某于1995年6月,任北京市朝阳城市建设综合开发公司下属深圳北京酒店经理,1997年3月至2003年10月,任朝开公司下属东莞市阳光房地产开发公司经理,1998年3月任深圳北京酒店经理兼东莞市阳光房地产开发公司经理。1996年12月至2003年9月,梁某分别利用上述职务便利,先后实施了以下挪用公款和贪污行为,并有巨额财产不能说明合法来源。

之后,判决书直接叙述被告人挪用公款、贪污和巨额财产来源不明的具体事实、数额。

上述判决书的写法,总分结合,简洁明快,脉络清晰,值得我们学习、借鉴。

(8)被害人第一次出现时,在其姓名前写"被害人"三字,表述为"被害人×××",之后再出现的可直接表述为"×××",不需要在案件事实的每一处都表述为"被害人×××"。被害人的身份与案情有关联,需要特别说明的,可在其姓名后用括号的形式说明,如表述成"×××(被害人,××公司董事长)"。必要时还应注明与被告人的关系。

(9)一般写明被害人性别以及死亡、致伤时的实足年龄,死亡的表述为"被害人×××(男或女,殁年×岁)",受伤的表述为"被害人×××(男或女,时年×岁)"。**被害人系残疾人、孕妇的,因该情形可能作为法定或酌定的量刑情节,一般应在括号内说明。**涉及个人隐私的,可根据案件具体情况,只写被害人的姓,不写其名,如"王××""王某某"。如果一审文书未作隐名处理的,在二审文书中应予以纠正。但内部的审理报告中通常均应使用真实姓名。

(10)**应注意保护被害人、证人的隐私,一般不得使用侮辱性评价用语,如"卖淫女"。**

(11)表述被害人死亡原因时,一般应当直接、客观地引述尸体鉴定报告中的结论。如果尸体鉴定报告中的结论表述过于繁杂,可进行提炼概括,但务求准确。

（12）对当事人的姓氏简称及指称代词的使用应当规范。每一句（句号前）第一次出现的当事人一般也应表述全名，同一句（句号前）中出现相同当事人可以用姓氏简称或者"其"指代。在表述被害人死因时，一般应写明被害人全名，不宜以被害人姓氏简称或者"其"代替。**对可能引起歧义的情形，应当避免使用姓氏简称或者"其"。**

（13）事实中涉及单位的，第一次出现时要用全称，此后还会再出现的可以在全称后用括号把简称表示出来。需要注意的是，简称要适当，要考虑社会公众的接受习惯、程度。有的判决书把"中国黑色金属材料总公司"简称"中黑公司""黑金公司"，似有不妥。

（14）地点的表述应规范。地名第一次出现时应写明全称，表述为"×省×市×区×街×号"，之后可用简称。笔者注意到不少文书在地名表述上往往将"省市"省去，而直接表述成"本市（区、县）×街×号"。考虑到现在裁判文书上网，判决书在更大范围内被查阅、感知，似有必要将具体省市写明，以方便理解。

（15）犯罪地点涉及多处的，一般以现场勘验、检查笔录中记载的地点为准。

（16）赃物的价值，一般在赃物第一次出现时用括号的形式说明，表述为"××（价值人民币××元）"。

（17）涉及诈骗金额、毒品数量等犯罪数额认定方面的事实，要根据在案证据综合判断。在案证据不一致或相互矛盾的，可依据审计报告、转账记录、公司账目、记录本、技侦证据等证明力相对较高的证据来认定，但有相反证据推翻或缩减书证数额的除外，如果在案证据均系言词证据，一般按照存疑有利于被告人的原则进行认定、表述。

（18）涉案货币只有人民币，没有外币的，可不写货币种类"人民币"（有的可括号备注"以下币种均为人民币"或者"以下未特别标注币种的均为人民币"等）；多种货币的，要分别写明，并做到规范表述，例如，不得将"美元"写作"美金"等。**在表述财产刑的数额时，需要写明"人民币×元（而不是'×元人民币'）"。**

（19）对于被告人所穿衣物、作案凶器、作案关键地点、加害关键动作等，在"案件事实"部分的表述应当保持前后一致。避免对同一凶器、同一衣物、同一地点、同一动作等有多种表述而引发歧义。

（20）分述多起犯罪事实的案件,如果被告人有累犯、再犯、自首、立功、如实供述、积极赔偿、认罪认罚等法定和酌定量刑情节的,可以在"经审理查明的事实、证据"之后另起一段写"另查明,……(写明被告人的量刑情节)",并列举相关证据。

（21）**叙述案件事实应体现中立、客观、理性的态度,尽量使用中性词,不用或少用贬义词,不用感情色彩过浓的表述,如"窜至""歹念""恶念""猖狂"**。

（22）标点符号的使用应注意规范。比如,"×××诉称""×××辩称""×××检察院指控""经审理查明""本院认为"等词语后面,**凡是所提示的下文只有一层意思的用逗号,有多层意思的用冒号**;"（一）""（1）"后面不能加顿号;并列词句"……""……""……"及《 》《 》《 》中间不用加顿号,如绰号"黑子""三哥""老三",依据《宪法》《刑法》《民法典》,等等。具体可依照《出版物上数字用法》(GB/T 15835－2011)执行。此外,在表述事实时,应根据所表达的内容准确断句,避免通篇使用逗号、分号等。

（23）数字和计量单位的使用要符合要求。比如,阿拉伯数字"0"在年份的汉字数字形式中为"〇",如"2013年"的汉字数字形式为"二〇一三年",不得写为"二0一三年"或"二零一三年";"2009年"不得写为"09年";**5位以上的数字,尾数零多的,可以"万""亿"为单位,如345,000,000可以写成3.45亿**;文中结构层次序数,第一层级为"一、",第二层级为"（一）",第三层级为"1.",第四层级为"(1)"。长度计量单位名称采用"毫米""厘米""米""海里""千米（公里）",不使用"丈""尺""寸""公分";质量计量单位名称采用"毫克""克""千克""吨",不使用"斤""两";时间计量单位名称采用"秒""分""时""日""周""月""年",不使用"点""刻";体（容）积计量单位名称采用"毫升""升""立方米",不使用"公升",等等。具体可依照《出版物上数字用法》(GB/T 15835－2011)和《中华人民共和国法定计量单位》执行。

此外,同类数字、计量单位等还要注意保持前后行文一致,如"30000元"与"3万元","一处伤情"与"1处伤情",在一篇文书中不应混用。

（五）证据表述

总的要求是,认定案件事实必须有证据支撑,证据取舍应围绕认定的案件事实确定。如果裁判文书中认定了被害人过错、犯罪未遂、防卫过当、自首、立功等情节，则证明上述事实的相关证据和证据内容必须在裁判文书中引用、表述。具体操作上，应当注意以下几点：

(1)控辩双方所有经过举证、质证，并作为定案依据的证据，都应当写明；不作为定案依据的证据，可以不列或在争议焦点部分评析。要注意避免对控辩双方出示的证据材料，不加考虑，照单全收，一律列入裁判文书证据部分。**特别是，对于经过"排非"程序认定的非法证据，在裁判文书中一律不得作为事实认定依据引用，防止"排非"结果与采信证据出现矛盾。**

(2)注意证据的排列顺序。一般可遵循下列原则进行排序：案件破获，案情发展；先客观性证据，后主观性证据；先被害人陈述、证人证言，后被告人供述等。对于同一种类的证据，通常按照证据证明力的强弱进行排列。在尽量保证同类证据集中排列的前提下，可以通过对证据排列顺序的微调，将证明同一事实的证据尽可能相邻或合并罗列，使证据证明内容更加突出，条理清晰。例如，同一证人既有证言又有辨认笔录，可以一并列举；首次使用的证据，有其他种类证据作为辅助证据的，也可以一并列举，如物证的提取笔录、辨认笔录、鉴定意见，可在一项中集中表述。

(3)被告人供述在证据排列上是否放在第一位，要视案件具体情况而定。如果被告人供述从侦查阶段到庭审一直稳定，其他证据又都属于不能直接证明案件事实的间接证据，被告人供述可以放于第一位。**一般情况下，被告人供述宜放在全部证据的最后。**

(4)证据引用的内容既要全面，又要突出重点。言词证据要引用与案情有关联的内容；**关键事实、情节，一般应引用原话，加注引号；**一般事实、情节，可以高度概括，但应注意准确、客观。案情简单或者控辩双方没有异议的，可以集中表述；案情复杂或者控辩双方有异议的，应当进行分析、认证；一人犯数罪或者共同犯罪案件，还可以分项或者逐人逐罪叙述证据或者对证据进行分析、认证等。

(5)证人的身份与证言内容有关的，对证人的身份通常要用括号加以表示，如"证人×××（××公司经理）""证人×××（系被告人的妹妹）"。

(6)证言的表述方法，写成"证人×××证（明）：""证人×××的证言："

"证人×××的证言证明:"均可以,但前后要保持一致。

(7)言词证据表述的人称,可以用第一人称,也可以用第三人称,实际使用可结合具体案件情况确定,但应当前后尽量统一,表达准确,便于理解。**有的判决书不加区分地使用第三人称"其",且前后指代不一,让人感到用词过于重复、语意不明甚至错误,应当注意避免。**

(8)内容表述完整。有的判决书直接单列"被告人的户籍材料""北京市公安局法医检验鉴定中心出具的京公法物证字(2018)第1863号生物物证鉴定书证明"等,略去了该证据的证明对象或内容,不妥。应当表述完整,如"被告人的户籍材料,证明被告人的身份情况"。

(9)证据种类表述准确。有的判决书仍然在使用"鉴定结论"的表述,而该表述已经被2012年《刑事诉讼法》修改为"鉴定意见"。

(10)证人除了证言外还辨认了被告人的,有两种写法:一种写法是将两者结合起来表述,即"证人证言及辨认笔录证明:";另一种写法是将二者作为两个证据,证人证言证明什么、辨认笔录证明什么,分别表述。两种写法均可,可视具体案情确定。

(11)注意证据的证明力。如果证据缺乏关联性或者其本身缺少有价值的证明内容,完全可以不写。例如,有的判决书列出这样的证据:"公安机关的工作说明证实,无法查找到案发时被害人所上出租车的司机。"有的判决书列出的证人证言,其内容为"没有看见现场的情况""表示没有看清楚是谁"等。**要善于对控辩双方(特别是控方)的证据进行合理取舍,避免照搬照抄,法庭出示多少证据文书就列出多少证据,对于缺乏关联性或证明价值极低甚至没有证明力的证据材料,应当果断舍弃。**如果控辩双方就此提出异议的,可在文书说理部分适当予以评析、回应。

(12)对于多位证人、被害人的证言、陈述,如果证明内容一致、相同,应当进行归纳、合并,必要时可以概括为一个证据表述。

(13)一般要注明证据的来源和取证机关,特别是存在多份鉴定意见、现场勘验笔录等,而制作机关及证据内容又不一致的,应当标明判决书中所列证据的来源及其提取主体等。

(14)对于鉴定意见,一般应写明尸体、DNA、血型、手印、指纹、足迹、鞋印、笔迹、司法精神病、毒品、电子数据等具体鉴定项目的名称。

（15）对定罪量刑具有关键性证明价值的证据，可以采用增加定语的表述方式，标明该证据的突出特点和所要证明的主要内容。

①主要的物证，可表述为"根据被告人×××指认发现的被害人×××的尸体""从被告人×××住处查获的毒品疑似物""在现场提取的作案工具×××""抓获被告人×××时扣押的其所穿的沾附有血迹的衣物"等。

②主要目击证人的证言，可表述为"目击证人×××的证言"。

③作案时刚满18周岁的被告人户籍材料，被告人及其代理人、辩护人对于年龄问题提出异议的，可表述为"证明被告人×××作案时已满十八周岁的户籍证明等"。

④被告人前科材料，可表述为"证明被告人×××曾因犯罪被判刑的刑事判决书和释放证明书"。

⑤证明被告人系自首的材料，可表述为"公安机关出具的被告人归案证明"。

⑥关于被告人刑事责任能力的鉴定，可表述为"证明被告人×××作案时具有完全刑事责任能力的司法精神病鉴定意见"。

⑦有关联性的刑事科学技术鉴定意见，依不同性质、不同情况，可以分别表述为"证明从现场提取的部分血迹系被告人×××所留的DNA鉴定意见""证明从扣押的被告人×××所穿衣物上检出被害人×××血迹的DNA鉴定意见"等。当然，如果鉴定意见所证明的内容对于证明系被告人作案的关联性不强，如在现场检出被害人的血迹，在被告人的衣服上检出被告人的STR分型等，可以不采用前述方式表述。

⑧证明毒品类型、性质的毒品鉴定意见，可表述为"证明从查获的毒品疑似物中检出×××成分的毒品鉴定意见"。

（16）在表述证据时，应当注意用语规范、准确。例如，"提取"一般针对从现场取得的物证、书证；"扣押"一般针对从被告人处取得的物证、书证；"查获"一般针对毒品、违禁品；"追回"一般针对违法所得赃款赃物；"调取"一般针对从相关部门取得的银行交易记录、手机通话记录、前科材料、户籍资料等，且"调取"的证据可不表述证据来源。对这些关联词汇要注意区别使用。

再如,被告人始终供认犯罪以及翻供后又供述的,可表述为"被告人×××亦供认";被告人先供后翻的,可表述为"被告人×××曾供认";被告人始终不供认犯罪的,可表述为"被告人×××虽不供认,但足以认定"等。

(17)叙述证据时,应当注意保守国家秘密,保护报案人、控告人、举报人、被害人、证人的安全和名誉,对敏感、涉密信息应当作技术处理。**对易于引发犯罪模仿效应的犯罪方法,引起读者心理不适的过度描述性侵过程,针对党和国家的不当言论等方面的内容,通常不在文书中直接表述;确需表述的,应当做技术处理。**

(18)表述证据的行文应当规范、准确,通常对事实作客观描述,不作法律意义上的评价。要注意按照司法文件的规定表述。例如,关于毒品犯罪案件中毒品的名称,应当按照《最高人民法院、最高人民检察院、公安部关于规范毒品名称表述若干问题的意见》的规定规范表述。

(19)要写明每一个或每一组证据所证明的事项,特别要注意通过对证据的具体分析、认证来证明判决所确认的犯罪事实。**要避免使用"以上事实,证据充分,被告人亦供认不讳,足以认定"的抽象、笼统的说法或者用简单地罗列证据的方法来代替对证据的具体分析、认证。**法庭认证和采信证据的过程,通常应当在判决书中充分体现出来。

(20)被告人供认事实的,对案件证据的列举、分析和采信可以适当简化。

(21)**被告人认罪认罚并签署具结书的,一般应将其作为一项量刑证据单独罗列**,并写明具结书的主要内容,如"被告人×××签署的《认罪认罚具结书》证明:被告人×××自愿认罪认罚"等。

(22)对于刑事附带民事诉讼案件,应当写明被害人因人身权利受到犯罪侵害或者财物被犯罪分子毁坏而遭受的物质损失情况,并列明相关证据。对双方当事人自行和解或者经调解达成协议的,通常也应当在事实和证据部分写明。

(23)对于在案已查封、扣押、冻结财产被判处追缴、没收、退赔的,一般应在事实和证据部分写明财产与被告人犯罪事实之间的关系以及财产的权属登记情况等。

(六)裁判理由

"法律并不是冷冰冰的条文,背后有情有义。要坚持以法为据、以理服人、以情感人,既要义正辞严讲清'法理',又要循循善诱讲明'事理',感同身受讲透'情理',让当事人胜败皆明、心服口服。"这是习近平总书记在2019年1月召开的中央政法工作会议上对整个政法工作提出的原则要求,也是裁判文书制作的重要指引。**裁判理由是判决的核心与灵魂,它将案件事实和判决结果有机联系在一起,是裁判结果正当化和司法合理化的最重要表现。裁判理由的制作,既要把事实说清楚、说明白,也要把道理说充分、说透彻**,这样的裁判文书才具有说服力,最后的结论才能站得住脚。

笔者认为,撰写裁判理由时,应当注意以下几点:

(1)要善于归纳控辩双方在证据使用、事实认定、法律适用、诉讼程序等方面的争议焦点以及案件处理的关键问题,继而围绕证据焦点与关键问题展开论述、评判。必要时,还应当合理地阐释刑罚裁量的具体依据。

例如,《刑事审判参考》(总第110集)收录的北京市第二中级人民法院关于张守刚职务侵占案第二审刑事判决书:

该判决书根据审查后认定的事实及证据,将控辩双方争议焦点及一审法院在本案认定中存在的问题,归纳为"关于天正华[2013]审鉴字第27号会计司法鉴定意见书证据效力的认定""关于张守刚主体身份的认定""关于丰联公司与中融信托公司之间关系的认定""关于张守刚行为性质的认定""关于张守刚犯罪数额的认定"五个方面,分别详加论述、评判。由此得出了"北京市西城区人民检察院所提抗诉意见以及北京市人民检察院第二分院发表支持抗诉的出庭意见成立,本院予以采纳"的结论。在此基础上,"本院认为"部分的写作就变得十分简单了,只要将有关评判理由加以归纳、概括,便可完成。

(2)坚持对控辩争议进行全面反映、回应,做到不遗漏焦点,不回避质疑,力争对诉讼中存在的争议问题正面回答、全面解读,以达成令人信服的裁判效果。

(3)**注重回应性说理、评判**,即摆出控辩双方争议意见后,针对争议展开评论,做到有的放矢。既要避免仅有一方意见,不提及另一方意见的单方评价,更要避免根本不针对任何一方意见而展开自说自话式的评论。

(4)通常按照先说主要问题,后说次要问题的顺序进行评判。具体来说,一人犯数罪的,一般先说重罪,后说轻罪;共同犯罪案件,应在分清各被告人在共同犯罪中的地位、作用和刑事责任的前提下,依次阐述首要分子、主犯、从犯或者胁从犯、教唆犯等。被告人具有从轻、减轻、免除处罚或者从重处罚等一种或者数种量刑情节的,应当分别或者综合予以认定。

(5)对关键性问题可以放在"本院认为"之前单独成段、专门评判,以突出该问题的重要性,这往往也是形成裁判规则的重要方面。

(6)在评判时要说事理、法理、情理、学理,并讲究文理,充分摆事实、讲道理,力求说理透彻、观点全面、逻辑严密、无懈可击、结构合理、体例科学、表述规范、详略得当、繁简适宜、深入浅出、通俗易懂。**切忌不说理或者说理不充分,只引用法律条文,不阐明适用法律的道理;切忌说空话、套话,理由千篇一律,只有共性,没有个性。**

对于以下几类案件,可以适当强化运用社会主义核心价值观释法说理:

①涉及国家利益、重大公共利益,社会广泛关注的案件;

②涉及抢险救灾、英烈保护、见义勇为、正当防卫、紧急避险、助人为乐等,可能引发社会道德评价的案件;

③涉及老年人、妇女、儿童、残疾人等弱势群体以及特殊群体保护,诉讼各方存在较大争议且可能引发社会广泛关注的案件;

④涉及公序良俗、风俗习惯、权利平等、民族宗教等,诉讼各方存在较大争议且可能引发社会广泛关注的案件;

⑤涉及新情况、新问题,需要对法律规定、司法政策等进行深入阐释,引领社会风尚、树立价值导向的案件。

(7)对被害人当庭发表的与公诉机关不一致的量刑意见,尤其是从轻意见,也可予以表述,说明其是否成立及其理由。

(8)对案件是否由民间纠纷所引发、被害人有无过错等问题,如果认识上存在分歧或者可能引发争议的,应当慎重表述。对因调解成功或者达成和解协议而从轻判处的案件,**裁判文书中一般不宜表述被告方的赔偿数额等具体情况,裁判理由应着重从被告人认罪悔罪、积极赔偿以及被害人予以谅解等方面加以论述,避免引起"花钱买刑"的误读。**

此外,对于民间矛盾纠纷或者偶发事件引发的轻伤害案件,要注意结合个案具体情况把握好法理情的统一。被害人出现伤害后果的案件,在判断被告人是否构成故意伤害罪时,应当在全面审查案件事实、证据的基础上,根据双方的主观方面和客观行为准确认定,避免出现"唯结果论""谁受伤谁有理"。

(9)多名被告人及其辩护人参加诉讼的,在辩解、辩护意见分析之前,一般应加上一段过渡话,使上下文衔接更加自然。通常可表述为"针对各被告人的辩解意见、辩护人的辩护意见,根据本案事实和证据,依照相关法律规定,本院综合评判如下:……"。

(10)对被告人辩解意见、辩护人辩护意见的分析,提倡采用"程序—证据—事实(罪前事实、罪中事实、罪后事实)—定罪—量刑"的层次进行分析。对证据的分析,通常要针对辩方所提异议,从取证程序合法性、证据内容真实性等方面分析证据是否可以采信,为什么采信。**对案件事实的分析,通常可以分为三个层次进行,其一主要针对案发前因、被告人预谋、准备作案工具情况等罪前事实;其二主要针对作案手段、犯罪后果等罪中事实;其三主要针对自首、立功、作案后是否分尸、焚尸、抛尸、掩埋隐匿尸体、是否销毁相关证据等罪后事实。**

(11)案件涉及多名被告人或者有多起犯罪事实的,部分意见可以合并分析。合并的方式可以按照人员不同进行划分,即将同一名被告人及其辩护人所提的全部意见合并后进行分析,通常可表述为"对被告人×××及其辩护人所提意见,经查……";也可以按照不同人员同一方面的辩称意见、辩护意见合并分析,通常可表述为"对被告人×××、×××、×××及其辩护人所提×××的意见,经查……"。

(12)分析说理时,可以对被告人及其辩护人所提意见进行概括表述,而不必全部引用。具体评判时可以用序号分层次、分别对被告人及其辩护人所提意见进行分析说理,以保持行文的简洁。

(13)裁判理由部分表述罪状时,应当准确、规范、简洁。与定罪有关的犯罪情节、犯罪手段等内容,一般放在罪状部分表述;与量刑有关的案件起因、犯罪情节、犯罪手段等内容,一般放在量刑情节部分表述。同一情节一般不重复表述。

(14)被告人犯数罪的,一般按照"数罪+数情节"的顺序表述,即先分别表述各罪的罪状,再分别评价各罪的量刑情节。必要时,也可以按照"一罪+一情节"的顺序表述,即先表述第一个罪的罪状及其量刑情节,再表述第二个罪的罪状及其量刑情节,然后依此类推。

(15)选择性罪名的顺序通常不以行为实施的先后或者危害大小排列,而是以刑法条文规定的顺序表述。**一审法院在判决中确定罪名不准确的,二审法院可以减少选择性罪名中的部分罪名或者改动罪名顺序,在不加重原判刑罚的情况下,也可以改变、增加罪名。**

(16)对被告人的量刑不宜表述为"依法应予严惩"或者"应依法严惩",通常可表述为"应依法惩处",以体现裁判中立立场。

(17)被告人虽不构成自首,但到案后"如实供述自己罪行",这也是一个法定从轻情节,不能忽视。即使辩方未就此进行辩护,如果该情节能够认定,也应当在判决书中明确表述。

(18)被告人构成累犯的,通常可表述为"×××曾因犯罪被判处有期徒刑以上刑罚,在刑罚执行完毕后五年之内又犯罪,系累犯,主观恶性深,人身危险性大,应依法从重处罚"。

(19)被告人犯数罪,其中部分犯罪系在前科犯罪的刑罚执行完毕后五年内实施,其他犯罪系在前科犯罪刑罚执行完毕五年后实施的情形,通常可表述为"×××曾因犯罪被判处有期徒刑以上刑罚,在刑罚执行完毕之后五年内又犯××罪,系累犯,主观恶性深,人身危险性大,对其所犯××罪应依法从重处罚"。

(20)被告人犯数罪的,数罪并罚的内容应当在"裁判说理"部分表述,具体可表述为"对×××所犯数罪,依法应予并罚""对×××实行数罪并罚""应依法惩处并数罪并罚"等。

(21)被告人有从宽处罚情节,且法律规定为"可以从轻或者减轻处罚"等选择性处罚幅度的,在阐释裁判理由时应明确选择的是"从轻处罚"还是"减轻处罚",不宜笼统为被告人有某种情节,"可以从轻或者减轻处罚"。选择"从轻处罚"的,不得在法定刑下一档幅度处刑;选择"减轻处罚"的,必须在法定刑下一档幅度处刑。

需要注意的是,刑法上的"可以"是指"一般应当"。对于"可以从轻处罚"或者"可以减轻处罚"的从宽情节,只有存在充分理由才能"不予从轻"或者"不予减轻",且应在文书中把"不予从轻"或者"不予减轻"的裁判理由表述清楚。对于刑法规定为"可以减轻处罚"的情节,根据案件具体情况不予减轻处罚而予以从轻处罚,也是允许的。

(22)**准确适用存疑有利于被告人原则。该原则一般适用于案件事实认定,并不必然适用于法律适用**。个别案件在适用法律过程中,如果被告人主观上是故意还是过失确实难以判定,或者被告人的行为介于违法与犯罪、轻罪与重罪临界点,法律界限确实难以界定的,不宜机械地适用存疑有利于被告人原则进行说理阐释与裁判,应深入考量被告人的整体罪错程度、危害后果严重程度以及裁判结果的社会可接受度等因素,综合法律价值取向和办案社会效果作出最终裁判,要兼顾国法、天理、人情,符合社会公众的朴素认知。

(23)为突出、传递司法导向,在"本院认为"部分,可以适当加强对裁判规则、司法导向、价值立场的阐释,但应注意避免使用诸如"为打击……""为惩罚……""为维护……""为保护……"等空洞表述。

例如,《刑事审判参考》(总第116集)收录的最高人民法院关于顾雏军等人虚报注册资本、违规披露、不披露重要信息,挪用资金案再审刑事判决书:

为了突出该判决的引导、警示功能,判决书在"本院认为"部分,以字句不多但内涵深刻的宣告性语言,集中地展示出一些极有分量的裁判观点,明确指出:"社会主义市场经济是法治经济。作为市场经济的重要主体,公司及其经营者必须强化规则意识和诚信意识,在法律规定的范围内开展经营活动。注册资本既是公司运作经营的基础,也是承担风险、偿还债务的基本保证。注册资本不实,不仅妨害公司登记的管理秩序,而且会给市场营商环境带来风险,相关责任人应当依法承担相应的法律责任。但是,随着经济社会的发展,对公司注册资本类型、结构等的要求不断改变,相关法律法规会相应作出修改和调整,关于虚报注册资本社会危害性大小的评价标准也会发生改变。对于审判时相关法律法规已修改,违法性及社会危害程度明显降低的虚报注册资本情形,根据从旧兼从轻原则和刑法谦抑性原则,可不认为是犯罪。""证券制度是社会主义市场经济的重要组成部分。以真实性、准确性和完整性为核心要求的信息披露制度,是证券市场健康、稳定发展的基础,也是保护投资者合法权益的有力手段。提供虚假财务会计报告,不如实披露重要信息的行为,违背信息披露制度的根本要求,扰乱证券市场秩序,损害股东和社会公众的利益,当然为法律所禁止。但根据本案发生时的刑法规定,只有该行为造成了'严重损害股东或者其他人利益'的危害后果,才能追究行为人的刑事责任。""产权制度是社会主义市场经济的基石。国家平等保护各类市场主体的产权和合法权益,依法惩治侵吞、瓜分、挪用国有、集体和非公有制企业财产的犯罪,建立平等竞争、诚实守信的市场秩序,营造公平公正、透明稳定的法治环境。公司、企业的经营活动必须遵纪守法,在合法合规中提高竞争力,公司、企业经营者要讲规矩、走正道,在诚信守法中创业发展。"

"这些裁判观点,立场坚定,导向鲜明,建规立矩,掷地有声,充分彰显了最高人民法院维护社会公平正义,促进社会主义市场经济健康有序发展的坚强决心。"[1]此做法值得我们关注、借鉴。

(24)为提高裁判结论的正当性和可接受性,在阐述裁判理由时,除依据法律法规、司法解释规定外,还可以运用下列材料论证:①最高人民法院发布的指导性案例、人民法院案例库案例;②最高人民法院发布的非司法解释类审判业务规范性文件;③公理、情理、经验法则、交易惯例、民间规约、职业伦理;④立法说明等立法材料;⑤采取历史、体系、比较等法律解释方法时使用的材料;⑥法理及通行学术观点;⑦与法律、司法解释等规范性法律文件不相冲突的其他论据等。[2]

(七)法条引用

裁判文书释法说理的基础是援引法条。2009年《裁判文书引用规定》第1条中规定:"人民法院的裁判文书应当依法引用相关法律、法规等规范性法律文件作为裁判依据。"裁判说理部分则未使用"引用"一词,如该规定第6条指出:"对于本规定第三条、第四条、第五条规定之外的规范性文件,根据审理案件的需要,经审查认定为合法有效的,可以作为裁判说理的依据。"所以,**作为裁判依据引用的只能是"相关法律、法规等规范性法律文件",除此之外的规范性文件**

---

[1] 陈卫东、司楠:《顾雏军案再审判决书十大亮点》,载《人民法院报》2019年4月22日,第2版。
[2] 参见河南省高级人民法院《刑事案件文书制作指引手册》。

可以作为裁判说理的依据。

根据《最高人民法院关于司法解释工作的规定》，裁判的法律依据包括司法解释。在引用法律条文时，应当注意以下几点：

1. 做到准确、完整、具体

根据《立法法》第65条第1款的规定，法律根据内容需要，可以分编、章、节、条、款、项、目。编、章、节是对法条的归类，在适用法律时只需引用到条、款、项、目即可，无须指出该条所在的编、章、节。

《裁判文书释法说理意见》第12条对法条援引作了明确规定："裁判文书引用规范性法律文件进行释法说理，应当适用《最高人民法院关于裁判文书引用法律、法规等规范性法律文件的规定》等相关规定，准确、完整地写明规范性法律文件的名称、条款项序号；需要加注引号引用条文内容的，应当表述准确和完整。"《裁判文书引用规定》第1条中要求："引用时应当准确完整写明规范性法律文件的名称、条款序号，需要引用具体条文的，应当整条引用。"

准确，就是要恰如其分地符合判决结果。例如，对犯猥亵儿童罪的案件，就只能引用《刑法》第237条第3款，而不能引用该条第1款规定的强制猥亵、侮辱罪或者只是笼统地引用《刑法》第237条。

完整，就是要把据以定案处理的法律规定和司法解释全部引用，不得遗漏。除罪名所涉法条外，所有从重从宽量刑情节、共同犯罪、附加刑、数罪并罚、刑期折抵、附带民事诉讼等情况都应当引用相应条文。例如，对犯故意伤害罪，又同时具有自首情节、未成年人犯罪、宣告缓刑和判令赔偿经济损失的，就应当同时引用《刑法》第234条、第67条、第17条第4款、第72条、第36条的规定。

具体，就是要引用法律依据条文外延至最小的规定，即条下分款分项的，应写明第几条第几款第几项；有的条文只分项不分款的，则写明第几条第几项。**款和项的序号不用加括号**，如"第一项"不宜写为"第（一）项"。

关于法律文件名称，《人民法院民事裁判文书制作规范》（以下简称《民事文书制作规范》）规定："引用法律、法规、司法解释应书写全称并加书名号。"值得注意的是，全国人大及其常委会制定的法律，其全称均标有国名，如"《中华人民共和国民事诉讼法》"；国务院制定的行政法规，则一般不含国名，如"《优化营商环境条例》"；最高人民法院发布的司法解释全称，则包括了最高人民法院这一制定机关,如"《最高人民法院关于裁判文书引用法律、法规等规范性法律文件的规定》"。但**使用全称,事实上没有必要,特别是判决书频繁援引法条时,更是如此**。故《民事文书制作规范》规定:"法律全称太长的,也可以简称……可以在第一次出现全称后使用简称……",此规范虽针对民事裁判文书,但制作刑事裁判文书也可以参考。

关于法条序号,《民事文书制作规范》要求:"引用法律、法规和司法解释条文有序号的,书写序号应与法律、法规和司法解释正式文本中的写法一致。"《立法法》第65条第2款规定:"编、章、节、条的序号用中文数字依次表述,款不编序号,项的序号用中文数字加括号依次表述,目的序号用阿拉伯数字依次表述。"目前法院裁判文书基本上都是依照这一规定和要求标注序号。但《出版物上数字用法》(GB/T 15835-2011)第4.1.2条规定:"在使用数字进行编号的场合,为达到醒目、易于辨识的效果,应采用阿拉伯数字。"第4.3条规定:"如果表达计量或编号所需要用到的数字个数不多,选择汉字数字还是阿拉伯数字在书写的简洁性和辨识的清晰性两方面没有明显差异时,两种形式均可使用。如果要突出简洁醒目的表达效果,应使用阿拉伯数字;如果要突出庄重典雅的表达效果,应使用汉字数字。"**参考这一技术规定,法律文本中的序号为了强调庄重典雅的表达效果,应当使用汉字数字,而法院裁判文书援引法条所书写的序号应当是突出简洁醒目的表达效果,似可使用阿拉伯数字。**

关于法条原文引用,《裁判文书释法说理意见》第12条后半句认为,"需要加注引号引用条文内容的,应当表述准确和完整"。对于引用条文内容,实践中存在两种做法:第一种是加注引号引用法条原文;第二种是不加注引号而是法官对法条原文进行概括表达,其表达方式往往是以"根据某某法的规定,如何如何"。笔者理解,**从规范的角度来看,应尽可能采取第一种形式,**"如果加引号援引法条全部内容,无论是当事人还是社会公众,均可以据此全面地了解法律的规定,也将有助于对案件更准确的理解";"如果说,裁判文书的说理特别是对情理的强调、修辞的注重是一种奢侈品的话,那么释法是必须品,而援引法条原文则是释法进而依法裁判的前提与基础。因此,裁判文书最基本也是最重要的要求就是援引法条原文。"[1]

2. 具有一定的条理和顺序

一般而言,法律文书并列引用多个规范性法律文件的,引用顺序如下:法律及法律解释、行政法规、地方性法规、自治条例或者单行条例、司法解释。同时引用两部以上法律的,应当先引用基本法律,后引用其他法律。引用包括实体法和程序法的,先引用实体法,后引用程序法。就刑事裁判文书而言,具体可遵照以下规则进行:

(1)定罪量刑最重要,所以,通常先引用《刑法》分则条款关于定罪量刑的条款,再引用《刑法》总则条款。有若干个总则条文的,一般可按照条文的先后顺序引用。

(2)通常先引用有关定罪与确定量刑幅度的条文,后引用从轻、减轻、免除处罚或者从重处罚的条文。

(3)判决结果既有主刑,又有附加刑内容的,通常先引用适用主刑的条文,后引用适用附加刑的条文。

(4)某种犯罪需要援引其他条款的法定刑处罚(援引法定刑)的,通常先引用本条条文,再按本条的规定引用相应的他罪条文。

(5)一人犯数罪的,通常逐罪引用法律条文;共同犯罪的,既可集中引用有关的法律条文,也可逐人逐罪引用有关的法律条文。

(6)**不忽视诉讼法条的援引**,重视对诉讼程序问题的回应,制作文书要注意避免"重实体、轻程序"的现象或倾向。

3. 妥当援引法律与司法解释

(1)司法解释对法律规定进行了细化或者明确,需要同时引用法律规定和司法解释才能定罪量刑的,应同时引用,如关于盗窃的刑法规定和关于盗窃数量标准的司法解释;只引用法律规定即可定罪量刑的,则不必引用司法解释,以突出立法规定的主体地位。

(2)引用的法律依据中,既有法律规定又有司法解释规定的,通常先引用法律规定,再引用相关的司法解释;既有实体法又有程序法的,通常先引用实体

---

[1] 李友根:《论裁判文书的法条援引》,载《中国应用法学》2022年第2期。

法,再引用程序法。

（3）根据2021年6月修正的《最高人民法院关于司法解释工作的规定》,司法解释包括"解释""规定""规则""批复""决定"五种形式。除上述五种情形外,针对某一类案件、某一类事项如何应用法律问题的指导性意见等司法文件,系最高人民法院针对实践中的疑难或普遍性问题,经广泛调研、论证后发布,具有较强的现实针对性和公信力,**这些规范性文件虽不是司法解释,但引用这些文件进行说理容易为当事人所接受。故可在"本院认为"部分作为裁判说理的依据,但通常不得作为判决的法律依据引用。**

4. 正确表述修正前后的刑法条文

按照最高人民法院《关于在裁判文书中如何表述修正前后刑法条文的批复》的规定,裁判文书引用1997年3月14日第八届全国人民代表大会第五次会议修订的《刑法》条文,应当根据具体情况分别表述如下:

（1）有关《刑法》条文在修订的《刑法》施行后未经修正,或者经过修正,但引用的是现行有效条文,表述为"《中华人民共和国刑法》第×条"。

（2）有关《刑法》条文经过修正,引用修正前的条文,表述为"1997年修订的《中华人民共和国刑法》第×条"。

（3）有关《刑法》条文经两次以上修正,引用经修正且为最后一次修正前的条文,表述为"经×年《中华人民共和国刑法修正案(×)》修正的《中华人民共和国刑法》第×条"。

（4）根据案件情况,裁判文书引用1997年3月14日第八届全国人民代表大会第五次会议修订前的《刑法》条文,应当表述为"1979年《中华人民共和国刑法》第×条"。

（5）根据案件情况,裁判文书引用有关单行《刑法》条文,应当直接引用相关条例、补充规定或者决定的具体条款。

需要注意的是,**一般不直接引用刑法修正案**。刑法修正案是在原有刑法条款的基础上进行添加、删除和修改,修正案出台后即成为刑法的一部分,所以判决书引用法条时应引用已被修正案修改的刑法的具体条文,无须引用刑法修正案的有关条款。

5. 准确对"跨法犯"适用刑法

对于被告人开始于 1997 年 9 月 30 日以前,继续或者连续实施到 1997 年 10 月 1 日以后的行为,以及在 1997 年 10 月 1 日前后分别实施的同种类数罪,如果 1979 年《刑法》和修订刑法都认为是犯罪并且应当追诉,按照下列原则决定如何适用法律:

(1)对于开始于 1997 年 9 月 30 日以前,继续到 1997 年 10 月 1 日以后终了的继续犯罪,应当适用修订刑法一并进行追诉。

(2)对于开始于 1997 年 9 月 30 日以前,连续到 1997 年 10 月 1 日以后的连续犯罪,或者在 1997 年 10 月 1 日前后分别实施同种类数罪,其中罪名、构成要件、情节以及法定刑均没有变化的,应当适用修订刑法;罪名、构成要件、情节以及法定刑已经变化的,也应当适用修订刑法。

6. 其他注意的事项

确需引用的规范性法律文件之间存在冲突,根据《立法法》等有关法律规定无法选择适用的,应当依法提请有决定权的机关作出裁决,通常不宜在裁判文书中自行认定相关规范性法律文件的效力。

(八)判决主文

判决主文是依照有关法律的具体规定,对被告人作出的定性处理的结论,应当字斟句酌,认真推敲。撰写判决主文时,应当注意以下几点:

(1)如果案件是经审判委员会讨论决定的,在"依照……,判决如下"之前增写"经本院审判委员会讨论决定"。

此外,根据 2019 年 8 月 2 日颁行的《最高人民法院关于健全完善人民法院审判委员会工作机制的意见》第 24 条的规定,**除法律规定不公开的外,审判委员会讨论案件的决定及其理由都应当在裁判文书中公开。**

(2)有罪判决主文的表述,应当对被告人先定罪,然后再量刑。例如,"被告人×××犯××罪,判处……(写明主刑、附加刑及刑罚起止时间)"。判决认定的罪名、刑种和刑罚制度的名称,应当严格按照刑法及有关司法解释的规定规范书写,不得随意更改、变造。

(3)一案多人的,应当以罪责的主次或者判处刑罚的轻重为顺序,逐人分项定罪判处。单位犯罪的,按单位、直接负责的主管人员、其他责任人员的顺序依次表述。判项之间一般用分号,最后一个判项后用句号;但其中一个判项中间有分号的,则全部判项后均用句号。

(4)被告人在缓刑考验期限内犯新罪或者被发现在判决宣告前还有其他罪没有判决,审判新罪的人民法院应先撤销原判决宣告的缓刑(作为第一个判项),可表述为"撤销本院(或者×××人民法院)(××××)×××刑×字第××号刑事判决中对被告人×××宣告的缓刑"。被告人在假释考验期限内犯新罪或者被发现在判决宣告前还有其他罪没有判决,审判新罪的人民法院应先撤销原假释裁定(作为第一个判项),可表述为"撤销本院(或者×××人民法院)(××××)×××刑执字第××号假释的刑事裁定"。

(5)拘役缓刑考验期不能少于2个月。**审理醉驾案件时要注意审查检察机关的量刑建议,如"拘役一个月缓刑一个月"的量刑建议是错误的,不能照单全收。**

(6)判处死刑缓期二年执行,需要限制减刑的,续项另写为"对被告人×××限制减刑",不能合并一项表述。即便一案中同时判处两名以上被告人死刑缓期二年执行并限制减刑,也应当对各被告人分别单独表述。

(7)对被告人判处的主刑为有期徒刑、拘役、管制的,写明刑期;附加刑为没收部分财产的,写明金额;附加刑为没收具体动产、不动产的,写明具体的财产名称、数量;附加刑为罚金的,写明数额、缴纳期限。

在具体表述方式上,附加刑为剥夺政治权利的,写为"判处有期徒刑十五年,剥夺政治权利五年"(一般不用"附加剥夺政治权利五年"的表述);附加刑为财产刑的,写为"判处有期徒刑十五年,并处罚金(或没收个人财产)人民币五十万元";附加刑为驱逐出境的,写为"判处有期徒刑十五年,附加驱逐出境(一般不用"并处驱逐出境"的表述,如使用"并处"一词,在同时并处财产刑时就会出现表述上的重复),附加刑同时有剥夺政治权利和财产刑的,一般先写剥夺政治权利,后写财产刑,如"判处无期徒刑,剥夺政治权利终身,并处没收个人全部财产";附加刑同时有驱逐出境和财产刑时,一般先写财产刑,后写驱逐出境,如"判处有期徒刑十五年,并处罚金人民币五十万元,附加驱逐出境"。

(8)判处有期徒刑、拘役、管制的,在判项后用括号注明刑期的折抵办法及起止时间。具体做法如下：

①有期徒刑、拘役的刑期折抵办法及起止时间表述为"刑期从判决执行之日起算；判决执行以前先行羁押的，羁押一日折抵刑期一日，即自×年×月×日起至×年×月×日止"。

②判决前一直羁押的，羁押当日为起刑日期；判决前羁押过后取保候审（或者监视居住），判决时又羁押的，最后一次羁押的当日为起刑日期。判决前羁押过，但判决时未羁押，或者判决前一直未羁押的，可只写"刑期从判决执行之日起算"，不写刑期折抵办法及起止时间，待判决生效填写执行通知书时，再填写起刑日期、刑满日期。[1]

③判决前指定居所监视居住的，表述为"判决执行以前指定居所监视居住的，监视居住一日折抵刑期半日"。

④判决前既有执行居所监视居住，又有先行羁押的，表述为"判决执行以前指定居所监视居住的，监视居住一日折抵刑期半日；判决执行以前先行羁押的，羁押一日折抵刑期一日"。

需要特别提及的是，**制作裁判文书时要注意核对刑期起止日期，一定要计算准确**。判前有原判刑罚未实际执行或有剩余刑期未执行完毕的，要依法予以并罚，确保所有生效裁判内容均得到有效执行。

（9）管制的刑期折抵办法及起止时间表述为"刑期从判决执行之日起算；判决执行以前先行羁押的，羁押一日折抵刑期二日，即自×年×月×日起至×年×月×日止"。判决执行前既有执行居所监视居住，又有先行羁押的，表述为"判决执行以前指定居所监视居住的，监视居住一日折抵刑期一日；判决执行以前先行羁押的，羁押一日折抵刑期二日"。

（10）并处罚金的，写明缴纳期限，"限本判决生效后……（写明缴纳期限）缴纳"（罚金的缴纳期限属于判决内容，不用加括号）；如已主动缴纳，直接用括号注明"已缴纳"，如"并处罚金人民币×万元（已缴纳）"；部分已缴纳的，表述为"并处罚金人民币×元（已缴纳×元），除已缴纳的外，限本判决生效后……

---

[1] 参见2000年2月29日《最高人民法院关于刑事裁判文书中刑期起止日期如何表述问题的批复》。

(写明缴纳期限)缴纳"。例如,以盗窃罪判处被告人有期徒刑四年,并处罚金2000元,可表述为:"被告人×××犯盗窃罪,判处有期徒刑四年(刑期从判决执行之日起算;判决执行以前先行羁押的,羁押一日折抵刑期一日,即自×年×月×日起至×年×月×日止);并处罚金人民币二千元,限本判决生效后一个月内缴纳。"[1]

值得提及的是,在表述罚金等财产刑的数额时,通常需要写明货币名称为"人民币"。

(11)数罪并罚的,应按判处刑罚的轻重为顺序,分别定罪量刑(包括主刑和附加刑),然后按照刑法关于数罪并罚的原则决定执行的刑罚,切忌"估堆"量刑。其判项可表述为:"被告人×××犯××罪,判处……(写明主刑、附加刑);犯××罪,判处……(写明主刑、附加刑);决定执行……(写明主刑、附加刑,同时注明刑期折抵及起止时间)。"

(12)判处的各种刑罚,应按法律规定写明全称。既不能随意简化,如将"判处死刑,缓期二年执行"简写为判处"死缓";也不能画蛇添足,例如,有的判决书表述为:"被告人×××犯抢劫罪,判处有期徒刑十一年,剥夺政治权利二年,并处罚金人民币二万二千元;犯敲诈勒索罪,判处有期徒刑一年;数罪并罚,决定执行有期徒刑十一年六个月,剥夺政治权利二年,并处罚金人民币二万二千元。"**在这里,"数罪并罚"应为多余的。**

(13)前罪有余刑的应当写明,避免遗漏。有的判决书表述为"被告人×××犯故意伤害罪,判处有期徒刑一年六个月;并与前罪未执行完毕的刑罚并罚,决定执行无期徒刑,剥夺政治权利终身"。在这里,就遗漏了前罪未执行完毕的具体刑罚,即无期徒刑、剥夺政治权利终身。

(14)根据《刑法》第64条的规定,犯罪分子违法所得的一切财物,应当予以追缴或者责令退赔;对被害人的合法财产,应当及时返还;违禁品和供犯罪所用的本人财物,应当予以没收。在裁判文书中应注意对相关事项准确处理、表述:

①移送法庭的应当处理。追缴、责令退赔和发还被害人、没收财物的具体

---

[1] 刑期折抵办法及起止时间属于判项的句内标注,该标注一般应用括号括起置于判项后、判项句子的标点符号前。

内容,应当在判决主文中写明,其中,判决前已经发还被害人的财产应当注明。

②需要处理的项目少的,可以直接写在判决书主文中;财物多、种类杂的,可以在判决结果中概括表述,另列清单、表格,作为判决书的附件。

③判决内容要清晰。例如,有的判决书表述为"随案扣押物品分别予以没收、存档或发还",内容不具体,会给执行造成难题。当然,个别案件基于特别考虑当时可能不得不这样处理,但进入执行环节时,这样的判决显然需要法庭进一步释明具体执行内容。有的判决内容在执行过程中,可能需要法庭多次进行释明。

④赃款赃物虽然没有查封、扣押、冻结,但判决时尚在,且已经查明权属关系,依法应当返还被害人(或者案外人)的,可以在判决主文中使用"追缴"一词;赃款赃物没有被查封、扣押、冻结,判决时已经查找不到原物,或者虽然查找到原物但第三人已经善意取得的,在判决主文中不使用"追缴"一词,一般使用"退赔"一词。

⑤判处追缴、退赔、发还、没收财物的,一般列为独立判项。

在这里,特别提一下涉黑涉恶犯罪案件涉案财产的处置问题。首先应当坚持依法依规的原则立场,既要保证彻底剥夺犯罪利益,也要保障公民的合法财产权。对查封、扣押、冻结的财物及其孳息,应当在判决书中写明名称、金额、数量、存放地点,区分违法所得、被害人的合法财产、违禁品、用于犯罪的本人财物、被告人或第三人合法财产等情形,依法分别作出处理。

第一,对违法所得及其孳息或者违法所得直接转化的财产,其中属于被害人合法财产的,应当全额或者根据财产具体情况按照比例返还被害人;对其他违法所得,判决予以追缴。

第二,对违禁品或者用于犯罪的本人财物,判决予以没收。

第三,对被告人的合法财产,按照法律规定的顺位,判决附带民事赔偿、退赔被害人、退缴同等价值的违法所得以及作为财产刑的执行对象等。

第四,对第三人的合法财产,且与黑恶犯罪及其违法犯罪无关的,判决由查封、扣押、冻结机关依法处理。

第五,涉案财物未随案移送的,通常要在主文中写明赔偿附带民事诉讼原告人、没收上缴国库、退赔被害人、履行财产刑等具体处置方式,以及由查封、扣押、冻结机关负责处理等。

第六,需要处置的涉案财产较多的,可以判决"扣押在案的财产,分别用于履行附带民事赔偿义务、返还或者退赔被害人、退缴违法所得上缴国库、执行财产刑、返还第三人,不足部分继续追缴被告人的其他财产(剩余部分返还被告人)等"。再用附件表格的方式,列明扣押在案财产的实际所有人、登记所有人、财产内容、财产价值、保全机关、保全措施、财产性质、具体处置措施等。

需要注意的是,关于"套路贷"案件本金的处理,应当按照有关司法文件的规定执行。《最高人民法院、最高人民检察院、公安部、司法部关于办理"套路贷"刑事案件若干问题的意见》第7条规定,犯罪嫌疑人、被告人实施"套路贷"违法所得的一切财物,应当予以追缴或者责令退赔;对被害人的合法财产,应当及时返还。有证据证明是犯罪嫌疑人、被告人为实施"套路贷"而交付给被害人的本金,赔偿被害人损失后如有剩余,应依法予以没收。犯罪嫌疑人、被告人已将违法所得的财物用于清偿债务、转让或者设置其他权利负担,具有该意见规定情形之一的,应当依法追缴。[1]

(15)关于犯罪工具的处理。根据《刑法》第64条的规定,供犯罪所用的本人财物,应当予以没收。**是否认定为"犯罪工具",应综合考虑该工具是否为实施犯罪"实行行为"而准备、犯罪工具与犯罪行为联系是否紧密等,依法妥善处理。**

①对于非犯罪构成所必需的财物,一般不宜认定作案工具。如被告人开车到被害人住处,持刀将被害人杀害,则刀是犯罪工具,车不是。

②对于有明确被害人的案件,如果被告人犯罪过程中涉及的本人财物并不是其实施犯罪所必须,一般不认定为作案工具,可作为被告人合法财产用于执行"责令退赔"或附带民事诉讼赔偿判项。

③对于价值较大的财物如车辆、房产,如果被被告人用于实施犯罪而拟作为犯罪工具予以没收,首先,要查明该财物的权属,非被告人本人财物不能没收;其次,要查明该财物的资金来源、是否设置抵押等情况,避免被作为犯罪工具没收后影响其他民事主体合法权益的实现;最后,**拟没收犯罪工具的,还应综**

---

[1] 参见安徽省高级人民法院编:《刑事审判法律文书制作规范与样本参考》,安徽人民出版社2022年版,第34~35页。

合考量犯罪的社会危害性与犯罪工具价值是否相适应等,避免明显超比例没收。

(16)关于三类特殊案件判决结果的表述。

①根据《适用刑诉法解释》第295条第1款第6项、第7项的规定,对被告人因未达到法定刑事责任年龄或者完全无刑事责任能力不予刑事处罚的,均应当在判决结果中宣告"被告人×××不负刑事责任"。

②依照上述法条第1款第3项、第4项、第9项的规定,对案件事实清楚,证据确实、充分,依据法律认定被告人无罪的;对证据不足,不能认定被告人有罪的;对被告人死亡,根据已查明的案件事实和认定的证据材料,能够确认被告人无罪的,都应当在判决结果中宣告"被告人×××无罪"。

③适用《刑事诉讼法》第200条第3项规定宣告被告人无罪的,应当将"证据不足,×××人民检察院指控的犯罪不能成立"作为判决的理由,而不能作为判决的主文。

(17)刑事附带民事裁判文书的主文应先写定罪量刑部分,后写附带民事判项。附带民事诉讼的判项应根据案件具体情况写明赔偿义务人和受偿人的姓名、赔偿份额和金额、赔偿义务人之间是否承担连带责任及给付期限。附带民事诉讼被告人依法不承担民事赔偿责任的,可表述为"被告人×××不承担民事赔偿责任"。

(18)根据《刑法》第38条第3款、第72条第2款,对判处管制,或者判处有期徒刑、拘役并宣告缓刑的被告人,可以同时禁止被告人从事特定活动,进入特定区域、场所,或者接触特定的人,**该禁止令应列为判决主文的独立判项。因性侵害未成年人被禁止从事相关职业的,应当根据被告人具体情况写明禁止从事何种职业,如教师、保育员、医生等与未成年人密切接触的职业。**

(19)一案多人,既有判处主刑、附加刑的,又有判处禁止令,或者追缴、退赔、发还、没收财物的,应逐个判处被告人主刑、附加刑后,再逐个判处被告人禁止令,或者追缴、退赔、发还、没收财物,等等。

(20)**审理期间被告人死亡的,应当裁定终止审理;但有证据证明被告人无罪,经缺席审理确认无罪的,应当判决宣告被告人无罪。**单位犯罪案件中,被告单位已被撤销、宣告破产的,但单位犯罪中直接负责的主管人员和其他直接责任人员应当负刑事责任而继续审理的,判决结果的第一项可写为:"被告单位××终止审理",并在理由部分阐明终止审理的理由;第二项再写对被告人(直接负责的主管人员和其他直接责任人员)作出的判决。

(九)第二审判决

1. 当事人基本情况

(1)一般按"上诉人在先,未上诉人在后""原审自诉人在先,原审被告人在后""刑事诉讼当事人在先,附带民事诉讼当事人在后"的顺序列写。如果一审宣判后,被告人和附带民事诉讼原告人均提起上诉,可以按先民事、后刑事的顺序排列,其他部分按先刑事、后民事的顺序排列。如果两个以上的附带民事诉讼原告人只有部分上诉,对没有上诉的附带民事诉讼原告人,可以在"上诉人(原审附带民事诉讼原告人)"之后,再列"原审附带民事诉讼原告人"。

(2)公诉案件的被告人或者附带民事诉讼的原告人提出上诉的,第一项表述为"原公诉机关",第二项表述为"上诉人(原审被告人或原审附带民事诉讼原告人)"。人民检察院提出抗诉的,第一项表述为"抗诉机关(原公诉机关)"。

(3)表述时既要反映出当事人的二审诉讼地位,又要反映其原审诉讼地位。对于上诉的当事人,写为"上诉人(原审××人)";未上诉的当事人,写为"原审××人"。但应注意,上诉人是原审被告人的,只在首部表述一次即可,即"上诉人(原审被告人)×××",在以后事实部分、主文部分等只表述"上诉人×××"即可,不必再加上"原审被告人"。

(4)被告人、自诉人的法定代理人上诉的,将"上诉人(原审××人×××的法定代理人)"写在被代理人之前,随后续写"原审自诉人"项或者"原审被告人"项;被告人的辩护人或者近亲属征得被告人同意上诉的,仍将被告人列为"上诉人"。[1]

---

〔1〕 根据《刑事诉讼法》第227条的规定,被告人、自诉人的法定代理人有独立的上诉权,故他们上诉的应列其为"上诉人",其下再列"原审自诉人"或者"原审被告人"(此点与列写当事人的一般原则略有不同)。被告人的近亲属(法定代理人除外)没有独立的上诉权,他们征得该被告人同意后提出上诉的,仍应将被告人列为"上诉人"。

（5）如果一审裁判文书遗漏当事人基本情况必列事项的，二审裁判文书应当予以补全。

2. 案件由来与审理经过

（1）刑事二审案件来源包括：上诉、抗诉、既抗诉又上诉、上级法院发回重审、上级法院指定重新审判等。具体表述应根据案件情况作出适当调整。比如，如果被告人的辩护人或者近亲属征得被告人同意提出上诉的，可表述为："原审被告人×××的近亲属（或者辩护人）×××征得该被告人同意提出上诉"；如果被害人及其法定代理人请求人民检察院提出抗诉，人民检察院提出抗诉的，可表述为："被害人（或者其法定代理人）×××不服，请求抗诉，×××人民检察院决定并提出抗诉"，等等。

（2）第二审人民法院开庭审理检察机关抗诉的案件，应将审理经过段中的"履行职务"改为"支持抗诉"。有被害人参加庭审的，可以在检察机关派员出庭履行职务后，加以列明。

（3）对于第二审人民法院依照《刑事诉讼法》第234条第2款规定未开庭审理的，可表述为："经过阅卷，讯问被告人，听取其他当事人、辩护人、诉讼代理人的意见，认为案件事实清楚，决定不开庭审理。"

3. 事实与证据

总的原则是，事实与证据的表述要详略得当。关于证据表述，第一，适用简易程序或被告人认罪认罚的一审案件，上诉人仅对量刑提出上诉的二审案件，死缓复核案件等，如果事实比较清楚、证据比较好，裁判文书可不逐条罗列证据，而是采用综合叙述的方式引用证据，可表述为"上述事实，有经一审庭审质证确认的×××、×××等物证，×××、×××等书证……等证据证实。被告人（上诉人）对上述事实亦予供认。足以认定"。

第二，被告人对事实、证据提出上诉，但案件证据较好的二审案件，也可采用综合叙述的方式引用证据。但对于据以定案的主要证据，通常不应只简单说明证据名称，可以采用增加定语的方式简要说明该证据的主要内容，可表述为"现场目击证人×××证实系×××持刀捅死被害人×××的证言""证实从作案工具尖刀上提取的指纹与×××右手拇指指纹比对同一的鉴定意见""证实从×××作案时所穿的衣物上提取的血迹与被害人×××的血迹的DNA分型一致的鉴定意见"等。

第三,上诉人及其辩护人对事实证据异议较大的案件,以及上诉人不认罪的案件、辩护人做无罪辩护的案件、死刑案件等,一般应当采用逐条罗列的方式引用证据,不宜只列举证据名称。二审裁判文书逐条罗列证据时,不能简单复制、粘贴一审判决书罗列的证据,仍应当注意整合、取舍。

关于事实表述,**如果控辩双方对一审认定事实无异议的,可以简写;有异议或改判的,原则上要详写**。具体如下:

(1)二审判决认定的事实和证据与原判没有变动的,可采取"此繁彼简"的方法,重点叙述原判认定的事实和证据,概述第二审"审理查明"的事实和证据。

从实践来看,二审判决对案件事实的处理大致有以下三种模式:一是照搬一审判决书,二是重新写,三是对一审判决书认定的事实加以概括。原则上讲三种写法都是允许的,但要根据个案情况具体确定更为合适的写法。**通常而言,不提倡照搬照抄一审判决书,第二审法院作为一审法院的上级法院,其所作判决书要善于去其糟粕、取其精华、重新加工、焕发生机**。如果保持认定事实和情节不变,对于一审描述不准确、语句不通顺、不简练、断句、标点等文法不正确,以及有明显错别字的部分等,应当予以调整、纠正,否则就会成为二审判决书的问题。当然,如果第一审判决书对事实的表述完美无缺,也可以照抄过来,但从效果考虑,与其照抄,二审还不如直接概括地表述为"本院确认一审事实"。

至于二审判决书对一审事实如何概括,实践中根据概括事实的繁简程度大致有以下三种不同做法:

表述一:"原判认定上诉人张某某实施盗窃的事实是正确的。"

表述二:"一审判决认定被告人张某采取秘密手段窃取被害人李某皮鞋500余双的事实是正确的。"

表述三:"一审法院认定上诉人刘某于2018年3月至4月间,先后在京广中心中国光大国际经济技术合作有限公司办公室内、京广中心地下一层采购部办公室内、满福楼餐厅内、内务中心内盗窃4起,窃得台式电脑、笔记本电脑、打印机、扫描仪、移动硬盘、天九翅、纲鲍、燕窝、水井坊酒、茅台酒、现金人民币等款物共计价值人民币2.9万余元的事实是正确的。"

相较而言,第一种表述过于简单,不提倡。第二种、第三种表述均可考虑,但第三种表述相对更佳。

(2)二审判决认定的事实和证据发生变动的,应当根据下列具体情况灵活处理:因事实和证据改判的,原则上应着重阐述二审查明的事实和证据,概述一审查明的事实和证据;因适用法律有错误或者量刑不当改判的,原则上应当着重阐述一审查明的事实和证据,简写二审查明的事实和证据。实践中可以灵活掌握,对不是因为事实和证据改判,但一审裁判文书存在表述不规范、不严谨,二审不宜直接照搬的情形,也可以简写一审部分,详写二审部分。

(3)对二审程序新认定的事实,如立功、自首情节,原则上要另行写明。

(4)**一审判决后,只有附带民事诉讼当事人提出上诉的,在事实和证据部分主要写明附带民事诉讼原告人因被告人的犯罪行为遭受的经济损失情况。**

4.裁判理由

(1)二审裁判说理不同于一审,应主要围绕抗诉、上诉的主张和理由展开,并对一审裁判文书中的说理不当或错误进行补强和修正。在实际操作中,对抗诉、上诉的主张与理由要善于概括归纳,恰当地确定案件的争点、焦点和疑点。

(2)裁判说理要充分、妥切、到位。对上诉、抗诉意见都应当进行分析、论证,充分阐明肯定或者否定的理由。特别是对控辩双方认识分歧大以及需要改变一审认定的二审判决,更要详加说理。

(3)针对一审已经详尽阐述理由且诉讼各方无争议或者无新证据、新理由的事项,可以简化释法说理。

5.法条引用

二审裁定维持原判、发回重审或者核准一审判决的,可以只引用程序法的有关条文;撤销原判,予以改判的,或者一审适用法律条文错误的,则程序法和实体法的有关条文都应当引用。在顺序上,考虑到二审裁判首先要明确裁判结果是维持原判,还是改变原判或者发回重新审判,因此,**二审做法与一审有所不同,通常先引用程序法的有关规定,再引用实体法规定,如果同时适用司法解释的,应在其后一并引用**。如果维持或发回重审附带民事诉讼部分,还要注意引用《民事诉讼法》的相关规定。

需要注意的是,二审予以改判的,凡是与改判无关的、一审已经引用过条文,二审可以不再重复引用;凡是与改判有关的量刑情节、刑种、附加刑、刑期折抵条文和刑法分则条款等,通常都应当引用。

6. 判决主文

(1)判决结果应当根据对原审判决结果的改判情况作出相应改动。

如果原审判决主文未分项表述,第二审人民法院作出部分改判(如维持定罪部分、撤销量刑部分)的,可表述为:

一、维持×××人民法院(××××)×××刑×字第××号刑事判决中……(写明维持的具体内容);

二、撤销×××人民法院(××××)×××刑×字第××号刑事判决中……(写明撤销的具体内容);

三、……(写明改判的内容)。

原审判决主文分项表述,需要维持或者撤销原判判项内容的,将上述表述的"刑事判决中……"改为"刑事判决第×项中……"。

(2)原审被告人对一审判处死刑缓期二年执行限制减刑的判项单独上诉,二审人民法院撤销限制减刑的判项的,无改判内容,可只写维持定罪量刑的判项,撤销限制减刑的判项。对原审被告人被判处死刑缓期二年执行,但未限制减刑的上诉案件,二审认为应限制减刑的,贯彻上诉不加刑原则不得直接改判,也不得发回重新审判。确有必要限制减刑的,应当在第二审判决、裁定生效后,按照审判监督程序重新审判;如果检察机关同时提起抗诉,二审法院认为有必要限制减刑的,则依法可以直接改判,增加"限制减刑"的判项。

(3)第二审人民法院对原判认定事实清楚、证据充分,只是认定的罪名不当的,在不加重原判刑罚的情况下,可以判决变更罪名。此外,**对于上诉案件,二审基于同一犯罪事实,而将原判认定的数罪改为一罪,在未改变原判数罪决定执行的刑罚的情况下,可以加重改判个罪刑罚,此举并不违反"上诉不加刑原则"**。[1]

(4)庭审结束后判决宣告前,人民检察院撤回对部分原审被告人的抗诉,或者部分上诉人撤回上诉的,可以不单独制作准许撤回抗诉(或者上诉)的裁定

---

[1] 参见《刑事审判参考》(总第114集)收录的费明强、何刚抢劫案。

书,在判决主文第一项表述准许撤回抗诉(或者上诉)的结果,续写改判内容。二审期间,终止对部分原审被告人的审理的,亦可照此办理。

7. 其他

(1)二审对一审认定的事实有更改,但是最终还是维持原判定罪量刑的案件,或者一审未认定自首或立功情节,二审予以认定,但是在定罪量刑上未发生改变,还是维持原判的结果,**在这两种情形下,二审裁判文书可采用判决书形式。**

(2)一审刑事附带民事原告人未提出上诉,针对原判刑事部分,检察机关、被告人提出抗诉、上诉的,二审可沿用刑事附带民事判决(裁定)书形式。如果二审期间,被告方与被害方就民事赔偿达成了和解协议,已签收民事调解书,二审裁判文书仅涉及刑事部分处理的,可直接使用刑事判决(裁定)书形式等。

(十)尾部

裁判文书的尾部,一般要写明告知权利义务事项、审判人员姓名和裁判日期等内容。告知当事人的权利义务,包括告知当事人上诉权、上诉期限、上诉法院、裁判文书的生效方式、时间等内容。

一审判决在法定刑以下判处刑罚的,在告知上诉权之后,应另起一行写明"本判决依法报请最高人民法院核准后生效"。对一案多名被告人中的部分被告人在法定刑以下判处刑罚的以及二审改判在法定刑以下判处刑罚的,可参照此写法。

1. 审判人员署名

诉讼文书应当由参加审判案件的合议庭组成人员、独任审判员、法官助理、书记员署名。参加审判案件的合议庭组成人员或者独任审判员应当在尾部署名。院长或者庭长参加合议庭的,署"审判长";同时参加的,院长署"审判长",庭长署"审判员"。人民陪审员参加审理的,署"人民陪审员"。法官助理参加审理的,署"法官助理"。正式任命为书记员的,署"书记员";其他临时担任书记员工作的人员,可署"书记员(代)"。

对案件评议前,人民法院依法更换合议庭组成人员,重新开庭审理的,裁判文书应当署新组成合议庭成员的姓名。**对案件评议后、宣判前,部分合议庭成**

员因调动、退休等正常原因不能参加宣判,原评议结论亦未改变,由审判本案的其他审判员宣判的,裁判文书上可仍署审判本案的合议庭成员姓名。

署名的审判人员应当对裁判文书进行审阅、修改,以避免裁判文书出现疏漏错误。合议庭全体成员不仅要逐字逐句进行审阅,还要对事实认定是否全面准确、证据取舍是否妥当、分析说理是否充分、段落布局是否符合逻辑等进行把关,不能只署名不审核,流于形式。

2. 落款日期

关于裁判文书的落款日期,有关法律法规没有明确规定,实践中做法也不统一。一般认为,**落款日期应该是"裁判确定"的日期,即法院的审判组织对案件的处理结果确定明确的意见的日期**。其主要考虑如下:一是落款日期理应是审判活动的记录,落款日期以"裁判确定"的日期为准,记录这一天法院对案件作出了决定性处理结果,最有法律意义。二是落款日期是对外公开的案件裁判重要时间信息,如果随便确定一个与审判活动无关的日期作为落款日期,不够规范也不严肃。

审判实践中,有的判决书以院长或庭长签发之日作为落款日期。笔者认为,院长、庭长签发裁判文书,只是法院内部审判管理的一种做法,其效力相当于审核裁判文书,不是确定裁判的结果。因为即使院长、庭长不同意合议庭的评议结果,通常也无权改变判决的内容,只是可以要求合议庭重新评议,或者由院长提请审判委员会讨论决定,对审判委员会的决定意见,院长、庭长必须执行,所以**院长、庭长的签发行为不是对判决的确定**。

遵循"裁判确定"之日作为落款日期的原则,**适用普通程序审理的案件,裁判文书落款日期通常为合议庭评议形成决议或审判委员会讨论形成决议的日期**。适用简易程序独任审判审理的案件,落款日期为签发的日期;经审判委员会讨论形成决议的,落款日期为审判委员会讨论形成决议的日期。当庭宣判的,落款日期为宣判的日期。当然,这只是一个原则性的要求,实践中也有判决直接以案件宣判的日期作为落款日期。

第六讲　热点刑事案件判决书的撰写思路

——以于欢故意伤害案第二审判决书为例

近年来,重大、热点刑事案件受到人民群众的高度关注,人民群众不仅关注案件的裁判结果,还关心案件的裁判过程。裁判文书是对案件审判过程及结果的记载,是"把动态的刑事司法过程转化为静态的书面文字",[1]是人民群众了解司法案件各方面信息的主要窗口,必然要承担起"回应人民群众关切"的重要使命。这就对裁判文书的撰写提出了更高要求。于欢故意伤害案二审改判获得广泛认同,其判决书被媒体誉为"法与情的完美结合""有情感的判决"等,由此也为热点刑事案件裁判文书的制作提供了可资参考的范例[2]。以下笔者以该案的第二审刑事判决书为例,尝试分析、解读热点刑事案件裁判文书撰写的基本思路。

一、全面反映诉讼参与各方的意见

于欢故意伤害案的二审判决书用了相当的篇幅、较详细地表述参加诉讼的各方主体,包括提出上诉的被害人杜某的亲属及其诉讼代理人,被告人于欢及其辩护人,出庭检察员,以及被害人郭某、严某及其诉讼代理人的意见,并具体

---

[1] 李谦:《以释法说理的裁判文书引领社会风尚》,载《人民法院报》2017年8月6日,第2版。
[2] 参见山东省高级人民法院(2017)鲁刑终151号刑事判决书,载最高人民法院刑事审判第一、二、三、四、五庭主办:《刑事审判参考》(总第110集),法律出版社2018年版。

列明了控辩双方补充收集并提交法庭的新证据。具体如下(摘自该案二审判决书,下同):

上诉人杜某1、许某、李某1、杜某3、杜某4、杜某5、杜某6的上诉意见是:原判适用法律不当,应当支持其所提赔偿死亡赔偿金、被抚养人生活费的诉讼请求。

上诉人于欢的上诉意见是:(1)原判认定事实不全面。没有认定吴某、赵某1此前多次纠集涉黑人员对苏某进行暴力索债,案发时杜某2等人对于欢、苏某及其他员工进行殴打;苏某实际是向吴某借钱;杜某2受伤后自行驾车前往距离较远的冠县人民医院,未去较近的冠县中医院,还与医院门卫发生冲突,导致失血过多死亡。(2)原判适用法律错误、量刑畸重。其行为系正当防卫或防卫过当;其听从民警要求,自动放下刀具,如实供述自己的行为,构成自首。(3)原判违反法定程序。被害人有亲属在当地检察机关、政府部门任职,可能干预审判,原审法院未自行回避。

上诉人于欢的辩护人提出以下辩护意见:(1)认定于欢犯故意伤害罪的证据不足。公安机关对现场椅子是否被移动、椅子上是否有指纹、现场是否有信号干扰器、讨债人员驾驶的无牌或套牌车内有无枪支和刀具等事实没有查明;冠县公安局民警有处警不力之嫌,冠县人民检察院有工作人员是杜某2的亲属,上述两机关均与本案存在利害关系,所收集的证据不应采信;讨债人员除杜某7外都参与串供,且在案发当天大量饮酒,处于醉酒状态,他们的言词除与于欢一方言词印证的之外,不应采信。(2)于欢的行为系正当防卫。从一般防卫看,于欢身材单薄,虽持有刀具,但相对11名身体粗壮且多人有犯罪前科的不法侵害人,仍不占优势,杜某2等人还对于欢的要害部位颈部实施了攻击,故于欢的防卫行为没有超过必要限度;从特殊防卫看,于欢的母亲苏某与吴某一方签订的书面借款合同约定月息2%,而吴某一方实际按10%收取,在苏某按书面合同约定利息还清借款后,讨债人员仍然以暴力方式讨债,根据《最高人民检察院关于强迫借贷行为适用法律问题的批复》,构成抢劫罪,于欢捅刺抢劫者的行为属特殊防卫,不构成犯罪。(3)即使认定于欢构成犯罪,其具有如下量刑情节:属防卫过当、自首,一贯表现良好,缺乏处置突发事件经验;杜某2等人侮辱苏某、殴打于欢,有严重过错;杜某2受伤后自行驾车前往距离相对较远的医院救治,耽误了约5分钟的救治时间,死亡结果不能全部归责于于欢。辩护人当庭出示了讨债人员驾驶无牌或套牌车辆的现场监控录像截图、杜某2亲属系冠县人民检察院工作人员的网页截图、驾车从现场分别到冠县人民医院和冠县中医院的导航路线截图等3份证据材料。

山东省人民检察院出庭检察员发表以下出庭意见:(1)原判对案件事实认定不全面。一是未认定于欢母亲苏某、父亲于某1在向吴某、赵某1高息借款100万元后,又借款35万元;二是未认定2016年4月1日、13日吴某、赵某1纠集多人违法索债;三是未认定4月14日下午赵某1等人以盯守、限制离开、扰乱公司秩序等方式索债;四是未具体认定4月14日晚杜某2等人采取强收手机、弹烟头、辱骂、暴露下体、脱鞋捂嘴、扇拍面颊、揪抓头发、限制人身自由等方式对苏某和于欢实施的不法侵害。(2)原判认为于欢持尖刀捅刺被害人不具有正当防卫意义上的不法侵害前提,属于适用法律错误。于欢的行为具有防卫性质,但明显超过必要限度造成重大损害,属于防卫过当,应当负刑事责任,但应当减轻或者免除处罚。检察员当庭宣读、出示了新收集、调取的证人赵某2、李某2的证言,侦查实验笔录及行驶路线图,手机通话记录,计划外生育费收据及说明,接处警登记表及说明,有关于某1曾任冠县国税局柳林分局副局长、因不正常上班于2015年被免职的文件,吴某因涉嫌非法拘禁被立案侦查的立案登记表,鉴定机构资格证书、鉴定人资格证书复印件,以及证人苏某、张某1、马某、刘某、于某2、张某2、杜某7、张某3、朱某、徐某的补充证言,被害人程某的补充陈述,上诉人于欢的补充供述等23份证据材料。

被害人杜某2近亲属委托的诉讼代理人提出以下意见:(1)原判对作案刀具的认定定性不准、来源有误。于欢使用的尖刀应属管制刀具,被害人郭某1陈述看见于欢拉开衣服拉链从身上拿出刀具。(2)原判定罪量刑不当。于欢的行为构成故意杀人罪;民警处警时,不法侵害已经结束,于欢的捅刺行为不具备正当防卫的前提条件,不构成正当防卫或防卫过当,应当维持原判量刑。(3)应依法判令于欢赔偿附带民事诉讼上诉人的全部经济损失。

被害人郭某1及其诉讼代理人、被害人严某的诉讼代理人提出以下意见:(1)作案刀具来源不清。(2)于欢的行为不构成正当防卫或防卫过当,应当维持原判定罪量刑。

上述内容,既包括上诉状、辩护词、代理词、出庭意见书等书面材料记载的意见,也包括各方当庭口述发表的意见。而且,判决书对各方的意见均作了精准概括,虽然本案诉讼参与人数量多、各自所提意见涉及多方面,但由于判决书制作者对此精心归纳、提炼,表达上做到了层次清晰、布局合理、内容清楚、丝毫不显凌乱。

一般来说,诉讼参与各方发表意见的途径主要有两种:一是向法庭提供书面材料,二是当庭发表意见。制作裁判文书时表述诉讼参与各方的意见,是依据书面材料还是当庭意见,值得关注。

从实践来看,向法庭提交书面材料反映意见,有的在开庭前提交,有的在庭审宣读后直接交予法庭,个别的是在庭审后经修改完善后再提交法庭。在文书制作时,有的法官基于操作便利等考虑,往往直接摘录、概括书面材料的观点。这样做的一个直接后果就是,不能全面反映各方的意见和观点。因为,相对于控辩激烈交锋下的极为丰富的庭审信息,事先所准备的书面材料的内容往往是固定的,也时常是不全面的。特别是有的诉讼参与人还会根据庭审情况调整自己发言的具体内容,事先准备的意见未必当庭提出,事前未提及的观点可能随即迸发。简单地依据书面材料概括、提炼相关诉辩意见、观点,既不够全面也不够稳妥,还不利于回应人民群众的关切。

按照庭审实质化的要求,诉讼证据出示在法庭,案件事实查明在法庭,诉辩意见发表在法庭,裁判结果形成在法庭,所以,对于开庭审理的案件,诉讼参与各方的意见向法庭提交的法定渠道,原则上应是"庭审",且应当以口述的言词方式当庭提出,这样才有助于相对方提出答辩意见,才有利于法庭贯彻控辩对抗、裁判中立的理念。

与此相对应的是,**裁判文书所反映的诉讼参与方的意见应当是各自当庭发表、经过辩论的意见(而不能局限于上诉状、辩护词、代理词、出庭意见书等书面材料)**。并且,判决书应当全面反映各方的意见,避免遗漏。当然,全面反映不是照搬照抄,应当加以概括、提炼,对一些似是而非的内容要作出修饰、调整,完全不合理的还可以"适当取舍"。但在总体上应力求表述完整、准确、精练。在此方面,于欢故意伤害案的二审判决书可供借鉴。

二、严格地依照证据认定案件事实

重大、热点刑事案件在庭审中往往会呈现多方面的"事实",其中既有检察机关指控的"事实",也有被告人及其辩护人主张的"事实",在有被害人出庭的案件以及刑事附带民事诉讼案件中,还会存在被害方陈述的"事实"等。这些"事实"既有客观属实的,也有与实际出入很大甚至完全虚构的;彼此之间既可能比较接近,也可能大相径庭等。这就要求法庭在认定案件事实时必须牢固坚持证据裁判的立场,"一切靠证据说话",并坚持对案件事实进行全面、客观的认定、表述。

于欢故意伤害案的二审判决书认定的事实如下:

经审理查明:上诉人于欢的母亲苏某在山东省冠县工业园区经营山东源大工贸有限公司(以下简称源大公司),于欢系该公司员工。2014年7月28日,苏某及丈夫于某1向吴某、赵某1借款100万元,双方口头约定月息10%。至2015年10月20日,苏某共计还款154万元。其间,吴某、赵某1因苏某还款不及时,曾指使被害人郭某1(男,时年29岁)等人采取在源大公司车棚内驻扎、在办公楼前支锅做饭等方式催债。2015年11月1日,苏某、于某1再向吴某、赵某1借款35万元。其中10万元,双方口头约定月息10%;另外25万元,通过签订房屋买卖合同,用于某1名下的一套住房作为抵押,双方约定如逾期还款,则将该住房过户给赵某1。2015年11月2日至2016年1月6日,苏某共计向赵某1还款29.8万元。吴某、赵某1认为该29.8万元属于偿还第一笔100万元借款的利息,而苏某夫妇认为是用于偿还第二笔借款。吴某、赵某1多次催促苏某夫妇继续还款或办理住房过户手续,但苏某夫妇未再还款,亦未办理住房过户。

2016年4月1日,赵某1与被害人杜某2(男,殁年29岁)、郭某1等人将于某1上述住房的门锁更换并强行入住,苏某报警。赵某1出示房屋买卖合同,民警调解后离去。同月13日上午,吴某、赵某1与杜某2、郭某1、杜某7等人将上述住房内的物品搬出,苏某报警。民警处警时,吴某称系房屋买卖纠纷,民警告知双方协商或通过诉讼解决。民警离开后,吴某责骂苏某,并将苏某头部按入坐便器接近水面位置。当日下午,赵某1等人将上述住房内物品搬至源大公司门口。其间,苏某、于某1多次拨打市长热线求助。当晚,于某1通过他人调解,与吴某达成口头协议,约定次日将住房过户给赵某1,此后再付30万元,借款本金及利息即全部结清。

同月14日,于某1、苏某未去办理住房过户手续。当日16时许,赵某1纠集郭某2、郭某1、苗某、张某3到源大公司讨债。为找到于某1、苏某,郭某1报警称源大公司私刻财务章。民警到达源大公司后,苏某与赵某1等人因还款纠纷发生争吵。民警告知双方协商解决或到法院起诉后离开。李某3接赵某1电话后,伙同么某、张某2和被害人严某(男,时年26岁)、程某(男,时年22岁)到达源大公司。赵某1等人先后在办公楼前呼喊,在财务室内、餐厅外盯守,在办公楼门厅外烧烤、饮酒,催促苏某还款。其间,赵某1、苗某离开。20时许,杜某2、杜某7赶到源大公司,与李某3等人一起饮酒。20时48分,苏某按郭某1要求到办公楼一楼接待室,于欢及公司员工张某1、马某陪同。21时53分,杜某2等人进入接待室讨债,将苏某、于欢的手机收走放在办公桌上。杜某2用污秽语言辱骂苏某、于欢及其家人,将烟头弹到苏某胸前衣服上,将裤子褪至大腿处裸露下体,朝坐在沙发上的苏某等人左右转动身体。在马某、李某3劝阻下,杜某2穿好裤子,又脱下于欢的鞋让苏某闻,被苏某打掉。杜某2还用手拍打于欢面颊,其他讨债人员实施了揪抓于欢头发或按压于欢肩部不准其起身等行为。22时7分,公司员工刘某打电话报警。22时17分,民警朱某带领辅警宋某、郭某3到达源大公司接待室了解情况,苏某和于欢指认杜某2殴打于欢,杜某2等人否认并称系讨债。22时22分,朱某警告双方不能打架,然后带领辅警到院内寻找报警人,并给值班民警徐某打电话通报警情。于欢、苏某欲随民警离开接待室,杜某2等人阻拦,并强迫于欢坐下,于欢拒绝。杜某2等人卡于欢项部,将于欢推拉至接待室东南角。于欢持刃长15.3厘米的单刃尖刀,警告杜某2等人不要靠近。杜某2出言挑衅并逼近于欢,于欢遂捅刺杜某2腹部一刀,又捅刺围逼在其身边的程某胸部、严某腹部、郭某1背部各一刀。22时26分,辅警闻声返回接待室。经辅警连续责令,于欢交出尖刀。杜某2等四人受伤后,分别被杜某7等人驾车送至冠县人民医院救治。次日2时18分,杜某2经抢救无效,因腹部损伤造成肝固有动脉裂伤及肝右叶创伤导致失血性休克死亡。严某、郭某1的损伤均构成重伤二级,程某的损伤构成轻伤二级。

本院查明上诉人于欢给上诉人杜某1等7人和原审附带民事诉讼原告人严某、程某造成的物质损失与原判相同。

于欢故意伤害案的二审判决书对案件事实的上述认定与表述，具有以下鲜明的特点：

（一）基于证据认定案件事实

党的十八届四中全会在论及以审判为中心的诉讼制度改革时，明确要求坚持证据裁判原则。证据裁判，也是刑事诉讼中的一项基本原则，它要求"事实认定必须依据有关证据作出，没证据不得认定事实"。

于欢案的二审注重贯彻证据裁判原则，判决书立足于经庭审举证、质证的被害人陈述，被告人供述和辩解，证人证言，视听资料，现场勘验、检查笔录，鉴定意见和有关书证材料，医疗证明和医生的证言以及检察机关补充提取的五个方面的证据，客观地还原了本案的全部案情，既揭示出案件事实的基本脉络，也展示了人民群众关注的相关细节，通过"让证据说话"，澄清了网传的一些失实的事实、情节，稳妥且有效地回应了社会的关切。

（二）无证据支持和无关的事实主张不予认定

在于欢故意伤害案二审中，上诉人于欢及其辩护人提出了"被害人杜某伤后自行驾车前往冠县人民医院，而未去距离更近的冠县中医院，且到医院后还与门卫发生冲突，延误救治，导致失血过多死亡""被害人有亲属在当地检察机关、政府部门任职，可能干预审判"等主张，被害人郭某1、严某及其诉讼代理人提出了于欢在案发前已准备了管制刀具、案发时"拉开衣服拉链从身上拿出刀具"等主张，出庭检察员提出了被告人父母存在计划外生育、因不正常上班被免职等主张。

对诉讼参与各方的上述事实主张，二审法院立足于在卷证据材料逐一进行了审查、回应，对其中没有证据证明的、与已经查明事实明显不符的以及与本案定罪量刑没有关联的，果断不予支持、不作案件事实认定。

(三)坚持对案件事实全面认定、表述

定罪量刑必须以事实为根据。这里的事实既包括直接关乎案件定性的关键事实、核心事实,也包括可能影响量刑的案件前因后果等方面的关联事实、边际事实,只有把涉及案件定罪量刑的事实全面发掘出来,才能够客观、准确地认定案件性质并适当量刑。同时,也有助于澄清网传不实事实、情节,回应人民群众的关切,并实现司法的公开透明。于欢案一审判决之所以引发社会的广泛关注和炒作,也与一审法院未能查明和完整表述案件全部事实有直接关系。

二审判决书中明确指出,认定事实不全面是原审判决存在的突出问题之一。原判仅认定了案发当天被告人于欢故意伤害他人的事实经过,但未能查清也未能具体认定、表述引起该案发生的"前因"及相关背景因素。事实上,案发前被害人杜某2等人在吴某、赵某1的纠集下多次实施骚扰于欢之母苏某的正常生活、干扰苏某所属源大公司的生产经营等逼债行为。苏某一方也曾拨打"110""市长热线"等求助,但吴某、杜某2等人的行为未能受到有效制约并变本加厉,以致最终引发此案。该事实、情节不仅是认定被害人存在严重过错的事实基础,而且是判断于欢的行为是否具有防卫性质进而对其准确地定罪量刑的客观依据。

针对原判认定、表述事实不够全面的问题,二审判决重点叙述了被害人杜某2一方"辱母"的具体言行、于欢持刀捅刺四被害人的详细经过和杜某2被救治的具体情况等社会关注的重要事实,并全面认定了双方高息借贷经过、案发前被害人杜某2等在吴某、赵某1纠集下多次实施的逼债行为等事实、情节。全面认定和表述案件事实,不仅最大限度地回应了人民群众的关切,也为判决书说理评判和裁判奠定了坚实基础。

三、认真梳理证据实现精准的表达

于欢故意伤害案件发生时,现场人员较多,侦查机关调取数十位证人的证言、多名被害人的陈述,加之视频资料、现场勘验、检查笔录、鉴定意见、被害人入院救治方面的证据等,案件证据材料较多。在案件二审期间,出庭检察员又当庭宣读、出示了新收集、调取的证人证言、侦查实验笔录及行驶路线图、手机通话记录和原证人、被害人、被告人的补充证言、陈述和供述等 23 份证据材料，辩护人则当庭出示了讨债人员驾驶无牌或套牌车辆的现场监控录像截图、被害人亲属系冠县人民检察院工作人员的网页截图、驾车从现场分别到冠县人民医院和冠县中医院的导航路线截图 3 份证据材料，这使二审法庭面对的案件证据材料种类更加丰富、内容更加庞杂。

对上述这些证据材料，一方面，需要法庭经过开庭审理，双方举证、质证，对证据材料作出认证、取舍。另一方面，对经过认证、作为定案依据的证据要进行梳理，做好证据的摘录和列举。

二审判决在对各方意见评判中指出，"辩护人当庭提交的 3 份新证据材料，出庭检察员当庭提交的有关苏某计划外生育被罚款的收费收据、于欢父亲于某 1 身份信息的新证据材料，或者不具有客观性，或者与案件无关联性，本院不予采信"。但基于事实认定需要，采纳了检察机关补充提交的聊城市人民检察院提取的银行转账凭证证明、通话清单证明以及冠县公安局制作的侦查实验笔录证明 3 份证据，体现了对证据裁判原则的严格坚持，也由此划定了本案定案证据的具体范围。

于欢故意伤害案的二审判决书对证据的具体表述如下：

上述事实，有经庭审举证、质证的下列五方面证据予以证明，本院予以确认。

一、被害人陈述、被告人供述和辩解

1. 被害人程某、郭某 1、严某（均系讨债人员）陈述（略）。

2. 上诉人于欢供述和辩解（略）。

二、证人证言

1. 证人苏某的证言（略）。

2. 证人郭某 2、杜某 7、张某 2、张某 3、么某、李某 3、苗某（均系讨债人员）关于 2016 年 4 月 14 日下午讨债过程的证言与被害人程某、严某、郭某 1 的陈述相印证。张某 3 还证明……（略）。

3. 证人于某 2、刘某、马某、张某 1（均系源大公司员工，除马某外均系于欢亲戚）的证言（略）。

4. 证人吴某、赵某 1（均因涉嫌刑事犯罪另案处理）的证言（略）。

5. 证人张某4、卢某、康某的证言与赵某1、吴某的证言相印证。张某4还证明……(略)。

6. 证人朱某(民警)的证言(略)。

7. 证人宋某、郭某3(辅警)的证言与朱某的证言相印证,并证明……(略)。

8. 证人徐某(民警)的证言(略)。

三、视频资料、现场勘验、检查笔录、鉴定意见和有关书证材料

1. 冠县公安局出具的执法记录视频证明(略)。

2. 冠县公安局提取的源大公司监控视频证明(略)。

3. 冠县公安局制作的现场勘验笔录及照片证明(略)。

4. 冠县公安局出具的提取笔录、扣押物品清单及聊城市公安局出具的DNA检验鉴定意见证明(略)。

5. 冠县公安局出具的尸体检验鉴定意见证明(略)。

6. 聊城市公安局出具的理化检验鉴定意见证明(略)。

7. 司法鉴定科学技术研究所出具的人体损伤检验鉴定意见证明(略)。

8. 冠县公安局出具的人体损伤检验鉴定意见证明(略)。

9. 冠县公安局提取的借款合同、房屋买卖合同、电子银行回单、房产证证明(略)。

10. 冠县公安局出具的接处警登记表、接处警详情、情况说明证明(略)。

11. 冠县公安局出具的户籍材料证明于欢及杜某2、郭某1、严某、程某的出生日期等情况。

四、医疗证明和医生的证言

1. 冠县人民医院出具的情况说明、病历、死亡记录证明(略)。

2. 冠县人民医院的病历、解放军总医院的住院病案及收费票据证明(略)。

3. 证人李某2、赵某2(均系医生)的证言(略)。

五、检察机关补充提取的证据

1. 聊城市人民检察院提取的银行转账凭证证明(略)。

2. 聊城市人民检察院提取的通话清单证明(略)。

3. 冠县公安局制作的侦查实验笔录证明(略)。

由上可知,本案据以定案的证据种类繁多、内容庞杂。二审判决书紧扣裁

判认定的事实,从"证据摘录"与"证据列举"两个环节对相关证据作了精心梳理。

(一)证据摘录

在证据摘录上,遵循准确、客观、中立、全面、匹配事实、详略得当等要求,着重从六个方面对在案证据进行整理。

(1)根据裁判认定事实摘录证据具体内容,重点关注直接关乎定罪量刑的关键性信息。

(2)对被告人有利和不利的证据内容全面反映。

(3)大幅归纳、合并内容重复的证人证言、被害人陈述等证据。

(4)妥善处理证据摘录上的详略关系,对重要信息引用原话、详加表述,不重要的证据信息一笔带过,无关的信息坚决不列。

(5)重视书证、视听资料、现场勘验、检查笔录、鉴定意见等客观证据,对相关证据内容详细摘录,注重发挥客观证据的证明作用。

(6)不忽略证据的附随信息,列明证据的来源和取证机关等。

(二)证据排列

在证据排列上,二审判决书制作时重点做了以下工作:

(1)按照"被害人陈述、被告人供述和辩解""证人证言""视频资料、现场勘验、检查笔录、鉴定意见和有关书证材料""医疗证明和医生的证言""检察机关补充提取的证据"五个板块列举证据,重视各类证据在证明体系上的内在逻辑性和形式排列上的条理性。

(2)贯彻中立裁判立场,平等对待控辩证据,将各自的相关证据交替罗列。比如,将被害人陈述与被告人供述和辩解放在一起表述;在证人证言部分,先列举在现场的证人证言,再列举其他证人证言。列出于欢之母苏某的证言后,随之表述被害人一方的相关证人证言等。

(3)突出对新证据的认证。将采纳的检察机关补充提交的3份新证据单独列出,并较为具体地表述其证据内容,积极展示庭审实质化的改革成果。

特别值得指出的是,在对待和处理证据方面,于欢故意伤害案的二审判决书在做好内容摘录和有序排列的基础上,还从裁判说理的角度对证据上的争议问题详加分析,最大限度地回应了控辩双方的观点,具体详见下文分析。

于欢案二审判决书处理证据的上述做法具有重要参考价值。从审判实践看,目前裁判文书在证据摘录和列举中存在的突出问题是:

(1)证据摘录不全,遗漏关键性信息、证据来源及特征等。

(2)证据摘录不中立,容易忽视一些有利于被告人的信息。

(3)证据与事实脱节,与裁判认定的案件事实不匹配、不一致,量刑事实时常被忽略。

(4)罗列的证据与案件事实之间缺乏相关性,或者为明显多余的证据材料。

(5)在对具体证据的内容摘录和全案证据的整体处理上,均存在繁简不分的问题。

(6)定案的证据未经庭审出示、质证,未经庭审举证、质证的可能是单个证据,也可能是该证据的某些重要信息。

(7)证据列举随意、混乱、无序。

(8)对证据内容的语言表达不清晰、不规范、不准确。

(9)以证据罗列代替证据分析、说理等。

如何恰当地表述证据,直接关乎裁判文书的制作质量。由上述分析可见,在这方面,于欢故意伤害案的二审判决书无疑为我们提供了一个重要范本。

四、聚焦争点对各方意见公正评判

刑事裁判文书制作中,法庭不仅要对其所认定的事实加以全面论证,而且要对诉讼参与各方所提的证据及事实主张、法律适用意见等是否采纳予以全面、充分的评析、判定,作出确定性的裁判结论。最高人民法院在相关司法文件中也反复强调,要"**加强对质证中有争议证据的分析、认证,增强判决的说理性**"。这是提高裁判文书制作质量和水平的重要方面。

于欢故意伤害案的二审判决书对各方的意见评判内容如下:

综合考虑各上诉人的上诉意见、辩护人的辩护意见、山东省人民检察院的出庭意见、被害人及各诉讼代理人的意见,庭审调查的证据和查明的事实,根据相关法律规定,本院评判如下:

一、关于事实和证据

1. 上诉人于欢所提苏某实际是向吴某借款,原判未认定吴某、赵某1多次纠集人员对苏某暴力索债,案发时杜某2等人受吴某、赵某1指使,采用非法限制自由的方式讨债并对于欢、苏某侮辱、殴打的上诉意见和山东省人民检察院的相关出庭意见,与查明的事实基本相符,本院予以采纳。

2. 上诉人于欢及其辩护人所提原判未认定杜某2受伤后自行驾车前往冠县人民医院,而未去距离更近的冠县中医院,且到医院后还与门卫发生冲突,延误救治,导致失血过多死亡的上诉意见及辩护意见,与查明的事实不符。经查,多名证人反映杜某2是由杜某7驾车送医院治疗,而非自行前往;选择去人民医院而未去更近的中医院抢救,是因为人民医院是当地最好且距离也较近的医院,侦查实验证明从现场前往人民医院较前往中医院仅多约2分钟车程。故对于欢及其辩护人的该上诉意见及辩护意见,本院不予采纳。

3. 关于辩护人所提认定于欢犯故意伤害罪证据不足的相关辩护意见:(1)所提侦查机关对现场椅子是否移动、椅子上是否有指纹等事实未能查清的辩护意见,或者与查明的事实不符,或者对本案定罪量刑缺乏价值。(2)所提公安、检察机关有人与案件存在利害关系,两机关所收集的证据不应采信的辩护意见,经查,冠县公安局和冠县人民检察院依法收集的相关证据,客观真实地证明了案件相关事实,本案亦不存在依法应予回避的情形,故相关证据可作定案证据使用。(3)所提讨债人员串供、醉酒,应当排除其证言的辩护意见,经查,案发后讨债人员仅就涉案高息借贷的实际发放者进行串供,该节事实不影响本案定罪量刑,原审及本院亦未采信相关证据;没有证据证明讨债人员就其他事实有过串供,讨债人员对有关案件事实的证言能够得到在案其他证人证言及被告人供述和辩解等证据的印证;案发当天讨债人员大量饮酒属实,但没有证据证明讨债人员因为醉酒而丧失作证能力,排除其证言于法无据。故对辩护人的上述辩护意见,本院不予采纳。

4. 被害人及其诉讼代理人所提原判未认定作案尖刀系管制刀具,来源未能查清的意见,经查,根据外观特征认定本案的作案工具为尖刀,并无不当;只有被害人郭某1一人陈述于欢从身上拿出尖刀,该陈述与在场的其他被害人陈述及有关证人证言等证据不符,且该尖刀是否为于欢事前准备,不影响于欢的行为是否具有防卫性质的认定。故对上述意见,本院不予采纳。

5.辩护人当庭提交的3份新证据材料,出庭检察员当庭提交的有关苏某计划外生育被罚款的收费收据、于欢父亲于某1身份信息的新证据材料,或者不具有客观性,或者与案件无关联性,本院不予采信。

二、关于法律适用

1.上诉人于欢的行为是否具有防卫性质。上诉人及其辩护人、出庭检察员均认为,于欢的行为具有防卫性质;被害人及其诉讼代理人认为,于欢的捅刺行为不具备正当防卫的前提条件。

经查,案发当时杜某2等人对于欢、苏某实施了限制人身自由的非法拘禁行为,并伴有侮辱和对于欢间有推搡、拍打、卡项部等肢体行为。当民警到达现场后,于欢和苏某欲随民警走出接待室时,杜某2等人阻止二人离开,并对于欢实施推拉、围堵等行为,在于欢持刀警告时仍出言挑衅并逼近,实施正当防卫所要求的不法侵害客观存在并正在进行。于欢是在人身安全面临现实威胁的情况下才持刀捅刺,且其捅刺的对象都是在其警告后仍向前围逼的人,可以认定其行为是为了制止不法侵害。故原判认定于欢捅刺被害人不存在正当防卫意义上的不法侵害确有不当,应予纠正;对于欢及其辩护人、出庭检察员所提于欢的行为具有防卫性质的意见,本院予以采纳;对被害人及其诉讼代理人提出的相反意见,本院不予采纳。

2.上诉人于欢的行为是否属于特殊防卫。辩护人提出,根据有关司法解释,讨债人员的行为构成抢劫罪,于欢捅刺抢劫者的行为属特殊防卫,不构成犯罪;出庭检察员、被害人及其诉讼代理人持反对意见。

根据刑法规定,对正在进行的行凶、杀人、抢劫、强奸、绑架以及其他严重危及人身安全的暴力犯罪,公民有权进行特殊防卫。但本案并不存在适用特殊防卫的前提条件。经查,苏某、于某1系主动通过他人协调、担保,向吴某借贷,自愿接受吴某所提10%的月息。既不存在苏某、于某1被强迫向吴某高息借贷的事实,也不存在吴某强迫苏某、于某1借贷的事实,与司法解释有关强迫借贷按抢劫罪论处的规定不符。故对辩护人的相关辩护意见,本院不予采纳;对出庭检察员、被害人及其诉讼代理人提出的于欢行为不属于特殊防卫的意见,本院予以采纳。

3.上诉人于欢的防卫行为是否属于防卫过当。于欢提出其行为属于正当防卫或防卫过当,其辩护人提出于欢的防卫行为没有超过必要限度,属于正当防卫;出庭检察员提出,于欢的行为属于防卫过当。

根据刑法规定,正当防卫明显超过必要限度造成重大损害的,属于防卫过当,应当负刑事责任。评判防卫是否过当,应当从不法侵害的性质、手段、紧迫程度和严重程度,防卫的条件、方式、强度和后果等情节综合判定。根据本案查明的事实及在案证据,杜某2一方虽然人数较多,但其实施不法侵害的意图是给苏某夫妇施加压力以催讨债务,在催债过程中未携带、使用任何器械;在民警朱某等进入接待室前,杜某2一方对于欢母子实施的是非法拘禁、侮辱和对于欢拍打面颊、揪抓头发等行为,其目的仍是逼迫苏某夫妇尽快还款;在民警进入接待室时,双方没有发生激烈对峙和肢体冲突,当民警警告不能打架后,杜某2一方并无打架的言行;在民警走出接待室寻找报警人期间,于欢和讨债人员均可透过接待室玻璃清晰看见停在院内的警车警灯闪烁,应当知道民警并未离开;在于欢持刀警告不要逼过来时,杜某2等人虽有出言挑衅并向于欢围逼的行为,但并未实施强烈的攻击行为。即使四人被于欢捅刺后,杜某2一方也没有人对于欢实施暴力还击行为。于欢的姑母于某2证明,在民警闻声返回接待室时,其跟着走到大厅前台阶处,见对方一人捂着肚子说"没事没事,来真的了"。因此,于欢面临的不法侵害并不紧迫和严重,而其却持利刃连续捅刺四人,致一人死亡、二人重伤、一人轻伤,且其中一人即郭某1系被背后捅伤,应当认定于欢的防卫行为明显超过必要限度造成重大损害。故对出庭检察员及于欢所提本案属于防卫过当的意见,本院予以采纳;对辩护人所提于欢的防卫行为未超过必要限度的意见,本院不予采纳。

4.上诉人于欢的行为是否构成故意杀人罪。被害人杜某2近亲属委托的诉讼代理人提出,于欢的行为构成故意杀人罪。经查,虽然于欢连续捅刺四人,但捅刺对象都是当时围逼在其身边的人,未对离其较远的其他不法侵害人进行捅刺,亦未对同一不法侵害人连续捅刺。可见,于欢的目的在于制止不法侵害并离开接待室,在案证据不能证实其具有追求或放任致人死亡危害结果发生的故意。故对上述代理意见,本院不予采纳。

5.上诉人于欢是否构成自首。于欢及其辩护人提出,于欢构成自首。经查,执法记录视频及相关证据证明,在于欢持刀捅人后,在源大公司院内处警的民警闻声即刻返回接待室。民警责令于欢交出尖刀,于欢并未听从,而是要求先让其出去,经民警多次责令,于欢才交出尖刀。可见,于欢当时的表现只是未抗拒民警现场执法,并无自动投案的意思表示和行为,依法不构成自首。故对此上诉意见和辩护意见,本院不予采纳。

三、关于刑罚裁量

上诉人于欢及其辩护人提出,于欢具有自首情节,平时表现良好,且被害方有严重过错等从宽处罚情节,原判量刑畸重;出庭检察员提出,对于欢依法应当减轻或免除处罚;被害人及其诉讼代理人提出,应当维持原判量刑。

经查,在吴某、赵某1指使下,杜某2等人除在案发当日对于欢、苏某实施非法拘禁、侮辱及对于欢间有推搡、拍打、卡项部等肢体行为,此前也实施过侮辱苏某、干扰源大公司生产经营等逼债行为。于欢及其母亲苏某连日来多次遭受催逼、骚扰、侮辱,导致于欢实施防卫行为时难免带有恐惧、愤怒等因素。对于欢及其辩护人所提本案被害方存在严重过错、原判量刑畸重等上诉意见和辩护意见,本院予以采纳。

本院还查明,本案系由吴某等人催逼高息借贷引发,苏某多次报警后,吴某等人的不法逼债行为并未收敛。案发当日被害人杜某2曾当着于欢之面公然以裸露下体的方式侮辱其母亲苏某,虽然距于欢实施防卫行为已间隔约20分钟,但于欢捅刺杜某2等人时难免不带有报复杜某2辱母的情绪,在刑罚裁量上应当作为对于欢有利的情节重点考虑。杜某2的辱母行为严重违法、亵渎人伦,应当受到惩罚和谴责,但于欢在实施防卫行为时致一人死亡、二人重伤、一人轻伤,且其中一重伤者系于欢持刀从背部捅刺,防卫明显过当。于欢及其母亲苏某的人身自由和人格尊严应当受到法律保护,但于欢的防卫行为超出法律所容许的限度,依法也应当承担刑事责任。认定于欢行为属于防卫过当,构成故意伤害罪,既是严格司法的要求,也符合人民群众的公平正义观念。

根据刑法规定,故意伤害致人死亡的,处十年以上有期徒刑、无期徒刑或者死刑;防卫过当的,应当减轻或者免除处罚。于欢的防卫行为明显超过必要限度造成重大伤亡后果,减轻处罚依法应当在三至十年有期徒刑的法定刑幅度内量刑。于欢在民警尚在现场调查,警车仍在现场闪烁警灯的情形下,为离开接待室而持刀防卫,为摆脱对方围堵而捅死捅伤多人,且除杜某2外,其他三人并未实施侮辱于欢母亲的行为。综合考虑于欢犯罪的事实、性质、情节和危害后果,对出庭检察员所提对于欢减轻处罚的意见,本院予以采纳;对被害人及其诉讼代理人所提维持原判量刑的意见,本院不予采纳。

四、关于诉讼程序

上诉人于欢提出,本案存在办案机关违反回避规定的情形。经查,被害人杜某2确有亲属在冠县检察机关、政府部门任职,但此事实并非法定的回避事由,本案也不存在刑事诉讼法规定的其他应予回避或移送、指定管辖的情形。故对上述意见,本院不予采纳。

本院认为,上诉人于欢持刀捅刺杜某2等四人,属于制止正在进行的不法侵害,其行为具有防卫性质;其防卫行为造成一人死亡、二人重伤、一人轻伤的严重后果,明显超过必要限度造成重大损害,构成故意伤害罪,依法应负刑事责任。鉴于于欢的行为属于防卫过当,于欢归案后能够如实供述主要罪行,且被害方有以恶劣手段侮辱于欢之母的严重过错等情节,对于欢依法应当减轻处罚。于欢的犯罪行为给上诉人杜某1、许某、李某1、杜某3、杜某4、杜某5、杜某6和原审附带民事诉讼原告人严某、程某造成的物质损失,应当依法赔偿。上诉人杜某1等所提判令于欢赔偿死亡赔偿金、被抚养人生活费的上诉请求于法无据,本院不予支持,对杜某2四名未成年子女可依法救济。原判认定于欢犯故意伤害罪正确,审判程序合法,但认定事实不全面,部分刑事判项适用法律错误,量刑过重,依法应予改判。

分析可见,于欢故意伤害案的二审判决书主要从以下六个方面强化了说理评判:

(1)归纳诉讼参与各方的争议焦点。将各方的意见概括为"事实和证据""法律适用""刑罚裁量""诉讼程序"四个方面,将控辩对抗的庭审特质充分展示出来,文书评判和说理更有针对性,也更加条理清晰、层次感强。特别是,这几方面也是人民群众关注和热议的焦点。通过概括归纳案件的争点、疑点,也有利于直面矛盾问题,回应社会关切。

(2)坚持中立裁判立场,加强回应性说理。**在提出每个问题后,首先摆出各方的争执性意见,然后进行评判,指明各自存在的问题,最后给出是否采纳的确**

定性的评判意见。

（3）评判各方意见时，紧密结合案件事实、证据、程序、法律、情理、逻辑等展开，抽丝剥茧，层层剖析，辨法析理，以理服人。

（4）列出专题探讨本案的事实、证据问题，重视对双方质证中有争议的证据的分析、认证。

（5）针对各方在量刑上的不同诉求，并考虑人民群众对量刑的高度关注，专门阐述刑罚裁量的具体依据。二审判决书综合分析了于欢行为的危害后果、于欢当庭不认罪、无悔罪表示和杜某2侮辱行为及其对于欢情绪的影响、被害方过错、于欢归案后如实供述等法定、酌定从重、从宽量刑情节，较为清晰地释明了对于欢防卫过当行为予以显著减轻处罚、判处五年实刑的缘由。

（6）针对各方争议的焦点，敢于审查、勇于发声、表明立场，突出地表现在对诉讼程序的审查和判断上。二审判决书把"程序审查"作为一个专门问题，对被告人及其辩护人提出的被害人亲属在检察机关、政府部门任职，可能干扰案件查办，应当排除相关证据、对案件移送或指定管辖等意见，进行认真审查并立足于事实和证据进行了评判。

上述聚焦案件疑点、争点与难点，注重回应性说理的做法，对裁判文书制作尤其是社会关注度高、控辩双方争议大的刑事热点案件的文书制作，具有重要借鉴意义。

从审判实践看，虽然目前刑事法官对裁判文书说理的重要性都有所认识，但不知如何评判说理的问题仍比较突出。主要表现有：

（1）对争议焦点不归纳、梳理，在评判时针对性不强，分析过于简单，不深入、不充分，浅尝辄止，流于形式化、公式化，空话、套话多，千人一面。诸如"被告人及其辩护人的相关辩解、辩护意见不能成立，不予采纳""被告人及其辩护人的意见缺乏事实和法律依据，不予采纳"等类似表述充斥于很多刑事裁判文书中。

（2）流于"单方评价"或"自说自话"。**有的仅摆出一方的意见，根本不提及相对方的意见，单方评说；有的不针对控辩双方的意见评判，自言自语，明显不符合"控辩对抗、居中裁判"的诉讼理念和要求。**

（3）随意取舍，甚至断章取义，不能客观、全面地反映诉讼参与各方的意见本意,说理也是以偏概全,让人读后感到片面甚至偏袒。

(4)模糊争议焦点,说理轻描淡写、大而化之,或含糊其词、遮遮掩掩,不能针对各方主张逐一评判。**特别是对程序性事项,有的不能直面问题、勇于回应**。

(5)重视采纳、评判控方意见,对被告人及其辩护人的意见回应不够,偏离了中立裁判立场。

(6)分析、评判逻辑混乱,缺层次、无条理,语言不平实,有的过于学术化,让人看不明、读不懂等。[1]

裁判,顾名思义,要在全面倾听双方意见的基础上中立地作出抉择。所以,**裁判文书的说理评判,一要有明确的对象,二要有双方的意见,三要有充分的评判依据,四要有确定的裁判结论**。无对象的评判类似隔空放炮,只有单方的意见就容易沦为自言自语,无依据、不说理的评判无异于妄断,不给出确定性的结论就谈不上裁判。这些做法自然难以让人从心理层面认同和接受判决结论,难以让人信服,司法权威也就难以在人民群众心中树立。所以,**刑事案件裁判文书的制作,不仅要重视评判说理,还要关注评判说理的具体方式方法**。

五、严格依法并充分考虑情理裁判

党的十八届四中全会《决定》中明确要求,"加强法律文书释法说理"。对于社会公众广泛关注的"热点"案件来说,强化裁判释法说理有助于回应社会关切,提升司法权威与公信。

从实际来看,有两种类型的裁判文书尤其难以让人民群众信任:一种是对**案件事实不惜篇幅详加陈述,对裁判结果却轻描淡写,让公众无法知悉裁判所包含的逻辑和规则,不能获得一个满意的"说法"**;另一种是置一般法理于不顾,**在裁判文书中以裁判结果代替逻辑说理,以因为果,令人无法信服并最终损害了司法权威**。[2]所以,裁判文书说理问题直接关乎刑事司法公正与公信。

于欢故意伤害案的第二审判决书非常注重说理,强调以理服人。具体分析如下:

---

[1] 参见于同志:《刑事判决的证据说理》,载《人民法院报》2017年11月22日,第6版。
[2] 参见袁博:《从张船山判词看刑事裁判文书的说理》,载《人民法院报》2017年7月7日,第7版。

(一)重事理

重事理,即注重从生活经验逻辑出发作出评判。例如,从案发时于欢可透过接待室玻璃清晰看见停在院内的警车警灯闪烁,认定于欢"应当知道民警并未离开";从于欢姑母证言所说"见对方一人捂着肚子说'没事没事,来真的了'",认定"于欢面临的不法侵害并不紧迫和严重";从被害人郭某1系被背后捅伤等方面,认定于欢的防卫行为明显超过必要限度造成重大损害;从本案发生于"冠县这个不大的县城",系熟人社会里发生的民间纠纷,认定其"与陌生人之间实施的类似行为的危险性和危害性显有不同",等等。这种基于生活本身的逻辑和理性的推论,容易让当事人和人民群众信服。

(二)重法理

二审判决对本案认定于欢防卫过当、构成故意伤害罪涉及的不法侵害、防卫行为、特殊防卫、防卫限度等相关法律问题,逐一进行了深入的分析、阐释,一方面充分论证了于欢的故意伤害行为构成防卫过当的法律及法理依据,另一方面有力地回应了社会公众的关注与疑虑。

(三)重学理

二审判决在分析于欢行为性质时既紧扣法律条文规定,又充分吸收了学术界关于正当防卫的最新研究成果,积极地将相关学理融合于其中,在对我国刑法学界关于本案定性的激辩观点和争议意见有针对性地作出司法回应的同时,力求丰富发展正当防卫的学术理论。

(四)重情理

二审判决站在人民群众的立场上,将心比心、换位思考,对于欢及杜某2等人的行为进行深入分析、客观评定,既从法律上判断,也从常识常情及伦理道德上分析。

从于欢案舆情发展看,最初引起社会关注的是"辱母"情节。在本案中,被害方实施的侮辱行为主要是针对于欢以外的第三人,即他的母亲。母子之情是诸多人类情感中最神圣、最纯真的,"辱母"对一个人的伤害甚至超过对自己进行侮辱所带来的伤害。如果侮辱他人母亲的行为得不到法律的惩罚,维护自己母亲人格尊严的行为得不到法律的认可,必将引起人神共愤。一审判决恰恰未对此情节充分顾及、恰当评判,因此导致了社会不良情绪的井喷。二审判决基于维护天理人伦、顺应民意的考虑,明确指出:被害人杜某2当着于欢之面公然以裸露下体的方式侮辱其母亲,虽然距于欢实施防卫行为已间隔约20分钟,但于欢捅刺杜某2等人时难免不带有报复杜某2辱母的情绪,此情节"在刑罚裁量上应当作为对于欢有利的情节重点考虑",由此获得社会公众的广泛认可。

由此可见,于欢故意伤害案的二审判决在坚持严格依法裁判的同时,高度关注社情民意,在评判说理时自觉地将案件置于天理、国法、人情之中综合考量,强调裁判既不能背离法律,也不能违背文化传统、常情常理以及人民群众的公平正义观念。有学者指出:"从价值上说,现代法治应当是人性之治,良心之治,常识、常理、常情之治,现代法治中的法律规范,只能是反映人类人性、个人良心共性的社会常识、常理、常情的具体化、规则化。"[1]法治要讲常识常理常情,法官办案也要讲常识常理常情。

事实上,我国是有数千年文化传统的国家,**天理、国法、人情是深深扎根人们心中的正义观念**。法院裁判必须尊重人民群众的朴素情感和基本的道德诉求,自觉维护我国传统文化和社会主义核心价值观所倡导的道德伦理,做到遵循法度、顺应天理、合乎人情,实现法理情的有机结合。

(五)重文理

让人民群众能理解、认同法院判决,还要考虑判决书的形式表达。**判决书既是法院对特定个案裁判活动的书面记载,也是一种社会公共产品,其价值不在于高深的理论,而在于蕴含其中的能为人们感受到的裁判规则和基本道理。判决书要为人民群众所接受,首先必须让人读得懂、看得明白,领会其中传达的道理。**

综观于欢案二审判决书,从文书结构到文字表述,从逻辑顺序到理据分析,

---

[1] 宣海林:《法应当向民众认同的常识、常理、常情靠拢》,载《中国审判》2011年第11期。

都精心打磨,力求用通俗易懂、平实准确的语言,用人民群众易于接受的表达方式,说清裁判的依据和思路,讲明裁判的道理和规则。在裁判说理上讲究充分、透彻,在语言表述上力求准确、妥帖。例如,在评判"辱母"情节时,使用了"严重违法、亵渎人伦,应当受到惩罚与谴责"的表述,用语鲜明,语气强烈;对被害人亲属所提偿付死亡赔偿金、被抚养人生活费的诉求依法不予支持,但考虑到被害人杜某2的4名未成年子女的实际生活困难,又提出"可依法救济",爱憎分明,既较好地贯彻了平等保护理念,也充分体现了司法的善意和温情。"判决有情感、有温度",就容易引人共鸣,由此也会提升裁判的权威性和公信力。

六、积极回应关切打造大众化判决

本案发生背后有复杂的社会背景,一审宣判后人民群众通过网络、纸媒等渠道也传达了多方面的诉求,除呼吁司法机关明确正当防卫及防卫过当的法律边界、充分考虑被害人实施的侮辱行为外,也希冀司法机关对高利贷与非法催收行为说"不",并明确现场处警警察执法是否存在失职渎职等。这些诉求有的属于承办法院的管辖范畴,有的则不属于。对此,裁判文书如何作出恰当的回应需要认真对待,既要依法积极作为,又不能擅自盲目乱为,要全面客观分析情况、依法审慎判断,以实现案件裁判法律效果、社会效果和政治效果的统一。

于欢故意伤害案的二审判决书从落实"三个效果"的目标出发,对公众关注的有关问题均作了积极回应和妥当处理。

(一)从法律效果考量

从法律效果看,本案一审判处无期徒刑,二审在基本事实出入不大的情况下,改判无罪或缓刑不仅有违刑法规定及精神,也将可能对司法公信造成消极影响,并无助于类案的量刑平衡,而判处五年实刑的法律效果相对更好。

(二)从社会效果考量

从社会效果看,引发本案有深层次的社会因素,其中高利贷、非法逼催债是一个重要方面,也是一审宣判后舆论的热点之一,反映了人民群众对此类行为的痛恨。但是,在国家立法未作出正式回应之前,司法如何作为需要考量。二审判决把被害人通过侮辱进行催收的行为定性为"严重违法、手段恶劣",认为这种行为应当受到惩罚和谴责,则鲜明表达了法院对此类行为的否定态度。此外,判决书对警察现场执法问题淡化处理、未予涉及,既恪守了"不告不理"的司法裁判立场,也体现了对有关机关执法形象和公信的关切。

(三)从政治效果考量

从政治效果看,在法治社会中,应当鼓励和引导人民群众通过合法途径来保护自己的权利。在有合法救济程序的情况下,如果纵容当事人采取非法的手段保护自己的权利,就是把私力救济凌驾于国家权力之上,其结果很可能导致社会的混乱。所以,本案的裁判必须平衡国家管理与私力救济之间的关系,引导公民通过正常渠道救济权利,以维护社会稳定与和谐。

实际上,任何一项法律制度都有自身的社会背景、文化渊源、传统特色。正当防卫亦是如此,我们研究和适用正当防卫制度,不能脱离中国的具体国情。**与一些国家允许私人持枪、强调私权保护不同,我国一直倡导"有问题找警察""有困难找政府",所以公民遇到问题首要的还是寻求公力救济,一般是在公力救济救助不及的情况下,才允许私力救济。对于具体个案的裁判,应当体现这一价值导向。**这也是落实案件审判效果的重要方面。于欢故意伤害案发生后,对案件定性的问题,不仅社会公众广泛关注并存在不同认识,法学理论界也有激烈争论,学者中持"正当防卫而无罪"观点的大有人在。[1]但基于以上考虑,二审法院经过审慎判断后毅然给出了"防卫过当"的结论,裁判实现了法律效果、社会效果和政治效果的统一。

在阐释裁判依据时,该案二审判决书从"于欢的行为是否具有防卫性质""于欢的行为是否属于特殊防卫""于欢的防卫行为是否属于防卫过当""于欢的行为是否构成故意杀人罪""于欢是否构成自首"五个方面作了深入分析,并对判处有期徒刑五年的原因进行了专门解读,不仅追求辨法析理、以理服人,而

---

[1] 参见《"辱母杀人案"——二十位著名专家学者点评》,载微信公众号"中国法律评论"2017年3月29日。

且特别重视形式表达,注重用平实而严谨的语言把道理讲清说透,不晦涩、有逻辑、浅显易懂、平易近人。分析相关表述,它们应都是字斟句酌、反复推敲的结果,**其出发点就是打造一份让人们能理解、能接受、能认可的"大众化判决书"**。这对妥善处置人民群众高度关注的热点刑事案件来说,是极其重要的。[1]

---

[1] 参见于同志:《论热点刑事案件裁判文书的制作——以于欢故意伤害案二审判决书为例》,载《人民司法(应用)》2018年第4期。

第七讲　刑事案件常见情节的司法裁量

在刑事司法实践中,长期以来存在一些较为突出的复杂疑难问题,比如,如何把握被害人过错及其对量刑的影响,民间矛盾纠纷激化引起的案件如何量刑,如何处理民事赔偿与刑罚适用的关系,坦白、退赃情节如何适用,如何认定雇凶者与受雇者的罪责,诱惑侦查案件如何裁量等。[1] 对此,不仅在理论上莫衷一是,也时常困扰一线办案人员,故有必要结合实际案例,通过相对深入的分析和研讨,以期形成法律适用上的共识性意见。

一、被害人过错的认定与量刑

被害人过错,是指诱使或促使犯罪人实施加害于己的行为,并对罪责刑产生直接影响的被害人的过失或错误。从犯罪人与被害人之间的关系看,两者是一对矛盾体,互为客体而存在,其中,被害人对犯罪人的加害过程起到一定的影响、制约和推动作用。由此,被害人因素在案件中就可能影响到对犯罪人的定罪量刑。

根据被害人在案件中所起的作用,一般将刑事被害人分为两种类型:

(1)无责性被害人,即指对施害于己的加害行为的发生没有任何道义上或者法律上的责任而遭受侵害的人。

(2)有责性被害人,即指那些本身实施了违法犯罪行为或者违背道德或其

---

[1]　自首、立功情节的认定问题,将在第九讲结合职务犯罪案件的办理具体阐释。

他社会规范的行为以及过失行为,从而与加害行为的发生之间具有一定直接关系的人。

有责性被害人又可以进一步分为以下四种:(1)责任小于加害人的被害人;(2)责任与加害人等同的被害人;(3)责任大于加害人的被害人;(4)负完全责任的被害人。在该四种有责性被害人中,负完全责任的被害人一般是指正当防卫等情形中的被害人,这个意义上的被害人实质上是加害人,因其加害行为而导致正当防卫。至于前三种有责性被害人,尽管对于加害的发生负有一定责任,但加害行为人仍然应构成犯罪,只不过作为一种被害人有过错的犯罪,犯罪人在量刑上应作具体考虑。[1] **这里所说的被害人过错影响量刑,主要是针对这三种有责性被害人而言。**

在现行刑法理论框架中,刑法直接和最终评价的对象是犯罪人的行为,而非被害人的过错行为。被害人的过错行为只能作为一种间接的、以犯罪人的行为为载体的因素加以评价。详言之,被害人过错对于案件处理的影响,主要是由于被害人对危害行为发生存在过错及其过程和程度影响犯罪人的主观恶性与人身危险性,并进而在一定程度上影响行为因果关系的进程。罪责刑相适应是我国刑法的基本原则,罪责越重,刑罚越重;罪责越轻,刑罚越轻。罪责刑相适应原则要求刑罚裁量既应与犯罪行为造成的客观危害性相适应,也要与犯罪人的主观恶性和人身危险相适应。在被害人有过错的案件中,被害人的过错在某种程度上诱使或者促使了犯罪发生,且在犯罪活动中,加害与被害往往相互作用,交织在一起,被害人的过错在一定程度上反映了犯罪人的社会危害性和人身危险性的降低,由此便会影响对犯罪人的处罚力度。

此外,从刑罚预防以及刑罚个别化原则的要求出发,针对犯罪人主观恶性及人身危险性的不同,在量刑上亦应予以体现。由于被害人严重过错而引发犯罪的,犯罪人的罪过显然要小于被害人没有过错的犯罪,其改造的难易程度通常也是不同的。在存在被害人过错的案件中,如故意杀人的场合,被害人或者加害在先,引起他人加害,或者是被害人激化矛盾,引起他人加害,在上述两种

---

[1] 参见陈兴良:《被害人有过错的故意杀人罪的死刑裁量研究——从被害与加害的关系切入》,载《当代法学》2004年第2期。

情况下,被害人都是有过错的。被害人过错在一定程度上抵消了犯罪人的部分责任,使其责任减小。所以**在我国现行法律框架下,被害人过错虽然不是法定的量刑情节,但将被害人过错视为酌定处罚情节,符合人们对社会公平正义的朴素的情感需求,**同时也暗合了《刑法》第61条"对于犯罪分子决定刑罚的时候,应当根据犯罪的事实、犯罪的性质、情节和对于社会的危害程度,依照本法的有关规定判处"的要求。正因如此,刑法学界一直有建议将被害人过错上升为法定量刑情节的呼声。[1]

具体到死刑案件,由于被害人的过错或严重过错的存在,直接影响对死刑量刑标准之一"犯罪情节特别严重"的考量,即使达到了死刑的量刑标准,也不一定属于必须立即执行的情形。所以,最高人民法院1999年10月27日印发的《维护农村稳定纪要》中特别指出:"对故意杀人犯罪是否判处死刑,不仅要看是否造成了被害人死亡结果,还要综合考虑案件的全部情况。对于因婚姻家庭、邻里纠纷等民间矛盾激化引发的故意杀人犯罪,适用死刑一定要十分慎重,应当与发生在社会上的严重危害社会治安的其他故意杀人犯罪案件有所区别。对于被害人一方有明显过错或对矛盾激化负有直接责任,或者被告人有法定从轻处罚情节的,一般不应判处死刑立即执行。"该条规定集中反映了社会转型时期,为维护农村社会稳定,对因民间纠纷引发的犯罪案件,被害人有严重过错的,对被告人裁量适用死刑时应准确把握宽严相济刑事政策的精髓,妥善处理,以彻底化解矛盾,避免引发新的恶性事件,切实维护社会稳定。

此外,2007年《最高人民法院关于进一步加强刑事审判工作的决定》第45条和《最高人民法院关于为构建社会主义和谐社会提供司法保障的若干意见》第18条均规定,因被害人的过错行为引发的案件应当慎重适用死刑立即执行。2009年《最高人民法院关于审理故意杀人、故意伤害案件正确适用死刑问题的指导意见》规定,被害人一方有明显过错或者对矛盾激化负有直接责任的,一般可考虑不判处死刑立即执行,还提出要从被告人的动机、犯罪预谋、犯罪过程中的具体情节以及被害人过错等方面综合判断被告人的主观恶性。2010年《办理死刑案件证据规定》第36条和2021年《适用刑诉法解释》第276条还规定:"人

---

[1] 参见张杰:《被害人过错应成为法定量刑情节》,载《人民检察》2006年第3期。

民法院除应当审查被告人是否具有法定量刑情节外,还应当根据案件情况审查以下影响量刑的情节:(一)案件起因;(二)被害人有无过错及过错程度,是否对矛盾激化负有责任及责任大小……"。

据统计,在故意杀人、故意伤害等危害人身安全的案件中,被害人有过错的案件占其中的相当比例,[1]所以,将被害人过错作为重要量刑情节加以考虑,对司法实践中正确裁量刑罚以及控制死刑适用具有十分重要的意义,同时也有利于强化侦查机关重视对被害人方面的调查,全面地收集证据,准确地认定和处理案件。

(一)被害人过错的司法认定

被害人过错是影响刑罚裁量的一个重要因素。在实践中正确评价这种影响,前提是要准确地判断被害人在案件中是否有过错及其程度。过错本来是民法上的概念,刑法学一般是从社会与犯罪人的视角来认识犯罪的,在相当长的时间内对被害人基本没有涉及。直到20世纪40年代,随着被害人学的兴起,被害人过错的理论才应运而生。[2]

从形式上看,被害人过错似乎应理解为被害时的心理状态,其实则不然,**它实际指被害人行为,在通常的语境下,实际上就是被害人过错行为的简称**,是指由被害人主观上的故意与过失所外化的其应受非难的客观行为,这种行为在刑事案件中对犯罪的发生或恶化起到负面的作用。具体来说,刑法意义上的被害人过错,有以下突出内容或者特征:

1. 时间性

时间性,即被害人过错发生在犯罪实施前及犯罪实施过程中。**犯罪完成以后,被害人过错无法再对之前的犯罪施加影响,故应将被害人事后的过错排除之外。**被害人过错发生在犯罪实施过程中容易理解,这里需要重点关注一下发生在犯罪实施前的被害人过错。一般来说,被害人过错可以稍早于犯罪实施之时,但不能距离犯罪时间过长,否则将可能切断该过错与犯罪之间的因果关联。

---

[1] 据一些法院统计,故意伤害案件中被害人有过错的案件占到一半以上。参见高憬宏:《和谐语境下的死刑适用》,载《人民司法》2008年第5期。

[2] 参见郭建安主编:《犯罪被害人学》,北京大学出版社1997年版,第5~14页。

例如,孙某某故意杀人案:

五年前,某村支书阎某某在划分承包土地地界时不公,导致被告人孙某某家利益受损。后孙某某多次找村委会解决无果,自此对阎某某怀恨在心。案发当天,孙某某出门遛弯,发现阎某某在自家门口树荫下午睡。孙某某见四下无人,遂拿出锄头打击阎某某的头部,致其重伤死亡。

在该案中,被害人阎某某早前的分配不公行为与被告人孙某某实施犯罪之间间隔久远,不应认为存在刑法意义上的引起与被引起的关系,故不宜认定被害人过错,至多认定属于事出有因。司法实践中,刑事案件事出有因有时也表述为"被害人对案件起因负有一定责任",但此类表述并不意味着案件必然存在被害人过错。

需要指出的是,被害人在案发当天虽然并没有过错,但是案发前较长一段时间被害人对被告人或其近亲属多次实施违背社会主义核心价值观、不为社会公众所认可的行为,导致双方矛盾逐渐激化、积怨逐渐加深,案发当天再起争执时被告人对被害人实施杀人、伤害等犯罪,应认定被害人对矛盾激化负有主要责任,从而对被告人从轻处罚。如果被害方对矛盾激化负有主要责任,一般适用死刑时应格外慎重。

此外,还需要提及的是,**如果被害人对被告人实施的不法或不道德行为具有长期性,且在可预见的未来仍将持续,被害人过错的认定则不过于受时间限制,典型情况如受虐妇女杀夫案**。此类案件的被告人大多较长时间遭受严重家暴,但在受害当时基于畏惧等心理因素或体型、体力等客观因素无法与丈夫直接对抗,往往事后采取下毒、灌醉等方式杀夫。该种情况下,即使丈夫的殴打、辱骂等行为与被告人杀夫行为存在数天甚至更长的时间间隔,通常亦不影响被害人过错的认定。对此,下文还将进一步阐释。

2. 过错性

过错性,即被害人在主观上必须是出于自己的故意或者过失,具有道义上或法律上可以谴责或归责的过错。一方面,这种过错是对有关法律、法规及规章制度的违反,是对社会公序良俗和道德规范的违背,行为本身具有不良性,在道德上或者法律上应给予否定性评价。比如,因夫妻矛盾引发的杀妻案件中,如果是因为妻子有婚外性关系,违背夫妻忠诚义务,通常认为属于被害人过错;如果仅仅因为夫妻双方日常争执引发案件,通常不认为被害人有过错。另一方面,由于被害人的过错,导致犯罪人产生犯罪动机,并通过一定条件使犯罪动机外化,从而产生了加害行为,因而这种过错具有可归责性。如果被害人在侵害过程中不具有主观意志性,纯粹出于无意识的行为,如强奸犯罪的被害人因害怕而浑身发抖不断哭泣、不敢反抗等行为,显然不能作为刑法意义上的被害人过错。

3. 客观性

客观性,即被害人主观上的过错在形式上表现为客观的过错行为,通过被害人自身的具体行为体现出来。换言之,**如果这种过错未能通过言行有所表露而使犯罪人知悉并由此对犯罪产生作用或者说只是被告人的主观臆想、无端猜测等,则不构成被害人过错。**

例如,张某某故意伤害案:

被告人张某某疑心极重,无端猜疑其妻丁某某与同事李某某有婚外情,案发时,因在路上撞见两人并排行走、有说有笑,便怒火攻心,持刀砍伤李某某。该情况下显然不能认定被害人李某某有过错。

4. 关联性

关联性,即被害人过错是一种对引发犯罪具有直接或间接作用的行为。换言之,它对于被告人犯罪意图的产生或者犯罪程度的加深起到重要作用,与犯罪行为的发生具有一定的关联性。被害人的过错事实一般来说不是犯罪事实,与被告人的犯罪行为的实施没有必然联系,两者之间并不存在因果关系,它与犯罪事实之间或紧或松的关联,主要表现为被害人过错对犯罪人犯罪动机的产生、犯罪意图的形成、犯罪行为的实施、危害结果的发生具有诱发、强化等推动作用。如果被害人的行为对诱发犯罪人的犯罪意识、加剧犯罪行为程度方面没有任何推动作用,不存在实质关联性,则不宜称为被害人过错。

例如,《刑事审判参考》(总第124集)收录的余正希故意伤害案:

2016年7月15日晚,被告人余正希与被害人王某因琐事在潮州市潮安区古巷镇古巷三村美眉公厅前发生口角,被在场群众劝阻。后余正希为泄愤,持一把菜刀返回现场与王某打架。过程中，余正希持刀砍打王某，致王某的身体多处受伤，余正希也被王某打伤，后余正希逃离现场。王某为此花费医疗费21,903.32元。一审法院认定，王某在本案中有一定过错，依法可以减轻余正希20%的民事赔偿责任。二审法院认为原判认定有误，不应认定王某在本案中有一定过错并据此减轻余正希应当承担的民事赔偿责任。

本案中，首先，王某的陈述和证人杨某的证言均证实被告人余正希与王某第一、二次发生争吵均是由余正希先挑起事端。其次，王某和证人周某、杨某均证实案发时是余正希先持刀砍人，之后王某才拿起凳子抵挡并打余正希，而不是王某先拿凳子打余正希。王某在拿起凳子抵挡的过程中虽然致余正希轻微伤，但这是由于余正希的先行侵犯行为所引起的。王某的行为与余正希的犯罪行为之间不具有因果性，故王某的行为不属于刑法意义上的过错行为。

在司法实践中，**我们还应当注意区分被害人过错与"条件性过错"以及"被害人为犯罪提供机会"之间的界限**。条件性的过错，如因行为不检点而招致强奸等，从广义上讲，被害人也是有过错的，它对特定犯意的产生也具有一定影响，但它并不必然会影响到对被告人的量刑。这种过错是犯罪学意义上的过错，对研究犯罪预防有意义，虽然"被害者具有某种事实上的可归因性，但在伦理及法律评价的意义上，这类过错一般不宜归责于被害者"[1]。

被害人为犯罪提供机会，是指被害人因某种违法或不当行为，使犯罪分子有机可乘，如色诱型抢劫犯罪，犯罪分子利用女色将被害人诱骗至出租屋实施抢劫；再如暗娼"引狼入室"，将嫖客带到出租屋，被嫖客劫杀。从犯罪学的角度看，这种为犯罪人提供机会的行为与犯罪行为之间确实存在一定的联系，但它对犯罪的发生并没有引起与被引起的关系，至多是为犯罪提供机会、创造条件，不能将为犯罪提供机会认定为被害人有过错。**对嫖客、暗娼的违法行为有其他法律规制，但对嫖客、暗娼的生命权、健康权亦应平等保护，倘若将这种情形认定为被害人有过错，而对犯罪分子从宽处罚，势必助长用此类手段实施的抢劫、杀人犯罪等。**

---

[1] 高维俭：《试论刑法中的被害者过错制度》，载《现代法学》2005年第3期。

5. 标准性

标准性，即被害人过错要达到一定的级别或量级。被害人过错不是可有可无的任何事实，它须具有刑罚适用上的意义，并非被害人的行为有一点不良性，就势必影响到对被告人的量刑。但被害人过错要达到何种程度才能构成，可以说是被害人过错理论在实践运用中遇到的最大难题。有学者运用西方国家的期待可能性理论来分析，[1]但是如何评定"期待可能性"，仍需要以行为人客观存在的责任能力、心理以及当时的各种客观状态为依据来判断。

笔者理解，**被害人过错实质上是一种在法律上或者道德上应受否定评价的行为，其自身具有不良性，既可能是对法律、法规的违反，也可能是对社会公序良俗、道德规范的违背**，否则不构成过错。比如，被告人为还赌债向被害人借钱，被害人不肯，被告人遂将其杀害。被害人不同意借钱是一种前因行为，但其拒绝向赌徒借钱是正当的，不具有不良性，因此也就不可能构成过错。实践中，对于被害人的轻微过错，一般不宜将之作为一个独立量刑情节，属于"事出有因"的情况，可以在全案裁量中综合考虑。

上述五个方面，是我们判断被害人过错的主要标准。除此之外，在实践操作中，还应当注意全面考察案件的来龙去脉、发案背景等，也不宜机械、简单地套用。一般而言，被害人故意侵犯被告人的生命权、健康权等权利，该行为引发了犯罪或加重了犯罪侵害程度的，依据《维护农村稳定纪要》等司法文件规定，可将被害人过错作为酌定量刑情节考虑。但如果被害人的上述行为是由于被告人的先行侵犯行为所引起，其行为属于"以不法制不法"的，就不能简单地认定为过错行为。

例如，《刑事审判参考》(总第68集)收录的刘宝利故意杀人案：

被告人刘宝利与被害人张某(殁年16岁)几年前曾共同盗窃，后张某因未获分赃而多次带人向刘宝利索要，威胁刘宝利不给钱就将其杀害，并数次拿走刘宝利钱物。为摆脱纠缠，刘宝利产生杀害张某之念。2007年4月21日晚，刘宝利与张某一同回到西安市灞桥区刘宝利的住处。趁张某熟睡之机，刘宝利先

---

[1] 参见罗南石：《被害人过错的成立要件与我国〈刑法〉的完善》，载《江西社会科学》2007年第12期。

后持菜刀、铁棍及单刃尖刀砍刺、击打张某头面部、颈部、腹部及左手腕部,致张某重度颅脑损伤死亡。后刘宝利用轮车将张某的尸体移至绕城高速路附近一土坑内掩埋。

本案中,被害人张某数次纠缠被告人刘宝利,索要财物并威胁刘宝利的人身安全,其行为表面看来已经满足成立被害人过错的上述五个条件,但张某虽曾对刘宝利的人身和财产实施侵犯,前因却是二人此前共同盗窃分赃不均,属于共同犯罪人因分赃引起的内讧。张某的行为系刘宝利的先行违法行为所引发,故仍不宜简单认定张某存在过错,否则就会有认可刘宝利对二人共同窃取的财物拥有合法占有的权利之嫌。当然,这并不是说张某的行为对案件的引发没有责任,但是该行为不应认定为被害人过错从而减轻被告人刘宝利应受谴责的程度。所以,法院经审理后认为,被告人刘宝利因分赃不均,将一未成年人杀害,且犯罪手段残忍,情节恶劣,后果严重,又系累犯,应依法从重判处。故以故意杀人罪判处刘宝利死刑,剥夺政治权利终身。

值得提及的是,认定被害人过错的有无及大小问题,在司法实践中容易发生争议。特别是在被害人死亡的案件中,由于被害人无法主张自身的权利,在诉讼中与被告人相比处于劣势地位;加之,我国历来有"死者为大"的传统观念,被害方在舆论上处于有利位置,如果认定被害人过错存在不妥之处,极易引发被害方的激愤情绪甚至引发社会舆情,影响案件处理效果。所以**在司法认定及裁判文书制作时,理应持十分审慎立场**。要在深入查明事实基础上,分清是非曲直,明确各自责任,进而作出准确认定,并遵循常识常情常理,表述严谨、稳妥,以增强裁判的说服力。

(二)被害人过错对量刑的影响

1. 基于过错类型的分析

在刑法理论上,为方便评价其对刑罚裁量的实际影响力,被害人过错按不同标准被区分出多种类型,不同类型的被害人过错对量刑的影响各有不同。

(1)从其程度及性质上看,被害人过错可分为罪错、严重过错和一般过错。罪错是指被害人的过错行为已经构成犯罪并由此引起行为人的加害行为。这种情况下,被告人的行为可能成立正当防卫或防卫过当。严重过错又称明显过错,《维护农村稳定纪要》中使用"明显过错"的提法,是指被害人的过错比较严重,达到违法的程度,引发被告人实施犯罪。一般过错指被害人的过错尚不严重,只是一般违反道德规范的行为。比较而言,严重过错对量刑的影响显然要大于一般过错。

(2)从其主观内容上看,被害人过错可分为故意过错和过失过错,故意过错重于过失过错,故在刑罚裁量上要体现得更为充分。

(3)从其内容上看,被害人过错可分为推动性过错和冲突性过错。推动性过错是指犯罪人本无犯意,但由于被害人单方面首先实施侵害行为,推动被告人产生犯罪动机诱发犯罪。冲突性过错是指被告人与被害人相互推动,有明显的互动,各自为自身的利益发生冲突,矛盾不断升级,最终发生了犯罪后果,双方都有错误,都要对犯罪的发生负责任。相比之下,**推动性过错要重于冲突性过错**。

2. 基于过错性质的分析

从实际案件看,被害人过错的性质、程度等各有差异,据此对被告人裁量刑罚应当注意区分案件的不同情况。

(1)**被害人只是一般过错,过错程度轻微,尚不足以对被告人的犯罪行为的发生、行为方式和侵害程度产生较大影响的,一般不应考虑该过错情节而对被告人从轻处罚。**因为在这种情况下,犯罪的发生实际上是被告人的主观恶性所致。

例如,张某故意杀人、盗窃案:

被告人张某在北京市西城区北礼士路×号楼北门楼门口处因行走匆忙与被害人靳某(女,殁年23岁)相撞并发生争执(靳某当时有指责行为),遂将其挟持至该楼门地下室楼道内,用双手及金属丝扼、勒靳某的颈部,致靳某机械性窒息死亡。后张某将靳某随身携带的人民币1000余元及手机1部(价值人民币2860元)盗走。

一审法院经审理认为,被告人张某故意非法剥夺他人生命,致人死亡,且以非法占有为目的,掠走他人财物,数额较大,其行为已分别构成故意杀人罪、盗窃罪,其所犯故意杀人罪性质恶劣,后果特别严重,依法应予严惩,但根据本案的具体情节,对张某判处死刑,可不立即执行。故以故意杀人罪、盗窃罪判处张某死刑,缓期二年执行,剥夺政治权利终身,并处罚金人民币1000元。宣判后,检察院提出抗诉,认为原判对张某量刑不当,其所犯故意杀人罪的犯罪性质恶劣,后果特别严重,且不具备任何可不立即执行的情节,对张某应改判死刑立即执行。二审法院经审理支持了检察院的抗诉意见,认为张某所犯故意杀人罪,罪行极其严重,且不具有法定从轻或减轻处罚的情节。据此,依法以故意杀人罪、盗窃罪改判张某死刑,剥夺政治权利终身,并处罚金人民币1000元。[1]

本案中,虽然被害人在遭受被告人冲撞后有指责行为,但该行为还不足以对被告人犯罪行为的发生、行为方式和侵害程度产生较大影响,被告人犯罪主要由其自身恶性所致,故不宜认定此案中的被害人有过错并据此对被告人从轻量刑。

(2)被害人存在严重过错,对犯罪的发生具有刺激、诱发作用,直接导致被告人实施杀人或者伤害等犯罪的主观故意的产生,被告人在激情之下实施犯罪,对此类案件的被告人应当从轻或者减轻处罚。

例如,陆某故意杀人案:

被告人陆某与被害人田某(男,殁年31岁)因婚外感情问题产生纠纷。2017年4月14日下午,田某来到北京市经济技术开发区陆某的工作单位附近找到陆某,要求去陆某家解决感情纠纷,并对陆某进行纠缠。后二人来到开发区二十一世纪幼儿园西侧停车场。当日20时许,二人在该停车场内再次发生争执,陆某驾驶小汽车冲撞、碾压田某,致田某颅脑损伤合并创伤失血性休克死亡。陆某作案后在其丈夫的协助下电话报警,并在现场等候,后被民警带回公安机关审查。法院经审理认为,陆某的行为构成故意杀人罪。鉴于本案系因民间纠纷引发,被害人具有一定过错,陆某系自首,当庭认罪悔罪,且民事赔偿部分已与被害人亲属达成调解并获得谅解等情节,对陆某依法可以从轻处罚,据此判处陆某有期徒刑十三年,剥夺政治权利三年。

在本案中,被告人陆某与被害人田某结识前各自有家庭,二人在婚姻存续期间违背夫妻忠诚义务,发展成不正当男女关系。案发前一个月,陆某明确提

---

[1] 参见于同志:《热点难点案例判解:刑事类·死刑裁量》,法律出版社2009年版,第230~231页。

出跟田某分手,但田某仍对陆某反复纠缠,以逼迫被告人与其维持这种不符合道德规范的婚外情关系。案发当日下午,田某以到陆某家解决二人之间的感情纠纷为由,对陆某实施纠缠。案发当晚,二人驾车到案发地再次发生争执,田某自拍视频进行言语挑衅,陆某失去理智驾车冲撞、反复碾压田某,酿成本案悲剧。由此可见,案发之前与案发当时,被害人田某为达到维持婚外情的目的,不断刺激、挑衅被告人,其行为与陆某最终开车撞击田某之间存在引起与被引起的因果联系,本案存在被害人过错情节。加之,被告人还具有自首,积极赔偿并获谅解等情节,故法院对被告人依法从轻判处。[1]

(3)被告人和被害人双方对案发都有过错的,要分清哪一方是严重过错,哪一方是一般过错。对于被害人存在严重过错,明显大于被告人过错的,对被告人仍应从轻处罚。**对于双方的过错行为均已构成犯罪的,如聚众斗殴致人死亡、重伤的,通常不宜适用过错责任原则。**因为在这种情况下,双方同时具有加害者和被害者的双重身份,除各自侵犯对方的人身权利外,还共同侵犯了社会治安秩序,双方都应对犯罪结果负相应的责任,故不能简单地以最终结果来认定被害人或加害人,也不宜因此而认定被害人在案件起因上具有过错。

例如,龚某故意伤害案:

王某某(另案处理)与安某某等人因琐事发生纠纷后,纠集被告人龚某以及王某、刘某某、陈某、蔡某某、杜某某、高某、高某某(均另案处理)、李某某等人,到北京市东城区王府井小吃街××名吃长廊找安某某等人交涉,后双方在餐厅门外发生殴斗。在殴斗中,被告人龚某持尖刀分别刺中牛某某(男,殁年24岁)胸腹部、葛某某腹部、朱某某胸部、张某某胸部各一刀,造成牛某某死亡、葛某某和朱某某重伤、张某某轻伤(偏重)。

在本案中,被告人与被害人进行互殴,双方都应负相应的责任,故法院经审理认为,被告人龚某积极参与聚众斗殴,并在斗殴中致他人伤亡,其行为已构成故意伤害罪,且犯罪情节及后果特别严重,应依法惩处。鉴于本案的具体情节,可对其判处死刑,不予立即执行。据此,依法以故意伤害罪判处龚某死刑缓期

---

[1] 参见吴小军、魏炜:《故意杀人案中被害人过错的认定》,载《人民司法》2021年第14期。

二年执行,剥夺政治权利终身。[1]

当然,在互殴一类犯罪中,也不是绝对地不能认定被害人过错。如果加害人的先行不法或不良行为已经中止,如互殴的一方已放弃继续斗殴,准备离开或被迫离开时,另一方仍无理纠缠,继续实施侵害行为的,离开者在无奈情况下实施了加害行为,此时则可以考虑认定被害人存在过错。

(4)被害人的过错行为是一种正在进行的不法侵害,且程度激烈,被告人的反击行为构成正当防卫或者防卫过当,应依照《刑法》的有关规定,不负刑事责任或者对其减轻或免除处罚。

例如,陈天杰正当防卫案:

2014年3月12日晚,被告人陈天杰和其妻子孙某某等水泥工在海南省三亚市某工地加班搅拌、运送混凝土。22时许,被害人周某某、容某甲、容某乙(殁年19岁)和纪某某饮酒后,看到孙某某一人卸混凝土,便言语调戏孙某某。陈天杰推着手推车过来装混凝土时,孙某某将被调戏的情况告诉陈天杰。陈天杰便生气地叫容某乙等人离开,但容某乙等人不予理会。此后,周某某摸了一下孙某某的大腿,陈天杰遂与周某某等人发生争吵。周某某冲上去要打陈天杰,陈天杰也准备反击,孙某某和从不远处跑过来的刘某甲站在中间,将双方架开。周某某从工地上拿起一把铁铲(长约2米,木柄),冲向陈天杰,但被孙某某拦住,周某某就把铁铲扔了,空手冲向陈天杰。孙某某在劝架时被周某某推倒在地,哭了起来,陈天杰准备上前去扶孙某某时,周某某、容某乙和纪某某先后冲过来对陈天杰拳打脚踢,陈天杰边退边用拳脚还击。接着,容某乙、纪某某从地上捡起钢管(长约1米,空心,直径约4厘米)冲上去打陈天杰,在场的孙某某、刘某甲、容某甲都曾阻拦,容某甲阻拦周某某时被挣脱,纪某某被刘某甲抱着,但是一直挣扎往前冲。当纪某某和刘某甲挪动到陈天杰身旁时,纪某某将刘某甲甩倒在地并持钢管朝陈天杰的头部打去。因陈天杰头戴黄色安全帽,钢管顺势滑下打到陈天杰的左上臂。在此过程中,陈天杰半蹲着用左手护住孙某某,右手拿出随身携带的一把折叠式单刃小刀(打开长约15厘米,刀刃长约6厘

---

[1] 参见于同志:《热点难点案例判解:刑事类·死刑裁量》,法律出版社2009年版,第230~231页。

米)乱挥、乱捅,致容某乙、周某某、纪某某、刘某甲受伤。水泥工刘某乙闻讯拿着一把铲子和其他同事赶到现场,周某某、容某乙和纪某某见状便逃离现场,逃跑时还拿石头、酒瓶等物品对着陈天杰砸过来。容某乙被陈天杰持小刀捅伤后跑到工地的地下室里倒地,后因失血过多死亡。经鉴定,周某某的伤情属于轻伤二级;纪某某、刘某甲、陈天杰的伤情均属于轻微伤。

海南省三亚市城郊人民法院一审判决、三亚市中级人民法院二审裁定均认为,被害人容某乙等人酒后滋事,调戏被告人陈天杰的妻子,辱骂陈天杰,不听劝阻,使用足以严重危及他人人身安全的凶器殴打陈天杰。陈天杰在被殴打时,持小刀还击,致容某乙死亡、周某某轻伤、纪某某轻微伤,属于正当防卫,依法不负刑事责任。[1]

总之,被害人过错在一定程度上反映了被告人的社会危害性和人身危险性的降低,因而是分析、考察其主观恶性和人身危险性大小的重要依据。**在司法实践中,应当克服"唯后果论"的错误倾向,不能只看人身伤亡的客观后果,还应查清被害人是否存在过错及其程度大小,并正确判断其对案件发生发展的实际影响力,进而把握刑罚裁量的精确度,依法而审慎地适用刑罚。**

二、民间矛盾激化引发犯罪的裁量

在司法认定与处理上,将婚姻家庭、邻里纠纷等民间矛盾激化引发的案件与社会上严重危害治安的案件区别对待,是最高人民法院对全国各级法院刑事审判工作提出的一贯要求。

(一)有关刑事政策及司法裁判

早在1999年10月,最高人民法院印发的《维护农村稳定纪要》中就明确规定:"对于因婚姻家庭、邻里纠纷等民间矛盾激化引发的故意杀人犯罪,适用死刑一定要十分慎重,应当与发生在社会上的严重危害社会治安的其他故意杀人犯罪案件有所区别。对于被害人一方有明显过错或对矛盾激化负有直接责任,或者被告人有法定从轻处罚情节的,一般不应判处死刑立即执行。"

---

[1] 参见海南省三亚市中级人民法院(2016)琼02刑终28号刑事附带民事裁定书。

2006年11月,最高人民法院召开第五次刑事审判工作会议。这次会议充分肯定了1998年以来人民法院的刑事审判工作,对我国的死刑政策又作了进一步的诠释,明确要求,对于因婚姻家庭、邻里纠纷等民间矛盾激化引发的案件,因被害方的过错行为引起的案件,案发后真诚悔罪并积极赔偿被害人损失的案件,应慎用死刑立即执行。

2010年2月8日,最高人民法院印发《宽严相济意见》对上述精神再次作了确认。其中,第22条规定:"对于因恋爱、婚姻、家庭、邻里纠纷等民间矛盾激化引发的犯罪,因劳动纠纷、管理失当等原因引发、犯罪动机不属恶劣的犯罪,因被害方过错或者基于义愤引发的或者具有防卫因素的突发性犯罪,应酌情从宽处罚。"第23条规定:"因婚姻家庭等民间纠纷激化引发的犯罪,被害人及其家属对被告人表示谅解的,应当作为酌定量刑情节予以考虑。犯罪情节轻微,取得被害人谅解的,可以依法从宽处理,不需判处刑罚的,可以免予刑事处罚。"

2011年12月20日,最高人民法院发布第一批指导性案例,其中第4号案例"王志才故意杀人案"确认了以下裁判要点(规则):"因恋爱、婚姻矛盾激化引发的故意杀人案件,被告人犯罪手段残忍,论罪应当判处死刑,但被告人具有坦白悔罪、积极赔偿等从轻处罚情节,同时被害人亲属要求严惩的,人民法院根据案件性质、犯罪情节、危害后果和被告人的主观恶性及人身危险性,可以依法判处被告人死刑,缓期二年执行,同时决定限制减刑,以有效化解社会矛盾,促进社会和谐。"

最高人民法院原副院长高憬宏大法官曾撰文指出:"故意杀人、故意伤害犯罪社会危害性较大,历来是打击的重点。但是在这两类犯罪中,同样是造成了被害人死亡的后果,由于起因不同、动机的卑劣程度以及主观恶性的大小不一样,对社会治安的危害并不完全相同。也就是说,对于故意杀人、故意伤害犯罪,是否判处死刑,不能单从是否造成被害人死亡后果上考虑,还要综合考虑案件的全部情况。据统计,因婚姻家庭、邻里纠纷以及山林、水流、田地等民间矛盾纠纷激化引发的故意杀人、故意伤害案件,占全部故意杀人、故意伤害犯罪死刑案件的半数以上。这是一个相当大的比例。这类案件是比较复杂的,其中虽有一些情节、后果特别严重,手段特别残忍的案件,但也确有一些案件情节、后果、手段一般,还不完全同于严重危害社会治安的案件,其社会危害性和行为人的主观恶性相对要小一些。因此,对于这类案件适用死刑一定要十分慎重,要与其他故意杀人、故意伤害案件有所区别。"[1]

就婚姻家庭、邻里纠纷等矛盾激化引发的案件,还有其特殊性。**此类案件往往事出有因,被害人可能存在一定过错,对案件发生负有一定责任,被告人的主观恶性、人身危险性与发生在社会上的严重危害社会治安的案件有明显不同,故在量刑时也应当区分对待。**通常需要综合犯罪起因、犯罪手段等因素考量,不能因为造成了被害人的死亡,就不分情况地一律适用重刑、死刑。这也是最高人民法院在实际案件中一直坚持的立场。

例如,杨某某故意杀人案:

1999年,被告人杨某某与前夫袁某某离婚后仍共同居住于重庆市九龙坡区西彭镇大同支路×号某租赁房内。2006年7月8日23时30分许,袁某某将恋爱女友肖某(被害人,殁年43岁)带至该租赁房休息。杨某某对此极为不满,趁袁某某、肖某二人熟睡之机,用匕首朝肖某颈、胸、腹部等处猛刺数下,并将袁某某面部、左肩、左上肢等处刺伤后逃离现场。肖某、袁某某被群众送往医院抢救,肖某因伤势过重,救治无效死亡。经法医鉴定,肖某系多器官破裂死亡。杨某某作案后潜逃至新疆躲藏。2006年7月20日,公安机关在新疆维吾尔自治区温泉县安格里格乡厄然哈尔干村将杨某某抓获归案。

一审法院审理认为,被告人杨某某因感情纠纷,持刀将与其前夫袁某某谈恋爱的肖某杀死,将袁某某刺伤,其行为已构成故意杀人罪,且犯罪手段残忍,情节、后果特别严重,依法应予严惩,故依法以故意杀人罪判处杨某某死刑,剥夺政治权利终身。一审宣判后,杨某某不服,提出上诉。二审法院经审理裁定驳回上诉,维持原判,并将案件报送最高人民法院核准。

最高人民法院经复核认为,被告人杨某某持刀故意杀死被害人,其行为已构成故意杀人罪,应依法惩处。第一审判决、第二审裁定认定的事实清楚,证据确实、充分,定罪准确,审判程序合法。鉴于本案系婚姻、家庭矛盾引发的杀人案件,袁某某与杨某某离婚后长期同居,同时又与肖某谈恋爱,并与肖某到杨某某的租赁房住宿,对杨某某的感情有一定伤害,且杨某某归案后认罪态度较好,

---

[1] 高憬宏:《和谐语境下的死刑适用》,载《人民司法》2008年第5期。

对其判处死刑不当。故裁定不核准并撤销一、二审法院的死刑裁判,发回重审。该案经重新审理后,法院以故意杀人罪改判杨某某死刑缓期二年执行。[1]

(二)"受虐妇女杀夫案"的量刑

办理婚姻家庭矛盾激化引发的案件,有一个特殊情况值得关注,即"受虐妇女杀夫案"的量刑。近年来,随着家庭暴力数量的增加和施暴手段的升级,由家庭暴力引发的刑事案件屡见不鲜。河北省妇联一项调查显示,1999年至2003年年初,河北省共发生妇女"以暴抗暴"案件72起,80%以上的"以暴制暴"妇女是在忍受暴力多年,反抗无效、求助不成、离婚未果、走投无路、精神崩溃之下实施的犯罪。在对河北省三个监狱963名服刑的重刑女犯问卷调查中发现,犯罪行为与家庭暴力有关的有219名,占到22.74%。仅据全省八个妇联不完全统计,共发生妇女"以暴抗暴"恶性案件19起,导致16人死亡,3人致残(伤)。[2]

对江西女子监狱的调查表明,在押的105名女性杀人犯中,有43人是因杀害丈夫而入狱,占总人数的40.95%。另外,辽宁省女性犯罪的调查情况表明,犯有重伤害和杀人罪的女性罪犯80%是由家庭暴力引起的。辽宁女子监狱1000多名女犯中有100多名是因杀夫而获罪入狱的,占10%之多。[3]这些"以暴抗暴"案件,导致被害人死亡,犯罪人入狱,子女无人照顾,家庭毁于一旦,成为危害社会和谐稳定的一个不容忽视的因素。

从司法实践看,受虐妇女"以暴制暴"杀夫之后,法律对于这些犯罪妻子的处罚也经历了从严厉到"宽容"的变迁。2000年以前,国内法院对家庭暴力引发的"杀夫案"不少对被告人判处了死刑。[4]近年来,由于对家庭暴力危害的认识提高,逐步出现"轻刑化"倾向。但在"轻刑化"的趋势中,各个法院对此类案

---

[1] 参见周刚、毛洁:《如何把握婚姻家庭矛盾引发故意杀人案件死刑的适用》,载《人民法院报》2008年7月11日,第6版。

[2] 参见李云虹:《法律宽恕杀夫女子——对"以暴抗暴"杀夫案的调查》,载《法律与生活》2005年第15期。

[3] 参见朱耀琴:《女性杀人犯罪心理透视》,载《民主与法制》1994年第24期。

[4] 例如,1998年,辽宁省高级人民法院以故意杀人罪判处因受虐杀夫的被告人龙某某死刑,剥夺政治权利终身。

件的处罚轻重较为悬殊。有的杀夫妇女被适用缓刑释放回家,[1]有的被判处五年以下有期徒刑,[2]有的被判处五年以上、十年以下有期徒刑,[3]而被判处有期徒刑十年以上、无期徒刑和"死缓"的也不在少数。[4]所以,如何规范对受虐妇女杀夫案的量刑,成为近年来法学界关注的热点问题。

从各地判决的"受虐妇女杀夫案"来看,绝大多数"以暴制暴"的妇女都经历过求助无门的过程。受制于社会经济、思想观念、居住环境、法律制度、男女体能差异等不利条件,这些妇女受虐后既得不到及时的司法救助,也得不到有效的社会支持,导致其在反抗不能、求助不得、离婚无果、投诉无效、走投无路、精神极度崩溃的情况下愤而制造"杀夫案"。杀夫的妇女由于长期受到虐待,身心受到摧残,出于一种泄愤的心理来杀夫,作案工具简单,作案手段原始,犯罪后果严重,有些甚至还伴随着碎尸、毁尸和弃尸等从重情节。因此,此类案件如果不考虑家庭暴力的前因,甚至比一般的杀人案件在性质上还要严重。但**如果仅仅从危害后果出发,往往难以对行为人的刑事责任作出客观、公允评价,只有把她们受到虐待尤其是长期受虐待并且无法摆脱作为在量刑时予以考虑的重要因素时,才可能对"受虐妇女杀夫案"作出适当的处理。**

在"受虐妇女杀夫案"中,被害人的过错是十分明显的。不仅如此,作为一种特定的杀人犯罪,此类案件中犯罪人的人身危险性并不十分突出,只针对被

---

[1] 例如,2005年2月3日,内蒙古自治区包头市昆都仑区人民法院判处因长期受虐待而杀夫的刘某有期徒刑三年,缓刑五年;2005年2月2日,北京市海淀区人民法院判处锤杀前夫的受虐妇女李某有期徒刑三年,缓刑三年;2006年12月7日,湖南省长沙市中级人民法院判处因长期受虐待而锤杀丈夫的刘某有期徒刑三年,缓刑四年。

[2] 例如,2003年6月4日,黑龙江省大庆市中级人民法院判处因受虐杀夫的张某有期徒刑三年;2004年4月12日,江苏省南京市中级人民法院判处广受社会关注的"弱妻杀夫"案被告人丁某有期徒刑五年。

[3] 例如,2014年3月21日,北京市第三中级人民法院判处用鞋带将丈夫勒死的受虐妇女兰某有期徒刑六年;2016年5月11日,云南省楚雄州中级人民法院判处因受丈夫家暴而将其杀害的张某有期徒刑八年。

[4] 例如,2002年1月20日,河北省保定市中级人民法院判处长期受丈夫暴力殴打及性虐待而杀夫的李某无期徒刑;2002年,内蒙古自治区某中级人民法院判处"以暴抗暴"杀夫并焚尸的李某某死刑,后被内蒙古自治区高级人民法院二审改判死刑缓期二年执行;2003年7月1日,河北省宁晋县人民法院判处长期遭受家庭暴力,在忍无可忍的情况下,将丈夫杀死的刘某有期徒刑十二年;2004年4月13日,北京市第一中级人民法院判处锤杀前夫的受虐妇女王某有期徒刑十一年;2004年5月14日,北京市第二中级人民法院判处杀夫的受虐妇女刘某巧有期徒刑十三年;2006年3月7日,上海市黄浦区人民法院判处受虐杀夫的王某某有期徒刑十四年。

害人一人,对社会和其他人没有危害性,故要把它和一般的杀人加以区分。同时,**处理此类案件时,周围民众的态度也是一个不容忽视的考虑因素。**

例如,包头市发生的刘某杀夫案中,各界群众联名请求公、检、法机关减轻对刘某的刑事处罚;保定市发生的刘某某杀夫案中,刘某某的公公携全村600余名村民联名请求公安机关减轻对刘某某的刑事处罚;北京市发生的刘某巧杀夫案中,刘某巧在山东老家的100多名村民(包括被害人的父母)和其在北京暂住处的邻居都为其作证求情;大连市发生的吴某杀夫案中,居委会的大妈和知情的邻里纷纷出来作证,称吴某"在日常生活中待人友善,为人善良,愿意帮助他人",而被害人熊某某则"罪有应得,吴某被逼无奈,熊某某是畜生,对吴某应从轻处理"等。

在量刑时如何考虑舆论的因素和民愤的因素,这是一个在刑法理论中尚需要解决的问题。笔者认为,**量刑既不能完全不考虑民愤,也不能完全依附于民愤,就量刑和民愤的关系而言,不宜简单地因为民愤而加重对被告人的处罚,但是完全可以因为民愤较小而考虑对被告人酌予从宽处罚。**

从国际上看,对于家庭暴力案件,美国、加拿大、澳大利亚等国家从20世纪80年代开始将"受虐妇女综合症"理论引入司法实践,将受虐妇女综合症作为正当防卫的可采证据加以考量。所谓"受虐妇女综合症",是指妇女在忍受长期的家庭暴力后产生的恐惧、痛恨、无助等特殊的心理以及行为模式,借助这种模式可以解释受虐妇女为什么无法离开施暴人以及她们实施杀夫行为的缘由。"受虐妇女综合症"理论认为,受虐妇女既是害人者又是受害者,受虐妇女首先是一个受害者,是家庭暴力的被害人。受虐妇女从被害人到犯罪人的转化有一个心理和生理的转变过程。在家庭暴力中,作为被害人的妇女由于长期受到虐待产生了一种特殊的心理和行为模式,即"受虐妇女综合症",一旦爆发,就容易丧失理智,转化成犯罪人,由此,该情节可以作为对犯罪的受虐妇女减轻处罚或免除处罚的事由。[1]

---

[1] 参见张君周、林杨:《美国刑法中受虐妇女与自身防卫问题之研究》,载《政法学刊》2003年第3期;黄晓文、叶衍艳:《受虐妇女综合症专家证据在澳大利亚司法实践中的运用》,载《法学杂志》2005年第6期;陈敏:《受虐妇女综合症专家证据在司法实践中的运用》,载陈兴中、江伟主编:《诉讼法论丛》,法律出版社2004年版。

我国刑法理论上有一种观点认为,可将受虐妇女的反杀行为认定为正当防卫或者阻却违法的防御性紧急避险。但在受虐妇女杀夫案中,施虐者虽然存在事前的暴力,并且还有再次实施暴力的可能性,但其在被杀害时普遍处于睡眠、醉酒或者其他不知以及不能抵抗的状态。由于被害人处于不能抵抗的状态,不法侵害已经结束或者尚未开始,不能肯定不法侵害"正在进行",故依据我国《刑法》规定,难以认定受虐妇女的反杀行为成立正当防卫。基于同样的理由,也难以认为存在正在发生的危险,况且也不一定符合迫不得已的要件,所以,通常也不好认定受虐妇女的反杀行为属于紧急避险。

有学者借鉴德日刑法理论,提出应当以超法规的责任阻却事由宣告受虐妇女的反杀行为无罪,即在受虐妇女确实缺乏期待可能性的情形下,应当宣告无罪;在受虐妇女并不完全缺乏期待可能性时,应认定受虐妇女对期待可能性存在不可避免的积极错误,依然缺乏期待可能性,因而没有责任,也应宣告无罪。[1]此观点虽然可以避免以正当防卫或者紧急避险进行出罪解释的困境,但仍然需要立法上的确认,目前司法环节尚难以直接根据此理论处理案件。总体来说,**尽管我国现行法律没有明确地将"受虐妇女综合症"作为减轻或者免除处罚的依据**,但作为酌予从宽的量刑情节来考虑,在现阶段是值得认真对待的。

当然,妇女受虐这一事实本身绝非必然地赋予其无限防卫的权利。同时,受虐妇女杀夫案的情况也是不同的,有的案件被害人过错严重,有的案件被害人过错一般,有的案件还具有自首、立功等法定从宽处罚情节或坦白、积极抢救被害人等酌定从宽处罚情节等,对此类案件的处理,应综合从被告人犯罪的起因、被害人的过错程度、犯罪的手段、后果、犯罪后的悔罪表现等情节因素加以确定。

2015年最高人民法院、最高人民检察院、公安部、司法部联合印发的《关于依法办理家庭暴力犯罪案件的意见》中指出,对于长期遭受家庭暴力后,在激愤、恐惧状态下为了防止再次遭受家庭暴力,或者为了摆脱家庭暴力而故意杀害、伤害施暴人,被告人的行为具有防卫因素,施暴人在案件起因上具有明显过错或者直接责任的,可以酌情从宽处罚。**对于因遭受严重家庭暴力,身体、精神**

---

[1] 参见张明楷:《受虐妇女反杀案的出罪事由》,载《法学评论》2022年第2期。

受到重大损害而故意杀害施暴人;或者因不堪忍受长期家庭暴力而故意杀害施暴人,犯罪情节不是特别恶劣,手段不是特别残忍的,可以认定为《刑法》第232条规定的故意杀人"情节较轻"。在服刑期间确有悔改表现的,可以根据其家庭情况,依法放宽减刑的幅度,缩短减刑的起始时间与间隔时间;符合假释条件的,应当假释。被杀害的施暴人的近亲属表示谅解的,在量刑、减刑、假释时应当予以充分考虑。对上述文件精神,在司法实践中要予以重视、切实贯彻落实。

三、民事赔偿与刑罚适用

被告人案发后积极赔偿应否影响量刑?这是刑事审判中的一个极其敏感的话题。对此,实践中一直有截然不同的两种观点:

一种观点认为,这种"赔钱减刑"的做法有损司法的公平正义。理由是,有钱而又肯花钱的人可以寻求到一个减刑甚至免刑的门路,没有钱又筹不到钱的人就只能错失这样的机会。所以,它只能是为有钱人服务的不公正制度,无法普遍适用于所有的犯罪嫌疑人、被告人。这就容易导致同罪不同罚现象,有违法律的平等适用原则和罪刑相适应原则。

另一种观点认为,这种在刑事司法领域进行的和解既不与现代法治理念针锋相对,也无碍于司法公正,是实践理性的选择。理由是:首先,现代的罪刑法定与刑罚个别化理念之间并不存在对立,刑罚个别化理念要求刑罚的适用应充分考虑犯罪者的个体因素,包括积极赔偿所反映出的认罪悔改表现情况。其次,"赔钱减刑"现象与司法程序的公正性之间也不发生冲突。因为它建立在被害人与被告人充分协商的基础之上,重视程序参与性。司法机关依法介入这一程序,从而可以确保司法的公正性。[1]

从司法实践看,**民事赔偿与刑罚适用的关系重大而脆弱**。一方面,处理好二者的关系能够使被害方尽可能地减少损失,弱化其激愤情绪,修复社会关系,促进社会和谐,同时也有助于推动刑罚轻缓化,减少死刑适用。另一方面,二者的关系又处于正义的边缘,"把握不好则会造成处刑上的贫富差距甚至出现'以钱赎命'现象,违背法律适用的平等原则,并损害公众对刑法无偏私性的认同与

---

[1] 参见张建伟等:《"赔钱减刑":怎样理性看待?》,载《人民法院报》2007年6月19日,第5版。

忠诚"[1]。因此,对于这一问题必须审慎对待。

(一)赔偿从轻判处的法律依据

从现行立法上看,我国刑法确实没有把被告人赔偿这一罪后情节作为法定的量刑情节加以规定。但从最高人民法院有关司法文件看,对被告人的积极赔偿情节一直要求应予考虑。最明显的例证是,2000年12月13日发布的《最高人民法院关于刑事附带民事诉讼范围问题的规定》,该规定第4条规定:"被告人已经赔偿被害人物质损失的,人民法院可以作为量刑情节予以考虑。"

2000年11月15日发布的《最高人民法院关于审理交通肇事刑事案件具体应用法律若干问题的解释》第2条第1款第3项还规定,实施交通肇事行为,造成公共财产或者他人财产直接损失,负事故全部或者主要责任,无能力赔偿数额在30万元以上的,以交通肇事罪论处。换句话说,虽然造成了30万元以上的财产损失,但只要有能力赔偿,就不以交通肇事罪论处。

除此之外,在最高人民法院先后发布的涉及死刑适用的多项司法文件中,亦反复地要求对被告人积极赔偿并真诚悔罪的,应慎用或不判处死刑立即执行。例如,在2007年《最高人民法院关于为构建社会主义和谐社会提供司法保障的若干意见》中提出坚持宽严相济、确保社会稳定的要求,明确规定:"对于具有法定从轻、减轻情节的,依法从轻或者减轻处罚,一般不判处死刑立即执行;对于因婚姻家庭、邻里纠纷等民间矛盾激化引发的案件,因被害方的过错行为引发的案件,案发后真诚悔罪并积极赔偿被害人损失的案件,应慎用死刑立即执行。"

2007年《最高人民法院关于进一步加强刑事审判工作的决定》要求:"对于因婚姻家庭、邻里纠纷等民间矛盾激化引发的案件,因被害方的过错行为引起的案件,案发后真诚悔罪积极赔偿被害人经济损失的案件等具有酌定从轻情节的,应慎用死刑立即执行。"

2009年《最高人民法院关于审理故意杀人、故意伤害案件正确适用死刑问题的指导意见》中规定:"对于因婚姻家庭、邻里纠纷等民间矛盾激化引发、侵害

---

[1] 方文军:《民事赔偿与死刑适用的平衡规则探微》,载《法律适用》2007年第2期。

对象特定的故意杀人、故意伤害案件,如果被告人积极履行赔偿义务,获得被害方的谅解或者没有强烈社会反响的,可以依法从宽判处。""对于依法可以不判处被告人死刑的案件,要最大限度地促成双方当事人达成赔偿协议,取得被害方谅解。对于具有法定从轻情节,被害人有明显过错等依法不应当判处被告人死刑的案件,也不能因为被害方不接受赔偿或达不成调解协议而判处被告人死刑。"

2010 年《宽严相济意见》中亦规定:"被告人案发后对被害人积极进行赔偿,并认罪、悔罪的,依法可以作为酌定量刑情节予以考虑。"

2012 年最高人民法院发布的第 12 号指导性案例"李飞故意杀人案"确认了以下裁判要点(规则):"对于因民间矛盾引发的故意杀人案件,被告人犯罪手段残忍,且系累犯,论罪应当判处死刑,但被告人亲属主动协助公安机关将其抓捕归案,并积极赔偿的,人民法院根据案件具体情节,从尽量化解社会矛盾角度考虑,可以依法判处被告人死刑,缓期二年执行,同时决定限制减刑。"

2016 年《抢劫案件适用法律意见》中还提出:"审理抢劫刑事案件,一般情况下人民法院不主动开展附带民事调解工作。但是,对于犯罪情节不是特别恶劣或者被害方生活、医疗陷入困境,被告人与被害方自行达成民事赔偿和解协议的,民事赔偿情况可作为评价被告人悔罪态度的依据之一,在量刑上酌情予以考虑。"

《量刑指导意见》第三部分"常见量刑情节的适用"第 9 条、第 10 条进一步规定:"对于积极赔偿被害人经济损失并取得谅解的,综合考虑犯罪性质、赔偿数额、赔偿能力以及认罪、悔罪程度等情况,可以减少基准刑的 40% 以下;积极赔偿但没有取得谅解的,可以减少基准刑的 30% 以下;尽管没有赔偿,但取得谅解的,可以减少基准刑的 20% 以下。其中抢劫、强奸等严重危害社会治安犯罪的应从严掌握。""对于当事人根据刑事诉讼法第二百七十七条达成刑事和解协议的,综合考虑犯罪性质、赔偿数额、赔礼道歉以及真诚悔罪等情况,可以减少基准刑的 50% 以下;犯罪较轻的,可以减少基准刑的 50% 以上或者依法免除处罚。"

不仅如此,2012 年《刑事诉讼法》修改时,还从程序法的角度增设了"当事人和解的公诉案件诉讼程序",规定对于民间纠纷引起,涉嫌《刑法》分则第四章

（侵犯公民人身权利、民主权利罪）、第五章（侵犯财产罪）规定的犯罪，可能判处三年有期徒刑以下刑罚的案件，以及除渎职犯罪以外的可能判处七年有期徒刑以下刑罚的过失犯罪案件，犯罪嫌疑人、被告人真诚悔罪，通过向被害人赔偿损失、赔礼道歉等形式获得被害人谅解，被害人自愿和解的，双方当事人可以和解。对于达成和解协议的案件，公安机关可以向人民检察院提出从宽处理的建议。人民检察院可以向人民法院提出从宽处罚的建议；对于犯罪情节轻微，不需要判处刑罚的，可以作出不起诉的决定。人民法院可以依法对被告人从宽处罚。

上述这些规定和要求都反映了一个基本精神，即**被告人的赔偿情况作为量刑情节，在司法实践中对刑罚裁量有重要影响**。当然，这些规定和要求本身也有充分的法律根据和理论依据。

《刑法》第61条规定："对于犯罪分子决定刑罚的时候，应当根据犯罪的事实、犯罪的性质、情节和对于社会的危害程度，依照本法的有关规定判处。"这说明，刑罚裁量既要关注犯罪行为的社会危害性，也要关注犯罪人的人身危险性。从社会危害性的角度看，被告人赔偿不仅是履行法律规定的义务，而且是在积极弥补损失，减少犯罪的危害后果。量刑的基本原则是要根据行为的性质和对社会的危害程度来决定刑罚。社会危害程度的衡量当然应当包括损失的大小、被害方实际受到影响的大小。虽然损害赔偿目前主要针对物质损失，但至少可以在客观上缓解犯罪造成的实际损害，这也就意味着被告人所实施犯罪行为的社会危害性在减小。

从人身危险性的角度看，若被告人具有积极赔偿被害方损失的行为，一般都反映了被告人具有认罪悔罪的态度，如因此得到被害方的宽恕和谅解，则可昭示被告人人身危险性的降低。犯罪行为直接作用于被害人并进而作用于其亲属，被害人及其亲属对犯罪的感受最为直接和深刻。**从某种意义上说，被害方的反应强度也是衡量犯罪社会危害性大小的"晴雨表"，其对被告人的谅解态度，缓和了矛盾，减少了对立，实质上也就反映了犯罪社会危害性的变化**。对此加以利用和引导，既有助于被害人实际利益的实现，也有利于刑罚的合理适用。

正如最高人民法院原副院长高憬宏大法官所指出的："在刑事领域，除了对犯罪行为进行必要的惩罚之外，还要通过各种手段化解矛盾，消除犯罪人对社会、被害人及其亲属对犯罪人的仇恨,减少社会的对立面。如果被告人及其亲属主动自愿补偿被害方,在加害人和被害人之间选择彼此可以接受的方案来弥补犯罪所造成的损害,最大限度地满足被害方以后的生活需要,让加害人进行必要的自我反省和支付必要的赔偿代价,这不仅不存在执行上的困难,被害人可以在物质上得到补偿,而且加害人也可以赢得被害人的谅解和改过自新的双重机会,对国家、社会无疑都有相当的益处,达到让社会恢复平静最终实现安定和谐的目的。"[1]

需要指出的是,对于因具有民事赔偿等情节而对被告人从宽判处的,裁判文书中应注意从被告人积极认罪、真诚悔罪、获得被害方谅解等角度充分阐释裁判理由,适当淡化民事赔偿情节的影响,避免让公众产生"花钱买刑"的误读,以争取更好的社会效果。

(二)赔偿从轻判处的司法限制

我们还要充分认识到,**被告人的赔偿情节犹如一把"双刃剑",用之得当,当事人双方均受其益;用之不当,则损害司法公正**。所以,实践中对此应审慎把握,不宜将问题简单化处理。

(1)被告人对其犯罪造成的损失负有赔偿的法定义务。根据有关规定和要求,被告人案发后对被害人积极进行赔偿,并认罪、悔罪的,通常"可以"从宽量刑,而非必须从宽处罚。并且,依据此情节对被告人从宽处罚,被告人不仅要有实际的赔偿,一般还要认罪、悔罪。被告人即使能够赔偿被害人的损失,但如果其并非真诚悔改,而纯粹为了减刑交易,那么从轻处罚就不具有目的的正当性。

(2)要满足被害人和被告人的自主性和自愿性,通常应以取得被害方谅解为必要。被害人及其亲属谅解的本质是被告人与被害人及其亲属双方在自愿协商一致的基础上,通过被告人真诚悔罪,赔礼道歉并支付被害人的损失,以此来取得被害人及其亲属的谅解,修复被破坏的社会关系。**在被害人死亡或者无法独立表达意志的情况下,对被害人亲属谅解的背景、原因、是否确系真实、自愿,更要从严审查和把握,要注意审查是否违背社会良好风尚和社会公众朴素**

---

[1] 高憬宏:《和谐语境下的死刑适用》,载《人民司法》2008年第5期。

的正义情感。

（3）在赔偿数额上，只要原告人的要求不违法并且被告人及其亲属也能够赔偿的，多多益善。但被告方具有足够赔偿能力的案件在实践中并不多见，多数被告人及其亲属均无令人满意的赔偿能力，所以也不能唯数额论，还要看被告人亲属的努力程度。**对于不惜变卖家产进行赔偿的，即使数额占应赔总额的比例较低，一般也应适当体现政策。**

（4）被告人积极赔偿虽然是重要的酌定从宽处罚情节，但在严重刑事犯罪中，是否对被告人从宽及从宽的幅度，必须结合犯罪事实、性质及其他情节进行综合衡量，给予适当、准确的评价。**对严重危害社会治安、严重危及人民群众安全感的犯罪，以及严重挑战社会公德底线、造成恶劣社会影响的犯罪，从宽处罚必须特别慎重、严格限制。**

2006年最高人民法院在第五次全国刑事审判工作会议上曾明确要求："依法赔偿被害人因犯罪行为遭受的物质损失，是被告人应负的法律责任，对于罪行极其严重、依法必须判处死刑立即执行的犯罪分子，也不能因为赔偿了被害人的物质损失而予以轻判，避免造成负面社会影响。"2009年《最高人民法院关于审理故意杀人、故意伤害案件正确适用死刑问题的指导意见》规定："对于那些严重危害社会治安的故意杀人、故意伤害案件，被告人积极赔偿，得到被害方谅解的，依法从宽判处应当特别慎重。"《量刑指导意见》也明确要求，在减少基准刑方面，对抢劫、强奸等严重危害社会治安犯罪的"应从严掌握"。2019年最高人民法院还印发《关于刑事审判中正确处理民事赔偿与量刑关系的通知》，强调要根据案件具体情况，充分考虑人民群众的公平正义观念，进一步把握好调解范围、调解力度、量刑尺度等，确保司法公正。在审判实践中，对上述有关政策精神和法律规定，应当注意理解把握、切实贯彻落实。

例如，《刑事审判参考》（总第113集）收录的胡方权非法拘禁、故意杀人案：

被告人胡方权案发前曾因犯流氓罪、赌博罪，两次被判处入狱服刑。2012年6月10日19时许，胡方权为向被害人张某（殁年44岁）索债，纠集李国成（另案处理）等人将张某从浙江省杭州市某酒店带离。同年6月11日至8月31日，胡方权分别指使或雇用同案被告人张崇宣、金朝国、傅雄武及曾方照、陈晓貌、马兵、金震寰、李英（均已判刑）等多人先后在浙江省温州市永嘉县某街道某村、永嘉县某镇某村及浙江省丽水市青田县方山乡某村等多处租房关押、看管张某。其间,胡方权多次逼迫张某电话联系亲友,索要5000余万元。因张某亲属未按胡方权要求的金额及期限汇款,胡方权多次威胁、殴打张某,并让看管人员用手铐、铁笼拘束张某。截至2012年8月15日,胡方权共计向张某亲友索得620万元。

2012年8月31日深夜,被告人胡方权和金朝国驾车来到浙江省青田县某村关押被害人张某的地点,伙同金震寰等人将张某关进一个铁笼,装入所驾驶的奥迪Q7轿车后备箱内运往青田县滩坑水库。途中,奥迪Q7轿车爆胎,胡方权联系在附近探路的张崇宣驾驶英菲尼迪轿车前来,因该车无法装运铁笼,胡方权又电话联系傅雄武驾驶尼桑皮卡车前来。胡方权等人将关着张某的铁笼抬到尼桑皮卡车上。然后,胡方权、金朝国乘坐由傅雄武驾驶的尼桑皮卡车,与张崇宣驾驶的英菲尼迪轿车一同驶往青田县滩坑水库。9月1日凌晨,当两车临近水库时,胡方权让傅雄武到英菲尼迪车上停留等候,并让张崇宣换乘到尼桑皮卡车上,然后由金朝国驾驶该皮卡车至滩坑水库北山大桥上调头后靠桥栏杆停下。之后,胡方权、张崇宣、金朝国一起将关着张某的铁笼从皮卡车上抬起,抛入距离桥面20多米的滩坑水库中,致张某死亡。而后胡方权等三人与傅雄武汇合并逃离现场。胡方权于2012年9月潜逃偷渡出境,2013年2月27日在泰国曼谷被泰国警方抓获,同年3月6日被押解回国。

一审法院审理认为,被告人胡方权的行为已构成非法拘禁罪、故意杀人罪。在共同故意杀人犯罪中,胡方权起组织、指挥作用,系主犯,且系累犯,应从重处罚。据此,依法判决胡方权犯故意杀人罪,判处死刑,剥夺政治权利终身;犯非法拘禁罪,判处有期徒刑三年;决定执行死刑,剥夺政治权利终身。宣判后,胡方权提出上诉。在本案二审期间,被告人亲属代为赔偿,被害人亲属接受,并表示予以谅解。二审法院经审理后仍维持了原判,并报最高人民法院复核。最高人民法院经复核认为,被告人胡方权为索债,纠集、雇用他人非法限制债务人的人身自由,其行为构成非法拘禁罪;在索债未能如愿的情况下,纠集、雇用他人将被害人关入铁笼抛入水库致死,其行为又构成故意杀人罪,应依法并罚。胡方权犯罪性质特别恶劣,手段残忍,情节、后果严重,社会危害性大,且在共同犯罪中系罪行最严重的主犯,又系累犯,主观恶性深,应依法从重处罚。据此,依法裁定核准了被告人的死刑判决。

本案中,既有可考虑从严惩处的情节,如系有预谋的直接故意杀人,性质特别恶劣,情节、后果严重,社会危害性大,被告人系累犯,人身危险性大,主观恶性深等;又有可考虑从宽处罚的情节,如二审期间,被告人胡方权的亲属积极代为赔偿,取得被害人亲属谅解。能否对罪行极其严重的被告人从宽处罚,不适用死刑立即执行,二审及死刑复核审理中均有两种不同意见:第一种意见持肯定立场,认为可据此改判被告人死刑缓期二年执行;第二种意见持否定立场,认为此案不适宜对被告人从宽判处,应当维持、核准死刑判决。最高人民法院最终支持了第二种意见。根据该案例的"裁判理由",最高审判机关复核时对案件有关从严与从宽情节,作了全面、审慎的考量。

(1)从案件性质来看,本案最初起因虽系民间借贷纠纷,但后期发展已明显超出简单的借贷纠纷的性质,演变成严重暴力犯罪。被告人胡方权将被害人张某从酒店带走后,先后花钱雇用多名社会闲散人员、有犯罪前科的人员,转换多个地点关押被害人长达两个多月,索债未能全部如愿后,又纠集他人故意杀害被害人,性质特别恶劣。故意杀人系极为严重的暴力犯罪,不但严重侵犯公民个体的人身权利,而且严重危及正常的社会秩序,一向是我国刑法严厉打击的重点。**在对此类案件被告人量刑时,一方面,要考虑实现特殊预防目的,即防止被告人本人的再犯可能性;另一方面,还要考虑实现一般预防的目的,即防止潜在的犯罪发生,在发挥刑罚对被害人的安抚补偿功能的基础上,重视发挥对社会的规范、威慑功能。**

(2)从犯罪情节、后果来看,被告人胡方权采用将被害人张某装入专门制作的铁笼后沉入水库的方式杀人,作案手段残忍,情节特别恶劣,严重危及当地社会治安和人民群众安全感。

(3)从被告人的主观恶性及人身危险性来看,被告人胡方权经过预谋,选好地点后纠集他人共同作案。被害人张某被抛入湖中的地点距水面20余米,水面距湖底80余米,打捞极为困难,公安机关曾两次打捞无果。作案后,胡方权潜逃境外,被抓捕归案后,仅供认非法拘禁事实,否认故意杀人事实,且供述屡屡变化:在张某尸体被打捞上来之前,称在浙江省温州市将张某放走了;在同案被告人翻供后,供称在北山大桥附近将张某释放了;在打捞到张某尸体后,又称在北山大桥上将张某释放后同案被告人曾经返回,暗示铁笼是被同案被告人抛入水库的;在二审开庭时又称发现张某死亡后才"抛尸"。由此可见,胡方权口供随着司法机关掌握证据的变化而一变再变,并无认罪、悔罪态度,主观恶性深。

《宽严相济意见》中规定:"被告人案发后对被害人积极进行赔偿,并认罪、悔罪,依法可以作为酌定量刑情节予以考虑。因婚姻家庭等民间纠纷激化引发的犯罪,被害人及其家属对被告人表示谅解的,应当作为酌定量刑情节予以考虑。"胡方权的亲属虽然愿意代为赔偿,但胡方权并无认罪、悔罪态度;被害人亲属虽然对被告人表示谅解,但本案并不属于"因婚姻家庭等民间纠纷激化引发的犯罪"。概言之,被告人不具备对其从轻处罚的必要条件。另外,被告人还有两次犯罪前科,系累犯,人身危险性大,具有法定从重处罚情节。最高审判机关经综合考量本案的从严与从宽情节后认为,被告人胡方权虽然就民事赔偿与被害人亲属达成了协议,但尚不足以对其从轻处罚,故依法核准被告人胡方权死刑。

又如,《刑事审判参考》(总第75集)收录的林明龙强奸案:

被告人林明龙曾因盗窃被判刑4次,劳动教养1次。2002年10月25日零时许,林明龙尾随被害人刘某(女,殁年16岁)至温州市鹿城区黄龙住宅区登峰组团11幢二楼至三楼楼梯转弯的平台时,欲与刘某发生性关系,遭拒绝,则采用手臂勒颈等手段,致刘某昏迷。在刘某昏迷期间,林明龙对刘某实施了奸淫,且窃取刘某的手机一部(价值人民币765元)和现金300元后逃离现场。案发后,经鉴定,刘某因钝性外力作用致机械性窒息死亡。

一审法院经审理后以强奸罪判处被告人林明龙死刑,剥夺政治权利终身。宣判后,林明龙提出上诉。本案二审时,被告人和被害人双方家属私下达成了赔偿谅解协议,由被告人亲属赔偿被害人亲属45万元(已支付10万元,余下35万元待改判后支付),被害人家属对被告人的行为表示谅解,并书面申请二审法院对被告人从轻处罚。林明龙及其辩护人以此请求二审法院改判林明龙较轻刑罚。二审法院经审理认为,上诉人林明龙的行为构成强奸罪。林明龙的犯罪情节恶劣,后果严重,社会危害极大,且系多次犯罪的累犯,依法应予严惩。林明龙上诉及其二审辩护人要求从轻改判的理由不足,不予采纳。原判定罪和适用法律正确,量刑适当,审判程序合法。据此,裁定驳回上诉,维持原判,并依法报请最高人民法院复核。后最高人民法院依法核准了对林明龙的死刑判决。

根据该案例的"裁判理由",最高审判机关的考虑主要是:强奸致人死亡是严重危害社会治安的犯罪,这类犯罪针对的对象往往不特定,严重损害人民群众的安全感,属于《宽严相济意见》中从严惩处的重点对象。本案中,林明龙深夜尾随未成年被害人到其住处,在居民楼的楼梯上将被害人强奸致死,其犯罪性质特别严重,情节特别恶劣,犯罪后果特别严重,并在当地造成了恶劣的社会影响,属于罪行极其严重的犯罪分子,应当依法严惩。被告人家属虽然与被害人家属私下达成书面谅解协议,但从协议内容看,协议赔偿数额超出法院判决赔偿数额(判决赔偿20余万元)一倍多,而且大部分赔偿款(35万元)以不判处林明龙死刑立即执行为前提。这种出于获取巨额赔偿款目的而表示的谅解,很难称得上是真实的谅解。且被告人林明龙先后4次判刑、1次劳动教养,每次都是时隔不久又犯案,此次出狱只有7天就犯下本案,构成累犯,主观恶性极深,人身危险性极大,不堪改造。对如此恶劣的犯罪分子,如果仅因被告人家庭有钱赔偿就可以从轻处罚,实质上意味着有钱可以"买命",如此不但会严重破坏法律的平等和公正,而且会损害人民法院的司法权威,故应当核准死刑判决,以体现对此类行为依法严惩的政策要求。

再如,王某等故意伤害、贩卖毒品、强迫他人吸毒、容留他人吸毒案:

2017年11月底至2019年1月,王某为牟取非法利益,组织龙某、王某湘、米某华在四川省攀枝花市零包贩卖毒品海洛因36次,并容留多人在其租住房内吸毒。2018年6、7月,为掩盖毒品犯罪事实,王某以赠送吸毒人员吉某货值100元的海洛因为条件,"收养"其两个儿子安某甲和安某乙,并控制、胁迫二人帮助其贩毒,还对二人长期殴打、虐待。自2018年8月起,王某在其租住房内,多次强迫安某乙吸食海洛因等毒品(经检测,在安某乙头发样本中检出吗啡、单乙酰吗啡和甲基苯丙胺成分,安某乙左侧外耳廓因被王某等人殴打未及时医治而出现明显畸形)。2018年11月以来,王某安排龙某带领8岁的安某乙在市东区华山一带贩卖毒品,王某带领11岁的安某甲购买用于贩卖的毒品后"零星贩毒"。王某等人还备有塑料管、电击棍等工具,用于殴打、控制安某甲和安某乙。

2019年1月22日晚至次日凌晨,王某从龙某处得知安某甲将团伙贩毒情况告知其母吉某后,不顾王某湘劝阻,伙同龙某在租住房内用烟头烫,用塑料管、电击棍等工具殴打、电击安某甲,并强迫安某乙殴打安某甲,还指使龙某逼迫安某甲吸毒。23日上午,安某甲因全身大面积皮肤及软组织挫伤,皮下出血致失血性和创伤性休克死亡。案发后,王某亲属与吉某达成赔偿协议,约定赔偿10万元,先行支付5万元并由吉某出具谅解书,余款于2021年12月31日前付清。2019年12月5日,吉某在其家人收到5万元后出具了谅解书。

一审法院经审理认为,以被告人王某为首的恶势力犯罪集团,多次实施贩卖毒品、故意伤害、容留他人吸毒、强迫他人吸毒犯罪活动,应依法从严惩处,特别是王某在故意伤害犯罪中,手段残忍、情节恶劣,本应严惩,但考虑其赔偿了被害方部分经济损失并取得谅解,以故意伤害罪判处死刑,缓期二年执行,剥夺政治权利终身;以贩卖毒品罪判处有期徒刑十四年,并处罚金5万元;以强迫他人吸毒罪判处有期徒刑八年,并处罚金2万元;以容留他人吸毒罪判处有期徒刑三年,并处罚金1万元,数罪并罚,决定执行死刑,缓期二年执行,剥夺政治权利终身,并处罚金8万元,并限制减刑。对另3名被告人分别以故意伤害罪、贩卖毒品罪、容留他人吸毒罪判处有期徒刑五年至无期徒刑不等刑罚。

宣判后,检察机关以原判对王某量刑畸轻为由提出抗诉。二审法院经审理采纳了检察院机关的抗诉意见,以故意伤害罪改判王某死刑,数罪并罚,决定执行死刑。后最高人民法院裁定核准死刑。[1]

本案的争议焦点是能否以被告人王某亲属代为赔偿并取得被害方谅解为由判处王某死缓。终审裁判给予了否定意见,认为本案的赔偿谅解情节不足以影响量刑。具体理由:一是被告人"赔偿"被害方损失属于其应当依法履行的义务,并非从宽处罚的必要性条件,而且本案的"赔偿"附加了被害人亲属出具谅解书、法院不判处死刑立即执行、两年后才支付全款等条件,并非真诚悔罪;二是被害人母亲吉某系吸毒人员,仅为收取货值100元的海洛因,就放弃法定抚养义务,将两名幼童交由毒贩控制、虐待,并对二被害人的伤痕长期不闻不问、置之不理,由吉某作为谅解主体出具的谅解书,不足以产生从宽处罚的法律后

---

〔1〕 参见王某等非故意伤害等犯罪二审抗诉案(检例第178号)。

果;三是被告人王某"收养"两名儿童并故意伤害的动机和目的是控制、胁迫两名儿童实施毒品犯罪,犯罪情节极其恶劣,既侵害未成年人生命健康权,又严重扰乱社会秩序,社会危害性极大,对于这类罪行极其严重的犯罪,即使达成了赔偿谅解协议,也不应当从宽处罚,故依法对王某适用死刑立即执行。

综上,对于性质、情节特别恶劣,后果特别严重,严重危害社会治安和影响人民群众安全感的犯罪,审判实践中不宜像对待民间矛盾激化引发的案件那样积极主动进行调解。对于私下达成协议的,要充分考虑被告人是否真诚认罪、悔罪,尤其要注意审查协议的过程和内容是否合法,被害方的谅解意愿是否真实,即便认定具有积极赔偿和被害方谅解的情节,法院也要掌握好宽严尺度,从宽判处仍应当特别慎重,不能过于偏离社会公众的朴素道德情感,防止死刑政策及刑罚适用出现偏差。对于并未真诚认罪、悔罪的被告人,一般不能仅因赔偿、取得谅解而从轻处罚。

同时,要注意依法保护被害方的合法权益。被告人的犯罪行为造成被害人经济损失的,要依法判决被告人承担民事赔偿责任,不能因为判处被告人死刑而该赔的不赔;对于那些因被告人没有赔偿能力而得不到赔偿的,要积极通过国家救助制度,解决被害方因被告人的犯罪行为造成的生活、医疗困难,安抚被害人及其亲属,促进社会和谐、稳定。

四、坦白情节的司法认定

2009年《刑法》第67条原有两款,分别规定了一般自首(即"犯罪以后自动投案,如实供述自己的罪行的,是自首。对于自首的犯罪分子,可以从轻或者减轻处罚。其中,犯罪较轻的,可以免除处罚")和余罪自首(即"被采取强制措施的犯罪嫌疑人、被告人和正在服刑的罪犯,如实供述司法机关还未掌握的本人其他罪行的,以自首论")。2011年《刑法修正案(八)》在2009年《刑法》第67条中增加一款作为第3款:"犯罪嫌疑人虽不具有前两款规定的自首情节,但是如实供述自己罪行的,可以从轻处罚;因其如实供述自己罪行,避免特别严重后果发生的,可以减轻处罚。"如实供述自己罪行情形就是通常所称的坦白,《刑法修正案(八)》施行后,它已由酌定量刑情节升格为法定量刑情节。虽然《自首和立功解释》第1条第2款对"如实供述自己的罪行"有具体规定,但是,在运用该规定的司法实践过程中,仍然存在各种不同的认识。从实践看,坦白情节经常出现在各类刑事案件中,故从理论上厘清其内涵及适用要求,显得尤为必要。

(一)坦白情节的法律价值

坦白从宽作为一项司法政策,始终贯穿我国的刑事司法实践。但长期以来,《刑法》并未能将其作为普遍性规定,仅在《刑法》分则第八章贪污贿赂罪中规定,犯贪污、受贿罪,"在提起公诉前如实供述自己罪行、真诚悔罪、积极退赃,避免、减少损害结果的发生,有第一项规定情形的,可以从轻、减轻或者免除处罚;有第二项、第三项规定情形的,可以从轻处罚"。考察1998年《自首和立功解释》、2009年《职务犯罪认定自首、立功等意见》、2010年《自首和立功意见》以及2003年《最高人民法院、最高人民检察院、司法部关于适用普通程序审理"被告人认罪案件"的若干意见(试行)》和《最高人民法院、最高人民检察院、司法部关于适用简易程序审理公诉案件的若干意见》等有关司法文件,均在一定程度上把坦白作为一种从轻处罚情节,但因没有明确上升为法律规定,它仅作为酌定量刑情节,主要依靠法官的经验裁断,由此就容易造成量刑的不统一。

《刑法修正案(八)》在自首、以自首论之外,把坦白提档为法定量刑情节,这既有利于落实宽严相济刑事政策,分化瓦解犯罪分子,也有利于法律适用的统一。司法实践表明,犯罪人到案后如实供述自己罪行,不仅可以有助于案件侦查、审判,而且能够反映出其有改恶向善的意愿,相较于负隅顽抗,甚至故意编造谎言误导侦查、审判的犯罪分子而言,表征其人身危险性降低,也更易于服刑期间的改造,通常适用较轻的刑罚即可达到特殊预防目的。

(二)坦白情节的具体认定

在刑法理论上,广义的坦白包括自首,自首是坦白最高层次的表现形式。狭义的坦白则仅指被动归案后,如实供述自己的罪行,亦即对司法机关是否掌握在所不问,都如实地向司法机关供述。这里所说的坦白,是指狭义层面的。

从司法实践看,准确把握"如实供述自己的罪行"这一规定,应重点考察以下两个问题:

1. 如实供述的程度

成立坦白要求行为人供述必须如实,即犯罪人对自己犯罪事实的表述与客观存在的犯罪事实相一致。不过,是绝对的等同或者同一还是近似或者相似,这里就存在如实供述的程度问题。可以肯定地说,绝对的等同或者同一是很难的,由于主客观条件的限制,犯罪人在供述自己罪行时不可能所有细节都严丝合缝地与实际对得上,"只要其所供述的罪行与客观存在的基本犯罪事实相一致,就可以视为如实供述"。[1]所以说,**法律上所说的全部供述和部分供述,都是相对的。**

全部供述比较容易理解,一般要求行为人如实供述自己所参与的全部犯罪事实,即可认定为全部供述。在犯罪人犯有数罪的情况下,如实供述所犯数罪,即可成立坦白。例外之处是共同犯罪。在共同犯罪的情况下,罪行并非一人所为,而是共同所为,因此,共同犯罪中的罪行范围是指本人所知的共同犯罪行为。换言之,在共同犯罪中成立坦白,不仅要如实供述自己的罪行,还要如实供述共同犯罪中本人所知的共同犯罪范围内的他人犯罪行为。对此,《自首和立功解释》作了明确规定,"共同犯罪案件中的犯罪嫌疑人,除如实供述自己的罪行,还应当供述所知的同案犯,主犯则应当供述所知其他同案犯的共同犯罪事实……"。

部分供述,又分两种情况:供述某一犯罪的部分事实和供述数罪中的部分犯罪。

(1)关于供述某一犯罪的部分事实。

《自首和立功解释》第1条第2款中规定:"如实供述自己的罪行,是指犯罪嫌疑人自动投案后,如实交代自己的主要犯罪事实。"即只要如实供述"主要犯罪事实",就可以认定为"如实供述"。既然是"主要犯罪事实",自然不同于次要犯罪事实或者部分犯罪事实,**只要如实供述主要犯罪事实,次要犯罪事实或者部分犯罪事实供述不实或者没有供述,一般不影响认定其"如实供述自己的罪行"**。由于犯罪事实是客观存在的犯罪的实际情况的总和,虽以犯罪人的所知为限,但其内容仍然较为广泛。因此,如何理解"主要犯罪事实",值得关注。

---

[1] 陈兴良:《本体刑法学》,商务印书馆2001年版,第794页。

刑法学界通常将其理解为"足以使侦查人员凭以查明该犯罪之真相为已足,并不以完全与事实相符为必要"。但是,"主要犯罪事实"就是"足以使侦查人员凭以查明该犯罪之真相"的那些事实吗?所谓真相,是"指本来面目",而"足以使侦查人员凭以查明该犯罪之真相"等同于足以使侦查人员对该犯罪真相大白,又由于真相大白是指"真实的情况完全清楚明了",如此"主要犯罪事实"不就是全部犯罪事实吗?显然如此理解,并不能准确揭示"主要犯罪事实"的内涵。还有一种观点认为,"所谓主要犯罪事实,是指直接影响定罪量刑的重要犯罪事实与情节"[1],从"主要犯罪事实"的本质特征看,这样界定并无不妥,问题在于它仍然不能明确"主要犯罪事实"的范围。

笔者认为,**可将"主要犯罪事实"界定为"能够据以认定犯罪性质并确定相应的法定量刑幅度的犯罪事实"**。具体而言,"主要犯罪事实"包括两部分:一是组成犯罪构成的犯罪事实,这是据以确定犯罪性质的犯罪事实。二是虽然只对量刑有意义,但会影响到量刑档次的犯罪事实。"主要犯罪事实"是相较于"次要犯罪事实"而言的,后者是指不直接影响定罪量刑,或者虽然影响量刑,但只在同一法定刑格以内发生影响的犯罪事实。各种案件的主要犯罪事实的内容是不一样的,可结合具体个案的特点来把握。例如,故意杀人谎称过失致人死亡,显然不能认定如实供述主要犯罪事实;被告人抢劫作案三起,其中第三起致人死亡,其投案后如实交代了前两起,隐瞒了第三起,也不能认定如实供述主要犯罪事实。

按照通常的理解,犯罪分子一般应当如实供述以下事实:个人基本情况、犯罪的心理状态、犯罪的时间、地点、作案工具、行为过程、侵害对象以及犯罪形态等。当然,不能要求犯罪人所供事实达到精确、具体、详尽,并且具体到个案可能还会各有不同,但只要其供述的事实能够达到足以使司法机关认定犯罪性质并可以据此确定相应的法定量刑幅度的程度即可成立如实供述。如果犯罪人归案后,对主要犯罪事实避而不谈,而是仅集中于与其罪行关系不大的细枝末节,或者大包大揽、庇护同伙,或故意歪曲事实性质、避重就轻等,则不能认定其"如实供述自己的罪行"。

---

[1] 甘正培:《浅论自首的几个问题》,载《法学评论》1999 年第 6 期。

此外,在认定是否如实供述的时候,还应当注意把如实供述与合理辩解区别开来。如实供述是指本人将自己所犯的罪行客观地陈述出来,而自我辩解则是在客观陈述自己罪行的基础上,对本人承担责任的轻重进行解释。合理辩解是犯罪人的法定诉讼权利,是其进行自我辩护的重要组成部分,因此,对其合理辩解应予保护,不能因为犯罪人进行了自我辩解就否定其供述的如实性。**只要犯罪人如实交代了自己的主要犯罪事实,即使具有为自己开脱罪责的辩解,通常也不能否认坦白的成立。**

(2)关于供述数罪中的部分犯罪。

对于犯有数罪只供述其中一罪或者一部分罪行的情况,又可具体分为同种数罪和异种数罪两种情形。所谓同种数罪,是指多次实施同一性质的犯罪。如果犯罪人在犯有同种数罪的情况下,只供述其中部分犯罪,刑法学界曾有观点认为,应当区分不应并罚的数罪和应该并罚的数罪。犯罪人犯有不应并罚的同种数罪,虽然是数罪,但仍应作为一罪来定罪量刑,因此,犯罪人交代了其中一罪,就不能说明提供了追诉犯罪的主要依据,故不宜认定"如实供述自己的罪行";犯罪人在犯有应该并罚的同种数罪的情况下,只交代了其中一罪,则可以构成坦白。[1]

笔者不完全认同此观点。《自首和立功解释》第1条第2款中规定:"犯有数罪的犯罪嫌疑人仅如实供述所犯数罪中部分犯罪的,只对如实供述部分犯罪的行为,认定为自首。"据此可以认为,**犯有同种数罪的,无论是并罚还是不并罚,对于如实供述的部分均是可以认定坦白的。**当然,该坦白情节仅及于如实供述的部分。

根据《自首和立功意见》,犯罪嫌疑人多次实施同种罪行的,应当综合考虑已交代的犯罪事实与未交代的犯罪事实的危害程度,决定是否认定为如实供述主要犯罪事实。虽然投案后没有交代全部犯罪事实,但如实交代的犯罪情节重于未交代的犯罪情节,或者如实交代的犯罪数额多于未交代的犯罪数额的,一般应认定为如实供述自己的主要犯罪事实。**无法区分已交代的与未交代的犯罪情节的严重程度,或者已交代的犯罪数额与未交代的犯罪数额相当,一般不**

---

〔1〕 参见王学沛:《论自首》,载《硕士学位论文集》(上卷),西南政法学院1986年刊印,第328页。

认定为如实供述自己的主要犯罪事实。

所谓异种数罪,是指实施性质不同的数个犯罪。犯罪人只对所犯各种数罪中的一罪作了供述,根据前述认定精神,该供述可以成立坦白。当然,该坦白情节的效力仍然是只能及于如实供述所犯数罪中的部分罪行,而不及于他罪。[1]

2. 如实供述的时间

在实践中经常会遇到这样的情况:在犯罪分子归案之后,因害怕如实供述自己的罪行可能会遭受严重惩罚,出于自保,其在调查、侦查和起诉阶段往往对自己的罪行不如实供述,通过在法庭上亲历一系列审判活动,受到教育或者慑于法律的威力后,可能会如实供述自己的罪行。此外,还有一部分人归案时能够如实供述自己的罪行,但随后翻供,或者在调查、侦查环节能够如实供述自己的罪行,但在审判环节翻供不认,这些情形能否认定为坦白呢?

《刑法》第67条第3款未明确坦白的时间要素,但将坦白的主体表述为"犯罪嫌疑人",是否可以认为坦白情节仅适用于因涉嫌犯罪而被调查机关、侦查机关确定为犯罪怀疑对象的情形呢?换言之,是否只有在调查、侦查阶段如实供述自己的罪行才能成立坦白呢?

有观点持反对意见,认为坦白能始于审判阶段,其依据之一是《自首和立功解释》第1条第2款的规定,即"犯罪嫌疑人自动投案并如实供述自己的罪行后又翻供的,不能认定为自首,但在一审判决前又能如实供述的,应当认定为自首。"参照该规定,认为坦白成立的时限也应当延至一审判决前。依据之二是2021年《量刑指导意见》的规定,即"对于坦白情节,综合考虑如实供述罪行的阶段、程度、罪行轻重以及悔罪表现等情况,确定从宽的幅度"。因为此处使用了"阶段"的表述,故认为坦白也可以存在于不同的诉讼阶段,包括审查起诉和审判阶段。该观点认为,作为量刑情节的坦白,由于最终是由法院审判确定的,故在时限上不宜限定在"侦查阶段"。

其实,这个问题在2011年《刑法修正案(八)》立法过程中就曾讨论过。当时的立法机关相关负责人指出,在起草过程中,有人提出,"如实坦白从轻或者

---

[1] 参见于同志:《余罪自首的司法适用》,载北京市高级人民法院编著:《审判前沿》2005年第4集(总第14集),法律出版社2006年版。

减轻处罚的适用对象不应仅限于犯罪嫌疑人,应扩大到'被告人'。考虑到根据刑诉法规定,犯罪嫌疑人到审判阶段才被称为'被告人',如果犯罪嫌疑人在侦查、审查起诉阶段都不如实坦白自己的罪行,进入审判阶段在法庭上才如实坦白,实际意义已经不大,因此没有采纳这个意见"[1]。由此可见,**立法机关对坦白主体的设定是有意而为之,既然立法已明确为"犯罪嫌疑人",故应将坦白成立的时限设定在侦查、调查阶段**。事实上,如果在侦查、调查阶段不如实供述自己的罪行,到了审查起诉阶段乃至审判阶段才供述,仍然据此认定坦白,已经不符合立法关于坦白可以节约司法成本、提高司法效率的本意了。

这里有必要区分坦白与认罪认罚。认罪认罚的基本特征是"认罪+认罚",既要认罪,又要认罚,其中的"认罪"与坦白所要求的"如实供述自己的罪行"具有相同的含义。但是,认罪认罚可以贯穿整个刑事诉讼过程,无论是在侦查、审查起诉阶段,还是在审判阶段,犯罪嫌疑人、被告人均可以认罪认罚。但**坦白则只能是犯罪嫌疑人被公安机关抓获到案后及时如实供述**。如果犯罪嫌疑人到案后未能及时如实供述自己的罪行,而在审查起诉或审判阶段才开始如实供述,则可以成立认罪,如果同时还能愿意接受处罚,包括同意检察机关经协商的量刑建议并签署具结书、接受法院判处的刑罚,则可以成立认罪认罚,但不成立坦白。

此外,2019年《认罪认罚从宽意见》规定:"认罪认罚的从宽幅度一般应当大于仅有坦白,或者虽认罪但不认罚的从宽幅度。对犯罪嫌疑人、被告人具有自首、坦白情节,同时认罪认罚的,应当在法定刑幅度内给予相对更大的从宽幅度。认罪认罚与自首、坦白不作重复评价。"由此可见,**坦白与认罪认罚之间虽有交叉、重合之处,但各自具有独立意义,实践中应当分别认定,不能混同**。[2]

---

[1] 黄太云:《〈刑法修正案(八)〉解读(一)》,载《人民检察》2011年第6期。
[2] 根据《认罪认罚从宽意见》的规定,自首、坦白的犯罪嫌疑人、被告人,同时认罪认罚的,在量刑时既要按照自首、坦白的规定给予从宽,也要按照认罪认罚的规定给予从宽,从而体现出"更大的从宽幅度"。但是已经给予更大幅度从宽处罚的,不作重复评价。也就是说,在考虑以自首、坦白从宽时,如果已经给予认罪认罚更大幅度从宽后,就不再重复给予从宽;或者说在考虑认罪认罚从宽时,如果已经给予自首、坦白更大幅度从宽后,也不再重复给予从宽。这里的"不作重复评价",不是说具有自首、坦白的犯罪嫌疑人、被告人即使认罪认罚,也只能按照自首、坦白给予从宽处罚而不再适用认罪认罚的从宽规定。自首、坦白与认罪认罚是各自独立的量刑情节,应当分别认定,只不过是在具体从宽幅度上要综合考虑确定,以贯彻罪责刑相适应原则。

事实上，在《刑法修正案（八）》已将坦白规定为法定量刑情节的情况下，适当提高其认定标准，也是应该的。笔者认为，认定坦白不仅对其时限宜作出限制，对供述的稳定性也应当有所要求。概言之，司法认定坦白情节，既要有主体上的考虑，又要有质的限定，还要有量的要求，并应有稳定性的考察。具体来说，**坦白在主体上应限定为犯罪嫌疑人；在质上应供述能够确定犯罪性质，以及相应的法定量刑幅度的犯罪行为；在量上不能避重就轻，应如实供述主要犯罪事实；在稳定性上不宜时供时翻，即便先供后翻，至迟应在一审判决前如实供述。**不仅如此，对于主体、质、量、稳定性要素，应当坚持综合分析、判断。

例如，冯某勇贪污、受贿案：

2005年至2008年，被告人冯某勇任西藏自治区电信公司山南分公司党委书记、总经理兼技术总监期间，利用职务便利，先后两次通过虚假冲账手段非法占有公共财物共计5万元。2013年至2019年，冯某勇任西藏自治区电信公司拉萨分公司党委书记、副总经理，西藏自治区通信管理局党组成员、副局长，专用通信局党组书记、局长期间，利用职务便利，为他人在工程项目承揽、项目拨款等方面谋取利益，先后5次索取、收受服务管理对象邓某明等人财物共计72万元、价值3万元翡翠摆件一个、价值2.1552万元尼康相机及镜头一个。

冯某勇归案后，在监察委调查、检察机关审查起诉阶段均如实供述自己的罪行，检察机关据此在量刑建议中提出冯某勇具有坦白情节。在开庭审理时，冯某勇除认可收受价值3万元的翡翠摆件外，辩称5万元用于公司招待，不构成贪污罪；从邓某明处索取40万元的事实不存在；从李某华处收受20万元属于礼尚往来，不属于受贿；从李某处收受的尼康相机及镜头用于工程项目，不构成受贿；收受徐某龙5万元、高某友7万元，不应认定为索贿。法院经审理认为，被告人冯某勇在开庭审理时翻供，拒不供认主要犯罪事实，并对主要犯罪事实作无罪辩解，依法不构成坦白。[1]

在本案中，被告人虽然在监察机关调查、检察机关审查起诉阶段如实供述自己的罪行，但在一审庭审中翻供，仅认同收受价值3万元的翡翠摆件，对索取他人12万元财物的事实不予承认，辩解属于一般的收受；对其余贪污、受贿

---

[1] 参见索朗扎西、王帅：《坦白情节的认定》，载《人民司法》2021年第11期。

67.1552万元的主要犯罪事实不予认可,并作罪与非罪的辩解,从其供述的质、量、稳定性考察,依法不符合坦白的要求,故法院认定其不构成坦白。

(三)坦白避免严重后果发生减轻处罚的适用

根据《刑法》第67条第3款的规定,对于坦白,原则上是"可以从轻处罚",但如果出现"因其如实供述自己罪行,避免特别严重后果发生"的特殊情况,则可以减轻处罚。为什么《刑法》规定对此种情形可以减轻处罚?其主要基于以下两点考虑:

一是实现公正的客观需要。以前人们常说"坦白从宽,牢底坐穿",其主要原因就是对坦白情节只能从轻处罚、不能减轻处罚。特别是一些案件办案机关仅掌握小部分犯罪事实,犯罪人归案后交代了大部分未被掌握的同种犯罪事实,即便其如实交代对于破案起到至关重要的作用,但依然不能减轻处罚,由此就导致了部分案件的量刑偏重,甚至畸重。此现象在犯罪行为刚刚达到数额巨大、特别巨大或者刚好符合情节严重、特别严重的案件中尤显突出。例如,被告人盗窃3000元被抓获,归案后如实供述了司法机关尚未掌握的其他盗窃3万元的犯罪事实,即使全部退赃,由于其犯罪数额刚刚达到当地数额特别巨大的标准,且没有法定减轻处罚情节,量刑上最低也必须判处有期徒刑十年。再如,被告人因抢劫100元被当场抓获后,如实供述了司法机关尚未掌握的入室抢劫100元的犯罪事实,虽然抢劫手段一般,抢劫数额很少,也没有造成其他人身伤害后果,即使全部退赃,最低也得判处有期徒刑十年。这样的处罚明显苛重、显失公平。如果规定坦白在特殊情况下可以减轻处罚,就可以缓解此问题。

二是法定情节的立法惯例。从刑法规定的从宽情节看,均有减轻处罚的设定。事实上,如果立法不规定减轻处罚,仅规定从轻处罚,则将其上升为法定情节的意义不大,因为,即便不明文规定从轻处罚,实践中对坦白也一直是酌予从轻的。"因此,将坦白上升为法定情节的真正意义,就是使其具备减轻处罚的功能,充分发挥坦白情节的作用,切实贯彻坦白从宽的政策。"[1]

---

[1] 张军主编,最高人民法院研究室、最高人民法院"刑法、刑事诉讼法"修改工作小组办公室编著:《〈刑法修正案(八)〉条文及配套司法解释理解与适用》,人民法院出版社2011年版,第87页。

减轻处罚是一个对量刑结果有重大影响的处置,如果不加限制,则可能导致滥用,放纵犯罪,损害公平,且不利于与自首情节的衔接。对待坦白情节的正确态度是,一般情况下可以从轻处罚,特殊情况下可以减轻处罚。**从某种意义上说,减轻处罚是特殊的例外情形,应当严格限制其适用条件。**

刑法规定可以减轻处罚的坦白应能"避免特别严重后果发生",用语上以"严重"作限定,可见避免一般的危害后果发生还不足以减轻处罚。参考相关司法解释对危害后果的界定,避免特别严重后果发生,不外乎是避免人员伤亡、财物重大损失及其他特别严重后果的出现。从实践看,它一般包括以下具体情形:

(1)因犯罪嫌疑人如实供述自己罪行,避免人员重伤、死亡。

(2)因犯罪嫌疑人如实供述自己罪行,避免特别巨大经济损失,或者挽回特别巨大的全部经济损失。

(3)因犯罪嫌疑人如实供述自己参与的共同犯罪,司法机关得以侦破重大案件、抓捕重大犯罪嫌疑人。按照通常的理解,这里的"重大犯罪""重大犯罪嫌疑人"的标准,通常是指犯罪嫌疑人可能被判处无期徒刑以上刑罚或者案件在本省、自治区、直辖市甚至全国范围内有较大影响等情形。

(4)因犯罪嫌疑人如实供述自己罪行,避免其他特别严重后果发生。比如,因犯罪嫌疑人的坦白,避免造成特别恶劣的政治影响,避免造成特别重大的社会恐慌等,[1]这是兜底性情形。

需要指出的是,"避免特别严重后果发生"既指将必然发生或者极有可能发生的特别严重后果避免,使其不再发生,也指特别严重后果虽然已经发生,但因犯罪嫌疑人的坦白,而使其得以消除。比较典型的情形是,犯罪嫌疑人如实供述自己的罪行,从而挽回了特别巨大经济损失。一般来说,**对于消除特别严重后果的情形,应与避免特别严重后果发生的情形作等同评价,依法均可以减轻处罚。**

例如,温国星盗窃案:

---

〔1〕 参见张军主编,最高人民法院研究室、最高人民法院"刑法、刑事诉讼法"修改工作小组办公室编著:《〈刑法修正案(八)〉条文及配套司法解释理解与适用》,人民法院出版社2011年版,第88~90页。

2012年2月24日22时许,被告人温国星趁其朋友、被害人司徒某某外出之机,以撬门的方式进入被害人住处,盗得被害人现金人民币899,800元。次日,温国星被公安机关抓获。归案后,温国星如实供述自己的罪行及赃款去向,公安机关根据其供述缴获了部分赃款。同时温国星联系其家属补足并退还了全部赃款。被害人表示予以谅解。

一审法院审理认为,被告人温国星以非法占有为目的,秘密窃取他人财物,数额特别巨大,其行为已构成盗窃罪。考虑到被告人具有坦白、全部退赃等情节,对其从轻处理,依法以盗窃罪判处温国星有期徒刑十年,剥夺政治权利三年,并处罚金人民币3万元。宣判后,温国星不服,提出上诉。二审法院经审理认为,温国星盗窃他人财物,数额特别巨大,依法应当判处有期徒刑十年以上的刑罚。但鉴于其归案后如实供述自己的罪行,积极主动退还全部赃款,从而挽回特别巨大经济损失,取得了被害人的谅解,业已发生的特别严重的后果得以消除,依法可以减轻处罚。故以盗窃罪改判温国星有期徒刑六年,并处罚金人民币1万元。[1]

根据《刑法》的规定,对因坦白而避免特别严重后果发生的情形,不是一概予以减轻处罚,而是"可以"减轻处罚。如果被告人的基准刑远远超过法定最低刑,即使符合该情节,也可以在法定刑以上从轻处罚,实践操作中需要结合罪行应当判处的刑罚具体分析。**如果罪行应当判处的刑罚远高于法定最低刑,有足够的从轻处罚空间,就不必减轻处罚;如果罪行应当判处的刑罚接近法定最低刑,没有从轻处罚的空间,就应当减轻处罚。**

在上述案件中,被告人盗窃数额特别巨大,依法应当在十年以上有期徒刑或者无期徒刑,并处罚金或者没收财产的幅度内量刑,也就是说,如果被告人没有其他减轻处罚情节,也不适用本条款减轻处罚的情况下,对其最低也要判处十年以上有期徒刑。就本案来说,这样的处罚结果,对被告人明显苛重,无法体现其如实供述、全额退赃、取得被害人谅解等情节,无法将其与其他犯罪数额相近,但不坦白、不悔罪、不退赃的被告人拉开量刑距离,无法充分体现坦白从宽

---

[1] 参见刘付刚:《"因如实供述自己的罪行,避免特别严重后果发生"的理解与适用》,载《人民司法》2012年第24期。

刑事政策,故此,就需要对被告人进行减轻处罚来避免上述问题。

当然,特别严重后果得以消除的认定是有较高标准的,对于侵犯单一法益的犯罪,如盗窃犯罪来说,挽回特别巨大经济损失则一般可以满足适用减轻处罚的条件,但对于侵犯复杂法益的犯罪,如贪污贿赂犯罪来说,如果仅仅是挽回损失,还是不够的。根据《刑法》第383条第3款的规定,如果贪污、受贿数额巨大或者特别巨大,即便具有在提起公诉前如实供述自己罪行、真诚悔罪、积极退赃,避免、减少损害结果的发生的情节,也只能从轻处罚,不能减轻处罚。

五、退赃情节的司法运用

退赃,是指犯罪分子在作案后的一定期限内退还赃款赃物的行为。作为量刑情节,它在经济、职务犯罪和侵犯财产犯罪中广泛存在。在这些犯罪中,行为人通常具有贪利的目的和动机,赃款赃物的处置状况不仅反映了行为人的犯罪目的,而且直接体现了犯罪客体的受侵害状况。所以,正确认定和处理退赃情节,对准确、有力地打击经济、职务犯罪和侵犯财产犯罪具有十分重要的意义。

(一)退赃情节的法律性质

对退赃情节的正确处理,有赖于对退赃行为性质的理解。退赃行为的性质是指退赃行为的内在属性,如退赃是权利行为还是义务行为,是法定情节还是酌定情节等。对退赃行为性质的确定,将直接影响对相关犯罪的处理结果。如果将其确定为义务行为时,表明行为人不退也得退,退了的话量刑可以考虑适当从轻,不退则要体现从重;但作为权利行为来确认时,说明退赃与否是行为人的权利,退赃则应从轻处理,不退赃也不从重处罚。如果将退赃行为确定为法定情节,意味着司法人员只能在法定范围内有限裁量;但作为酌定情节,则在刑罚裁量上更为灵活。

1. 从民事法律的角度分析

《民法通则》第117条第1款曾规定:"侵占国家的、集体的财产或者他人财产的,应当返还财产,不能返还财产的,应当折价赔偿。"据此,返还财产既是基于侵占这一特定法律事实而应当由侵占人承担民事责任的方式,也是侵占人应当承担的法定义务。民法理论上的"侵占",既包括刑法上的侵吞,如贪污、职务侵占;也包括"非法占有",如挪用公款和受贿。**退赃由此具有民事责任实现方式的特性,被处以刑罚是犯罪分子应当承担的刑事责任,退赃则是其应当承担的民事责任。**

2. 从刑事法律的角度分析

《刑法》总则中没有关于退赃情节的一般规定,但在《刑法》分则中确实有一些犯罪的退赃情节被规定为法定情节,如《刑法》第383条第3款关于贪污罪、受贿罪的处罚规定:"犯第一款罪,在提起公诉前如实供述自己罪行、真诚悔罪、积极退赃,避免、减少损害结果的发生,有第一项规定情形的,可以从轻、减轻或者免除处罚;有第二项、第三项规定情形的,可以从轻处罚。"《刑法》中甚至还有个别犯罪将赃款的归还状况作为犯罪成立的要件和法定刑加重的根据,如《刑法》第384条规定,国家工作人员利用职务上的便利,挪用公款数额较大、超过三个月未还的,是挪用公款罪,处五年以下有期徒刑或者拘役。挪用公款数额巨大不退还的,处十年以上有期徒刑或者无期徒刑。

2021年3月1日施行的《刑法修正案(十一)》在刑法分则中还增设了两个条款:一是在《刑法》第176条规定的非法吸收公众存款罪中增设了第3款,即"有前两款行为,在提起公诉前积极退赃退赔,减少损害结果发生的,可以从轻或者减轻处罚";二是在《刑法》第272条规定的挪用资金罪中增设了第3款,即"有第一款行为,在提起公诉前将挪用的资金退还的,可以从轻或者减轻处罚。其中,犯罪较轻的,可以减轻或者免除处罚"。

此外,《监察法》第34条第3项规定,涉嫌职务犯罪的被调查人主动认罪认罚,积极退赃,减少损失的,监察机关经领导人员集体研究,并报上一级监察机关批准,可以在移送人民检察院时提出从宽处罚的建议。

另外,在一些司法文件中,也有关于退赃情节的处理规定。例如,1987年8月26日最高人民法院印发的《亲属主动退赃批复》规定:"一、被告人是成年人,其违法所得都由自己挥霍,无法追缴的,应责令被告人退赔,其家属没有代为退赔的义务。被告人在家庭共同财产中有其个人应有部分的,只能在其个人应有部分的范围内,责令被告人退赔。二、如果被告人的违法所得有一部分用于家庭日常生活,对这部分违法所得,被告人和家属均有退赔义务。三、如果被告人对责令其本人退赔的违法所得已无实际上的退赔能力,但其亲属应被告人的请求,或者主动提出并征得被告人同意,自愿代被告人退赔部分或者全部违法所得的,法院也可考虑其具体情况,收下其亲属自愿代被告人退赔的款项,并视为被告人主动退赔的款项。四、属于以上三种情况,已作了退赔的,均可视为被告人退赃较好,可以依法适用从宽处罚。五、如果被告人的罪行应当判处死刑,并必须执行,属于以上第一、二两种情况的,法院可以接收退赔的款项;属于以上第三种情况的,其亲属自愿代为退赔的款项,法院不应接收。"

《量刑指导意见》第三部分"常见量刑情节的适用"第 8 条更是明确规定:"对于退赃、退赔的,综合考虑犯罪性质,退赃、退赔行为对损害结果所能弥补的程度,退赃、退赔的数额及主动程度等情况,可以减少基准刑的 30% 以下;其中抢劫等严重危害社会治安犯罪的应从严掌握。"

由上文分析,要准确界定退赃行为的性质,不能仅依据某一方面或某一具体案件定论,而应立足现有法律规定,本着有利于打击犯罪的原则,全面考察,综合分析。一般而言,**应将退赃理解为是犯罪分子的义务,对赃款赃物不是可退可不退,而是依法应当退,退赃是附条件的从宽情节,这是退赃行为区别于其他犯罪情节(如投案自首)的本质属性。**

(二)退赃从宽的法理依据

在司法实践中,之所以要把退赃情形作为一种附条件的从宽情节,主要基于以下考虑:

1. 积极退赃表明了犯罪人的悔罪态度

对于侵犯财产型、贪污受贿型犯罪而言,犯罪人能否积极退赃,基本上可作为判定其悔罪态度的主要依据。退赃属于罪后情节,行为人的罪后表现虽不能直接体现犯罪行为的社会危害性大小,也不能反映行为人犯罪时的主观心理态度,但罪后表现可以反映出行为人的人身危险性及教育改造的难易程度。行为人积极退赃表明其已经认识到实施犯罪是一个错误的选择,退赃行为本身体现了行为人自我反省的过程。从预防犯罪的目的出发,对其判处过重的刑罚可能造成刑罚过剩,浪费司法资源,故在量刑上可以从轻处罚。

2. 退赃体现了犯罪行为造成的社会危害性的减少

经济、职务犯罪和财产犯罪的侵犯客体中,核心内容就是合法财产权益受侵害,包括国家财产、公共财产、单位财产或者公民财产被侵害。行为人在犯罪后退赃退赔,会使犯罪行为造成的侵害状况在一定程度上得到恢复,犯罪造成的社会危害由此得以降低。既然刑罚应当与犯罪的社会危害性相称,面对犯罪造成的社会危害在事后得以减少的情况,刑罚裁量理应作出适当回应。

3. 退赃降低了追赃的司法成本,应当得到"奖励"

经济、职务犯罪和财产犯罪中的追赃工作一直是困扰刑事司法活动的一项"顽症",难度大,司法成本耗费高。从法律上讲,追赃是司法机关的义务,而不是犯罪人的义务,犯罪人积极配合司法机关追赃或退赃的行为会减少司法成本的支出,从而使有限司法资源得以运用到其他司法活动中,对犯罪人的这一行为应予以"奖励",在刑罚裁量上加以体现,这与自首、立功从宽处罚的立法精神是一致的。

例如,祝某某贪污、受贿案:

被告人祝某某于2000年11月至2015年5月,利用自己担任黑龙江省北安高速公路管理处处长等职务的便利,采取虚列工程支出、虚开发票的手段贪污公款共计人民币2030万余元;并在承揽工程、人员录用、提拔方面为他人提供帮助,先后索要、收受他人贿赂共计人民币600万余元。祝某某将上述贪污、受贿所得用于投资、理财、购买房产及个人消费。案发后,祝某某在接受调查期间,主动上缴全部贪污、受贿所得及其投资收益等8000余万元。法院经审理后以被告人具有积极退赔以及自首、坦白、认罪认罚等多个从宽量刑情节,依法对其从轻处罚,以贪污罪、受贿罪并罚,判处祝某某有期徒刑十三年,并处罚金人民币230万元。[1]

正是由于退赃在量刑情节中具有重要的参考价值,一些国家将其作为量刑的法定情节加以规定。例如,《德国刑法典》第46条在量刑原则中规定,"其犯罪后之态度,尤其是补偿损害之努力"是量刑时尤为注意的事项。《瑞士联邦刑法典》第64条规定,"行为人真切表示悔恨,特别在可能期待之范围内,赔偿其所造成之损失",法官得予减轻处罚。《意大利刑法》第62条规定,"在审判前已赔偿全部之损害,恢复原状,或在审判前,除第56条最后一条规定之情形外,自

---

[1] 参见黑龙江省勃利县人民法院(2021)黑0921刑初55号刑事判决书。

行以有效之方法减轻其犯罪之侵害或危险之结果者",应予减轻处罚。我国法学界一直有观点主张,借鉴国外立法例,在条件成熟时,可考虑将犯罪人的退赃、退赔情节作为法定量刑情节予以规定,在量刑上加以充分考虑。[1]

(三)退赃从宽的适用条件

根据有关规定及其精神,退赃情节属于从宽处理的范畴。但是,在司法实践中对退赃行为从宽还需要掌握一定的适用条件:

1. 犯罪分子自愿、主动地退缴赃款赃物

这里包括以下三层意思:

(1)实施退赃行为的应是犯罪分子本人。如果是其他人为犯罪人退赃,犯罪分子本人并不知晓,谈不上有悔罪表现,从宽处理就成为无本之木。当然,在认定犯罪分子本人退赃时,不能片面要求犯罪分子亲手退缴。实践中,由于犯罪分子被监禁或无归还能力,往往由其亲友代为退缴。根据前述的最高人民法院《亲属主动退赃批复》,被告人的亲属应被告人的请求,或者主动提出并征得被告人的同意,自愿代被告人退赔部分或全部违法所得的,法院也可考虑其具体情况,收下其亲属自愿代被告人退赔的款项,并视为被告人主动退赔的款项。

(2)退赃出于犯罪分子的自愿。如果属于被强制、被责令而退缴赃款赃物,或者附条件退缴赃款赃物,因非出于犯罪分子自愿,从宽处理应当慎重。

(3)主动退缴。这是退赃行为与追赃行为的本质区别,在司法机关追赃过程中,犯罪分子或其亲属迫于无奈、被强制退赃的,通常从宽处理也要慎重一些。根据《职务犯罪认定自首、立功等意见》第4条相关规定,犯罪分子及其亲友主动退赃或者在办案机关追缴赃款赃物过程中积极配合的,在量刑时应当与办案机关查办案件过程中依职权追缴赃款赃物的有所区别。

2. 在一定期限内退赃

退赃的时间,反映了犯罪分子悔罪的早晚,直接影响案件的侦查、起诉和审判,对退赃给予一定的期限限制十分必要。那么如何确定有效期限呢?实践中

---

[1] 参见王育君:《退赃应规定为法定情节》,载《法学研究》1996年第6期;杨宁:《退赃退赔激励性从宽情节研究》,载《现代法学》2021年第5期。

存在一定争议:第一种意见认为,只有在检察机关起诉前退赃的,才可以认定为退赃。第二种意见认为,可将退赃的期限限定在犯罪得逞后至一审审判前;如允许一审判决后退赃,就会导致被告人将一审退赃作为上诉获得从宽量刑的筹码,破坏判决的稳定性和法律的严肃性。第三种意见认为,退赃的期限应限定在作案以后至案件审结前(包括二审)。[1]

笔者认为,退赃期间的限定,一方面应有利于犯罪分子尽可能地退赃,另一方面应有利于案件的及时处理。**从司法认定的角度,犯罪分子作案后直至案件审理终结(包括二审)前,均应视为退赃的有效期**。犯罪分子服刑期间退赃的,虽然不在有效期限内,但可视为"悔改表现",由刑罚执行机关依法申报减刑等考虑。

例如,《刑事审判参考》(总第122集)收录的李群受贿案:

> 被告人李群利用担任陕西省石泉县残疾人联合会理事长的职务便利,为他人谋取利益,非法收受财物共计人民币61,320元。在接受调查期间,李群向石泉县纪律检查委员会退交赃款61,000元,庭审中又退交赔款320元。石泉县人民法院认为,被告人李群的行为构成受贿罪,依法应予惩处。鉴于被告人李群系初犯,能认罪、悔罪,如实供述犯罪事实,并积极退赃,对其从轻处罚,依法判处有期徒刑七个月,并处罚金人民币10万元。

3. 退出一定数量的赃款赃物

对退赃不但要有一定的时间限制,而且必须达到一定的数量,才能从宽处理。退赃有以下几种常见情形:(1)全部退赃;(2)积极配合办案机关追缴赃款赃物,且大部分赃款赃物已被查封、扣押、冻结;(3)共同犯罪的犯罪分子对实际分取的赃款赃物已经全部退缴,并自愿继续退缴赃款赃物。对于以上情形,均可考虑认定为犯罪分子"积极退赃"。此外,如前文所述,应犯罪分子要求或者经犯罪分子同意,犯罪分子亲友自愿代其退赃,也可视为犯罪分子积极退赃。《监察法实施条例》第216条第2项规定:涉嫌职务犯罪的被调查人,"退赃能力不足,但被调查人及其亲友在监察机关追缴赃款赃物过程中积极配合,且大部分已追缴到位的",可以认定为"积极退赃"。

---

[1] 参见朱平:《量刑规则实证分析》,群众出版社2006年版,第255页。

由于具体案件中涉案金额各不相同,对退赃的数量要求不宜量化,应视具体情况区别对待。一般情况下,犯罪分子退出大部分或全部赃款赃物的,可以从宽处理。相反,有能力退赃而拒不全部退赃,或者因犯罪数额巨大,虽有退赃行为,但退赃额过小,给国家或集体造成重大损失的,则亦可不予从宽处理或严格限制从宽处理幅度。**对虽有积极退赃的表示,但自身能力不足导致赃款赃物客观上无法追回的,应不予认定退赃情节。**

例如,孟某某受贿案:

被告人孟某某收受贿赂共计人民币 1446 万余元,但其妻子携带部分赃款物滞留国外不归,尽管孟某某表示愿意退赔全部违法所得,并表示愿意协助监察机关从仍滞留国外的妻子处追缴赃款,但其妻子拒不归国、拒不退赃,因而只能认定孟某某有积极退赃的意愿,但不具有退赃情节。

六、雇凶犯罪的法律适用

雇凶犯罪是一种古老的犯罪形式,近年来呈现出高发势态,对社会有巨大的危害性。雇凶犯罪作为一种特殊的共同犯罪形式,如何对雇凶者与被雇佣者定罪处罚,无论是在刑法理论上还是在司法实务中,一直较有争议,值得我们特别关注、研究。

(一)雇凶犯罪的法律特征与性质

1. 雇凶犯罪的法律特征

雇凶犯罪不是刑法规范意义上的犯罪,并非一个法定的犯罪名称,它是对司法实践中出现的一类带有雇佣关系的犯罪的概括,是指一方以向另一方提供一定利益作为对价性条件,通过另一方为其单独实施或与其共同实施特定犯罪行为的一类犯罪。这类犯罪在犯罪构成或形态上有与一般的共同犯罪不同的特征。

例如,在犯罪主体上,行为人之间存在雇佣和被雇佣的"合同"关系,具有明显的"交易性",不同于一般的简单共同犯罪,属于复杂的共同犯罪形态。在罪过形式上,雇凶者和受雇者都是直接故意,间接故意和过失一般不成立雇凶犯罪。因为雇凶者提供报酬表明其对受雇者实施特定犯罪具有强烈的追求,而受雇者为了获得物质利益,必然积极实施犯罪活动。**这一特征表明与普通的教唆犯罪相比,雇凶犯罪具有更大的社会危害性,尤其是雇凶者,以金钱为诱饵,不但制造他人犯罪意图,而且积极追求犯罪结果发生,因此在处罚上应比一般的教唆犯要重。**

此外,在表现形态上,雇凶犯罪通常具有预谋性、暴力性和隐蔽性等特点。雇凶犯罪不是突发性犯罪,而是由犯罪行为人经过深思熟虑、精心策划之后才决意实施的犯罪;雇凶案件绝大多数都使用暴力,多数手段残忍、性质恶劣,所造成的危害后果和社会影响严重;雇凶者和受雇者的身份常常具有隐蔽性,且犯罪既遂的比例较高等。所以,**雇凶犯罪理应成为刑法的打击重点。**

2. 雇凶犯罪的法律属性

要解决雇凶犯罪的刑事责任问题,必须先明确其法律属性。目前理论界对此主要有以下三种不同观点:

(1)雇凶犯罪是教唆犯罪。雇凶犯罪的主体包括雇凶者和受雇者双方,它是一种两人以上的共同犯罪,从其本质来看,完全符合我国刑法所规定的共同犯罪的基本特征。但雇凶犯罪又不同于一般的共同犯罪,其犯罪主体双方存在不可分离的密切关系,且双方的行为具有对向性。雇凶者的雇佣行为实际上是一种在利诱的基础上故意唆使他人犯罪的行为,意在引起他人犯罪的犯罪故意,因此,对于雇凶者应按教唆犯论处。[1]

(2)雇凶犯罪既不完全等同于一般的共同犯罪,又与教唆犯罪有较大差异。这种观点实质上是否定雇凶犯罪是一种教唆犯罪。[2]

(3)雇凶者可以是教唆犯、组织犯、间接实行犯或实行犯等,在司法实践中,需要根据具体的案情,作具体的分析。[3]

从司法实践看,雇凶犯罪并不是一种独立的犯罪形式,而是一种特殊的犯罪形态,在实践中的表现形式是复杂多样的,抛开受雇者系无刑事责任能力人

---

[1] 参见刘文:《雇佣犯罪问题研究》,载《政治与法律》2001年第6期。
[2] 参见龚明辉、沈汝清:《雇佣犯罪中雇主的刑事责任问题》,载《法制日报》1996年1月25日,第3版。
[3] 参见刘凌梅:《雇佣犯罪若干问题刍论》,载《国家检察官学院学报》2003年第2期。

这种间接实行犯不论，即便是雇凶者和受雇者均是完全刑事责任能力人，还可能存在实行过限的问题，如果受雇者所实施犯罪的行为及其结果超出雇凶者的授意和要求，或者在受雇者的主观故意有所改变的情形下，雇凶者和受雇者还能否成立共同犯罪，都值得研究。

即使受雇者的行为没有实行过限，实践中还存在雇凶者亲自参与犯罪或者单纯指使他人犯罪的不同情况。在雇凶者亲自参与犯罪的情况下，还可能有具体表现的不同，如有的雇凶者仅仅实施了构成要件以外的非实行行为，如寻找被害人、为受雇者望风；有的则具体实施了犯罪的实行行为，如在强奸案件中，暴力排除被害人的反抗，以利于受雇者实施强奸。所以，雇凶犯罪在表现形式上的复杂性决定了其性质不应当是单一的，简单地认定雇凶犯罪属于教唆犯或者不属于教唆犯，都是不够稳妥的。故笔者赞同第三种观点，**在司法实践中对雇凶犯罪的性质及其罪责的认定，应当根据具体案情进行具体分析。**

（二）雇凶者和受雇者的罪名确定

罪名直接决定着刑事责任的轻重，因此在讨论雇凶犯罪刑事责任时，有必要首先探讨雇凶者和受雇者在雇凶犯罪中的罪名确定问题。实践中有观点认为，受雇者在雇凶者的授意和指使下犯罪，两者构成共同犯罪，雇凶者需要对受雇者的行为及其后果负责，只能与受雇者构成同一罪名，不可能分别适用不同的罪名，否则不符合共同犯罪的基本原理。

笔者不认同此观点。**雇凶犯罪中，雇凶者和受雇者既可能构成同一罪名，也可能构成不同罪名。这要视雇凶者的故意内容和受雇者的故意内容、实行行为等实际情况的不同而作具体的分析和认定。**

在雇凶犯罪中，雇凶者与受雇人之间存在一个"雇佣合同"关系，相互之间具有一定的"交易性"。在其"交易"中，雇凶者和受雇者的犯罪动机虽然不同，但其行为目的却具有一致性。雇凶者是犯意的制造者，其犯罪目的与犯罪行为（这里指犯罪的实行行为）又是相分离的，是通过受雇者的行为实现的，因此受雇者的犯意的产生具有一定的被动性。

犯罪故意分为确定故意和不确定故意，不确定故意又包括择一的故意、概括的故意、未必的故意和附条件的故意等。[1]如果雇凶者传授的犯罪故意属确定故意,受雇者严格履行"犯罪合同",按照雇凶者的要求实施相应的犯罪行为,那么雇凶者和受雇者所触犯的罪名自然应当是相同的。即使雇主所传授的犯罪故意属于不确定故意,但由于不管发生什么结果,都在雇凶者的故意范围内,因此雇主仍应承担相应的责任,这时雇凶者和受雇者构成的罪名也应是一致的。但是,**如果受雇者的行为实行过限,则雇凶者和受雇者可能构成不同的罪名。**

所谓实行过限,又称共同犯罪中的过剩行为,是指实行犯实施了超出共同犯罪故意的行为。根据我国刑法理论,在实行过限的情况下,应当由实行者对过限行为单独承担刑事责任,其他共同犯罪人对此过限行为不负刑事责任。**雇凶犯罪中,在雇凶者授意内容明确的情况下,受雇者超出该授意内容所实施部分的刑事责任,只能由受雇者单独承担。这时,雇凶者和受雇者就可能分别定罪。**例如,雇凶者明确授意受雇人将被害人打伤,但受雇者发现被害人竟是自己的仇人,于是就将该被害人杀死。在这种情况下,受雇者构成故意杀人罪,而雇凶者应构成故意伤害罪。

(三)雇凶者和受雇者的罪责认定

在雇凶者与受雇者成立共同犯罪的情况下,如何确定雇凶者与受雇者的刑事责任,在理论上的认识并不一致。有观点认为,没有犯意的提出,就不会引发犯罪,雇凶者是始作俑者,故提出犯意的雇凶者自然是罪责最重者,只能以主犯论,不可能是从犯。[2]也有观点认为,判断罪行轻重,关键要看客观行为造成的实际危害后果的大小,故具体实行犯罪的受雇者罪责最大,雇凶者也可能是从犯。[3]从司法实践看,对具体案件的裁判,持这两种立场的情况均有。

笔者认为,鉴于雇凶犯罪在表现形式上的复杂性,如何认定雇凶者和受雇者的罪责,不宜一概而论,应当坚持具体案件具体分析。在雇凶者与受雇者成

---

〔1〕 参见马克昌:《比较刑法原理》,武汉大学出版社2002年版,第243~244页。
〔2〕 参见刘凌梅:《雇佣犯罪若干问题刍论》,载《国家检察官学院学报》2003年第2期。
〔3〕 参见丁芝华:《雇佣犯罪的定罪与处罚研究——兼论主从犯分类理论的不合理性》,载《湖南公安高等专科学校学报》2007年第5期。

立共同犯罪的情况下,根据《刑法》第25条第2款的规定,共同犯罪"应当负刑事责任的,按照他们所犯的罪分别处罚"。换言之,**确定雇凶者与受雇者罪责大小的根据是雇凶者与受雇者在共同犯罪的地位和作用,这是裁量共同犯罪的一条基本原则**。对于雇凶者与受雇者在共同犯罪的地位和作用,应当根据雇凶者雇用他人犯罪的目的和意图、希望达到的犯罪结果、是否直接实施犯罪行为和参与实施犯罪行为的程度,受雇者实施犯罪行为的手段、情节以及犯罪实际造成的危害后果等综合考虑认定,不能片面判断。

从司法实践看,雇凶犯罪有两种基本的表现形态:一是纯粹的雇凶犯罪,即"只动口不动手",雇凶者限于实施传达犯罪意图的行为,并不具体参与犯罪的实施,这是雇凶犯罪的典型形态。二是不纯粹的雇凶犯罪,即"既动口又动手",雇凶者不但实施了雇用他人的行为,而且具体参与了犯罪活动。对这两种不同类型的雇凶犯罪,实践中对其罪责应当加以区别对待。

1. 纯粹雇凶犯罪的罪责

根据犯罪构成理论和相关刑罚理论,一般而言,客观犯罪行为的社会危害性要比提出犯意的行为的社会危害性大,因此,**纯粹的雇凶犯罪中的雇凶者的罪责通常要比具体实施犯罪行为的受雇者小**。特别是对于以下情形,应当认定受雇者的罪责最为严重:(1)雇凶者仅仅笼统提出犯意,没有参与策划犯罪,没有实施组织、指挥行为,也没有实行行为,而是受雇者积极主动实施犯罪行为的;(2)受雇者明显超出雇凶者授意范围实施犯罪,因行为过限造成更严重危害后果的;(3)雇凶者撤回犯意,要求受雇者停止犯罪,受雇者仍然坚持实施犯罪行为的等。

必须指出的是,上述认定原则并不完全排除某些情况下雇凶者的罪责也是极其严重的,**如雇凶者出于极其卑劣的动机、不惜出巨资、雇凶杀害多人或者伤害多人的**,在这种情况下,尽管具体实行犯罪的受雇者的罪责最重,也并不因此减轻雇凶者的罪责。

例如,许某某雇凶杀人案:

被告人许某某被捕前系北京市某区政协副主席。许某某与被害人陈某某(女,殁年32岁)长期保持不正当男女关系,后因二人关系恶化,陈某某为报复许某某,于2005年与许某某的女婿开始交往并多次发生性关系。许某某得知此事后,怀恨在心。2005年12月至2006年1月,许某某多次与其司机、被告人刘某某合谋杀害陈某某,并指使刘某某实施杀人行为。其间,许某某帮助刘某某借款人民币10万元承包经营北京市房山区阎村镇大紫草坞村"力比特涂料厂",并将该厂作为实施杀人的地点;许某某还为刘某某提供了陈某某的电话号码;刘某某为杀人后焚尸准备了铁桶、煤等部分焚尸所用物品。2006年1月27日16时许,刘某某以送液晶电视为由将正在许某某办公室内的陈某某骗至"力比特涂料厂"后杀害,并将陈某某的尸体放入事先准备好的铁桶内焚烧,毁尸灭迹。二被告人作案后被查获归案。

一审法院经审理认为,被告人许某某为报复他人,授意被告人刘某某非法剥夺他人生命,刘某某在许某某的指使下直接实施了杀害他人的行为,并致被害人死亡,二被告人的犯罪性质极其恶劣,情节、后果特别严重,其行为均已构成故意杀人罪,依法应当对许某某、刘某某判处死刑。据此以故意杀人罪判处许某某、刘某某死刑,剥夺政治权利终身。一审宣判后,许某某、刘某某不服,分别提出上诉。二审法院经审理裁定驳回上诉,维持原判。[1]

此外,对于以下情形中的纯粹雇凶犯罪,一般也应当认定雇凶者罪责最为严重:(1)雇凶者不仅提出了犯意,还参与了具体犯罪的策划,制订杀人方案,并组织、指挥受雇者杀人的;(2)雇凶者雇用多人作案,各受雇者地位作用相当,责任相对分散或者责任难以分清,雇凶者应对全案负责的;(3)受雇者要求退出犯罪、中止犯罪,雇凶者通过提高酬劳等方式坚定受雇者犯罪意志的;(4)雇凶者雇用有刑事责任能力的未成年人实施犯罪的(如雇用无刑事责任能力的未成年人实施犯罪则属于间接正犯)等。

例如,《刑事审判参考》(总第130辑)收录的叶得利、孙鹏辉故意杀人、窝藏案:

被告人叶得利与被害人张某霜系浙江温州同乡,二人与他人一起在南通市通州区平潮镇租房,合伙做承兑贴现生意。其间,二人发生不正当两性关系。2016年2月、3月,叶得利因得知、猜疑张某霜与其他男性有不正当男女关系而心生怨恨,产生雇凶杀害张某霜之念。同年4月,叶得利通过网络先后与被告

---

[1] 参见于同志:《热点难点案例判解:刑事类·死刑裁量》,法律出版社2009年版,第168页。

人孙鹏辉及韩卫民联系,雇用二人杀害张某霜。2016年4月27日,孙鹏辉与韩卫民按照叶得利指示,在上海会合并在指定地点拿取被害人所在的承兑贴现店钥匙,随后驾车前往平潮镇。同年4月28日,韩卫民、孙鹏辉购买了简易袋、封胶带、擀面杖等作案工具,后二人先后3次潜入承兑贴现店伺机杀人未果。同年4月29日下午,叶得利又指使孙鹏辉、韩卫民以办理承兑贴现业务为名将张某霜骗出,欲杀之,亦未果。当日下午4时许,由孙鹏辉在门外望风,约定以拉上门帘作为得手信号,韩卫民再次进入承兑贴现店,用携带的尖刀连续捅刺张某霜数刀,致其死亡。后孙鹏辉发现店内门帘被拉上,并从QQ收到韩卫民发来的信息"好了"。韩卫民在行凶过程中胸部中刀,致大出血死亡。孙鹏辉发现张某霜与韩卫民均已死亡后,窃取韩卫民部分现金并逃往上海。

被告人叶得利在审理期间检举揭发高某交通肇事犯罪,经查证属实。叶得利归案后自第四次接受调查起能够如实供述自己的罪行,其家属代交80万元用于民事赔偿。被告人孙鹏辉归案后均如实供述了自己的犯罪事实。

一审法院经审理认为,被告人叶得利因私怨通过网络雇凶杀害被害人张某霜,被告人孙鹏辉与韩卫民(已死亡)受叶得利雇用,结伙入室持刀杀害张某霜,其行为均已构成故意杀人罪。在杀人共同犯罪中,叶得利作为雇主,积极提议、督促孙鹏辉、韩卫民实施杀人,系组织者、指挥者;孙鹏辉受雇伙同韩卫民实施杀人行为,同意杀人后一起抛尸,并参与出谋划策、编发信息联系起承上启下作用、购买擀面杖等作案工具,在杀人时又按分工在店外望风,其与叶得利均起主要作用,均属主犯,依法应按各自所参与或组织、指挥的全部犯罪处罚;孙鹏辉相比叶得利系作用较小的主犯,可酌情从轻处罚。叶得利归案后,自第四次接受调查时能如实供述自己的罪行,虽属坦白,但情节一般。孙鹏辉归案后能如实供述自己受雇参与杀人的犯罪事实,系坦白,并能自愿认罪,依法可从轻处罚。叶得利检举揭发高某交通肇事犯罪,经查证属实,系有立功表现,但其功不足以抵过。据此,依法判决:被告人叶得利犯故意杀人罪,判处死刑,剥夺政治权利终身;被告人孙鹏辉犯故意杀人罪,判处无期徒刑,剥夺政治权利终身。

在上述案件中,被告人叶得利作为雇凶者,虽然没有与受雇者韩卫民、孙鹏辉共同直接实施故意杀人行为,但其提起犯意,通过网络发布雇凶杀人信息,为受雇者制订杀人方案,提供资金以及被害人的行踪信息,组织、指挥受雇者实施杀人行为,多次催促受雇者作案,中途通过加价进一步坚定受雇者杀人决心,甚至在案发当日下午,叶得利还曾指使孙鹏辉、韩卫民以办理承兑贴现业务为名将张某霜骗至偏僻处,欲杀害未果。韩卫民杀死张某霜后,叶得利还指示孙鹏辉去现场查看、取回韩卫民手机。综上,叶得利积极主导了雇凶杀人的全过程,其在共同犯罪中的地位和所起作用均大于两名受雇者,应认定为罪责最为严重的主犯。

需要注意的是,雇凶犯罪在刑事政策上是应当依法从严惩治的对象。实践中对于犯罪动机卑劣、杀人犯意坚决、人身危险性极大、所犯罪行极其严重的雇凶者,即便其存在坦白、立功、积极赔偿并获得谅解等情节,也可以不予从轻处罚。所以,在上述案件中,虽然被告人叶得利有一般立功、坦白以及家属代为赔偿等从宽情节,法院仍依法判处其死刑,体现了对严重雇凶犯罪的"零容忍"。

2. 不纯粹雇凶犯罪的罪责问题

如果雇凶者在雇用他人后,又与受雇者共同积极实施致他人死亡的犯罪行为,那么雇凶者既是犯意的提起者,又是具体行为的实施者,在致人死亡的罪责上,其与受雇者相当或者确实难以分清的情况下,其应承担的刑事责任显然要比受雇者重。

例如,陈某某故意杀人、保险诈骗案:

陈某某与被害人王某(女,殁年43岁)2003年7月登记结婚后,为王某在中国平安人寿保险股份有限公司购买了赔付金额高达人民币150余万元的多项保险。陈某某为骗取巨额保险金,起意杀害王某。同年9月3日11时许,陈某某带领其雇用的被告人王某某到北京市朝阳区惠新里×楼×单元×室王某的家中,王某某趁王某不备,用事先准备的绳索勒王某的颈部,王某挣脱后,陈某某摁住王某的身体,王某某持尖刀朝王某的全身猛刺数十刀,将王某杀害。后陈某某支付给王某某佣金人民币4万元。2003年9月6日,陈某某作为所投保险的唯一受益人,以被保险人王某死亡为由向中国平安人寿保险股份有限公司北京分公司的业务员报案,启动了保险理赔程序。王某某作案后,于2003年9月12日到公安机关投案自首,后陈某某被查获归案。

一审法院经审理认为,被告人陈某某为骗取巨额保险金而雇用被告人王某某,杀害被保险人,陈某某的行为已构成故意杀人罪、保险诈骗罪,王某某的行为已构成故意杀人罪,均应依法惩处。二被告人所犯故意杀人罪,犯罪性质极其恶劣,情节、后果特别严重,社会危害性极大;对陈某某所犯二罪依法应予并罚。鉴于陈某某所犯保险诈骗罪系未遂,依法对其所犯保险诈骗罪予以从轻处罚;王某某作案后主动投案自首,依法对其予以从轻处罚。故认定陈某某犯故意杀人罪,判处死刑,剥夺政治权利终身;犯保险诈骗罪,判处有期徒刑十二年,并处罚金人民币 8 万元,决定执行死刑,剥夺政治权利终身,并处罚金人民币 8 万元;王某某犯故意杀人罪,判处无期徒刑,剥夺政治权利终身。一审宣判后,陈某某不服,提出上诉。二审法院经审理裁定驳回上诉,维持原判。[1]

当然,实践中雇凶者亲自参与犯罪的具体表现各不相同,有的雇凶者仅仅实施了构成要件以外的非实行行为,如站岗望风、指认被害人;有的则具体实施了犯罪的实行行为,如在受雇者行凶时帮助摁住被害人,或者与受雇者共同使用绳索猛勒被害人。**在致人死亡的环节上,如果受雇者的作用要明显大于雇凶者,仍然可认定受雇者的罪责最重。**

例如,谢某某雇凶杀人案:

被告人谢某某因不满女友于某与其断绝恋爱关系,遂对于某及其家人产生怨恨,为此,谢某某指使、雇用被告人张某对于某及其家人进行报复("将于某打残废,将于某的父母打伤",承诺事后给张某 2000 元),并为张某准备作案工具、指认于某的住处。2006 年 2 月 20 日凌晨 3 时许,张某、谢某某潜入北京市昌平区东小口镇天通苑小区二区×号楼×单元于某家的单元楼道内,谢某某在外望风,张某钻窗进入于家卧室内,因于某之母马某某(殁年 50 岁)发现惊呼,张某慌乱中持尖刀朝马某某的颈部、胸部猛刺数刀,将马某某的颈静脉、肺脏、腹主动脉刺破致急性失血性休克死亡。张某从现场逃离后使用假名拨打了"110"和"120"报警,后二被告人被查获归案。

法院经审理认为,张某在谢某某的指使下,对谢某某女友的家属实施报复,致人死亡,其行为已构成故意杀人罪。谢某某为泄私愤,指使张某实施报复,其行为已构成故意伤害罪,因谢某某及其亲属能够积极赔偿被害人的经济损失,

---

[1] 参见于同志:《热点难点案例判解:刑事类·死刑裁量》,法律出版社 2009 年版,第 168~169 页。

可对其酌予从轻判处。据此,依法以故意伤害罪判处被告人谢某某无期徒刑,剥夺政治权利终身;以故意杀人罪判处被告人张某死刑,缓期二年执行,剥夺政治权利终身。[1]

值得注意的是,实践中的雇凶犯罪还存在多重雇佣的问题,即甲雇用乙,乙又雇用丙一同实施犯罪。

例如,胡某雇凶伤害案:

2005年国庆节期间,被告人胡某因怀疑被害人李明某在一起贩卖毒品时从中作梗,便指使被告人胡某某"教训"李明某一顿,并答应给胡某某好处。随后胡某带胡某某到李明某的住处对李明某进行了指认,并交给胡某某人民币1500元。同年10月7日晚,胡某某纠集了被告人童某某一同作案,并购买了两把弹簧刀。当晚8时许,胡某某、童某某看见李明某出门在路上行走,胡某某即冲上去持刀朝李明某背部捅刺。李明某被刺后挣脱逃跑,童某某追上将李明某抓住,胡某某赶上后又持刀朝李明某身上捅刺。李明某再次挣脱逃走,胡某某、童某某再次追上将李明某按倒在地并持刀朝李明某身上乱刺,造成李明某因双肺被刺破致急性大出血当场死亡。作案后,胡某某打电话告知胡某。胡某便将人民币3500元交给胡某某,胡某某分给童某某人民币750元。同月12日,胡某以"乐辉"的名义开设了个人银行账户存款供胡某某支取,并将一部手机送给胡某某,以便二人互相联系。2005年10月15日、16日,胡某、胡某某先后被抓获归案。2005年10月19日,公安机关将准备投案的童某某抓获。案发后胡某的亲属代为给付被害人赔偿款30,000元。

一审法院经审理认为,被告人胡某因怀疑被害人李明某在一起贩卖毒品过程中从中作梗,而指使被告人胡某某对李明某实施伤害报复,造成一人死亡的严重后果,其行为构成故意伤害罪;被告人胡某某受胡某指使,邀约被告人童某某持械共同故意非法剥夺他人生命,二人行为均已构成故意杀人罪,犯罪手段特别残忍,情节特别严重,应依法惩处。童某某在投案中被抓获归案,可视为自动投案,并如实供述犯罪事实,属自首,依法可从轻处罚。胡某的亲属愿意代其

---

[1] 参见于同志:《热点难点案例判解:刑事类·死刑裁量》,法律出版社2009年版,第169~170页。

赔偿部分经济损失,可酌定从轻处罚。据此,依法判决:被告人胡某犯故意伤害罪,判处死刑,缓期二年执行,剥夺政治权利终身;被告人胡某某犯故意杀人罪,判处死刑,剥夺政治权利终身;被告人童某某犯故意杀人罪,判处死刑,缓期二年执行,剥夺政治权利终身。[1]

就本案而言,实际上存在两层雇佣关系:一是胡某雇用了胡某某,胡某是纯粹的雇凶者,"只动口不动手";二是胡某某雇用了童某某,胡某某是不纯粹的雇凶者,"既动口又动手"。胡某相较胡某某而言,其只出资雇用胡某某伤害被害人李明某,并没有直接参与实施伤害李明某的犯罪实行行为,故其罪责要比直接实施致人死亡行为的受雇者胡某某轻。胡某某与童某某相比,其接受胡某的雇佣后,又雇请了童某某参与作案,并且共同积极实施了致人死亡的犯罪行为,其罪责显然要比其雇请的童某某重。就胡某与童某某而言,虽然两人之间事实上形成了一种间接的雇佣关系,但毕竟胡某没有直接实施致人死亡的犯罪实行行为,其罪责也比童某某小。因此,法院审理认为,本案中胡某某的罪责最重,童某某次之,胡某再次之。

(四)实行过限的判断及责任认定

实行过限行为的判断标准,在纯粹的雇凶犯罪和不纯粹的雇凶犯罪中也是不尽相同的,仍需要具体情况具体分析。在纯粹的雇凶犯罪中,判定受雇者行为过限的基本原则是,看雇凶者的授意范围(教唆内容)是否明确,即对受雇者的实行犯有无明确要求:或者正面明确要求用什么犯罪手段达到什么犯罪后果,如明确要求用棍棒打断被害人的一条腿;或者从反面明确禁止实行犯采用什么手段,不得达到什么犯罪结果等,如在伤害中不得使用刀具、不得击打被害人头部,不得将被害人打死等。**如果授意范围明确,则以授意的具体内容为标准判断实行者行为是否过限即可。**

比较困难的是,在授意不明确的情况下如何判断实行行为是否过限,因为对于授意范围不明确、比较含糊的雇凶案件,尤其是雇凶伤害案件,对于"搞定""教训一顿""摆平""整他一下"等授意表示,在不同的场合、不同的语言环境

---

[1] 参见陈学勇:《如何确定雇凶者与被雇佣者的罪责》,载《人民司法》2007年第20期。

中,可以有不同的理解,容易产生歧义。一般认为,**对这种概括性的授意范围,实际的危害后果完全取决于实行行为的具体实施状况,致人轻伤、重伤甚至死亡的结果都可能发生,但都是因为雇凶者的授意所引起的,均可涵盖在雇凶者的授意范围之内。**因此,在这种情况下,只有雇佣者的实行行为明显超出雇凶者的授意范围或者希望达到的结果的,才能认定为实行行为过限,如雇凶者明确"不能使用器械,不能打被害人要害部位,不能打死人",而受雇者持械不计后果,打击被害人的要害部位致人死亡的,可以认定为实行过限;否则,一般不宜认为受雇者的实行行为过限。

例如,王某某等故意伤害案:

2003 年,王某某与逄某某各自承包了本村沙地售沙。王某某因逄某某卖沙价格较低影响了自己沙地的经营,故预谋找人教训逄某某。2003 年 10 月 8 日 16 时许,王某某得知逄某某与妻子在地里干活,随即纠集了韩某(案发时 16 周岁)、王某及崔某、肖某、冯某等人;在地头树林内,王某某将准备好的 4 根铁管分给王某等人,并指认了逄某某。韩某、王某与崔某、肖某、冯某等人即冲入田地殴打逄某某。其间,韩某掏出随身携带的尖刀捅刺逄某某腿部数刀,致其双下肢多处锐器创伤致失血性休克死亡。王某看到韩某捅刺被害人后并未制止,后与韩某等人一起逃离现场。2003 年 10 月 15 日,王某某被抓获归案。2004 年 1 月 16 日,韩某投案自首。2004 年 4 月 1 日,王某被抓获归案。崔某、肖某、冯某等人仍在逃。王某某在被羁押期间检举他人犯罪,并经公安机关查证属实。在法庭审理中,王某某及其辩护人辩称,王某某只是想教训逄某某,没有对被害人造成重伤、致残或者剥夺其生命的故意。韩某持刀捅伤被害人致其死亡,完全超出了王某某的故意范围,属于实行过限,应由韩某个人负责。王某亦辩称致人死亡的后果应由韩某一人承担。

法院经审理认为,本案中包括被告人韩某、王某在内的多名被雇凶手在持雇主王某某所发铁管对被害人殴打过程中,其中一人持随身携带尖刀捅刺被害人腿部致其死亡,其他人未予制止,作为雇主,被告人王某某事前对伤害手段及程度均要求不明确,韩某的捅刺行为不属于实行过限行为,各被告人对死亡结果均应共同承担责任。据此依法以故意伤害罪分别判处王某某有期徒刑十年,剥夺政治权利三年;判处韩某有期徒刑十二年;判处王某有期徒刑三年,缓刑四年。[1]

本案中,王某某预谋找人教训一下被害人,至于怎么教训,教训到什么程度,并没有特别明确的正面要求;同时,王某某事前也没有明确禁止韩某、王某等人用什么手段,或是禁止他们教训被害人达到什么程度的反面要求。所以,从王某某的授意内容来看,其属于概括性的授意。在这种情形下,虽然王某某仅向实行犯韩某、王某等提供了铁管,韩某系用自己所持的尖刀捅刺被害人,且被害人的死亡在一定程度上也确实超乎王某某等人意料,但因其对韩某的这种行为事前没有明确禁止,所以仍不能判定韩某这种行为属于过限行为,雇凶者王某某仍应对被害人的死亡承担责任。对于共同实行犯王某而言,虽然韩某持刀捅刺被害人系犯罪中韩某个人的临时起意,但王某看到韩某的这一行为后并未予以及时和有效地制止,故对于王某而言,也不能判定韩某的行为属于实行过限,王某也应对被害人的死亡结果负责。

在不纯粹的雇凶犯罪中,判断受雇者的实行行为是否过限的基本原则是:看雇凶者对受雇者临时起意的已超出原犯意或者希望达到的结果的实行行为是否知情并予以制止。如果受雇者实施了超出原犯意或者希望达到的结果的实行行为,雇凶者根本不知情,则应认定受雇者的实行行为过限,由受雇者本人对其过限行为和后果承担责任,雇凶者只对其授意范围承担刑事责任;如果雇凶者知情,除非其明确、有效地制止该行为,否则一般认为其与受雇者之间在实施犯罪现场进行了犯意沟通,对受雇者的行为予以默认或支持,故在这种情况下,受雇者的行为不属于实行过限,由此造成的后果应由雇凶者和受雇者共同承担。

例如,前述的胡某雇凶伤害案:

在本案中,胡某雇用胡某某教训被害人李明某一顿,其雇凶伤害他人的犯意是明确的。胡某某接受胡某的雇佣后,又雇请了童某某一起持刀作案,并且在被害人挣脱后,共同积极地、一而再再而三地追刺被害人,朝被害人的背、胸

---

[1] 参见于同志:《热点难点案例判解:刑事类·死刑裁量》,法律出版社2009年版,第171~172页。

等要害部位捅刺,最终致被害人死亡。从二被告人的实行行为看,这明显属于故意杀人行为。因此,胡某某的实行行为相较于胡某的授意而言属于实行过限,胡某某、童某某应对其故意杀人行为的后果共同承担责任,胡某则对其雇凶伤害行为负责。所以,受雇者胡某某、童某某的行为构成故意杀人罪,雇凶者胡某某的行为构成故意伤害罪。

那么,胡某某要不要对被害人李明某死亡的结果承担责任呢?这个问题直接关系到胡某量刑的轻重。根据前述分析,由于胡某雇凶伤害的授意是一种概括性的犯意,应当说,致人轻伤、重伤甚至死亡的结果都在其授意范围之内。并且,在得知被害人死亡后,胡某还为胡某某开设专用的银行账户供胡某某支取现金,并提供手机互相联系。由此可见,胡某案发前对被害人死亡的结果持一种放任的态度,而案发后又持一种默认的态度。尽管被害人死亡是由受雇者胡某某等实行过限的故意杀人行为直接导致,但雇凶者胡某仍然要对被害人死亡的结果承担责任。[1]

七、诱惑侦查的司法裁量

诱惑侦查,在理论上又称为卧底侦查、诱饵侦查等,是指侦查人员为了侦破某些特殊案件,通过特情向具有某种犯罪倾向的犯罪嫌疑人提供犯罪的机会,或者对其进行某种程度的引诱,从而使其实施犯罪行为,侦查机关则在其实施犯罪时将其抓获的一种特殊的侦查方法。

此种侦查方法目前较多地运用于毒品犯罪案件的侦破。因为毒品犯罪具有不同于一般案件的特点,比如,具有复杂的组织网络,犯罪人之间的联系方式隐蔽、特殊,非法交易各环节具有对抗侦查的一致性,能够作为重要物证的毒品以极快的速度在非法交易的各个环节流通,使用传统的侦查手段,往往难以破获毒品犯罪,即使能够抓获犯罪人,也会因不能查获相关罪证而难以对其定罪处罚。特情侦查手段的运用,具有信息灵通、打击准确、获取证据及时等明显优势,能够收到常规手段难以达到的破案效果,故已成为公安机关查处贩毒犯罪不可或缺的方法。在1996年公安部发布的《"九五"公安工作纲要》中还明确提

---

[1] 参见陈学勇:《如何确定雇凶者与被雇佣者的罪责》,载《人民司法》2007年第20期。

出:"要充分发挥刑事特情、刑事技术、技术侦察手段和违法犯罪情报资料的作用,大力提高侦破现行案件的能力。"并且,将毒品犯罪作为运用特情侦破的重点案件。

但是,由于诱惑侦查的实际情况较为复杂,有关立法规则也不够明朗、完善,这导致司法实践中对存在诱惑侦查情形的案件被告人的定罪处罚问题,容易产生争议,故有必要结合个案,对诱惑侦查的法律定位及其对定罪量刑的影响和司法裁量依据等实务问题,进行相对深入的分析和研讨。

(一)诱惑侦查的法律定位

一般来说,刑事犯罪案件的侦破,必须遵循正当的法律程序及其证据规则,而具有一定欺骗性的诱惑侦查手段在某些方面与正当法律程序及其证据规则的要求,客观上是相悖的。但是,实践中确实存在一些案件,如果不采取诱惑侦查等特殊手段则很难破获、抓获嫌疑人。在对犯罪的社会危害性与以欺骗手段侦查两者之间进行权衡比较后,按照"两害相权取其轻"的价值立场,诱惑侦查手段在一定范围内使用,又具有一定的必要性与合理性。所以,针对一些危害严重的有组织犯罪以及贩卖、伪造货币、买卖伪币等犯罪,许多国家都规定了窃听、诱惑侦查等密侦手段,在严格进行法律规制的基础上,对使用这种手段获得的证据一般不作为非法证据予以排除。

我国1979年和1996年《刑事诉讼法》均没有规定诱惑侦查手段,1987年和1998年的《公安机关办理刑事案件程序规定》亦未涉及。但在公安机关的办案实践中,该侦查方法一直存在。据史料记载,早在1950年第一次全国经济保卫工作会议上和1950年第一次全国侦察工作会议上,经党中央批准,特情便开始应用于刑事侦查领域,并正式改称为"刑事特情"。1953年9月召开的第二次全国民警治安工作会议,还提出"有计划、有重点地针对专案和在复杂地区、场所、特种行业、重大嫌疑分子周围建立特情"。1981年3月,公安部制定了《刑事特情工作细则》(试行办法),并于1984年8月正式印发《刑事特情工作细则》,这是刑事特情工作发展进程中的第一个正式"法规性"文件。2001年,公安部还制定下发《刑事特情工作规定》，对新时期刑事特情建设提出了新的要求。[1]刑事特情的使用，客观上难以避免诱惑侦查问题。

理论界一般认为，诱惑侦查是公安机关的一种秘密侦查手段，由公安机关的内部规定加以规范和认可，是公安机关所行使的一种有效打击犯罪的特殊权力，是侦查权的一项重要内容。然而，人民法院作为国家的审判机关，必须严格依照国家的刑事法律进行审判。这就产生了一个问题，即在审判活动中如何定位诱惑侦查，对采用这种手段获取的证据能否以无法律依据而拒绝采信？

在2012年《刑事诉讼法》修改之前，一般认为，运用特情侦破案件是有效打击毒品犯罪的手段，虽然尚未在《刑事诉讼法》中明文规定，但公安机关所使用的这种侦查手段亦有一定的行政性规定作为依据，人民法院在审理相关案件时不能简单地对其加以否定。不加区别和分析地完全否定，显然也是不符合当前打击毒品犯罪现状的。所以，2000年《南宁会议纪要》指出："运用特情侦破毒品案件是有效打击毒品犯罪的手段。"但被告人"因特情介入，其犯罪行为一般都在公安机关的控制之下，毒品一般也不易流入社会，其社会危害程度大大减轻，这在量刑时，应当加以考虑。"并提出对被使用的特情未严格遵守有关规定的情况，要区别犯意引诱和数量引诱不同情形进行处理。对具有犯意引诱情况的被告人，"应当从轻处罚，无论毒品犯罪数量多大，都不应判处死刑立即执行"；对具有数量引诱情况的被告人，"应当从轻处罚，即使超过判处死刑的毒品数量标准，一般也不应判处死刑立即执行"。此外，该纪要还指出，对于特情提供的情况，必须经过查证属实，符合《刑事诉讼法》及其司法解释规定的证据条件的，才能作为证据使用等。

2008年《大连会议纪要》继续延续上述规定精神，进一步指出"对因'犯意引诱'实施毒品犯罪的被告人，根据罪刑相适应原则，应当依法从轻处罚"；"对因'数量引诱'实施毒品犯罪的被告人，应当依法从轻处罚，即使毒品数量超过实际掌握的死刑数量标准，一般也不判处死刑立即执行"；"对不能排除'犯意引诱'和'数量引诱'的案件，在考虑是否对被告人判处死刑立即执行时，要留有余地"等。

---

[1] 参见陈晓辉：《刑事特情适用的若干争议焦点研究》，载《求实》2010年第S2期。

2012年《刑事诉讼法》修改,一方面增加规定了技术侦查措施(根据2012年公安部颁行的《公安机关办理刑事案件程序规定》,包括记录监控、行踪监控、通信监控、场所监控等措施);另一方面规定了两项特殊侦查措施,即控制下交付和隐匿身份侦查。所谓控制下交付,是指侦查机关在发现非法或可疑的交易物品后,在对物品进行秘密监控的情况下,允许非法或可疑物品进行流转,从而查明犯罪事实,抓获犯罪人的一种侦查措施。所谓隐匿身份侦查,通常包括贴靠侦查(接近侦查对象获取犯罪情报和证据)、诱惑侦查(机会型引诱)、卧底侦查等,是打入犯罪内部进行秘密侦查的措施。从打入犯罪内部的程度来说,卧底最深、诱惑次之、贴靠最浅。2012年《刑事诉讼法》修改明确规定,采取上述侦查措施收集的材料,"在刑事诉讼中可以作为证据使用",这就在一定程度上解决了"诱惑侦查"的立法依据问题。

　　应当注意的是,2012年《刑事诉讼法》同时还规定,实施隐匿身份的侦查措施,"不得诱使他人犯罪,不得采用可能危害公共安全或者发生重大人身危险的方法"。2012年修改的《公安机关办理刑事案件程序规定》第262条第2款随之规定,"隐匿身份实施侦查时,不得使用促使他人产生犯罪意图的方法诱使他人犯罪"。由此可见,**立法上一方面肯定了诱惑侦查,另一方面禁止诱使他人犯罪。换言之,原则上认可机会引诱,但明确否定犯意引诱,这也是我们进行司法裁量的基本立场。**

　　根据《刑事诉讼法》的相关规定,2023年出台的《昆明会议纪要》特别规定了"隐匿身份人员实施侦查案件的处理问题",一方面明确提出,对于有证据证明被告人正在准备或者已经着手实施毒品犯罪,隐匿身份人员采取贴靠、接洽手段破获案件,不存在犯意引诱的,应当依法处理;另一方面具体规定了"犯意引诱"和"数量引诱"的认定标准和处理原则,这对实际案件的办理具有重要的指导意义。

　　从司法实践看,有时会存在被使用的特情人员未严格遵守有关规定,在介入侦破案件中有对他人实施毒品犯罪进行犯意引诱和数量引诱等不规范行为,对此在审理时应给予重视,对于有关人员隐匿身份实施侦查的毒品犯罪案件,应当注意审查是否依法履行审批手续以及隐匿身份人员在侦查活动中所起的作用,如被告人的犯意如何产生,是否准备或者已经着手实施毒品犯罪,涉案毒品、毒资的来源和去向,毒品数量如何确定等,区分情形予以处理。

(二)诱惑侦查情节的裁量

运用诱惑侦查手段破案的特点在于,通过特情人员对毒品犯罪人予以引诱,使隐蔽的犯罪人暴露出来。对于运用特情侦破贩卖毒品案件,根据特情引诱对被诱惑者主观上的影响不同,通常可以分为"犯意诱发型""提供机会型""犯意扩大型"等几种类型,审判实践中对此需要区分情况,分别对待。

1."犯意诱发型"的诱惑侦查

诱惑者促使被诱惑者产生犯罪意图并实施犯罪,学界将其称为"犯意诱发型"的诱惑侦查,在一些国家刑法上也被称为"警察圈套"或者"侦查陷阱"(entrapment)。这种诱惑侦查的主要特征是,被诱惑者原本没有犯罪意图,但在特情的强烈诱惑下实施了犯罪行为。其不仅是在特情的鼓动下产生犯意,还可能在特情主导下进行相关行为。所以,在此类案件中,特情的引诱往往起到特别重要的作用,足以达到促使被引诱者走向犯罪的程度。因此,诱惑侦查的弊端和负面作用在这种情形下表现得最为突出。事实上,如果办案机关以强烈的诱惑来侦缉犯罪,必然使侦查活动变成对公民抵抗犯罪诱惑能力的检验,这显然不符合国家权力运行的一般要求,也有违现代社会的基本法治理念。并且,通过强烈诱惑下暴露的人性弱点来查获犯罪,会使原本不会犯罪的普通公民成为罪犯,这也与侦查权行使的目的相悖。所以,**很多国家对"犯意诱发型"的诱惑侦查基本持否定态度。**

例如,在一些英美法系国家的刑法中,侦查陷阱是法定的辩护理由。如美国《模范刑法典》第2.13条规定:(1)执行法律职务的公务人员或其协助人,为了取得有关犯罪的证据,以下列方法诱导或者鼓动他人实施犯罪行为的,是陷阱行为:(a)有意识地告知他人足以使人相信其所实施的行为没有被禁止的虚假事实。(b)用说服或诱导的手段,造成足以使本无犯罪意图的人实施犯罪的高度危险的。(2)除第3项规定外,被告人以比控方更优越的证据证明其行为是被陷阱行为所诱发的,应宣告无罪。有关陷阱的争议法院应让陪审团退席后再进行审理。(3)对于以引起身体伤害或者伤害威胁为成立要件的犯罪,不能适用陷阱抗辩。[1]在大陆法系国家,如日本,"犯意诱发型"侦查被认为是违法收集证据和公诉权滥用,从而在逐渐遭到否定。[2]

如前文所述,在2012年《刑事诉讼法》修改之前,我国法律对诱惑侦查没有明确的规定,虽然在公安机关内部监管中,"犯意诱发型"侦查被普遍认为是一种严重违规的情况,如2001年公安部《刑事特情工作规定》中规定"严禁刑事特情诱人犯罪",但是,对被诱惑者是否应负刑事责任,则没有涉及,实践中对此也有较大认识分歧。有观点主张,从实体法角度看,基于"犯意诱发型"诱惑侦查而产生的犯罪,嫌疑人不应受到刑事处罚;从程序法角度看,对基于"犯意诱发型"诱惑侦查而获取的犯罪证据应当视为非法证据予以排除。[3]也有观点主张,行为人原无涉毒犯罪的行为,只因受特情侦查行为引发,出于贪利而购进毒品进行贩卖的,不宜定性为贩卖毒品罪,但可考虑以非法持有毒品罪定罪处罚。[4]

2000年《南宁会议纪要》中提出了"犯意引诱"的概念和审理原则,认为"犯意引诱是指行为人本没有实施毒品犯罪的主观意图,而是在特情诱惑和促成下形成犯意,进而实施毒品犯罪。对具有这种情况的被告人,应当从轻处罚,无论毒品犯罪数量多大,都不应判处死刑立即执行"。2008年《大连会议纪要》规定:"对因'犯意引诱'实施毒品犯罪的被告人,根据罪刑相适应原则,应当依法从轻处罚"。相较而言,这两个会议纪要对于犯意引诱型诱惑侦查对毒品犯罪案件定罪量刑影响的规定有一定程度的变化,后者多了"根据罪刑相适应原则",这一微妙变化很容易被忽略,但实际上反映了对犯意引诱性质的认识有了一定深化和调整。"如果说《南宁会议纪要》强调的是犯意引诱只影响量刑'从轻处罚',而不影响定罪的话;那么《大连会议纪要》'根据罪刑相适应原则',则涵盖了根据案件的情况,选择不同的罪名以符合罪刑相适用的原则。因此,对于犯意引诱的毒品犯罪,针对不同的案件,既可能影响量刑,也可能直接影响

---

[1] 参见赵秉志主编:《英美刑法学》,中国人民大学出版社2004年版,第188页。
[2] 参见彭勃:《日本刑事诉讼法通论》,中国政法大学出版社2002年版,第70页。
[3] 参见蒋石平:《也论诱惑侦查行为》,载《法学评论》2004年第4期。
[4] 参见冯明超:《犯罪引诱与量刑》,载法律图书馆,www.law-lib.com/lw/wl_view.asp? no = 5014,最后访问日期:2024年12月29日。

定罪。"[1]

由此可见,在立法尚未作出明确规定的情况下,最高人民法院对犯意引诱的特殊性进行了充分考虑,提出了慎重处理的意见,应当说,这是在当时司法现状下采取的一种折中的方法。

从刑事政策的角度考虑,"诱惑侦查"本来是国家为了有效抗制一些具有隐蔽性、严密组织性、严重社会危害性的犯罪采取的一种不得已的"两害相权取其轻"的选择。"犯意诱发型"诱惑侦查带来的危害可能会超过打击犯罪、保卫社会的利益,从程序上看它是非正义的,所以应当从法律评价上对其加以否定和谴责,对被告人的定罪处罚应当慎重,一般情况下不应认定被告人有罪。这应成为人民法院裁判的基本立场。

例如,《刑事审判参考》(总第72集)收录的吴晴兰非法出售珍贵、濒危野生动物案：

2005年11月的一天,建阳市森林公安分局职工陈某与朋友到被告人吴晴兰家购买野味,陈某自称姓林,问吴晴兰还有什么好的野味(意指国家保护的野生动物),吴晴兰未明确回答,只是将自己的手机号码留给陈某。陈某回单位后,将这一情况向森林公安分局领导汇报,领导要求陈某盯住吴晴兰。同年11月底,陈某打电话问吴晴兰有没有好货(意指国家保护的野生动物),吴晴兰表示没有。同年12月12日吴晴兰联系张某(另案处理),称有人要购买熊掌,张某要求先收定金2000元。随后,吴晴兰打电话通知陈某有4只熊掌,要收定金2000元。陈某经分局领导同意后,于当日13时许,将2000元定金送到吴晴兰处。同日15时许,张某将4只冰冻熊掌送到吴家。因怕买家对熊掌质量提出异议,吴晴兰只让张某拿走1000元定金,并让张某于次日下午到其家中结账,随后即电话通知陈某。陈某于当日16时30分赶到吴晴兰租住的宿舍内接收了4只熊掌。吴晴兰向陈某要辛苦费时,被守候的公安民警当场抓获。经鉴定,涉案的动物肢体属国家二类保护野生动物黑熊的熊掌,系两只黑熊的熊掌,价值人民币40,080元。

检察机关指控吴晴兰犯非法出售珍贵、濒危野生动物罪。一审法院支持检

---

[1] 李勇：《诱惑侦查的毒品案件之司法认定》,载微信公众号"悄悄法律人"2016年2月24日。

察机关的指控,判决认定被告人吴晴兰犯非法出售珍贵、濒危野生动物罪,判处有期徒刑二年,并处罚金人民币1万元。宣判后,吴晴兰上诉,辩称其是因引诱而实施的行为,不应受到刑罚处罚,请求改判其无罪。

二审法院经审理认为,上诉人吴晴兰是从事贩卖鱼类和附带收购、出售一些山鹿、野兔等非国家明文规定为珍贵、濒危野生动物的商贩。从本案事实上看,吴晴兰并没有出售国家保护的野生动物的犯意,公安机关在未掌握吴晴兰有出售国家保护的野生动物事实的情况下,派侦查人员陈某主动引诱吴晴兰向其出售国家保护的野生动物,吴晴兰才以中介人的身份参与4只熊掌的交易,其从中获取的介绍费仅为20~30元。侦查机关以引诱的方式收集证据,有悖于《刑事诉讼法》的规定,其收集的证据具有非法性,其证据不予采纳。吴晴兰提出侦查人员以诱惑侦查手段引诱上诉人实施的行为不应受到刑罚处罚的辩解有理,予以采纳。据此,依法撤销原判,改判吴晴兰无罪。

再如,曾引起社会广泛关注的荆某某运输毒品案:

2001年4月,原甘肃省临洮县公安局副局长张某某(另案处理)等人为完成办案任务,让特情马某某(另案处理)提供毒品线索。马某某了解到甘肃广河县三甲集宏达汽修厂厂长马福某(另案处理)认识一毒贩马尔某有毒品,遂报告张某某。张某某安排经营。同年6月,马某某找到张某某商定,为了钓出大量毒品,先向马尔某购买1000克毒品取得其信任,交易5000克时将其抓捕。张某某将商议情况告知了临洮县禁毒队队长边某某(在逃)。后马某某经马福某介绍从马尔某处以每克43元的价格购买海洛因1000克。张某某让马某某出售,欲抓捕购毒人,但未找到买主。张某某、边某某与马某某商定,为了完成禁毒任务,将购买的1000克毒品加工后,由马某某找人往外运输或出售时抓捕。

同年7月下旬,马某某在兰州租乘被告人荆某某驾驶的出租车去临洮沙椤,行进途中,提出让荆某某运输毒品,拉一趟付运费5000元,荆某某同意后留下了传呼号。马某某安排马宏某(另案处理)将毒品加工成九块,告知了张某某,张某某又转告了边某某。8月10日三人驾车同到兰州,在滨河饭店商定了截获方案。次日上午,马某某传呼联系荆某某将车开到滨河饭店,接他去临洮县沙椤运输毒品,并给张某某、边某某指认了荆某某驾驶的出租车。张某某即电话安排堵截,其与边某某也赶到沙椤给缉毒队员指认了此车。荆某某拉上马某某到临洮沙椤,马某某取到毒品装到车上,让荆某某驾车先返,他随后赶到,晚上传呼联系将毒品送到兰州石油大厦,货款两清。荆某某掉转车头行进途中,即被张某某、边某某指挥的缉毒人员堵截抓获,从车上查获毒品可疑物九块共计3669克。

经鉴定,九块可疑物中均检出海洛因成分。后经甘肃省公安厅两次复检,结论分别为:九块检材的外表面、外角部均检出海洛因成分,内部中间均未检出海洛因成分;从九块检材中随机取出一块,从外表面提取2克检出海洛因含量为0.19%,从外角部提取2克检出海洛因含量为0.10%,从内部中间提取2克未检出海洛因成分。嗣后,张某某、边某某从缉毒队经费中支付马某某购买1000克海洛因的价款和加工毒品费用等计55,000元,并指使马某某假称"马学龙"的名义打了收条。荆某某案起诉审判时,张某某、边某某指使办案民警制作了虚假的办案说明。荆某某一审被判处死刑,后马某某因其他案件被抓获,此案内情得以揭露,荆某某终审被改判无罪。

在此案中,公安人员在特情的使用上严重违反规定,诱使无辜公民犯罪,这种诱惑行为本身就是一种明显违法的行为,并具有滥用职权、徇私枉法的犯罪性质。[1]如果在此情况下,仍对被诱惑的行为人定罪处罚,显然不够公平、妥当。

2012年修改后的《刑事诉讼法》第151条第1款规定:"为了查明案情,在必要的时候,经公安机关负责人决定,可以由有关人员隐匿其身份实施侦查。但是,不得诱使他人犯罪,不得采用可能危害公共安全或者发生重大人身危险的方法。"这意味着,立法上明确地否定了"犯意引诱"的合法性,这相较于《南宁会议纪要》和《大连会议纪要》,态度更加清晰、坚决。

根据《刑事诉讼法》的立法精神,2023年出台的《昆明会议纪要》明确规定,隐匿身份人员在侦查活动中违反《刑事诉讼法》等相关规定,诱使本无犯意的人实施毒品犯罪的,属于"犯意引诱"。隐匿身份人员向被引诱人提供毒品或者毒资、购毒渠道的,其所提供的毒品、毒资、被引诱人从其提供的渠道购买的毒品

---

[1] 本案内情被揭露后,公安人员张某某被法院以徇私枉法罪判处有期徒刑六年,以滥用职权罪判处有期徒刑六年,决定执行有期徒刑十年。参见郝冬、白廖明:"荆爱国贩毒假案"尘埃落定》,载《兰州晨报》2004年9月8日,第1版。

及其证实被引诱人实施毒品犯罪的证据材料,不得作为认定被引诱人实施毒品犯罪的证据。排除上述证据后,在案证据达不到认定被引诱人有罪的证明标准的,应当依法作出证据不足、指控的犯罪不能成立的无罪判决。据此,在今后的诉讼实践中,人民法院应当旗帜鲜明地对犯意引诱说"不",对犯意引诱所得的证据应当依法排除,不得作为定案的根据;对在案证据达不到认定被告人有罪的证明标准的案件,应当依法宣告被告人无罪。

2."提供机会型"的诱惑侦查

被诱惑者已具备犯意,或已着手实施犯罪。诱惑者仅仅是提供了一种有利于其犯罪实施的特定条件和机会,学界将其称为"提供机会型"的诱惑侦查。相对来说,侦查机关的行为是被动的、消极的,往往是守株待兔地等待犯罪人现身或犯罪团伙暴露,所以并不存在诱发无罪者犯罪的问题。事实上,作为被引诱对象的犯罪人的主观上原本已经具备了实施犯罪的意图,而特情人员的出现和提出进行交易的信息,仅为其犯意的实施提供了外部机会、条件,在这种情况下,对于贩毒犯罪分子而言,特情往往被其视为交易的对象,而与其犯罪意图的产生与否无关,即使其不与特情进行交易,也还是会在合适的机会下同其他人进行交易。通过提供所谓的犯罪机会,则可以及时地查处相关犯罪;故此,世界上大多数国家和地区,包括欧洲人权法院也均对"提供机会型"诱惑侦查持肯定态度。

在我国刑事司法实践中,对于这种"提供机会型"的特情引诱,如果有证据显示被引诱的人具有重大犯罪嫌疑或者犯罪意图,其往往也会被依法认定有罪和处以刑罚。

例如,《刑事审判参考》(总第28辑)收录的苏永清贩卖毒品案:

2001年4月29日,为贩卖毒品牟利,被告人苏永清找到公安机关特情人员许某,要求代其联系购买毒品甲基苯丙胺。许某向公安机关汇报这一情况后,经公安机关研究,决定由公安人员以"卖主"身份与苏永清接触。随后,许某带上公安机关提供的少量甲基苯丙胺作为样品交给苏永清验货。苏永清看过样品后,决定以每千克人民币2.35万元的价格购买甲基苯丙胺35千克,一次性支付"货"款,并约定于同年5月11日进行交易。2001年5月10日晚,苏永清带被告人黄斯斌到晋江市帝豪酒店与许某会面,告知许某届时将由黄斯斌代表其携款前来与"卖主"进行毒品交易。5月11日12时许,黄斌携带人民币81.84万元到晋江市帝豪酒店702室与"卖主"交易。其间,苏永清为交易事项与黄斌多次电话联系,并于下午3时许赶到交易地点催促尽快交易。随后,公安机关将苏永清、黄斌当场抓获。

对于苏永清等贩卖毒品案,法院经审理后依法以贩卖毒品罪,分别判处被告人苏永清无期徒刑,剥夺政治权利终身,并处没收个人全部财产;判处被告人黄斌有期徒刑十二年,并处罚金人民币7万元。

就本案而言,被告人苏永清为转手出卖毒品牟利,主动找到公安机关特情人员许某,要求许某代其联系购买毒品甲基苯丙胺,并提出要向许某购买甲基苯丙胺35千克。尽管苏永清联系的毒品"卖主"实际上是公安人员,但其犯意的产生、购买意向、购买毒品种类、贩毒数量、交易价格、交易时间、交易地点等均出自苏永清自身。在该起"毒品交易"中,特情人员和公安机关只是为苏永清实施贩毒行为提供"机会",而不存在"犯意引诱"和"数量引诱"的问题。苏永清随后指使被告人黄斌携带足额购毒款前往进行实际"交易"。这表明苏永清及其同伙已经开始着手实施以贩卖为目的而非法购买毒品的行为。因此,对苏永清及其同案被告人黄斌均认定为贩卖毒品罪是正确的。

那么,这种"提供机会型"的犯罪引诱应否在量刑上加以考虑呢?实践中有一种观点认为,在机会型引诱中,特情的出现仅是为行为人贩卖毒品提供一种客观上的机会,行为人即使不与特情交易,也会同其他人交易,因此行为人主观上的恶性和客观上的行为都与没有特情参与时完全相同,对其在量刑时予以考虑没有依据。[1]

笔者认为,上述观点虽有一定的合理性,但却存在对"诱惑"因素所起到的作用以及在办案机关"监控"下行为所能造成的实际危害两方面的忽视,因而是一种不够全面的观点。在此类案件中,虽然存在行为人不与特情交易,就会同其他人进行交易的可能,但在行为人实施具体行为前,与他人交易毒品仍只是一种可能性。正是因为诱惑侦查手段的运用,该可能性才变为现实性,所以,行

---

[1] 参见胡晓明:《论贩卖毒品案件诱惑侦查对被告人定罪量刑的影响》,载赵秉志主编:《刑事法判解研究》2005年第2~4辑,人民法院出版社2005年版。

为人危害行为的实施与国家权力的促使有一定关系,在量刑时对该因素理应予以考虑。同时,由于行为人的涉毒行为始终在办案机关的严密掌控中,毒品已在客观上不可能流入社会,故此类行为的社会危害性与自然状态下发生的贩毒行为明显不同,按照罪刑相适应原则,在量刑上也应当考虑该情节,一般不判处最重之刑。

鉴于此,**在案件审理时,特情的参与及其在毒品犯罪案件中所起的推动作用,应当成为对有关被告人量刑时从宽考虑的重要因素**。正因如此,在上述苏永清贩卖毒品案中,虽然被告人涉案的毒品数量及交易金额特别巨大,但法院判决以被告人犯罪未遂为由予以从轻处罚,而未按当时的毒品量刑标准适用死刑。

3. "犯意扩大型"的诱惑侦查

被诱惑者已经具备了犯罪意图,通过引诱促使其实施犯罪,并由较小的犯罪意图萌生较大的犯罪意图,学界将其称为"犯意扩大型"的诱惑侦查。从本质上讲,犯意扩大型的引诱也含有"提供机会型"引诱的因素,在被引诱者的主观上,原本就存在犯罪的意图,特情的出现亦是一种机会的提供,只是特情在提供机会的同时,鼓动或者促成了被引诱者犯意的扩大,使其产生了从事更为严重犯罪行为的故意。

在贩卖毒品犯罪中,犯意扩大型引诱的典型形态是"数量引诱",即行为人本来只有实施数量较小的毒品犯罪的故意,在特情诱使下实施了更大甚至达到可判处死刑数量的毒品犯罪。此外,由于毒品犯罪的实际危害既体现在犯罪数量和传播范围上,也体现在毒品的纯度及种类上,所以,**由同数量的低纯度毒品到高纯度毒品,由对人体危害小的毒品种类到对人体危害大的毒品种类,通常也可以视为犯意的扩大**。

由于此种情形下行为人本身就具有进行毒品犯罪的犯意,其对最初犯意下的行为应当承担刑事责任是毫无争议的,但其是否对犯意扩大下的行为担责,实践中存在不同认识。有的观点认为不应承担刑事责任,如有学者举例认为,警察甲在毒贩乙向其推销 10 克海洛因后,又向乙提出以双倍的价格再要 90 克,在此种情况下,乙只对 10 克海洛因负刑事责任,而不能对另外 90 克承担刑事责任。[1]

笔者认为,因行为人原本就具有贩卖毒品犯罪的主观故意,且客观上实施了贩卖毒品犯罪行为,犯意扩大的引诱是建立在行为人已经具有毒品犯罪的意愿之上的扩大,并非一种凭空的引诱,所以**认定行为人对犯意扩大下的行为承担刑事责任是适当的**。但在对行为人进行量刑时,除了要考虑引诱者提供实施犯罪机会的问题外,还应考虑行为人系因被引诱而扩大了犯意的实际情况。

犯意扩大的引诱一般存在特情使用上的违规情况,因为犯意扩大引诱本身就已经超越了使隐蔽的犯罪人暴露的侦查目的,"人为"增大了行为人所犯罪行的严重程度,客观上起到了类似"犯罪教唆"的作用;这一点与"提供机会型"的诱惑侦查有本质不同。如前文所述,在后一种情形中,特情的作用仅是一种机会的提供,对行为人主观恶性的大小没有起到实质影响,行为人的行为反映了其本意;犯意扩大的引诱则因特情的鼓动,而使行为人的主观恶性膨胀,实施了更重大的犯罪行为。显然,代行国家侦查权的特情和侦查机关对于扩大的危害应负有一定责任,故在确定行为人的刑事责任时,应当据此对行为人适当予以从轻处罚。《南宁会议纪要》规定,"对具有此种情况的被告人,应当从轻处罚,即使超过判处死刑的毒品数量标准,一般也不应判处死刑立即执行",《大连会议纪要》亦作出类似规定。《昆明会议纪要》则进一步规定,对于因受"数量引诱"实施毒品犯罪的被告人,一般应当依法从轻处罚。**特别是对于因受"数量引诱"而实施了对应更高量刑幅度或刑种的毒品犯罪的被告人,在量刑时更应充分体现从宽。**

例如,《刑事审判参考》(总第75集)收录的包占龙贩卖毒品案:

2007年11月9日10时30分许,翟某某(同案被告人,已判刑)打电话商定由被告人包占龙送300克毒品到甘肃省兰州市城关区嘉峪关东路641号翟某某的住处进行交易。当日12时许,包占龙携带毒品赶至该641号单元楼下,侦查人员将包占龙当场抓获,从包占龙骑的摩托车脚踏板上查获毒品海洛因

---

[1] 参见孙本鹏、王超:《试论诱惑侦查合法性之证明——兼论诱惑侦查人员出庭作证》,载《法律适用》2004年第7期。

300.7克。经鉴定，海洛因含量为92.77%。

　　一审法院经审理认为，被告人包占龙的行为构成贩卖毒品罪，且毒品数量大，罪行极其严重，应依法惩处。包占龙系毒品再犯，又系累犯，依法应从重处罚。据此以贩卖毒品罪，判处包占龙死刑，剥夺政治权利终身，并处没收个人全部财产。二审法院维持了原判。最高人民法院经复核后则不予核准，撤销了原死刑判决，发回二审法院重新审理。

　　根据该案例的"裁判理由"，本案系侦查机关利用翟某某作为特情介入破获的案件。同案被告人翟某某因贩卖毒品被侦查人员抓获后，供述了毒品的来源，并配合侦查机关抓获被告人包占龙。翟某某在侦查机关控制下给包占龙打电话，称要大量毒品，越多越好。在接到翟某某电话约一个半小时后，包占龙携带大量毒品至约定地点，被侦查人员抓获，且在包占龙家中搜出0.7克小包海洛因等。从在案证据看，包占龙有毒品犯罪前科，此次在短时间内即拿出大量毒品供交易，翟某某此前亦多次从其处购买毒品，故本案不属于"机会引诱"，也不存在"犯意引诱"，但不能排除"数量引诱"的可能性。根据包占龙和翟某某的供述，翟某某以前从包占龙处购买毒品，每次数量从10克到50克不等，但均未超过50克。但此次翟某某跟包占龙说多要一些毒品，越多越好。包占龙则供称翟某某在电话中明确提出购买300克毒品。翟某某此次购买毒品的数量远远超过其所供之前经常从包占龙处购买的数量，不排除翟某某为了立功而故意加大毒品交易数量的可能性，包占龙是在翟某某的要求下才贩卖了数量如此之大的毒品，故本案不能排除存在"数量引诱"的情形。同时考虑到，此次毒品交易系在侦查机关控制下，毒品尚未流入社会，社会危害性相对较低，故可以从轻处罚，对包占龙判处死刑，可不立即执行。

　　从实际来看，由于目前对刑事技术侦查措施运用的监督制约机制尚不够完善，特情使用上的违规情况时有发生。有的案件中，特情人员在参与诱捕毒品犯罪嫌疑人时，故意人为加大购售毒品的数量，致使嫌疑人的贩毒数量远远超过判处死刑的标准，这已背离了诱惑侦查的制度本意。所以，**在审理存在诱惑侦查情形的案件时，应当加大对侦查措施的合法性和适当性的审查力度，并在量刑上谨慎把握**。《南宁会议纪要》明确要求："对于特情在使用中是否严格遵守有关规定情况不明的案件，应主动同公安缉毒部门联系，了解有关情况。对无法查清是否存在犯意引诱和数量引诱的案件,在考虑是否对被告人判处死刑立即执行时,要留有余地。"《大连会议纪要》还进一步规定,对不能排除"犯意引诱"和"数量引诱"的案件,在考虑是否对被告人判处死刑立即执行时,就要留有余地。

值得注意的是,实践中还存在"间接引诱型"的侦查诱惑。《昆明会议纪要》规定,被引诱人又诱使本无犯意的其他人实施毒品犯罪,或者诱使其他人超出原本意图实施了更大数量的毒品犯罪的,属于"间接引诱"。**对于受"间接引诱"实施毒品犯罪的被告人,可以参照前述关于犯意引诱、数量引诱案件的处理原则研究确定。**

以上论述了诱惑侦查的典型情形,对于实践中存在或者不排除存在其他不规范使用隐匿身份人员实施侦查的情形,影响定罪量刑的,原则上都应当依法作出有利于被告人的处理。在实际办案中,我们可以根据个案情况来具体把握。

第八讲　死刑案件的政策把握与刑罚适用

在我们这样一个保留死刑制度的国家,如何严格控制、慎重适用死刑和依法从严惩处严重刑事犯罪,一直是我国刑事司法领域中最令人关注的重点、难点和热点问题。从实际来看,死刑适用涉及多个方面的内容,在此笔者主要从刑事法律及政策的角度,结合典型案例尝试作一些解读,以供理论研究和实务操作参考。

一、我国的死刑立法梳理

关于死刑罪名,我国立法经历了一个由少到多、再由多到少的复杂过程。我国第一部《刑法》(1979年《刑法》)只规定了27个死刑罪名,加上1981年《惩治军人违反职责罪暂行条例》[1]规定的11个死刑罪名,当时可适用死刑的罪名共计38个。之后,随着社会转型时期犯罪形势的变化,特别是"严打"政策的实施,有关单行刑法增设了33个死刑罪名,至1997年《刑法》颁行前,死刑罪名已多达71个。鉴于死刑罪名过多,加之我国的治安形势发生一定变化,1997年《刑法》修订对死刑罪名作了削减,降至68个。之后经过多年的实践,刑法理论界和实务界已基本达成"应当逐渐减少适用死刑罪名"的共识。所以,**1997年《刑法》施行以来,虽然立法机关先后颁行了一个"决定"和十余个"修正案",但均未增加死刑罪名,而是不断减少死刑罪名。**

---

[1]　该条例由于1997年《刑法》颁布而被废止。

2011年通过的《刑法修正案(八)》一次性取消了13个死刑罪名,占当时死刑罪名总数的19.1%。这些罪名包括:走私文物罪,走私贵重金属罪,走私珍贵动物、珍贵动物制品罪,走私普通货物、物品罪,票据诈骗罪,金融凭证诈骗罪,信用证诈骗罪,虚开增值税专用发票、用于骗取出口退税、抵扣税款发票罪,伪造、出售伪造的增值税专用发票罪,盗窃罪,盗掘古文化遗址、古墓葬罪,盗掘古人类化石、古脊椎动物化石罪,传授犯罪方法罪。这13个死刑罪名均属于"经济性非暴力犯罪"。

2013年11月召开的十八届三中全会明确提出"逐步减少适用死刑罪名",这一精神鲜明地体现在《刑法修正案(九)》中。2015年通过的《刑法修正案(九)》延续《刑法修正案(八)》大幅削减死刑罪名的步伐,再次取消了走私武器、弹药罪,走私核材料罪,走私假币罪,伪造货币罪,集资诈骗罪,组织卖淫罪,强迫卖淫罪,阻碍执行军事职务罪,战时造谣惑众罪,共计9个死刑罪名,降幅高达16.4%。该9个罪名也是以"经济性非暴力犯罪"为主,其中,5个属于破坏社会主义市场经济秩序类犯罪,2个属于妨害社会管理秩序类犯罪,2个属于军人违反职责类犯罪。相较于《刑法修正案(八)》,此次刑法修改关于死刑的配置调整呈现出以下不同特点:

1. 死刑罪名削减不再局限于非暴力犯罪

《刑法修正案(九)》对死刑罪名的削减虽以非暴力犯罪为主,但不再局限于非暴力犯罪,有少数已涉及暴力犯罪,如强迫卖淫罪和阻碍执行军事职务罪。这是一个重要的突破。因为对暴力犯罪配置死刑,实务界有相当广泛的认识基础,理论界在讨论减少死刑的路径时也多主张目前应首先致力于削减非暴力犯罪的死刑,对暴力犯罪取消死刑以后再视情况而定。此次刑法修改实际上对这个所谓的"共识"作了极为慎重的调整。在取消强迫卖淫罪死刑配置的同时,增加规定犯罪时"并有杀害、伤害等暴力行为的,依照数罪并罚的规定处罚"。这意味着**实施强迫卖淫等犯罪行为时,如果使用暴力手段造成更为严重的后果,可能同时构成故意杀人罪、故意伤害罪等,仍不排除适用死刑**。但无论如何,作为暴力犯罪,强迫卖淫罪等犯罪毕竟已明确地取消了死刑配置。如同有学者所评价的,它"实际标志着我国死刑罪名减少已进入新阶段,即废除暴力性犯罪死刑的新阶段"[1]。

2. 死缓罪犯执行死刑的门槛再提升

1979年《刑法》中规定的是"抗拒改造情节恶劣、查证属实的,由最高人民法院裁定或者核准,执行死刑"。立法规定这样的死缓罪犯执行死刑条件较为宽松,容易导致司法实践中一些死缓罪犯实施不构成犯罪的违法行为也有可能被判处死刑。1997年《刑法》修订严格规定了死缓罪犯执行死刑的条件,将之调整为"故意犯罪,查证属实的,由最高人民法院核准,执行死刑",这样将死缓罪犯执行死刑的条件限制为实施犯罪并且是故意犯罪。《刑法修正案(九)》在1997年《刑法》规定的基础上再次提升门槛,必须死缓期间故意犯罪、情节恶劣,且须报请最高人民法院核准后方可执行死刑。由此可见,立法进一步限制了死缓罪犯改为立即执行死刑的条件,更加注重发挥死缓制度对于限制和减少死刑实际执行的功效。

3. 个别死刑罪名的刑罚配置得以调整

《刑法修正案(九)》修改了绑架罪中"致使被绑架人死亡或者杀害被绑架人,处死刑"的规定,补充配置了无期徒刑。这给司法机关留有更大的刑罚裁量空间,有利于个案实现罚当其罪,同时也对死刑适用进行了限制。

4. 创设终身监禁制度

《刑法修正案(九)》在《刑法》第383条中增加了一款规定,对犯贪污、受贿罪,被判处死刑缓期执行的,法院根据犯罪情节等情况可以同时决定在其死缓执行期满依法减为无期徒刑后,终身监禁,不得减刑、假释。虽然不是因为有了终身监禁以后对贪污受贿犯罪就不再适用死刑立即执行了,但终身监禁确实为更多地适用"死缓"提供了法律支持。从这个意义上讲,**终身监禁制度必将在一定程度上限缩贪污、受贿罪的死刑适用,减少法院实际适用死刑的压力**。

上述两次修法对死刑罪名的削减,都颇具规模,共减少了22个死刑罪名,已占到总数的32.4%。总体而言,我国刑事立法在死刑问题上的立场是鲜明的,即进一步压缩死刑的适用空间。多年的司法实践也反复证明,在经济持续发展、社会稳定和谐的大背景下,适当减少死刑的适用,并不会影响社会秩序稳

---

[1] 胡云腾:《谈〈刑法修正案(九)〉的理论与实践创新》,载《中国审判》2015年第20期。

定。从实际来看,取消死刑的有关犯罪,其法定最高刑是无期徒刑,随着无期徒刑实际执行刑期的延长和减刑、假释程序的严格规范等,仍能够收到严厉惩治、有效威慑的效果。

从立法上看,目前死刑罪名的削减主要集中于非暴力犯罪。这其实也在传导一个立法导向:对非暴力犯罪刑罚配置越发宽缓。分析《刑法》现存的 46 个死刑罪名:危害国家安全罪 7 个(其中非暴力犯罪 6 个),危害公共安全罪 14 个(其中非暴力犯罪 4 个),破坏社会主义市场经济秩序罪 2 个(均属非暴力犯罪),侵犯公民人身权利罪 5 个(其中非暴力犯罪 1 个),侵犯财产罪 1 个,妨害社会管理秩序罪 3 个(其中非暴力犯罪 1 个),危害国防利益罪 2 个(其中非暴力犯罪 1 个),贪污贿赂罪 2 个(均属非暴力犯罪),军人违反职责罪 10 个(其中非暴力犯罪 7 个)。在上述死刑罪名中,非暴力犯罪尚有 24 个,占到总数的 52%。由此可见,**我国减少死刑罪名的工作仍有较大空间,削减死刑罪名的历史步伐应不会终结。**

如果进一步分析配置死刑的该 24 个非暴力犯罪,基本上属于危害国家安全、公共安全、职务廉洁以及国防军事利益的犯罪。对这些犯罪在什么情况下适用死刑,在国家立法逐步削减非暴力犯罪死刑罪名的大背景下,此项工作将会越来越富有挑战性。一方面,在新的历史时期,我国不仅依然面临着政治、军事、外交等传统安全威胁,而且面临着恐怖主义、跨国犯罪、环境污染、自然灾害、严重传染性疾病等非传统安全威胁。严重危害我国国家安全、公共安全和军事安全、严重破坏市场经济秩序和社会秩序的犯罪仍然较为高发,反腐败斗争任重道远,这些要求司法工作对严重刑事犯罪仍要保持高压态势,对罪行极其严重的犯罪分子依法适用死刑。另一方面,要与时俱进,紧跟立法,更加审慎地审判死刑案件、更为严格地控制死刑适用。如何协调这两方面的要求,最大限度地发挥刑事立法及司法在控制犯罪、保障安全上的功效,需要认真研究。

二、死刑适用的一般标准

笔者在工作中经常遇到有人提问:法院判处一个人死刑的依据是什么?死刑适用有没有一个标准?其实,作为一名刑事法官,当面对每一个鲜活的个案和被告人时,都会思考死刑适用标准何在的问题。诚如世界上找不到完全相同的两片叶子,刑事案件也是如此。所以,如果我们现在来讨论死刑适用的标准,只能针对其一般标准。这是一个法定标准,一直就存在于我们的刑法中,即《刑法》第48条。问题在于,我们对法条该如何全面而准确地理解。

《刑法》第48条第1款规定:"死刑只适用于罪行极其严重的犯罪分子。对于应当判处死刑的犯罪分子,如果不是必须立即执行的,可以判处死刑同时宣告缓期二年执行。"这一规定包含三层意思:(1)死刑只适用于"罪行极其严重"的犯罪分子,但并不意味着对所有"极其严重"的罪行都应当适用死刑;(2)即使是"罪行极其严重"的犯罪分子,如果不具备"应当判处死刑"的条件,绝不可以对之适用死刑;(3)犯罪分子即使符合"应当判处死刑"的条件,如果属于"不是必须立即执行的",可以判处"死刑缓期二年执行"。上述三层次的要求相互配合形成了我国死刑的一般适用标准。

(一)关于"罪行极其严重"

"罪行极其严重"是死刑适用的实质条件。如何理解其含义,对认定死刑的适用标准至关重要。1979年《刑法》规定死刑只适用于"罪大恶极"的犯罪分子。从语言逻辑规则上看,"罪大恶极"和"罪行极其严重"的内涵有明显区别:前者强调行为的客观危害和行为人的主观恶性两个方面,后者则只是强调犯罪行为在客观上的社会危害性。那么,刑法规定上的这一客观主义倾向是不是意味着死刑的适用标准有所降低呢?

笔者认为,无论立法者对这一词语的修改旨在将概念含义具体化还是要对死刑适用的条件作实质性修改,降低死刑标准的立法意图都是可以排除的。尽管基于立法技术上的原因,"罪行极其严重"在字面意义上似乎只是强调行为的客观危害,但在司法实践中,基于慎杀的死刑政策,对"罪行极其严重"的理解仍应当从主客观两方面进行。也就是说,人民法院在裁量刑罚时,一方面应当根据犯罪分子的社会危害行为及其后果来确定是否应当判处死刑,另一方面还要考察犯罪分子的主观恶性。

所谓"罪行极其严重",既指犯罪行为对国家、社会和人民的利益危害特别严重,情节特别恶劣,同时也指行为人具有极其严重的主观恶性。客观危害特别严重和主观恶性特别恶劣是互相独立、互相统一的判断罪行是否极其严重的两个方面,两者不能割裂,不能单独作为判断标准。客观危害虽然特别严重,但只要其主观恶性不大,或者说即使犯罪人的主观恶性特别恶劣,但只要其客观危害不算特别严重,就不应判处死刑,尤其不应判处死刑立即执行。

司法实践中,人们所说某一犯罪行为不太严重、比较严重、严重、非常严重、极其严重,都是在对不同的情形进行比较后得出的结论。所以,"罪行极其严重"的判定,需要经过比较加以确定。笔者认为,在评判"罪行极其严重"而进行比较时,应注意做好以下几个方面的工作:

(1)历史比较,即将所要评判的犯罪与以往被判处死刑的犯罪进行比较,确保可能判处死刑的犯罪的严重程度不低于以往判处死刑的犯罪的严重程度。进行历史比较的目的,主要是避免不当地降低死刑适用标准,同时随着时代的发展进一步趋严掌握死刑适用标准。

(2)地区比较,即将所审理的案件与其他地区判处死刑的案件进行量刑平衡,确保适用死刑的案件在全国范围内考察罪行都是极其严重的,以此消除各地区间死刑裁量标准的差异,实现不同地区死刑适用的均衡和协调一致。

(3)同种罪的个案比较,即将同一时期决定适用死刑的同一性质的不同个案进行比较,以确保适用死刑的案件,都是在一定时期内考虑适用死刑的案件中罪行最为严重的。

(4)异种罪的个案比较,即将侵犯相同或类似客体的犯罪行为进行比较,如绑架行为和抢劫行为之间比较,同属危害公共安全的放火、爆炸等犯罪行为的比较等,力求不同性质的犯罪的死刑适用能够相对地保持一致。

(5)同案的被告人比较,即在共同犯罪中,如果考虑对数个被告人适用死刑,应当将该数个被告人的罪行进行比较,一般对其中罪行最为严重的被告人适用死刑。

概言之,认定"罪行极其严重",在综合考察犯罪行为的客观危害和犯罪人的主观恶性的基础上,从"极其严重"角度,应当是在对全国的不同地区、不同时期、不同性质的犯罪行为以及同种性质的不同个案、共同犯罪中的不同被告人的罪行进行比较后,认为社会危害最为严重的。通常只有符合此要求才属于"罪行极其严重",才考虑适用死刑。

(二)关于"应当判处死刑"

现行《刑法》将可以判处死刑的犯罪极其严重情节规定得较为具体,并非触犯了死刑条款的行为都必须判处死刑。所谓"应当判处死刑",是指行为在构成"极其严重"的罪行的前提下,因符合法定的情形而应当对行为人判处死刑。**"罪行极其严重"与"应当判处死刑"是两个不同层次的概念,前者表明死刑只适用于罪行极其严重的犯罪分子,但是对这种犯罪分子不一定都要判处死刑;后者表明犯罪分子所犯罪行虽然极其严重,但是对其判处死刑还须排除从宽处罚情节或者具有相应的从重处罚情节。**

从《刑法》分则条文看,某一犯罪行为在构成"极其严重"罪行的前提下,通常符合以下三种情形才能对犯罪分子适用死刑:(1)行为人所犯罪行已经构成法定刑为绝对确定死刑之罪,并且不具有法定减轻处罚情节的情形,如《刑法》第121条规定的劫持航空器"致人重伤、死亡或者使航空器遭受严重破坏的,处死刑"。(2)行为人所犯罪行已构成法定刑中挂有死刑之罪,同时具有法定从重处罚情节或者多个从重处罚情节的情形,如抢劫罪、绑架罪、强奸罪等。(3)行为人所犯罪行已构成《刑法》第113条"可以判处死刑"之罪(包括背叛国家罪、分裂国家罪、武装叛变、暴乱罪、投敌叛变罪、间谍罪、为境外窃取、刺探、收买、非法提供国家秘密、情报罪、资敌罪),"对国家和人民危害特别严重、情节特别恶劣"。由此可见,一定量刑情节的有无对于认定是否"应当判处死刑"具有至关重要的意义。

笔者认为,**对罪行极其严重的犯罪分子判处死刑应当排除从宽处罚情节或者具有相应的从重处罚情节**。在是否为"应当判处死刑"的认定上,应全面考察案件所具有的各种情节,并针对不同情况综合分析、审慎判断。

(1)犯法定刑为绝对确定死刑之罪,通常只有在案件没有任何法定减轻处罚情节的条件下,才能对犯罪分子判处死刑;如果案件具有法定减轻处罚情节,就不应对之适用死刑。

(2)除个别法定刑为绝对确定死刑之罪外,如果对犯罪分子适用死刑,就应当具备相应的从重处罚情节;如果不具备相应的从重处罚情节,一般不能适用死刑。

(3)如果犯罪分子具备了相应的从宽处罚情节,特别是法定的从宽处罚情节,原则上不判处死刑立即执行;只有在从轻处罚情节显著轻微,不足以对行为人从轻处罚时,才能适用死刑立即执行。如果具备法定减轻处罚情节,则一律不得适用死刑。

(三)关于"不是必须立即执行的"

《刑法》第48条第1款规定,对于应当判处死刑的犯罪分子,如果不是必须立即执行的,可以判处死刑同时宣告缓期二年执行。根据这一规定,适用"死缓"必须同时具备三个条件:一是"罪行极其严重",二是"应当判处死刑",三是"不是必须立即执行"。前两个条件是适用"死缓"的前提条件,后一个条件是适用"死缓"的实质条件。这也是考察"死缓"裁量标准的关键。所谓"不是必须立即执行的",是指犯罪分子在罪行极其严重并且应当判处死刑的前提下,还具有从轻处罚情节的情形。也就是说,**适用"死缓"的犯罪分子首先必须罪行极其严重和依法应当判处死刑,只不过是因为具有某些从轻处罚情节而可以不立即执行死刑。**

《刑法》对应当判处死刑的犯罪有明文规定,但是对于哪些属于"不是必须立即执行"的情况没有明确描述。刑法学界在探讨此问题时基本上持经验立场,即从审判实践经验的角度对有关情况加以综合和归纳,理论上的研讨明显不足。在笔者看来,**所谓"不是必须立即执行"的情况,其实质上就是案件所现实具有的从轻处罚情节**。并且,在同一案件中,这种从轻处罚情节是指与"应当判处死刑"的从重处罚情节并存的从轻处罚情节,只不过它的重要性弱于或数量少于前者而已。

详言之,对于法定刑为绝对确定死刑之罪来说,犯罪分子具有的从轻处罚情节,依法虽然不能对抗死刑的适用,但它却是适用死缓的理由和依据;对于法定刑为相对确定死刑(法定刑中挂有死刑)之罪来说,如果案件不具有从重处罚情节,或者案件具有从轻或者减轻处罚情节,都不能对犯罪分子适用死刑,当然也就谈不上适用"死缓"的问题。正如最高人民法院2001年1月21日颁行的《全国法院审理金融犯罪案件工作座谈会纪要》的规定,犯法定刑中挂有死刑的金融诈骗罪,对于犯罪数额特别巨大,但追缴、退赔后,挽回了损失或者损失不大的,一般不应当判处死刑立即执行;对具有法定从轻、减轻处罚情节的,一般不应当判处死刑。由此可见,**除法定刑为绝对确定死刑之罪外,适用"死缓"的案件只能是罪行极其严重而且既有从重处罚情节又有从轻处罚情节的案件。**对于单纯具有从宽处罚情节的案件,依照法律根本就不能适用死刑;如果犯罪分子被判处死刑,也就意味着案件存在从重处罚情节。

故此,适用死刑缓期执行,所谓"不是必须立即执行的"的依据,就是与从重处罚情节并存的从轻处罚情节。也就是说,从定量分析的角度,只有在从重处罚情节的分量或数量重于或者多于从宽处罚情节的场合,才会发生"应当判处死刑"而又"不是必须立即执行"的问题。所以,**同从重处罚情节并存的从轻处罚情节是宣告"死缓"的唯一根据。**正因为存在从宽处罚情节和从重处罚情节并存的情况,法官在裁量刑罚时应在对量刑情节进行定性分析的基础上引入定量分析,即在对量刑情节的性质及其法律意义进行综合衡量的基础上,理性评价每个量刑情节对处罚轻重的影响力,做到心中有"数",从而依法、科学、公正地量刑。[1]

(四)关于"死缓"限制减刑制度

根据《刑法》第 50 条第 2 款、第 78 条第 2 款的规定,对被判处死刑缓期执行的累犯以及因故意杀人、强奸、抢劫、绑架、放火、爆炸、投放危险物质或者有组织的暴力性犯罪被判处死刑缓期执行的犯罪分子,人民法院根据犯罪情节、人身危险性等情况,可以在作出裁判的同时决定对其限制减刑。也就是说,"死缓"期满后依法减为无期徒刑的,此时,该无期徒刑执行期间,虽可继续适用减刑,但实际执行刑期不能少于 25 年;"死缓"期满后因重大立功依法减为 25 年有期徒刑的,实际执行刑期不能少于 20 年。

为什么立法上要规定"死缓"限制减刑制度呢?据当时参与立法的同志介绍:"由于法律规定的无期徒刑的最低服刑期限过低,导致实践中无期徒刑和死缓没有切实发挥应有的严厉性,造成刑罚结构的动态性缺陷。死缓犯、无期徒刑罪犯实际服刑时间过短就返回社会,不符合罪刑相适应的原则,还会对社会

---

[1] 参见于同志:《再论死刑的适用标准》,载《人民法院报》2012 年 4 月 18 日,第 6 版。

治安构成威胁,也会引起人民群众的严重不满和不安。"[1]所以,"死缓"限制减刑的立法目的在于,通过延长部分"死缓"犯的实际服刑期,充分体现"死缓"的严厉性,以改变过去"死刑过重、生刑过轻"的刑罚执行不平衡现象,进而为严格执行死刑政策、限制死刑立即执行提供更为科学的立法依据,创造更为有利的社会条件。

事实上,适用"死缓"限制减刑制度要求实际执行刑期不低于25年("死缓"减为无期徒刑的情况下)或者20年("死缓"减为有期徒刑的情况下),加上二年的考验期,再加上判决执行前的先行羁押期限不能折抵,基本上被限制减刑的"死缓"犯将被剥夺自由接近30年,这意味着一个罪犯如果25岁左右犯罪被判处"死缓",出狱的时候大都接近55岁了,这个时候其人身危险性显然会大大降低。

如何定位我国的"死缓"限制减刑制度呢?理论界曾有两种不同观点:一是作为限制死刑立即执行的制度(死刑替代措施),意在削减死刑立即执行;二是单纯强化惩罚力度的制度,即将原本判处"死缓"的部分案件改为"死缓"限制减刑,通过拉长原"死缓"刑期,以增加死刑制度本身的威慑力。

笔者认为,如果站在限制死刑立即执行的角度看,"死缓"限制减刑的立法目的应当不是简单地提升死刑缓期执行的惩罚力度,而在于为死刑立即执行提供替代性措施。这意味着对原本应适用"死缓"的罪犯,在《刑法修正案(八)》施行后不得适用"死缓"限制减刑;"死缓"限制减刑的适用对象应当是原来的一部分适用死刑立即执行的对象。这类对象如果仅判处死刑缓期执行,显得偏轻;如果判处死刑立即执行,则又偏重。在过去由于没有"死缓"限制减刑制度,可能一部分人被判处死刑立即执行了。现在由于有了"死缓"限制减刑制度,就可以对这部分对象适用该制度,从而减少或替代了死刑立即执行的适用。所以,**"死缓"限制减刑应当定位于限制死刑立即执行的适用,而不是简单地强化死刑缓期执行的惩治力度**。如果单纯地把它作为加强惩罚力度的制度,即将原本判处死缓的部分案件改为"死缓"限制减刑,这样显然与严格限制死刑适用的刑事政策和立法精神相背离。

---

[1] 黄太云:《〈刑法修正案(八)〉解读(一)》,载《人民检察》2011年第6期。

判处"死缓"并限制减刑,虽不是独立的刑种,但实际上已成为介于死刑立即执行与一般死刑缓期执行之间的过渡刑罚,是为不必须判处死刑立即执行而设置的替代措施,其适用对象实际上就是《刑法修正案(八)》施行前本应判处死刑立即执行的罪犯,即那些罪行极其严重,论罪本应判处死刑立即执行,因具有法定或者酌定从宽处罚情节,判处死刑立即执行偏重,但判处一般"死缓"又偏轻的罪犯。**对《刑法修正案(八)》颁行前判处"死缓"就可以罚当其罪的,不得判处"死缓"限制减刑。"死缓"限制减刑替代的是死刑立即执行而不是一般的"死缓"。**

按照《刑法》的规定,对被判处死刑缓期执行的累犯以及因故意杀人、强奸、抢劫、绑架、放火、爆炸、投放危险物质或者有组织的暴力性犯罪被判处死刑缓期执行的犯罪分子等九类主体可以限制减刑。在具体操作上应当注意以下几点:

(1)适用限制减刑应针对法律规定的九类"死缓"犯,遵循罪刑法定原则,对此之外的"死缓"犯,不得限制减刑。

(2)考虑到"死缓"限制减刑的苛重后果,对"故意杀人、强奸、抢劫、绑架、放火、爆炸、投放危险物质或者有组织的暴力性犯罪"的理解,宜坚持严格解释立场,一般把"故意杀人、强奸、抢劫、绑架、放火、爆炸、投放危险物质"限定于具体罪名而非行为;对"有组织的暴力性犯罪"的理解,亦应避免将《刑法修正案(八)》施行前的一般"死缓"的适用对象纳入其中。

(3)对于上述九类"死缓"犯的减刑进行限制,不是应当或者一律限制,是否限制减刑要根据犯罪情节、人身危险性等情况确定。从司法实践看,适用"死缓"限制减刑多数具有以下情节:①累犯前罪系被判处有期徒刑五年以上刑罚的;②累犯前罪系故意杀人、强奸、抢劫、绑架、放火、爆炸、投放危险物质或者有组织的暴力性犯罪的;③累犯前罪系数罪并罚的;④实施故意杀人、强奸、抢劫、绑架、放火、爆炸、投放危险物质或者有组织的暴力性犯罪,存在数罪的,等等。一般而言,对于仅有累犯或者其他八种犯罪之一情形的,只能在判处死刑立即执行偏重,但判处一般"死缓"又偏轻,只有同时限制减刑方能罚当其罪时,才判处"死缓"并限制减刑。

(4)在裁量具体情节时应当注意避免重复评价。一般而言,要综合考虑案件的从宽和从严情节,决定是否适用"死缓";当决定适用"死缓"后,由于对被告人判处"死缓"和决定限制减刑,在情节上可能绝大部分是重合的,所以**这时候要衡量从宽和从严情节的各自影响力,通常可将从宽和从严情节进行折抵,再看情节的剩余部分是否还足以支撑宣告限制减刑**,同时,还需要适当考虑被害方的反应、判决对社会的影响等因素,审慎决定是否限制减刑。

(5)限制减刑决定本身具有一定的独立性,**在裁判文书中应当在判决主文部分单独作为一项宣告**。即便对于一案中同时判处两名以上被告人死刑缓期执行并限制减刑的,也应对各人的限制减刑判项分别表述,不能合并为一项进行概括表述。

(五)关于终身监禁制度

《刑法》第383条、第386条规定,贪污、受贿数额特别巨大,并使国家和人民利益遭受特别重大损失,被判处死刑缓期执行的,人民法院根据犯罪情节等情况可以同时决定在其死刑缓期执行二年期满依法减为无期徒刑后,终身监禁,不得减刑、假释。这就是终身监禁制度。

针对严重贪污、受贿犯罪分子适用的终身监禁措施,在其创设之初,人们对其性质的认识也是存在分歧的:一是认为终身监禁系独立刑种,二是认为终身监禁是"死缓"的执行形态,三是认为终身监禁是无期徒刑的执行方式。经过近年来深入而广泛的研讨,理论界对其认识相对趋于一致,**即终身监禁系"介于死刑立即执行与一般死缓之间的一种独立的死刑执行方式"**,这一制度定位有以下几层含义。

1.终身监禁是死刑的一种执行方式

终身监禁属于死刑范畴,并非独立刑种,而是死刑的一种执行方式。适用终身监禁必须以具备适用死刑的条件为前提,只有在符合适用死刑条件的情况下,才可以根据犯罪情节等情况决定是否适用终身监禁。根据《贪污贿赂解释》第4条的规定,贪污、受贿犯罪适用死刑,必须同时具备"数额特别巨大""犯罪情节特别严重""社会影响特别恶劣""给国家和人民利益造成特别重大损失"四个条件。如果贪污受贿数额特别巨大,给国家和人民利益造成特别重大损失,但是不属于犯罪情节特别严重、社会影响特别恶劣的,则只能适用无期徒刑而不能适用死刑,也就不能对行为人判处终身监禁。

2. 终身监禁独立于一般"死缓"

终身监禁是死刑立即执行的减轻,不是一般"死缓"的加重,致力于解决死刑立即执行过重的问题,而不是"死缓"过轻的问题。有观点认为,终身监禁的创设是刑罚趋严的标志。笔者认为,此观点不够准确。从立法规定看,终身监禁并不是新增的刑种,不是说以后所有的"死缓"都要适用终身监禁,只有可能需要判处死刑立即执行,但适用终身监禁同样可以做到罚当其罪的才适用终身监禁。在一定意义上说,终身监禁是死刑立即执行的一种替代性措施,而非"死缓"的加重处罚措施。

这一点也在《最高人民法院关于〈中华人民共和国刑法修正案(九)〉时间效力问题的解释》第 8 条中得到印证。根据该司法解释的规定,对于《刑法修正案(九)》生效以前实施的贪污、受贿行为,罪行极其严重,根据修正前《刑法》判处死刑缓期执行不能体现罪刑相适应原则的,可以适用修正后《刑法》规定的终身监禁制度。这其实体现了终身监禁对死刑立即执行的替代意义。

3. 终身监禁只是死刑立即执行的"替代"

终身监禁只是死刑立即执行的"替代"而不是"完全取代",不能说有了终身监禁措施就意味着死刑立即执行这一刑种被实际废除了。"死缓"犯的终身监禁与死刑立即执行,不仅在立法上,而且在实践中都是并存的。

例如,《刑法修正案(九)》施行以来,人民法院除了对受贿 2.46 亿余元并犯有巨额财产来源不明罪的云南省委原书记白恩培,受贿 2.11 亿余元并犯有巨额财产来源不明罪的国家能源局煤炭司原副司长魏鹏远,受贿 3.06 亿余元的黑龙江龙煤矿业集团股份有限公司物资供应分公司原副总经理于铁义,贪污 3.42 亿余元并犯有受贿罪、挪用公款罪、单位行贿罪、滥用职权罪和徇私枉法罪的天津市政协原副主席武长顺,共同受贿 3 亿余元并犯有贪污罪、非法经营同类营业罪的山东新汶矿业集团有限责任公司原副总经理孙正启和新汶矿业集团内蒙古能源有限责任公司原经理石伟,受贿 4.49 亿余元的内蒙古自治区人大常委会原副主任邢云,贪污 7.54 亿余元并犯有受贿罪、违规出具金融票证罪,故意销毁会计凭证、会计账簿罪的恒丰银行原董事长姜喜运,以及受贿 10.4

亿余元并犯有巨额财产来源不明罪的山西省吕梁市原市委常委、副市长张中生[1]等人判处死缓并终身监禁外,还对受贿17.88亿余元并犯有贪污罪、重婚罪的中国华融资产管理股份有限公司原党委书记、董事长赖小民等人判处死刑立即执行。

此外,《刑法修正案(九)》实施后,对"数额特别巨大,并使国家和人民利益遭受特别重大损失"的贪污、受贿犯罪,依法可以继续适用一般"死缓"。

例如,2015年8月,"贪污、受贿数额特别巨大,危害后果特别严重"的原解放军总后勤部副部长谷俊山被解放军军事法院判处死刑,缓期二年执行,剥夺政治权利终身,并处没收个人全部财产,赃款赃物予以追缴,剥夺中将军衔。2022年1月17日,受贿4.34亿余元、利用影响力受贿1735万余元的贵州省政协原主席王富玉被天津市第一中级人民法院判处死刑,缓期二年执行,剥夺政治权利终身,并处没收个人全部财产,受贿所得及收益和用于抵缴受贿所得财物依法予以没收。2024年12月25日,受贿4.31亿余元的陕西省人大常委会原副主任李金柱被广州市中级人民法院判处死刑,缓期二年执行,剥夺政治权利终身,并处没收个人全部财产,犯罪所得财物及孳息依法予以追缴,上缴国库,等等。

可以说,**终身监禁措施的创设意味着严重贪污、受贿犯罪的死刑配置出现重大调整,业已形成"一般死缓→死缓并终身监禁→死刑立即执行"三足鼎立的局面,司法实践中可针对不同情况选择适用相应的刑罚,严重贪污、受贿犯罪的刑罚配置更趋科学、合理。**

由于终身监禁是死刑立即执行的替代措施,而非"死缓"的加重处罚措施,所以,终身监禁主要适用于过去应当判处死刑立即执行,根据严格控制死刑适用的刑事政策,现在适用终身监禁同样可以做到罚当其罪的情形。要从实体上明确,符合死刑适用条件,但具有从宽情节,不是必须立即执行的,一般只考虑判处"死缓",不得同时适用终身监禁。同时还要明确,终身监禁虽然不是一个刑种,但具有相对独立性,它不适用《刑法》总则关于"死缓"执行期间有重大立

---

[1] 张中生在一审时被判处死刑,鉴于其具有重大立功等情节,二审改判死缓并终身监禁。

功表现减为25年有期徒刑的规定,换言之,在"死缓"期间即使有重大立功,也不能减为有期徒刑。从法律上讲,**终身监禁就是要"把牢底坐穿"**(当然,对此类适用对象不排除赦免的适用)。此外,终身监禁的相对独立性还体现为,其决定应当在一、二审裁判文书上写明,不得等到"死缓"执行期间届满再视情形而定等。

三、常见刑事案件的死刑适用

《刑法》第50条第2款关于"死缓"限制减刑规定了以下八类犯罪:(1)故意杀人;(2)强奸;(3)抢劫;(4)绑架;(5)放火;(6)爆炸;(7)投放危险物质;(8)有组织的暴力性犯罪(包括故意伤害罪)。这些犯罪判处死刑,绝大多数是由于造成了被害人死亡或者严重伤害。所以,基于对公民的生命权的重视和保护,它们以及走私、贩卖、运输、制造毒品也是适用死刑的最为常见犯罪类型。无论刑法如何修改,只要我国保留死刑制度,则不大可能取消这些犯罪的死刑配置。所以,从司法层面控制这些犯罪适用死刑,对贯彻"少杀慎杀"政策至关重要。以下将结合审判实践,对上述各罪适用死刑的一般标准进行解读,同时一并阐释严重贪污、受贿犯罪适用死刑问题。

(一)故意杀人

故意杀人是故意非法剥夺他人生命的行为,是最严重的侵犯公民人身权利的自然犯罪,无论是其行为性质还是危害后果都极其严重,且常见多发,所以,实践中不少地方判处死刑的故意杀人案件的数量,通常也是最多的。对此类案件如何进行死刑裁量,笔者认为,司法实践中需要注意以下几点。

1. 区分案件性质

从实际来看,故意杀人犯罪按照案件性质基本上可分为"严重危害社会治安""民间矛盾引发"以及介于两者之间的三类,对性质不同的案件适用死刑问题,应当区别把握。

(1)对于严重危害社会治安、危及人民群众安全感的故意杀人犯罪,要毫不手软地依法适用死刑予以严惩。一般而言,对于以下情形,无论是在刑事政策上,还是在司法操作上均应体现从严惩处的精神:①为巩固黑恶势力或者黑恶势力之间为争强斗狠、抢夺地盘或非法利益而杀人的;②对现实不满、仇视社会

(无特定目标)而杀人的;③出于流氓动机杀害无辜或者性情暴虐动辄杀人的;④为排除竞争对手而杀人的;⑤谋财害命(如杀人骗保)的;⑥实施其他严重犯罪(如抢劫、强奸、绑架)后杀人灭口的;⑦暴力抗法而杀害执法人员的;⑧冒充军警或执法人员杀人的;⑨持枪杀人的;⑩以特别残忍的手段杀人的;⑪杀人后为掩盖罪行或者出于其他卑劣动机分尸、碎尸、焚尸灭迹的;⑫雇凶杀人的;⑬多次实施杀人行为最终致人死亡的,等等。

(2)对因婚姻家庭、邻里纠纷等民间矛盾激化引发的故意杀人犯罪,适用死刑要十分慎重。一般而言,只要有以下足以影响死刑适用的从轻处罚情节,就可以考虑不判处死刑:①具有自首、立功等法定从轻量刑情节的;②被害人有明显过错或者对矛盾激化负有直接责任的;③被告人犯罪后自动投案的;④被告人亲属协助司法机关抓获被告人的;⑤被告人坦白对主要犯罪事实的认定,对定案证据的收集和固定,或者对抓获同案的主要犯罪嫌疑人起到重要作用的;⑥被告人主观恶性、人身危险性不大的;⑦被告人真诚悔罪,积极赔偿,取得被害方谅解的;⑧被告人作案时刚满18周岁或已满70周岁的;⑨醉酒犯罪的(借酒闹事除外),等等。

对于以下情形则可以考虑适用死刑:①犯罪情节特别恶劣(如教唆未成年人杀人、以特别危险方法杀人)的;②犯罪手段特别残忍(如毁尸灭迹)的;③犯罪后果特别严重(如杀害多人)的;④主观恶性与人身危险性极大(如在押犯故意杀人、假释期间故意杀人)的;⑤犯罪对象特殊(如故意杀害孕妇、未成年人)的,等等。

此外,对于违背基本人伦道德,杀害尊亲的案件,一般也应当从严判处。

例如,许某杀害父母案:

被告人许某因不满父母对自己沉迷网络的责骂,遂产生杀死父母的恶念。2006年3月22日,许某在自家的厨房内趁母亲在灶台烧火之际,用事先准备好的铁锤猛砸其后脑勺、太阳穴等部位,致其倒地。父亲听到响动后进入厨房查看时,许某又持铁锤在父亲后脑勺、腰部猛砸,父亲倒地后,许某将一玉米棒塞至父亲嘴里并搜得现金27元,后又拿一截木棒在母亲嘴里乱捣。作案后,许某掩盖尸体,抛弃凶器。次日凌晨,许某上完网回家后还对母亲的尸体进行侮辱,后将父母的尸体藏匿于地窖。一审法院以故意杀人罪判处许某死刑。宣判后,许某以原判量刑过重为由提出上诉。二审法院经审理认为,上诉人许某因不满父母对自己沉溺于网络的教育,竟用铁锤将其父母杀死后又对其母亲尸体进行侮辱,犯罪手段十分凶残,情节特别恶劣,罪行极其严重,罪不容赦,遂依法驳回其上诉,维持原判。

又如,吴谢宇弑母案:

被告人吴谢宇悲观厌世,曾产生自杀之念,其父病故后,认为母亲谢某琴生活已失去意义,于2015年上半年产生杀害谢某琴的念头,并网购作案工具。2015年7月10日17时许,吴谢宇趁谢某琴回家换鞋之际,持哑铃杠连续猛击谢某琴头面部,致谢某琴死亡,并在尸体上放置床单、塑料膜等75层覆盖物及活性炭包、冰箱除味剂。后吴谢宇向亲友隐瞒谢某琴已被其杀害的真相,虚构谢某琴陪同其出国交流学习,以需要生活费、学费、财力证明等理由骗取亲友144万元予以挥霍。为逃避侦查,吴谢宇还购买了10余张身份证件,用于隐匿身份。

法院经审理认为,被告人吴谢宇为实施故意杀人犯罪,经过长时间预谋、策划,主观恶性极深,犯罪手段残忍。吴谢宇杀害母亲的行为严重违背家庭人伦,践踏人类社会的正常情感,社会影响极其恶劣,罪行极其严重。到案后虽如实供述犯罪事实,但不足以对其从轻处罚。遂依法对吴谢宇以故意杀人罪、诈骗罪、买卖身份证件罪实行数罪并罚,判处死刑,剥夺政治权利终身,并处罚金人民币10.3万元。后经最高人民法院复核核准,2024年1月31日,吴谢宇被执行死刑。

(3)对于婚外情、通奸等不正当男女关系引发的故意杀人犯罪,赌债、嫖资纠纷引发的故意杀人犯罪,以及在歌厅酒店等场所消费期间发生的故意杀人犯罪,在政策把握上应有别于前两类犯罪,要注意此类案件的特殊性并坚持具体问题具体分析。

例如,对于因奸情杀人的,如果属于奸夫妇谋杀本夫妇或者第三者情形,可考虑适用死刑(但一般不判处两人死刑);如果奸夫妇之间因故相杀,则不一定都适用死刑。再如,在歌厅酒店等场所消费期间发生的故意杀人犯罪,因多数情况下系因琐事引起,且案件多为偶发,适用死刑应当慎重;但如果被告人的行为已严重危害社会治安、严重危及人民群众的安全感,则属于依法从严惩处的范畴。

2. 查清案件事实

多数故意杀人犯罪的发生往往有复杂的背景因素,因此正确裁量刑罚、准确适用死刑必然要求对案件事实全面审查、查明。在这里,既要关注案件发生的基础事实(包括时间、地点、行为、后果等核心要素),也要关注犯罪发生的前因后果、背景因素等边际事实。从实际来看,作为死刑适用依据的"犯罪性质极其严重""犯罪情节极其严重""犯罪人主观恶性极大""犯罪分子的人身危险性极大"等指标,其的确定也是对案件全部因素进行综合分析、判断的结果。如果不能全面考量案情,仅注意某一方面,就容易导致机械司法,带来案件处理上的"忽高忽低"。

比如,累犯是法定从重处罚的情节,一般认为,作为累犯,故意杀死一人,又没有其他从轻情节的,可以判处死刑立即执行。但是如果仅仅局限于此情况,可能认定不准。事实上,**对于累犯能否判处死刑,还要注意审查以下多个方面:(1)前罪的轻重程度**,累犯适用死刑一般是指前罪系暴力犯罪或其他严重刑事犯罪,且被判处有期徒刑五年以上刑罚的;**(2)本罪的恶劣程度**,如果罪行尚未达到极其严重的程度,就不能因为累犯而判处死刑立即执行;**(3)有无其他从轻情节**,如果具有其他特别从轻处罚的情节,也不能因为是累犯而不予考虑等。由此可见,办案中必须结合全案各种情节来综合审查、判断,只有这样才能做到罚当其罪。

再如,对于罪行极其严重的被告人,同时具有自首、立功情节的,是否判处死刑立即执行的问题,同样需要查清全部案情,综合考虑各种情节,予以审慎判断。具体阐释如下:

(1)对于那些出于真诚悔罪而自首、立功的,如果犯罪情节、后果不是极其严重,如不是以残忍的手段杀死多人的,可不判处死刑立即执行。

例如,《刑事审判参考》(总第50集)收录的闫新华故意杀人、盗窃案:

被告人闫新华采用钻窗入室等方法,先后四次窃得他人钱物共计人民币8000余元,被查获归案后主动交代了其以前实施的一起杀人碎尸犯罪、一起故意杀人未遂犯罪、三起盗窃犯罪。一审法院以故意杀人罪判处其死刑。二审法院认为,被告人在因涉嫌犯盗窃罪被羁押期间,主动供述司法机关尚未掌握的两起故意杀人犯罪事实并指认抛尸现场,系自首,其所犯部分故意杀人罪系未遂,故对被告人所犯故意杀人罪可判处死刑,不立即执行,据此改判被告人死刑缓期二年执行。

(2)如果犯罪情节、后果极其严重,如以残忍的手段杀害多人,除自首、立功情节外没有其他特别从轻情节的,一般不得因为具有个别的自首、立功情节而不判处死刑立即执行。

例如,闫某故意杀人案:

闫某因琐事迁怒他人,持刀闯入3个邻居家中接连杀死8人,扎伤1人(重伤),后拨打"110"自首。该案被告人虽有自首情节,法院审理后认为被告人罪行极其严重,自首不足以对其从轻处罚,故依法判处被告人死刑立即执行。[1]

(3)对于那些罪行极其严重,本应判处死刑立即执行的被告人,不是出于悔罪,而是被迫无奈或者逃避严惩等原因而自首,又没有其他从轻情节的,在决定不适用死刑立即执行时要特别严格。

例如,何某故意杀人案:

被告人何某与邻居蔡某素有冤仇,决意杀其一家三口,在将其一家三口砍倒后,即打电话到公安局,说自己杀人了,现在就去投案自首。但准备出门时,看到蔡某父子还在动,又回头朝二人分别捅刺数刀,确认三人全部死亡后再去公安局投案。法院经审理后认为,被告人以极其残忍的手段杀死多人,犯罪情节极其恶劣,尽管被告人有投案自首情节,也不予从轻处罚,故依法判处被告人死刑立即执行。

2010年2月8日,最高人民法院颁布的《宽严相济意见》指出,"对于亲属以不同形式送被告人归案或协助司法机关抓获被告人而认定为自首的,原则上都应当依法从宽处罚;有的虽然不能认定为自首,但考虑到被告人亲属支持司法机关工作,促使被告人到案、认罪、悔罪,在决定对被告人具体处罚时,也应当予以充分考虑。"这是对亲属送被告人归案或者协助抓获被告人的规定,体现了

---

[1] 于同志:《热点难点案例判解:刑事类·死刑裁量》,法律出版社2009年版,第192~193页。

对亲属"大义灭亲"行为的充分肯定和积极回应。

根据上述规定,**对此类情形予以从宽处罚是一般原则,即通常情况下都应当充分考虑,予以从宽处罚**。但既然是一般原则,就可能存在特殊的例外情形。例如,对于个别被告人犯罪动机卑劣、犯罪手段特别残忍、犯罪情节特别恶劣、危害后果特别严重,且本人系迫于压力而投案,而非真诚悔罪的案件,根据案件具体情况,也可能不予从轻。

例如,社会广为关注的"百香果女童被害案":

被告人杨光毅系广西壮族自治区灵山县某某村村民,2007年至2018年,杨光毅多次骚扰、猥亵杨某甲、杨某乙等同村幼女。2018年10月4日12时许,杨光毅见同村幼女杨某某(被害人,殁年10岁)独自一人到杨光毅家楼下的百香果收购点卖百香果,遂产生奸淫之念。当杨某某卖完百香果拿着一个红色蛇皮袋和卖果所得的32元回家时,杨光毅便携带一把折叠刀抢先到杨某某返家必经的瘦沙岭脚下一竹丛中守候。当杨某某走到竹丛时,杨光毅拦住杨某某并强行将其抱往瘦沙岭。上山途中,杨光毅强行脱下杨某某的裤子,杨某某反抗并大声哭喊,挣脱后往山下跑。杨光毅追上后,猛掐杨某某颈部致其昏迷。接着,杨光毅将昏迷的杨某某装进红色蛇皮袋,扛至瘦沙岭山顶并摔在地上,杨某某醒来从蛇皮袋里往外爬。杨光毅见状再次猛掐杨某某颈部,致其不能动弹。因杨某某眼睛未闭,杨光毅遂用折叠刀捅刺、挑破杨某某双眼眼球,并朝杨某某颈部捅刺数刀。随后,杨光毅对杨某某实施奸淫,并拿走杨某某卖果所得的32元。之后,杨光毅再次将杨某某塞进蛇皮袋中,用树藤捆扎袋口,以扔、踢、滚等方式带至瘦沙岭山脚。怕杨某某不死,杨光毅将蛇皮袋在一水坑中浸泡10余分钟,后将蛇皮袋提起,搬至附近鱼尾岭草丛中藏匿并逃离现场。经鉴定,杨某某系被他人强暴伤害过程中胃内容物反流进入气管,支气管和气管被锐器刺破,气管外周围血管损伤出血,血液直接流入气管、支气管,造成气管、支气管填塞导致机械性窒息而死亡。10月5日,公安机关在排查过程中对杨光毅进行询问时,其未承认作案。6日凌晨2时许,杨光毅在其父杨某的陪同下到灵山县公安局某某派出所投案。

一审法院以强奸罪判处被告人杨光毅死刑。宣判后,杨光毅上诉。二审法院以杨光毅具有父亲送其投案的自首情节等,改判杨光毅死刑缓期二年执行,并对其限制减刑。后经最高人民法院指令再审，二审法院经再审改判杨光毅死刑。

最高人民法院复核审理认为，杨光毅的犯罪动机卑劣，犯罪手段特别残忍，犯罪情节特别恶劣，危害后果特别严重。案发后，杨光毅在其父亲的陪同下到公安机关投案并如实供述了强奸致死被害人的主要犯罪事实，系自首。但杨光毅系在公安机关已掌握一定线索并对其排查询问后迫于压力而投案；虽交代了强奸致人死亡等主要犯罪事实，但对有关强奸的部分重要事实予以隐瞒；虽然认罪，但原审、再审及死刑复核期间并未实质悔罪；其投案虽对案件侦破起到积极作用，但并未达到至关重要的程度。是否因杨光毅自首而对其从宽处罚，应当在全面考察其所犯罪行的性质、情节和对社会的危害程度的基础上，结合其主观恶性、人身危险性和自首的具体情况等综合评判……杨光毅的犯罪行为既违国法，又悖天理，更逆人情，严重突破国家法律界限，严重挑战伦理道德底线，严重冲击社会公共安全红线，社会危害性极大。杨光毅主观恶性深，人身危险性大，罪行极其严重，依法应当予以严惩。杨光毅虽有自首情节，但依法不足以对其从宽处罚。遂依法核准杨光毅死刑。[1]

(4) 对于具有以下酌定从轻情节，又没有其他法定、酌定从重情节的情形，一般可以考虑不判处死刑立即执行：①间接故意杀人的；②基于义愤、大义灭亲或不堪忍受被害人虐待、迫害而杀人的；③事先无预谋，临时起意、激情杀人的；④犯罪前一直表现良好，犯罪后具有积极救助被害人、如实交代罪行等明显悔改表现的；⑤被告人的行为虽然与被害人死亡有直接因果关系，但有救治不当等其他因素介入而最终导致被害人死亡的；⑥虽然不属于无刑事责任能力或者限制责任能力的精神病人，但存在较为严重精神障碍或者智力障碍的；⑦虽然造成被害人死亡的后果，但犯罪动机、手段、情节等一般的；⑧在共同犯罪案件中，各共同犯罪人作用、地位相当，罪责比较分散的，等等。

3. 坚持综合分析判断

任何刑事案件，几乎都包含多个影响量刑的因素，如案件性质、犯罪起因、

---

[1] 参见最高人民法院(2021)最高法刑核 78493152 号刑事裁定书，载最高人民法院刑事审判第一、二、三、四、五庭主办：《刑事审判参考》(总第129辑)，人民法院出版社2022年版。

犯罪动机、预谋情况、犯罪手段、实施场所、犯罪对象、犯罪后果、前科劣迹、认罪悔罪、调解赔偿、社会影响等,这些量刑因素往往涉及罪前、罪中、罪后情节及案外的关联情节等,需要坚持综合分析判断。《宽严相济意见》第28条也明确地指出:"对于被告人同时具有法定、酌定从严和法定、酌定从宽处罚情节的案件,要在全面考察犯罪的事实、性质、情节和对社会危害程度的基础上,结合被告人的主观恶性、人身危险性、社会治安状况等因素,综合作出分析判断,总体从严,或者总体从宽。"

比如,对杀人未遂的,一般不判处死刑立即执行。但是如果造成众多被害人重伤并引起社会强烈震撼的,如在学校、剧院、商场、列车等公共场所大肆疯狂滥杀无辜,尽管没有致人死亡,但造成多人重伤并引起强烈社会反响的,也可以考虑适用死刑。

例如,覃鹏安故意杀人案:

> 被告人覃鹏安系广西壮族自治区凭祥市凭祥镇南山村农民,因生活不如意与邻里琐事产生报复杀害幼儿园幼童的念头。2017年1月4日15时许,覃鹏安携带菜刀来到凭祥市小聪仔幼儿园,持刀先后砍击覃某霖、覃某芹等12名幼童,致4人重伤,8人轻伤。在场教师阻拦并呼救,覃鹏安翻墙逃走,后到公安机关投案。2017年8月28日,广西壮族自治区崇左市中级人民法院以故意杀人罪判处被告人覃鹏安死刑,剥夺政治权利终身。宣判后,覃鹏安提出上诉。同年12月29日,广西壮族自治区高级人民法院裁定驳回上诉,维持原判,并依法报请最高人民法院核准。

> 最高人民法院经复核认为,被告人覃鹏安故意非法剥夺他人生命,其行为已构成故意杀人罪。覃鹏安出于报复动机而有预谋地选择在幼儿园持菜刀砍伤无辜幼童,犯罪动机卑劣,手段特别残忍,情节特别恶劣,后果特别严重,社会危害极大,罪行极其严重,应依法惩处。覃鹏安虽属杀人未遂,且有自首情节,仍不足以对其从轻处罚。第一审判决、第二审裁定认定的事实清楚,证据确实、充分,定罪准确,量刑适当,审判程序合法,故依法核准其死刑。[1]

---

[1] 参见孙航:《广西凭祥杀害幼童案罪犯覃鹏安伏法》,载《人民法院报》2019年1月8日,第3版。

4. 正确对待和处理被害人诉求

被害人是犯罪后果的直接承受者,特别是在故意杀人案件中,被害人亲属处于亲人被害的悲惨境地,所以,司法实践中对其诉求应当给予高度重视、充分理解并在法律之内给予最大可能的回应,通过富有温情的司法,积极参与修复被害人的创伤。**但在对合法、合理的被害人诉求加强保护和维护的同时,也应强调对超过法律规定的被害人诉求要敢于面对、依法裁决。**要善于利用党委、政府和有关部门的力量,多方开展工作,积极化解矛盾,依法审理裁判。

例如,《**刑事审判参考**》(总第 113 集)收录的张士禄故意杀人案:

被告人张士禄与被害人张文平(殁年 69 岁)均系河南省方城县二郎庙乡安楼村村民。2007 年秋,因张文平饲养的牛吃了张士禄家的庄稼,二人发生纠纷。张文平之子张留江得知此事后曾携刀找过张士禄,因张士禄当时不在家而未找到。张士禄得知此事后,心中恼怒。2007 年 10 月 9 日 18 时许,张士禄酒后持杀猪刀至张文平家,持刀朝张文平胸部捅刺一刀,致张文平心脏被刺破大失血而死亡。张文平之妻贾书琴(被害人,时年 66 岁)见状上前阻拦,张士禄又持刀刺扎贾书琴背部、左前臂致其轻微伤。后张士禄又刺扎张文平儿媳郭丽肖(被害人,时年 22 岁)右臂一刀致其轻微伤。此时,张士禄亲属赶到现场将杀猪刀夺下,并将张士禄拖走。次日凌晨,公安人员在张士禄亲属的带领下在一机井房内将张士禄抓获。

一审法院经审理认为,被告人张士禄故意非法剥夺他人生命的行为已构成故意杀人罪,且造成一人死亡、二人轻微伤,罪行极其严重,应依法惩处。故以故意杀人罪判处张士禄死刑,剥夺政治权利终身。宣判后,张士禄上诉。二审法院经审理裁定驳回上诉,维持原判,并报请最高人民法院核准。最高人民法院经复核认为,张士禄因琐事持刀杀人,致一人死亡、二人轻微伤,罪行极其严重,应依法惩处。鉴于本案系因民间矛盾引发,被害人方在案件起因上负有一定责任,被告人亲属有协助抓捕情节,故对张士禄判处死刑,可不立即执行。据此,依法裁定不核准对张士禄的死刑判决,发回原审法院重新审理。

在本案审理过程中,二审法院曾两次发回一审法院重新审判。因本案系民间矛盾引发,被害方在案件的前因上负有一定责任,被告人近亲属有协助司法机关抓捕的情节,属于应酌情从宽处罚、从严控制死刑的范畴。为此,两级法院在数次审理中,多次深入案发地做民事调解和民意调查工作。由于被告方赔偿能力有限,被害方坚决不同意调解,强烈要求判处被告人死刑,还曾进京上访,并扬言若愿望得不到满足,将杀掉被告人一家。当地村干部和村邻均认为,被告人幼年丧母,无兄弟姐妹,相对而言处于弱势,并非罪大恶极。

综上,从本案的起因、犯罪情节、被告人认罪态度、案发地群众意见等方面综合考虑,被告人张士禄属于可不判处死刑立即执行的犯罪分子。虽然被告人及其亲属赔偿能力有限,被害人亲属不予谅解,且要求严惩的意愿强烈,但在全面考察本案的犯罪事实、性质、情节的基础上,结合被告人的主观恶性、人身危险性、社会危害性等因素,根据"严格控制和慎重适用死刑"的刑事政策要求,最终最高人民法院依法作出了不核准被告人张士禄死刑的裁定。

在司法实践中,要准确理解和严格执行"保留死刑,严格控制和慎重适用死刑"的政策。根据《宽严相济意见》第29条规定的精神,对于罪行极其严重的犯罪分子,只要是依法可不立即执行的,就不应当判处死刑立即执行。严格控制死刑是对死刑适用总体上、战略上、趋势上的严格把握,就是要防止任何不必要的适用甚至滥用。**严格适用死刑,一方面必须严格统一地坚持证据裁判的最高标准和最严要求,在事实上、证据上,不能冒一丝一毫的误判死刑的风险;另一方面必须严格统一地把握法律政策标准。**对依法不应当判处死刑的案件,无论面对多大的压力,都必须坚持对国家法律负责,都不能违法适用死刑。

在审理死刑案件时,应当考虑社情民意,但是当部分群众尤其是部分被害人亲属的诉求带有强烈的个人感情色彩,背离法律、政策精神,甚至无原则地上访、闹访时,则不能一味地退让,要注意做好说服解释工作,对不应当判处死刑立即执行的案件,绝不能作出违反法律和政策的判决,要坚决维护法律权威,确保社会稳定。

5. 准确区分共同犯罪人的罪责

共同致死案件中如有多名主犯的,在主犯中区分出罪责最为严重者和较为严重者,是正确适用死刑的关键。如何认定地位作用最突出、罪责最严重的主犯,《刑事审判参考》(总第112集)在论及"郭光伟、李涛抢劫案"的裁判理由时指出,应当全面考察犯意形成、犯罪实施、犯罪后各阶段的行为及相关因素等,

确定各被告人在共同犯罪中的具体地位、作用及主观恶性、人身危险性,实践中可从以下九个方面来具体把握:

(1)从犯罪动机的角度,动机卑劣的被告人往往主观恶性深,罪责相对较大,如奸夫妇谋害本夫、出于恶意竞争杀人等(对此前文已讨论,不再赘述)。

(2)从犯意产生的角度,提起犯意的被告人往往罪责相对较大。通常提起犯意的被告人会积极实施犯罪,且对共同犯罪行为有一定的控制力,故作用相对突出,罪责相对较大。但如果二人均有犯意,仅一人首先提出,另一人一拍即合并积极参与预谋,起意者在实行阶段作用并不突出的,也可不认定起意者罪责最大。考虑到实践中常有各被告人供述不一、互相推诿的情形,对此应当结合各被告人前后供述、自身情况及与被害人的关系等因素综合认定,确实无法确定起意者的,也可以认定为共同起意。

(3)从参与犯罪积极程度的角度,如果被告人组织、策划、指挥整个犯罪过程,则一般应认定其罪责较大,而听从他人指挥实施犯罪的,可认定为罪责相对较小。此外,主动参加、纠集他人参与犯罪、全程参加、积极实施、直接行凶的被告人罪责相对较大。

(4)从犯罪准备的角度,有提出并积极准备犯罪工具、物色作案对象、策划犯罪路线、实施踩点等行为的被告人,通常罪责相对较大。

(5)从实施致死行为的角度,在能够分清各被告人的行为对死亡结果所起的具体作用的情况下,实施最直接、最核心和最重要的致死行为的被告人罪责较大。

举例而言,一人下手凶狠,连续捅刺多刀,另一人捅刺一两刀,明显有节制,则捅刺刀数多的被告人罪责较大;一人击打或者捅刺的是被害人的胸腹部等要害部位,另一人捅刺的是腿部、臀部等次要部位,则捅刺要害部位的被告人罪责较大;采取扼掐颈部方法杀人,一人动手掐,另一人按住被害人手脚,则直接扼掐的被告人罪责较大;二人以上先后用同样凶器捅刺被害人的同样部位,伤害程度相当的,则先实施行为的被告人罪责较大。

(6)从案后抛尸、毁灭罪证等的角度,作案后提议破坏案发现场、毁灭尸体及作案工具等罪证,并积极实施的被告人,通常罪责相对较大。

(7)从赃款赃物处理的角度,对赃款赃物的分配具有决定权或者分得较多赃款赃物的被告人,通常罪责相对较大。

(8)从案外因素的角度,如被告人的性别、年龄及成长经历,是否有犯罪前科,是否更熟悉作案地点及周边情况,被告人之间的相互关系等,这些方面有助于从侧面说明哪个被告人的犯意更坚决、犯罪经验更丰富、犯罪过程中的主导性更强,也可用于区分各被告人的地位作用、罪责轻重。

(9)从犯罪后的表现看,作案后有自首、立功、认罪悔罪、积极赔偿、主动施救、取得被害人谅解等情节的被告人,罪责要比没有这些情节的被告人相对小。

上述观点较为全面、具体,实操性强,值得关注、借鉴。需要注意的是,**判断被告人罪责的大小应当从多个方面、综合展开,不能拘泥于一隅。对被告人最终罪责的认定,应是全面分析所有因素之后作出的审慎判断**。对于在犯罪过程中地位、作用明显大于其他被告人,即使该被告人犯罪后有自首或立功表现,但该情节依法不足以从轻处罚的,也可以对该被告人判处死刑。另外,在共同犯罪人罪责确实难以区分时,如果其中某个被告人系累犯,也可从主观恶性和人身危险性的角度予以区分。如果通过对以上各个方面的深入考察,仍然难分伯仲,也不宜一律判处两名以上被告人死刑。如果犯罪性质不是特别恶劣,情节、后果不是特别严重,基于"少杀慎杀"的考虑,也可以对各被告人均不判处死刑。

6. 坚持慎用死刑的裁判规则

关于故意杀人案件适用死刑,在长期的审判实践中已经形成一些裁判规则,值得关注:

(1)对于共同致一人死亡,依法应当判处被告人死刑立即执行的,原则上只判处一名被告人死刑立即执行。

(2)罪行极其严重的主犯因有立功、自首等法定从轻处罚情节而依法不判处死刑立即执行的,也不能对罪行相对较轻的其他主犯判处死刑立即执行。

(3)对被告人地位、作用相当,罪责相对分散,或者罪责确实难以分清的,一般不判处死刑立即执行。确需判处被告人死刑立即执行的,要充分考虑被告人在主观恶性和人身危险性等方面的不同,审慎决定。

(4)对于家庭成员共同犯罪案件,适用死刑要特别慎重,应尽量避免判处同一家庭两名以上成员死刑立即执行。

(5)对于有同案犯在逃的案件,要分清罪责,慎重决定对在案的被告人判处死刑立即执行。如果因为同案犯在逃而无法确定在案被告人在共同犯罪中的地位、作用，进而影响准确适用死刑的，则一般不对在案被告人判处死刑。

（6）雇凶犯罪的危险性比一般的共同犯罪更大，应当依法从严惩处。雇凶者作为"造意者"，对案件的发生负有直接和更主要的责任，一般认定其为罪行最严重的主犯。但如果其只是笼统提出犯意，没有具体组织、指挥和参与实施，则积极实施犯罪行为的受雇者可以认定为罪行最为严重的主犯。

（7）雇凶杀人、伤害致一人死亡，一般不宜同时判处雇凶者与受雇者死刑。案情特别重大，后果特别严重，确需要判处两名以上被告人死刑的，应当严格区分各受雇者的地位、作用，一般只对雇凶者和其中罪行最为严重的受雇者判处死刑等。

上述仅是部分死刑适用规则，有的也不完全限于故意杀人案件适用。但必须提及的是，这些规则的内容本身具有原则性，对之不能绝对化理解、机械地照抄照搬，对于一些特殊案件未必适用。

（二）故意伤害

故意伤害与故意杀人相比，尽管都可能造成被害人死亡或伤残，但通常行为人的主观恶性相对小，所以，两者在死刑适用上是有区别的。根据《刑法》第232条的规定，故意杀人的，处死刑、无期徒刑或者十年以上有期徒刑。第234条规定，故意伤害他人身体，致人死亡或者以特别残忍手段致人重伤造成严重残疾的，处十年以上有期徒刑、无期徒刑或者死刑。由此可见，**两者的刑罚配置明显不同，在适用死刑问题上不能等而视之，对故意伤害犯罪，应当坚持更高的标准、更严的要求。**

从立法规定看，故意伤害只有在致人死亡或者以特别残忍的手段致人重伤造成严重残疾两种情形下才可以适用死刑。并且，在致一人死亡的情况下，如果没有特别严重的情节，或者在致一人严重残疾的情况下，如果没有使用特别残忍的手段，一般不判处死刑。

1. 故意伤害致人死亡的死刑适用

（1）与故意杀人案件不同，对于故意伤害致人死亡案件一般首先考虑在无期徒刑及其以下刑档量刑，只有案件具有其他法定、酌定从重处罚情节的，才考虑适用死刑。故意伤害致人死亡案件中,对于具有以下情形的原则不判处死刑立即执行:①因婚姻家庭、邻里纠纷以及山林、水流、田地纠纷等民间矛盾激化引发的;②因激情、义愤临时起意故意实施犯罪的;③被害方有过错或者对引发案件负有直接责任的;④犯罪手段、情节一般的;⑤被告人犯罪后积极救治被害人,或者积极赔偿被害方经济损失并真诚悔罪的;⑥被告人作案时刚满18周岁或已满70周岁以上,且情节不是特别恶劣的;⑦共同犯罪中责任相对分散的,等等。

(2)注意区分故意伤害的主观内容。对于出于意志程度较低的伤害故意或者一般的殴打故意而致人死亡的,特别是造成具有特异体质(心脏、脾脏等疾病)的被害人死亡的,不适用死刑。

(3)对于具有下列情形的故意伤害致人死亡案件,可以考虑适用死刑:①动机卑劣而预谋伤害致人死亡的;②以特别残忍手段实施的;③重伤故意特别坚决的;④暴力恐怖犯罪、黑社会性质组织犯罪、恶势力犯罪以及其他严重暴力犯罪中故意伤害他人的首要分子;⑤起组织、策划作用或者为主实施伤害行为罪行最严重的主犯;⑥聚众"打砸抢"伤害致人死亡的首要分子;⑦在公共场合当众故意伤害致人死亡,造成恶劣社会影响的;⑧故意伤害幼童的;⑨致二人以上死亡,没有从轻情节或者具有多个从重情节的,等等。

2. 以特别残忍手段致人重伤造成严重残疾的死刑适用

(1)此种情形下适用死刑必须同时满足两个条件:一是实施伤害的手段特别残忍;二是致人重伤并造成严重残疾,按照1999年《维护农村稳定纪要》的规定,**严重残疾一般是指要达成六级以上的残疾**。根据2009年印发的《最高人民法院关于审理故意杀人、故意伤害案件正确适用死刑问题的指导意见》的相关规定,对于那些使用硫酸等化学物质严重毁容,或者采取砍掉手脚等极其残忍手段致使被害人承受极度肉体、精神痛苦的,虽未达到特别严重残疾的程度,但犯罪情节特别恶劣,造成被害人四级以上残疾程度的,也可以适用死刑立即执行。

(2)从实践来看,特别残忍的手段多种多样,如故意砍掉被害人的手脚,砍抽被害人脚筋,剔挖被害人眼睛致其失明,割人耳鼻或剔髌骨,切割生殖器,用硫酸等化学物品或锐器毁容,驾驶机动车等危险方法实施伤害,持凶器连续多次刺割他人头面部,对被害人长时间暴力伤害折磨致其呈植物人状态、生不如死等。在司法实践中,应当从一般人的认知标准出发,来判断伤害手段是否属于"特别残忍"的。

例如,《刑事审判参考》(总第117集)收录的刘传林故意伤害案:

被告人刘传林与刘某生、刘某生的侄子刘某某均系湖南省永兴县油麻乡高城村老高城组村民。2015年5月,刘传林与刘某生因琐事在刘某某家发生打斗,刘传林受伤。后刘传林要求刘某某赔偿医疗费,经村干部及当地派出所调解未果,遂起意用硫酸泼洒刘某某的孩子。刘传林从他人处骗得硫酸后,将硫酸倒入平时用来喝茶的塑料水壶中,准备作案。同年8月17日11时许,刘传林见刘某某的儿子刘甲(时年8岁)、女儿刘乙(殁年5岁)与其孙子在一起玩耍,便赶回家中拿出装有硫酸的塑料水壶,将刘甲、刘乙骗至村后山树林中偏僻处,强行给刘甲灌食硫酸,刘甲反抗,刘传林将刘甲按倒在地,将硫酸泼洒在刘甲的脸上、身上。刘甲挣脱后跑回村中求救。刘传林又强行将硫酸灌入刘乙口中,并朝刘乙的脸上、身上泼洒。作案后,刘传林主动向公安机关投案。刘甲、刘乙相继被送往医院抢救,刘甲经抢救脱险,刘乙经抢救无效于同月19日死亡。经鉴定,刘乙系被他人用强腐蚀性物质作用于体表和上消化道,致极重度烧伤,因呼吸循环衰竭死亡;刘甲头面部、胸部、双眼球被硫酸烧伤,现双眼无光感,容貌重度毁损,评定为重伤一级、一级伤残。

法院经审理认为,被告人刘传林采取强行灌食和泼洒硫酸的方式故意伤害他人,致一人死亡,一人重伤,其行为已构成故意伤害罪。刘传林因刘某某没有及时劝阻其与他人的厮打而迁怒于刘某某,继而用硫酸报复无辜的被害人,作案动机卑劣,犯罪手段特别残忍,后果特别严重,社会危害性极大,且不悔罪,虽有自首情节,但不足以从轻处罚。据此,依法对刘传林以故意伤害罪,判处死刑,剥夺政治权利终身。

(三)抢劫

抢劫是适用死刑的主要犯罪类型之一。统计数据显示,其适用数量以前曾仅次于故意杀人犯罪,随着社会治安形势的明显改善以及死刑政策的严格执行,近年来判处数量逐年下降,且降幅较大。

抢劫犯罪是一种古老的自然犯罪,在长期的司法实践中,对抢劫犯罪适用死刑,业已形成了一些基本的裁判规则：

（1）始终强调依法从严惩处。抢劫犯罪直接侵害公民人身和财产安全,严重影响人民群众安全感,人民法院在审理抢劫案件过程中,始终坚持依法从严惩处的立场不改变,对于抢劫过程中故意杀害被害人,又无从轻、减轻处罚情节的犯罪人,一般适用死刑。

（2）对抢劫罪适用死刑,原则上限定于致人重伤、死亡的犯罪分子以及其他情节极其恶劣的犯罪分子,对抢劫未致人重伤、死亡的,适用死刑严格限制。

（3）对于未造成被害人死亡,但在某一地区长期连续作案、严重影响人民群众正常生活、危及人民群众安全感的犯罪人,或者结伙持枪抢劫金融机构的犯罪人,导致被害人严重残疾或多人重伤的犯罪人,也可以依法适用死刑。

（4）对于多人共同抢劫作案、仅造成一人死亡的抢劫案件,原则上仅对一人适用死刑。

（5）审理抢劫刑事案件,一般情况下不宜主动开展附带民事调解工作;对于造成一人死亡的抢劫案件,如果被告人作案情节不是特别恶劣,作案后与被害方自行达成民事赔偿和解协议的,民事赔偿情况可作为评价被告人悔罪态度的依据之一,在量刑上酌情予以考虑等。

根据《刑法》第263条的规定,具有入户抢劫,在公共交通工具上抢劫,抢劫银行或者其他金融机构,多次抢劫或者抢劫数额巨大,抢劫致人重伤、死亡,冒充军警人员抢劫,持枪抢劫,抢劫军用物资或者抢险、救灾、救济物资等八种加重情节的被告人,均可适用死刑。但从实际来看,在判处死刑的抢劫案件中,造成被害人死亡结果的案件占到适用死刑案件总数的99%以上。**由此可见,适用死刑的抢劫犯罪一般都具有"致人死亡"的严重后果。**目前较难把握的是,未造成被害人死亡后果的少量案件如何适用死刑？

1. 抢劫致人重伤的死刑适用

对抢劫致人重伤案件适用死刑,总的精神应是"严格限制",除非具有采取极其残忍的手段造成被害人严重残疾等特别恶劣的情节或者造成特别严重后果的,否则一般不判处死刑立即执行。从实践把握的原则看,大致有以下基本做法：

（1）抢劫致一人重伤,但未造成严重残疾的,原则上不判处死刑立即执行。

(2)抢劫致二人重伤,情节不是特别恶劣的,一般也可以不判处死刑立即执行。

(3)抢劫致人重伤判处死刑的,通常要同时具有一个或几个其他法定从重罚情节,如多次入户抢劫、抢劫数额巨大、抢劫致多人受伤等。

2.其他加重处罚情形的死刑适用

对抢劫致人重伤、死亡以外的其他七种加重处罚情形适用死刑,实践中亦应当从严掌握。**一般而言,不能简单、机械地仅因其中一个情节就判处死刑,特别是不能仅因为抢劫数额特别巨大或者次数较多就判处死刑**。适用死刑应当限于犯罪情节恶劣、危害后果特别严重、严重危及人民群众安全感的抢劫犯罪。

比如,多次入户抢劫,且抢劫数额特别巨大,在抢劫过程中多次实施强奸犯罪的;多次在公共交通工具上抢劫,且抢劫数额特别巨大、情节特别恶劣的,或者致使发生交通事故,造成人员伤亡、财产重大损失的;多次持枪抢劫金融机构,或者抢劫金融机构,抢劫数额特别巨大且造成严重经济损失的;抢劫军用物资或者抢险、救灾、救济物资,抢劫数额特别巨大且情节特别恶劣的;多次持枪并冒充军警人员抢劫,抢劫数额巨大的。

3.正确把握罪数的认定标准

根据2001年5月最高人民法院印发的《抢劫杀人案件定罪批复》规定,行为人为劫取财物而预谋故意杀人,或者在劫取财物过程中为制服被害人的反抗而故意杀人的,以抢劫罪定罪处罚。对于在实施抢劫后,为杀人灭口、逃避罪责又将被害人杀害的,则应当分别定故意杀人罪和抢劫罪。但是,具体案件中,对于被告人的抢劫行为是否实施完毕,判断标准并不统一;对于是否具有灭口故意,主要靠被告人供述认定,导致同类案件罪数认定不一。

例如,《刑事审判参考》(总第114集)收录的费明强、何刚抢劫案:

2008年4月初,被告人费明强、何刚共谋将费明强认识的李某某骗至费明强租房内实施抢劫,并事先准备了尖刀、胶带等作案工具。同月11日下午,费明强以让李某某帮忙办理安利营销卡为由,将李某某骗至其位于某省某市经济开发区的租房内,伙同何刚采用胶带捆手脚、毛巾和热水瓶塞堵嘴的暴力手段控制住李某某,从李某某随身携带的包内劫取人民币400元、手机及银行卡等物。接着,二被告人采用刀刺、言语威胁等方式逼迫李某某讲出其中一张银行卡的密码,由何刚从某市商业银行取款机上取款人民币 5000 元。当日 20 时许,在逼问李某某其他银行卡密码过程中,二被告人持尖刀捅刺李某某颈部,致李某某当场死亡。

一审法院经审理认为,被告人费明强、何刚以非法占有为目的,采用暴力手段当场强行劫取他人财物,并故意非法剥夺他人生命,致被害人死亡,其行为均已分别构成抢劫罪、故意杀人罪。费明强在刑罚执行完毕以后五年以内再犯应当判处有期徒刑以上刑罚之罪,系累犯,依法应从重处罚。案发后公安机关已经发现费明强具有犯罪嫌疑,其并非主动投案,到案后也未能如实供述自己的罪行,不构成自首。费明强的供述虽对于抓获何刚起到一定作用,但不属于协助公安机关抓获同案犯的情形,不构成立功。费明强犯罪手段残忍,罪行极其严重,应予惩处。鉴于何刚认罪态度较好,作用相对于费明强较小,论罪应判处死刑,但尚不属必须立即执行。据此,依法判决:(1)被告人费明强犯抢劫罪,判处无期徒刑,剥夺政治权利终身,并处没收个人全部财产;犯故意杀人罪,判处死刑,剥夺政治权利终身;决定执行死刑,剥夺政治权利终身,并处没收个人全部财产。(2)被告人何刚犯抢劫罪,判处无期徒刑,剥夺政治权利终身,并处没收个人全部财产;犯故意杀人罪,判处死刑,缓期二年执行,剥夺政治权利终身;决定执行死刑,缓期二年执行,剥夺政治权利终身,并处没收个人全部财产。

宣判后,被告人费明强提出上诉,请求对其从轻改判。二审法院经审理认为,原判将费明强、何刚整体的抢劫杀人行为分别认定为抢劫罪、故意杀人罪不当,应予纠正。据此,依法改判被告人费明强犯抢劫罪,判处死刑,剥夺政治权利终身,并处没收个人全部财产;被告人何刚犯抢劫罪,判处死刑,缓期二年执行,剥夺政治权利终身,并处没收个人全部财产;并将费明强的死刑判决依法报请最高人民法院复核。最高人民法院经复核予以核准。

在本案中,两被告人是在逼问被害人信用卡密码的过程中杀害被害人,系在抢劫过程中杀人,一审分别判处抢劫罪与故意杀人罪,不符合《抢劫杀人案件定罪批复》的规定,对被告人以抢劫(致人死亡)一罪认定即可,无须另外认定故意杀人罪。

根据《抢劫杀人案件定罪批复》的规定精神,实践中应当注意查明导致被害人死亡的行为实施时机,是在抢劫过程中还是抢劫行为已经实施完毕;注意审查被告人的主观方面,是抢劫过程中积极追求或者放任被害人死亡,还是实施抢劫后杀人灭口。[1]但无论是认定抢劫一罪还是抢劫、故意杀人两罪,在处罚上都应当体现出从严惩处的精神,对论罪当杀的犯罪人,通常不得因为认定一罪或者两罪而在最终处罚结果上有所不同。

4.准确区分共同犯罪人的罪责

区分共同犯罪人的罪责对抢劫犯罪死刑适用具有特殊意义。从实践来看,由于抢劫致人死亡案件一般存在抢劫和杀人两个阶段,其中既有犯意提起者,也有杀人实施者,在犯意提起者和杀人实施者不是同一犯罪人的情况下,如何确定共同犯罪中的首要责任人,无论是理论上还是实务界均存在不同认识。从司法实践看,在部分仅造成一人死亡的共同抢劫案件中,由于对各被告人的地位、作用区分不到位,存在判断不准的情况。有的案件由于没有正确区分责任,还同时判处了两名甚至多名被告人死刑。

共同致一人死亡的案件,存在两名或两名以上的主犯的,在主犯之间进一步区分罪责大小,从而区别量刑,是刑法罪责刑相适应原则的体现,也是贯彻宽严相济刑事政策的需要。2016年印发的《抢劫案件适用法律意见》明确指出:

(1)对于两名以上被告人共同抢劫致死一名被害人的案件,要注意分清各被告人作用,准确确定各被告人罪责。一案中有两名以上主犯的,要从犯罪提意、预谋、准备、行为实施、赃物处理等方面区分出罪责最大者和较大者。除犯罪手段特别残忍、情节及后果特别严重、社会影响特别恶劣、严重危害社会治安外,一般不应同时判处两名以上被告人死刑,应当在认真分清罪责的基础上,详细分析各被告人的地位和作用,特别是对罪责大小要作出准确认定,一般只对作用最突出、罪责最为严重的主犯判处死刑立即执行。

(2)罪责最严重的主犯如系未成年人而不适用死刑,或者因具有自首、立功等法定从宽处罚情节而不判处死刑立即执行的,不能不加区别地对其他主犯判处死刑立即执行。

(3)在抢劫的共同犯罪案件中,有同案犯在逃的,应当根据现有证据尽量分清在押犯与在逃犯的罪责,对在押犯应按其罪责处刑。罪责确实难以分清,或

---

[1] 参见于同志:《刑法热点裁判与规则适用》,人民法院出版社2008年版,第246~257页。

者不排除在押犯的罪责可能轻于在逃犯的,对在押犯适用刑罚应当留有余地,判处死刑立即执行要格外慎重。

从司法实践来看,区分各共同犯罪人罪责的根本方法是,坚持对整个犯罪过程全面深入分析、综合审查判断,比如在犯罪预谋阶段,要看全案因谁而起,谁先提议,谁是纠集者;在犯罪预备阶段,要看犯罪工具由谁准备、目标由谁确定,谁在进行策划、分工;在犯罪实施阶段,要看谁的行为最为积极主动,导致被害人死亡过程中谁的行为作用更大、更为直接;在犯罪实行后,要看各自的行为表现,谁在谋划和资助出逃,以及有无自首、立功、坦白情节等。

例如,《刑事审判参考》(总第112集)收录的郭光伟、李涛抢劫案:

被告人郭光伟、李涛因犯罪在同一劳改场所服刑时认识,刑满释放后,二人亦有联系。2014年7月26日,李涛从湖北省荆门市来到宜昌市猇亭区与郭光伟见面。其间,郭光伟、李涛多次预谋实施抢劫,并购买了手套、绳子等作案工具。同年7月29日,郭光伟、李涛二人在宜昌市猇亭区政府附近,拦下被害人周某某(女,殁年41岁)驾驶的出租车(价值人民币21,740元)。郭光伟谎称去三峡机场,并按事前预谋,郭光伟上车后坐在后排,李涛则坐在副驾驶室。当周某某驾驶车辆行至猇亭区逢桥路延伸段时,郭光伟声称喝醉酒要呕吐,要周某某停车。周某某停车后,郭光伟立即用绳子套住周某某的颈部,因周某某极力反抗,致使绳子滑落。此时,李涛将车钥匙拔出后,对周某某进行殴打并将绳子拾起套住周某某的颈部后,又在周某某的颈部缠绕两圈递给郭光伟。郭光伟接过绳子猛勒周某某的颈部,李涛则捂住周某某的嘴,郭光伟、李涛共同致周某某死亡。随后,郭光伟、李涛将周某某的尸体移至后排座位,由郭光伟驾驶车辆返回其工作的工厂宿舍取换洗的衣服等物。李涛唯恐周某某没有死亡,要郭光伟带湿毛巾用于捂周某某的嘴。郭光伟从宿舍取走二人的衣服后返回车内时,递给李涛一件用水淋湿的衣服,李涛即用湿衣服捂住周某某的嘴,直至其确认周某某毫无动静后才松手。作案后,郭光伟驾驶该车与李涛沿318国道往荆州方向逃跑,行驶至宜昌市高新区白洋镇雅畈村路段时,车辆因故障熄火。后来,郭光伟、李涛将周某某的尸体抛至路边树林中,郭光伟将周某某的衣服脱光,连同从车上拆卸的坐垫等物,丢弃一水沟中,弃车逃跑。郭光伟、李涛逃跑到枝江市董市镇姚家港三宁化工公司附近的长江边时将周某某的衣服、手机等物

第八讲 死刑案件的政策把握与刑罚适用

以及各自作案时穿的衣服换下后丢弃于长江,将周某某的手机卡丢弃于江边草丛中。

一审法院经审理认为,被告人郭光伟、李涛共同预谋抢劫,并共同采取暴力手段致人死亡,其地位、作用相当,不分主从。二被告人的犯罪情节特别恶劣,后果特别严重,社会危害极大,且均系累犯,人身危险性极大,均应从重处罚。据此,以抢劫罪,分别判处被告人郭光伟、李涛死刑,剥夺政治权利终身,并处没收个人全部财产。宣判后,郭光伟、李涛均提出上诉。二审法院经审理后维持原判,并将死刑判决报请最高人民法院复核。

最高人民法院经复核认为,被告人郭光伟和李涛均系共同犯罪的主犯,且均系累犯,应依法从重处罚。第一审判决、第二审裁定认定的事实清楚,证据确实、充分,定罪准确。审判程序合法。对郭光伟量刑适当。鉴于李涛在共同犯罪中的地位、作用略低于郭光伟,对其判处死刑,可不立即执行。据此,依法核准对郭光伟的死刑判决;改判李涛死刑,缓期二年执行,并限制减刑。

根据该案例的"裁判理由",最高人民法院之所以作出如此判决,就是认为被告人郭光伟和李涛虽均积极实施抢劫致死的犯罪行为,都是主犯,但从犯罪预谋、准备工具、具体实施等阶段综合判断,郭光伟的地位作用要略大于李涛,罪责最为严重。其主要依据是:

(1)二被告人虽共同预谋抢劫,但郭光伟提议抢劫黑出租车并杀死被害人,李涛表示同意。在预谋阶段,郭光伟的罪责略大于李涛。

(2)在二被告人准备实施抢劫前,郭光伟提议购买作案工具绳子和手套,李涛随之共同购买。郭光伟在准备作案工具的环节,罪责大于李涛。

(3)在具体抢劫杀人过程中,郭光伟实施了持绳子勒死被害人的最主要行为,李涛实施了将绳子套入被害人脖子并捂住被害人口鼻的行为。相对而言,在致被害人死亡上郭光伟的行为作用更为突出,罪责大于李涛。

(4)从其他因素看,案发时郭光伟的年龄是32岁,李涛是25岁,郭光伟的社会阅历和成长经历较李涛丰富;郭光伟的户籍地是宜昌市下辖的枝江市,案发地在宜昌市猇亭区,郭光伟在此工作,而李涛是荆门人,案发时从荆门来到猇亭,因此,郭光伟更熟悉猇亭的基本情况等。从常理推断,这些因素也会导致郭光伟在犯罪过程中的主导性更强,罪责相对更大。

综上，综合共同犯罪的具体情节，可以认定郭光伟的罪责要大于李涛，在本案只造成一人死亡的情况下，原则上应判处一人死刑，故最高人民法院依法核准郭光伟死刑，改判李涛死缓，同时考虑李涛的罪责，对其限制减刑。

（四）强奸

《刑法》第236条第3款规定："强奸妇女、奸淫幼女，有下列情形之一的，处十年以上有期徒刑、无期徒刑或者死刑：（一）强奸妇女、奸淫幼女情节恶劣的；（二）强奸妇女、奸淫幼女多人的；（三）在公共场所当众强奸妇女、奸淫幼女的；（四）二人以上轮奸的；（五）奸淫不满十周岁的幼女或者造成幼女伤害的；（六）致使被害人重伤、死亡或者造成其他严重后果的。"

从立法规定看，死刑只是强奸犯罪出现该六种情形时选择适用的刑种之一，而且应当是最后被选择的刑种，只有犯罪分子所犯罪行极其严重，判处十年以上有期徒刑、无期徒刑不足以罚当其罪时，才选择适用死刑。

从司法实践看，**适用死刑的强奸犯罪主要集中于"致使被害人重伤、死亡或者造成其他严重后果""强奸妇女、奸淫幼女多人"这两大类型**，且一般同时属于"强奸妇女、奸淫幼女情节恶劣"的情形，多数还具有强奸致使被害人重伤或者死亡的严重后果。单纯因"在公共场所当众强奸妇女、奸淫幼女""二人以上轮奸""奸淫不满十周岁的幼女或者造成幼女伤害"而被判处死刑的，较为少见。所以，在此重点谈谈"致使被害人重伤、死亡或者造成其他严重后果""强奸妇女、奸淫幼女多人""强奸妇女、奸淫幼女情节恶劣"三种情形的理解和把握。

1. 关于"致使被害人重伤、死亡或者造成其他严重后果"

（1）强奸致使被害人死亡的情形。

从主观方面看，强奸犯罪是强行与被害人发生性关系，这决定了被告人一般不会具有杀死被害人的直接故意，其在强奸过程中所实施的捂被害人口鼻、扼被害人颈部等暴力手段，主要是为了控制被害人、制止被害人反抗，从而实施强奸犯罪。至于有的案件中被告人在实施强奸犯罪后为灭口杀死被害人，其主观故意已经超出强奸罪的评价范围，而构成独立的故意杀人罪，且对该死亡后果一般也不再计入对强奸罪的评价。

从行为方式看，为控制、制止被害人，犯罪分子往往会采取卡脖子、捂口鼻等暴力手段,由此造成被害人因机械性窒息等死亡。此种情况既可能发生在奸淫行为过程中,也可能发生在准备奸淫过程中。但实践中也有其他非直接暴力手段致使被害人死亡的案例。

例如,有的案件中被告人控制被害人之后,强行灌入大量白酒或者注射大剂量氯胺酮麻醉剂后实施强奸,致被害人死亡。还有个别案件,基于强奸行为本身直接造成被害人性器官严重损伤导致死亡。

但无论哪一种情形,被害人死亡后果都是犯罪分子的强奸行为所导致,两者之间存在直接的因果关系。**如果被害人在被强奸后自杀,其自杀行为与被告人的暴力手段并不具有刑法意义上的直接因果关系,则不属于上述强奸致被害人死亡的情况。但属于强奸犯罪"造成其他严重后果",是否适用死刑,需要综合全案因素审慎裁量。**

在实际操作中,要特别考虑案件可能存在的介入因素。有的案件中,被告人的暴力手段相对而言并不严重,一般情况下并不足以致人死亡,但因被害人自身具有疾病或年老体衰等,最终发生了被害人死亡的后果。

例如,刘某强奸案:

被害人因患佝偻腰和脑栓塞后遗症等病,卧床多年。刘某酒后来到被害人住处欲强奸,因生理原因未能奸入,后逃离现场。当日下午,被害人因被按压折断腰椎造成盆腔小血管破裂致失血性休克死亡。

一般而言,如果有其他因素介入,影响被告人暴力行为与被害人死亡后果之间因果关系链条的紧密性,则在量刑时应当有所考虑。所以,对上述案件,法院审理认为刘某不是实施严重暴力直接致被害人死亡,被害人年老体衰且已患病卧床多年,案发后也未能及时得到有效救治,考虑到这些因素,最终改判被告人死刑缓期二年执行。

(2)强奸致使被害人重伤的情形。

强奸致使被害人重伤的案件适用死刑相对更为慎重。强奸虽致使被害人重伤,但不属于"强奸造成被害人重伤致特别严重残疾"的,适用死刑通常要同时具有其他从重处罚情节。

例如,在一起案件中,被告人实施强奸过程中使用刀具剜割被害人双乳,造成未育妇女双侧乳腺切除,丧失哺乳功能(五级伤残),法院依法判处了被告人死刑。

如果未达到致被害人严重残疾的程度,又没有其他特别严重后果或特别恶劣情节,则适用死刑要特别慎重,以保持与故意伤害(致人重伤)等犯罪的量刑平衡。

(3)强奸造成其他严重后果的情形。

从立法技术角度,"其他严重后果"属于兜底规定,理解上应达到与"致被害人重伤、死亡"相当的程度。在笔者掌握的死刑案例中,有曾把强奸行为造成被害人感染性病、怀孕堕胎、被害人自己或家人因此患精神病或自杀等情况评价为"造成其他严重后果",但没有一例是仅据此判处死刑的。是否适用死刑,还要全面考察是否同时具备其他从重处罚的情节,如奸淫幼女、强奸多人或其他特别恶劣情节。

例如,周某强奸案:

周某利用教师身份,在两年半内多次对女学生万某(幼女)实施奸淫,致使万某怀孕并染上性病,万某及其父母因此服农药自杀,万某经抢救脱险,万某的父母经抢救无效死亡。周某虽未致万某重伤或死亡,但造成万某怀孕堕胎、感染性病,万某父母自杀身亡等严重后果,且具有利用教师身份实施强奸、长期多次强奸等恶劣情节,社会影响也极其恶劣,所以,法院依法判处被告人死刑。

2. 关于"强奸妇女、奸淫幼女多人"

一般而言,强奸妇女、奸淫幼女多人中的"多人"可能是妇女多人或幼女多人,也可能多人中既包括妇女,也包括幼女。基于对未成年人的特殊保护,强奸妇女、奸淫幼女应有所区别。如果强奸人数众多且包括幼女,应在十年以上有期徒刑、无期徒刑、死刑的法定刑中从重处罚。**在考虑是否判处死刑时,通常要重点考虑幼女的人数。**

例如,黄某强奸案:

黄某共实施强奸作案10起,其中幼女1人,另分别实施抢劫、盗窃各1起,均未造成伤害后果。法院经审理认为,被告人虽然有强奸多人和奸淫幼女两个加重处罚情节,但鉴于奸淫幼女未达到"多人"标准,且没有其他特别恶劣情节,不属于必须判处死刑立即执行的情形,故依法判处黄某死刑缓期二年执行。

从实践来看,"强奸妇女、奸淫幼女多人"适用死刑基本是采取"数量+情节"法则。 从笔者掌握的情况看,绝大多数适用死刑案件被害人数在 10 人以上,最多的一起达到 40 余人。被害人数不足 10 人的案件,适用死刑均具有其他法定或酌定从重处罚情节,而且往往同时具备两个以上的从重处罚情节,如被害人为幼女、孕妇、未成年人、轮奸、伴随抢劫等其他犯罪、系前科累犯等。所以,在目前的司法实践中"被害人数是否达到 10 人左右"大致是一个参考因素。在此基础上,再综合考虑犯罪的性质、情节、后果以及被告人的主观恶性、人身危险性等因素,决定是否适用死刑。

例如,曾引起舆论广泛关注的赵志勇强奸案:

2015 年 6 月至 2017 年 1 月,被告人赵志勇与同案被告人李娜,经共谋,由李娜到河南省尉氏县的初中学校寻找年龄小的女学生供赵志勇奸淫。李娜纠集刘某、吴某鑫、蒋某桐、郝某(均另案处理)、谷某静、秦某丽、李某冰、赵某伊(以上人员均系未成年人),采取殴打、恐吓、拍下体照片威胁等手段,先后强迫朱某等在校初中女学生与赵志勇发生性关系,共计 25 人 32 起,其中幼女 14 人 19 起。法院经审理认为,被告人赵志勇等人实施的犯罪,手段十分残忍,情节非常严重,影响极其恶劣,应依法严惩,遂以强奸罪判处赵志勇死刑,剥夺政治权利终身;以强奸罪、组织、强迫卖淫罪判处李娜死刑,缓期二年执行,剥夺政治权利终身,并处罚金人民币 6 万元,并对其限制减刑。[1]

3. 关于"强奸妇女、奸淫幼女情节恶劣"

从司法实践看,这里的"情节恶劣"主要涉及以下情形:

(1)具有多次同种犯罪前科、累犯情节的。从实际来看,有近 1/3 的死刑被告人具有前科、累犯情节,其中不乏具有多次强奸、猥亵等性犯罪前科、累犯情节。

(2)对幼女负有特殊职责的教师等人员、国家工作人员或冒充国家工作人员实施强奸犯罪的。

---

[1] 参见孙清清:《河南二审宣判一起性侵幼女案》,载《人民法院报》2018 年 12 月 31 日,第 3 版。

(3)对尊亲属实施强奸或与幼女有共同家庭生活关系的人员对幼女实施强奸犯罪的。

(4)针对精神病(智障)、严重残疾、孕妇、农村留守儿童、高龄妇女、患有严重疾病的人等特殊对象实施强奸犯罪的。

(5)长期或多次强奸的。

例如,谈某强奸案:

在长达 17 年里,被告人谈某对多名幼女从五六岁就开始奸淫,一直持续到幼女成年,考虑到被告人的行为对幼女身心所造成的危害极其严重,法院对被告人依法适用死刑予以严惩。

(6)犯罪动机特别卑劣、手段极其残忍的。

例如,曾一度引起公众震惊的曾强保强奸案:

被告人曾强保为满足自己的极端变态心理,持刀拦截两名被害人,并将之长期非法拘禁于阴暗潮湿、污秽不堪的地窖内分别长达 590 天和 317 天,对二被害人随时进行奸淫蹂躏,严重摧残二被害人身心健康,社会影响极其恶劣,且具有强奸另外 9 名被害人(非幼女)以及抢劫、抢夺(各 1 起)等犯罪事实。法院经审理对曾强保所犯强奸罪依法适用死刑。[1]

(7)在被害人亲友在场情况下实施强奸的。

例如,曾某强奸案中被告人曾某以被害人子女生命相威胁等,当着儿子的面强奸母亲或当着父母的面强奸女儿。再如,秦某强奸案中被告人秦某多次同场奸淫祖孙、婆媳二人。

上述强奸犯罪违背人伦,严重伤害包括被害人在内的多名在场人员的精神,虽然不属于"在公众场所当众强奸",但情节恶劣,应予严惩。故二人均被法院依法判处死刑。

(8)具有其他酌定从重情节的。此情形既包括具有"普适性"的酌定从重情节,如具有盗窃、抢劫等犯罪前科的,造成部分被害人轻伤的,强奸过程中持

---

[1] 参见李智华等:《武汉男子地窖囚禁 2 名少女做性奴 终审被判死刑》,载《武汉晚报》2011 年 7 月 19 日,第 1 版。

械特别是持刀相威胁的,在抢劫、抢夺等其他犯罪过程中强奸的,流窜多地(跨市甚至跨省)实施强奸的,黑恶势力成员实施其他犯罪过程中强奸的;也包括强奸犯罪所"特有"的酌定从重情节,如入室实施强奸的,在上下学途中针对女学生强奸的,在一个区域内多次拦路强奸造成社会恐慌的,为实施组织卖淫等违法犯罪活动而强奸的,诱使或强迫被害人吸食毒品后强奸的,对强奸过程拍照、摄影的等。

需要提及的是,**实践中很少仅因以上"情节恶劣"而适用死刑。是否适用死刑**,同样需要通过"数量+情节"的综合分析判断,慎重决定,以体现对死刑政策的严格执行。

(五)绑架

绑架犯罪是一种具有严重社会危害性的犯罪,无论是刑事政策上还是司法适用上,都在强调依法从严打击。特别是故意杀害被绑架人和致被绑架人死亡的绑架犯罪,严重危害人民群众人身和财产安全,严重影响人民群众安全感,一直是死刑适用重点。从实践来看,对有预谋地绑架人质并杀人,然后再勒索财物的被告人,以及勒索到财物或者因勒索未成而"撕票"的被告人,要依法适用死刑,坚决从严惩处;对使用严重暴力,置被害人生死于不顾,最终导致被害人死亡的,虽然与直接杀害被害人有所区别,但这种行为客观危害性大,也应从严惩处,除非被告人有自首、重大立功等法定从宽处罚情节,否则一般也要依法适用死刑。

司法实践中,在办理绑架案件进行死刑裁量时,要注意加强对以下几类情形的研究和准确量刑:

1.共同绑架犯罪

从实际来看,绑架案件适用死刑绝大部分为被告人故意杀死被绑架人的情形。在多人故意杀害一人的绑架犯罪案件中,如何区分被告人罪责并对罪责最为严重的被告人适用死刑,是目前司法实践中的一个突出问题。有的案件中由于没能深入区分罪责,导致认定不准甚至出现死亡一人,判处二三人死刑的情况,不符合死刑政策精神。

参考《最高人民法院关于审理故意杀人、故意伤害案件正确适用死刑问题的指导意见》中关于"共同致一人死亡,依法应当判处被告人死刑立即执行的,原则上只判处一名被告人死刑立即执行"的精神,应当确立共同绑架案件中共同致一人死亡或者重伤的,原则上至多只判处一名被告人死刑立即执行的裁判规则。为推动该规则的深入实施,还需要结合各被告人在共同犯罪中的地位与作用、各自行为与被害人死亡结果之间因果关系的强弱、远近等主客观因素,进一步区分罪责大小,准确裁量刑罚。对罪行极其严重的主犯,因有立功、自首等法定从轻处罚情节或者在逃的,也不能对罪行相对较轻的主犯判处死刑立即执行。

需要注意的是,从近年司法实践来看,对于多人共同致死一名被害人的暴力犯罪案件,原则上只判处一人死刑。但作为例外,如果某一案件的整体罪行十分严重,各被告人的罪责又确实十分接近,确需通过判处两人死刑来体现严惩并实现量刑平衡的,也可以考虑同时判处两人死刑。

例如,《刑事审判参考》(总第115集)收录的牛旭旭、郭华涛、张延明等绑架案:

2009年4月初,被告人牛旭旭提议并伙同被告人张延明、郭华涛、宋林杰准备了手铐、胶带等作案工具,预谋绑架河南省某中学初一学生李某某(被害人,男,殁年11岁),向其家人勒索钱财。同月16日,牛旭旭伙同张延明到汽车租赁公司租赁了一辆现代轿车,并购买假车牌换上。次日7时许,牛旭旭等四人驾车来到上述学校门口,牛旭旭向张延明等三人指认了李某某,后张延明等人按预谋诱骗李某某上车,由于李某某警觉,未能得逞。后张延明又到汽车租赁公司租赁了一辆桑塔纳轿车,换上假车牌,与郭华涛、宋林杰在牛旭旭的授意下多次驾车到学校门口附近守候,伺机绑架李某某,因人多一直未能得逞。同月24日7时许,张延明、郭华涛、宋林杰再次来到学校门口,发现李某某单独一人,便开车尾随其后,在学校门口东侧慢车道上强行将李某某绑至车内,迅速逃离现场。途中,张延明等三人用手铐铐住李某某手脚、用胶带封住嘴,将李某某塞进车后备箱内。李某某被绑架后,牛旭旭负责打探消息及时通报给张延明等人。由于李某某亲属报案,牛旭旭等人未敢打电话勒索钱财。当日傍晚,牛旭旭与张延明等约定见面,由于担心被李某某认出,牛旭旭与张延明商量后决定将李某某杀害。之后牛旭旭出资让宋林杰购买了两把铁锹和一桶汽油,将车开至河南某村附近，由张延明按住李某某，郭华涛将李某某掐死。后郭华涛和宋林杰将李某某的尸体抬到事先挖好的土坑内，浇上汽油焚烧后掩埋。经法医鉴定：李某某系被他人扼颈致机械性窒息死亡。

一审法院经审理认为，被告人牛旭旭、张延明、郭华涛的行为均已构成绑架罪。在共同绑架犯罪中，牛旭旭、张延明、郭华涛起主要作用，均系主犯，且所犯罪行极其严重，牛旭旭又系累犯，对该三人依法应予严惩。据此，以绑架罪分别判处被告人牛旭旭、张延明、郭华涛死刑，剥夺政治权利终身，并处没收个人全部财产。宣判后，牛旭旭、张延明、郭华涛分别提出上诉。二审法院经审理维持了三人所犯绑架罪的死刑判决，并报请最高人民法院核准。

最高人民法院经复核认为，被告人牛旭旭、张延明、郭华涛以勒索财物为目的绑架他人，其行为均已构成绑架罪。在共同绑架犯罪中，牛旭旭提议绑架，出资并与张延明共同租赁作案用车，与张延明一同购买假车牌，指认被害人李某某及其学校，策划绑架方案并幕后指挥，打探消息提供给张延明等人，与张延明商议决定杀死李某某灭口，对杀人、埋尸作出分工，出资并指使同案被告人宋林杰购买手机卡和埋尸、焚尸工具，起主要作用，系主犯，应按照其所参与和组织、指挥的全部犯罪处罚。张延明积极参与绑架预谋，准备作案所用手铐，单独或伙同牛旭旭租赁作案用车，先后伙同牛旭旭和郭华涛购买假车牌，多次驾车伺机作案并组织郭华涛、宋林杰到学校门口绑架李某某，参与控制李某某，与牛旭旭商议决定杀人灭口，协助郭华涛杀死李某某，起主要作用，系主犯，应按照其所参与和组织的全部犯罪处罚。郭华涛参与绑架预谋，与张延明一同购买假车牌，多次参与伺机绑架李某某，强行将李某某推上车并伙同张延明、宋林杰控制李某某，根据牛旭旭授意购买手机卡和焚尸、埋尸工具，与宋林杰挖掘埋尸土坑，扼掐李某某颈部致死，与宋林杰焚烧并掩埋尸体，起主要作用，系主犯，应按照其所参与的全部犯罪处罚。牛旭旭、张延明、郭华涛结伙精心策划绑架方案，在绑架中杀死未成年被害人，又焚烧、掩埋尸体以湮灭罪证，犯罪手段残忍，情节特别恶劣，社会危害大，罪行极其严重，应依法惩处。牛旭旭曾因抢劫、故意伤害犯罪被判处刑罚，在刑罚执行完毕后五年内又犯罪，系累犯，主观恶性深，人身危险性大，应依法从重处罚。鉴于郭华涛系被纠集参与作案，在共同绑架犯罪中所起作用略次于牛旭旭和张延明，认罪态度较好，对其判处死刑，可不立即执行。根据郭华涛的犯罪情节和主观恶性,应当对其限制减刑。据此,依法判决:核准被告人牛旭旭、张延明死刑;撤销对被告人郭华涛的死刑判决;被告人郭华涛犯绑架罪,判处死刑,缓期二年执行,剥夺政治权利终身,并处没收个人全部财产;对被告人郭华涛限制减刑。

2. 致被绑架人死亡

《刑法》第239条第2款规定,以勒索财物为目的绑架他人或者绑架他人作为人质,杀害被绑架人的,或者故意伤害被绑架人,致其重伤、死亡的,处无期徒刑或者死刑,并处没收财产。立法对致被绑架人死亡与杀害被绑架人配置相同的法定刑。但绑架案件中引起被害人死亡结果的原因十分复杂,不同的原因体现的被告人主观恶性和人身危险性也是有差别的。

一般而言,故意杀害被绑架人体现了被告人更深的主观恶性和更大的人身危险性;使用严重暴力过失致被绑架人死亡,体现出被告人的人身危险性和主观恶性应不及故意杀害被绑架人的情形;使用一般暴力绑架他人,因其他因素介入导致被绑架人死亡的,被告人的主观恶性和人身危险性更不能与故意杀害被绑架人同等对待。所以,**对出现死亡结果的绑架案件,要注意区分情况,要更加深入、细致地考察被告人的主观恶性、致死原因与结果的因果关系等因素,以实现对案件的精准裁量,不宜为了体现从严惩处而不加区分地一律对被告人判处死刑立即执行。**

例如,《刑事审判参考》(总第26辑)收录的田磊等绑架案:

被告人田磊为向被害人刘某某索要30余万元售车款,雇用被告人万德友、丁光富和廖木方,于1999年7月6日晚挟持了刘某某,在开车去西安的途中,因害怕刘某某闹,先后四次给刘某某注射"冬眠灵",7月8日凌晨2时许到达四川省新都县,将刘某某关押在廖木方的朋友范某家地下室。7月8日中午12时许,田磊等人到地下室发现刘某某已死亡。为避免被人发现,四人将尸体碎尸抛沉河里。7月12日,田磊给刘某某家打电话,威胁索要28万元。

一审法院经审理后以绑架罪,分别判处田磊、廖木方死刑,剥夺政治权利终身;判处万德友无期徒刑,剥夺政治权利终身;判处丁光富有期徒刑十年。宣判后,田磊、廖木方、万德友提出上诉。二审法院经审理认为,上诉人田磊、廖木方、万德友和原审被告人丁光富为追索债务,采取绑架手段,非法拘禁债务人,使债务人刘某某失去人身自由。田磊等人为了控制刘某某,多次给刘某某注射"冬眠灵",经法医鉴定,没有充分依据证实刘某某系因注射该药而直接致死(分析其死亡原因,应为药物反应、水盐电解质紊乱、低血糖、地下室缺氧等多种因素综合作用导致),田磊等四人的行为属于非法拘禁致人死亡。据此,以非法拘禁罪,改判田磊、廖木方有期徒刑十五年,剥夺政治权利四年;改判万德友有期徒刑十三年,剥夺政治权利三年;改判丁光富有期徒刑十年,剥夺政治权利二年。

3. 致被绑架人重伤

对致被绑架人重伤的情形,立法也配置了死刑。对此情形适用死刑,应当注意与故意杀人、伤害致人重伤等犯罪的量刑平衡。一般而言,对未造成被绑架人死亡的案件,原则上应严格限制适用死刑。**虽然立法上未对"重伤"的程度作出明确限定,但参照《刑法》第234条第2款关于以特别残忍的手段致人重伤造成严重残疾的可以判处死刑的规定,对致被绑架人重伤的被告人适用死刑,原则上也应具有致被绑架人重伤造成严重残疾的情节。**

例如,《刑事审判参考》(总第26辑)收录的吴德桥绑架案:

被告人吴德桥因生活琐事经常与妻子谭某莲争吵、打架,谭某莲因此搬回娘家住并提出离婚。吴德桥不同意,多次到谭家要求谭某莲回家,均遭拒绝以及其岳父谭某森的驱逐。吴德桥认为谭某森挑拨了其夫妻关系,遂欲报复谭某森。1998年11月2日下午,吴德桥携带一只空酒瓶及一根长布带,在南康市坪市乡中学门口,将放学回家的谭某森的孙子谭某亮绑架至自己家里关押。后吴德桥给谭某亮的堂姑谭某兰打电话,让谭某兰转告谭某森与谭某莲,要谭某莲一人于当晚7时之前带3000元来赎人,不许报警,否则杀死谭某亮。谭某亮的家属报案后与公安干警于当日19时许赶至吴德桥家,吴德桥见谭某莲未来,即用刀在谭某亮的脖子上来回拉割,并提出要谭某森弄瞎自己的眼睛、自残手足等才肯放人。因其要求未得到满足,吴德桥便不断用刀在谭某亮身上乱划,致谭某亮不断发出惨叫,后又用刀将人质的左手拇指割下一小截扔下楼。其间,谭某亮因失血过多而多次昏迷。直至次日凌晨1时许,公安干警冲入室内将吴德桥抓获。经法医鉴定,谭某亮的面部、颈部、肩部、膝部、小腿、脚、指等部位有20余处刀伤,伤情为重伤乙级。

一审法院以绑架罪判处吴德桥死刑,剥夺政治权利终身。宣判后,吴德桥上诉。二审法院经审理认为,上诉人吴德桥为勒索钱财、泄愤报复而绑架无辜儿童,并将被绑架人伤害致重伤乙级,其行为构成绑架罪,且手段残忍,情节恶劣,应依法严惩。鉴于吴德桥在绑架中并未造成被害人死亡(或严重残疾)的后果,原审法院判处吴德桥死刑不当,故依法以绑架罪改判其无期徒刑,剥夺政治权利终身。

此外,对绑架罪量刑,还要注意与其他类似情形的协调。比如,对多次绑架婴幼儿,勒索巨额财物的犯罪分子,即便绑架数十起,如果未致被绑架人重伤或死亡,最高也只能判处无期徒刑;拐卖儿童数十人,以拐卖儿童罪定罪则有可能被判处死刑。对于此类情形也要注意处理上的平衡问题。

(六)以放火、爆炸等危险方法危害公共安全

此类案件涵盖了《刑法》第114条、第115条规定的放火罪、决水罪、爆炸罪、投放危险物质罪、以危险方法危害公共安全罪。这些犯罪的共同特点是指向"公共安全"。通说认为,公共安全是指不特定多数人的生命、健康和重大公私财产的安全。[1] 笔者不完全认同此观点。因为,如果认为公共安全仅指不特定多数人的安全,则意味着特定多数人的安全不属于公共安全,这显然会不当地缩小危害公共安全罪的适用范围。例如,某人为了发泄对社会的不满,明知教室里固定有20人正在上课仍投掷炸弹,结果将在场(特定)多数的教师和学生炸死、炸伤。依据通说观点,因为犯罪侵害的对象是特定的,故某人不构成爆炸罪,此结论显然令人无法接受。

笔者认为,这里的"公共"是相对于"个人"而言的。相应地,"公共安全"应当是与"个人安全"相对应的概念,如此,公共安全应当是指多数人的安全。换言之,**公共安全这一概念的核心应在于其对象的"多数性",而不仅仅是"不特定性"**。所以,只要是多数人的安全,无论其是特定还是不特定,都应当认为是公

---

[1] 参见赵秉志主编:《新刑法教程》,中国人民大学出版社1997年版,第434页。

共安全。从国际上看，一些国家刑法理论在界定"公共安全"时也基本上持此种观点。例如，日本刑法理论通说认为，所谓"公共危险（安全）"，是指"对不特定或者多数人的生命、身体或重大的财产，感到具有实害发生的状态来理解"[1]。著名刑法学者团藤重光则更明确地说是"对于不特定或者多数人的生命、身体或重大的财产具有分割的可能性，该可能性被认为达到具体盖然性程度的场合，具有具体的公共危险"[2]。所以，**从有效打击危害公共安全犯罪的角度，宜将"公共安全"界定为"不特定或多数人的生命、身体或者重大财产安全"**。[3]

由于上述犯罪指向不特定或多数人的生命、身体或者重大财产安全，一旦发生往往危害特别严重。所以，对此类犯罪一直也是依法从严惩处的重点。对于罪行十分严重、社会危害性极大，依法应当判处重刑或死刑的，要坚决地判处重刑或死刑。对于社会危害大或者具有法定、酌定从重处罚情节，以及主观恶性深、人身危险性大的被告人，要依法从严惩处。

例如，《刑事审判参考》（总第113集）收录的金复生以危险方法危害公共安全、故意杀人案：

> 被告人金复生与北京市朝阳区三里屯社区经济管理中心（以下简称三里屯经济管理中心）因民事纠纷产生矛盾，遂意图通过驾驶机动车撞死三里屯经济管理中心人员的方式泄愤。2014年12月26日10时许，金复生为实施报复行为，驾驶别克牌轿车在北京市朝阳区工体东路5号楼东侧辅路故意撞击三里屯经济管理中心司机康某，并将康某撞倒后逃跑，造成被害人康某头部受伤，经鉴定为轻微伤。
>
> 金复生驾车逃跑行驶至北京市朝阳区朝阳门外大街中国工商银行朝阳支行南侧主路时，故意高速撞击在人行横道内正常行走的行人，致被害人吴某轻伤（二级）。后金复生驾车由北京工人体育场南门进入体育场院内，又连续撞击了10名行人。其中，在24号看台附近驾车撞击了被害人王某；在11号看台附近驾车撞击了被害人朱某；在14号看台附近驾车撞击了被害人刘某（女，殁年

---

[1] [日]藤木英雄、板仓宏主编：《刑法的论争点》，有斐阁1987年版，第195页。
[2] [日]团藤重光：《刑法纲要》（各论），创文社1980年增补版，第162页。
[3] 参见于同志：《驾车"碰瓷"案件的司法考量——兼论具体危险犯的可罚性判断》，载《法学》2008年第1期。

75岁)、陈某(男,殁年57岁)、智某;在20号看台附近驾车撞击了被害人靳某(男,殁年23岁)、文某、韩某、杨某、于某。被害人刘某被机动车作用后,造成多处脑挫伤、硬膜下出血合并全身多处骨折,致颅脑损伤合并创伤性休克死亡;被害人陈某被机动车作用后,致颅脑损伤死亡;被害人靳某被机动车作用后,导致颅脑损伤合并创伤失血性休克死亡。同时,金复生的行为致被害人于某重伤(一级)、韩某重伤(二级);致被害人朱某、智某、文某轻伤(一级)、王某、杨某轻伤(二级)。金复生在20号看台附近撞击被害人靳某等人后,因所驾车辆与停放在该处的一辆金杯牌汽车发生碰撞而停下,导致该金杯牌汽车和相邻停放的现代途胜牌汽车、雪佛兰乐风牌汽车损坏,经鉴定上述三辆汽车经济损失价值共计人民币43,517元。经现场群众报案后,民警赶赴现场在金复生所驾车辆驾驶室内将其抓获。此外,金复生被羁押在北京市第二看守所期间发现同监室在押人员高某企图自杀后及时制止。

一审法院经审理认为,被告人金复生驾驶汽车在城市繁华地段故意撞击行人,致3人死亡、2人重伤、6人轻伤,其行为已构成以危险方法危害公共安全罪;金复生因对与其产生民事纠纷的北京市朝阳区三里屯社区经济管理中心不满,驾车故意撞击该中心员工康某,其行为又构成故意杀人罪(未遂)。金复生到案后虽能够如实供述自己的犯罪事实,且在被羁押期间有立功表现,但因其所犯以危险方法危害公共安全罪性质极为恶劣,情节、后果特别严重,不足以对其从轻处罚。鉴于金复生所犯故意杀人罪系未遂;其因涉嫌犯以危险方法危害公共安全罪被羁押后如实供述司法机关尚不掌握的故意杀人犯罪事实,系自首,且在被羁押期间有立功表现,故依法对金复生所犯故意杀人罪减轻处罚。据此,依法判决:被告人金复生犯以危险方法危害公共安全罪,判处死刑,剥夺政治权利终身;犯故意杀人罪,判处有期徒刑六年;决定执行死刑,剥夺政治权利终身。一审宣判后,被告人金复生提出上诉。二审法院经审理后裁定驳回其上诉,维持原判,并依法报请最高人民法院复核。最高人民法院经复核,裁定核准了对金复生的死刑判决。

根据《刑法》的规定,对致人重伤、死亡或者使公私财产遭受重大损失的,处十年以上有期徒刑、无期徒刑或者死刑。但从死刑适用的角度看,**通常应更多地关注人员伤亡情况,特别是致人死亡或多人重伤的严重后果**。在具体把握

第八讲 死刑案件的政策把握与刑罚适用 377

上,应当注意与故意杀人、抢劫致死、绑架致死等暴力犯罪案件的处理精神保持一致,实现量刑均衡。

例如,朱某某爆炸案:

被告人朱某某于2013年6月在安达市德克士餐厅就餐时,因对服务员的服务态度不满,同年8月又因家庭琐事感觉心中愤懑,为泄愤及排解压力产生炸毁德克士餐厅的想法。自2014年2月开始,朱某某相继购买了手机、移动SIM卡、手电筒、电灯泡、水杯、高空礼炮(爆竹)等相关物品,在租住房内制成了两颗遥控爆炸装置。2014年6月8日9时许,朱某某将两颗爆炸装置安放在德克士餐厅一餐桌桌面和桌下。离开餐厅后,朱某某打电话给餐厅,告知店内放有炸弹,五分钟后将爆炸。餐厅经理随即报警。在民警邹某某、王某某、陈某某处置现场时,朱某某将炸弹引爆,造成邹某某重伤二级、七级残疾,王某某轻伤二级、陈某某轻微伤。经鉴定,德克士餐厅遭受经济损失价值182万余元。

一审法院认为,被告人朱某某在公共场所安放自制的爆炸装置并引爆,造成一人重伤、一人轻伤、一人轻微伤及重大财产损失,严重危害了公共安全,其行为已构成爆炸罪。朱某某为泄私愤在公共场所安装爆炸装置并引爆,严重威胁人民群众人身和财产安全,严重破坏社会秩序,犯罪动机卑劣,后果极其严重,虽认罪态度较好,但不足以从轻处罚。据此,以爆炸罪判处朱某某死刑,剥夺政治权利终身。二审维持原判并报最高人民法院复核。最高人民法院经复核对死刑判决不予核准,发回重审。后朱某某被原审法院改判为死刑缓期二年执行,并对其限制减刑。

本案的终审裁判充分体现了司法机关对死刑严格限制和慎重适用的政策精神。被告人朱某某的死刑判决获得改判的原因,主要有以下三点:

(1)犯罪行为所造成的实际危害后果是判处死刑立即执行的重要依据。朱某某的犯罪行为虽造成执行职务的警察一人重伤、一人轻伤、一人轻微伤,以及财产损失人民币182万余元,但受重伤的一名警察后遗症为面部、四肢、胸腹部大面积疤痕,面部神经麻痹,没有脏器损伤结果,也没有造成严重残疾,故其犯罪后果相对于造成人员死亡、多人重伤和重大财产损失而言,不属于犯罪后果特别严重。

(2)从主观方面分析,朱某某因生活失意预谋犯罪报复社会,事先制造爆炸物,在公共场所引爆,严重危害公共安全。但朱某某在德克士餐厅放置爆炸物后,打电话告知餐厅工作人员店内有爆炸物,并在看见餐厅外有人员聚集,其以为店内已无人员(实际警察已疏散人员开始排爆)情况下才引爆爆炸物,这反映出朱某某在主观上并不希望其犯罪造成重大伤亡。而且,从实际结果来看,正是基于朱某某打电话向餐厅工作人员预警,餐厅工作人员和警察才得以发现警情及时疏散人员,进而避免了大范围人员伤亡。由此可见,朱某某的主观恶性在引爆爆炸物前有所减弱,其尚有改造余地,不属于主观恶性极深、不堪改造。

(3)被告人朱某某认罪悔罪,其行为得到受伤被害人的谅解,可酌情从轻处罚。朱某某归案后能如实供述所犯罪行,认罪态度较好,其虽无赔偿能力,但有赔偿意愿,希望家属代为赔偿。二审期间,朱某某的母亲在依靠低保生活的情况下,竭力筹集人民币10万元欲代为赔偿被害人的经济损失,三名受伤被害人同意接受赔偿并自行商定受偿比例,同意法院不判处朱某某死刑立即执行。

由上文可知,在对此案危害后果的评判上,最高审判机关更为关注人员伤亡情况,这也是决定对以放火、爆炸、投放危险物质等危险方法危害公共安全一类犯罪能否适用死刑的考察重点,以充分体现对公民生命健康权的保障。在此基础上,亦应同时考量被告人的主观恶性和人身危险性,从而在综合考虑各种因素后审慎作出恰当裁判。

(七)走私、贩卖、运输、制造毒品

近年来由于毒品犯罪形势较为严峻,加之司法及政策层面强调从严惩治,走私、贩卖、运输、制造毒品案件适用死刑的数量有增多趋势,在一些地方此类案由已渐居前列,甚至处于首位。所以,研究毒品犯罪的死刑适用问题具有重要的现实意义。

《刑法》第347条第2款规定:"走私、贩卖、运输、制造毒品,有下列情形之一的,处十五年有期徒刑、无期徒刑或者死刑,并处没收财产:(一)走私、贩卖、运输、制造鸦片一千克以上、海洛因或者甲基苯丙胺五十克以上或者其他毒品数量大的;(二)走私、贩卖、运输、制造毒品集团的首要分子;(三)武装掩护走私、贩卖、运输、制造毒品的;(四)以暴力抗拒检查、拘留、逮捕,情节严重的;

(五)参与有组织的国际贩毒活动的。"从实践来看,上述情形均有适用死刑的实际案例,并且所涉及的法律问题较为广泛,在此仅探讨其中一些突出问题。

1. 毒品犯罪适用死刑的一般原则

审理毒品犯罪案件,应当全面、准确地贯彻宽严相济刑事政策,一以贯之地执行党和国家"保留死刑、严格控制和慎重适用死刑"的政策。具体阐释如下:

(1)毫不动摇地坚持依法从严惩处毒品犯罪的方针,突出打击重点,注重打击效果。具体来说,一是依法严惩走私、制造和大宗贩卖毒品等源头性犯罪;二是依法严惩毒品犯罪集团首要分子、毒枭、职业毒犯、累犯、毒品再犯等毒品犯罪分子;三是依法严惩具有武装掩护毒品犯罪、以暴力抗拒查缉情节严重、参与有组织的国际贩毒活动等严重情节的毒品犯罪分子;四是依法严惩操纵、经营涉毒活动的黑恶势力及其"保护伞"、毒黑交织、枪毒合流的制贩毒团伙;五是依法严惩为逃避打击,利用残疾人、严重疾病患者、怀孕或者正在哺乳自己婴儿的妇女、未成年人等特定人员实施毒品犯罪的组织者、指挥者和教唆者,等等。对其中罪行极其严重,依法应当判处死刑的犯罪分子,要坚决依法判处,充分发挥死刑对于预防和惩治毒品犯罪的重要作用。

(2)认真贯彻宽严相济刑事政策,体现区别对待,在从严惩处的同时,做到宽以济严、宽严有度、罚当其罪。比如,对于被利用、被诱骗参与毒品犯罪的残疾人、严重疾病患者、怀孕或者正在哺乳自己婴儿的妇女、未成年人等特定人员,可以从宽处罚。

(3)牢牢把握案件质量生命线,坚决落实证据裁判原则,始终坚持证据审查的最严要求和证据认定的最高标准,确保办案质量。比如,有些毒品犯罪案件,往往由于毒品、毒资等证据已不存在,导致审查证据和认定事实困难,在处理这类案件时,通常只有被告人的口供与同案其他被告人供述吻合,并且完全排除诱供、逼供、串供等情形,被告人的口供与同案被告人的供述才可以作为定案的证据;**仅有被告人口供与同案被告人供述作为定案证据的,对被告人判处死刑立即执行要特别慎重。**

(4)在对被告人量刑时,特别在决定是否适用死刑时,必须坚持"毒品数量+其他情节"的标准,综合考虑毒品数量、犯罪性质、情节、危害后果及被告人的主观恶性、人身危险性等因素,依法审慎地决定适用死刑,确保死刑只适用于极少数罪行极其严重的犯罪分子。

（5）被告人到案否认明知是毒品，又缺乏其他证据证明其明知的，可以根据其实施毒品犯罪的方式、过程及毒品被查获时的情形，结合其年龄、文化程度、生活状况、职业背景、是否有毒品违法犯罪经历及与共同犯罪人之间的关系等情况，综合分析判断。**运用此方法认定明知的，应当认真审查被告人的辩解是否有事实依据，对异常行为的解释是否合理、是否存在被蒙蔽的可能等，防止认定错误，在决定对被告人是否适用死刑时更要特别慎重。**

（6）对于实施毒品犯罪论罪应当判处死刑，因案件的具体情况而被判处死缓的累犯，具有武装掩护毒品犯罪，以暴力抗拒查缉等情节严重，或者曾因暴力犯罪被判处十年有期徒刑以上刑罚等情形之一的，为实现罚当其罪、确保量刑平衡，可以决定限制减刑。

（7）更加注重从经济上制裁毒品犯罪，切实加大制裁力度，依法追缴被告人的违法所得及其收益，充分发挥财产刑的作用。对判处无期徒刑的，可以并处没收个人全部财产；对判处死缓或者死刑的，应当并处没收个人全部财产。

2. 妥善把握毒品数量对死刑适用的影响

毒品数量对毒品犯罪的刑罚适用起着至关重要的作用，不仅是区分某些毒品犯罪（如非法持有毒品罪）罪与非罪的界限，而且是对同一毒品犯罪适用不同刑罚幅度的重要标准。特别是对走私、贩卖、运输、制造毒品罪，毒品数量直接关系到对犯罪分子能否适用死刑的问题。但是，如果单纯以毒品数量作为对毒品犯罪适用刑罚的标准，则不能完整、切实贯彻罪责刑相适应原则的要求。

针对实践中一些地方存在的"唯数量论"的做法，最高人民法院在2000年印发的《南宁会议纪要》中明确指出："毒品犯罪数量对毒品犯罪的定罪，特别是量刑具有重要作用。但毒品数量只是依法惩处毒品犯罪的一个重要情节而不是全部情节。因此，执行量刑的数量标准不能简单化。特别是对被告人可能判处死刑的案件，确定刑罚必须综合考虑被告人的犯罪情节、危害后果、主观恶性等多种因素。"

2008年印发的《大连会议纪要》重申了这一精神，并强调，"毒品数量是毒品犯罪案件量刑的重要情节，但不是唯一情节……量刑既不能只片面考虑毒品数量，不考虑犯罪的其他情节，也不能只片面考虑其他情节，而忽视毒品数量。

对虽然已达到实际掌握的判处死刑的毒品数量标准,但是具有法定、酌定从宽处罚情节的被告人,可以不判处死刑;反之,对毒品数量接近实际掌握的判处死刑的数量标准,但具有从重处罚情节的被告人,也可以判处死刑"等。2015年印发的《武汉会议纪要》继续强调坚持"毒品数量+其他情节"的综合裁量原则。

2023年印发的《昆明会议纪要》[1]再次强调,"毒品数量是毒品犯罪案件量刑的重要情节,但不是唯一情节",在毒品犯罪适用死刑问题上仍应牢固坚持"毒品数量+其他情节"的量刑原则,并细化、完善了相关规定。

(1)在对被告人决定适用死刑时,不能仅因涉案毒品数量远超实际掌握的死刑适用数量标准,就不加区分地判处一案多名被告人死刑,还应充分考虑不同被告人的不同犯罪情节。

(2)毒品数量接近实际掌握的死刑适用数量标准,具有累犯、毒品再犯,利用、教唆未成年人走私、贩卖、运输、制造毒品,或者向未成年人出售毒品等法定从重处罚情节的,可以判处被告人死刑。

(3)毒品数量刚超过实际掌握的死刑适用数量标准,具有多次走私、贩卖、运输、制造毒品,向多人贩卖毒品,在戒毒、监管场所贩卖毒品,向在校学生贩卖毒品,组织、利用残疾人等特定人员实施毒品犯罪,或者国家工作人员利用职务便利实施毒品犯罪等情节的,可以判处被告人死刑。

(4)毒品数量达到实际掌握的死刑适用数量标准,具有下列情形之一的,可以不判处被告人死刑:

①被告人自首或者立功的;

②已查明的毒品数量未达到实际掌握的死刑适用数量标准,被告人到案后坦白司法机关尚未掌握的其他毒品犯罪,累计数量达到实际掌握的死刑适用数量标准的;

③经鉴定,毒品纯度明显低于同类毒品正常纯度,掺杂掺假后数量达到实

---

[1] 2023年6月26日,最高人民法院向全国法院系统印发了《昆明会议纪要》,该纪要对《大连会议纪要》《武汉会议纪要》等的内容进行了系统总结,对此前没有规定或者规定不尽完善的突出问题作出规定,具有"集大成"性质。根据有关通知要求,该纪要施行后,此前印发的有关毒品案件审判工作的会议纪要,不再适用。

际掌握的死刑适用数量标准,或者有证据表明毒品纯度明显偏低但因客观原因无法鉴定的;

④原本意图实施的毒品犯罪数量未达到实际掌握的死刑适用数量标准,确系或者不排除因受隐匿身份人员引诱,毒品数量达到实际掌握的死刑适用数量标准的;

⑤其他不是必须判处死刑的。

(5)毒品数量达到实际掌握的死刑适用数量标准,同时具有法定、酌定从严和从宽处罚情节的,应当在全面考察犯罪的事实、性质、情节和社会危害程度的基础上,结合被告人的主观恶性、人身危险性等因素,审慎决定是否适用死刑。

例如,《刑事审判参考》(总第67集)收录的吉火木子扎运输毒品案:

2006年6月中下旬,阿支尔伍(在逃)和一姓"阿支"的人(在逃)在西昌找到被告人吉火木子扎和乃古么子阿木(另案处理),许诺给一定的报酬,让其二人从昆明运输毒品回西昌。吉火木子扎遂携带幼子二人,乃古么子阿木携带婴儿一人,一起坐火车到昆明。同月25日16时许,吉火木子扎和乃古么子阿木运输海洛因到达金阳县金口大桥处被公安民警查获。检查时,吉火木子扎示意其子将装有海洛因的塑料袋丢弃于公路边坡下。公安民警当场查获被告人运输的海洛因3包,重1002克。经鉴定,海洛因含量为77.68%。

一审法院经审理认为,被告人吉火木子扎为谋取非法利益,帮助他人从昆明运输毒品回四川,其行为已构成运输毒品罪。其运输毒品1002克,数量巨大,应予严惩。据此,以运输毒品罪,判处吉火木子扎死刑,剥夺政治权利终身,并处没收个人全部财产。一审宣判后,吉火木子扎提出上诉。二审法院经审理后裁定驳回上诉,维持原判,并报请最高人民法院核准。最高人民法院经复核认为,被告人吉火木子扎明知是毒品而运输,其行为已构成运输毒品罪。其运输海洛因达1000余克,数量巨大,应依法惩处。第一审判决、第二审裁定认定的事实清楚,证据确实、充分,定罪准确,审判程序合法。但被告人吉火木子扎系为赚取少量运费而受雇运输毒品,归案后认罪态度较好,且系初犯,其运输毒品尚不属于罪行极其严重,对其判处死刑不当。据此不核准吉火木子扎的死刑判决,并将案件发回二审法院重新审判。

根据该案例的"裁判理由",最高人民法院不核准本案的主要考虑是,被告人吉火木子扎运输毒品的数量虽然超过了审判当时实际掌握的判处死刑的数量标准,但在量刑时不能"唯数额论",还要综合考量本案的其他具体情节:第一,吉火木子扎的犯罪原因是经济困难,受人利诱,其是为了赚取少量运费而受雇运输毒品,主观恶性不大,在适用刑罚上应与走私、贩卖、制造毒品的犯罪分子及其他具有严重情节的运输毒品犯罪分子有所区别;第二,被告人归案后始终供认基本犯罪事实,认罪态度较好,且无犯罪前科,系初犯;第三,被告人所运输的毒品在途中被查获,未继续流入社会造成更大危害;第四,被告人尚有3名10岁以下的未成年子女需要抚养,不判处死刑,社会效果相对更好。

由上文可见,**对决定毒品犯罪案件的被告人是否适用死刑时,不能仅看涉案毒品的数量,应当坚持"毒品数量+其他情节"的标准,全面考虑与量刑有关的所有可能影响因素,综合、审慎裁量。**

3. 准确把握毒品共同犯罪的死刑适用

毒品共同犯罪是指二人以上共同故意实施走私、贩卖、运输、制造毒品等犯罪行为。总体来讲,对毒品共同犯罪人,要根据行为人在共同犯罪中的作用和罪责大小确定刑罚,适用死刑应当与涉案毒品数量、犯罪情节、社会危害性以及被告人的主观恶性和人身危险性相适应。办理毒品案件的相关会议纪要对这一量刑原则作了具体规定。

《南宁会议纪要》和《大连会议纪要》均规定,共同犯罪中能分清主从犯的,不能因为涉案的毒品数量特别巨大,就不分主从犯而一律将被告人认定为主犯或者实际上都按主犯处罚,一律判处重刑甚至死刑。鉴于该规定较为原则、简单,《武汉会议纪要》对毒品犯罪死刑适用问题作了进一步细化规定:"涉案毒品数量刚超过实际掌握的死刑数量标准,依法应当适用死刑的,要尽量区分主犯间的罪责大小,一般只对其中罪责最大的一名主犯判处死刑;各共同犯罪人地位作用相当,或者罪责大小难以区分的,可以不判处被告人死刑;二名主犯的罪责均很突出,且均具有法定从重处罚情节的,也要尽可能比较其主观恶性、人身危险性方面的差异,判处二人死刑要特别慎重。"2023年印发的《昆明会议纪要》系统总结此前有关会议纪要的精神,对毒品共同犯罪的死刑适用问题作了专门规定。

(1)涉案毒品数量超过实际掌握的死刑适用数量标准,但未达到数量巨大,依法应当判处死刑的,要进一步区分主犯间的罪责大小,一般只对其中罪责最大的一名主犯判处死刑。

换言之,对毒品共同犯罪进行死刑裁量时,一方面需要考虑毒品数量,另一方面需要认真审查各被告人的地位、作用,要注意从犯意的提起、与毒品源头的紧密程度、出资额、分工等方面进行审查,区分出罪责大小,并在此基础上准确裁量刑罚,慎重适用死刑。**一般而言,在符合法律规定和政策精神的情况下,尽量只对其中罪责最大的一名主犯适用死刑。**

例如,《刑事审判参考》(总第112集)收录的陈恒武、李祥光贩卖、运输毒品案:

> 被告人陈恒武与陈艳(在逃)共谋到云南购买毒品,并分别邀约陈恒友、李启兵(均系同案被告人,已判刑)、陈明权(在逃)一同前往。2012年7月24日,陈艳、李启兵、陈明权驾驶比亚迪轿车,陈恒武和陈恒友驾驶丰田凯美瑞轿车先后前往云南。7月25日,陈艳、陈明权、李启兵到达云南省勐海县打洛镇后,陈艳、陈明权偷渡到缅甸小勐腊。7月26日,陈恒武、陈恒友到达打洛镇后偷渡到小勐腊与陈艳、陈明权会合。陈恒武、陈艳、陈明权、陈恒友在入住的小勐腊凯旋宾馆内多次与货主"小龙"(在逃)等人查验毒品样品、商议购买毒品。其间,被告人李祥光、张佳勇(另案处理)分别通过银行汇款给陈恒武16万元和8.5万元购买毒品。7月31日晚,陈恒武、陈艳由缅甸返回打洛镇。8月1日凌晨1时许,李启兵按照陈艳的安排将比亚迪轿车开到事先指定的地点,送货人将毒品装入该车油箱。陈恒武驾驶丰田凯美瑞轿车与陈艳、陈恒友在前探路,李启兵驾驶比亚迪轿车运输毒品跟随其后。3时35分至3时50分,云南省勐海县公安边防支队在云南省西双版纳州国道老路3100路标处先后将陈恒武、陈恒友、陈艳和李启兵拦下检查,发现比亚迪轿车后排座位下的油箱电泵处有改动痕迹,怀疑藏有违禁品,遂将两车带到勐海县荣光汽修厂。6时30分,在荣光汽修厂专业人员的协助下,当场从比亚迪轿车油箱内查获含量为46.88%的毒品海洛因2760克,含量为14.45%的甲基苯丙胺片剂(俗称"麻古")9015克。

> 一审法院经审理认为,被告人陈恒武违反国家毒品管理法规,以牟取非法利益为目的贩卖、运输毒品甲基苯丙胺9015克、毒品海洛因2760克共计11,775

克的行为已构成贩卖、运输毒品罪。被告人李祥光得知陈恒武至境外购买毒品后将毒资汇至陈恒武账户，要求陈恒武为其代购毒品并支付相应车费的行为构成贩卖、运输毒品罪。其中，陈恒武与陈艳共谋购买毒品，与毒品上线联系，参与检验毒品样品、试货、商议毒品价格，斥巨资购买毒品，验收毒品数量，驾驶车辆行驶在运毒车辆之前探路，在犯罪中起主要作用，系主犯。李祥光出资16万元请陈恒武为其购买毒品，应当对其所购毒品负责，其所涉毒品数量巨大，且系毒品再犯、累犯，应从重处罚。据此，依法以贩卖、运输毒品罪，分别判处被告人陈恒武、李祥光死刑，剥夺政治权利终身，并处没收个人全部财产。一审宣判后，陈恒武、李祥光提出上诉。二审法院经审理改判李祥光犯贩卖毒品罪，维持原判关于陈恒武的定罪量刑以及李祥光的量刑，并将陈恒武、李祥光的死刑判决报请最高人民法院核准。

最高人民法院经复核认为，被告人陈恒武违反毒品管理法规，伙同他人购买、运输毒品海洛因、甲基苯丙胺的行为已构成贩卖、运输毒品罪。被告人李祥光委托陈恒武代为购买毒品的行为已构成贩卖毒品罪。陈恒武伙同陈艳共谋贩毒，纠集陈恒友参与贩卖、运输毒品，并邀约李祥光、张佳勇购买毒品，亲自赴境外检验毒品样品、商议毒品价格，且出资巨大，其在共同贩卖、运输毒品犯罪中起主要作用，系罪责最为严重的主犯之一，应当按照其所参与的全部犯罪处罚。陈恒武贩卖、运输毒品数量大，应依法惩处。第一审判决、第二审判决认定的事实清楚，证据确实、充分，定罪准确，对被告人陈恒武量刑适当。审判程序合法。李祥光受邀参与贩毒，未参与运输毒品，且归案后能如实供述罪行，对李祥光判处死刑，可不立即执行。据此，依法以贩卖、运输毒品罪核准对陈恒武的死刑判决，以贩卖毒品罪改判李祥光死刑，缓期二年执行，剥夺政治权利终身，并处没收个人全部财产。

（2）涉案毒品数量达到巨大以上，两名以上主犯的罪责均很突出，或者罪责稍小的主犯具有法定从重处罚情节，判处二人以上死刑符合罪刑相适应原则，并有利于全案量刑平衡的，可以依法判处。

换言之，只对共犯中罪责最大的一名主犯判处死刑仅是一般规则，这里并**不存在机械的死刑适用"人数指标"，确有必要判处二人以上死刑的，也可以依法判处**。所谓确有必要，是指案件必须满足两个条件：一是判处二人以上死刑符合罪刑相适应原则,并有利于全案量刑平衡;二是具有法定从重处罚情节。《昆明会议纪要》明确地将判处二人以上死刑的条件限定为具有"法定从重处罚情节",排除了酌定从重处罚情节,体现从严把握的精神。

例如,《刑事审判参考》(总第120集)收录的常茂、吴江运输毒品案:

被告人常茂组织多人从中缅边境接取毒品并在境内运输,通过电话等方式对整个运输过程进行指挥。2014年4月19日夜间,常茂安排被告人吴江带领同案被告人吴庆、王勇(均已判刑)到云南省临沧市南伞镇接取毒品。之后,根据常茂的安排,同案被告人王克坤(已判刑)指挥同案被告人赵泽领、赵成(均已判刑)驾驶大众牌迈腾轿车前往接应,并将毒品放置在迈腾轿车内。后王克坤驾驶无牌照大众牌桑塔纳轿车、吴庆驾驶长城牌哈弗H3越野车依次在前探路,赵泽领、赵成、王勇驾驶迈腾轿车在后运输毒品,前往云南省昭通市。同月20日上午,行至云南省保山市昌宁县城外时,王勇、赵泽领将迈腾轿车上的毒品转移至王克坤驾驶的桑塔纳轿车的后备箱内,由王克坤将该桑塔纳轿车停放在昌宁县人民医院,后各自住店休息。当日晚,公安人员将上述人员抓获,同时查获该桑塔纳轿车,从车内起获海洛因42.52千克、甲基苯丙胺片剂(俗称"麻古")5.965千克。

法院经审理认为,被告人常茂、吴江违反国家毒品管理规定,伙同他人运输海洛因、甲基苯丙胺片剂,其行为均已构成运输毒品罪。常茂、吴江运输海洛因42.52千克、甲基苯丙胺片剂5.965千克,数量特别巨大,社会危害严重,应依法惩处。常茂在共同犯罪中起组织、指挥作用,系地位最为突出的主犯,且到案后拒不供认犯罪;吴江在共同犯罪中负责联系境外毒贩、接取毒品后交由他人运输,亦系作用突出的主犯,均应依法惩处。据此,依法对二被告人均以运输毒品罪判处死刑,剥夺政治权利终身,并处没收个人全部财产。

在本案中,被告人常茂在共同犯罪中起组织、指挥作用,系罪责最突出的主犯,依法应当适用死刑;被告人吴江虽亦系主犯,但其在常茂指挥下负责具体环节的实施,地位和作用小于常茂,系罪责稍次的主犯。根据该案例的"裁判理由",法院最终决定也判处吴江死刑的主要依据是:

第一,涉案毒品数量特别巨大。常茂、吴江伙同他人运输毒品海洛因42.52

千克、甲基苯丙胺 5.965 千克，无论是在案发地还是全国，涉毒数量之大，均不多见，这是本案决定死刑适用的重要基础性情节。

第二，本案系导致毒品入境的大宗毒品源头性犯罪。近年来境外毒源地对我国毒品渗透不断加剧，云南是缅北毒品向我国渗透的主要通道，毒品入境形势严峻，且大宗毒品犯罪案件多，必须进一步加大打击力度，以震慑毒品犯罪分子，从源头上遏制毒品犯罪。本案中，常茂组织多人从中缅边境接取大宗毒品后在境内运输，吴江直接负责安排人员与境外人员联络、接取毒品，系致使毒品入境的源头性犯罪，应从严惩处。

第三，对吴江适用死刑有利于全案量刑平衡。常茂在本案共同运输毒品中固然居于总指挥的地位，但本案有多人参与，被告人吴江仅是略次于常茂，相对于其他同案被告人，吴江的地位、作用更为突出；同案被告人王定坤等人的地位和作用均次于吴江，法院依法对王定坤判处死刑，缓期二年执行，对吴江适用死刑有利于全案量刑平衡。由此，本案判处被告人吴江死刑，完全符合有关会议纪要规定的精神。

需要注意的是，**根据实践掌握的标准，对于近亲属共同实施毒品犯罪，决定对其中罪责最为突出的一名被告人判处死刑，通常可不再判处其他罪责稍次的近亲属共同犯罪人死刑，以体现刑罚的人道精神。**

（3）涉案毒品数量刚超过实际掌握的死刑适用数量标准，共同犯罪人地位作用相当或者责任大小难以区分，且均不具有法定从重处罚情节的，可以不判处被告人死刑。

（4）对于部分共同犯罪人未到案的毒品案件，在案被告人罪行最为严重，或者在案被告人与未到案共同犯罪人均属罪行极其严重，即使共同犯罪人到案也不影响对在案被告人适用死刑的，可以依法判处在案被告人死刑。**在案被告人的罪行不足以判处死刑，或者根据已查明的事实全案只宜判处未到案共同犯罪人死刑的，不能因为共同犯罪人未到案而对在案被告人适用死刑。在案被告人与未到案共同犯罪人的罪责大小难以准确认定，进而影响准确适用死刑的，不应对在案被告人判处死刑。**

例如，《刑事审判参考》（总第 51 集）收录的宋光军运输毒品案：

被告人宋光军与同案被告人叶红军（已被判处死刑，缓期二年执行）、杨波

(在逃)事先预谋运送毒品到福建省。2005年1月20日,三人携带一内藏有4包海洛因的深蓝色长方形行李包(由宋光军随身携带),乘坐客车从四川省出发,1月23日22时许,抵达福建省石狮市。宋光军与叶红军、杨波转乘杨某某驾驶的出租车欲将毒品运往福州,途经泉州市城东出城登记站接受例行检查时,宋光军和叶红军被公安人员抓获,当场查获海洛因998克,杨波逃脱。宋光军归案后否认指控的事实,辩称同案被告人杨波、叶红军是在自己不知情的情况下将毒品放入其包内的。其辩护人提出,本案的主犯应认定为负案在逃的同案犯杨波,宋光军应为从犯。

一审法院经审理认为,被告人宋光军违反国家法律,非法运输毒品海洛因998克,其行为已构成运输毒品罪,且数量大。宋光军曾因犯罪被判处有期徒刑,刑满释放五年内再犯本案之罪,系累犯,应从重处罚。宋光军与同案被告人叶红军在共同犯罪中,没有明显的主次之别,不宜区分主从犯,故宋光军的辩护人提出被告人宋光军是从犯的理由,不予采纳。据此,依法以运输毒品罪判处宋光军死刑,剥夺政治权利终身,并处没收个人全部财产。一审宣判后,宋光军不服,提出上诉。二审法院经审理裁定驳回上诉,维持原判,并依法报请最高人民法院核准。

最高人民法院经复核后认为,被告人宋光军明知是海洛因而非法予以运输,其行为已构成运输毒品罪,且运输毒品数量大,又系累犯,应依法惩处。一审判决和二审裁定认定的事实清楚,证据确实、充分,定罪准确,审判程序合法。但根据现有证据,不能证明被告人宋光军在共同犯罪中的作用大于同案犯叶红军,对被告人宋光军判处死刑,可不立即执行。据此,依法撤销一、二审裁判,以运输毒品罪改判宋光军死刑,缓期二年执行,剥夺政治权利终身,并处没收个人全部财产。

在本案中,宋光军、叶红军均明知行李包内藏有毒品海洛因而实施运输行为。但是,在运输毒品行为中,宋光军、叶红军及杨波的地位、作用如何是本案量刑的关键问题。叶红军供述杨波是毒品的所有人,其与宋光军均受雇于杨波。由于杨波在逃,三人在共同运输毒品中的地位和作用难以查清。宋光军虽是携毒者,但不能因为毒品在谁包里就推定谁的地位更重要、作用更大。判断共犯所处的地位和作用,必须全面分析。据叶红军供述,叶红军是受杨波指令监视宋光军的。从监视与被监视的关系看,叶红军的地位有可能高于宋光军。但这方面的证据不足,仅有叶红军一人的供述。因此,宋光军、叶红军在共同犯罪中的地位与作用,根据现有证据尚不足以认定。

在叶红军已被判处"死缓"且裁判已经生效的情况下,一、二审法院对被告人宋光军判处死刑立即执行,在两被告人之间很可能出现量刑失衡问题。宋光军虽系累犯,但因其所犯前罪为犯罪未遂,且不属于毒品再犯,根据本案的具体情节,对宋光军判处死刑,可不立即执行。故此,最高人民法院改判宋光军"死缓",既与本案事实、证据相符合,也能够与叶红军的量刑相平衡。

此外,根据司法实践做法,**毒品共同犯罪中地位、作用更为突出的主犯,因具有法定从宽情节而未判处死刑的情况下,不能将依法不应适用死刑的其他主犯判处死刑。**

2009年《最高人民法院关于审理故意杀人、故意伤害案件正确适用死刑问题的指导意见》中规定:"对于共同致一人死亡,依法应当判处被告人死刑立即执行的,原则上只判处一名被告人死刑立即执行。罪行极其严重的主犯因有立功、自首等法定从轻处罚情节而依法不判处死刑立即执行的,也不能对罪行相对较轻的主犯判处死刑立即执行。"《抢劫案件适用法律意见》中也规定:"罪行最严重的主犯如因系未成年人而不适用死刑,或者因具有自首、立功等法定从宽处罚情节而不判处死刑立即执行的,不能不加区别地对其他主犯判处死刑立即执行。"这些规定在形式上虽然针对故意杀人、故意伤害、抢劫案件,但其体现的政策精神对其他案件应有参照价值。

详言之,对同为罪行极其严重且依法可以判处死刑的毒品主犯,要注意区分彼此之间罪责大小,进一步区分出罪行最为严重者,并非一律判处死刑立即执行,且不能在罪责最为严重的主犯因具有立功、自首等从轻处罚情节而没有被判处死刑的情况下,对罪责次之,不应判处死刑的主犯"升格"适用死刑。

例如,《刑事审判参考》(总第115集)收录的高洪雷等贩卖、运输毒品,介绍卖淫案:

2014年11月中旬,被告人高洪雷、杨军练与同案被告人曾美英经商议决定在浙江省温州市鹿城区贩毒,由杨军练负责向毒品上家姜雯静(另案处理)购买毒品,高洪雷负责销售毒品,曾美英负责提供"冰妹"陪吸毒者吸毒和发生性关系。同月21日,杨军练前往江西省南昌市向姜雯静购得甲基苯丙胺(冰毒)970克、甲基苯丙胺片剂(俗称"麻古")200粒,运回温州市后藏匿于浙商证券有限责任公司营业部的保安室内。后高洪雷陆续将毒品卖给他人,剩余的84.08克甲基苯丙胺、13克甲基苯丙胺片剂后被公安人员查获。其间,曾美英先后6次介绍付某某(女,未成年)等人陪吸毒者吸毒并发生性关系。后经曾美英请求,杨军练、高洪雷同意曾美英退出合伙。同年12月2日,杨军练、高洪雷一起乘坐曹某某驾驶的汽车前往南昌市向姜雯静购买毒品。次日,杨军练和姜雯静在南昌市广州路华东建材市场附近广场公厕旁进行毒品交易。交易完成后,杨军练、高洪雷乘坐上述车辆返回温州,在温州市温州西高速公路收费站处被公安人员抓获,当场查获3大包毒品疑似物及104颗毒品疑似物。经鉴定,该3大包毒品疑似物重2497.98克,均检出甲基苯丙胺,其中1000.44克甲基苯丙胺的含量为79.0%,499.50克甲基苯丙胺的含量为80.5%,998.04克甲基苯丙胺的含量为79.4%;104颗毒品疑似物重9.73克,检出甲基苯丙胺及咖啡因成分。

一审法院经审理认为,被告人高洪雷、杨军练的行为构成贩卖、运输毒品罪和介绍卖淫罪。高洪雷在公安机关任协警期间与杨军练、曾美英相识,案发时虽已辞职离开公安机关,但却未将该情况告知杨军练、曾美英,杨军练、曾美英供述约定分成之时已考虑高洪雷协警的身份。此外,高洪雷负责销售毒品,大量毒品经其手流入社会,行为积极,故高洪雷与杨军练的地位、作用基本相当。虽然高洪雷归案后能够如实供述主要犯罪事实,但不足以对其从轻处罚。杨军练曾因故意犯罪被判处有期徒刑以上刑罚,在刑满释放后五年内又故意犯罪,系累犯,应依法从重处罚。杨军练归案后协助公安机关抓获毒品上家姜雯静,有重大立功表现,且能够如实供述主要犯罪事实,可以从轻处罚。据此,以贩卖、运输毒品罪,介绍卖淫罪,分别判处高洪雷死刑,剥夺政治权利终身,并处没收个人全部财产;判处杨军练死刑,缓期二年执行,剥夺政治权利终身,并处没收个人全部财产。

一审宣判后,高洪雷提出上诉。二审法院裁定驳回上诉,维持原判,将高洪雷的死刑判决报请最高人民法院核准。最高人民法院经复核认为,被告人高洪雷在共同贩卖、运输毒品犯罪中所起作用略小于同案被告人杨军练,归案后始终如实供述犯罪,能够认罪、悔罪,且涉案毒品大部分已被查获,未进一步流入社会造成更严重的危害,依法可不判处其死刑立即执行。据此,裁定不核准高洪雷死刑。后高洪雷经二审法院重新审理后改判死缓。

在本案中,被告人高洪雷和杨军练均积极参与了两宗贩卖、运输毒品犯罪,在共同犯罪中均起主要作用,均系主犯。从犯罪预谋阶段看,二人的地位、作用基本相当。但到了犯罪实行阶段,在第一次贩卖、运输毒品过程中,杨军练主动联系毒品上家、提供全部购毒款、亲自前往江西省南昌市购得毒品、将毒品运回浙江省温州市并保管毒品、掌控毒赃,高洪雷则按照事先分工销售毒品。在第二次贩卖、运输毒品过程中,杨军练和高洪雷分别提供了部分购毒款、一同乘坐曹某某驾驶的汽车前往南昌市购毒并运回温州市。其中,杨军练出资最多,还联系毒品上家、雇用曹某某驾车、直接与毒品上家交易毒品,高洪雷介绍他人出资并与曹某某驾车接应前去交易毒品的杨军练。相较而言,在第一次犯罪中,杨军练所起作用明显大于高洪雷;在第二次犯罪中,杨军练所起作用也略大于高洪雷。据此可以认定,高洪雷在全案中所起作用相对小于杨军练。

一、二审法院以高洪雷负责销售毒品且大量毒品经其手流入社会为由,认定其与杨军练地位、作用基本相当,是不够准确的。本案毒品数量近3500克,以审判当时实际掌握的死刑数量标准,也不宜判处二人死刑立即执行。杨军练因归案后对公安机关抓获毒品上家起到了一定协助作用,一审法院认定其行为构成重大立功,并考虑其能够如实供述主要犯罪事实,依法对其判处死刑,缓期二年执行。在此情况下不宜将罪责稍次的主犯高洪雷"升格"判处死刑立即执行,否则,就违反了有关毒品会议纪要的规定及其精神。

4. 在客观认定毒品上下家罪责的基础上审慎适用死刑

办理毒品犯罪案件,对毒品上家还是下家判处死刑,是审判实践中比较突出和较难把握的问题。在以往一段时期内,存在对毒品上家判处死刑、对下家判处死缓的思路和做法,因为认为毒品上家掌握毒品来源,系毒品源头或者更接近毒源,相较于下家,社会危害更大,罪责更重。但此做法本身存在机械、不完全符合实际的问题。故《武汉会议纪要》对此作了特别规定:"对于买卖同宗毒品的上下家,涉案毒品数量刚超过实际掌握的死刑数量标准的,一般不能同时判处死刑;上家主动联络销售毒品,积极促成毒品交易的,通常可以判处上家死刑;下家积极筹资,主动向上家约购毒品,对促成毒品交易起更大作用的,可以考虑判处下家死刑。"在此基础上，《昆明会议纪要》对毒品上下家犯罪的死刑适用问题作了更为具体、完善的规定。

(1)对于贩卖毒品的上下家，应当结合其贩毒数量、次数及对象范围，犯罪的主动性，对促成交易所发挥的作用，犯罪后果等因素，综合考虑其主观恶性和人身危险性，决定是否适用死刑。从司法实践看，**犯罪的主动性和对促成交易所发挥的作用，通常是应着重考虑的因素**。

(2)对于买卖同宗毒品的上下家，涉案毒品数量超过实际掌握的死刑适用数量标准，但未达到数量巨大的，一般不同时判处死刑；上家持毒待售或者已掌握毒品来源，主动联络销售毒品，积极促成毒品交易的，可以考虑判处上家死刑；下家积极筹资，主动向上家约购毒品，对促成毒品交易起更大作用的，可以考虑判处下家死刑。换言之，**并非一律"杀上家不杀下家"，下家对促成交易起更大作用的，也可以考虑判处下家死刑**。

例如，《刑事审判参考》(总第112集)收录的孙奇志等贩卖毒品案：

2010年3月底，被告人王孝新和女友罗子芳(另案处理)从江苏省徐州市回四川省大竹县探亲时，从罗子芳的表哥黄昌彬(另案处理)处得知可以购买到甲基苯丙胺。之后，王孝新与在徐州市的被告人马玉华、梁宗久共同商定到大竹县购买甲基苯丙胺回徐州市贩卖。2010年7月23日，王孝新向黄昌彬提出要到大竹县购买一两千克甲基苯丙胺，黄昌彬同意后联系被告人王守林准备毒品。次日，马玉华、王孝新、梁宗久及罗子芳携带50万元现金从徐州市出发，于7月25日到达大竹县。黄昌彬将四人安排在大竹县莲印乡天生村净土寺附近一农家乐住宿后，伙同王守林于当晚和26日凌晨两次携带甲基苯丙胺样品与王孝新、梁宗久、马玉华洽谈毒品交易，均因毒品质量不好和数量不够未能成交。

同年7月26日上午，王守林与在达州市的被告人孙奇志联系购买毒品，并驾驶租赁的马自达轿车与被告人林欣欣(同案被告人，已判刑)前往达州市，又叫来被告人王义杰负责开车。当日下午，孙奇志携带甲基苯丙胺样品到王守林三人所在的达州市达川区兰新宾馆888房间，与王守林谈妥甲基苯丙胺价格为每千克21.5万元。王守林随后通知黄昌彬等人到达州市交易毒品，价格为每千克25万元。当日17时许，马玉华、梁宗久、王孝新和罗子芳在黄昌彬的安排下到达达州市，王守林将四人安置在达川区兰郡商务酒店茶房8210房间后，指使王义杰把孙奇志送来的甲基苯丙胺样品交给梁宗久、马玉华、王孝新试吸、验货。梁宗久、马玉华、王孝新决定购买2千克甲基苯丙胺。当日22时许,梁宗久携带13万元现金,和王守林一同乘坐王义杰驾驶的轿车前往达州市通川区孙奇志所在的长城饭店进行毒品交易。途中,王守林让王义杰将车开到大竹县城,在其租用的大竹县新东方名都6楼18号房内,王守林卖给梁宗久甲基苯丙胺122.91克。而后,三人驾车返回长城饭店,王守林、梁宗久交给孙奇志毒品定金12万元。孙奇志找来被告人段波一同去向赵东(在逃)购买毒品。次日凌晨4时许,孙奇志在长城饭店停车场将12万元定金交给赵东,同时收到赵东交给的毒品。后孙奇志与段波返回长城饭店8420房间,并通知王守林到该房间进行毒品交易。在等候期间,孙奇志将毒品分成两份,一份准备交给王守林,另一份交由许莉(同案被告人,已判刑)收藏保管。王守林与梁宗久乘坐王义杰驾驶的轿车到长城饭店接上孙奇志、段波前往兰郡商务酒店交易毒品。五人到达兰郡商务酒店门口后,王守林和梁宗久下车将甲基苯丙胺拿到该酒店茶房8210房间,并由王守林取走剩余购毒款37万元。此时,民警将在轿车内等候的孙奇志、王义杰、段波和在8210房间里的马玉华、梁宗久、王孝新等人抓获,王守林脱逃。民警当场从8210房间查获甲基苯丙胺858.25克,从轿车上查获甲基苯丙胺35.92克、海洛因4.98克、氯胺酮1.76克。

王守林脱逃后,打电话指使林欣欣前去兰郡商务酒店门前打探情况。二人见面后,王守林判断孙奇志等人已被公安机关抓获,便安排林欣欣到长城饭店8420房间通知许莉逃跑。当林欣欣通知许莉携带毒品刚逃出长城饭店8420房间,即被民警抓获。民警从许莉提着的孙奇志拎包内查获甲基苯丙胺375.03克、麻古62.78克、海洛因34.94克。后公安机关陆续将王守林、黄昌彬等人抓获归案。

一审法院经审理认为,被告人孙奇志、王守林、王义杰、段波明知是毒品而予以贩卖,被告人梁宗久、马玉华、王孝新以贩卖为目的非法收购毒品,其行为均已构成贩卖毒品罪。在孙奇志与段波,王守林与王义杰,梁宗久与马玉华、王孝新的共同犯罪中,孙奇志、王守林、梁宗久、马玉华分别起主要作用,是主犯,应当按照四人组织、指挥、参与的全部犯罪处罚;王孝新、王义杰、段波起次要或辅助作用,是从犯,依法应当从轻或减轻处罚。孙奇志因犯贩卖毒品罪被判过刑,现又犯贩卖毒品罪,是毒品再犯,应当从重处罚。梁宗久、马玉华、王孝新、段波曾因犯罪被判处有期徒刑以上刑罚,在刑罚执行完毕或者假释考验期满以后,五年以内再犯应当判处有期徒刑以上刑罚之罪,是累犯,依法应当从重处罚。据此,依法以贩卖毒品罪,分别判处孙奇志死刑,剥夺政治权利终身,并处没收个人全部财产;判处王守林、梁宗久、马玉华死刑,缓期二年执行,剥夺政治权利终身,并处没收个人全部财产;判处王孝新无期徒刑,剥夺政治权利终身,并处没收个人财产人民币10万元;判处段波有期徒刑十五年,剥夺政治权利五年,并处罚金人民币5万元;判处王义杰有期徒刑十年,剥夺政治权利三年,并处罚金人民币1万元等。

一审宣判后,孙奇志、梁宗久、马玉华、王孝新、段波均提出上诉。二审法院经审理判决维持原审对被告人孙奇志、王守林等人的定罪量刑;以贩卖毒品罪分别改判上诉人王孝新有期徒刑十五年,剥夺政治权利五年,改判上诉人段波有期徒刑十年,剥夺政治权利三年;将孙奇志的死刑判决依法报请最高人民法院核准。

最高人民法院经复核认为,被告人孙奇志非法贩卖含甲基苯丙胺、海洛因、咖啡因成分的毒品,其行为已构成贩卖毒品罪。孙奇志贩卖毒品数量大,在共同犯罪中起主要作用,系主犯,属罪行极其严重,并系毒品再犯,应依法从重处罚。但鉴于孙奇志归案后认罪态度好,对其判处死刑,可不立即执行。第一审判决、第二审判决认定的事实清楚,证据确实、充分,定罪准确,审判程序合法。据此,裁定不核准对孙奇志的死刑判决。

在此起贩卖毒品犯罪中,孙奇志是王守林的上家,梁宗久、马玉华等人是王守林的下家,王守林是孙奇志与梁宗久、马玉华之间的居中倒卖者。本案能否对被告人孙奇志判处死刑立即执行,需要准确比较、判定其与被告人王守林等人的作用、罪责大小。本案的一、二审判决均认为,被告人孙奇志与王守林、梁宗久、马玉华作用相当,但鉴于孙奇志系毒品来源,又系毒品再犯,故应对其判处死刑立即执行。但从本案查明的事实和在案证据看,在孙奇志与王守林的上下家关系中,下家王守林行为更加积极、主动,对促成交易所起作用更大,处罚应当更重。该案例的"裁判理由"指出:第一,王守林首先提出犯意,备齐全款向孙奇志约购毒品(王守林明知梁宗久等人已备齐全款);王守林确定的购毒数量。

第二,在具体交易过程中,王守林从大竹县前往达州找到孙奇志提出购毒,王守林主动将12万元定金交到孙奇志处,王守林将孙奇志接到交易地点,王守林的行为更加积极主动。第三,孙奇志虽然是王守林的上家,但其本身并没有毒品,毒品来自其上家赵东,孙奇志仅是居中倒卖赚取差价。第四,在梁宗久等人携全款跨省向王守林约购毒品,王守林两次提供毒品样品未成的情况下,王守林又向孙奇志约购毒品,并提供轿车接送孙奇志、安排梁宗久等人到达州住宿等便利,以促成交易,反映出王守林贩毒犯意的坚决性和主观恶性之深。在判处王守林死刑缓期二年执行的情况下,对孙奇志适用死刑立即执行,则显得量刑不够均衡。

此外,虽然被告人孙奇志贩卖毒品数量较大,在与同伙段波的共同犯罪中起主要作用,系主犯,属罪行极其严重,并系毒品再犯,依法应当从重处罚,但孙奇志同时还具有以下从轻处罚的情节:一是购毒犯意、数量均是下家王守林提起,王守林对促成交易所起作用更大;王守林贩卖毒品的数量(贩卖冰毒、海洛因共计1427.6克及其他毒品210余克)、次数(2次)均多于孙奇志。二是孙奇志涉案冰毒、海洛因数量共计1268克,且只卖出858.25克;涉案毒品均被收缴,没有流入社会。三是孙奇志虽有毒品犯罪前科,但前罪仅贩卖约1.5克海洛因,数量相对较少。四是孙奇志归案后认罪态度较好,如实供述犯罪,依法可以从轻处罚。综合考虑上述情况,最高人民法院作出了不核准孙奇志死刑的裁定。

(3)涉案毒品数量达到巨大的,也应综合上述因素决定死刑适用,同时判处上下家死刑符合罪刑相适应原则,并有利于全案量刑平衡的,可以依法判处。**换言之,如果涉案毒品数量巨大,对毒品上下家可以同时适用死刑,但同时判处上下家死刑的,必须满足"罪刑相适应原则"和"全案量刑平衡"的要求,否则不能同时判处。**

例如,《刑事审判参考》(总第117集)收录的唐立新、蔡立兵贩卖毒品案:

2011年,被告人蔡立兵从天津市来到湖南省郴州市,认识了被告人廖小军。经廖小军介绍,蔡立兵从被告人唐立新处购买毒品,带回天津市用于自己吸食和贩卖。蔡立兵驾驶一辆东南牌小轿车到郴州购买毒品,并雇请雷水林(另案处理)驾驶一辆骐达牌小轿车在郴州市区内接送。具体事实如下:

2011年7月,被告人蔡立兵从天津市来到郴州市找到被告人廖小军,欲购买毒品。廖小军找到被告人唐立新,唐立新即从"阿英"(在逃)处购进冰毒100克,在郴州市第三人民医院家属区廖小军家中卖给蔡立兵。之后,蔡立兵将毒品带回天津市用于自己吸食和贩卖。

2011年10月底,被告人蔡立兵联系被告人廖小军,欲购买2000多克冰毒。廖小军将该信息告诉被告人唐立新。唐立新遂找到被告人彭永根商议购买毒品卖给蔡立兵。同年11月15日,蔡立兵携带60.3万元毒资,驾驶东南牌小轿车从天津市来到郴州市,住在廖小军的妹妹廖小兰家中。同月16日,彭永根在广东省陆丰市从"阿高"(在逃)处以每克220元的价格购进冰毒2000余克。同月17日下午,彭永根将冰毒带回郴州,当晚6时许,唐立新购买了电子秤并与彭永根接应,将蔡立兵约至郴州市春天公寓进行交易。三人会合后,蔡立兵对毒品验货、称重,并与唐立新、彭永根议定购买该批冰毒的价格为每克260元。其间,唐立新另将300粒"麻古"以1万元的价格卖给蔡立兵。唐立新与蔡立兵因此次毒品交易系廖小军从中介绍,商定各出5000元给廖小军作为好处费,并当场打电话告知廖小军。唐立新、彭永根、蔡立兵将毒品包装好,准备出门前往廖小兰住处拿取毒资时,被公安人员抓获。公安人员当场缴获白色晶体5包,红色药丸2包,经鉴定,白色晶体净重2227克,甲基苯丙胺含量为57.8%;红色药丸净重30.3389克,从中检出甲基苯丙胺和咖啡因成分。随后,公安机关从廖小兰家卧室衣柜边查获蔡立兵藏匿的毒资60.3万元,从蔡立兵驾驶的东南牌小轿车中查获"麻古"337粒,净重26.2208克。

一审法院经审理认为,被告人唐立新、蔡立兵违反国家对毒品的管制法规,明知冰毒、"麻古"系毒品而予以贩卖,二人的行为均构成贩卖毒品罪。唐立新共贩卖毒品2次,其中冰毒2327克,"麻古"30.3389克;蔡立兵共贩卖毒品2次,其中冰毒2327克,"麻古"56.5597克。二人涉案毒品数量均多达2000余克,社会危害大,虽然第二起毒品交易是公安机关通过侦查掌握各被告人交易毒品的情况后布控破案,该起毒品没有流入社会,且唐立新、蔡立兵到案后如实供述自己的犯罪事实,但不足以对二人从轻处罚。据此,依法贩卖毒品罪分别判处唐立新、蔡立兵死刑,剥夺政治权利终身,并处没收个人全部财产。一审宣判后,唐立新、蔡立兵提出上诉。二审法院经审理裁定驳回上诉,维持原判,并将唐立新、蔡立兵的死刑判决报请最高人民法院核准。

最高人民法院经复核认为，被告人蔡立兵以贩卖为目的，伙同他人非法购买甲基苯丙胺并销售，单独或伙同他人非法购买甲基苯丙胺片剂，其行为已构成贩卖毒品罪。被告人唐立新以贩卖为目的，非法购买毒品甲基苯丙胺和甲基苯丙胺片剂并销售，其行为已构成贩卖毒品罪。蔡立兵提出购买毒品犯意，委托廖小军联系购买毒品，雇请雷水林驾车接应，直接交易、销售毒品，在共同贩卖毒品犯罪中起主要作用，系主犯，应当按照其所参与的全部犯罪处罚。蔡立兵曾因犯抢劫罪被判处刑罚，本案中又系犯罪的诱发者，行为更为积极、主动，对促成毒品交易所起作用更大，且跨省贩卖毒品数量大，主观恶性深，人身危险性和社会危害性大，罪行极其严重，应依法惩处。唐立新贩卖毒品数量大，社会危害性大，但在本案中的罪责相对小于蔡立兵，依法对其判处死刑，可不立即执行。据此，依法核准蔡立兵死刑，改判唐立新死刑，缓期二年执行。

本案中，被告人蔡立兵除了向被告人唐立新购买甲基苯丙胺 2327 克、甲基苯丙胺片剂 30.3389 克外，还向他人购买甲基苯丙胺片剂 26.2208 克。该二人贩卖毒品数量大，社会危害性大，罪行极其严重，依法可以判处死刑。但是，唐立新、蔡立兵所贩卖毒品中的绝大部分系同宗毒品，二人毒品数量相当，虽然已超过审判当时掌握的判处死刑的数量标准，但尚不属于数量巨大，只能判处其中一人死刑。因此，需要仔细区分唐立新、蔡立兵对促成毒品交易所起作用大小、社会危害程度及主观恶性、人身危险性等因素，准确裁量刑罚。从该案例的"裁判理由"看，最高人民法院核准蔡立兵死刑，改判唐立新"死缓"的主要考虑是：

第一，被告人蔡立兵对促成毒品交易所起作用更大。从具体行为看，蔡立兵在毒品犯罪中的主动性大于被告人唐立新。虽然唐立新是蔡立兵的上家，但其并非囤毒待售，而是应蔡立兵的要求向他人购入毒品，然后再加价卖给蔡立兵。蔡立兵向唐立新求购毒品，先后两次驾车携带购毒款从天津到湖南进行毒品交易，且被告人廖小军、彭永根和雷水林均因蔡立兵而参与到毒品犯罪当中。因此，蔡立兵是本案的诱发者，行为更积极、主动，对促成毒品交易所起作用大于唐立新。

第二，被告人蔡立兵贩毒行为的社会危害性更大。蔡立兵先后两次从天津前往湖南向被告人唐立新购买毒品,系跨省长途贩卖毒品。第一次所购甲基苯丙胺除蔡立兵自己吸食外,还在天津贩卖给他人;第二次购毒,因系蔡立兵约购毒品,唐立新请求彭永根联系购买毒品,随后彭永根从广东购来毒品,且该批毒品数量大,已远远超出蔡立兵个人正常吸食量,如果该批毒品未被公安机关及时查获,应会被蔡立兵运回天津出售给他人。此外,蔡立兵还从他人处购买了甲基苯丙胺片剂。因此,蔡立兵的购毒行为导致毒品从毒源地向外扩散,促进了毒品的进一步流转和消费,具有更大的社会危害性。

第三,被告人蔡立兵的人身危险性更大。蔡立兵曾因犯抢劫罪被判处有期徒刑三年,刑满释放后却不知悔改,本次又实施贩卖毒品犯罪,虽然不构成累犯,但也反映出其主观恶性深,人身危险性大。此外,蔡立兵供述,其向被告人唐立新购买毒品之前,曾向他人购买过甲基苯丙胺用于吸食和贩卖牟利。侦查机关并未查实唐立新在本次犯罪之前实施过其他违法或者犯罪行为,其人身危险性相对小于蔡立兵。最高人民法院对本案的复核结果充分体现了对毒品犯罪上下家适用死刑的把握思路。

需要说明的是,近年来毒品数量巨大的案件时有出现,毒品数量越大,意味着可以判处二人以上死刑的根据也越充分,但**对毒品犯罪案件需要始终贯彻执行"严格控制、慎重适用"的死刑政策,不能简单以涉案毒品数量巨大为由就不区分上下家的罪责大小。对于能够区分罪责大小的,不能仅因为数量巨大就不加考虑地同时判处二人以上死刑。**

此外,对于多名共同犯罪人、上下家针对同宗或者部分同宗毒品实施犯罪的案件,可以综合运用前述毒品共同犯罪、上下家毒品犯罪的死刑适用原则予以处理。

5. 运输毒品犯罪的死刑适用

在《刑法》中,运输毒品与走私、贩卖、制造毒品规定在同一条款中,配置相同的刑罚。但应当看到,运输毒品具有不同于走私、贩卖、制造毒品罪的特殊性。一般来说,单纯的运输毒品只是毒品犯罪的中间环节,是走私、贩卖、制造毒品犯罪的辅助行为;并且,实践中运输毒品的被告人多是受人指使、雇用的农民、边民或者无业人员,并非毒品所有者,犯罪目的只是赚取少量运费,主观恶性一般不大,社会危害性也相对较小。所以,**在量刑标准把握上应当注意区别**

对待。

为此,《大连会议纪要》《武汉会议纪要》均对运输毒品犯罪适用死刑问题作了特别规定,强调重点打击指使、雇用他人运输毒品的犯罪分子和接应、接货的毒品所有者、买家或者卖家;对于受人指使、雇用参与运输毒品的被告人,应当体现区别对待,慎重适用死刑等。《昆明会议纪要》在此基础上对该问题进一步作出专门性规定。

(1)对于运输毒品犯罪,应当准确把握打击重点。依法严惩运输毒品犯罪集团首要分子,组织、指使、雇用他人运输毒品的主犯,或者职业毒犯、毒品再犯,以及具有武装掩护运输毒品、以暴力抗拒查缉情节严重、以运输毒品为业、多次运输毒品等严重情节的被告人,对其中依法应当判处死刑的,坚决依法判处。

(2)对于涉嫌为实施走私、贩卖、制造毒品犯罪而运输毒品,由于认定走私、贩卖、制造毒品的证据不充分而认定为运输毒品罪的被告人,在决定死刑适用时,应当与单纯受指使、雇用为他人运输毒品的情形有所区别。

(3)**对于受人指使、雇用运输毒品的被告人,应当充分考虑其在毒品犯罪链条中所处的地位和实际发挥的作用,体现区别对待,不能单纯根据涉案毒品数量大小或者所获报酬多少决定死刑适用。**要综合考虑其运输毒品的次数和距离、犯罪的主动性和独立性、在共同犯罪中的地位和作用、社会危害大小、获利方式、主观恶性、人身危险性,结合毒品数量等因素,慎重适用死刑。

(4)对于确属受人指使、雇用运输毒品的被告人,具有下列情形之一的,即使毒品数量超过实际掌握的死刑适用数量标准,也可以不判处死刑:①不排除系初次运输毒品的;②被雇用者严密指挥或同行人员监视,从属性、辅助性明显的;③与雇用者同行运输毒品,处于被支配地位的;④确因急迫生活困难而运输毒品的。对于不能排除受人指使、雇用运输毒品的被告人,符合上述条件的,也可以考虑不判处死刑。

(5)多人受雇同行或者分段运输毒品的,在决定死刑适用时,除各被告人运输毒品的数量外,还应综合考虑其具体犯罪情节、参与犯罪程度、与雇用者的关系及其主观恶性、人身危险性等因素,同时判处二人以上死刑应当特别慎重。

上述规定内容具体,可操作性强,在此不再赘述。特别提及的是,**在办理运**

输毒品犯罪案件时,要注意全面贯彻宽严相济刑事政策,该轻则轻,当严则严,对不属于从宽判处的情形,比如证据显示被告人并非系受人指使、雇用参与运输毒品犯罪的,也不能法外施恩。

例如,《刑事审判参考》(总第67集)收录的赵扬运输毒品案:

2007年3月19日22时30分,被告人赵扬驾驶面包车运输毒品,在途经国道213线元磨公路段通关服务区时,被墨江县公安人员抓获,当场从该车左侧门夹层内查获毒品甲基苯丙胺520克、海洛因1020克。一审法院经审理后以运输毒品罪判处赵扬死刑,剥夺政治权利终身,并处没收个人全部财产。

一审宣判后,赵扬提出上诉,称其归案后如实供述并向公安机关交代了毒贩的身份、住址等情况,系初犯、从犯,运输毒品仅是朋友间帮忙,不为牟利,请求从轻处罚。其辩护人提出,赵扬系初犯,运输时不知道是海洛因,且毒品未继续流入社会,社会危害性不大;赵扬认罪态度较好,并积极提供毒品所有人的线索,有悔罪表现,请求从轻处罚。

二审法院经审理裁定驳回上诉,维持原判,并报请最高人民法院核准。最高人民法院经复核认为,被告人赵扬明知是毒品而运输海洛因和甲基苯丙胺,其行为已构成运输毒品罪。赵扬运输毒品数量大,罪行极其严重,应依法惩处。第一审判决、第二审裁定认定的事实清楚,证据确实、充分,定罪准确,量刑适当,审判程序合法。据此,依法裁定核准赵扬的死刑判决。

本案中,被告人赵扬在运输毒品途中被当场抓获,查获海洛因1020克、甲基苯丙胺520克,毒品数量大,达到了审判当时实际掌握的适用死刑数量标准,且无法定从重或者从轻处罚情节。在此情况下,如没有酌定从轻处罚情节,相反有强化确信被告人有较强主观恶性和人身危险性的证据,则依法应当判处死刑立即执行。根据该案例的"裁判理由",对于被告人赵扬:

首先,其对于自己运输犯罪事实的供述稳定,运输毒品的路线是从云南省勐海县打洛镇(中缅边界)至四川省自贡市富顺县。此系长距离跨省运输毒品,社会危害性较大。

其次,被告人用自己的汽车运输毒品,并把毒品藏匿在面包车左侧门夹层内,证明其具有运输毒品的高度积极性,主观恶性较大。同时,被告人为四川省富顺县人,从云南毒品犯罪的特点看,云南以外的人在云南进行毒品犯罪多有预谋、多为惯犯。由此可见,被告人虽非累犯、毒品再犯,也没有证据证实其为惯犯,但其显然也不同于为挣取少量运费而受雇运输毒品的贫民、边民或者无业人员,不具有刑事政策上应体现从宽处理的情节。

最后,本案没有证据显示被告人系受人指使、雇用参与运输毒品犯罪,亦不符合相关会议纪要规定的可以从轻处罚的情形。综合考虑上述情况,最高人民法院复核认为,被告人赵扬运输毒品数量大,又系驾驶自己的汽车长距离运输毒品,社会危害性较大,且无法定、酌定从宽处罚情节,故应依法判处死刑立即执行。

6. 制造毒品犯罪的死刑适用

制造毒品是具有源头性的毒品犯罪,一直是人民法院依法严惩的重点。《大连会议纪要》中明确规定:"已经制成毒品,达到实际掌握的死刑数量标准的,可以判处死刑;数量特别巨大的,应当判处死刑。已经制造出粗制毒品或者半成品的,以制造毒品罪的既遂论处。购进制造毒品的设备和原材料,开始着手制造毒品,但尚未制造出粗制毒品或者半成品的,以制造毒品罪的未遂论处。"

例如,《刑事审判参考》(总第83集)收录的夏志军制造毒品、非法持有枪支案:

被告人夏志军伙同他人先后4次制造氯胺酮共计320余千克,非法持有枪支1支、子弹3发。一审法院以制造毒品罪、非法持有枪支罪,数罪并罚判处夏志军死刑,缓期二年执行,剥夺政治权利终身,并处没收个人全部财产。宣判后,夏志军以原判认定其参与制造毒品证据不足为由提出上诉;检察机关以夏志军参与制造毒品数量特别巨大,情节特别严重,且系主犯、累犯,应当判处死刑为由提出抗诉。二审法院经审理采纳了检察机关对被告人依法从重处罚的抗诉意见,改判夏志军死刑,剥夺政治权利终身,并处没收个人全部财产。该案终审裁判就体现了对制造毒品犯罪从严惩处的政策精神。

经深入总结审判实践经验,《昆明会议纪要》对制造毒品案件适用死刑问题给予了以下更为具体的指引:

(1)明确规定:"制造毒品是源头性犯罪,应当充分体现从严惩处的政策要求。"

(2)延续《大连会议纪要》规定,将已经制出粗制毒品或者半成品的行为,以制造毒品罪的既遂论处。毒品成品、半成品的数量全部计入制造毒品的数量。

(3)对于制造毒品犯罪案件,应当综合考虑被告人制造毒品的种类、次数、规模,有无制出毒品成品,被查获时所处的制毒阶段,制出的毒品成品、半成品或者粗制毒品的数量、性状、含量及造成的危害后果等因素,决定死刑适用。

(4)已制出的毒品成品数量达到实际掌握的死刑适用数量标准,又无法定、酌定从宽处罚情节的,可以判处被告人死刑。

(5)没有证据证明被告人曾制出毒品成品,仅查获毒品半成品,或者现有证据表明由于制毒原料、方法等问题实际无法制出毒品成品的,不得判处被告人死刑。

(6)已制出的毒品成品数量未达到实施掌握的死刑适用数量标准,或者仅制出粗制毒品的,判处被告人死刑应当慎重。

上述规定基本涵盖了实践中制造毒品犯罪的常见情形,具有很强的针对性和可操作性,办案中要注意区分不同情况,准确适用相关规定。

7. 非传统毒品犯罪的死刑适用

根据《武汉会议纪要》的有关要求,涉案毒品为滥用范围和危害性相对较小的新类型毒品的,一般不宜判处被告人死刑。换言之,对新类型毒品犯罪,原则上一般不判处被告人死刑。但如果涉案毒品数量特别巨大,不判处死刑难以罚当其罪的,必要时可以判处死刑。

例如,刑事审判参考(总第67集)收录的王丹俊贩卖、制造毒品案和李昭均运输毒品案:

在该两案中,被告人王丹俊贩卖、制造氯胺酮15,580余克,被告人李昭均运输氯胺酮16,161克,均被最高人民法院核准死刑立即执行。

毒品数量的大小反映毒品犯罪行为社会危害性的大小,是毒品犯罪定罪量刑的重要情节。对于毒品案件量刑的标准,《刑法》第347条规定了鸦片、海洛因、甲基苯丙胺三种毒品的数量标准。2000年6月10日起施行的《最高人民法院关于审理毒品案件定罪量刑标准有关问题的解释》规定了苯丙胺类(甲基苯丙胺除外)、大麻类、可卡因等八种毒品的"毒品数量大""毒品数量较大"的数量标准。2007年最高人民法院、最高人民检察院、公安部联合下发的《办理毒品犯罪案件适用法律若干问题的意见》规定了二亚甲基双氧安非他明(MDMA)等苯丙胺类、氯胺酮、美沙酮等九种毒品的"毒品数量大""毒品数量较大""少量毒品"的数量标准,这对于依法惩治毒品犯罪、统一办案标准具有积极的意义。

鉴于新型毒品等非传统毒品犯罪现在较为高发,且涉案毒品数量普遍较大,为实现准确量刑,罚当其罪,《昆明会议纪要》专门对此类毒品犯罪适用死刑标准问题作出规定。

(1)甲基苯丙胺片剂是以甲基苯丙胺为主要毒品成分的混合型毒品,其甲基苯丙胺含量相对较低,危害性亦有所不同。**为体现罚当其罪,甲基苯丙胺片剂的死刑适用数量标准可以按照甲基苯丙胺(冰毒)的2倍左右掌握。**

(2)**综合考虑致瘾癖性、毒害性、滥用范围和犯罪形势等因素,氯胺酮(俗称"K粉")的死刑适用数量标准可以按照海洛因的10倍以上掌握。**走私、贩卖、制造氯胺酮,数量超过上述标准,且犯罪情节严重,社会危害大,或者具有法定从重处罚情节的,可以判处死刑。

(3)涉案毒品为刑法、司法解释未规定定罪量刑数量标准的新类型毒品的,一般不判处被告人死刑。

(4)对于刑法、司法解释规定了定罪量刑数量标准的新类型毒品,实施走私、制造或者大宗贩卖等源头性犯罪,毒品数量远超实际掌握的死刑适用数量标准,被告人系犯罪集团首要分子、其他罪责更为突出的主犯,或者具有法定从重处罚情节,不判处死刑难以体现罚当其罪的,可以考虑判处死刑。

概言之,对于刑法、司法解释具体规定了定罪量刑标准的新类型毒品犯罪,判处死刑的,要符合涉案毒品数量特别巨大、社会危害性大、不判处死刑难以体现罚当其罪等条件。例如,对于涉甲卡西酮的毒品犯罪,2016年印发的《最高人民法院关于审理毒品犯罪案件适用法律若干问题的解释》将该类毒品犯罪的定罪量刑标准确定为海洛因、甲基苯丙胺的4倍。但在适用死刑时,不能简单地按照定罪量刑标准进行折算,仍要综合考虑毒品的吸食后果、滥用情况、犯罪形势、实际危害等具体裁量。

8. 未查获毒品实物的死刑适用

毒品作为载体,是办理毒品案件的核心,也是定罪量刑的主要依据。实践中,由于毒品的特殊性质,存在被销毁、吸食、转卖等情况,从而导致物证灭失或出现未能查获毒品实物的情形。在此种情况下,如何认定涉案物品的毒品性质、数量并依法适用死刑,是值得关注的重要问题。

《大连会议纪要》第 2 条中规定:"有些毒品犯罪案件,往往由于毒品、毒资等证据已不存在,导致审查证据和认定事实困难。在处理这类案件时,只有被告人的口供与同案其他被告人供述吻合,并且完全排除诱供、逼供、串供等情形,被告人的口供与同案被告人的供述才可以作为定案的证据。仅有被告人口供与同案被告人供述作为定案证据的,对被告人判处死刑立即执行要特别慎重。"这一规定既明确了此类案件的证据标准,也提出适用死刑的基本规则。

在此基础上,《昆明会议纪要》进一步规定:"全案未查获毒品的,一般不判处被告人死刑。主要犯罪事实中未查获毒品的,判处被告人死刑应当特别慎重。"同时指出:"根据现有证据能够认定被告人实施了毒品犯罪,但未查获毒品实物的,应当根据在案证据依法认定毒品数量。"

毒品数量是毒品犯罪案件量刑的重要情节。在毒品灭失或未查获毒品实物的情况下,对毒品犯罪的数量认定只能依靠在案的证据材料认定。一般而言,第一,如果有确实、充分的证据证实毒品交易金额和单价的,可以据此认定毒品数量。第二,如果被告人的口供与同案其他被告人供述吻合,并且完全排除诱供、逼供、串供等情形,可以根据在案一致供述认定毒品数量。第三,**如果被告人供述与购毒人证言仅在毒品数量上供证不一,而交易的时间、地点、价格、人员等其他方面完全吻合,则可以按照"就低不就高"的原则认定毒品数量。**第四,如果被告人翻供,但不能作出合理解释,也提供不了新证据,且其之前多次供述与购毒人证言一致时,也可以据此认定毒品数量。第五,如果被告人供述与其他证言一致性不高,即使在个别细节上有相似性,或是只有一方孤证,无其他证据印证,则不能认定毒品数量。第六,无法根据现有证据认定涉案毒品具体数量的,可以在事实部分客观表述毒品交易的金额、次数或者制毒原料的数量等，表明其实施毒品犯罪的情节、危害。

毒品实物是认定毒品犯罪的关键性证据，如果缺少该证据，案件的证据情况通常不会太好，所以对全案未能查获毒品的案件，从确保死刑案件质量的角度，判处被告人死刑立即执行，应持特别慎重的立场。这符合我国死刑政策精神，也是更为稳妥的做法。当然，这不是完全否定未查获毒品实物案件可以适用死刑。《昆明会议纪要》中使用了"一般不判处被告人死刑"以及"判处被告人死刑应当特别慎重"的表述，换言之，**此情形原则上不适用死刑，但个别特殊情况不排除适用死刑**。如果在案证据能够确实、充分地证明毒品犯罪案件事实（包括毒品数量、犯罪情节等），犯罪分子属于罪行极其严重，依法应当判处死刑的情形，则仍应适用死刑，以有效惩治毒品犯罪。

例如，黄某、卢某走私、贩卖、运输毒品案：

被告人黄某为香港毒贩走私、贩卖毒品，为此向他人购买了600余千克毒品甲基苯丙胺，打算将毒品从海上走私出境。黄某邀约被告人卢某参与，卢某准备船只并招募船工。黄某收取了香港毒贩给予的定金及尾款1500万港元，并预付卢某34万港元。在黄某、卢某的安排下，戴某等人驾船将毒品运至外海。但因黄某、卢某被抓，戴某无法与毒品下家取得联系并获知公安机关已经掌握该团伙走私毒品事实，在海上漂泊20多天后指使船工将毒品抛入海中，并跳海失踪。虽然600余千克的毒品被全部抛入海中未能起获，但鉴于本案事实清楚，证据确实、充分，被告人的罪行极其严重，法院审理后依法分别以走私、贩卖、运输毒品罪判处黄某死刑，以走私、运输毒品罪判处卢某死刑。

总之，我国毒品犯罪形势目前仍较严峻，审判工作中应当继续坚持依法从严惩处毒品犯罪的指导思想，发挥死刑对于预防和惩治毒品犯罪的重要作用。要综合考虑毒品数量、犯罪情节、危害后果、被告人主观恶性、人身危险性等各种因素，做到区别对待，突出打击重点，对罪行极其严重、依法应当判处死刑的被告人，坚决依法判处。同时，要全面、准确贯彻宽严相济刑事政策，严格审慎地决定死刑适用，确保死刑只适用于极少数罪行极其严重的犯罪分子。

（八）贪污、受贿

《刑法修正案（九）》对贪污、受贿犯罪的死刑规定作了两个方面的调整：一是关于死刑适用的条件,将"情节特别严重的,处死刑"修改为"数额特别巨大,并使国家和人民利益遭受特别重大损失的,处无期徒刑或者死刑";二是增加"死缓"并终身监禁的规定,即"有第三项规定情形被判处死刑缓期执行的,人民法院根据犯罪情节等情况可以同时决定在其死刑缓期执行二年期满依法减为无期徒刑后,终身监禁,不得减刑、假释"。《贪污贿赂解释》第4条分出3款,对《刑法修正案(九)》中的上述内容作了进一步细化:

(1)贪污、受贿数额特别巨大,犯罪情节特别严重、社会影响特别恶劣、给国家和人民利益造成特别重大损失的,可以判处死刑。

(2)符合前款规定的情形,但具有自首、立功,如实供述自己罪行、真诚悔罪、积极退赃,或者避免、减少损害结果的发生等情节,不是必须立即执行的,可以判处死刑缓期二年执行。

(3)符合第1款规定情形的,根据犯罪情节等情况可以判处死刑缓期二年执行,同时裁判决定在其死刑缓期执行二年期满依法减为无期徒刑后,终身监禁,不得减刑、假释。

如前文所述,终身监禁措施虽是死刑立即执行的替代,但并不是"完全取代",死刑立即执行仍然存在,并与一般"死缓"、死缓并终身监禁形成"三足鼎立"的态势,它们都是死刑的具体执行方式。实践中,在对严重贪污、受贿犯罪进行死刑裁量时需要注意以下几点:

1. 具备刑法规定条件的并不必然适用死刑

1997年《刑法》规定,个人贪污、受贿数额在10万元以上,情节特别严重的,处死刑,并处没收财产。《刑法修正案(九)》将上述绝对化的规定修改为:贪污、受贿"数额特别巨大,并使国家和人民利益遭受特别重大损失的,处无期徒刑或者死刑,并处没收财产"。这意味着,死刑适用不再具有绝对性,而是与无期徒刑相并列的选择性刑种。数额特别巨大且使国家和人民利益遭受特别重大损失的,只是具备了适用死刑的条件,实际是否适用死刑由司法机关具体裁量。而且,从立法关于刑罚的配置顺序看,无期徒刑被置于死刑之前,按照一般的理解,对严重贪污、受贿犯罪量刑时,应当优先考虑无期徒刑的运用,只有无期徒刑不能充分反映犯罪行为的严重程度,不能实现罪刑均衡、罚当其罪的,才考虑适用死刑。

2. 适用死刑必须同时具备司法解释规定的四要件

根据《贪污贿赂解释》第 4 条的规定,判处死刑必须同时具备数额特别巨大、犯罪情节特别严重、社会影响特别恶劣、给国家和人民利益造成特别重大损失四个条件,它们缺一不可。如果贪污受贿数额特别巨大,但没有给国家和人民利益造成特别重大损失或者虽然贪污受贿数额特别巨大且给国家和人民利益造成特别严重损失,但不属于犯罪情节特别严重、社会影响特别恶劣的,则也只能适用无期徒刑而不能适用死刑。这里要注意把握以下两个方面:

(1)坚持数额与损失并重。

根据《刑法修正案(九)》的规定,数额特别巨大和使国家、人民利益遭受特别重大损失是适用死刑的两个法定前提条件,两者必须同时具备,缺一不可。**数额与损失并重,意味着必须克服"唯数额论"**。由于犯罪数额可以量化、容易认定,所以,司法认定中有过于依赖犯罪数额的倾向,甚至一定程度上存在唯数额论的现象。在《刑法修正案(九)》颁行后,应当明确犯罪数额虽然是贪污受贿犯罪的重要量刑情节,在量刑情节中居于基础性地位,但它不是唯一情节,一些情况下数额甚至不具有决定性意义,在死刑裁量上更是如此。

事实上,贪污受贿犯罪不是纯粹的贪利性犯罪,犯罪数额并不能全面反映个案的社会危害程度。一些贪污受贿案件特别是受贿案件,数额固然特别巨大,但未必造成重大的客观危害结果;相反,有的贪污受贿罪犯的数额虽然并不突出,但其危害性却可能极其严重,反而更有必要适用死刑。

此外,**关于使国家和人民利益遭受特别重大损失的认定,要明确其不限财产损失**。参照《刑法》分则第九章渎职犯罪的规定以及 2012 年《渎职解释(一)》等司法解释关于渎职犯罪中"致使公共财产、国家和人民利益遭受重大损失"的规定,**除了经济损失之外,利益损失还包括人民的生命健康自由、国家安全、政府形象、社会影响等**。考虑到利益损失内容的多样性,以及不同利益损失量化的实际困难,《贪污贿赂解释》未就此作出明确规定,而是交由司法机关结合个案情况具体掌握。

(2)重视运用情节调控。

《刑法修正案(九)》虽然没有将"情节特别严重"规定为死刑适用条件,但是,在规定适用死刑需同时具备"数额特别巨大"和"使国家和人民利益遭受特别重大损失"两个要件时,还规定在提起公诉前如实供述自己罪行、真诚悔罪、积极退赃,避免、减少损害结果发生的,可以从轻处罚。所以,立法并没有把贪污受贿犯罪的死刑适用条件限定于数额与损失,仍然十分重视发挥犯罪情节在死刑适用中的调节功能。正是基于此,《贪污贿赂解释》第4条规定,符合贪污受贿数额特别巨大,犯罪情节特别严重,社会影响特别恶劣,给国家和人民利益造成特别重大损失,才可以考虑适用死刑;同时指出,具有自首、立功,如实供述自己罪行、真诚悔罪、积极退赃,或者避免、减少损害结果的发生等情节,不属于必须立即执行的情形,可以判处死刑缓期二年执行。由此可见,犯罪情节对死刑适用同样具有决定性意义。

首先,要坚持主客观相统一原则,重视发挥主观性情节在刑罚裁量中的作用,切实克服行为客观危害至上而忽视行为人主观恶性的认识与做法。上述司法解释明确的可以判处死刑缓期二年执行的情形,多数属于主观性情节,如自首、立功、如实供述自己罪行、认罪认罚、真诚悔罪等。重视并准确裁量这些主观性情节,是贪污受贿犯罪得以正确适用死刑的重要保障。

其次,要更加重视行为人的罪后表现。有无自首、立功,是否如实供述罪行、认罪认罚、真诚悔罪、积极退赃,挽回损失的情况,在相关案件办理中的作用如何,在量刑时要予以重点考虑。**特别是认罪悔罪和积极退赃,是认定罪后表现最为基本也是最为核心的两个情节**,对于贪污受贿犯罪这样的经济性犯罪而言更是如此,这也是《刑法修正案(九)》将之提升为法定从轻情节的原因所在,办理贪污受贿犯罪案件,对该两个情节要给予足够重视。

再次,要综合考量各种量刑情节。详言之,对于案件中所有的从重情节和从轻情节、法定情节和酌定情节、罪中情节和罪后表现等,在量刑时都应当纳入视野,客观评定。影响案件量刑的情节很多,不同情节在量刑中的地位和作用也不尽相同,实践中要有所侧重。一般而言,法定情节的分量要重于酌定情节,凡是法定情节在量刑时一般都要有所体现,而酌定情节往往需要结合具体案情审慎裁量。

从刑法规定的罪行极其严重且不属于不是必须立即执行的死刑适用条件来看,具有从重情节是适用死刑立即执行的前提,不具有从轻情节是适用死刑立即执行的条件。换言之,**从重情节的作用更多地体现在是否适用死刑这一刑**

种的判断上，而死刑的执行方式则更多地取决于有无从轻情节以及从轻情节的具体表现。 论罪该判处死刑的贪污受贿案件通常都具有一个甚至是多个从重情节，这种情况下要特别注意审查有无从轻情节，并充分发挥从轻情节在决定死刑执行方式中的作用。

最后，要准确判断各个量刑情节的影响力。根据《刑法》及有关解释的规定，贪污受贿案件的从重情节主要有：贪污特定款物、主动索贿、赃款赃物用于违法犯罪活动、职务违纪违法犯罪前科、拒不认罪悔罪、拒不退赃、妨害作证、造成恶劣影响等；从轻情节主要有：自首、立功、如实供述罪行、认罪悔罪、积极退赃、配合相关案件查处以及避免、减少损害结果的发生等。**在量刑情节的具体运用时，要注意"度"的把握。**

比如，**类似情况下，对具有自首情节的被告人从宽幅度要适当宽于具有立功情节的被告人**；同为如实供述罪行，有的供述是办案机关已经全面掌握或者掌握绝大部分的，有的是办案机关只掌握极小部分的，刑罚裁量时应当有所区分。再如退赃，有的是全部或者绝大部分退赃，有的是仅退赃小部分；未退赃的情形中有的是客观不能退，有的则是主观不想退。对于这些情节的具体情形，个案量刑当中也要注意区分，尽量做到"质"和"量"的辩证统一。**从实践来看，贪污受贿案件通常同时存在多个量刑情节，司法活动的主要任务不是判断有无量刑情节，而是对不同量刑情节进行综合权衡、裁量。**

总之，在贪污受贿案件中适用死刑，要从犯罪数额、犯罪情节、社会影响、损失后果等多个方面，进行综合、审慎的判定，要避免执着一端、以偏概全。只有坚持将犯罪的客观方面与主观方面的各个因素结合起来，才能够做到定性准确，罚当其罪。

例如，党的十八大以后首例判处并执行死刑的职务犯罪案件——赖小民受贿、贪污、重婚案：

华融公司原董事长赖小民利用职权便利非法收受、索取他人财物价值共计17.88亿余元，伙同他人非法占有公共资金共计2513万余元，并犯有重婚罪。2021年1月5日，天津市第二中级人民法院依法对被告人赖小民以受贿罪判处死刑，剥夺政治权利终身，并处没收个人全部财产；以贪污罪，判处有期徒刑十一年，并处没收个人财产人民币200万；以重婚罪，判处有期徒刑一年，决定执行死刑,剥夺政治权利终身,并处没收个人全部财产。

根据该案一审审判长答记者问,法院之所以对被告人赖小民所犯受贿罪适用死刑立即执行,既不是只考虑了受贿数额,也不是只考虑了其对国家和人民利益造成的损失,而是综合考虑了受贿数额、犯罪情节、社会影响以及给国家和人民利益造成的损失。具体而言,一是赖小民受贿数额特别巨大。赖小民受贿数额高达17亿余元,是中华人民共和国成立以来受贿数额最大的职务犯罪案件。二是犯罪情节特别严重。赖小民具有索贿等多项依法从重情节,受贿行为持续时间长达10年,实施受贿犯罪多达22起,有3起受贿犯罪数额分别在2亿元、4亿元、6亿元以上,另有11起受贿犯罪数额均在1000万元以上,涉及企业融资、工程承揽、项目开发、工作调动、职务提拔等多个领域。三是社会影响特别恶劣。赖小民的绝大部分受贿行为发生在党的十八大之后,属于典型的不收敛、不收手,严重侵害了国家工作人员职务行为的廉洁性,败坏了国家工作人员的声誉,在全国造成了特别恶劣的社会影响。四是使国家和人民利益遭受特别重大损失。赖小民为谋私利,擅权妄为,对国有金融企业的经营管理秩序造成严重侵害,造成重大经济损失和金融风险,严重败坏了社会风气,严重污染了政治生态。综上,法院认为,赖小民受贿犯罪数额特别巨大,犯罪情节特别严重、社会影响特别恶劣、使国家和人民利益遭受特别重大损失,罪行极其严重,依法应当判处死刑,剥夺政治权利终身,并处没收个人全部财产。[1]

3. 具备死刑适用条件但不是必须立即执行的,可以判处"死缓"

《贪污贿赂解释》第4条第2款规定,符合第1款规定的死刑适用情形,但具有自首、立功,如实供述自己罪行、真诚悔罪、积极退赃,或者避免、减少损害结果的发生等情节,因此不属于必须立即执行的,可以判处死刑缓期二年执行;并在第3款规定,符合第1款规定情形的,根据犯罪情节等情况可以判处死刑缓期二年执行,同时裁判决定在其死刑缓期二年执行期满依法减为无期徒刑后,终身监禁,不得减刑、假释。理解上述规定,需要注意以下几点:

(1)一般"死缓"与死刑立即执行的适用前提都是罪行极其严重、论罪当杀的情形,两者的主要区别不在于罪行本身,而是有无从宽情节。

---

[1] 参见孙航:《赖小民案一审审判长答记者问》,载《人民法院报》2021年1月30日,第3版。

(2)司法解释对一般"死缓"的从宽情节设定得相对宽松,既可以是法定情节也可以是酌定情节,由此为其实际适用提供了较大空间,同时也在限缩死刑立即执行的适用范围。

(3)司法解释在一般"死缓"后规定终身监禁,说明一般"死缓"相较于终身监禁具有优先性。换言之,**对于贪污受贿犯罪判处"死缓"的,首先考虑适用的是一般"死缓",而非"死缓"并终身监禁**。只有在适用一般"死缓"难以与刑事责任相匹配时,才考虑适用"死缓"并终身监禁。

(4)结合《刑法》第48条第1款的规定,适用一般"死缓"应具备三个条件:一是罪行极其严重应当判处死刑,这是适用一般"死缓"的前提条件。如前文所述,"死缓"只是死刑的执行方式,本身属于死刑范畴,如果未达到死刑适用条件,则不得适用一般"死缓"。二是不是必须立即执行,这是适用一般"死缓"的实质条件。三是不需要判处终身监禁,这是适用一般"死缓"的附加条件。根据犯罪情节等情况需要附加终身监禁的,则不得适用一般"死缓"。

(5)根据前文对"不是必须立即执行的"的界定,适用一般"死缓"意味着案件必然具有法定或酌定的从轻情节。《贪污贿赂解释》第4条第2款将之明确为"具有自首、立功,如实供述自己罪行、真诚悔罪、积极退赃,或者避免、减少损害结果的发生等情节",这一从轻情节的存在意味着被告人不属于必须立即执行的,可以判处死刑缓期二年执行。

(6)《贪污贿赂解释》第4条第2款规定的从宽情节适用具有一定相对性,司法解释用语是"可以",而不是"应当",故仍需要根据案件实际裁量,不能绝对化理解。**一般来说,如果具有这些从宽情节,一般不适用死刑立即执行,但不排除例外情形**。

例如,原国家食品药品监督管理局局长郑筱萸受贿、玩忽职守案:

根据法院审理查明的事实,1997年6月至2006年12月,被告人郑筱萸利用自己担任国家医药管理局局长、国家药品监督管理局局长、国家食品药品监督管理局局长的职务便利,接受请托,为8家制药企业在药品、医疗器械的审批等方面谋取利益,先后多次直接或通过其妻、子非法收受上述单位负责人给予的款物共计折合人民币649万余元。郑筱萸虽然具有如实供述自己罪行、退赃等从宽处罚情节,但最后仍被判处死刑。

判决依据在于,"被告人身为国家药品监管部门的主要负责人,本应认真行使国家和人民赋予的权力,为保障与国计民生有重大关系的药品的使用安全和生产经营秩序,尽职尽责,廉洁从政,但其却置国家和人民的重要利益于不顾,为有关企业在获得相关许可证、药品进口、注册、审批等方面谋取利益,直接或者通过其妻、子多次收受贿赂,严重地侵害了国家工作人员的职务廉洁性,严重地破坏了国家药品监管的正常工作秩序,危害人民群众的生命、健康安全,造成了极其恶劣的社会影响。被告人郑筱萸受贿数额特别巨大,犯罪情节特别严重,社会危害性极大。其虽有坦白部分受贿事实、受贿钱款已退缴情节,但不足以从轻处罚,应依法严惩"。[1]

再如,前述的赖小民案:

在本案中,被告人赖小民具有重大立功情节。法院经审理认为,赖小民到案后,向纪检监察机关检举揭发了华融公司下属公司高管人员涉嫌重大职务犯罪的案件线索并经查证属实,依法应当认定其有重大立功表现。赖小民虽然有重大立功表现,但其受贿犯罪极其严重,最高人民法院《关于处理自首和立功若干具体问题的意见》第8条规定,对具有立功情节的被告人是否从宽处罚、从宽处罚的幅度,应当考虑其犯罪事实、犯罪性质、犯罪情节、危害后果、社会影响、被告人的主观恶性和人身危险性等。虽有立功情节,但犯罪情节特别恶劣、犯罪后果特别严重、被告人主观恶性深的,可以不从宽处罚。本案中,考虑到赖小民受贿数额特别巨大、犯罪情节特别严重、社会影响特别恶劣、给国家和人民利益造成特别重大损失的整体情况,其具有的"重大立功表现"情节不足以从宽处罚。并且,其立功表现与一般的立功情形有所不同。赖小民身为华融股份公司党委书记、董事长,对下属员工负有监督管理职责。其在察觉下属可能利用职务便利收受贿赂的情况下,不仅不予以制止,反而与下属分别利用各自职权,为同一行贿人请托的同一事项提供帮助,并分别收受贿赂,直至自己被调查才检举揭发,其立功的性质、特点与一般的立功情形具有明显区别。因赖小民检举揭发的人员属于下属公司的高管人员,其负有监管职责,且检举的犯罪线索与

---

[1] 参见北京市第一中级人民法院(2007)一中刑初字第1599号刑事判决书,载最高人民法院刑事审判第一、二、三、四、五庭主办:《刑事审判参考》(总第59集),法律出版社2008年版。

赖小民本人受贿行为系为同一行贿人的同一项目谋取利益,所以对其重大立功表现不予以从宽处罚。[1]

4. 判处一般"死缓"不能做到罚当其罪的,可以判处"死缓"并终身监禁

《贪污贿赂解释》第 4 条第 3 款规定,符合第 1 款规定的(死刑适用)情形,根据犯罪情节等情况可以判处死刑缓期二年执行的,同时裁判决定在其死刑缓期二年期满依法减为无期徒刑后,终身监禁,不得减刑、假释。上述司法解释将第 3 款与第 1 款直接对接,理解时要注意把握以下几点:

(1)终身监禁的适用,首先必须以具备适用死刑的条件为前提,只有在符合死刑适用条件的情况下,才可以根据犯罪情节等情况决定是否适用终身监禁。

(2)适用终身监禁并不必然以具备《贪污贿赂解释》第 4 条第 2 款规定的从宽情节为条件,没有该款规定的从宽情节的,根据犯罪情节等情况同样可以适用终身监禁。

(3)并非所有贪污受贿犯罪被判处死刑缓期二年执行的都要终身监禁,只有根据犯罪的具体情节等情况,在一般"死缓"不能充分评价行为人的刑事责任时,才考虑适用"死缓"并终身监禁。换言之,一些过去决定判处死刑立即执行的人,特别是判处死刑立即执行偏重,不判又失轻的,则可以适用终身监禁。适用一般"死缓"就可以达到罚当其罪的,不得另行考虑适用"死缓"并终身监禁,即终身监禁应当主要是死刑立即执行的减轻处罚措施,而非一般"死缓"的加重处罚措施。所以,可以预见,由于终身监禁制度的设立,今后贪污贿赂犯罪适用死刑立即执行的标准,将会更加严格。

从实际来看,终身监禁主要适用于以下两种情形:一是符合《贪污贿赂解释》第 4 条第 1 款规定的情形,但是罪行极其严重的程度相对较轻,如犯罪数额或者损失等情节刚刚达到死刑适用标准,根据犯罪本身的情节情况判处终身监禁可以做到罚当其罪的情形。二是符合《贪污贿赂解释》第 4 条第 1 款规定的情形,论罪应当判处死刑立即执行,但是具有第 2 款规定的从宽情节,同时又具有特殊从重情节,如犯罪数额远远超出适用死刑的一般标准,造成的损失极其巨大等,判处一般死缓不能做到罚当其罪的情形。"死缓"并终身监禁是介于死

---

[1] 参见孙航:《赖小民案一审审判长答记者问》,载《人民法院报》2021 年 1 月 30 日,第 3 版。

刑立即执行与一般"死缓"之间的极其严厉的刑罚措施,其适用同样需要严格控制,要切实避免将终身监禁作为优先选项甚至是不加区分地一概适用终身监禁,从而加重原本就应当判处一般死缓的被告人刑罚的不当做法。

综上,贪污受贿犯罪死刑存在三种执行方式:死刑立即执行、死刑缓期二年执行和"死缓"并终身监禁。对于罪行极其严重的情形,其实际裁量的思路应当是,一般优先考虑适用死刑缓期二年执行,如果适用一般"死缓"不能实现罚当其罪,则考虑适用"死缓"并终身监禁;如果对被告人施以"死缓"并终身监禁仍不能与其应负的刑事责任相适应,才考虑适用死刑立即执行,从而把死刑立即执行作为最后的惩罚措施。

第九讲　监察体制改革后职务犯罪案件的审判

2018年3月20日,十三届全国人大一次会议表决通过了《监察法》,这是国家监察体制改革过程中的一件大事。[1] 围绕着该法的实施,中央纪委国家监委先后单独或会同最高人民法院、最高人民检察院等部门,密集出台了多个配套性的规范文件,以推动监察执法与刑事司法的有效衔接。比如,同年4月16日,三个"内部文件"即《国家监察委员会管辖规定(试行)》、《国家监察委员会与最高人民检察院办理职务犯罪案件工作衔接办法》和《国家监察委员会移送最高人民检察院职务犯罪案件证据收集审查基本要求与案件材料移送清单》一并颁行。同年6月24日,《中央纪委国家监委监督检查审查调查措施使用规定(试行)》出台。2021年1月,国家监察委员会还与最高人民法院、最高人民检察院、公安部联合印发《关于加强和完善监察执法与刑事司法衔接机制的意见(试行)》,共9部分69条,对管辖、证据、留置与刑事强制措施、移送起诉、审查起诉、审判、从宽处罚、涉案财物等方面的程序衔接问题进行"集大成性"的具体规定,进一步推进了法法衔接工作的规范化、法治化、正规化。2021年9月20日,经党中央批准,国家监察委员会公布了《监察法实施条例》,共9章287条,对《监察法》的有关内容作了细化规定。

法院系统也在积极调研、起草相关配套文件,包括会同有关部门在实体方

---

[1] 2024年12月25日,第十四届全国人民代表大会常务委员会第十三次会议审议通过了《关于修改〈中华人民共和国监察法〉的决定》,该决定于2025年6月1日起施行。

面制定《关于办理贪污贿赂刑事案件适用法律若干问题的解释(二)》《关于办理渎职刑事案件适用法律若干问题的解释(二)》等,在程序方面研究、制定职务犯罪案件审判与监察、审查起诉工作衔接的有关指导意见等。现结合审判及调研情况,就一些突出的司法实务问题谈谈个人认识,涉及以下12个方面的内容:(1)职务犯罪主体;(2)案件管辖;(3)利用职务便利;(4)为他人谋取利益;(5)贪污、受贿故意;(6)贿赂犯罪中的"财物";(7)涉股票股权类贿赂的司法认定;(8)惩治新型腐败和隐形腐败;(9)受贿行贿一起查;(10)常见量刑情节的审查与认定;(11)涉案赃款赃物的处置;(12)证据的审查与判断等。

一、职务犯罪主体问题

《监察法》第3条规定:"……对所有行使公权力的公职人员(以下称公职人员)进行监察,调查职务违法和职务犯罪……"第15条规定:"监察机关对下列公职人员和有关人员进行监察:(一)中国共产党机关、人民代表大会及其常务委员会机关、人民政府、监察委员会、人民法院、人民检察院、中国人民政治协商会议各级委员会机关、民主党派机关和工商业联合会机关的公务员,以及参照《中华人民共和国公务员法》管理的人员;(二)法律、法规授权或者受国家机关依法委托管理公共事务的组织中从事公务的人员;(三)国有企业管理人员;(四)公办的教育、科研、文化、医疗卫生、体育等单位中从事管理的人员;(五)基层群众性自治组织中从事管理的人员;(六)其他依法履行公职的人员。"

《监察法》中使用了"公职人员""有关人员""公务员""参照公务员法管理的人员""从事公务的人员""从事管理的人员""履行公职的人员"等表述。这些用语的含义显然是有所不同的。但总体上是围绕着"行使公权力"这一本质特征的。**从人员范围看,就是要把"所有"行使公权力的公职人员纳入其中,实现"监察全覆盖,监督无死角"**。《监察法实施条例》第37条也明确提出:"监察机关依法对所有行使公权力的公职人员进行监察,实现国家监察全面覆盖。"

值得注意的是,除"公职人员"外,《监察法》第24条第2款规定:"对涉嫌行贿犯罪或者共同职务犯罪的涉案人员,监察机关可以依照前款规定采取留置措施。"立法还使用了"涉案人员"的表述,这里的行贿人和共同职务犯罪人可能不是"公职人员",但仍然要受到《监察法》的规制。由此可见,《监察法》的适用对象是十分广泛的。据统计,我国公务员有近 800 万人,从事公务工作的大约有 4000 万人。[1] 按照犯罪学原理,查处 1 个人至少影响 2 个人以上,那么《监察法》的影响在理论上可到达过亿的人口范围。

时任最高人民检察院检察长的张军同志曾在谈及监察权与检察权的区分时指出:"监察权主要针对公职人员个人,调查职务违纪违法和犯罪;检察权针对机关,即对司法机关、执法机关在诉讼和相关执法过程中的违法行为进行监督纠正。一个是对个人,一个是对机关行使权力行为;一个是对公职人员全覆盖,一个是重在发现诉讼过程的职务行为不正当性。"[2] 既然监察权针对的是公职人员个人,[3] 那么从司法办案的角度,就要搞清楚作为个体的"公职人员"在刑法上的意义。

我国《刑法》仅在第 164 条第 2 款规定"对外国公职人员、国际公共组织官员行贿罪"时使用"公职人员"的概念,其他地方很少用,用得更多的是"国家工作人员"和"国家机关工作人员"的概念。《刑法》第 93 条规定了三类国家工作人员:(1)国家机关中从事公务的人员;(2)国有公司、企业、事业单位、人民团体中从事公务的人员和国家机关、国有公司、企业、事业单位委派到非国有公司、企业、事业单位、社会团体从事公务的人员;(3)以国家工作人员论的"其他依照法律从事公务的人员"。

2002 年《渎职罪主体解释》对作为渎职罪主体的"国家机关工作人员"作了界定,包括三类人员:(1)在依照法律、法规规定行使国家行政管理职权的组织中从事公务的人员;(2)在受国家机关委托代表国家机关行使职权的组织中从事公务的人员;(3)虽未列入国家机关人员编制但在国家机关中从事公务,代表国家机关行使职权的人员。

从《刑法》及其立法解释的规定看,作为《监察法》调整对象的"公职人员",

---

[1] 参见王晓东:《新时代背景下惩治贪腐犯罪若干问题的思考——基于审判贪腐案件的实践展开》,载《法治研究》2018 年第 6 期。

[2] 《首席大检察官张军:检察独立于监察,二者各有分工》,载网易号"法纳刑辩"2018 年 7 月 19 日。

[3] 《监察法实施条例》第 44 条规定:"有关机关、单位、组织集体作出的决定违法或者实施违法行为的,监察机关应当对负有责任的领导人员和直接责任人员中的公职人员依法追究法律责任。"

显然不等同于《刑法》上的"国家工作人员""国家机关工作人员"。有的公职人员属于国家工作人员或者国家机关工作人员,有的则不是。这些公职人员实施相关身份型犯罪,如利用职权侵占公款、收受贿赂、渎职,认定贪污罪还是职务侵占罪,受贿罪还是非国家工作人员受贿罪,玩忽职守罪或滥用职权罪还是国有公司、企业、事业单位人员失职罪、滥用职权罪等,需要依据《刑法》的相关规定及立法、司法解释来确定。**而不能认为,一旦是国家监察机关查处的公职人员犯罪,就一律认定贪污罪、受贿罪、玩忽职守罪、滥用职权罪等是只有国家工作人员或国家机关工作人员才能实施的特定犯罪。**

《监察法》第15条规定的六类适用对象实际上涵盖了《刑法》对犯罪主体规定的几种情形:一是国家机关工作人员;二是国家工作人员(含以国家工作人员论的"其他依照法律从事公务的人员");三是其他的一般主体等。现结合《监察法》的规定具体解读如下。

(一)公务员和参照《公务员法》管理的人员

根据《公务员法》第2条的规定,公务员,是指依法履行公职、纳入国家行政编制、由国家财政负担工资福利的工作人员。中央组织部2019年制定的《公务员范围规定》第4条规定:"下列机关中除工勤人员以外的工作人员列入公务员范围:(一)中国共产党各级机关;(二)各级人民代表大会及其常务委员会机关;(三)各级行政机关;(四)中国人民政治协商会议各级委员会机关;(五)各级监察机关;(六)各级审判机关;(七)各级检察机关;(八)各民主党派和工商联的各级机关。"

根据《监察法实施条例》第38条第2款的规定,参照公务员法管理的人员,是指有关单位中经批准参照公务员法进行管理的工作人员,在实际中主要为国有事业单位、社会团体的工作人员,具体包括共青团、妇联、工会等群团组织中具有行政编制的人员和参公事业单位管理人员等。

综上,公务员和参照《公务员法》管理的人员,具体包括五类人员:(1)中国共产党各级机关的公务员;(2)各级人民代表大会及其常务委员会机关、人民政府、监察委员会、人民法院、人民检察院的公务员;(3)中国人民政治协商会议各级委员会机关的公务员;(4)民主党派机关和工商业联合会的公务员;(5)参照公务员法管理的人员(主要指国有事业单位、社会团体的工作人员)。此类主体基本上等同于《刑法》中的"国家工作人员",且多数属于"国家机关工作人员"。

(二)法律、法规授权或者受国家机关依法委托管理公共事务的组织中从事公务的人员

《监察法实施条例》第39条规定,法律、法规授权或者受国家机关依法委托管理公共事务的组织中从事公务的人员,是指在上述组织中,除参照《公务员法》管理的人员外,对公共事务履行组织、领导、管理、监督等职责的人员,包括具有公共事务管理职能的行业协会等组织中从事公务的人员,以及法定检验检测、检疫等机构中从事公务的人员。比如,注册会计师协会、医师协会等行业协会中从事公务的人员。从实际来看,这一主体除国家工作人员外,也涵盖一些非国家工作人员。相关人员能否认定为国家工作人员,应依照《刑法》第93条规定具体分析认定。

例如,《人民法院案例库》2023-05-1-227-001崔某职务侵占、挪用资金案:

被告人崔某系中国建筑某有限公司(国有公司)职员;2008年4月,经上海某行业协会与中国建筑某有限公司协商后,崔某借调至上海某行业协会信息咨询部工作;2012年2月,崔某担任上海某行业协会办公室副主任;2013年1月任协会办公室主任;2015年3月任协会副秘书长兼办公室主任。崔某利用其担任协会办公室主任、副秘书长的职务便利,侵吞协会资金30万余元,并冒用协会名义挪用资金360万元归个人使用,超过3个月未能归还。检察机关指控崔某犯贪污罪、挪用公款罪,法院判决认定其行为构成职务侵占罪、挪用资金罪。

本案的争议焦点在于崔某是否属于国家工作人员。在本案中,上海某行业协会不是国家机关,崔某不属于在国家机关中从事公务人员。同时,崔某也不属于受委派人员,崔某到协会工作是基于借调,而非委派。中国建筑某有限公司对于此次人员借调既没有党政部门进行研究讨论的会议纪要,也没有组织人事部门出具的任免文件,在形式上缺乏认定委派行为的程序要件;并且,中国建筑某有限公司只是上海某行业协会的会员单位,对该协会工作人员的任用,仅有推荐的权利,而无决定委派的权力,其作为协会的会员单位,在协会中也没有

具体的需要管理的公务,缺乏委派人员的现实基础和必要性。故此,不宜将崔某认定为国家工作人员,崔某也就构不成贪污罪、挪用公款罪。

(三)国有企业管理人员

《监察法实施条例》第40条规定,国有企业管理人员,是指国家出资企业中的下列人员:(1)在国有独资、全资公司、企业中履行组织、领导、管理、监督等职责的人员;(2)经党组织或者国家机关,国有独资、全资公司、企业,事业单位提名、推荐、任命、批准等,在国有控股、参股公司及其分支机构中履行组织、领导、管理、监督等职责的人员;(3)经国家出资企业中负有管理、监督国有资产职责的组织批准或者研究决定,代表其在国有控股、参股公司及其分支机构中从事组织、领导、管理、监督等工作的人员。

从上述界定看,**这里的"国有企业",实指国家出资企业,它不同于《刑法》上的"国有企业"以及相关法律上的"国有公司、企业"**。例如,2008年《企业国有资产法》第5条规定,国家出资企业是指"国家出资的国有独资企业、国有独资公司,以及国有资本控股公司、国有资本参股公司"。2011年《国家统计局、国家工商行政管理总局关于划分企业登记注册类型的规定》第3条规定,"国有企业是指企业全部资产归国家所有,并按《中华人民共和国企业法人登记管理条例》规定登记注册的非公司制的经济组织……"由此可见,"国有公司、企业"与"国家出资企业"及涵盖其中的"国有控股、参股公司、企业"是不同的法律概念。

相关司法解释也刻意区分使用"国有公司、企业"与"国有控股、参股公司、企业"。例如,2001年《最高人民法院关于在国有资本控股、参股的股份有限公司中从事管理工作的人员利用职务便利非法占有本公司财物如何定罪问题的批复》中规定:"在国有资本控股、参股的股份有限公司中从事管理工作的人员,除受国家机关、国有公司、企业、事业单位委派从事公务的以外,不属于国家工作人员。"2005年《最高人民法院关于如何认定国有控股、参股股份有限公司中的国有公司、企业人员的解释》规定:"国有公司、企业委派到国有控股、参股公司从事公务的人员,以国有公司、企业人员论。"2003年《经济犯罪纪要》中规定:"国有公司、企业改制为股份有限公司后,原国有公司、企业的工作人员和股份有限公司新任命的人员中,除代表国有投资主体行使监督、管理职权的人外,不以国家工作人员论。"

由上文可见,**在相关立法及长期的刑事司法实践中,认为《刑法》中的"国有公司、企业"应限于国有独资、全资公司、企业,而不包括国有控股、参股公司、企业。**

例如,《刑事审判参考》(总第112集)收录的工商银行神木支行、童某等国有公司人员滥用职权案:

此案被告人作为银行行长经集体研究以虚构项目的方式套取单位经营性费用,再以过节费、专利奖励费等名目给职工发福利共计123万余元。检察院起诉"私分国有资产罪",法院改判"国有公司人员滥用职权罪",理由就是认为被告人所在的工商银行神木支行是一个国有控股公司,不是刑法上的"国有公司",不构成针对国有公司、企业财产保护的私分国有资产罪。

为什么不把国有控股、参股公司、企业纳入刑法上的"国有公司、企业"范畴,最高人民法院审判委员会原副部级专职委员裴显鼎大法官对此有一个权威解读:首先,公司法上的障碍。公司法赋予公司独立的法律人格,特别是公司的财产所有权,以出资者的控制地位来判断公司的性质是否妥当,其他投资主体的地位、出资、权益如何体现,都将成为问题。其次,刑法规定上的逻辑障碍。依据《刑法》第93条第2款的规定,"国有公司、企业……委派到非国有公司、企业……从事公务的人员……以国家工作人员论"。这里的非国有公司,在逻辑上一般应当是国有资本控股、参股公司,因为,只有在存在国有资本出资的情况下才谈得上委派工作人员从事管理、监督等公务问题。最后,司法判断、操作上的障碍。如何确定控股的量化标准,这在理论上和实践上始终都是一个问题,尤其是考虑到股权份额的易变动性及由此导致的控股与否的不确定性[1]所以,**当前条件下对于《刑法》中的"国有公司、企业"仍应掌握在"国有独资、全资公司、企业"为宜。**

有人提出疑问,将国有公司、企业限定为"国有独资、全资公司、企业",对此案以《刑法》第168条规定的国有公司、企业人员滥用职权罪定罪处罚,而该罪的主体是"国有公司、企业的工作人员",被告人却是国有控股、参股公司的工作

---

[1] 参见裴显鼎:《贪污受贿犯罪疑难问题解析之三 国家出资企业中职务犯罪的法律适用》,载《中国监察》2013年第16期。

人员,这不是前后矛盾吗？所以,这里要注意区分《刑法》上的"国有公司、企业"和"国有公司、企业人员",两者在"国有公司、企业"上的含义是不尽相同的,前者仅限于国有独资、全资公司、企业,而后者的外延已经拓展,范围更加广泛,因为国有控股、参股公司的工作人员,如果受国有公司、企业委派从事公务,依照司法解释规定是可以以国有公司、企业人员论的。

我们不能把"国有公司、企业人员"看作《刑法》上的"国有公司、企业"与"人员"两个词语的简单拼接,认为"国有公司、企业"仅限于国有独资、全资公司、企业,继而得出"国有公司、企业人员"仅限于国有独资、全资公司、企业人员。国有控股、参股公司的工作人员能否作为国有公司、企业人员,应当根据有关司法解释的规定来确定。换言之,经委派到国家出资企业中从事公务的人员,虽然其所任职的企业不能被认定为刑法意义上的国有公司、企业,甚至委派他的单位也不是刑法意义上的"国有公司、企业"（如国有控股、参股公司中负有管理、监督国有资产职责的组织）,但其本人符合司法解释规定的条件,仍可以认定为"国有公司、企业人员"。

例如,《刑事审判参考》(总第120集)收录的吴小军非法经营同类营业、对非国家工作人员行贿案：

吴小军被中国农业银行江苏省分行委派至国有控股的农银国联公司担任总经理,在此期间,其私下为其他公司开展融资业务,获取巨额利益。法院经审理认为,虽然被告人吴小军担任总经理的农银国联公司不是国有独资公司,而是国有控股公司,但不影响被告人作为"国有公司、企业人员"的认定,吴小军应属于《刑法》第165条第1款规定的"国有公司、企业的董事、监事、高级管理人员"范畴,依法可构成非法经营同类营业罪。

作为《监察法》调整对象的"国有企业管理人员",是指"国家出资企业中的管理人员",并不限于"国有独资、全资公司、企业"中的管理人员,范围更为广泛,还包括经党组织或者国家机关,国有独资、全资公司、企业,事业单位提名、推荐、任命、批准等,在国有控股、参股公司及其分支机构中履行组织、领导、管理、监督等职责的人员和经国家出资企业中负有管理、监督国有资产职责的组织批准或者研究决定,代表其在国有控股、参股公司及其分支机构中从事组织、领导、管理、监督等工作的人员。在实际办案中,适用具体罪名时要注意依据有关司法解释规定来确认被告人是否为"国家工作人员"。在这里,有三个实务问题需要明确:

1. 如何认定国有公司、企业委派到非国有公司、企业公司从事公务的人员

《刑法》第 93 条第 2 款规定:"……国家机关、国有公司、企业、事业单位委派到非国有公司、企业、事业单位、社会团体从事公务的人员……以国家工作人员论。"《国家出资企业意见》第 6 条第 1 款、第 2 款规定:"经国家机关、国有公司、企业、事业单位提名、推荐、任命、批准等,在国有控股、参股公司及其分支机构中从事公务的人员,应当认定为国家工作人员……经国家出资企业中负有管理、监督国有资产职责的组织批准或者研究决定,代表其在国有控股、参股公司及其分支机构中从事组织、领导、监督、经营、管理工作的人员,应当认定为国家工作人员。"

上述规定表明,此种情形下的委派,虽然在形式上未作严格限定,但是委派的主体、对象和事项则是法定的,具体认定时要满足以下适格性要件:

(1)委派主体包括两类:一是国家机关、国有(独资、全资)公司、企业、事业单位,包括党组织;二是国家出资企业中负有管理、监督国有资产职责的组织(通常是上级或者本级国有出资企业内部的党委、党政联席会等)。换言之,委派本身要体现出国有单位、组织的意志。

(2)委派对象包括国有控股、参股公司、企业及其分支机构。

(3)有关人员必须从事公务。《经济犯罪纪要》中规定:"从事公务,是指代表国家机关、国有公司、企业、事业单位、人民团体等履行组织、领导、监督、管理等职责。公务主要表现为与职权相联系的公共事务以及监督、管理国有财产的职务活动。"其中的"与职权相联系的公共事务"主要是指国家行政管理事务,"监督、管理国有财产的职务活动"主要是指企业管理事务。这里的公务显然针对后者。申言之,被委派的人员所从事的工作直接与管理、监督国有资产职责相关,而不是一般性的事务工作。**如果委派主体不符合要求,如非系"国有独资公司、企业"或者不属于"国家出资企业中负有管理、监督国有资产职责的组织",或者受委派的人非系从事公务,则对行为人仍不宜认定为"国家工作人员"。**

例如,《刑事审判参考》(总第 112 集)收录的朱思亮非国家工作人员受贿案:

被告人系湖北省天门市信用合作联社原主任,其利用职务便利收受他人贿赂款物价值130余万元,并有370余万元的个人和家庭财产不能说明来源。检察机关指控"受贿罪"和"巨额财产来源不明罪",法院终审改判为"非国家工作人员受贿罪"。理由就是,农村信用联合社本身系农民、农村工商户、企业法人和其他经济组织以及本联社职工自愿入股组成的股份制社区性地方金融机构,无论是天门市信用合作联社还是湖北省农村信用联合社,均不属于"国有企业或国家出资企业";天门市信用合作联社主任由社员代表大会选举的理事组成理事会聘任,虽然在形式上要履行湖北省农村信用社联合社党委提名、任命的程序,但是省联社党委不属于法定的"委派主体",被告人从事的工作也不具有公务性质,所以,被告人的主体身份不能以国家工作人员论,自然也就不能认定受贿罪和巨额财产来源不明罪,所以二审法院改判为"非国家工作人员受贿罪"。[1]

这里需要提及的是,上述委派的具体形式一般不影响国家工作人员身份的认定。《经济犯罪纪要》规定:"所谓委派,即委任、派遣,其形式多种多样,如任命、指派、提名、批准等。"《国家出资企业意见》第6条第1款规定:"经国家机关、国有公司、企业、事业单位提名、推荐、任命、批准等,在国有控股、参股公司及其分支机构中从事公务的人员,应当认定为国家工作人员。具体的任命机构和程序,不影响国家工作人员的认定。"最高人民法院2008年12月1日作出的《关于被告人王文光、郭旭辉挪用公款一案请示的批复》(〔2008〕刑他字第52号)指出:"在国有控股和参股企业中,国家出资企业有权力和义务任免或建议任免有关人员的职务,以实现对国有资产的管理。此类人员虽然任免形式不尽一致,但均应认为系受国有单位委派在前述企业中从事公务的人员。"实际中的委派,基于委派单位及受派单位的不同情况,其具体的任命机构、程序和形式等也较为多样化。对此应当注意围绕委派的法律要件,综合审查认定。

对于委派的内涵及外延,一般可从以下两方面的特征来理解与把握:

(1)形式特征。委派在形式上可以不拘一格,如任命、指派、提名、推荐、认可、同意、批准等均无不可,但应有证据证明存在上述委派形式。

---

[1] 从实际来看,各地信用合作联社的资产情况较为复杂,有的没有国有资产,不属于国有企业或者国家出资企业,如朱思亮非国家工作人员受贿案;有的则具有国资成分,对其中从事管理工作的人员是否认定国家工作人员,仍需要结合具体案件综合分析确定。

(2)实质特征。需要代表国家机关、国有公司、企业、事业单位在国有控股、参股公司及其分支机构中从事组织、领导、监督、管理等公务活动,亦即具有国有单位意志的直接代表性。

司法操作中要善于从问题的本质方面进行判断。"区分是否委派的关键不在于行为人管理职位的形式来源,而是在于其管理职位与相关国有单位是否具有关联性和延续性。"[1]**只要能够认定行为人之所以在国有控股、参股公司及其分支机构中的经营管理层获得职位,系与国有单位的提名、推荐、任命、批准等密不可分,则可以成立委派关系。**

例如,《刑事审判参考》(总第56集)收录的顾荣忠挪用公款、贪污案:

被告人顾荣忠原系江苏省铁路实业有限公司(以下简称铁实公司,系国有公司)投资管理科科长。1999年9月,顾荣忠经铁实公司董事长张某提名,由铁成公司(铁实公司参股的公司)的董事会聘任,担任铁成公司总经理。在担任上述职务期间,顾荣忠将铁成公司持有的股票"转仓"给华勤公司,双方约定以股市交易价在上海证券公司交易,但实际按每股人民币18元结算。顾荣忠后将股票的股市交易价与议定的每股18元实际结算价间的差额,通过买入国债和其他公司股票的方式占为己有。

本案审理中的争议焦点是,被告人的主体身份。检察机关指控认为,被告人属于国家工作人员;辩护人则认为,铁成公司不是国有公司,被告人被该公司董事会聘用为总经理,不属于国家工作人员。法院经审理认为,"委派"在形式上可以不拘一格,如任命、指派、提名、推荐、认可、同意、批准等均可,无论是书面委任文件还是口头提名,只要是有证据证明属上述委派形式之一即可。现有证据中虽无书面文件直接证实被告人的总经理职务是否为国有公司委派,但有关证人及铁成公司董事会决议证实,被告人担任总经理是经铁成公司董事长沈某委托国有公司铁实公司董事长张某提名后,由铁成公司董事会聘任的。因此,被告人担任铁成公司总经理是受铁实公司的委派,代表国有公司在国有参股公司中从事公务,应当以国家工作人员论,其身份符合贪污罪的主体要件。该案裁判确认了委派形式的灵活性和实质审查原则,认为无论是书面委任文件

---

[1] 裴显鼎、刘为波:《国企改制中职务犯罪相关法律适用问题》,载《法律适用》2011年第6期。

还是口头提名,只要是有证据证明客观存在委派关系的,均不影响主体身份认定。

2. 如何认定渎职罪中的"转委托"情形

值得注意的是,实践中大量存在国有单位委派与被委派单位选举、聘任等程序并存的情形,此情形是否会影响相关人员的身份认定。在职务犯罪案件审判中被告人及其辩护人经常会以此为由提出否定国家工作人员身份的辩解或辩护理由,主张被告人担任国有公司、企业管理职位系由股东大会及董事会的选举、决定,而非基于国有公司、企业的委派,故不属于受委派从事公务的人员,不具备国家工作人员身份。一般认为,股份制是国有资本的重要实现形式,根据公司法等法律规定,除了国有独资公司的董事会成员可由相关部门直接委派外,股份公司的董事会成员和总经理均需由股东大会选举或者董事会决定,而国有出资单位依法仅享有提名、推荐权,但这种提名、推荐是基于国有出资单位的股东权利,往往会实际影响着股东大会及董事会的选举、决定。如果将形式上依照公司法由股东依选举产生或者董事会聘任的国有控股、参股公司负责国有资本经营管理的人员,不认定为受委派从事公务的人员,那么,将会从根本上排除在刑事司法中认定受国有公司、企业委派从事公务人员的可能性。这显然是不符合刑法规定精神的。所以,司法实践的基本立场是,此种情形应不影响对从事公务的有关人员认定为国家工作人员。

2002年《渎职罪主体解释》中规定,在受国家机关委托代表国家机关行使职权的组织中从事公务的人员,在代表国家机关行使职权时,有渎职行为,构成犯罪的,依照《刑法》关于渎职罪的规定追究刑事责任。2012年《渎职解释(一)》第7条规定:"依法或者受委托行使国家行政管理职权的公司、企业、事业单位的工作人员,在行使行政管理职权时滥用职权或者玩忽职守,构成犯罪的……适用渎职罪的规定追究刑事责任。"

上述规定确立了受委托行使公权力以国家机关工作人员论的思路,它要求委托的主体一般应为国家机关。值得注意的是,**此规定不适用于"转委托"情形。在实际中,存在"转委托"行政的情况,一些组织接受国家机关委托的行政管理事项后再转委托给其他机构代行职权,对于接受再委托的机构的工作人员,即使行使一定的行政管理职权,由于对其直接委托的主体不适格,仍不宜参照上述规定执行。**

例如,《刑事审判参考》(总第 111 集)收录的周根强、朱江华非国家工作人员受贿案:

作为国有公司的前期公司受上海市市政工程管理处委托,负责一项市政工程周边房屋拆迁工作,该公司随后将此项业务转委托给本案被告人周根强、朱江华所在的更强公司具体实施,二被告人受前期公司负责人口头任命,分别以前期公司动迁二部总经理、经理的名义,具体负责拆迁工作,并支取劳务费用。在此过程中,二被告人受他人请托,明知涉案房屋系空户状态,仍违规审批他人提供的虚假材料,致使拆迁补偿款 138 万余元被冒领,二被告人以此共同收受他人给予的"好处费"共计 21.8 万元。检察机关指控"受贿罪"和"滥用职权罪",法院终审改判为"非国家工作人员受贿罪"。

法院终审改判的依据在于,虽然根据《渎职解释(一)》的规定,依法或者受委托行使国家行政管理职权的公司、企业、事业单位的工作人员可以构成渎职犯罪,但从司法解释文意来看,主体身份的认定要回归到 2002 年的《渎职罪主体解释》,也就是说,公司、企业、事业单位的工作人员只有接受特定的委托主体(国家机关)的委托才有可能构成渎职罪。本案中,上海市市政工程管理处将房屋拆迁相关工作委托给前期公司,前期公司属于受国家机关委托代表国家机关行使职权的国有公司,市政工程管理处并未将相关职权直接委托给更强公司,更强公司系受前期公司转委托而行使管理职权。周根强、朱江华二人工作职能的依据系前期公司与更强公司之间的委托协议之规定及前期公司管理人员的口头委托,并非依法或受国家机关委托进行工作。故周根强、朱江华二人的职权资格非系直接来源于国家机关,不符合滥用职权罪主体身份的要求,其在履职中造成公共财产重大损失的行为,不构成滥用职权罪。

此外,委托本案二被告人的前期公司并非国家机关,故二人不属于国家机关中从事公务的人员;更强公司不具备国有性质,故二人不属于国有公司、企业中从事公务的人员;二人也不是国有公司、企业委派到非国有公司、企业从事公务的人员。所以,二被告人不是国家工作人员,不能构成受贿罪。同时,二人也不属于国有公司、企业工作人员,也不能成立国有公司、企业人员滥用职权罪。二被告人仅能构成非国家工作人员受贿罪。

3. 受贿罪的主体是否包括受委托管理、经营国有财产的人员

《刑法》第 382 条第 2 款规定："受国家机关、国有公司、企业、事业单位、人民团体委托管理、经营国有财产的人员，利用职务上的便利，侵吞、窃取、骗取或者以其他手段非法占有国有财物的，以贪污论。"该规定将贪污罪的主体扩展至"受委托管理、经营国有财产的人员"。那么，此规定能否适用于受贿犯罪？

有观点认为，受国家机关等国有单位委托管理、经营国有财产的人员，实际上属于"其他依照法律从事公务的人员"，因而应以国家工作人员论，故此类人员依职权收受他人财物的构成受贿罪。所以，在周根强、朱江华非国家工作人员受贿案中，二被告人应属于"受委托管理、经营国有财产的人员"，仍可以成立受贿罪。

我们不认可上述观点。**《刑法》第 382 条的规定属于法律拟制，只能在贪污罪中适用，将受贿罪的主体范围等同于贪污罪的主体范围是不妥的。**法律拟制具有相当性，只有拟制情形与被拟制情形在社会危害程度上具有相当性且能够建立起等值关系时，才能进行法律拟制。受委托管理、经营国有财产的人员之所以能构成贪污罪，是因为此类人员的贪污行为侵犯的客体与国家工作人员的贪污行为侵犯的客体具有等值关系，二者的社会危害具有相当性。此外，从《刑法》条文的前后设置上看，此规定也只能属于法律拟制。如果此规定属于注意规定，受委托管理、经营国有财产的人员本来就属于《刑法》第 93 条第 2 款规定的应当以国家工作人员论的其他依照法律从事公务的人员，那么《刑法》第 382 条第 1 款中的"国家工作人员"自然就包含了这类主体，第 2 款关于这类主体利用职务上的便利非法占有国有财物以贪污论的专门规定，就显得多此一举了。所以，既然属于针对贪污罪的法律拟制，此款就不宜类推适用于受贿罪的认定。

（四）公办的教育、科研、文化、医疗卫生、体育等单位中从事管理的人员

《监察法实施条例》第 41 条规定，公办的教育、科研、文化、医疗卫生、体育等单位中从事管理的人员，是指国家为了社会公益目的，由国家机关举办或者其他组织利用国有资产举办的教育、科研、文化、医疗卫生、体育等事业单位中，从事组织、领导、管理、监督等工作的人员。此类主体包括上述单位及其分支机构中从事领导、组织、管理、监督等活动的人员。该主体较为复杂，认定时应注意以下几点：

(1)有关人员隶属公办单位,而非民办或其他私立单位;

(2)涵盖了分支机构的人员,至于分支机构的层级要具体分析,如大学之下还有学院、教研室、研究所等,要结合层级、影响力及行为是否具有公务性质等方面来合理确定;

(3)应从事领导、组织、管理、监督等公务活动,如果行为不具有"组织、领导、管理、监督"等公务性质,应不属于此类。

此类公职人员有的属于国家工作人员,有的则不是,判断的主要依据是《刑法》第93条的规定,看行为人是否"在事业单位、人民团体中从事公务"。

(五)基层群众性自治组织中从事管理的人员

《监察法实施条例》第42条规定,基层群众性自治组织中从事管理的人员,是指该组织中的下列人员:(1)从事集体事务和公益事业管理的人员;(2)从事集体资金、资产、资源管理的人员;(3)协助人民政府从事行政管理工作的人员,包括从事救灾、防疫、抢险、防汛、优抚、帮扶、移民、救济款物的管理,社会捐助公益事业款物的管理,国有土地的经营和管理,土地征收、征用补偿费用的管理,代征、代缴税款,有关计划生育、户籍、征兵工作,协助人民政府等国家机关在基层群众性自治组织中从事的其他管理工作。由上述界定可见,此类主体包括农村村民委员会、城市居民委员会等基层群众性自治组织中从事集体自治事务管理的人员,以及协助人民政府从事行政管理工作的人员。

全国人大常委会《关于〈中华人民共和国刑法〉第九十三条第二款的解释》中规定:"村民委员会等村基层组织人员协助人民政府从事下列行政管理工作,属于刑法第九十三条第二款规定的'其他依照法律从事公务的人员':(一)救灾、抢险、防汛、优抚、扶贫、移民、救济款物的管理;(二)社会捐助公益事业款物的管理;(三)国有土地的经营和管理;(四)土地征收、征用补偿费用的管理;(五)代征、代缴税款;(六)有关计划生育、户籍、征兵工作;(七)协助人民政府从事的其他行政管理工作。"

上述立法解释仅涉及村民委员会等村基层组织"协助人民政府从事行政管理工作",但《监察法》除此之外,还涵盖了"从事集体事务管理",适用范围明显得以扩展。在具体认定时,也有几个常见实务问题需要明确:

1. 村委会等农村基层组织人员从事村集体事务管理工作是否属于"依照法律从事公务"

根据《村民委员会组织法》的规定,村民委员会是村民自我管理、自我教育、自我服务的基层群众性自治组织。村民委员会所从事的管理工作由以下两部分组成:一是单纯的自治事务,包括集体事务、公益事业管理和集体资金、资产、资源管理等,如修桥筑路、兴修水利、集资办厂等公益事业,这些事务在实践中往往以村集体组织名义实施,费用主要源于村集体的自有财产或自筹资金;二是具有行政管理性质的工作又称国家事务,如救灾、抢险等款物的管理和发放、税款的代征和代缴。这些事务与人民群众公共利益及社会的生存、发展等密切相关,且往往以国家或者政府的名义实施,费用也主要源于村集体组织代为管理的国家财产等。所以,立法机关将后者解释为《刑法》上的"公务",从事该事务管理工作的村委会等农村基层组织人员以国家工作人员论;对前者则区别对待,不作为国家工作人员论。1999年《村民小组组长批复》将有关人员非法侵占村集体组织财产的行为认定为职务侵占罪,就是明确否定其国家工作人员身份。所以,在认定"基层群众性自治组织中从事管理的人员"时,应当注意依法准确地甄别其主体身份。

2. 村委会等农村基层组织人员从事哪些管理工作属于"依照法律从事公务"

2000年,全国人大常委会《关于〈中华人民共和国刑法〉第九十三条第二款的解释》将村委会等农村基层组织人员以国家工作人员论的范围限定于"协助人民政府从事行政管理工作"时,明确了七项特定的具体事务。《监察法实施条例》对"协助人民政府从事行政管理工作的人员"的界定,也基本参照该立法解释。考虑到村委会等农村基层组织人员实施的相关犯罪主要为侵财,所以办案中要重点关注涉案财产的性质。

从实际来看,农村基层组织人员管理、支配或经手的财产按其性质或权属可基本分为两大类:(1)村集体的自有财产,主要包括村办企业财产,村办经济实体所获得的利润,村提留资金,土地补偿款,村集体所有的自然资源出售、承包、租赁所得,村集体自我积累的资金等,这些财产通常属于村集体所有。(2)在协助政府从事行政管理工作时代为管理的财产,主要包括代为发放的救灾、抢险、防汛、优抚、扶贫、移民、救济款物,社会捐助款物,以及代征、代缴的税款,党费等,这些财产形式上归属于国家。一般而言,当犯罪对象是村集体财产时,农村基层组织人员利用职务之便将该财产非法据为己有的,应认定为职务侵占罪;当犯罪对象是第二类财产时,则应认定为贪污罪。

目前实践中比较有争议的是"土地征用补偿费用"的性质认定。

例如,《刑事审判参考》(总第106集)收录的赵玉生、张书安职务侵占案:

被告人赵玉生利用担任河南省新郑市城关乡沟张村二组组长的职务便利,与该村文书被告人张书安商议后,在发放新郑市城关乡沟张村二组村民南水北调工程永久用地补偿费过程中,以在该村二组南水北调永久用地补偿费分配表中添加张书安的方式,先后两次以张书安名义套取人民币169,120元,张书安分得3万元,赵玉生将余款据为己有。检察机关指控和一审法院判决均认定为"贪污罪";二审法院认为,南水北调工程永久用地补偿款系新郑市城关乡沟张村集体土地被国家征用而支付的补偿费用,该款进入新郑市城关乡"三资"委托代理服务中心账户后即为该中心代为管理的村组财产,赵玉生、张书安在分配该财产过程中,私自将本组扣发的集体财产以张书安的名义套取后私分,其行为符合职务侵占罪的构成要件,故终审改判为"职务侵占罪"。

上述案例刊登后,笔者陆续接到了一些司法同仁的电话或交流文章,对终审判决提出不同意见。概言之,主要有以下两种观点:

第一种观点认为,认定农村基层组织人员的活动是否属于协助人民政府从事行政管理工作,应当注意行为人所从事协助行为的衔接性,通过一定的时间节点进行合理界分。村(社区)基层组织人员协助人民政府从事土地征收、征用补偿费用的管理工作,应以政府向村委会(社区)或村民(居民)发放相关补偿费用为界,即属于集体的补偿款以发放至村委会(社区)为界,需要向村民(居民)个人补偿的以发放至村民个人为界,款项发放到位后,相应的协助职能才告结束。在赵玉生、张书安职务侵占案中,地方政府部门根据土地征用情况对相应的失地村民进行征地补偿,将土地补偿款统一发放至村集体账户后委托相应的村基层组织人员进行管理并按照一定的标准发放至个体村民,该行为理应仍属土地征用补偿费用管理的一部分,而且也只有在政府部门将土地补偿款拨付至村集体账户,村基层组织人员取得对该笔土地征用补偿费的控制权后才具有管理该笔费用的可能性,后续的发放行为也并非村集体事务的范围,属于事实上应由政府履行的公务范畴,且相应的征地补偿款项也只是暂存于村集体账户,并不当然属于村集体资产,在发放工作结束前,行为人协助履行征地款的发放应认定为协助政府从事特定公务的行为,故二被告人的行为应认定贪污罪。[1]

第二种观点认为,根据我国《民法典》、《土地管理法》和《土地管理法实施条例》等相关法律法规的规定,国家征用农村土地的"土地征用补偿费用"由三部分组成:第一部分为土地补偿费。这是国家对村集体转让集体土地所有权的相应补偿,其补偿的对象为村集体。第二部分为安置补助费。这是国家对村民转让集体土地承包经营权的相应补偿。第三部分为地上附着物和青苗的补偿费,这是对地上附着物以及青苗的补偿,应归地上附着物及青苗的所有者。非法占有"土地征用补偿费用"的行为,会因该费用中款项归属和性质的不同而触犯不同的罪名:对进入村集体账户的安置补助费、地上附着物和青苗补偿费,村集体只是暂时代为管理,其性质上仍是一种公共财产,在该费用发放给土地承包人、地上附着物和青苗所有者的过程中,农村基层组织人员侵吞这些款项构成犯罪的,应当以贪污罪处理。对于进入村集体账户的土地补偿费,一旦经村民大会讨论表决,并由村集体予以提留,该款项即成为村集体财产的一部分,村集体便享有对该土地补偿款的所有权,在此情况下,农村基层组织人员非法占有该款项的,就不能定贪污罪,而应当定职务侵占罪。[2]按照此观点,需要区分被告人赵玉生、张书安非法套取并占有的款项系村集体所有的土地补偿费,还是村民个人所有的安置补助费或地上附着物和青苗的补偿费,然后再来看定性,属于前者定职务侵占罪,属于后者则定贪污罪。在特定案件中,不排除被告人因为占有款项的不同成分而被数罪并罚的情形。

从立法及现实情况看,村委会作为受委托主体,有不同于其他主体的特殊性,它是村民自我管理、自我教育、自我服务的基层群众性自治组织,具有鲜明

---

[1] 参见李国华:《另眼看村民小组长将集体土地征用补偿款据为己有之定性——评〈刑事审判参考〉最新第1138号案例》,载《中国检察官》2017年第6期。

[2] 参见张建军:《依财产权属甄别农村基层组织人员职务犯罪》,载《检察日报》2017年7月5日,第3版。

的自治性质。所以,在具体认定上,必然要求留给其在管理"土地征用补偿费用"上的一定的自治空间。**如果不分情况地认为相关款项只要尚未发到村民手中就是公款,协助人民政府对该款项的行政管理工作尚未完成,仍是从事法律规定的公务活动,这无疑会限缩或侵蚀村委会等农村基层组织的"自治性",并不完全符合立法精神。**并且,"土地征用补偿费用"由土地补偿费、安置补助费、附着物和青苗的补偿费等组成,诚如第二种观点所认为的,这些费用的归属是不同的,有的属于村集体,有的属于村民个人,这些费用的归属具有不同的刑法评价意义,也不宜一概而论。

但是,如果完全按照第二种观点操作,则实践中很可能难以进行。因为,实际中的土地征用补偿费用的组成、管理和发放是比较复杂的。政府委托村委会等农村基层组织代行其事时,也未必都是将每一笔款项、每一户村民的补偿费都计算得十分清楚,有时是直接算总账后"打包"给村委会等农村基层组织,由后者根据实际情况具体计算、区分。这些费用中有补偿给村民的安置补助费、附着物和青苗的补偿费等,也有补偿给村集体的土地补偿费;村集体获得的土地补偿费到达村集体账户后,通常村集体会提留一部分,余下则按照一定标准单独或会同安置补助费、附着物和青苗的补偿费等再发放给村民(这一过程本身也是村委会等农村基层组织自治性的体现)。

在此过程中,要想清晰、科学地把每一笔钱的性质和归属厘定清楚,并不是一件容易的事情。在所谓的土地征用补偿费用进入村委会等农村基层组织的账户后,再从中把村基层组织人员侵吞的每一笔款项从归属于村集体的土地补偿费和归属于村民的土地补偿费、安置补助费、附着物和青苗的补偿费中逐一捡拾出来,分别定罪处罚,可能难以成行。并且,如果区别认定,在很多案件中可能因为涉案款项的不同属性而需要对被告人实行数罪并罚,由此会明显加重被告人实际执行的刑罚,造成类案量刑上的失衡。如果将被侵吞的款项一概认定为全部系村民的补偿费用(而不考虑村集体所有的部分),对村委会等农村基层组织人员一律以贪污罪定罪处罚,明显也是不尽合理的。

基于这些考虑并贯彻立法精神、尊重村委会的自治权利,**将土地征用补偿费用到达村民委员会等农村基层组织的账户作为一个判断的时间节点,一旦该款项进入村集体账户,认定该笔款项系村委会等农村基层组织的集体财产,并**

不失为一个操作简便、相对合理的办法。

事实上,村民委员会等村基层组织人员协助人民政府从事土地征收、征用补偿费用的管理等行政管理工作,具体主要是协助政府开展核准、测算以及向土地征用受损方发放补偿费用等管理活动。土地征用补偿费用本质上是土地所有权由集体所有转为国家所有的利益补偿,一旦被征用方的损失依法得到填补,所有权转移的法律效果便已实现,故可认为针对土地征用补偿费进行管理的国家公权力的行使至此基本上已告一段落。补偿到位后,来源于政府的补偿费用就转变为因出让集体土地所有权和个人土地使用权而获得的集体财产和个人财产,故将之后村组织对该款项的处理纳入村民自治的范畴考虑,亦具有一定的合理性。

有的观点提出,如果政府的补偿费用不到位,就谈不上村组织人员对该补偿费用的侵吞问题了。一旦补偿费用到位,村组织人员协助政府从事行政管理工作结束,那么也就没有村组织人员以国家工作人员论,进而以贪污罪定罪处罚的空间了。笔者认为,这样的理解仍然是片面的。

从实际来看,村委会等农村基层组织人员协助政府从事土地征用补偿费用的管理工作,其内容还是比较丰富的,并不仅限于款项发放。比如,协助清点、丈量、测算、确认、统计土地、登记地上附着物,计算土地补偿项目和面积、地上附着物数及青苗补偿亩数,协助统计、登记、向上报送材料。如果在这一过程中,利用职务便利,虚构补偿项目或多报土地面积、地上附着物数及青苗补偿亩数,不将政府拨付的补偿计入村集体账目,用补偿款给村干部发奖金,并以此名义套取补偿款等,由于该款项并非正常的村组织或人员出让集体土地所有权和个人土地使用权而应获得的政府补偿,而是弄虚作假、虚报冒领套取超额土地补偿款,该款项原本也不属于村组织或村民个人,那么,无疑应当以贪污罪定罪处罚。

例如,《刑事审判参考》(总第71集)收录的廖常伦贪污、受贿案:

时任金堂县赵镇十里社区三组副组长的被告人廖常伦,在从事具体负责所在组被拆迁户资料收集、统计上报,指认被拆迁房屋及附属物,带领拆迁工作人员丈量、核实被拆迁房屋及附属物等协助工作中,伪造户口不在本组、没有被拆迁房屋的廖某容、廖某玉、廖某美、夏某4人为本组村民的户口及拆迁房屋等资料,虚报多年前在其他项目拆迁安置中已安置的陈某先、谢某菊、周某华为拆迁安置户,为不符合拆迁安置条件的上述7户农户分别申请了一套拆迁安置房。2007

年9月20日,廖常伦代签了廖某玉(签名为廖某容)、廖某容(签名为廖某美)、夏某、廖某美(签名为廖某玉)4户的农房拆迁协议,2007年9月22日,廖常伦代陈某先、周某华、谢某菊3户签订了农房拆迁协议;2007年10月17日,廖常伦签字代陈某先、周某华、廖某容、夏某、廖某玉、廖某美、谢某菊等领取了拆迁搬家费、过渡费18,840元,据为己有。法院经审理后对被告人廖常伦以贪污罪定罪处罚。

在本案中,法院之所以判处被告人廖常伦构成贪污罪,系因为廖常伦在协助政府进行征地拆迁安置工作中,虚构被拆迁户及其房屋,骗取拆迁安置补偿费。进言之,被其侵吞的款项并不是正常的补偿费用,而是其通过弄虚作假骗领的款项,该款项也不属于村组织应予管理的事项,故对其行为不宜认定职务侵占罪,而应认定贪污罪。

相比之下,如果上述人员协助人民政府从事的土地征收、征用补偿费用管理等行政管理工作已经基本结束,土地补偿费已经拨付给村集体,不存在弄虚作假、虚报冒领等问题,该补偿款项进入村集体账户后,余下的工作就是村委会等基层组织根据具体情况、标准分配款项,可认为其系在管理村集体事务,在此过程中对侵吞相关补偿费用的行为,可以职务侵占罪定罪处罚。

不仅在赵玉生、张书安职务侵占案等案件中法院秉持上述立场,在《刑事审判参考》(总第92集)收录的曹建亮等职务侵占案中法院也基本遵循了上述的裁判思路:

在该案中,五名被告人均系村委会组成人员,在该村部分土地被征用后,村委会未将所获取的青苗补偿款人民币19,592元入账,也未将后来追加的水浇地补偿款73,602元入账,在该村与他村合并时,五名被告人经合谋将上述款项及其他部分款项均分,每人得款39,500元。检察机关及一审法院均认定"贪污罪",二审法院经审理则认为:"虽然本案涉案款项是土地征用补偿费,但是当村委会在协助乡镇政府给村民个人分发时才属于协助人民政府从事行政管理工作,该补偿费一旦分发到村民个人手中,即属于村民个人财产;当村委会从乡镇政府领取属于村集体的补偿费时,村委会属于收款人,与接收补偿费的村民个人属于同一性质,该补偿费一旦拨付到村委会,即属于村民集体财产。此时,村委会不具有协助人民政府从事行政管理工作的属性。五被告人利用职务上的便利,采取侵吞手段,将集体财产非法占为己有,数额较大,其行为构成职务侵占罪。"

3. 村民小组组长能否"以国家工作人员论"

最高人民法院1999年印发的《村民小组组长批复》规定:"对村民小组组长利用职务上的便利,将村民小组集体财产非法占为己有,数额较大的行为,应当依照刑法第二百七十一条第一款的规定,以职务侵占罪定罪处罚。"有观点据此认为,村基层组织人员所对应的应当是村一级的基层组织,村民小组只是协助村级组织工作的组织,与村基层组织是不同的。

笔者认为,此观点不妥。根据《村民委员会组织法》的规定,村民委员会的组织包括村民委员会主任、副主任、委员,以及人民调解、治安保卫等委员会。村民委员会可以按照村民居住状况分设若干村民小组。村民小组是比村民委员会更低一级的村民组织,但村的大部分行政管理工作最终都要通过村民小组组长来组织和实施。因此,**对于村民小组组长,也应当认定为村基层组织人员。**并且,《村民小组组长批复》针对村民小组组长侵吞集体财产的行为,提出以职务侵占罪定罪处罚,并未否定村民小组组长在协助人民政府从事行政管理工作时,可以国家工作人员论,构成贪污罪、受贿罪等。上述批复与《渎职罪主体解释》并不矛盾。此外,立法解释使用了"村民委员会等村基层组织"的表述,也没有将"村基层组织"限定于村民委员会。

例如,前述的廖常伦贪污、受贿案:

在此案中,被告人的身份为四川省金堂县赵镇某社区村民小组副组长,在协助赵镇人民政府进行征地拆迁安置工作中,虚构被拆迁户及其房屋的情况,骗取拆迁安置补偿费18,840元;接受被拆迁人之请,为其谋取非法利益,收受其金钱12,000元。法院经审理认为,被告人属于《刑法》第93条第2款规定的"其他依照法律从事公务的人员",应当以国家工作人员论,对其行为应当分别以贪污罪、受贿罪定罪处罚,并应当数罪并罚。

4. 村委会等基层群众自治组织工作人员"骗补"行为的认定

村委会等基层群众性自治组织工作人员协助政府从事救灾、抢险、防汛、优抚、扶贫、移民、救济款物以及拆迁款等管理工作中,弄虚作假,骗取国家补助补贴款项的,如果所骗取款项全部发放给了村民或者用于村集体公共支出,本人没有非法占有故意,也未从中实际分取好处的,一般不宜以贪污罪或者诈骗罪处理,因为不完全符合该两罪的犯罪构成要件。此类行为给国家利益造成重大损失,实际上具有渎职性质,如果追究刑事责任,能否以渎职类犯罪论处,这就涉及犯罪主体的适格性问题。对这个问题长期以来在实践中存有认识分歧。

全国人大常委会《关于〈中华人民共和国刑法〉第九十三条第二款的解释》将村民委员会等农村基层组织人员"协助人民政府从事行政管理工作"时视为"其他依照法律从事公务的人员",以国家工作人员论。据此,肯定意见认为,村民委员会、居民委员会等基层组织人员协助人民政府从事行政管理工作时,应视同为国家机关工作人员。反对意见则认为,首先,根据立法解释规定,此类人员属于其他依法从事公务的人员,在逻辑上排除了认定国家机关工作人员的可能;其次,考虑到这类人员没有国家机关工作人员的相关待遇,在具体认定上有必要从严把握。[1]由于意见不统一,2012年制定的《渎职解释(一)》中对该问题未能规定。

但2012年11月15日最高人民检察院发布第二批指导性案例之第5号"陈某、林某、李甲滥用职权案",则明确了这样的"要旨":"随着我国城镇建设和社会主义新农村建设逐步深入推进,村民委员会、居民委员会等基层组织协助人民政府管理社会发挥越来越重要的作用。实践中,对村民委员会、居民委员会等基层组织人员协助人民政府从事行政管理工作时,滥用职权、玩忽职守构成犯罪的,应当依照刑法关于渎职罪的规定追究刑事责任。"

在该案中,被告人陈某利用担任上海市奉贤区四团镇推进镇保工作领导小组办公室负责人的职务便利,被告人林某、李甲利用受上海市奉贤区四团镇人民政府委托分别担任杨家宅村镇保工作负责人、经办人的职务便利,在从事被征用农民集体所有土地负责农业人员就业和社会保障工作过程中,违反相关规定,采用虚增被征用土地面积等方法徇私舞弊,共同或者单独将114名不符合镇保条件的人员纳入镇保范围,致使奉贤区四团镇人民政府为上述人员缴纳镇保费用共计人民币600余万元、上海市社会保险事业基金结算管理中心为上述人员实际发放镇保资金共计人民币178万余元,并造成了恶劣的社会影响。检

---

[1] 刘为波等:《〈关于办理渎职刑事案件具体应用法律若干问题的解释(一)〉的理解与适用》,载《人民司法》2014年第7期。

察机关指控三名被告人犯滥用职权罪。法院经审理认为,被告人陈某身为国家机关工作人员,被告人林某、李甲身为受国家机关委托代表国家机关行使职权的组织中从事公务的人员,共同或分别徇私舞弊,滥用职权,致使公共财产遭受重大损失,三人的行为均已构成滥用职权罪。

由上述指导性案例可见,**村民委员会、居民委员会等基层组织人员在特定情形下可以作为渎职罪主体,对于相关"骗补"行为,可视情以滥用职权罪定罪处罚。**

2020年2月6日,在新冠肺炎肆虐期间,最高人民法院、最高人检察院、公安部、司法部联合印发了《关于依法惩治妨害新型冠状病毒感染肺炎疫情防控违法犯罪的意见》(〔2020〕7号)。针对该意见实施中遇到的突出法律问题,"两高"有关负责人随后作了具体解读,其中在解答"在办案中对于以暴力、威胁方法拒绝配合参与疫情防控的村民、物业保安等实施的检测、隔离等行为的,能否认定为妨害公务罪"的问题,提出"因疫情具有突发性、广泛性,为了最大限度防控疫情,各级政府和有关部门需要组织动员居(村)委会、社区等组织落实防控职责,实施管控措施。对于上述组织中的人员,如果属于'在受国家机关委托代表国家机关行使疫情防控职权的组织中从事公务的人员',可以成为妨害公务罪的对象"。而妨害公务罪的对象是国家机关工作人员(包括立法解释明确的三类主体),这也从一个侧面肯定了村民委员会、居民委员会等基层组织人员在受委托代表国家机关行使职权时具备渎职罪的主体资格。

(六)其他依法履行公职的人员

《监察法实施条例》第43条规定,其他依法履行公职的人员,是指以下人员:(1)履行人民代表大会职责的各级人民代表大会代表,履行公职的中国人民政治协商会议各级委员会委员、人民陪审员、人民监督员;(2)虽未列入党政机关人员编制,但在党政机关中从事公务的人员;(3)在集体经济组织等单位、组织中,由党组织或者国家机关,国有独资、全资公司、企业,国家出资企业中负有管理监督国有和集体资产职责的组织,事业单位提名、推荐、任命、批准等,从事组织、领导、管理、监督等工作的人员;(4)在依法组建的评标、谈判、询价等组织中代表国家机关,国有独资、全资公司、企业,事业单位,人民团体临时履行公共事务组织、领导、管理、监督等职责的人员;(5)其他依法行使公权力的人员。

此类主体是《监察法》的兜底性规定,基本涵盖了《刑法》规定的三类人员:(1)国家工作人员;(2)以国家工作人员论的"其他依照法律从事公务的人员";(3)非国家工作人员。实际办案中,要注意甄别行为人的具体身份,并针对不同的主体身份适用不同的罪名和处罚标准。其中,有关人员作为"其他依照法律从事公务的人员"来认定,需要满足以下三个条件:

1. 从事公务

从事公务,即代表国家机关、国有公司、企业、事业单位、人民团体等履行组织、领导、监督、管理等职责。那些不具备职权内容的劳务活动、技术服务工作,应从公务中予以排除。此外,**如果公务与其他事务混杂在一起,应主要从公务的角度来考察,对于符合公务的成立条件,即可认定从事公务,否则就不能成立。**

2. 从事公务具有一定的法律依据

从事公务具有一定的法律依据是认定国家工作人员身份的核心内容。"'依照法律'中的'法律'是指广义上的法律,依照法律实质上是指行为人的任用、地位、职务、公务行为等具有法律上的依据……公民自发从事的公益性活动,不属于公务。"[1]换言之,**公务事项的来源必须合法合理,具有法律上、政策上、组织上的明确依据**,而非行为人自发从事。

3. 行为人系在某种特殊场合或特定条件下从事公务

"通常具有临时性而非经常性的特点,或者说行为人平时的工作主要不是从事公务。"[2]比如,我国的各级人大代表,平时的工作未必是公务,但履行人大代表职责时应属于依照法律从事公务。如果其接受请托人的请托,利用人大代表的身份和职责,为请托人向有关部门提出议案、质询等事项,或者向有关部门负责人说情、打招呼,并从中收取财物的,应作为从事公务活动中收受财物的受贿认定。再如,各级人民法院的人民陪审员,其参与审判工作通常也不是职业,而是临时性的,在担任特定案件的人民陪审员时,其审判工作应属于依照法律从事公务,可视为国家工作人员。

例如,张正中贪污案:

---

[1] 张明楷:《刑法学》,法律出版社2016年版,第133页。
[2] 孙国祥:《贪污贿赂犯罪研究》(上册),中国人民大学出版社2018年版,第37页。

被告人张正中原系启东市聚星粮站副站长,2002年9月4日被解除劳动合同关系,2002年10月8日、2003年3月5日被启东市人民法院分别指定担任汇龙公司与龙权公司破产清算组组员,在两清算组担任现金会计。其间,张正中利用职务上的便利,采取"一票两用套取现金""虚开代农加工商品转移通知单并结报""收入不入账"等形式侵吞、骗取公共财产合计人民币378,571元,其中既遂220,904.5元,未遂157,666.5元。

法院经审理认为,被告人是人民法院指定的破产清算组的工作人员,在该破产清算组中担任现金会计,负责现金保管、油票管理、收购油票、储运等具体工作,符合"从事公务"的法律本质,且清算组成员的产生和从事公务的行为完全基于我国《民法通则》《企业破产法》等法律规定,即具有明确法律授权。因此,应将破产组成员归类于我国《刑法》认定国家工作人员的"兜底条款",应以"其他依照法律从事公务的人员"论。被告人在从事公务活动中,利用职务之便,采用不法手段侵吞、骗取公共财产数额10万元以上,其行为已构成贪污罪。[1]

在这里,需要注意评标委员会、竞争性谈判采购中谈判小组、询价采购中询价小组成员的认定问题。《商业贿赂意见》第6条规定,依法组建的评标委员会、竞争性谈判采购中谈判小组、询价采购中询价小组的组成人员,在招标、政府采购等事项的评标或者采购活动中,索取他人财物或者非法收受他人财物,为他人谋取利益,数额较大的,依照《刑法》第163条的规定,以非国家工作人员受贿罪定罪处罚。依法组建的评标委员会、竞争性谈判采购中谈判小组、询价采购中询价小组中国家机关或者其他国有单位的代表有前款行为的,依照《刑法》第385条的规定,以受贿罪定罪处罚。据此,办案中要注意"将评标委员会、竞争性谈判采购中谈判小组、询价采购中询价小组区分为代表国有单位的组成人员和非代表国有单位的组成人员,前者应当认定为国家工作人员,构成犯罪的,按受贿罪定罪处罚;后者则属于非国家工作人员,构成犯罪的,按非国家工作人员受贿罪追究刑事责任"。[2]

从实际来看,"其他依法履行公职的人员"的涵盖范围较为广泛、庞杂。例

---

[1] 参见江苏省南通市中级人民法院(2004)通中刑二终字第0002号刑事裁定书。
[2] 逄锦温:《〈关于办理商业贿赂刑事案件适用法律若干问题的意见〉的理解与适用》,载《人民司法》2008年第23期。

如,佛教协会的工作人员,此前曾发生某寺庙主持同时也是佛教协会会长被举报事件。该事件发生后,网上有声音呼吁监察机关应介入调查。从《监察法》关于适用对象的规定看,如果监察机关介入调查,在法律上是没有问题的。因为佛教协会属于"群团组织",协会会长当然地属于其中"依法从事领导、组织、管理、监督等公务活动的人员"。**但是否认定为"国家工作人员",则应依据《刑法》来确定。**2003年《最高人民检察院关于佛教协会工作人员能否构成受贿罪或者公司、企业人员受贿罪主体问题的答复》中对此亦有明确规定:"佛教协会属于社会团体,其工作人员除符合刑法第九十三条第二款的规定属于受委托从事公务的人员外,既不属于国家工作人员,也不属于公司、企业人员。根据刑法的规定,对非受委托从事公务的佛教协会的工作人员利用职务之便收受他人财物,为他人谋取利益的行为,不能按受贿罪或者公司、企业人员受贿罪追究刑事责任。"

二、案件管辖问题

在此主要探讨三个方面的问题:一是刑事案件职能管辖的新格局,二是监察机关管辖的案件范围,三是监检法办案中的管辖实务问题。

(一)刑事案件职能管辖的新格局

职能管辖,又称立案管辖,是指监察机关和公安机关、检察机关、审判机关之间,在直接受理刑事案件立案上的分工。目前《监察法》已施行多年,《刑事诉讼法》也已相应地作了修改,监察体制改革初期的一些争议问题逐渐清晰。依据《监察法》及《刑事诉讼法》,目前刑事案件职能管辖的基本格局已确定。具体来说:

(1)公安机关是刑事诉讼中的专门侦查机关,除法律特别规定外,刑事案件由公安机关管辖。

(2)人民检察院是法律监督机关,重点是对诉讼活动进行法律监督,可以管辖司法工作人员利用职权实施的侵犯公民权利、损害司法公正的犯罪案件,具体涉及非法拘禁罪,非法搜查罪,刑讯逼供罪,暴力取证罪,虐待被监管人员罪,滥用职权罪,玩忽职守罪,徇私枉法罪,民事、行政枉法裁判罪,执行判决、裁定失职罪,执行判决、裁定滥用职权罪,私放在押人员罪,失职致使在押人员脱逃罪,徇私舞弊减刑、假释、暂予监外执行罪14个罪名。**所谓"可以"管辖**,是指这些犯罪本也在监察机关的管辖范围内,但如果"由人民检察院管辖更适宜的可以由人民检察院管辖",以体现检察机关对诉讼活动的法律监督职责。

需要注意的是,人民检察院对上述14个罪名进行管辖是有限定条件的:首先,犯罪主体必须是司法工作人员。根据《刑法》第94条的规定,司法工作人员,是指有侦查、检察、审判、监管职责的工作人员。其次,司法工作人员必须利用了职权,由此排除了司法工作人员未利用职权实施的犯罪。最后,人民检察院管辖此类案件必须是在对诉讼活动实行法律监督中发现的。这是对其行使管辖权的时空限制。

根据2018年《检察院立案侦查职务犯罪规定》,上述犯罪案件,由设区的市级人民检察院立案侦查。基层人民检察院发现犯罪线索的,应当报设区的市级人民检察院决定立案侦查。设区的市级人民检察院也可以将案件交由基层人民检察院立案侦查,或者由基层人民检察院协助侦查。设区的市级以上人民检察院侦查终结的案件,可以交有管辖权的基层人民法院相对应的基层人民检察院提起公诉。

此外,对于公安机关管辖的国家机关工作人员利用职权实施的其他重大犯罪案件,需要由人民检察院直接受理的时候,经省级以上人民检察院决定,也可以由人民检察院管辖。这也是《刑事诉讼法》的一贯规定。这种管辖"视情况而定",本身带有灵活性和补充性。

(3)法院是审判机关,管辖一些不需要侦查的轻微刑事案件(自诉案件)。

(4)监察委员会是国家监察机关,管辖公职人员实施的职务犯罪案件。

(二)监察机关管辖的案件范围

《监察法》第3条规定,"各级监察委员会是行使国家监察职能的专责机关,依照本法对所有行使公权力的公职人员(以下称公职人员)进行监察,调查职务违法和职务犯罪……"**该条确立了监察机关职能管辖的标准是"人(公职人员)+事(在行使公权力过程中)"**。

《监察法》第11条规定,监察委员会依照该法和有关法律规定履行监督、调查、处置职责,对涉嫌贪污贿赂、滥用职权、玩忽职守、权力寻租、利益输送、徇私

第九讲 监察体制改革后职务犯罪案件的审判 443

舞弊以及浪费国家资财等职务违法和职务犯罪进行调查；对涉嫌职务犯罪的，将调查结果移送人民检察院依法审查、提起公诉。该规定确立了监察机关职能管辖的案件范围。

关于案件具体范围，此前理论界曾有过深入探讨和争论，具体罪名有58个、69个、71个等多种主张。2018年中央纪委国家监察委制定出台《国家监察委员会管辖规定（试行）》，将监察机关管辖范围确定为6类88个罪名，具体包括贪污贿赂犯罪17个罪名，滥用职权犯罪15个罪名，玩忽职守犯罪11个罪名，徇私舞弊犯罪15个罪名，公职人员在行使公权力过程中发生的重大责任事故犯罪11个罪名，公职人员在行使公权力过程中发生的其他犯罪19个罪名。

此外，根据有关监察法规及2018年修改的《刑事诉讼法》的有关规定，人民检察院可以立案侦查其在对诉讼活动实行法律监督中发现的司法工作人员利用职权实施的非法拘禁、刑讯逼供、非法搜查等侵犯公民权利、损害司法公正的犯罪，涉及前述的非法拘禁罪等14个罪名，但这些罪名并未包含在上述88个罪名中。这意味着，虽然立法规定"由人民检察院管辖更为适宜的可以由人民检察院管辖"，但如无特别情况，一般是由检察机关管辖，人民检察院的管辖权在此类案件上具有优先性。《检察院立案侦查职务犯罪规定》对此也作了确认：人民检察院在对诉讼活动实行法律监督中，发现司法工作人员涉嫌实施侵害公民权利、损害司法公正的14类犯罪案件，"可以立案侦查"。当然，**如果监察机关愿意管，司法工作人员属于公职人员，按照监察工作对公职人员全覆盖的精神，它也可以直接管辖，但通常只在"必要时"才立案调查。**

《监察法实施条例》第52条就上述情形作了细化规定："监察机关必要时可以依法调查司法工作人员利用职权实施的涉嫌非法拘禁、刑讯逼供、非法搜查等侵犯公民权利、损害司法公正的犯罪，并在立案后及时通报同级人民检察院。监察机关在调查司法工作人员涉嫌贪污贿赂等职务犯罪中，可以对其涉嫌的前款规定的犯罪一并调查，并及时通报同级人民检察院。人民检察院在办理直接受理侦查的案件中，发现犯罪嫌疑人同时涉嫌监察机关管辖的其他职务犯罪，经沟通全案移送监察机关管辖的，监察机关应当依法进行调查。"这意味着，监察机关实际管辖的罪名达到了100个（刑讯逼供罪等14个罪名中的"滥用职权罪""玩忽职守罪"属于重合罪名）。

2020年12月26日第十三届全国人大常委会第二十四次会议通过《刑法修正案(十一)》,增设了"危险作业罪",该罪属于重大责任事故犯罪的一种。2021年9月20日起施行的《监察法实施条例》将该罪纳入监察机关管辖范围,由此,监察机关管辖的"公职人员在行使公权力过程中发生的重大责任事故犯罪",由11个罪名增至12个罪名。相应地,监察管辖总罪名数增至101个(后续随着《刑法》的修改,监察机关管辖罪名还可能进一步调整、增补)。同时,《监察法实施条例》将《国家监察委员会管辖规定(试行)》确定的6类犯罪的具体罪名范围也作了调整,将"职务侵占罪""挪用资金罪"从"公职人员在行使公权力过程中发生的其他犯罪"中调至"贪污贿赂犯罪"中,由此后者由17个增至19个,前者由19个减至17个;将司法工作人员以外的公职人员利用职权实施的"非法拘禁罪""虐待被监管人罪""非法搜查罪"纳入"滥用职权犯罪",由此该类犯罪由15个罪名增至18个罪名。此外,根据《刑法修正案(十一)》,一些罪名的称谓也作了调整,包括"食品监管渎职罪"修改为"食品、药品监管渎职罪","强令违章冒险作业罪"修改为"强令、组织他人违章冒险作业罪"等。

监察机关管辖的100余个罪名,已占到《刑法》全部罪名的1/5左右。这些罪名分布在《刑法》分则第八章贪污贿赂罪(14个罪名),第九章渎职罪(37个罪名),第二章危害公共安全罪(12个罪名),第三章破坏社会主义市场经济秩序罪(20个罪名),第四章侵犯公民人身权利、民主权利罪(11个罪名),第五章侵犯财产罪(3个罪名),第六章妨害社会管理秩序罪(3个罪名)和第七章危害国防利益罪(1个罪名)。

上述罪名,有些属于监察机关的专属管辖,如《刑法》分则第八章贪污贿赂罪、第九章渎职罪规定的罪名以及其他相关章节规定仅由国家(机关)工作人员构成的犯罪。**有些属于监察机关与公安机关共同管辖的罪名,也就是按照"人+事"的标准,属于公职人员在行使公权力过程中实施的犯罪,由监察机关管辖;反之,由公安机关管辖。**例如,公职人员以外的其他人员涉嫌非国家工作人员受贿罪,非国家工作人员行贿罪,对外国公职人员、国际公共组织官员行贿罪以及重大责任事故犯罪等,仍由公安机关管辖。有些则属于监察机关与检察机关共同管辖的罪名,即司法工作人员利用职权实施的涉嫌非法拘禁、刑讯逼供、非法搜查等侵犯公民权利、损害司法公正的14个罪名。

监察机关目前管辖的 101 个罪名分别如下：

1. 贪污贿赂犯罪（19 个罪名）

包括贪污罪，挪用公款罪，受贿罪，单位受贿罪，利用影响力受贿罪，行贿罪，对有影响力的人行贿罪，对单位行贿罪，介绍贿赂罪，单位行贿罪，巨额财产来源不明罪，隐瞒境外存款罪，私分国有资产罪，私分罚没财物罪，以及公职人员在行使公权力过程中实施的职务侵占罪，挪用资金罪，对外国公职人员、国际公共组织官员行贿罪，非国家工作人员受贿罪和相关联的对非国家工作人员行贿罪。

该 19 个罪名中，前 14 个是《刑法》分则第八章贪污贿赂罪规定的罪名，由检察机关原反贪部门查办的案件划转而来，现属于监察机关专属管辖范畴。后 5 个罪名中，职务侵占罪、挪用资金罪是《刑法》分则第五章侵犯财产罪规定的罪名，对外国公职人员、国际公共组织官员行贿罪，非国家工作人员受贿罪和对非国家工作人员行贿罪，是《刑法》分则第三章破坏社会主义市场经济秩序罪规定的罪名，该 5 个罪名由公安机关管辖的案件划转而来，目前属于监察机关与公安机关共管的罪名。

2. 滥用职权犯罪（18 个）

包括滥用职权罪，滥用管理公司、证券职权罪，食品、药品监管渎职罪，故意泄露国家秘密罪，阻碍解救被拐卖、绑架妇女、儿童罪，帮助犯罪分子逃避处罚罪，违法发放林木采伐许可证罪，办理偷越国（边）境人员出入境证件罪，放行偷越国（边）境人员罪，国有公司、企业、事业单位人员滥用职权罪，挪用特定款物罪，非法剥夺公民宗教信仰自由罪，侵犯少数民族风俗习惯罪，打击报复会计、统计人员罪，报复陷害罪，以及司法工作人员以外的公职人员利用职权实施的非法拘禁罪，虐待被监管人罪，非法搜查罪。

该 18 个罪名中，前 9 个是《刑法》分则第九章渎职罪规定的罪名，由检察机关原反渎部门查办的案件划转而来，现属于监察机关专属管辖范畴。后 9 个分别是《刑法》分则第三章破坏社会主义市场经济秩序罪（国有公司、企业、事业单位人员滥用职权罪），分则第五章侵犯财产罪（挪用特定款物罪），分则第四章侵犯公民人身权利、民主权利罪（上述最后 7 个罪名）等章节规定的犯罪，其中前 5 个罪名由公安机关管辖的案件划转而来，后 4 个罪名由检察机关管辖的国家机关工作人员利用职权实施的侵犯公民人身权利、民主权利犯罪案件划转而来。在后9个罪名中，国有公司、企业、事业单位人员滥用职权罪，非法剥夺公民宗教信仰自由罪，侵犯少数民族风俗习惯罪和报复陷害罪，属于监察机关专属管辖；挪用特定款物罪和打击报复会计、统计人员罪，系监察机关与公安机关共管罪名；非法拘禁罪、虐待被监管人罪、非法搜查罪，系监察机关与检察机关共管罪名。

3. 玩忽职守犯罪（11个罪名）

包括玩忽职守罪，国家机关工作人员签订、履行合同失职被骗罪，环境监管失职罪，传染病防治失职罪，商检失职罪，动植物检疫失职罪，不解救被拐卖、绑架妇女儿童罪，失职造成珍贵文物损毁、流失罪，过失泄露国家秘密罪，国有公司、企业、事业单位人员失职罪，签订、履行合同失职被骗罪。

该11个罪名均属监察机关专属管辖范畴。其中，前9个是《刑法》分则第九章渎职罪规定的罪名，由检察机关原反渎部门查办的案件划转而来；后2个是《刑法》分则第三章破坏社会主义市场经济秩序罪规定的罪名，由公安机关管辖的案件划转而来。

4. 徇私舞弊犯罪（15个罪名）

包括非法批准征收、征用、占用土地罪，非法低价出让国有土地使用权罪，枉法仲裁罪，徇私舞弊发售发票、抵扣税款、出口退税罪，商检徇私舞弊罪，动植物检疫徇私舞弊罪，放纵走私罪，放纵制售伪劣商品犯罪行为罪，招收公务员、学生徇私舞弊罪，徇私舞弊不移交刑事案件罪，违法提供出口退税凭证罪，徇私舞弊不征、少征税款罪，徇私舞弊低价折股、出售公司、企业资产罪，非法经营同类营业罪，为亲友非法牟利罪。

该15个罪名均属监察机关专属管辖范畴。其中，前12个是《刑法》分则第九章渎职罪规定的罪名，由检察机关原反渎部门查办的案件划转而来；后3个是《刑法》分则第三章破坏社会主义市场经济秩序罪规定的罪名，由公安机关管辖的案件划转而来。

5. 公职人员在行使公权力过程中涉及的重大责任事故犯罪（12个罪名）

包括重大责任事故罪，教育设施重大安全事故罪，消防责任事故罪，重大劳动安全事故罪，强令、组织他人违章冒险作业罪，危险作业罪，不报、谎报安全事故罪,铁路运营安全事故罪,重大飞行事故罪,大型群众性活动重大安全事故罪,危险物品肇事罪,工程重大安全事故罪。

该12个罪名均系《刑法》分则第二章危害公共安全罪规定的罪名,均由公安机关管辖的案件划转而来,现为监察机关与公安机关的共管罪名。

6. 公职人员在行使公权力过程中涉及的其他犯罪(17个罪名)

包括破坏选举罪,背信损害上市公司利益罪,金融工作人员购买假币、以假币换取货币罪,利用未公开信息交易罪,诱骗投资者买卖证券、期货合约罪,背信运用受托财产罪,违法运用资金罪,违法发放贷款罪,吸收客户资金不入账罪,违规出具金融票证罪,对违法票据承兑、付款、保证罪,非法转让、倒卖土地使用权罪,私自开拆、隐匿、毁弃邮件、电报罪,故意延误投递邮件罪,泄露不应公开的案件信息罪,披露、报道不应公开的案件信息罪,接送不合格兵员罪。

该17个罪名涉及《刑法》分则第三章破坏社会主义市场经济秩序罪(背信损害上市公司利益罪等11个罪名),分则第四章侵犯公民人身权利、民主权利罪(破坏选举罪和私自开拆、隐匿、毁弃邮件、电报罪2个罪名),分则第六章妨害社会管理秩序罪(故意延误投递邮件罪等3个罪名),分则第七章危害国防利益罪(接送不合格兵员罪),主要由公安机关管辖的案件划转而来(国家机关工作人员实施的破坏选举罪由检察机关管辖的案件划转而来),目前为监察机关与公安机关的共管罪名。

7. 其他司法工作人员渎职侵权犯罪(9个罪名)

包括刑讯逼供罪,暴力取证罪,徇私枉法罪,民事、行政枉法裁判罪,执行判决、裁定失职罪,执行判决、裁定滥用职权罪,私放在押人员罪,失职致使在押人员脱逃罪和徇私舞弊减刑、假释、暂予监外执行罪(滥用职权罪、非法拘禁罪、非法搜查罪、虐待被监管人罪和玩忽职守罪等5个罪名,已经分别纳入"滥用职权犯罪"和"玩忽职守犯罪")。

对于监察机关专属管辖如何确定,有观点认为,除了公职人员在行使公权力过程中发生的重大责任事故犯罪以及其他犯罪的罪名,其余罪名均为监察机关的专属管辖罪名。笔者认为,如此理解不完全准确。

首先,公职人员以外的其他人员实施的贪污贿赂类犯罪案件中的"非国家工作人员受贿罪""非国家工作人员行贿罪""对外国公职人员、国际公共组织官员行贿罪""职务侵占罪""挪用资金罪"等5个罪名,应由公安机关管辖,不属于监察机关的专属管辖罪名。其次,滥用职权类犯罪案件中的"挪用特定款物罪"和"打击报复会计、统计人员罪",现行《刑法》规定的犯罪主体并未限于国家(机关)工作人员,实践中,虽然绝大多数案件系由公职人员实施,但并不能完全排除国家(机关)工作人员等公职人员以外的其他人员实施的可能性,对公职人员以外的其他人员实施的犯罪,如果按照《监察法》确立的案件管辖标准,仍应由公安机关管辖,把该两罪视为共管罪名,更契合实际。

总之,从刑事诉讼的角度来看,无论是认定职务犯罪的主体,还是确定案件管辖的范围,必须恪守罪刑法定原则,定罪量刑必须严格依照《刑法》规定进行,这是刑事法律人员办理案件的行为准则、思维底线,不能逾越,更不能随意突破。

(三)监检法办案中的管辖实务问题

1. 监察管辖与诉讼管辖的比较

从有关监察法规确立的管辖原则看,监察管辖与诉讼管辖有诸多相一致的地方,比如,都奉行级别管辖优先于地域管辖,在确定级别管辖的前提下再按行为人的"工作单位所在地"确定地域管辖;存在几个管辖地的,都由最初受理地管辖,必要时由主要犯罪地管辖;管辖出现争议时报请共同的上级机关解决等。两者也存在诸多不同。具体来说:

(1)管辖原则的侧重点不同。监察管辖更突出级别,级别管辖标准较为清晰,而地域管辖的标准相对原则;诉讼管辖更在乎地域,地域管辖的标准很明确,级别管辖的标准较原则。

(2)确定级别管辖的标准不同。诉讼的级别管辖主要以案件的重大程度和影响范围确定,监察机关的级别管辖主要按管理权限确定。

(3)确定地域管辖的标准不同。诉讼的地域管辖主要以犯罪嫌疑人工作单位所在地为标准确定,监察的地域管辖主要以本辖区为标准确定。

(4)解决职能管辖合并的原则不同。在刑事诉讼中司法机关之间存在职能管辖需要合并时,一般按照"辅罪随主罪"的原则操作;监察管辖则明确要求一般应当以监察机关为主进行调查,其他机关予以配合的原则解决(例外的是"在诉讼监督活动中发现的司法工作人员利用职权实施的侵犯公民权利、损害司法公正的犯罪,由人民检察院管辖更为适宜的可以由人民检察院管辖")。所以,**理解和把握监察管辖时,尚不能完全按照刑事诉讼的管辖原则和思路进行,应能注意到其特殊性。**

2. 正确认识监察机关的专门管辖

如前文所述,《监察法》中的公职人员与《刑法》中的国家工作人员并非完全对应,部分公职人员依照现行《刑法》规定可能不具有国家(机关)工作人员身份;一些不具有国家(机关)工作人员身份的人员在履行公职过程中的犯罪也属于职务犯罪。**办案时不仅要看行为人是否属于《监察法》上的公职人员,还要注意甄别行为人的刑法身份。**

监察管辖针对公职人员的职务犯罪,管辖主体是公职人员,实质要求是该犯罪实施于其行使公权力过程中。一些人员可能同时有多个身份,虽然其属于公职人员或国家工作(机关)人员,但实施犯罪可能与行使公权力或职务便利无关,由此在个案管辖上可能会存在一些交叉重合、界限含混的问题,在刑事诉讼中需要结合《刑法》及相关司法解释的规定,依法、合理地确定。

根据《监察法实施条例》第 51 条的规定,公职人员既涉嫌贪污贿赂、失职渎职等严重职务违法和职务犯罪,又涉嫌公安机关、人民检察院等机关管辖的犯罪,依法由监察机关为主调查的,应当由监察机关和其他机关分别依职权立案,监察机关承担组织协调职责,协调调查和侦查工作进度、重要调查和侦查措施使用等重要事项。即便是司法工作人员利用职权实施的侵犯公民权利、损害司法公正的犯罪,监察机关必要时也可以依法调查。此外,监察机关在调查司法工作人员涉嫌贪污贿赂等职务犯罪中,也可以对其涉嫌的侵犯公民权利、损害司法公正的犯罪一并调查。并且,监察机关调查公职人员涉嫌职务犯罪案件,还可以依法对涉嫌行贿犯罪、介绍贿赂犯罪或者共同职务犯罪的涉案人员中的非公职人员一并管辖。非公职人员涉嫌利用影响力受贿罪的,则按照其所利用的公职人员的管理权限确定管辖。

3. 职能管辖不当及争议的解决

虽然《刑事诉讼法》、《监察法》以及《监察法实施条例》等法律法规对职能管辖作出了较为详细的规定,但由于各方面的原因,仍可能出现管辖不当及争议问题。对此，一般可按照以下原则把握：

（1）在调查、侦查阶段，监察机关、人民检察院、公安机关发现调查、侦查的案件属于其他机关管辖的，应当及时办理案件移送手续，同时解除已经采取的留置或者刑事强制措施，做好留置与刑事强制措施的转换、衔接工作，并将案卷材料、涉案财物移送有管辖权的同级机关。

在确定移送对象时，需要注意以下两点：**一是坚持同级移送原则**。这是国家机关之间进行沟通协调的原则和惯例，应当坚持。值得注意的是，在直辖市中，监察机关是两级，而人民检察院是三级，不能一一对应。在此情况下，依然要遵循同级移送原则。例如，直辖市区级监委发现管辖错误的，应当向区级人民检察院移送案件，区级人民检察院认为无管辖权的，移送上级人民检察院管辖。再如，直辖市检察分院发现管辖错误的，可以先报请上级人民检察院，由上级人民检察院移送对应的监察机关。**二是移送对象必须具有管辖权**。这主要是为了避免移送不当，导致案件反复，影响工作效率。

（2）不同机关对案件管辖存在争议的，应当及时与同级有关部门沟通协商。如果经沟通仍未达成共识的，应当报上级有关部门协调解决。

4. 职务犯罪地域管辖原则的确定

《刑事诉讼法》第25条规定："刑事案件由犯罪地的人民法院管辖。如果由被告人居住地的人民法院审判更为适宜的，可以由被告人居住地的人民法院管辖。"一般案件由犯罪地、被告人居住地的司法机关管辖。考虑到职务犯罪的特殊性，2019年《人民检察院刑事诉讼规则》第19条规定，对依法由人民检察院立案侦查的案件，由犯罪嫌疑人工作单位所在地的人民检察院管辖。如果由其他人民检察院管辖更为适宜的，可以由其他人民检察院管辖。根据此规定，实践中将被告人的工作单位所在地作为管辖地的情况较为常见。同时，**为避免不必要的干预、干扰，一些被告人级别较高的职务犯罪案件往往实行指定管辖。有不少地方对于处级以上地方党政机关领导干部职务犯罪案件基本上都指定异地管辖。**

《监察法实施条例》第48条第3款规定，上级监察机关对于下级监察机关管辖的职务违法和职务犯罪案件，具有下列情形之一，认为由其他下级监察机关管辖更为适宜的，可以依法指定给其他下级监察机关管辖：(1) 管辖有争议的;(2)指定管辖有利于案件公正处理的;(3)下级监察机关报请指定管辖的;(4)其他有必要指定管辖的。在实践中,监察机关在调查中指定异地管辖,需要在异地起诉、审判的,则要在移送审查起诉前与人民检察院、人民法院协商指定管辖等相关事宜,以理顺管辖上的有关衔接问题。

从法院审判的角度,确定指定管辖地,一般要坚持保证司法公正、排除案外干扰、便利诉讼、保障诉讼安全等原则,综合考虑以下因素:

(1)商请指定地是否具有系犯罪嫌疑人或被调查人的主要犯罪地、主要任职地、出生地、成长地、所在单位注册地或经营地、主要涉案单位和涉案人所在地等不适宜管辖的情形。

(2)商请指定地的审判力量、审判经验、审判场所、审判设施、羁押场所、交通状况等软硬件条件,能否满足相关案件的审理要求。

(3)商请指定法院是否存在其他可能干扰案件审判或者引发不当关注的因素。

(4)商请指定法院的相关刑事审判庭所承办的案件数量以及指定其管辖的案件数量,是否超出自身实际承受能力。

(5)关联案件一般随主案确定管辖地,由审理主案的法院或者其辖区法院管辖。检察机关先就关联案件商请指定管辖的,有关法院应当同时与检察机关就主案的管辖问题进行沟通,对主案与关联案件的管辖问题统筹考虑。

(6)一定时期内涉及同一系统、同一领域或者存在其他关联的系列案件,一般应当集中由同一辖区内的法院管辖,以保证案件处理上的一致性等。

5. 案件地域管辖出现争议的处理

《刑事诉讼法》第26条规定:"几个同级人民法院都有权管辖的案件,由最初受理的人民法院审判。在必要的时候,可以移送主要犯罪地的人民法院审判。"第27条规定:"上级人民法院可以指定下级人民法院审判管辖不明的案件,也可以指定下级人民法院将案件移送其他人民法院审判。"

根据上述规定,最高人民法院、最高人民检察院的司法解释作了细化。《适用刑诉法解释》第19条规定:"两个以上同级人民法院都有管辖权的案件,由最初受理的人民法院审判。必要时,可以移送主要犯罪地的人民法院审判。管辖权发生争议的,应当在审理期限内协商解决;协商不成的,由争议的人民法院分别层报共同的上级人民法院指定管辖。"《人民检察院刑事诉讼规则》第20条、第22条第1款规定,对管辖不明确的案件,可以由有关人民检察院协商确定管辖。对管辖有争议的案件、需要改变管辖的案件、需要集中管辖的特定类型的案件以及其他需要指定管辖的案件,上级人民检察院可以指定管辖。

根据上述规定,**案件审理期间出现管辖权争议,需要移送其他法院管辖的,由提起公诉的检察机关和审理法院各自报请上级检察机关和人民法院协商解决。**

6. 对案件无管辖权时的审查处理

上述《刑事诉讼法》及其司法解释规定主要针对管辖权出现争议,也即各家都有管辖权而应由谁来实际管辖的问题,并没有涉及法院立案后发现对案件无管辖权的情形如何处理的问题。

考虑到检察机关是控诉的发动者,所以在刑事诉讼领域通行的法则是遵循"以公诉机关为轴心移转"的原则操作。《适用刑诉法解释》第22条亦有类似规定:"原受理案件的人民法院在收到上级人民法院改变管辖决定书、同意移送决定书或者指定其他人民法院管辖的决定书后,对公诉案件,应当书面通知同级人民检察院,并将案卷材料退回,同时书面通知当事人;对自诉案件,应当将案卷材料移送被指定管辖的人民法院,并书面通知当事人。"

参考上述规定,并按照"以公诉机关为轴心移转"的原理,人民法院对检察机关提起公诉的案件,应当按照《适用刑诉法解释》第218条第1项的规定,审查"是否属于本院管辖",在立案环节发现不属于本院管辖的,应当不予立案,直接将案件退回检察机关处理。**立案后发现本院没有管辖权的应当商提起公诉的检察机关将案件撤回或退回,由提起公诉的检察机关移交有管辖权的其他检察机关,重新起诉。**

三、利用职务便利的认定

无论是研究职务犯罪还是实际办理案件,如何认定"利用职务便利"都是一个绕不过去的话题。所以,大家对这个问题很重视,打开中国知网等学术网站,可以找到近百篇相关论文。对此笔者不在理论上作过多论述,仅就办案及调研中遇到的常见问题做一下交流,谈以下四个问题:一是司法认定的总体思路;二是如何区分"利用职务上的便利"与"利用职权或者地位形成的便利条件";三是利用职务便利与行为人身份的关系;四是利用职务便利与利用工作便利的区分。

(一)司法认定思路:"三个结合"

1. 结合行为本质

一般而言,职务是指在国家行政和社会其他组织中,为了实现国家或组织的秩序化和利益化而具有的职权和职责。"职务"既有行政上的含义,也有非行政上的含义。与此相对应,"职务便利"就是指职权或职责的影响力。

1999年施行的《最高人民检察院关于人民检察院直接受理立案侦查案件立案标准的规定(试行)》指出,"利用职务上的便利",是指利用本人职务范围内的权力,即自己职务上主管、负责或者承办某项公共事务的职权及其所形成的便利条件。这一界定实际上明确了职务便利的三种情况或者说三个层次:一是主管,二是负责,三是承办。主管是指审查、决策和批准等,负责是指管理、监管和保管等,承办是经手、占有、控制和支配等。这三种情形共同体现了职权或职责的影响力。

进一步来看,这种影响力指向或针对什么,其实就是"利益"。换言之,职务便利就是对利益的影响力,对利益的控制、占有、支配和交换的条件或现实可能性。所以,**对职务便利的认定要和具体利益结合起来,从"权"对"利"的影响力这一更深层面上把握**。如果没有对具体利益的影响,就谈不上"利用职务便利";抛开利益来看职务便利,就可能导致"盲人摸象",一叶障目,不得要领。

2. 结合具体罪名

翻开我国《刑法》就会发现,"利用职务便利"或者"利用职务上的便利"的用语在分则多个章节中出现,涉及多个罪名,其含义是有所不同的,不能仅立足于贪污贿赂罪乃至于单纯的受贿罪来探讨,要关注"利用职务便利"含义上的相对性。

笔者统计了一下,"利用职务上的便利"的表述在《刑法》分则中出现过十余次,涉及第163条"非国家工作人员受贿罪",第171条"金融工作人员购买假币、以假币换取货币罪",第271条"职务侵占罪",第272条"挪用资金罪",第382条"贪污罪",第384条"挪用公款罪",第385条"受贿罪"等;"利用职务便利"的表述出现过3次,即第165条"非法经营同类营业罪"、第166条"为亲友非法牟利罪"、第169条之一"背信损害上市公司利益罪"。由于这些犯罪实施的主体、侵犯的客体、行为的方式与手段等均有差别,其中的"利用职务便利"及"利用职务上的便利"的含义不可能完全一致。

(1)就"非法经营同类营业罪"等3个妨害公司、企业管理秩序的犯罪而言,所谓"利用职务便利",应是指利用自己管理、经营公司事务的职权,为自己或者第三人谋利。这种对利益的获取往往不需要事先对财物直接占有、控制、支配。

(2)就作为破坏金融管理秩序犯罪之一的金融机构工作人员以假币换取货币罪而言,"利用职务上的便利"多是指利用岗位上管理、经手货币的便利条件,以伪造的货币换取真币。这种对利益的获取,需要具有直接控制、支配财物(货币)的条件。

(3)受贿型犯罪(受贿罪、非国家工作人员受贿罪)中对职权便利的利用,主要体现在对贿赂索取或收受上,强调所索取、收受的贿赂与其职务之间的关联性,即体现"权钱交易"的本质,对职权及其利用的方式要求相对更为宽泛。

(4)就挪用型犯罪(挪用资金罪、挪用公款罪)而言,"利用职务上的便利"是指利用自己主管、控制、支配、占有单位资金的便利,将其挪为己用。

(5)就侵占型犯罪(贪污罪、职务侵占罪)而言,"利用职务上的便利"是指行为人基于事先业务占有或者职务控制、支配单位财物等条件而予以利用。

如果深入分析,各自之间的差异还是比较明显的,比如受贿罪与贪污罪之间就有很大不同。详言之,第一,就职务本身而言,在受贿罪中,凡是一切可以用来换取他人财物的职务都可以被利用,而贪污罪中能利用的"职务便利"往往限于行为人正在主管、管理、经手公共财物的便利;受贿罪中的"职务"仅限于公务范畴,而贪污罪中的"职务"不仅包括国家工作人员从事的公务,而且包括非国家工作人员受国家机关、国有公司、企业、事业单位、人民团体委托管理、经营国有财产的工作等。第二,从职务的利用方式来看,受贿罪中"利用职务上的便利"是用来为请托人谋取利益的,再从请托人那里换取财物,利用职务为他人谋利是获取财物的交换条件;换言之,行为人一般不是直接占有、获取财物。贪污罪中"利用职务上的便利"则是直接侵吞、窃取、骗取公共财物。第三,从具体行为方式来看,在受贿罪中,行为人利用职权谋利既可以作为的方式实施,也可以不作为的方式进行，犯罪手段上更为灵活；并且，利用的职务便利不仅包括对具体事项直接予以决定和处置上的影响力，还包括对特定事项的间接的管理和制约，内涵更为宽泛。贪污罪的行为人是利用职务上的便利侵吞、窃取、骗取公共财物，只能以作为的方式实施，且往往表现为对公共财物的直接管理与支配等。

由上文可见，在司法实践中具体认定"利用职务上的便利"时，应当考虑它在不同罪名中含义上的相对性，对之坚持体系性的刑法解释立场和思路。

3. 结合外在表现

"职务便利"不仅在不同罪名中含义不同，在同一罪名中往往也有不一样的表现形式。就受贿罪而言，其中的职务便利也即职权或职责的影响力，既源于职权或职责本身，也可能来自职权或职责的派生便利，即在从事特定事务的过程中与他人形成特定的制约关系，这些制约关系通过影响他人的意志从而为自己带来便利。所以，2003年《经济犯罪纪要》中规定："刑法第三百八十五条第一款规定的'利用职务上的便利'，既包括利用本人职务上主管、负责、承办某项公共事务的职权，也包括利用职务上有隶属、制约关系的其他国家工作人员的职权。担任单位领导职务的国家工作人员通过不属自己主管的下级部门的国家工作人员的职务为他人谋取利益的，应当认定为'利用职务上的便利'为他人谋取利益。"

《经济犯罪纪要》实际上明确了两种"利用职务上的便利"的情形：一种情形是利用职权本身的便利，即利用自身对公共事项直接主管、管理或经手的权利；另一种情形是利用职权的派生权利，即利用特定职权或职责对他人形成的隶属、制约关系。目前实践中对第一种情形的认定问题不大，主要是第二种情形。

从司法实践来看，所谓"利用职务上有隶属、制约关系的其他国家工作人员的职权"主要有以下常见情形：

（1）利用自己分管、主管的下属国家工作人员的职权。

（2）利用不属自己分管、主管的下级部门国家工作人员的职权，即利用与自己没有直接分管、隶属关系，但客观上存在制约关系的下级部门国家工作人员职务上的行为，为请托人谋取利益。比较典型的是，组织部部长对组织人事以外的其他领域的权力渗透,虽然与利用对象可能没有直接的分管、隶属关系,但明显存在制约关系,仍应属于利用职务上的便利受贿。

(3)利用自己居于上级领导机关的地位而形成的对下级部门的制约力。

例如,詹某受贿案:

被告人詹某是某省教育厅高教处的处长,接受他人请托,要求设立在该省的某大学校长将请托人的孩子招收入校。

有观点认为此种情形不属于"利用职务上的便利",而是《刑法》第388条"利用本人职权或者地位形成的便利条件"。笔者认为,**对此种情况进行正确判断的关键是,被告人的职务对下级单位或者下级单位的国家工作人员有无实际制约力。判断是否存在实际制约力,不能仅看行为人的职务级别**。形式上,教育厅的处长与大学校长之间很难说有规范意义上的领导与被领导的关系,并且大学校长的行政级别可能比被告人还高,但是现实的体制是,只要是上级部门的工作人员到下属单位,就是上级单位的"领导",会对下级单位有一定的制约力。所以,通常可认定为"利用职务上的便利"。如果客观上不存在制约力,那就要考虑是否属于《刑法》第388条规定的"斡旋受贿"了。

需要注意的是,上述情形属于典型情况,实践中的受贿犯罪表现形式则多种多样。例如,在一些原中管干部职务犯罪案件中,有的被告人为一些企业站台,自己不直接出面,而是让企业的负责人即请托人打着跟自己关系要好的旗号去找下属部门或辖区单位办事。别人都知道请托人与被告人关系好,可能代表被告人的意思,所以都"给面子"、都给办事,被告人以此收受或索取请托人的贿赂。这种情况认定为受贿也没有问题。

再如,利用自己居于监管、领导地位所形成的对被管理服务对象(非国家工作人员)的制约力,通过被管理服务对象为请托人谋利的情形。

例如,甘某受贿案:

被告人甘某是某市安监局的处长,负责某重点基建工程的安全监督。甘某接受他人请托后,与承包基建工程的某工程公司总经理商量,将该工程的土方业务转包给了请托人,为此收受了请托人20万元。

此案办理中,有观点认为,甘某利用的对象不是国家工作人员,不符合《经济犯罪纪要》的规定,不宜认定为"利用职务上的便利",进而不能认定为受贿罪。但从实质上看,**所谓通过被监管对象为请托人谋利,其实就是利用自身职权便利的体现,此情形基本可归属于"利用本人职务上主管、负责、承办某项公共事务的职权"**。

总之,在司法实践中,不能把这里的"职权便利"予以机械化理解,即仅限于直接的主管、管理或经手,这是片面的;**要看到行为人的职权对相关事项的实际影响力、制约力,这是判断的关键**。受贿罪的本质在于"权"与"利"的交易,而受贿人所具有的"职务上的便利"能够在不法交易中换利,其职务行为势必与行贿人的利益之间有某种隶属、制约关系,我们要重视考察这种隶属、制约关系。通常而言,职务上的隶属、制约关系,不限于主管关系,也不限于上下级关系。是否具有职务上的隶属、制约关系,不能仅从形式上进行简单、机械判断,而应当坚持综合判断和实质判断。在实际办案中,要注意结合国家工作人员任职单位的性质、职能、所任职务以及法律规定、制度安排、政策影响、实践惯例等具体认定。

在这里,"法律规定",一般是指把法律的规定作为认定职务上的隶属、制约关系的依据。例如,《地方各级人民代表大会和地方各级人民政府组织法》第83条第2款规定:"自治州、县、自治县、市、市辖区的人民政府的各工作部门受人民政府统一领导,并且依照法律或者行政法规的规定受上级人民政府主管部门的业务指导或者领导。"据此,上级人民政府主管部门的工作人员可以对自治州、县、自治县、市、市辖区的人民政府的工作部门的国家工作人员形成制约关系。

"制度安排",一般是指基于我国国情而作出的制度安排客观上形成了职务上的制约关系。例如,海关等派驻机构要受派驻地党政机关的制约;再如,一票否决、巡查巡视、信访考核等制度安排在相关领域、事项上,可使得一些参与人员对其他国家工作人员形成一定的制约关系。

"政策影响",一般是指把国家的政策作为认定职务上的隶属、制约关系重要考量因素。例如,从事脱贫攻坚、扫黑除恶、环境治理等监察督导工作的人员,基于特定的国家政策,就可以对相关领域的其他国家工作人员产生制约关系。

"实践惯例",一般是指在国家权力运作过程中依据惯例实际形成的制约关系。例如,纪检监察、组织人事等机关的工作人员基于自身职责的特殊性,可以对其他机关的工作人员形成事实上的制约关系。再如,一些党政机关主要领导退休前被组织安排到人大、政协系统任职,虽然不再分管具体行政事务,但作为现任的省级、市级领导,对曾经分管领域的人员或下属仍现实存在一定制约关系。

需要说明的是,以上是总结司法实践经验而形成的判断"职务上的隶属、制约关系"应当考虑的重要因素,在实际认定中并不仅限于上述因素。**考虑到我国国情和政治体制的特殊性,实践中一些国家工作人员实际掌握的权力远比法律或者职权分工文件等明文规定的范围宽泛,所以,对隶属、制约关系的理解,要从实质上具体把握,凡是所任职务能够对其他国家工作人员产生实质约束力的,通常均可考虑纳入隶属、制约关系的范畴。**同时,上述各因素之间并非完全独立,很多情况下相互交织,需要坚持综合考虑、判断。

以《刑事审判参考》(总第130辑)收录的王甲受贿案为例:

王甲原任中央汇金投资有限责任公司银行机构管理二部副主任。2005年7月,光大银行聘请毕马威会计师事务所从事年度审计工作。此后,光大银行每年都对毕马威会计师事务所年度工作进行评价,并根据评价结果,经管理层、董事会审议后决定是否续聘。2007年,王甲作为汇金公司派驻的董事进驻光大银行,毕马威会计师事务所合伙人宋某定期向董事会汇报审计工作时与王甲相识。2011年,王甲接受马某的请托,向宋某打招呼,安排马某的亲属进入毕马威会计师事务所工作,为此,收受马某给予的钱款20万元。

检察机关据此指控王甲犯受贿罪。一审法院认为,王甲作为光大银行董事,对与光大银行存在合作关系的毕马威会计师事务所具有一定的制约关系,但该种制约关系应认定为平等民事主体之间的业务制约关系,并非刑法意义上的隶属、制约关系。王甲向宋某请托为他人安排工作,属于利用业务上具有制约关系的非国家工作人员的职权为他人谋利,并收受财物,依法不构成受贿罪。宣判后,检察机关提出抗诉。二审法院经审理支持了抗诉的有罪认定意见。

二审法院裁判的依据是,在本案中,光大银行与毕马威会计师事务所作为合同的委托方和被委托方,2005年至2014年,被委托方需要通过委托方的年度评价、审议,方可继续承担审计业务,故双方存在制约关系。被告人王甲当时担任中央汇金投资有限责任公司综合部光大股权管理处主任、光大银行董事,系具有一定职务权限的国家工作人员,其对毕马威会计师事务所能否与光大银行签订合同、继续合作享有一定的决定权和话语权。在这种情形下,不能简单地根据形式要件认定光大银行与毕马威会计师事务所是合同双方的平等民事主体,应当认识到光大银行以及王甲本人对毕马威会计师事务所的制约及影响,王甲向毕马威会计师事务所合伙人宋某"打招呼"后请托人亲属即能顺利入职也从侧面印证了这一点。因而,可以认定王甲向宋某"打招呼"利用了自身职务便利,其安排请托人亲属入职,并收受请托人钱财的行为应当认定为受贿罪。

笔者赞同二审法院的认定意见。认定是否具有隶属、制约关系,要坚持实质判断的立场,不能仅局限于法律或者职权分工文件等明文规定。如前文所述,一些国家工作人员实际掌握的权力往往要比明文规定的范围大得多,如果只是形式地看、机械地理解,就可能不得要领。**在中国特定的国情背景下,对于隶属、制约关系的理解,不宜掌握得过于形式、机械,这也是当前依法从严惩治腐败犯罪的内在要求。**

(二)"利用职务上的便利"与"利用职权或者地位形成的便利条件"的界分

1. 立法沿革考察

从立法沿革看,1979年《刑法》对两者是没有区分的。该法第185条将受贿罪的罪状表述为"国家工作人员利用职务上的便利,收受贿赂的"。1988年全国人大常委会《关于惩治贪污罪贿赂罪的补充规定》第4条对受贿罪的罪状作了细化、完善,其第1款规定,"国家工作人员、集体经济组织工作人员或者其他从事公务的人员,利用职务上的便利,索取他人财物的,或者非法收受他人财物为他人谋取利益的,是受贿罪"。1989年《最高人民法院、最高人民检察院关于执行〈关于惩治贪污罪贿赂罪的补充规定〉若干问题的解答》将其中的"利用职务上的便利"解释为"利用职权或者与职务有关的便利条件。'职权'是指本人职务范围内的权力。'与职务有关'是指虽然不是直接利用职权,但利用了本人职权或地位形成的便利条件……通过其他国家工作人员职务上的行为,为请托人谋取利益,而本人从中向请托人索取或者非法收受财物的,应以受贿论处"。按照上述解答,1979年《刑法》中"利用职务上的便利"是涵盖了"利用职权或者地位形成的便利条件"的,两者之间是一种包容关系。1997年《刑法》修改时基于刑事政策等方面的考虑,则对两者作了进一步区分。

《刑法》第385条第1款规定:"国家工作人员利用职务上的便利,索取他人财物的,或者非法收受他人财物,为他人谋取利益的,是受贿罪。"这是关于受贿罪的一般规定。第388条规定:"国家工作人员利用本人职权或者地位形成的便利条件,通过其他国家工作人员职务上的行为,为请托人谋取不正当利益,索取请托人财物或者收受请托人财物的,以受贿论处。"这是关于受贿罪的特殊规定,理论上称为"斡旋受贿"。与一般受贿罪相比,除"利用本人职权或者地位形成的便利条件"与"利用职务上的便利"存在表述上的差异外,此类行为构成犯罪还要求必须通过其他国家工作人员职务上的行为来完成,且要"为请托人谋取不正当利益",入罪的条件更为严格。由此,在一些案件中被告人及其辩护人往往主张其属于第388条规定的情形,但因为不是通过其他国家工作人员职务上的行为进行或者为请托人谋取的并非不正当利益,故应当对其作无罪处理。所以,区分"利用职务上的便利"与"利用职权或者地位形成的便利条件"之间的差别,对案件正确处理具有重要意义。

2. 两者界限区分

《经济犯罪纪要》中规定:"刑法第三百八十八条规定的'利用本人职权或者地位形成的便利条件',是指行为人与被其利用的国家工作人员之间在职务上虽然没有隶属、制约关系,但是行为人利用了本人职权或者地位产生的影响和一定的工作联系,如单位内不同部门的国家工作人员之间、上下级单位没有职务上隶属、制约关系的国家工作人员之间、有工作联系的不同单位的国家工作人员之间等。"

从《经济犯罪纪要》的上述规定看,**区分两者的关键在于行为人与被其利用的国家工作人员之间在职务上有没有隶属、制约关系,如果存在隶属、制约关系,则一般认定为"利用职务上的便利";反之,可考虑"利用本人职权或者地位形成的便利条件"**。如前文所述,考虑到我国实际国情,判断是否存在隶属、制约关系应当坚持实质立场,避免形式理解。同时,从严密刑事法网、严惩腐败犯罪的角度出发,对符合权钱交易本质的行为,可适当扩展"利用职务上的便利"的适用范围,以避免放纵犯罪。概言之,**凡是所任职务能够对其他国家工作人员产生实质约束力的,均可以考虑纳入隶属、制约关系的范畴**,以下结合一些典型受贿案件的裁判作一些探讨。

案例1:邱某在担任某省监察厅副厅长、纪委副书记期间,先后通过该省某市高新技术开发区管委会副主任朱某、省高级法院副院长张某职务上的行为,为请托人在企业经营、解决案件纠纷等事项上提供帮助,并收受请托人的财物。

案例2:许某在担任某副省级市的市委副书记、市长期间,向某中央直属企业负责人傅某打招呼,帮助请托人调入该企业工作,并收受请托人的钱款。

案例3:莫某在担任国家某部委纪检组长期间,给中国农业银行某省分行行长打招呼,为请托人获得银行贷款提供帮助,并收受请托人的财物。

案例4:陈某在担任某省政府副秘书长期间,向该省某地级市市长董某打招呼,为请托人在该市开发的项目推进提供帮助,并收受请托人的财物。

案例5:张某原任某省人大常委会副主任,2018年1月免职,2019年11月办理退休手续,其间,先后向其曾担任市长的某市辖区区委书记李某、市城投公司副总经理刘某打招呼,为请托人的公司项目推进提供帮助,并收受请托人的财物。

案例6:王某在担任某地级市市长期间,应该市某公司负责人魏某请托,带领魏某等人到该省农业发展银行行长卢某的办公室拜访,协调卢某帮助魏某的公司争取贷款,后王某收受魏某所送财物。

案例7:李某在担任某省D市市委书记期间,承诺为请托人周某在A市的企业经营事项提供帮助。后李某调任该省F市市委书记,通过其原在D市的下属、时任D市副市长江某帮助周某办理了相关事项,并收受周某的财物。

上述案例中的被告人均被法院认定为"利用职务上的便利"受贿,如此认定都是从实际出发、坚持实质判断的结果。

案例1中的邱某当时作为纪检监察系统的领导干部,利用辖区内其他系统的国家工作人员职权进行犯罪,考虑其直接承担的执纪执法、案件查处等职责对辖区内国家工作人员所实际产生的特殊影响与制约,故可以直接认定"利用职务上的便利"。

案例2中的许某与某央企负责人傅某之间没有直接的领导、管理或者制约关系,但傅某任职的央企在许某担任市长的城市设有多家分支机构,这些企业的行政许可、审批事项均需要经过该地市政府及其职能部门的审查批准,企业经营、发展亦离不开该地市委市政府的支持,故可以认定许某对傅某具有职权上的制约作用。

案例3中,莫某与中国农业银行某省分行行长之间虽然没有直接的职务隶属关系,但莫某担任党组成员、纪检组长的国家某部委对中国农业银行具有一定管理职责,从而可以形成对该行分行行长的实际制约关系。

案例4中的陈某担任省政府副秘书长,与辖区地级市市长董某虽然同属于正厅级干部,但其作为省政府副秘书长,相较于地级市,属于上级机关的领导,基于上级领导机关的地位可以形成对下级部门及董某的制约力。

案例5中,张某当时虽然已退居二线,没有具体的职务、职权,但其打招呼时仍为该省现任的副省级干部,考虑到我国的国情和实践中的惯例,其作为省领导仍然对曾任职的辖区相关部门工作人员具有职务上的制约力。

案例6中的王某虽然与省农业发展银行行长卢某之间没有隶属、制约关系,且农发行也不设在王某任职的城市,不存在银行日常经营、管理要受到当地政府制约的情形,但考虑王某出面的主要作用是向农业发展银行表明市政府对魏某公司的重视,证明市政府对魏某公司的信心,从而有利于魏某公司获得贷款,从这个角度考虑,王某实际是代表政府出面,起作用的仍然是其作为市长的职务,故本案可认定其直接利用作为市长的职务便利受贿。

案例7中,尽管李某在实施、实现谋利事项时,对其所利用的江某已不具有职务上的隶属、制约关系,但其在承诺为他人谋利时作为D市市委书记对于相关请托事项具有职务上的便利,之后的实施、实现行为可视为对此前行为的延续,故可将该谋利行为整体评价为"利用职务上的便利"。

所谓斡旋,本意即为平等地进行居间调停,而制约关系具有一定的隶属性、强制性。从实际来看,上下级之间的制约关系有单向性。当上级利用下级的职权时,一般属于"利用职务上的便利"。至于不存在隶属、制约关系的国家工作人员之间的斡旋,即"平行斡旋",实质上就是一种权权交换、相互利用,通常属于典型的"利用职权或者地位形成的便利条件"。行为人实施斡旋的条件是自己属于具有一定职权和地位的国家工作人员,这种职权和地位虽然不能直接用来制约对方,但将来可以给予对方"好处"。与一般受贿中行为人利用的是"现权"不同,斡旋受贿行为人利用的是"期权",即将来可能为他人所用的权力。被利用的国家工作人员接受斡旋,往往出于编织关系网("多个朋友多条路"、将来好办事等)考虑。这与存在隶属、制约关系的"利用职务上的便利"在形式上有所不同,但本质上都利用了公共职权,都属于权钱交易行为。

3. 承诺斡旋认定

在利用职务上的便利直接受贿中,实际或者承诺为他人谋取利益的以及明知他人有具体请托事项而收受请托人财物的,均应当认定为受贿罪,那么,在斡旋受贿的认定中,是否也可以参照适用该规则呢?笔者认为,答案应是肯定的。详言之,国家工作人员利用本人职权或者地位形成的便利条件,收受请托人财物,向请托人承诺通过其他国家工作人员职务上的行为为请托人谋取不正当利益,可以依照《刑法》第388条的规定,以受贿论处。明知请托人有不正当的具体请托事项而收受财物的,可视为承诺为请托人谋取不正当利益。国家工作人员是否向其他国家工作人员转达请托事项,应不影响受贿罪的认定。这主要基于以下考虑:

(1)无论是直接受贿,还是斡旋受贿,都是利用公共职权进行权钱交易、谋取私利,损害公权力的不可交易性,两者没有本质的区别。在直接受贿中,国家工作人员收受请托人财物,承诺为其谋取利益的,构成受贿罪。基于同样的道理并考虑严密刑事法网的需要,国家工作人员利用本人职权或者地位形成的便利条件,收受请托人财物,向请托人承诺通过其他国家工作人员职务上的行为为请托人谋取不正当利益的,也具有权钱交易性质,损害到受贿罪保护的法益,故也应当构成受贿罪。

(2)在直接受贿中,国家工作人员明知他人有具体请托事项而收受财物的,成立受贿罪。在斡旋受贿中,国家工作人员明知请托人有不正当的具体请托事项而收受财物的,基于同样的理由,应视为承诺为请托人谋取不正当利益,构成受贿罪。

（3）考虑到刑法惩罚斡旋受贿的落脚点在于国家工作人员利用本人职权或者地位形成的便利条件收受贿赂,明知请托人有不正当的具体请托事项而收受财物,已经满足斡旋受贿罪的成立要件,构成受贿罪,故国家工作人员有没有向其他国家工作人员转请托,其他国家工作人员有没有接受转请托,已经不足以影响斡旋受贿的成立。故此,**国家工作人员是否向其他国家工作人员转达请托事项,应不影响受贿罪的成立。**

基于以上分析,可以说,直接受贿和斡旋受贿的关键区别在于:前者是直接利用本人的职务便利受贿,后者是利用本人职权或者地位形成的便利条件受贿。受贿的形式不同,本质无异。

在司法实践中,需要注意区分承诺斡旋行为与诈骗行为。斡旋受贿犯罪中,行为人所利用的是本人职权或者地位对其他国家工作人员产生的影响和一定的工作联系。显然,**这里的对其他国家工作人员的"影响和工作联系",应是真实、客观的,不是虚构的。**如果行为人以非法占有为目的,虚构与国家工作人员关系密切的事实,骗取请托人财物的,符合诈骗罪的构成要件,依法应以诈骗罪定罪处罚,不再认定(斡旋)受贿罪。所以,**在办案中应注意查证行为人与其承诺联系的其他国家工作人员的实际关系。**

(三)利用职务便利的认定与行为人的身份

职务犯罪由公职人员实施,但公职人员实施的犯罪未必都是职务犯罪,要考察其犯罪是否系在行使公权力,也即是否从事公务。在刑法上判断一个事项是否为公务,需要结合行为人实施犯罪时的具体身份以及是否利用了国家工作人员的职务便利。

根据《经济犯罪纪要》的规定,从事公务,是指代表国家机关、国有公司、企业、事业单位、人民团体等履行组织、领导、监督、管理等职责。**公务主要表现为与职权相联系的公共事务以及监督、管理国有财产的职务活动。**如国家机关工作人员依法履行职责,国有公司的董事、经理、监事、会计、出纳人员等管理、监督国有财产等活动,属于从事公务。那些不具备职权内容的劳务活动、技术服务工作,如售货员、售票员等所从事的工作,一般不认为是公务。

结合《经济犯罪纪要》的规定,这里有两种情形较为典型:一是医疗机构中的贿赂犯罪;二是教育机构中的贿赂犯罪。按照有关监察法规的规定,公办的教育、科研、文化、医疗卫生、体育等单位中从事管理的人员,包括这些单位及其分支机构中从事领导、组织、管理、监督等活动的人员,属于监察法调整对象。所以,这些机构的人员身份及其贿赂行为性质如何准确认定,目前是一个值得重视的问题。

1. 医生的处方行为

2008年《商业贿赂意见》第4条规定:"医疗机构中的国家工作人员,在药品、医疗器械、医用卫生材料等医药产品采购活动中,利用职务上的便利,索取销售方财物,或者非法收受销售方财物,为销售方谋取利益,构成犯罪的,依照刑法第三百八十五条的规定,以受贿罪定罪处罚……医疗机构中的医务人员,利用开处方的职务便利,以各种名义非法收受药品、医疗器械、医用卫生材料等医药产品销售方财物,为医药产品销售方谋取利益,数额较大的,依照刑法第一百六十三条的规定,以非国家工作人员受贿罪定罪处罚。"

根据上述规定,**医生的处方行为虽然是一种职务行为,但不具有从事公务的性质,因而不符合受贿罪的主体特征,应当按非国家工作人员受贿论处**。同时需要注意的是,这里的处方行为,不包括科室主任等担任领导职务的人员在接受医药产品销售方请托向院里推荐或者建议采购该医药产品的行为。这种行为对国有医院的科室主任等担任领导职务的人员而言,属于从事公务的行为。对非国有医院而言,除认定为国家工作人员的外,均应按非国家工作人员受贿罪处理。

2. 教师的教学行为

《商业贿赂意见》第5条规定:"学校及其他教育机构中的国家工作人员,在教材、教具、校服或者其他物品的采购等活动中,利用职务上的便利,索取销售方财物,或者非法收受销售方财物,为销售方谋取利益,构成犯罪的,依照刑法第三百八十五条的规定,以受贿罪定罪处罚。学校及其他教育机构中的非国家工作人员,有前款行为,数额较大的,依照刑法第一百六十三条的规定,以非国家工作人员受贿罪定罪处罚。学校及其他教育机构中的教师,利用教学活动的职务便利,以各种名义非法收受教材、教具、校服或者其他物品销售方财物,为教材、教具、校服或者其他物品销售方谋取利益,数额较大的,依照刑法第一百六十三条的规定，以非国家工作人员受贿罪定罪处罚。"

根据上述规定，对于具有招生、学籍管理、教材征订与采购等职责的教育机构工作人员，在公立学校中属于国家工作人员，在非公立学校除委派的以外属于非国家工作人员，分别按受贿罪和非国家工作人员受贿罪处理。对于不具有采购职责的普通教师，在特定情形下参与或实际实施了帮助销售方销售的行为，考虑到教学活动虽然不是从事公务的活动，却是教师的职务活动，其在此过程中收受财物的，无论是否为公立学校，均可按非国家工作人员受贿罪处理。此外，**在一般的教育教学工作中，如教师利用教学活动过程中实际享有的控制权和对学生的影响力，收受他人财物、为他人谋取不正当利益等，也不宜将之作为国家工作人员看待。**

（四）利用职务便利与利用工作便利之别

利用工作便利，是大家经常提及的一个概念。通说认为，工作便利是指与职权或职责无直接关系或者说不是以职责为基础的便利条件，如仅因为在某单位工作而熟悉作案环境、凭借系工作人员的身份而易于进入他人保管公共财物的场所、较易接近作案目标或者因为工作关系熟悉本单位其他人员的职务行为的操作规程等便利条件。利用工作便利，不属于利用职务上的便利，如果因此侵吞、骗取、窃取本单位甚至其本人管理的公共财物，不构成贪污、职务侵占等有关职务犯罪，而只能构成诈骗、盗窃等普通犯罪。这种常规性解读对典型案件而言不难把握，但在一些特殊案件中仍会出现较大争议。

例如，杨某职务侵占案：

被告人杨某系某地顺丰快递公司职员，在公司的"某地中转场"上夜班，负责快递包裹的分拣工作。某日凌晨3时许，杨某在分拣快递包裹的过程中，将自己经手分拣的一个外有"M"标志、内有一部小米3TD手机的快递包裹秘密窃走，经鉴定该手机价值1999元。检察机关起诉盗窃，一审法院认定盗窃，判处罚金3000元。检察机关以原判量刑畸轻为由抗诉。二审法院认为，被告人的行为属于职务侵占，因数额未达到入罪标准而宣告无罪。检察机关继续抗诉，认为本案属于利用工作便利窃取单位财物，应当认定为盗窃。法院再审认为，原审被告人杨某作为顺丰公司的工作人员，利用经手本单位财物的职务之便,采用盗窃方法侵占本单位的财物,其行为应属职务侵占性质,因侵占的财物价值未达到职务侵占罪数额较大的定罪起点,依法不应以犯罪论处,故裁定驳回抗诉,维持二审判决。[1]

对于此案定性,不仅法检之间、法院内部存在分歧,案件曝光后学者讨论热烈,也有较大争论。分歧主要在于两点:一是职务侵占罪中的侵占行为,能否涵盖贪污罪中的"侵吞、窃取、骗取"等行为方式。二是职务侵占罪的"利用职务上的便利"能否包含"利用工作便利"以及如何判断被告人系利用职务便利还是利用工作便利等。

肯定说认为,侵占的行为方式等同于贪污,不仅包括侵吞,而且包括窃取、骗取等非法手段;作为单位工作人员,利用经手涉案财物的便利,就是利用职务上的便利。否定说则认为,侵占的行为方式不同于贪污,仅包括侵吞,不包括窃骗等手段,相当于国外的"业务侵占";利用职务便利要求行为人必须具有职务上所赋予的对财物的直接控制和独立支配的权利,如果对其非法占有的财物并无直接控制与独立支配的职责与权利,则属于利用工作上的便利。[2]

关于职务侵占罪与贪污罪的行为方式,刑法对两者的规定确有不同。《刑法》第271条第1款规定,"公司、企业或者其他单位的人员,利用职务上的便利,将本单位财物非法占为己有,数额较大的……";第382条第1款规定:"国家工作人员利用职务上的便利,侵吞、窃取、骗取或者以其他手段非法占有公共财物的,是贪污罪。"前者仅是概括地说"非法占为己有",并未明示具体行为方式;后者则具体规定了"侵吞、窃取、骗取"等行为方式。

笔者理解,**尽管立法上没有明确规定**,对职务侵占罪行为方式的掌握仍不宜仅限定为"侵吞"。《刑法》第271条第2款规定:"国有公司、企业或者其他国有单位中从事公务的人员和国有公司、企业或者其他国有单位委派到非国有公司、企业以及其他单位从事公务的人员有前款行为的,依照本法第三百八十二条、第三百八十三条的规定定罪处罚。"此款规定表明,国家工作人员实施的职务侵占以贪污论处,实际上也把职务侵占的行为方式与贪污等同论之了,只

---

[1] 参见四川省高级人民法院(2015)川刑提字第2号刑事裁定书。
[2] 参见周光权:《职务侵占罪客观要件争议问题研究》,载《政治与法律》2018年第7期。

不过因行为人的身份不同而区别定罪罢了。并且,《刑法》分则对多个罪名使用了"非法占为己有"的表述,在不明示其行为方式的情况下,一般也都认为其行为方式具有多样性,可能涵盖窃取、骗取等多种情况。

这里的主要问题还在于,如何认识和把握"利用工作上的便利"。经了解,这个术语最早出现在1995年《全国人民代表大会常务委员会关于惩治违反公司法的犯罪的决定》第10条中。该条规定:"公司董事、监事或者职工利用职务或者工作上的便利,侵占本公司财物,数额较大的,处五年以下有期徒刑或者拘役;数额巨大的,处五年以上有期徒刑,可以并处没收财产。"该条款也是职务侵占罪的"雏形",它明确使用了"工作上的便利"的概念,并将之与"职务上的便利"一并规定、一体认定。但是,1997年《刑法》修改时并未沿用"工作上的便利"的表述,仅留下"职务上的便利"的表述。这也是学界普遍把"利用工作上的便利"将本单位财物非法占为己有的行为排除在职务侵占罪之外的重要原因。

如果按照通说的理解,"工作便利"是与职权或职责无直接关系的诸如熟悉作案环境等条件,那么只要与职权或职责相关的便利条件则要归属于"职务便利",这样一来,类似杨某的案件基本上都可以认定为"利用职务上的便利"从而以职务侵占罪定罪处罚。由此带来的一个现实后果是,一些严重违法行为可能无法入罪,造成同类行为在处理上难以平衡的问题产生。此问题在企业内部发生的"监守自盗"案件上更为凸显。

2016年《贪污贿赂解释》生效后,职务侵占6万元入罪,而盗窃2000元入罪,刑事处罚的门槛差异很大。只要有工人、保安内外勾结参与,一旦认定为"利用职务上的便利",则按照职务侵占论,6万元以下的不予刑事处罚。[1]更为尴尬的是,《治安管理处罚法》第49条只规定了对盗窃、诈骗、哄抢、抢夺、敲诈

---

[1] 2022年修订后的《最高人民检察院、公安部关于公安机关管辖的刑事案件立案追诉标准的规定(二)》已将职务侵占罪的立案追诉标准,采取与贪污罪相同的标准,明确规定"公司、企业或者其他单位的人员,利用职务上的便利,将本单位财物非法占为己有,数额在三万元以上的,应予立案追诉"。此前,2016年《贪污贿赂解释》规定,职务侵占罪中的"数额较大""数额巨大"的数额起点,按照本解释关于贪污罪相对应的数额标准规定的二倍、五倍执行,即6万元、100万元。现在立案追诉标准作出调整,主要是为了加大对非公有财产的刑法保护力度,落实中央政策要求和《刑法修正案(十一)》对非公有制经济平等保护的立法精神。根据政策及立法要求,后续的相关司法解释会对职务侵占罪的定罪量刑标准作出相应的修改、调整。

勒索、故意损毁公私财物行为的处罚,对于职务侵占等行为治安处罚没有明文依据,公安机关介入都成为问题,只能建议公司对涉事员工提起民事诉讼的索赔,由此耗费了企业大量人力、物力,给企业的正常管理、生产秩序带来较大影响。所以,从法律及社会效果考虑,似有必要调整对"利用工作便利"的理解。

有观点提出,成立职务侵占罪中的"利用职务上的便利"是有条件的,那就是行为人对于其非法占有的财物必须具有职务上所赋予的独立控制和直接支配的权利。如果对其非法占有的财物并无独立的占有、控制与支配的职责与权利,则只能认定为"利用工作上的便利"。比如,对于车间工人侵占单位财产案件,如果行为人所从事劳务的岗位职责同时包含了对劳务中所经手的财物具有监管与独立支配的权限,也即行为人非法占有财物时不存在其他障碍,那么就是利用了职务上的便利。例如,在户外安装电线的电工,对于其所领用的电线材料,负有不被他人拿走的保管职责,也同时具有对电线独立支配的权限。如果其将电线材料非法据为己有,就是利用职务上的便利。如果对于劳务中所经手的财物,行为人并无独立的支配权,非法占有还需要采取其他逃避监管的手段,就是利用工作便利的行为。仍以电工为例,如果其利用在工地上铺设电线的工作机会,不按公司规定将工作中剩余的电线交还给材料保管员,而是将一部分电线藏匿他处,准备等晚上无人注意,将电线偷运出工地,卖给废品回收公司获利,则对此情况不能认定为利用职务便利,而应认定为利用工作便利。[1]

上述观点把行为人对于工作(劳务)中所经手或接触的财物,是否具有监督管理与独立支配的权限作为判断其是利用职务便利还是利用工作便利的依据。**如果按照此观点,对于单位保安利用自己当班之机将看守的单位财物非法占为己有,由于保安只不过是单位财物的监视者,不属于单位财物的独立占有、控制者,其利用看守的便利将单位财物非法占为己有的,应不属于"利用职务便利",而应认定为盗窃。**同样的道理,对于车间工人,虽然事实上其握有单位财物,但因为车间还有车间主任等上位监视者,而且其走出单位大门还可能受到门卫盘查等,故其对"过手"的财物只能是辅助占有,而没有独立支配和控制的权利,其

---

[1] 参见尹琳:《刑法上职务便利与工作便利的区别必要性辨析》,载《政治与法律》2015年第12期。

非法占有财物往往也需要借助"秘密窃取"等手段,故应认为其没有基于业务而占有本单位财物,也不属于职务侵占,而是盗窃。如果按照上述标准掌握,有助于缓解刑法在监守自盗案件上与现实的紧张关系。

当然,按照此观点把握,还需要强调基于职务便利而对财物的控制与支配应是一种直接的、独立的控制支配;在财物处于另一种监控之下,间接达到控制支配该财物的行为,仍不宜认定为利用职务之便,而应认定为利用工作便利。例如,邮政局的工作人员递送信件、包裹,则信件包裹必然是处于其控制和支配之下,但是对于信件、包裹内的物品来说,由于其外面有封口,因而是处于另一种监管之下,邮政人员对于信件包裹之内的财物,并非一种直接的控制。如果邮政工作人员拆开封口,窃取邮件中的财物据为己有,并不属于利用职务上的便利。由此才能解释为什么《刑法》第253条第2款规定,邮政工作人员私自开拆、隐匿或者毁弃邮件而窃取财物的,依照《刑法》第264条规定的盗窃罪论处。

需要指出的是,该观点并非无懈可击。如果强调利用职务便利,职务必须体现为对财物的直接控制和独立支配,则对贪污罪而言仍不无疑问。因为,贪污罪本身可以骗窃的方式实施,而借此方式实施的非法占有单位财物的行为,有的行为人对财物并不能直接控制和独立支配,故需要采取骗取、窃取等其他逃避监管手段,但此情形下,对具有国家工作人员身份的主体通常仍认定为贪污罪。此外,如果把利用职务便利限定于行为人利用对财物的直接控制和独立支配的便利,那么可能存在对职务侵占罪"限缩适用"的问题,如同贪污罪,仍不能排除部分对财物不能直接控制和独立支配的非国家工作人员非法占有本单位财物而认定职务侵占罪(而非盗窃罪)更为合适的情况。所以,这个问题值得进一步研究。

四、为他人谋取利益的认定

《刑法》第385条第1款规定:"国家工作人员利用职务上的便利,索取他人财物的,或者非法收受他人财物,为他人谋取利益的,是受贿罪。"第388条规定:"国家工作人员利用本人职权或者地位形成的便利条件,通过其他国家工作人员职务上的行为,为请托人谋取不正当利益,索取请托人财物或者收受请托人财物的,以受贿论处。"据此,"为他人谋取利益"以及"为请托人谋取不正利益"是受贿罪成立的必备要件。

(一)司法认定的分歧意见

将"为他人谋取利益"作为受贿罪的成立要件,这几乎是我国刑法所独有的,我们在《联合国反腐败公约》及外国刑法中均未见到类似规定。考虑到贿赂犯罪的危害本质在于公权力的不可收买性以及该要件规定在司法适用中的诸多问题(如限缩了受贿罪的处罚范围,不利于打击犯罪),理论界及实务界一直以来均有取消该要件规定的呼声。但由于立法一直未予调整,为适应实践需要,最高司法机关对刑法条文积极进行了扩张性解释。

(二)扩张的司法解释及其适用

根据《经济犯罪纪要》的规定,为他人谋取利益应理解为包括承诺、实施和实现三个阶段的行为,只要具有其中一个阶段的行为,如国家工作人员收受他人财物时,根据他人提出的具体请托事项,承诺为他人谋取利益的,就具备了为他人谋取利益的要件。明知他人有具体请托事项而收受其财物的,视为承诺为他人谋取利益。在这里,《经济犯罪纪要》把承诺、实施和实现三种情形并列,认为只要具有这三种情形之一,就具备了为他人谋取利益的要素。特别是,对承诺情形的规定,更是鲜明地表示受贿罪不需要国家工作人员在客观上实施为他人谋取利益的具体行为,这显然对"谋利"作了扩张性的解释。

2016年《贪污贿赂解释》第13条第1款进一步规定:"具有下列情形之一的,应当认定为'为他人谋取利益',构成犯罪的,应当依照刑法关于受贿犯罪的规定定罪处罚:(一)实际或者承诺为他人谋取利益的;(二)明知他人有具体请托事项的;(三)履职时未被请托,但事后基于该履职事由收受他人财物的。"现结合实际案例就此作以下解读。

1.关于"实际或者承诺为他人谋取利益"

《贪污贿赂解释》第13条第1款第1项规定明确了承诺为他人谋取利益即可认定为"为他人谋取利益",是否着手为他人谋取利益以及为他人谋利事项是否完成在所不问,既不影响定罪也不影响既遂的认定。该项内容直接来源于《经济犯罪纪要》的规定,即"为他人谋取利益"包括"承诺、实施和实现三个阶段的行为",只要实施其一即可认定。

2. 关于"明知他人有具体请托事项"

《贪污贿赂解释》第 13 条第 1 款第 2 项规定也是吸收了《经济犯罪纪要》的内容,即"明知他人有具体请托事项而收受其财物的",视为承诺为他人谋取利益。**该项规定的要点在于"具体请托事项",只要收受财物与职务相关的具体请托事项能够建立起关联,即应以受贿犯罪处理。**

从实际来看,具体包括两种情形:(1)行贿人告知受贿人具体请托事项,或者受贿人基于客观情况能够判断出行贿人有请托事项(如行贿人在受贿人的职权管辖范围内有公司、企业或经营项目),受贿人收受对方财物的,虽然尚未实施具体谋取利益行为,也应认定为受贿人"为他人谋取利益"。(2)受贿人知道或应当知道行贿人的具体请托事项,但并不想具体实施为对方谋取利益的行为,此种情形同样属于基于具体职务行为的权钱交易行为,公职人员的职务廉洁性亦会受到侵害,故也应认定为受贿人"为他人谋取利益"。

3. 关于事后受贿规定

《贪污贿赂解释》第 13 条第 1 款第 3 项是针对事后受贿作出的新规定。履行职责时没有受贿故意,双方亦未就请托事项进行意思沟通,但在履行职责后收取他人财物的,只要该收受财物与其先前职务行为存在关联,其收受财物的行为同样侵犯了国家工作人员的职务廉洁性。该规定以履职行为为中心,向前、向后有效延伸了对贿赂行为的认定,体现了司法机关从严惩治受贿犯罪的决心,内容比之前的《经济犯罪纪要》等司法解释性文件有了进一步的拓展。

根据《经济犯罪纪要》的规定,国家工作人员利用职务上的便利为请托人谋取利益,并与请托人事先约定,在其离职后收受请托人财物,构成犯罪的,以受贿罪定罪处罚。从其内容来看,《经济犯罪纪要》对离职后收受财物以受贿论处的条件还是比较严格的:一是收受的时间必须发生在离职后,对履职之前收受的财物能否认定未予涉及;二是要求双方事先约定,如果事先没有约定或者约定不明,则难以认定为受贿。2007 年《新型受贿意见》虽然规定双方约定的时间可以是在利用职务便利谋取利益的前后,但依然要求约定的内容系在离职后收受请托人财物,并在离职后实际收受的,以受贿论处,且对离职前收受请托人的财物与离职后收受的财物部分应一并计入受贿数额。

比较而言,《经济犯罪纪要》与《新型受贿意见》的解释逻辑与认定标准基本一致,但《新型受贿意见》对《经济犯罪纪要》有一定的微调,有限地放宽了离职后收受贿赂的认定门槛。无论是《新型受贿意见》还是《经济犯罪纪要》,都过于强调履职与受财行为的先后发生顺序,客观上易形成打击受贿犯罪的漏洞,而实际上是在履职前收受财物还是在履职后收受财物,只是权力兑现财物的时间问题,由此进行的权钱交易行为之实质并无任何不同,所以,**认定受贿的关键应在于收受财物与具体履职行为之间有无关联性**,而不在于两者谁在前谁在后,何者为因何者为果。

为使所有围绕职务便利所发生的权钱交易行为都能纳入受贿罪处罚,《贪污贿赂解释》完善了相关认定标准,认为只要该收受财物与此前的职务行为存在内在关联性即可认定受贿。结合该解释第 15 条的规定,无论受贿人是在职收受财物还是离职后收受财物,只要其利用职务便利为请托人谋取利益,之后因此收受的财物都应当计入受贿数额;对于其受请托之前收受的财物,数额达到 1 万元以上的,也要计入受贿数额。所以,该项规定虽然突破了"为他人谋取利益"的字面含义,但其内容无疑是合理的,也是司法应对受贿犯罪所必需的。但这里有两个方面仍需强调:

(1)事后受贿应基于受贿人的职务便利行为而发生贿赂关系。如果确有证据能够排除行为人是基于此前的履职行为而收受财物,则不宜认定为"为他人谋取利益",进而不宜认定为受贿犯罪。

举一个例子:

李某系国家工作人员,因为职务行为认识了张某,事后两人交往并成为朋友。张某得知李某是炒股高手,就将自己的钱款委托李某炒股,并约定亏了由张某承担,赚了则两人平分。能否认定李某系为张某谋利而收受其财物,则要结合证据审查张某是基于何种考虑委托李某炒股。如果有确实充分的证据证明张某是因为李某之前的履职行为而出于感谢并借用合作炒股的名义给李某输送利益,李某显系受贿;如果张某确因熟识关系而信赖李某的炒股技术而合作盈利,则不宜认定为李某受贿。

(2)离退休后收受财物成立受贿罪仍应以"事先约定"为条件。2000 年《离退休收受财物批复》规定,国家工作人员利用职务上的便利为请托人谋取利益,并与请托人事先约定,在其离退休后收受请托人财物,构成犯罪的,以受贿罪定罪处罚。2007年《新型受贿意见》亦规定,国家工作人员利用职务上的便利为请托人谋取利益之前或者之后,约定在其离职后收受请托人财物,并在离职后收受的,以受贿论处。根据上述规定,**离退休后收受财物成立受贿罪,必须以"事先约定"为条件**;如果行为人利用职务上的便利为请托人谋取利益,在此之前或者之后未约定其离退休后收受请托人财物,其离退休后收受财物的行为不宜认定为受贿。

例如,孙某某受贿案:

> 孙某某2008年任某省政府机关事务管理局副局长,主管基本建设及后勤工作,2013年1月退休。2011年4月,某省三星建筑公司中标承建了省政府公务员小区住宅楼工程。同年10月,该公司经理李某为感谢孙某某在付款结算上给予的关照,表示将在孙某某退休后给予其100万元,孙某某默许。2013年9月,李某送给孙某某100万元。2014年春节期间,李某又送给孙某某3万元慰问金。纪检机关审查认为,孙某某收受李某所送的100万元,构成受贿罪;孙某某收受李某的3万元,不属于受贿行为。依据就是,李某送钱时,孙某某已经退休,且该情况已经不再属于之前孙某在职时两人约定的范畴。[1]

那么,是否可以认为《贪污贿赂解释》修改了2000年《离退休收受财物批复》的规定呢?答案是否定的。司法解释起草同志的理解适用文章明确指出:"根据此前司法解释等文件的规定,国家工作人员离职、退休后收受财物,认定受贿需以离职、退休之前即国家工作人员身份存续期间有事先约定为条件。本项规定同样受此约束,不能认为本项规定修改了此前文件的规定。"[2]事实上,此前规定也无法突破,因为职务丧失,构成受贿犯罪的条件就发生了变化。申言之,**对于在职的国家工作人员,只要其收受财物与具体职务建立起关联性,即可成立受贿罪;但对于离退休的国家工作人员,其收受财物成立受贿罪,仍须以

---

[1] 参见齐英武:《离职(退休)后收受财物如何定性》,载《中国纪检监察报》2015年5月26日,第8版。

[2] 裴显鼎等:《〈关于办理贪污贿赂刑事案件适用法律若干问题的解释〉的理解与适用》,载最高人民法院刑事审判第一、二、三、四、五庭主办:《刑事审判参考》(总第106集),法律出版社2017年版。

其离退休之前即国家工作人员身份存续期间有事先约定为前提,如果没有"事先约定"的情况,仍不宜认定为受贿罪,如果符合利用影响力受贿罪构成要件,可以该罪定罪处罚。

需要注意的是,实际中一些案件行受贿双方的约定既可能是书面的,也可能是口头的;既可能是非常具体的,也可能是隐晦、概括的,如行贿方说过"日后必当有所回报",这即可认定是一种简单的约定,约定的形式一般不影响受贿罪主观故意的成立。实践中也有部分国家工作人员为企业谋利,之后便离职或者在离退休后到该企业挂职领取高薪,实现政商"旋转门",这种行为仍可以认定受贿。

最后,顺便提一下"退居二线"的国家工作人员收受财物的认定问题,这些人员通常退出了领导职位,不再担任具体工作职务、承担具体工作职责,但距离正式退休还有一段时间,本人尚未办理退休手续,其身份仍属于在职的国家工作人员。如果其在此期间为他人谋利并收受财物,一般仍应以受贿罪定罪处罚。

4. 关于受贿犯罪与"感情投资"的界分

《贪污贿赂解释》第13条第2款规定:"国家工作人员索取、收受具有上下级关系的下属或者具有行政管理关系的被管理人员的财物价值三万元以上,可能影响职权行使的,视为承诺为他人谋取利益。"第15条规定:"对多次受贿未经处理的,累计计算受贿数额。国家工作人员利用职务上的便利为请托人谋取利益前后多次收受请托人财物,受请托之前收受的财物数额在一万元以上的,应当一并计入受贿数额。"上述规定有条件地将"感情投资"纳入了犯罪处理。

众所周知,在公务领域中,赠贿、收受礼金的现象客观存在,刑法上对此没有具体规定,如何评价在理论上一直较有争议,这些年来司法操作上坚持的一个底线就是《经济犯罪纪要》中规定的"具体请托事项"。换言之,**对没有请托事项的所谓纯粹的"感情投资",不能作为受贿犯罪处理。**

从实际来看,日常意义上的"感情投资"大致可以分为两种情形:(1)与行为人的职务无关的"感情投资";(2)与行为人职务行为有具体关联的所谓的"感情投资"。对于后者,由于双方在职务活动中日常而紧密的关系,谋利事项要么已经通过具体的职务行为得以实现,要么可以推断出给付财物有利用职务行为给对方施加影响的意图,这种情况下,只要能够排除正常人情往来的,则应认定为受贿。所以,司法解释作了上述规定。

在司法实践中,在理解和适用以上解释规定时,应当注意以下几点:

(1)坚持以"具体请托事项"为基础,而且请托事项尽可能具体化。如果国家工作人员收受他人财物时,他人提出了请托事项或者明知他人会有请托事项,承诺(或者视为承诺)为他人谋取利益的,就具备了为他人谋取利益的要件。

(2)双方存在"上下级的隶属关系"或者"行政管理关系",即所收受的财物来源于具有上下级关系的下属或者具有行政管理关系的被管理人员。这其实是一种逆向推定。

从实际来看,如果国家工作人员收受大额的财物,双方又不是法定近亲属之间的赠与、债权债务、礼尚往来和正常礼金等,排除上述可能性,收受人和给予人只要存在上下级的隶属关系或者行政管理关系的,基本都可视为"为他人谋取利益"。现在,"随着经济和社会的发展,谋利与收取财物之间的对应关系越来越模糊,时间跨度长,方法多样,用简单的商业交换式的表现来寻找法律间的对应关系变得越来越不现实。因此,采用逆向适用方法是审判实践中根据贿赂罪特质和犯罪客体的内涵作出的规律性总结,是科学合理的"。[1]

(3)财物价值3万元以上,可能影响职权行使。其中,"财物价值三万元以上"是为了便于实践掌握而对非正常人情往来作出的量化规定,具体数额的设定也是为了与《中国共产党纪律处分条例》关于违纪收受礼金的规定进行衔接。一方面,"财物价值三万元以上"可以累计计算,而不以单笔为限;另一方面,对于确实属于正常人情往来、不影响职权行使的部分,则不宜计入受贿数额。

需要注意的是,"可能影响职权行使"的本意就是"超过人情往来的范围",或者已经不是通常意义上的"感情投资",所以,**应把"财物价值三万元以上"和"可能影响职权行使"结合起来作整体理解,不宜将之割裂成两个要件。**有的观点是把"可能影响职权行使"作为一个独立要件来看,笔者不以为然,因为很难

---

[1] 王晓东、沈言:《对贪污贿赂司法解释中几个问题的理解》,载《人民法院报》2016年9月28日,第6版。

想象下属向上司,或者行政管理相对人向国家工作人员贿送大额的钱物而不会影响其职权行使。

(4)多次受贿未经处理的,累计计算受贿数额。这里的"未经处理",既包括达到定罪标准未受处理,也包括未达到定罪标准未受处理。受贿人多次收受小额贿赂款,虽每次均未达到《贪污贿赂解释》规定的定罪标准,但多次累计后达到定罪标准的,也应当依法定罪处罚。这里的"处理"包括刑事处罚和党纪、行政处分,已经受过处理的原则上不再累计。同时,如果行贿人长期连续给予受贿人财物,且超出正常人情往来范畴,其间只要发生过具体请托事项,则可以把这些连续收受财物的行为视为一个整体,全额认定受贿数额。但应当注意多次收受财物之间应具有连续性,这是得以在法律上将收受财物与谋利事项建立联系,进而将之作为整体受贿行为对待的事实基础。

关于《贪污贿赂解释》第15条第1款规定的"累计计算",是针对一个下属或被管理人员,还是不同的下属或者被管理人员,实践中有不同认识。笔者认为,对此不能一概而论,**对于那种涉及人数众多,分散到某个送礼人那里数额会很小,如果按受贿犯罪处理就会显得不合理**,也使司法解释设定"三万元"这个**数额界限失去意义**。因为,"三万元"这一数额本身就是"超出人情往来"的数额,如果不加区分地针对不同人进行累计,容易混淆人情往来、感情投资与受贿的界限。比如,国家工作人员的下属或管理相对人有数十个,在其子女婚嫁时每人给他送一个数百元的红包,总额就可能超过3万元,但是确实没有具体的请托事项,只是双方具有上下级关系或行政管理关系,如果对此也按照受贿罪处理,就混淆了人情往来与受贿罪的界限。对类似案件,笔者觉得作为违纪处理比较妥当,也能体现"把党纪挺在前面"的精神。当然,对于某些特殊案件,即便把3万元的数额分散到不同的相对人,也能够排除人情往来的可能性,则不妨进行累计。

关于《贪污贿赂解释》第15条第1款"累计计算"规定与第2款"一万元以上计入"规定的关系,通常是作这样的理解:"第一款解决的是受贿数额的计算问题,以受贿事实业已确定为前提。未达到第二款规定的一万元数额标准的,意味着性质上不属于受贿,故不宜计入受贿数额。"[1]详言之,如果有请托事项而能够认定受贿事实存在,则应当将受贿人多次收受、未经处理的财物累计计算,累计后达到定罪标准的,即可依法定罪处罚,而不论每笔财物数额是否达到1万元;如果此前没有请托事项,尚未认定受贿的情况下,则仅应计算接受请托之前收受数额在1万元以上的财物以及受托后收受的所有财物,并且,这里的"一万元"也不存在需要针对不同行贿人所送财物进行数额累计的问题。

5. 关于履职与受财分离型的受贿罪认定

从实际来看,现在的受贿行为更趋隐蔽,履职谋利与收受财物这对受贿犯罪相伴相随的客观行为往往会被人为地分隔开来,以规避查处的风险。例如,行贿人出于"长线投资"的考虑,提前"打埋伏"实施输送财物的行为;在国家工作人员履职行为实施之后相当长时间内以各种名目输送财物,实则出于对其履职行为的感谢,以此来掩盖受贿犯罪权钱交易的本质特征。这些情形无疑增加了司法认定的难度。所以,全面理解把握《贪污贿赂解释》关于事后受贿以及"感情投资"有条件入罪的规定,尚需进一步厘清履职与受财之间的内在逻辑关系。

根据《贪污贿赂解释》的规定,成立受贿的前提是存在权钱交易,即利用职务便利与收受财物之间存在内在逻辑联系,而判断履职谋利与收受财物之间的内在逻辑联系成立与否,履职与受财时间发生的先后,以及履职与受财之间的时间间隔等形式要素,均不是问题的关键,重要的是要透过纷繁的表象,判断是否具有财物赎买权力、权钱进行交易的受贿犯罪之本质属性。这也是认定现实中大量存在的履职与受财相对分离型的受贿犯罪的基本思路。具体来说,办案中要重点把握以下三点:

(1)行为人有没有利用职务便利。如前文所述,《贪污贿赂解释》相较于《经济犯罪纪要》和《新型受贿意见》而言,其重要调整就在于打破了入罪设置上的藩篱,把履职行为作为司法认定的核心,突出履职谋利在受贿罪犯罪构成中的统帅地位,以此为依托将处罚范围向前、向后延伸,受请托之后收受的财物

---

[1] 裴显鼎等:《〈关于办理贪污贿赂刑事案件适用法律若干问题的解释〉的理解与适用》,载最高人民法院刑事审判第一、二、三、四、五庭主办:《刑事审判参考》(总第106集),法律出版社2017年版。

固然要以受贿论处,受请托之前收受的财物数额在1万元以上的,也应当一并计入受贿数额。所以,**在实际操作中,首先要关注行为人有没有利用职务便利实施为请托人谋利的履职行为。**

(2)收受财物是否源于此前的履职行为。换言之,收受财物与履职行为之间是否存在内在逻辑关系或者说具有实质关联性。如何证明系事后基于该履职事由收受他人财物,一般可结合以下几个方面来把握:

一是收受财物的原因。收受他人财物时,对方是否以各种方式明示或者暗示此系对之前履职行为的感谢。如前文所述,如果确有证据排除双方系因履职因素而产生财物来往关系,则应审慎认定受贿罪。

二是收受财物的数额。财物数额是否超出正常的礼尚往来的程度,受贿人是否系单方面收受财物,或者受贿人虽有相应的回赠,但回赠价值是否与收受的财物价值明显不成比例。

三是收受财物的来源。行贿人行贿的财物是否系直接或者间接地来源于受贿人的履职行为使其获取的利益。

四是履职与受财行为发生的时间间隔。《贪污贿赂解释》虽然没有对事后收受财物的具体时间作出限定,但实际判断上也应以常人所能理解和接受的时间间隔为标准。[1]

(3)坚持综合分析认定的思路。根据《贪污贿赂解释》第15条的规定,**如果行贿人长期连续给予受贿人财物,且超出正常人情往来范畴,其间只要发生过具体请托事项,则应把这些连续收受财物视为一个整体行为来认定。**所以,实际办案中坚持综合分析判断很重要。具体可参考以下因素:

一是履职前收受财物的数额大小。收受的数额是否合理,是正常的人情往来还是单方面的利益输送。如系单方面的利益输送,且数额超出社会上普通公民所能接受的标准,则应计入受贿数额。

二是履职前收受财物的时间频率。是偶然一次的交往,还是长期的利益输送。如系多年以前因正常事由偶尔一次送礼,且数额不大,双方之后并未保持

---

〔1〕 参见曹坚、徐灵菱:《受贿罪若干常见情形的司法认定》,载最高人民法院刑事审判第一、二、三、四、五庭主办:《刑事审判参考》(总第112集),法律出版社2018年版。

长期联系或者接触,应慎重计入受贿数额,可考虑作违纪金额认定;如双方系长期交往,行贿人在每年重要的节假日等时间节点以各种名义输送利益,数额超出正常人情交往的,则应计入受贿数额。

三是收受的财物与职务变动情况的契合度。例如,有的案件中,在受贿人职务未获调整、提升之前,行贿人送予的金额相对较小,但当受贿人获得职务提拔或调整、占据更重要的岗位时,则行贿人送予的金额明显提升,此情形就鲜明地勾勒出受财与履职行为之间钱权交易的逻辑关系,故履职前所收受的财物应一并计入受贿数额。[1]

五、贪污、受贿故意的判断

《贪污贿赂解释》第16条明确了实践中较为常见且争议较大的两个关系到贪污、受贿故意认定问题的具体处理意见,一个涉及赃款赃物去向问题,另一个涉及特定关系人收受财物问题。此外,鉴于借贷型受贿犯罪在实践中较为高发,对于行为人是否存在受贿故意、能否认定犯罪时常出现认识分歧,故一并论述。

(一)赃款赃物去向与故意认定

根据《贪污贿赂解释》第16条第1款的规定,国家工作人员出于贪污、受贿的故意,非法占有公共财物、收受他人财物之后,将赃款赃物用于单位公务支出或者社会捐赠的,不影响贪污罪、受贿罪的认定。换言之,**只要基于个人非法占有的目的而实施贪污、受贿行为,不管事后赃款赃物的去向如何,均不影响贪污罪、受贿罪的认定,但量刑时应予酌情考虑**。原因在于,此时贪污、受贿犯罪已实施完毕,处于犯罪既遂状态,行为人对赃款赃物处分行为只是一个罪后情节,依据法理也不可能再影响刑事定罪。这里要明确,虽然司法解释仅提及单位公务支出与社会捐赠两种用途,如将赃款赃物作其他使用,一般也应当按照此精神处置,即不影响定罪,量刑时酌处。

---

[1] 参见曹坚、徐灵菱:《受贿罪若干常见情形的司法认定》,载最高人民法院刑事审判第一、二、三、四、五庭主办:《刑事审判参考》(总第112集),法律出版社2018年版。

例如,《刑事审判参考》(总第106集)收录的毋保良受贿案:

2003年至2012年,被告人毋保良利用担任萧县人民政府副县长、县长、中共萧县县委副书记、书记等职务便利,在工程项目、征地拆迁、干部调整等方面为他人谋取利益,非法收受他人财物,共计1869.2万元、4.2万美元、购物卡6.4万元以及价值3.5万元的手表一块。2006年12月至2012年2月,毋保良累计23次将现金1790余万元及美元、购物卡、手表等物品交存到萧县招商局、县委办,知情范围极其有限,款物的使用、支配由毋保良决定、控制。后来1100余万元被用于公务支出,400余万元被用于退还他人、为退休领导违规配车及招待费用等,案发时尚有余款280余万元及购物卡、物品等。2012年年初,毋保良在与其有关联的他人遭查处、办案机关已初步掌握其涉嫌受贿犯罪线索后,才退还部分款项,并向县委班子通报、向上级领导报告收受他人1600余万元及交存情况。

法院经审理认为,毋保良虽将部分款物交存国有单位,后大部分用于公务支出,但毋保良受贿故意明显,综合其交存款物的来源、比例以及知情范围等因素,应认定为受贿犯罪既遂后的处分行为,旨在逃避查处,不影响受贿犯罪的性质及故意犯罪完成形态的认定。但鉴于毋保良具有自首情节,案发后积极退赃,犯罪所得主要用于公务活动等具体情况,可对其从轻处罚,故依法处以受贿罪,判处毋保良无期徒刑,剥夺政治权利终身,并处没收个人财产60万元;受贿所得赃款、赃物依法予以追缴,上缴国库。

需要注意的是:第一,我们在这里说赃款赃物去向不影响贪污罪、受贿罪的认定,前提是已经锁定了行为人贪污、受贿的"故意"。如果贪污、受贿的"故意"本身是存疑的,对赃款赃物去向的实际影响力则要另当别论。第二,在国家工作人员出于贪污、受贿的故意,非法占有公共财物、收受他人财物之后,虽然赃款赃物去向不影响贪污罪、受贿罪的认定,但考虑到此情形通常会影响量刑,**有关办案机关仍应当继续重视查证赃款赃物的去向,不能因为赃款赃物的去向不影响定罪就疏于或放弃有关查证工作。**

(二)特定关系人收受财物与故意认定

近年来,在实践中大量出现国家工作人员不直接收受贿赂,而是通过特定关系人间接收受贿赂的情形,这使贿赂犯罪变得更为隐蔽、复杂,也给司法认定带来挑战。在国家工作人员并未直接接受行贿人请托,而是由特定关系人接受请托,并通过国家工作人员的职务行为,或通过国家工作人员对其他国家工作人员的斡旋行为,为请托人谋取利益,并由特定关系人索取、收受他人财物的情况下,对于国家工作人员和特定关系人的行为,要区分不同情形加以认定。

《贪污贿赂解释》第16条第2款规定:"特定关系人索取、收受他人财物,国家工作人员知道后未退还或者上交的,应当认定国家工作人员具有受贿故意。"这一规定突破了以前一直强调的事先通谋。根据此规定,当特定关系人将请托人的请托事项告知国家工作人员,即国家工作人员接受了特定关系人的转请托,并在知道特定关系人索取、收受他人财物后未退还或者上交的,国家工作人员和特定关系人共同具有受贿的故意和行为,根据主客观相一致的原则,构成受贿罪的共犯。反之,如果特定关系人没有将请托事项告知国家工作人员,国家工作人员不具有受贿故意,则国家工作人员不构成受贿罪,特定关系人的行为可单独构成利用影响力受贿罪。所以,**能否认定国家工作人员构成受贿犯罪,关键看其对收受财物一事是否知情及知情后的态度,事前是否通谋已非必需。**

例如,在薄熙来受贿、贪污、滥用职权案中有一项受贿犯罪事实,判决书这样叙述:"2001年7月9日,薄谷开来用其收受徐明给予的购房资金2,318,604欧元(折合人民币16,249,709元)购买了位于法国尼斯地区戛纳市松树大道7号的丹凤·圣乔治别墅。2002年8月,薄谷开来在沈阳家中将徐明出资在法国购买别墅事宜告知了被告人薄熙来。"这是薄熙来案中数额最大的一项犯罪事实,法院认定薄熙来的行为构成受贿罪,其依据就是被告人"知道后未退还或者上交"。[1]

在司法实践中,具体适用《贪污贿赂解释》第16条第2款的规定,还需要注意以下四点:

(1)此情形以国家工作人员接受特定关系人转请托为前提。如果特定关系

---

[1] 参见山东省济南市中级人民法院(2013)济刑二初字第8号刑事判决书,载最高人民法院刑事审判第一、二、三、四、五庭主办:《刑事审判参考》(总第93集),法律出版社2014年版。

人未将转请托事项告知国家工作人员,则不得适用上述规定。详言之,**特定关系人构成国家工作人员受贿共犯的前提是,特定关系人代请托人转达请托事项,提议向他人收受财物,以及直接向请托人索取财物并于事后告知国家工作人员等情形。对于特定关系人既未转达请托事项,也未提议或者索取财物,仅单纯收受财物的,一般不能作为受贿共犯处理。**

(2)不同于《刑法》在影响力贿赂犯罪中规定的"关系密切的人",对于"特定关系人"的认定范围通常依照2007年《新型受贿意见》的相关规定来掌握,即**这里的"特定关系人",一般指"与国家工作人员有近亲属、情妇(夫)以及其他共同利益关系的人"。**

所谓近亲属,按照《刑事诉讼法》第108条第6项的规定,是指夫、妻、父、母、子、女、同胞兄弟姊妹。但考虑到《刑事诉讼法》主要是从诉讼权利的角度作出规定,而不涉及经济利益,以此来认定"近亲属"的范围不尽合理,故实践中一般参照《民法典》第1045条第2款的规定掌握,包括配偶、父母、子女、兄弟姐妹、祖父母、外祖父母、孙子女、外孙子女。

所谓情妇(夫),通常是指除配偶之外长期保持不正当性关系的人。**司法实践中对于到底达到什么程度的男女关系才能称为"情妇(夫)",主要是看双方是否具有不正当男女关系和金钱包养关系。**

所谓其他共同利益关系的人,是指以默契的形式形成利益共同体,一方为谋取己方的利益,在一定程度上必须顾及和维护另一方的利益。**这里的共同利益关系主要是指共同经济利益关系,如共同占有或相互继承关系,此外,也不排除其他方面的利益关系,如政治、情感等方面。**[1]

(3)这里所说的"知道后未退还或者上交",侧重于主观故意的判断,如果因赃款赃物被特定关系人挥霍等,国家工作人员知道时确实已经不具备退还或者上交的客观条件,则应当有所区别、慎重适用。

(4)影响力贿赂犯罪以国家工作人员不构成受贿罪为前提,在认定国家工作人员构成受贿罪的情况下,相关行受贿犯罪的罪名适用应当保持协调一致,

---

[1] 参见韩晋萍:《特定关系人收受贿赂的司法认定》,载《人民法院报》2012年5月30日,第6版。

对特定关系人不得另以"利用影响力受贿罪"处理,对行贿人也不得以"对有影响力的人行贿罪"处理。[1]

(三)借贷型受贿的故意认定

借贷型受贿包括两种常见情况:一是通过向行贿人借款来掩饰收受贿赂;二是将钱出借给行贿人,收取高额利息。现实中以"借贷"的形式收受他人财物的受贿犯罪在已查处的受贿案件中占有相当比例。对此类情形,既要正视犯罪嫌疑人、被告人的辩解,更要围绕案件事实与证据,深入剖析"借款""借用""免息""取息"等行为的实质,善于抓住本质,去伪存真、准确认定。

1."以借为名"型受贿

考虑到实践的复杂性,2003年《经济犯罪纪要》特别就此情形的认定作了具体规定,国家工作人员利用职务上的便利以借为名向他人索取财物,或者非法收受财物为他人谋取利益的,应当认定为受贿。具体认定时,不能仅仅看是否有书面借款手续,应当根据以下因素综合判定:(1)有无正当、合理的借款事由;(2)款项的去向;(3)双方平时关系如何、有无经济往来;(4)出借方是否要求国家工作人员利用职务上的便利为其谋取利益;(5)借款后是否有归还的意思表示及行为;(6)是否有归还的能力;(7)未归还的原因,等等。

在司法实践中,除《经济犯罪纪要》明确列举的因素外,判断"以借为名"的受贿还可以参考以下方面:

(1)双方的职业。对发生于国家工作人员与社会企业主、个体经营者之间的所谓借款行为,要结合双方的工作情况予以详细查证。如果出借人系企业主、个体经营者,而借款人系国家工作人员,且出借人曾在借款人的相应职权范围内从事过有关经营活动,则借款关系的实质情况有待结合其他证据予以进一步查证。

(2)借款手续是否相对完备。一般不能仅凭书面借款手续来判断,有书面借款的,不一定就是民事意义上的借款行为;但没有书面借款的,结合案件具体

---

[1] 参见裴显鼎等:《〈关于办理贪污贿赂刑事案件适用法律若干问题的解释〉的理解与适用》,载最高人民法院刑事审判第一、二、三、四、五庭主办:《刑事审判参考》(总第106集),法律出版社2017年版。

情况系受贿的可能性更高。

(3) 有无催款行为。在正常的借款关系中,如果借款人逾期未还款,出借人往往会以电话、短信、微信等形式或者当面催要。所以要注意审查出借人有无向借款人要求还款的行为,如果从未催要,则需要结合出借人的证言来分析判断该借款的真实性。

(4) 借款与履职行为之间有无内在联系。这是司法判断的重点和关键,要重视审查当事人之间仅是单纯的借款行为,还是在借款前后发生了特定的职务行为,以及是否因为有了被告人的相应履职行为双方才发生了借款关系等。

需要强调的是,无论是《经济犯罪纪要》明确的因素,还是以上提及的方面,其判断都需要建立在确实、充分的证据及事实基础之上。**办案中要深入贯彻证据裁判原则,善于透过现象看本质,并依据行为的本质属性来进行司法认定,不拘泥于形式与细枝末节。**

例如,李某行贿、受贿、滥用职权案:

李某原系云南省某市市委书记,曾为解决杨某公司相关项目的改造和获得补助等方面提供帮助。2013 年春节前,李某以"朋友需要钱"的名义向杨某提出"借款"300 万元,杨某将其父名下存有 300 万元的农行卡交给李某。2018 年 2 月,李某将该卡交由特定关系人和某使用。2018 年 4 月至 6 月,和某共支取该卡内 85.15 万元。2018 年 6 月,李某在得知杨某因涉嫌违法被留置后,为掩饰犯罪,将该卡从和某手里拿回后交给表弟李某某,并安排其虚构与杨某"借款"300 万元,和某又向李某某"借款"的事实。2018 年 7 月,在杨某被解除留置措施后,李某安排李某某将银行卡归还杨某。该卡归还给杨某时,卡内余额为 210 万元。

本案审理中,李某一直供述自己是向杨某借款,其辩护人亦提出李某只是借款,没有承诺谋取利益,不是受贿。法院经审理认为,被告人李某作为市委书记,一方面,在明知自己职务"能量"可以为杨某带来利益的前提下向杨某提出借款(实际上也在杨某公司生意上给予了关照);另一方面,李某在 2013 年上半年获得"借款"后,直至 2018 年年初,才交由特定关系人使用部分款项,在 5 年的时间里,自己未用该款,说明其真实目的不是借款,且这么长时间内有还款能力而不还,直至相关人员被采取留置措施才伪造借据、退还钱款。由此可知,李某的"借款"一开始就是行贿、受贿双方之间达成的一种特殊默契,应当认定李某的行为构成受贿,受贿数额为300万元。[1]

以借款的名义受贿,还有一种特殊形式:借款免息。具体来说,双方借贷关系本身可能是真实的,但国家工作人员利用职务便利为请托人谋利,旨在获取巨额无息借款,请托人同意提供也是借此获取国家工作人员职务上的支持,**此时免息借款的对价就是国家工作人员实施具有倾向性的职务行为,由于存在权钱交易关系,通常应将相关期限内的借款利息认定为受贿。**

例如,贾某受贿案:

贾某原系某县公安局原党委委员、副局长。2009年至案发,贾某利用职务便利,为某乙在多个案件查办中提供帮助。2011年和2016年,贾某因筹资入股和期货投资,分别向某乙借款300万元和199万元,其间,某乙免除了贾某相应的借款利息。按照同期中国人民银行公布的贷款基准利率(最低一档)计算,截至2020年6月27日,贾某未支付利息共计84万余元。

法院经审理认为,贾某无偿借用的行为虽然没有取得钱款的所有权,但获取了499万元现金数年的使用权。根据市场定价机制,一定期限巨额现金的使用权具有金钱可评估性,其具体数额可以进行量化。因此,贾某所借用的巨额本金的利息84万余元属于可以被金钱量化的财产性利益,属于《刑法》第385条中的"财物",应纳入受贿犯罪认定的范围,据此依法以受贿罪判处贾某有期徒刑四年,并处罚金人民币35万元。[2]

2."放贷收息"型受贿

随着反腐败斗争的深入推进,越来越多的行受贿犯罪试图利用合法的外衣掩护,其中,以放贷形式收取高利息就是其中的常见形式。2022年4月25日,中央纪委国家监委网站公开通报了湖南省纪委监委查处的8起党员干部放贷收息受贿典型案例,有关涉案人员以"放贷收息"的方式获利从几百万元到数千

---

[1] 参见《李某行贿、受贿、滥用职权案——从李某行贿、受贿、滥用职权案,看"以借为名"受贿罪名和数额的认定》,载微信公众号"福贡县人民法院"2022年2月28日。
[2] 参见《免息借款能否认定为受贿》,载微信公众号"南湖清风"2021年8月9日。

万元不等,最终都被司法机关以受贿罪定罪处罚。

国家工作人员未违反法律法规,将个人合法收入或资金出借给亲戚朋友等人获取正常利息,没有影响公正执行公务的,属于正常的民间借贷行为。对国家工作人员正常的民间借贷行为,法律给予保护。并且,根据2020年12月新修正的《民间借贷规定》,以借贷合同成立时一年期贷款市场报价利率的4倍为法律保护的上限。国家工作人员参与正常的民间借贷活动,同样也适用于该规定。但以借贷为名收受他人财物的受贿行为与正常民间借贷有本质不同,实践中可从以下几个方面来甄别、判断。

(1)借贷双方之间的关系。正常的民间借贷主要发生在亲戚、同学、战友、同事、老乡等平等民事主体之间,一般双方关系密切,平时可能就有经济往来。在"放贷收息"型贿赂中,出借人是国家工作人员,借款人是国家工作人员的服务管理对象,双方存在不对等关系,借贷常常发生在双方达成权钱交易的合意之后。

(2)借款人是否具有真实的资金需求。在正常的民间借贷中,借款人有实际资金需求才向出借人借款。在"放贷收息"型贿赂中,请托人经常不是出于真实的资金需求而向国家工作人员借款。

(3)借款提出的方式。在正常的民间借贷中,借款人通常是主动提出借款需求。在"放贷收息"型贿赂中,既可能是由国家工作人员在请托人没有提出借款需求的情况下,主动提出将资金出借给请托人,甚至指定借款利率;也可能是由请托人主动提出让国家工作人员将资金放到其处"吃利息",且利息通常远高于当地民间借贷的平均利率。

(4)出借资金的来源。在正常的民间借贷中,因存在不能收回本金的风险,出借人通常不会借款放贷。在"放贷收息"型贿赂中,国家工作人员为获取更多的收益,除了自有资金,还可能从他人处筹集资金甚至将借款、贷款再出借给请托人,赚取高额差价。

(5)资金出借后的行为表现。在正常的民间借贷中,借款人因存在真实的资金需求,其在取得资金后即用于所需之处,出借人往往会特别关注借款资金的安全性,借款人为了让出借人放心,一般也会告知出借人借用资金的目的、使用过程以及还款日期等,以言语和行动表达资金处于安全之中。在"放贷收息"

型贿赂中,请托人本无真实资金需求,出借方也不用担忧资金回收风险,所以,双方通常不会对具体借款目的、资金用途、借款期限、还款保障等正常借贷必然会涉及的问题进行协商,有的出借人甚至不关心借款何时能够归还。

(6)支付的资金回报。在正常的民间借贷中,利息主要是基于双方对借款的用途、金额大小、借款期限及银行存贷款利率或市场利率等因素商定。在"放贷收息"型贿赂中,借款利息并不受上述情形影响,而经常由国家工作人员指定利率或者请托人许诺一个固定利率,往往显著高于正常利率水平,国家工作人员获取的利息与资金正常产生的收益严重不成比例等。

例如,胡某某受贿案:

2013年至2017年2月,胡某某利用其担任C县发展和改革局党委书记、局长的职务便利,在县预拌混凝土生产企业规划布点、散装水泥专项资金补助等方面为Q公司提供帮助。2014年1月,胡某某找到Q公司负责人洪某,在明知洪某可以从银行获得贷款的情况下(实际上洪某在银行有贷款,月利率为0.7%),仍主动提出将100万元出借给洪某,要求按2%月利率(年利率24%)收取利息,期限3年并签订了借款协议。2014年1月至2017年1月,胡某某共向洪某收取利息72万元。

本案审理中,关于胡某某的行为性质有三种不同意见:第一种意见认为,胡某某高息放贷利率未超过民间借贷法律规定的保护上限,属于正常的民间借贷;第二种意见认为,胡某某高息放贷的行为侵害了职务廉洁性,违反了廉洁纪律,构成违纪;第三种意见认为,胡某某的行为系以高息借贷为名的受贿。法院经审理采纳了第三种意见。[1]

需要注意的是,"放贷收息"型受贿认定中有一个重要问题,即受贿数额如何确定。比如,在胡某某受贿案办理中,就有两种不同意见:一是认为受贿数额应按照收取的利息72万元全额认定,二是认为受贿数额应当扣除洪某在此期间从银行获取贷款的最高利息或从不特定人处借款的最高利息。法院采纳了后一种意见,从利息总额中扣除洪某同期在银行贷款应当支付的利息部分,即

---

〔1〕 参见解峰、俞振、卢永元:《国家工作人员利用职务便利高息放贷行为怎么定性》,载《中国纪检监察报》2019年3月6日,第8版。

按照月利率2%扣减0.7%后对应的金额作为受贿数额。从实践来看,对"放贷收息"型受贿数额如何确定,个案中有多种不同做法,有的按照全部利息收益认定;有的以超过银行同期贷款利率的数额来认定;有的参考《民间借贷规定》,将利率超出法律保护上限的部分认定为受贿数额;有的则综合参照借款人同期从银行或他人处借款的最高利率,将超出的部分认定为受贿数额。

笔者认为,首先,将利息全额认定为受贿数额,在借款人已实际使用借款的情况下,如果对此不加考虑会有失公平。其次,如果以超过银行同期贷款利率的数额来认定,可能会忽视民间借贷的特殊性。再次,由于不属于正常的民间借贷,也不宜参照《民间借贷规定》基于正常民间借贷关系而作出的利率保护上限规定来确定受贿数额,且若只将利率超出保护上限的部分认定为受贿数额,会导致利率低于保护上限的"放贷收息"受贿行为无法追究。最后,**综合考虑,可参考借款人同期从银行或他人处借款的最高利率,将超出的部分认定为受贿数额**,这样既可以对被告人与借款人之间权钱交易的受贿行为依法打击,又注意适当保护被告人的合法权益。上述胡某某案的裁判基本采取了该思路,在《刑事审判参考》(总第129辑)收录的沈财根受贿案中,法院裁判亦持此立场。

在沈财根案中,被告人于2009年、2016年分别出借50万元、90万元给杨某使用,双方未约定借款利息、还款期限等事项,其间,杨某为感谢沈财根对其公司业务的关照,以支付个人借款"利息"的名义送给沈财根282万元。法院经审理查明,杨某除了从被告人处借得款项外,还从亲戚、朋友处借款,一般为年利率12%,最高为年利率18%,于是便按照利息总额扣减杨某同期从他人处借款的最高利率18%部分,认定被告人实际受贿数额为174万余元。

需要关注的是,沈财根案例的裁判观点同时认为,之所以采取上述计算方法,主要是考虑被告人沈财根给杨某的借款确实用于杨某的公司经营,有实际的借款关系为基础,只是在此之上附加了利益输送,如果能够查明整个借款关系都是虚假的,换言之,如果根据在案证据可以认定借款人本身没有借款需要,国家工作人员也明知借款人本无借款需要,仍主动将款项"借"给借款人,款项放在借款人处完全是幌子,以此来收取高额利息,而且借款人实际也并未使用该款项,那么根据主客观相一致原则,在认定受贿数额时,国家工作人员获得的所有利息均应认定为受贿数额。根据此观点，**按照全部利息收益认定受贿数额也是一种解决方案，但其适用有相应的限制条件。**

六、贿赂犯罪中的"财物"

作为贿赂犯罪对象的"财物"的范围如何确定，一直也是理论及实务中比较有争议的话题之一，并直接影响受贿罪的具体认定，所以值得进一步探讨。

(一)关于"财物"范围的理解

党的十八届四中全会《决定》提出，"把贿赂犯罪对象由财物扩大为财物和其他财产性利益"。根据此要求，有关部门早期有过由立法机关在《刑法修正案(九)》或者制定立法解释予以落实的意见，但考虑到2008年《商业贿赂意见》已经把财产性利益纳入贿赂的对象范围，所以，实践中迫切需要解决的主要问题已不再是财产性利益能否作为贿赂对象的问题，而是财产性利益如何认定的问题。对于后者，由司法解释来规定显然更便捷，也更易于具体化。

《贪污贿赂解释》第12条规定："贿赂犯罪中的'财物'，包括货币、物品和财产性利益。财产性利益包括可以折算为货币的物质利益如房屋装修、债务免除等，以及需要支付货币的其他利益如会员服务、旅游等。后者的犯罪数额，以实际支付或者应当支付的数额计算。"该规定主要借鉴了《商业贿赂意见》第7条的规定，后者已经明确："商业贿赂中的财物，既包括金钱和实物，也包括可以用金钱计算数额的财产性利益，如提供房屋装修、含有金额的会员卡、代币卡(券)、旅游费用等。具体数额以实际支付的资费为准。"但相较而言，《贪污贿赂解释》对财产性利益的界定更为具体，首次明确财产性利益包括"可以折算为货币的物质利益"和"需要支付货币才能获得的其他利益"两种。前者如房屋装修、债务免除，其本质上就是一种物质利益；后者如会员服务、旅游等，就其性质而言不属于物质利益，但由于取得这种利益需要支付相应的货币对价，故在法律上也可以视为财产性利益。

相较于物质利益，"其他财产性利益"的实现形式具有一定的特殊性，实践中有两种常见情形：(1)行贿人支付货币购买后转送给受贿人消费；(2)行贿人将在社会上作为商品销售的自有利益免费提供给受贿人消费。两种情形在利益的提供或取得方式上虽有不同,但其实质是相同的,都体现了"权钱交易"的性质,故都应当纳入贿赂犯罪处理。考虑到第二种情形中司法认定容易在犯罪数额上出现分歧,故《贪污贿赂解释》第12条同时明确"后者的犯罪数额,以实际支付或者应当支付的数额计算"。

随着"财产性利益"这一概念的引入,贿赂犯罪中的"财物"范围得到极大拓展,这也契合中外刑法理论的基本认识以及立法和司法实践的发展需要。

从刑法理论来看,国外对贿赂的界定大体存在三种学说:(1)有形利益说,把贿赂看成有形的或者物质上的利益。(2)金钱估价说,把贿赂的目的物仅限于能够用金钱来估价的物质利益。(3)需要说,把凡是能满足人的需要的一切有形的或无形的利益,都看作贿赂的目的物。[1]我国刑法理论关于贿赂的界定存在财物说、财产性利益说、利益说以及财产性利益和部分非财产性利益说等观点。财物说认为,贿赂只应限定为财物,即金钱和物品,比前述的有形利益说范围相对更窄,如水电气等能源可被评价为有形利益但不一定能被评价为财物。财产性利益说认为,贿赂涵盖所有可以用金钱计算的物质利益,包括设定债权、免除债务等财产上的利益等,与前述金钱估计说基本相当。利益说认为,贿赂既包括财物、财产性利益,也包括其他非财产性的不正当利益,与前述需要说基本相当。财产性利益和部分非财产性利益说认为,贿赂的范围主要是指财产性利益,并以此为基础,在有限范围内承认某些非财产性利益的贿赂性质,如信息、升职、学位、著作权、荣誉或者某些资格等。[2]由此可见,中外刑法理论对贿赂物均有扩张解释的倾向。

从国外相关立法与判例来看,很多国家从强化腐败治理的角度对贿赂的范围持尽可能开放的立场,刑事立法和判例对贿赂本身几乎不加以限制。例如,日本判例认为,贿赂并不限于财物,包含能满足人之需要或欲望的一切利益,除金钱、物品等有形物外,诸如代为偿还债务、金融利益、给艺伎"花钱"等招待、高尔夫俱乐部会员权、以公开价格获得确实会涨价但尚未公开的股票而获取的利

---

[1] 参见陈兴良、周光权:《刑法学的现代展开》,中国人民大学出版社2006年版,第680页。
[2] 参见高铭暄、张慧:《论贿赂犯罪的贿赂"范围"》,载《法学杂志》2013年第12期。

益等财产性利益,以及诸如就斡旋就职的约定、异性之间的肉体关系等。[1]英国《2010年反贿赂法》第2条将受贿犯罪中的"贿赂"规定为"金钱或其他好处"(financial or other advantage),意在对贿赂范围不作任何不必要的限定,不论是否为物质性利益,甚至不论是否为财产性利益,只要在形式上与行为人实施不当行为之间形成对价关系即为已足,并且该好处不以"不正当"限定。[2]《联合国打击跨国有组织犯罪公约》《联合国反腐败公约》分别将贿赂规定为"不应有的好处"和"不正当好处"。透明国际在其倡议的《反商业贿赂守则》中规定贿赂行为是在企业的商业活动中给予任何人或从任何人那里收受任何礼物、贷款、酬劳、犒赏或其他利益,以促使发生不诚实、非法或背信的行为。[3]

从我国关于贿赂立法的本土变迁来看,虽然与贿赂犯罪相关的刑法文本固守"财物"的表述,但在相关法律及司法规范性文件中,对"财物"的界定均逐步放宽。例如,1993年公布的《反不正当竞争法》肯定了"财物"作为贿赂的同时,还确认了采用"其他手段"成立贿赂的可能,该法在2017年修订和2019年修正时仍保留了上述规定。1999年出台、2017年修正的《招标投标法》同样规定为"财物或者其他好处"。2002年出台、2014年修正的《政府采购法》则规定为"贿赂或其他不正当利益"。司法规范性文件更是不断扩张"财物"的范围,先是在2007年《新型受贿意见》中明确地将股份规定为"财物",后通过2008年《商业贿赂意见》将贿赂范围扩展至"财产性利益",2016年《贪污贿赂解释》进一步将"财产性利益"细化为"可以折算为货币的物质利益"与"需要支付货币的其他利益"等。

由上文可见,刑法理论学说、国内外立法与判例以及司法实践都在逐步放宽对贿赂范围的限制。**贿赂物作为行受贿行为的媒介,是作为侵害受贿犯罪保护法益的工具而存在,对其本身没有必要附加更多的要求,对作为贿赂对象的"财物"的认定,应当秉持更加开放、多元的态度。**

---

[1] 参见[日]西田典之:《日本刑法各论》,刘明祥、王昭武译,武汉大学出版社2005年版,第342~343页。

[2] See Law Commission, Reforming Bribery, No. 313, 2008, p. 24. 转引自高铭暄、曹波:《中英受贿犯罪立法比较研究》,载《法学杂志》2016年第8期。

[3] 参见透明国际编:《拒绝商业贿赂——〈反商业贿赂守则〉在企业的实用指南和六步骤方案》,清华大学公共管理学院廉政与治理研究中心译,中国方正出版社2008年版,第3页。

有学者指出,随着经济社会发展,财产关系日益复杂化,所有权与经营权分离现象普遍存在,特别是股权的产生和信托业的发达,物权与债权相互交融,基于占有的使用更为重要,因此不仅应将民法上的所有权作为财产罪的保护法益,而且应将所有权以外的值得刑法保护的某些利益作为财产罪的保护法益。[1] **财产作为侵犯财产罪的保护法益,已经超脱于实物(所有权及其他本权的载体),而落脚在"利益"之上。** 从法益保护出发,无论是所有权还是其他权利都是对受贿人需要的满足,所以更无必要在物之本权和占有之间进行取舍,"财物"的范围因财产犯罪保护法益的发展而拓展,理应顺延到贿赂犯罪中对"财物"的认定上。

不仅如此,"利益"在贿赂犯罪中的外延还应宽于侵财犯罪。首先,在侵财犯罪中,财产具有双重地位:既是侵犯财产罪的保护法益,也是犯罪对象,所以才有了对财产理解的三种学术之争:"法律的财产说"、"经济的财产说"和"法律·经济的财产说"(折中说)。[2] 当前,"法律·经济的财产说"在侵财犯罪中占据通说地位,该观点主要是从法秩序统一性的角度出发,认为刑法所保护的对象应当是法秩序所保护的作为整体的具有经济价值的利益,而将违法的利益除外。但从受贿犯罪保护法益来看,国家工作人员利用职权所谋取的私利只作为保护法益的组成要素之一,而非被保护的对象,更多的是作为利益输送的媒介出现。因此,对私利范围的界定,无关法秩序的统一性,并不需要额外排除违法利益。换言之,"财物"作为国家工作人员所谋取的私利,无论来源和性质如何,均不应影响对受贿犯罪的认定。

其次,从贿赂犯罪的立法规定来看,不同于侵财犯罪,目前《刑法》对受贿罪(包括斡旋受贿)、非国家工作人员受贿罪、单位受贿罪、利用影响力受贿罪等受贿犯罪类型,多从行为主体或职权利用方式上进行区分,在行为手段上一般均要求索取或收受行为,但对犯罪对象并无特别要求,均规定为"财物",也未如侵财犯罪那样特别提出将诸如知识产权等从"财物"范畴中予以剥离。因此,"财物"作为刑事立法为受贿犯罪圈设定的统一的利益输送媒介,其范围理应更为

---

[1] 参见张明楷:《刑法学》(下册),法律出版社2021年版,第1226页。
[2] 参见江溯:《财产犯罪的保护法益:法律—经济财产说之提倡》,载《法学评论》2016年第6期。

宽泛。

最后，侵财犯罪中的"打破他人占有"要件也不是受贿犯罪的客观构造。受贿罪的罪行规范要求是索取或收受，侧重于获取财物。受贿人财物的取得通常建立在行贿人对财产的自由处分上，并不强调"打破他人的占有继而建立自己的占有"，与诈骗罪的结构更为相似。即便是在行贿人被索贿情况下，从事实层面上看行为人主观上似乎有不自由的成分，但就规范评价而言，行贿人最终选择将财产交付给受贿人，仍是一种对财产的"自由"处分，如同诈骗罪中被害人的瑕疵意思表示，故而在受贿罪中也无须判断该财物本身是否适于被"打破占有"。[1]

综上所述，受贿罪法益保护所强调的是禁止国家工作人员利用职权谋利，所以**无论是罪行规范中的索取还是收受他人财物，均重视对受贿人整体财产状况的判断，而对于不法获利目的所指向的"财物"没有设置特别的限制，不论是狭义的财物还是财产性利益，不论是合法利益还是非法利益，只要该财物的取得能让受贿人整体利益有所增加以满足该罪的结果要件，即可成为受贿罪罪状中的"财物"**。申言之，只要所涉利益符合财产的本质属性，具备效用性、稀缺性和可控性，即可成为贿赂物，至于利益的具体形式及其本身所蕴含的价值大小，一般不影响犯罪性质的成立，而仅影响犯罪数额的认定。目前的司法实践也基本持此立场。

例如，王某安受贿案：

在该案中，被告人王某安利用职务便利帮助关某成功申领了巨额国家补贴，关某投桃报李，按照王某安要求联系中介，通过人工代孕的方式，使王某安相继有了两个儿子，法院判决认定王某安、关某分别构成受贿罪和行贿罪，行受贿数额为关某支付中介机构的代孕费用346万余元。[2]

诚如有学者所言，受贿罪中的财物"既包括普通的财物，也包括具有财产价值的能够满足人的需要的其他利益，还包括知识产权、虚拟财产以及具有财产

---

〔1〕 参见于同志、胡锋云:《权股交易型贿赂犯罪认定新思路——兼论贿赂犯罪的形态变迁与法律规制》，载《中国法律评论》2022年第4期。
〔2〕 参见河北省张家口市桥西区人民法院(2017)冀0703刑初130号刑事判决书。

价值的数据等",以及"吃喝玩乐、会员资格或身份、贷款的获得或者房屋的转移使用等"和"支付相关费用的性服务"等。如此"既合乎受贿罪保护法益的要求,也为其不法构造所容许,且并未超过财物概念所指向的形式上的构成要件的效力范围"。[1]同时,坚持以更加宽泛、开放的态度和立场来认识贿赂犯罪中的"财物",也有助于严密反腐败斗争的刑事法网,更加契合当前中央依法从严惩治腐败犯罪的政策要求。

(二)受贿数额的认定规则

1. 受贿数额一般按照收受财物时的财物价值认定

按照收受财物时的财物价值来认定受贿数额,这是司法认定受贿数额的通常做法。这一做法的主要考虑如下:一是贯彻刑法责任原则的要求。根据刑法责任原则,刑罚只应当根据行为人实施的行为进行苛责。基于责任原则,对受贿罪通常只能以收受财物的时间作为犯罪数额认定的基准。二是实现案件公正处理的需要。由于时间因素处在变化波动中,只有以行为发生时的价格认定财物价值,才能更为准确地反映犯罪行为的危害后果。特别是,房产、字画等财物的市场价格变动较大,如果不以收受财物时的价值认定,就会直接导致个案处理的不公平。

在实际办案中,理解和把握上述司法规则需要注意以下几点:

(1)认定受贿数额应当以收受的财物价值为基础。在贪污贿赂犯罪中,财物价值和犯罪数额是两个不同层面的概念。一般来说,财物的市场交易价值可以代表其价值,但是一些特定交易的成交价未必能体现其价值。比如,赠与所得财物没有交易价格、"以次充好"的物品价格、内部集资房价格等均不能完全体现财物价值。这些特定情形一般都需要委托相关部门进行价格认定。

从实际来看,行贿人获得财物的成本价与受贿犯罪数额并不完全匹配,存在两种常见情形:

一是市场的价格高,行贿人低于市场的价格购进。例如,朱某受贿案:

行贿人送给朱某一套上海某单位的集资房,该房屋的内部购买价比市场价

---

[1] 劳东燕:《论受贿罪的实行行为》,载《政法论坛》2020年第3期。

低近20万元,不具备内部购买资格的朱某收受了该房产,则应当按照市场价认定受贿数额。

二是市场价值低,行贿人实际支付价格高。例如,徐某受贿案:

连某以1.68万澳元(折合人民币3.5727万元)购买1颗欧珀宝石送给徐某,经鉴定该宝石价格2.4万元。考虑到徐某对连某购买宝石付款并不知情且对价格存在异议,法院判决以评估价格认定犯罪数额。

概言之,认定受贿犯罪数额,应当在确定行为对象的基础上,坚持以行为时(财物收受时)的价值为基准来认定;对财物价值不明或者存在争议的,可委托相关部门进行价格认定解决。

(2)认定受贿数额应当坚持主客观相统一原则。主客观相统一原则是刑法理论的重要原则,即在定罪方面,犯罪的主观要件和客观要件要统一;在量刑方面,犯罪的客观社会危害与行为人主观恶性也要统一。认定受贿数额也不能例外。

例如,王某玉受贿案:

王某玉应冷某的请托,利用职务便利为冷某实际控制的公司提高煤矿产能核定、与其他公司并购等事项提供帮助。冷某在当年中秋节时送给了王某玉一张银行卡,告诉王某玉卡里存有1000万元。王某玉收到银行卡后未查询、使用即交给其侄子王某处理,王某查询银行卡后发现卡里有1097万余元,亦未告知王某玉,之后应王某玉要求将1000万元转给他人,私自将97万元用于个人消费。调查机关认为王某玉在此节事实中受贿1000万元,法院判决予以认可。

在本案中,由于王某玉对97万元不知情,按照主客观相统一的原则,应认定王某玉受贿1000万元,对其不知情的97万元不宜作受贿认定。

(3)认定受贿数额应当遵循存疑有利于被告人原则。存疑有利于被告人原则是刑事司法认定的基础性原则,受贿案件认定犯罪数额时也要注意贯彻这一原则。比如,对收受财物的时间存在疑问的,如果财物为外币,则要确定行为实施的最小时间范围,按照该时限外汇中间价的最低值折算。再如,行受贿双方关于财物数量供证不一致,一般是在供证一致的范围内认定受贿数值;如果行受贿双方关于行为时间供证不一致,一般根据全案证据确定最小重合时间区

第九讲 监察体制改革后职务犯罪案件的审判

间;没有重合区间的则要考虑证据能否印证、能否排除合理怀疑、能否认定事实等。[1]

例如,王某某受贿案:

2008年,王某某应孙某的请托,利用职务便利为孙某实际控制的公司在规划审批、增加建筑面积等事项提供帮助。2009年,孙某在到美国考察期间送给王某某在洛杉矶上学的儿子6万美元。调查机关调取了孙某的出入境记录,确认其在2009年8月24日至29日在美国,但具体哪一天送钱给王某某之子,双方都记不清了,最后调查机关以孙某在美国的时间段为基准选择最低汇率中间价,将6万美元折算人民币49.662万元,作为王某某受贿的数额。此外,2013年上半年,孙某还在香港送给了王某某的特定关系人余某600万港元。但孙某、余某均不能确定行受贿发生的具体时间,出入境记录显示,孙某、余某在2013年上半年多次往来香港。经查询,2013年上半年的港元汇率最低点为2013年6月14日,调查机关遂以该日为基准将600万港元折算人民币476.07万元,作为王某某受贿的数额。

在上述事实中,由于证据上对王某某及其特定关系人收受财物的时间存在疑问,按照存疑有利于被告人的原则,应在收受财物可能的时间段内选择美元、港元兑人民币汇率最低点折算,故法院判决支持了调查机关的认定结论。

需要说明的是,随着"财物"的范围拓展,形形色色的财产性利益作为受贿对象被纳入其中,从更为合理的角度,应当允许一般规则的例外情形存在。以上论及的是认定受贿数额的一般规则。如果贿赂物是股票、股权等财物的预期收益,则需要做进一步的考量。对此将在下文"涉股票股权类贿赂的司法认定"一节中详加阐释。

2. 受贿财物的真伪鉴定

受贿的数额认定建立在客观真实的财物之上。如果财物真伪不明,则应首先判断其真伪,然后再确定价值。从实践来看,珠宝、玉石、字画、手表、贵重金属等特定财物为赝品的情况并不鲜见,而受贿财物的真伪和价值本身属于基本

---

[1] 参见庄永鹏、徐一峰:《对贪污贿赂犯罪中犯罪数额认定的思考》,载《中国审判》2020年第12期。

犯罪事实,应当严格证据标准,明确刚性约束,确保审判认定的事实经得起历史检验。所以,对于真伪不明的财物和珠宝、玉石、字画、手表、贵重金属等特定财物,应当进行真伪鉴定。

如果收受的财物经鉴定确认是赝品,如名人字画等,一般不作为贿赂物认定,因为这不符合行受贿双方的基本合意,认定受贿犯罪有违刑法基本原理。所以,**赝品通常不计入财物价值(自然也不宜认定为受贿未遂)**。当然,赝品本身也有一定价值,但鉴于行受贿双方合意的是真品,并不是赝品,通常仍不宜将赝品价值纳入受贿认定。

值得注意的是,实践中个案还存在珠宝、字画等特定财物遗失而无法鉴定的问题,有的案件当事人双方也认可行受贿事实,对此如何处理?司法实践中做法不一,很有争议。研究认为,因遗失无法进行鉴定的,通常不应计入受贿数额。之所以持否定立场,主要考虑是即便当事人认可行受贿事实,并不能否定财物被伪造的可能性,财物真伪属于基本事实问题,应当落实证据裁判原则。如果原物遗失,真伪不明,仍以原物真实为认定价值,一旦原物出现被确定为赝品,则会酿成错案,消极影响难以补救;如果先不认定,后续如果原物出现,即便确定为真实,还可以通过补查、追加起诉解决。相较而言,无疑后者更为稳妥。

有人担心,如果不计入可能会导致受贿人为逃避处罚而故意销毁赃物的情况。笔者认为,如果能够确定受贿人故意销毁赃物,则完全可以认定为《贪污贿赂解释》第1条第2款第6项规定的"造成恶劣影响或者其他严重后果"的情形,依法从严惩处,并不会轻纵罪犯。故**综合考量,对贿赂物因遗失无法进行鉴定的,可不计入受贿数额**。

例如,盖某受贿案:

起诉书指控,被告人盖某收受行贿人所送的一幅画作《荷叶盖头归》,价值人民币176万元。法院经审理发现,虽然盖某承认收受,相关证人证言及书证亦能够证明行贿人花费176万元从北京某知名画廊购买了一幅画作,但办案机关未能查找、提取到涉案画作,导致无法判断行贿人送给被告人的画作,与其从画廊购买的画作是否为同一幅画及其真伪,考虑到盖某始终对画作的价值有异议,且在其他多起案件中发现该画廊存在出售赝品的情况,故法院判决认定指控被告人盖某收受176万元的事实的证据不足,不予认定。

3. 受贿财物的价格认定

受贿财物数额的大小,是受贿罪定罪量刑的决定性、基础性根据,除收受货币可直接认定受贿数额外,收受物品或其他财产性利益的,如何确定认定受贿数额则相对复杂。从规范办案的角度出发,对于价值不明的财物,应当进行价格认定。对于珠宝、玉石、字画、手表、贵重金属等特定财物,一般应当进行价格认定。如果购买票据齐全,能够有效证明收受财物当时真实价格,行受贿双方无异议的,可以不作价格认定。同时,经过价格认定的财物,一般应以认定价格认定受贿数额,但是行贿人按照受贿人授意购买特定物品后给予受贿人的,应当以行贿人实际支付的购买金额认定受贿数额。

在实际操作中,需要注意以下几个问题:

(1)对于买后即送或较短时间内送出、市场价格波动不大且无价格争议的,一般以购买时的市场价格作为财物的价值,具体可以有效票证上的价格或刷卡付款记录为准。

(2)对于买后较长时间后送出、市场价格波动较大,以及购买时间和价格不明,或者存在质量瑕疵和价格争议,无法直接确定物品价值的,则应当由专门机构进行价格认定,以最终认定的价格作为物品价值。这也是司法认定的通常做法。

根据《价格认定规定》第3条第2项的规定,对涉嫌刑事案件中涉及的作为定案依据或者关键证据的有形产品、无形资产和各类有偿服务价格不明或者价格有争议的,经有关国家机关提出后,价格认定机构应当进行价格认定。最高人民法院、最高人民检察院印发的《盗窃解释》第4条第1款第1项亦规定,被盗财物有有效价格证明的,根据有效价格证明认定;无有效价格证明,或者根据价格证明认定盗窃数额明显不合理的,应当按照有关规定委托估价机构估价。考虑到贪污贿赂犯罪的定罪量刑标准采用"数额+情节"模式,涉案财物的价格是认定案件事实以及进行定罪量刑的基础,故应通过价格认定的方式来确定那些价格不明、存在争议的财物价值。

在进行价格认定时,以下两点需要特别注意:一是选择适格的价格认定机构。1994年最高人民法院、最高人民检察院、公安部、国家计委联合印发的《关于统一赃物估价工作的通知》第3条中规定:"人民法院、人民检察院、公安机关在办案中需要对赃物估价时,应当出具估价委托书,委托案件管辖地的同级物价管理部门设立的价格事务所进行估价。"2016年国家发展和改革委员会制定的《价格认定规定》也规定,对违法犯罪所得财物价格认定的主体为办案机关对应的所在地人民政府主管部门的价格认定机构。故一般情况下,不宜以图方便等原因,选择办案地以外的行为发生地或物品购买地的价格认定机构进行认定,也不宜从所谓"更专业"的角度,选择其他社会机构、单位进行认定。

二是选择适当的认定基准日,即应以收受物品行为发生时的时间点作为认定物品价值的基准日,这也是确定受贿数额的基本准则,而不能将购买物品时间或案发时间作为价格认定基准日。对于收受物品的时间点无法准确确定的,可以从有利于被告人出发,选取相应时间段内物品价格最低的时间点作为基准日确定价格。[1]

对于价格认定机构出具的《价格认定结论书》,办案中要注意审查。在证据属性上,《价格认定结论书》不是书证,也不宜直接视为鉴定意见,一般将之定性为"专门性问题报告"。《适用刑诉法解释》第100条第1款规定:"因无鉴定机构,或者根据法律、司法解释的规定,指派、聘请有专门知识的人就案件的专门性问题出具的报告,可以作为证据使用。"对此类报告的审查与认定,通常参照鉴定意见的规定进行。该司法解释特别规定,经人民法院通知,出具报告的人拒不出庭作证的,有关报告不得作为定案的根据。

(3)对于珠宝、玉石、字画、手表、贵重金属等特定财物,原则上应进行价格认定。通常做法是,先由专业机构或人员进行真伪或品质鉴定,然后再由价格认定机构按照物品的实际品质确定价格。之所以对这些物品进行价格认定,主要考虑是,珠宝、字画等财物价格普遍较高,且价格随市场行情可能有较大波动,实践中经常出现购买行为和行受贿行为相隔时间较长、价值已经发生明显变化,以及行贿人购买财物时上当受骗、其价格明显偏离实际价值等情况,故有必要通过价格认定准确认定事实。

(4)如果购买票据齐全,能够有效证明收受贿赂当时真实价格,行受贿双方无异议,则参照《盗窃解释》第4条的规定,可以不作价格认定。

---

[1] 参见尚晓阳、许建华:《职务犯罪案件的证据审查标准——以受贿案件证据审查为视角》,载《人民司法》2020年第25期。

（5）对经过价格认定的财物，一般应当以认定的价格确定受贿数额，这样有利于减少争议。

（6）如果行贿人按照受贿人授意购买特定物品后送给受贿人，鉴于此情形下，可以认为受贿人实际收受的是行贿人购买物品的钱款，故通常应以行贿人实际支付的购买金额认定受贿数额。

(三)收受房屋型受贿的认定

从实际来看，收受房屋型的受贿犯罪较为高发，且当事人为避免查处，会采取多种形式规避，如以租代送、不办过户、借名持有、委托代管、暂时寄存等，这也给司法认定受贿故意带来麻烦。同时，房屋是一种特殊的商品，虽然为物质利益，但有迥异于金钱货币的外在属性。由此，在法律适用层面上也会出现一些疑难、争议问题。

1. 关于性质认定

房屋作为典型的不动产，在民法上以权属登记作为占有的依据，但是一旦房屋作为贿赂物进入刑事领域，则应当主要依据刑法来判断，而不能拘泥于民法。所以，2007年《新型受贿意见》明确规定，未变更房屋权属登记或者借用他人名义办理权属变更登记的，不影响受贿的认定。

在刑法上，受贿犯罪客观上表现为收取财物，判断收取财物与否的标准为受贿人是否实际控制了贿赂物。当贿赂物是房屋时，就是要看受贿人是否实际控制了该房屋，而不局限于有没有以物理的形式占有或者使用该房屋。**有的案件中，行贿人表示将房屋送给受贿人，但受贿人既不实际占有、使用该房屋，也不接受房屋的钥匙、门禁卡等出入凭证，而是提出由行贿人暂时代为保管，或者含糊表示暂放于行贿人处等，对此只要证据能够证明受贿人对房屋实现实际控制，一般不影响认定。**

由于不依权属登记来判断，全面、深入地分析案情至关重要。对房屋实际控制的判定，往往是综合全案证据进行推定的结果。在这里要重点关注以下几个方面：

（1）行贿人有无具体的请托事项，受贿人是否有相应的职务便利可供行贿人请托，这是认定收受房屋型受贿犯罪的事实证据基础。

（2）收受房屋的起因以及双方合意达成的具体过程。要重点分析受贿人是如何起意收受房屋的，行贿人是否有帮助受贿人挑选房屋的行为，受贿人是否实地或者委托他人查看过房屋以及有无相应的意思表示等。

（3）房屋选定后，双方有无进一步的互动行为。比如，行贿人是否要求将该房屋过户给受贿人，但被受贿人婉拒；受贿人是否有让行贿人暂时保管甚至使用房屋的意思，但从未坚决、彻底地明确表示拒绝收受房屋。

（4）房屋的实际状态。房屋是否装修，谁负责装修及敲定的装修方案，装修资金由谁承担；如果房屋长期空置，则要查明行贿人为何不居住；受贿人有无委托其他人不定期照看或者看管过房屋；如果房屋出租，要查明出租的收益归谁等。

（5）案发前房屋的使用状态有没有发生突然的变化。比如，长期空置的房屋突然由行贿人家人搬入居住，或者房屋被行贿人转手卖出，对此要审查分析其中的原因，是否系出于掩饰行受贿犯罪的目的。[1]

总之，在实际司法认定中，要善于梳理证据、把握细节、综合全部案情、得出唯一结论，切实做到不枉不纵。

2. 关于犯罪形态

如果当事人双方已对房屋进行过户，或者受贿人实际占有、使用了房屋，这是典型的犯罪既遂。受贿人出于逃避查处的考虑，不实际占有、使用房屋，但是获取了房屋的钥匙、门禁卡等出入工具或凭证的，表明其已实际控制了房屋，亦属于犯罪既遂。**对于受贿人不实际接触房屋的情形，如果有证据能证明其能够实际控制该房屋，则也不影响犯罪既遂认定。**

实践中较有争议的是，行贿人行贿的房屋附带有贷款。有的观点认为，因为房屋有贷款，如果行贿人不按时还贷，银行会随时收回房屋，故此情形认定犯罪未遂为宜。笔者认为，此观点不妥。因为**双方合意的贿赂是房屋，只要受贿人收受了房屋**，则实现了对房屋的控制，该控制状态并不以是否有贷款而发生变化。房屋存在贷款，只是行贿人与银行等方面的民事法律关系，与受贿人需

---

[1] 参见曹坚、徐灵菱：《受贿罪若干常见情形的司法认定》，载最高人民法院刑事审判第一、二、三、四、五庭主办：《刑事审判参考》（总第112集），法律出版社2018年版。

要承受的刑事制裁不能混为一谈。而且,如果以是否存在贷款作为标准来判断犯罪既遂与未遂,在房屋存在长期按揭贷款的情况下,即便受贿人实际居住二十年、三十年,只要贷款未还完毕,则贿赂犯罪就未完成,这也违背了法理常识。

实践中,还有一种做法是,将行贿人使用按揭贷款方式购买的房产总体价值确定为受贿数额,对于尚未还清的贷款本金部分认定受贿未遂,首付与已归还的贷款本金部分认定为犯罪既遂(行贿人在案发前已经偿还的贷款利息作为犯罪成本扣除)。该认定思路侧重于从受贿人实际获取的经济利益的角度来认定,相对淡化贿赂物的具体形式对犯罪形态的影响,具有一定新意,值得我们关注。

例如,《刑事审判参考》(总第134辑)收录的于某岩受贿案:

被告人于某岩利用其担任山东省某市公安局党委书记、局长等职务上的便利以及职权或地位形成的便利条件,直接或通过其他国家工作人员职务上的行为,为山东某公司在工程承揽、人员工作调动等方面提供帮助,先后两次索取或收受该公司董事长王某某给予的人民币90万元、价值1532万余元的别墅一套,共计折合人民币1622万余元。该别墅一直登记在行贿人王某某名下。购买别墅时,王某某首付649.9万元,用该别墅贷款883万余元,与于某岩约定贷款由王某某自行偿还,至案发时尚有831万余元贷款本金未还清。法院经审理认为,被告人于某岩的行为构成受贿罪,鉴于其收受的别墅至案发时尚有831万余元按揭贷款未还清,该831万余元属于犯罪未遂。

3. 关于受贿数额

受贿数额一般依据行贿人购买房屋的合同价确定,如果合同价存在人为做高或做低的情况,则应以能够证明的实际交易价格确定。如果因时间久远、材料缺失等原因查不清楚当时的房屋交易价格的或者各方对房屋价格认识有分歧,应当委托价格认定部门进行鉴定,最后以认定价值为据确定受贿数额。

实践中较有争议的是,收受附有贷款的房屋如何确定受贿数额。有观点认为,受贿人收受有贷款的房屋,如果系由行贿人负责偿还贷款,在案发前贷款尚未还清,在认定受贿犯罪数额时,应当扣除未偿还的贷款金额,仅认定案发时行贿人已支付的房款和已偿还的贷款金额。笔者不完全赞同此观点。一般而言,房屋有无贷款既不影响对受贿犯罪形态的认定,也不影响对受贿数额的认定。在行贿人支付贷款的情况下,受贿人仍已获得房屋,按照主客观相统一原则,也应当按照房屋的整体价格认定。但是,如果双方约定了由受贿人承担还贷义务,则应当以行贿人为购买房屋而实际支付的对价作为受贿数额,受贿人自行承担的房贷则不宜认定为受贿数额。

此外,实践中存在大量低价购房的问题。根据《新型受贿意见》第1条的规定,受贿数额按照交易时当地市场价格与实际支付价格的差额计算。考虑到市场价格本身波动很大,实践操作中可以通过委托专业机构对一个特定时间节点的房屋价格进行评估,得出一个相对确定、合理的价格。

4.关于房屋增值部分的追缴

近年来,我国各地的房产市场行情基本都呈现上涨态势,涉案房屋增值部分普遍较为可观。房屋增值部分,是贿赂物的孳息,属于《刑法》第64条规定的"违法所得"的内容之一,依照法律规定应当追缴,上缴国库。

需要注意的是,对于低价购房的受贿犯罪,在孳息处理上有其特殊性。由于认识上不一致,目前个案处理有较大差异。有的把受贿人实际支付的购房款退还,把受贿数额及孳息一并判决追缴;有的是退回实际购房款,但对受贿数额予以追缴,其余包含孳息部分的财物均作为罚金或者没收财产的对象处理;有的虽然也是判决追缴房屋增值产生的孳息,但扣除了受贿人已支出部分的相应受益等。对此,笔者认为具体办理时应注意把握以下几点:

(1)要区分对待追缴与财产刑的适用。追缴的对象是违法所得,财产刑是依法剥夺犯罪人合法财产的刑罚措施。对作为违法所得组成部分的孳息,属于应予追缴的范畴,原则上不能作为罚金或没收财产的对象。

(2)如果将孳息直接纳入财产刑判决,在目前房屋大幅升值的背景下,可能会导致财产刑偏重、刑罚整体失衡的问题。

(3)从裁判公正和实事求是的角度,应当考虑受贿人实际购房正常支出部分的相应收益,因其本身并不具有违法性,原则上在追缴房屋孳息时应将该部分的对应收益扣除。

(4)孳息数额以及其中受贿人实际支出的对应份额,在操作层面应当进行合理的估算,必要时可委托专业机构进行评估、确定。

七、涉股票股权类贿赂的司法认定

按股分利是股份制经济的基本分配原则,股票股份价值不仅在于其本身的交换价值,更包括可期待的附随利益,如分红权、上市增益,而巨额附随利益往往更是资本和权力追逐的对象。因此,权股交易型受贿以其更隐蔽的犯罪手段、更低的犯罪成本、更高的犯罪收益成为受贿犯罪市场的"新宠",由此也带来了一些新的法律问题。

(一)现实司法困境

为有效规制权股交易型受贿犯罪,2003年《经济犯罪纪要》对此作了专门规定,要求在办理涉及股票的受贿案件时,应当注意:(1)国家工作人员利用职务上的便利,索取或非法收受股票,没有支付股本金,为他人谋取利益,构成受贿罪的,其受贿数额按照收受股票时的实际价格计算。(2)行为人支付股本金而购买较有可能升值的股票,由于不是无偿收受请托人财物,不以受贿罪论处。(3)股票已上市且已升值,行为人仅支付股本金,其"购买"股票时的实际价格与股本金的差价部分应认定为受贿。2007年《新型受贿意见》又对收受干股问题作了具体规定:"干股是指未出资而获得的股份。国家工作人员利用职务上的便利为请托人谋取利益,收受请托人提供的干股的,以受贿论处。进行了股权转让登记,或者相关证据证明股份发生了实际转让的,受贿数额按转让行为时股份价值计算,所分红利按受贿孳息处理。股份未实际转让,以股份分红名义获取利益的,实际获利数额应当认定为受贿数额。"

上述规定有效解决了涉股票股权类贿赂刑事案件认定上的突出问题,是近年来认定权股交易等新型贿赂犯罪的重要依据。

例如,李某华受贿案:

广东省科技厅原厅长李某华利用职务之便,为A公司谋利。2007年10月,A公司准备上市,贿送李某华35万股公司原始股(价值人民币105万元),由他人代持。2012年年底,李某华在公司上市后且原始股交易解禁期满后全部抛售得款500余万元。后因关联案件被查处,李某华安排他人退给了该公司105万元作为购买原始股价款。一、二审法院均认定李某华受贿数额105万元,剩余收益390余万元作为孳息予以追缴。[1]

随着经济社会的快速发展,涉股票股权类贿赂犯罪也在不断翻新升级,这使此前的规定逐渐面临了一些挑战:

第一,如果严格按照"行为人支付股本金而购买较有可能升值的股票,由于不是无偿收受请托人财物,不以受贿罪论处"的规定,可能导致一些实质上属于权钱交易、应当定罪处罚的受贿行为因为行为人支付了一定股本金而可能不被作为犯罪处理的情况。比如,过去曾对一些案件,在当时历史条件下,"只要国家工作人员实际出资认购股份的,对于后续该股份份额的升值和分红,均不认为构成受贿犯罪"[2]。

第二,如果股票已上市且大幅升值,仅将"购买"股票时的实际价格与股本金的差价部分认定为受贿,会造成升值的巨额获利部分不能认定犯罪数额,明显影响了法律的严肃性和办案效果。特别是一些轻资产的科技公司,其在初级市场中的股权或股票价值往往较低,但一旦上市可能出现市值的暴增,如果仅以购买时股票的价格与股本金的差价认定受贿数额,极具不合理性。

例如,某市金融办原副主任曹某受贿案:

被告人曹某通过非法购买拟上市公司的原始股获利高达2700多万元,但依据《经济犯罪纪要》规定,判决认定其受贿数额仅为"购买"股票的价格与股本金差价70余万元。

第三,根据干股是否实际转让,将分红区分评价为孳息或受贿数额,虽然具有某种合理性,但也容易陷入以下困境:若分红大于干股价格,则可能出现对单纯收受分红的处罚重于对实际收受干股与分红的处罚。例如,某甲收受5%干股(价值10万元)并过户,后又分得红利30万元。依据《新型受贿意见》,若实际转让股份,受贿数额为10万元(孳息30万元),应在有期徒刑3年以下量刑;若未实际转让股份,受贿数额则为30万元,在有期徒刑3~10年内量刑,明显存在罪责刑不相适应的问题。"如此处理势必鼓励在特殊暴利行业和领域中,

---

[1] 参见广东省高级人民法院(2015)粤高法刑二终字第177号刑事裁定书。
[2] 艾萍:《利用职权购买原始股获利是否构成受贿》,载《中国纪检监察报》2022年7月13日,第7版。

将小额股份过户转让,让行为人坐收巨额红利。"[1]

第四,对于股票已上市且已升值,行为人仅支付股本金购买的,可以根据市场价格计算股票时的实际价格与股本金的差价,如果股票尚未上市,如原始股,如何根据股票的实际价格与股本金的差价确定受贿数额,不无疑难。众所周知,拟上市原始股一般不会对社会公开发行,较难形成统一的市场价格。对行为人出资充足与否只能依赖于司法鉴定,当前主要采取净资产鉴定法,即以交易时股份对应的公司净资产值来确定股份价值。但以鉴定意见定案不可避免地存在以下问题:(1)从鉴定可靠性来看,当前的公司或企业,尤其是科技公司或服务型企业,公司资产比重中无形资产往往占据主要甚至绝对地位,其价值的鉴定具有较大的不确定性。当鉴定意见作为定案关键证据但其本身可靠性存疑时,司法处理结果容易引起争议。(2)从经济学常识来看,股票或股份的交易价格与公司净资产值之间未必存在正相关关联,更遑论处于不确定状态的原始股,其价格更易受到资产价值以外因素的影响。(3)从诉讼经济角度来看,资产鉴定不仅众口难调,还存在耗时、费钱的问题,难免给司法部门造成较大负累。

例如,张某阳等人受贿案:

2009年10月,被告人张某阳等人作为广发证券项目组成员进入东方国信开展IPO项目。广发证券负责人与东方国信董事长商议入股东方国信,并要求如未上市该公司原价回购。张某阳等人出资260万元共同购入东方国信65万股,后张某阳又以7.7元/股购入7万股增发股(同期他人购股价9~10元/股),均由他人代持。2011年1月,东方国信上市股票发行价格为55.36元/股。解禁期后满,上述股份均由代持人代为操作抛售,张某阳合计获取收益2000余万元。经审查起诉、审判阶段两次鉴定,入股时东方国信股权最低价值分别被评估为20.77元/股、11.82元/股。一、二审法院经依法审理,均以审判阶段鉴定的11.82元/股作为入股时的股权价格,以该价格计算应出资额,将其与张某阳等人的实际出资额之差认定为受贿数额,实际盈利与应出资额的差额部分作为孳息予以追缴。[2]

---

[1] 赵煜:《惩治贪污贿赂犯罪实务指南》,法律出版社2019年版,第345页。
[2] 参见上海市第二中级人民法院(2018)沪02刑终1368号刑事裁定书。

在本案中,法院依据《经济犯罪纪要》,将被告人"购买"股票时的价格与股权实际价值的差价部分认定为受贿。但对实际股权价值多少,双方认识有较大差异,即便在诉讼阶段先后经历两次鉴定,控辩双方仍为股份价值激辩不休,这也是长期困扰权股交易贿赂犯罪认定的突出问题。

第五,对原始股交易而言,由于交易机会的稀缺及其潜藏的巨大收益,无论股本金是否足额支付,股本金与上市后动辄十几倍甚至上百倍的预期收益相比,都是"九牛一毛"。即便可以鉴定出未足额出资的部分并认定为受贿数额,但因为忽视高额的增值收益,仍不符合行受贿的主客观实际,并可能造成重罪轻判、放纵犯罪等。从实际来看,一家公司要想达到公开上市的要求,其间必然要经历不断发展壮大的过程,投资人或持股人承担着各种经营风险、困难。如果在公司即将上市之际,通过投资原始股成为公司股东、获取收益,则意味着行为人借助权力规避了公司成长过程中的风险、困难,这显然不符合市场交易。并且,在正常情况下,行为人亦无权购买、持有原始股。

(二)个案裁判突破

在近年来的审判实践中,一些法院针对涉股权股票类贿赂犯罪个案,从贯彻罪责刑相适应的角度积极进行探索,在裁判上形成了具有一定前瞻性的办案思路。

以李镭受贿案为例:

2005年至2009年,李镭利用其担任深圳市发展改革委负责项目审批承办人的职务便利,为某医疗公司提供帮助后,向该公司负责人梁某提出购买公司的原始股。2009年下半年,梁某同意李镭用其妻子名义以每股5元的价格认购1万股原始股。2011年2月,该医疗公司上市,发行价格为46元/股。2014年,股票禁售期满后,李镭将股票套现获利127万元。

2012年至2017年,李镭利用其担任深圳市发展改革委能源处副处长、处长在审批项目等方面的职务便利,为某科技公司提供帮助。2015年,科技公司负责人朱某告诉李镭该公司正在申请上市,愿意拿出该公司50万股原始股让李镭认购,认购的价格为1.5元/股。李镭随后出资75万元通过他人代持认购了原始股。2015年11月,科技公司上市发行价9.5元/股(同期股东协议转让价格亦同）。截至案发股份尚未抛售。

法院经审理认为，梁某、朱某系"出于行贿目的让被告人低价认购"涉案医疗公司、科技公司的原始股，且"该原始股的发行对象均系针对公司高管及专门引进的投资机构等特定人群，并非面向社会对外公开发行"，被告人李镭作为国家工作人员，利用与上述公司之间的"管理服务关系而获得认购该原始股的交易机会，在明知该公司即将上市且购买原始股利润空间巨大的情况下予以认购获利"，其行为构成受贿罪。关于受贿数额的认定，法院认为因被告人认购医疗公司的原始股，套现获利127万元，扣除股本金5万元，实际获得的122万元系受贿数额；科技公司原始股案发时仍处于持有状态，未进行市场交易，结合该公司的新三板上市价及股东协议转让的市场价（两者价格均为9.5元/股），与被告人购买该股份时获得的价格预期基本一致，据此以9.5元/股计算被告人所持有的原始股市值扣除其支付的股本金75万元所得出的差额400万元，作为其收受科技公司原始股的受贿数额。[1]

上述裁判理由清晰显示，该案在罪与非罪以及犯罪数额的认定上迥异于严格依照《经济犯罪纪要》和《新型受贿意见》裁判的传统思路。首先，法院认定此案时，并未考虑被告人购买原始股时所支付的价款（判决直接概括为"股本金"）与当时股份的实际价值之间是否相当，也即未区分《经济犯罪纪要》关于涉及股票受贿案件的认定规定所列第二种、第三种情形。换言之，法院并不认为是否足额支付股本金会影响犯罪性质的认定。其次，法院认定犯罪数额是以原始股上市后的股票销售所得（案发时已售）或以发行价计算的上市股票实际价值（案发时未售）分别扣除购股成本的方式进行计算。此种计算方式潜藏着两个要点：一是犯罪数额计算的时点并非"收受"（"购买"）原始股之时；二是没有区分犯罪数额和孳息。由此观之，无论是在行为性质的界定上还是在数额的认定方式上，该判决较之《经济犯罪纪要》的规定均有所突破。

（三）司法认定新思路

不考虑行为人出资与涉案股权价值的关联，直接将出资额作为成本从收益

---

[1] 参见广东省深圳市南山区人民法院(2018)粤0305刑初506号刑事判决书。

中扣除而径行得出受贿数额,不再区分受贿数额与孳息,有利于揭示涉股权股票型受贿犯罪的不法实质,更具合理性。股票股份作为贿赂物,既有一般财物的特点,又有其特殊性。

首先,股票股份是股东行使表决权、分红权之依据,具有使用价值和财产属性,可以作为贿赂物。

其次,有些股票股份如原始股,在初次交易价格较低,但系市场稀缺物品,稀缺性主要体现在购买资格的限制,以致其难以被普通市场主体公开获取。因稀缺性而产生的价值不仅体现在股份具有确定性的交易价格上,更多地体现在股份本身所具有的预期收益上,该预期收益不仅包括依法享有的分红,亦包括上市后的巨大溢价。

再次,股票股份可以依法转让,发生交易时,不仅股票股份本身的价值随之转移,附随的分红利益和上市后的可能收益亦随之转移。股票股权作为财物而言,正是其购买资格的稀缺性体现出国家工作人员依恃职权所具有的较之一般公众的优势地位,彰显了与其职权的密切关联性。

最后,在具有职权关联性的交易中,对其不法实质的判断不应仅落脚在是否足额支付股份当下的交易价格费用,还应涵摄到股票股权所具有的预期收益,毕竟交易双方所指向的主要对象也是该预期收益。**故应将双方达成合意之后随着条件的成就而逐渐实现的预期收益纳入受贿数额,这样可以恰当地评价行受贿双方的真实意图和客观行为,是主客观相一致原则的准确适用**。[1]

就涉股票股权类贿赂犯罪而言,不论受贿对象是原始股、其他股票还是干股,不论出资足额与否,行受贿双方的意图均是"醉翁之意不'止'在酒"。股份股票之所以成为贿赂新常态,正是基于股份制公司按股分利的基本分配原则,双方所勾兑的并不限于股份股票当下的交易价值,更包括分红、增值等期待利益。所以,将股份股票交易价值和预期收益均纳入行为对象,以实际获利认定犯罪数额,不特别区分受贿数额与孳息,都是必要且可行的,这样不仅可以充分体现权股交易型贿赂犯罪的不法实质,有效避开罪责刑不相适应的困境,而且

---

[1] 参见于同志、胡锋云:《权股交易型贿赂犯罪认定新思路——兼论贿赂犯罪的形态变迁与法律规制》,载《中国法律评论》2022年第4期。

能够有力彰显惩治腐败法网之严密。

基于上述考虑,对于以股票、股权等财物的预期收益为贿赂的受贿犯罪,其受贿数额可考虑以案发时实际获利认定。但对于此认定规则,在具体运用中还应注意把握以下几点:

(1)根据权钱交易本质来认定受贿犯罪。换言之,行受贿双方进行的股票、股权等财物交易是非正常的市场交易行为,具有权钱交易性质。从实际看,涉股票股权类受贿往往通过"合法"交易掩盖非法本质,特别是行为人有实际出资的案件,股票股权获得与利益获得中可能既有职务因素又有市场因素,隐蔽性强。**办案中要注意把握贿赂犯罪"权钱交易"的本质特征,重点从国家工作人员主要依托职权获取还是市场获取股票股权、投资入股认购资格有无限制、国家工作人员有无接受行贿人请托、有无利用职权便利为行贿人谋取利益、财物获得与职权的关联性以及有无市场风险等方面进行审查。**如果存在利用职权为请托人谋利,并从请托人处获取利益的现象,就具有构成贿赂犯罪的基础。

(2)行受贿双方形成以股票、股权等财物的预期收益为贿赂的合意。换言之,行受贿双方均明确地认识到进行利益输送的并非股票、股权等财物本身,而是股票、股权等财物背后所蕴含的更大预期利益。特别是公司原始股,由于其具有上市增值的较大可能性,适用该规则以实际获利认定更具合理性。**但如果行受贿双方没有形成或者在案证据不足以证实行受贿双方形成上述贿赂合意的,则不宜适用该受贿数额认定规则。**从实际来看,有些案件行受贿双方在进行股票股权交易时,由于公司经营存在问题等原因,涉及的股票股权市场价值不明朗、双方对股票股权的未来增值预期不确定,在案证据在证实行受贿双方对预期收益的合意方面存在不足或瑕疵,从有利于被告人的角度,则不宜适用该规则,仍可继续按照《经济犯罪纪要》和《新型受贿意见》确立的相关规则来具体认定。

(3)以案发时实际获利来认定受贿数额。国家工作人员在涉股票股权贿赂犯罪中,无论是直接获取干股,还是出资购买股票股权,如果股票股权只是利益输送的手段,其目的是获取高额股权溢价即预期收益,则涉案股票股权上市溢价应当作为贿赂对象。**故收受股票股权型受贿犯罪的数额计算标准通常就是国家工作人员在案发时利用职权实际获取到的利益价值,扣除投入的成本等因

素后实际获利多少,犯罪数额就是多少。

(4)案发时尚未实际获利的,受贿数额一般按照案发时涉案资产的市场价格与支付价格的溢价认定。从实际看,案发时行为人可能未从收受的股票、股权中实际获利,此情形下如何认定受贿数额较有争议。所谓"案发时尚未实际获利"主要包括两种情形:一是获得股份股票后公司未能成功上市;二是公司虽然成功上市,但行为人尚未转让套现获利就案发被查。

对于第一种情形,公司虽然未能成功上市,但是行为人拥有的股票股权显然仍具有一定价值,可以按照该股票股权在案发时的市场价格与行为人实际支付价格的溢价认定受贿数额。如果案发时的市场价格低于实际支付价格,因对预期收益部分没有实际获利,则可以不计入受贿数额。如果系无偿收受的"干股",则可以直接按照股票股权在案发时的市场价格认定受贿数额。当然,由于公司还未上市,股票股权不能正常市场流通,这时可能没有明确的市场价格,故通常需要通过价格评估程序来确定。

第二种情形在实践中相对更为常见。虽然涉案公司成功上市,但受贿人案发时因股票在禁售期或者害怕被查处等原因未能实际套现获利,对此如何认定犯罪数额的问题在司法实践中长期存在困惑和不同认识。

以赵某受贿案为例:

2013年至2014年,被告人赵某利用担任某省省委书记的职务便利,接受某国企负责人郝某请托,为其职务提拔调整提供帮助,2016年10月,赵某通过女婿刘某收受并代持郝某所送登记价值为180万元的某燃气公司2.855%的原始股份。2015年4月,该燃气公司上市,刘某欲变现,但因股票尚处于三年的禁售期内未果。其后因该股票升值较快,刘某遂决定继续持有直至案发。2019年1月赵某被查获。经核查,涉案股票上市时的价值为1000万余元,股票解禁后最高市值为2亿余元,案发时的价值为7200万余元。在案件办理中有关各方对如何认定受贿数额争议较大,司法机关经综合考虑,从有利于被告人的角度,将股票解禁时至案发时的最低市值6008万余元认定为受贿数额。

从实际来看,受贿数额计算有按照股票上市时价格认定、解禁时价格认定、解禁后最低价格认定、平均价格认定和案发时价格认定等多种方式。这些方式均有一定道理,同时也各自存在不足。例如,在前述的李镭受贿案中,法院裁判是以上市发行价为标准来认定犯罪数额,此观点仅注意到期待利益成就所附条件的满足,如同公司具备分红能力但给受贿人多少分红仍需考虑具体情况,同样在公司上市后因存在原始股禁售期,此时并不具有资格利益财产化的现实可能性,以此为基准认定数额存在先天不足。此外,有的案件裁判是以禁售期满日的价格计算,此方式虽然具备实现可能性,但考虑到股票价值随行就市的特点以及股份所具有的按股分红的自然属性,此方式可能存在对受贿犯罪不法实质评价不充分的问题等。

鉴于此,参考目前一些涉股票股权贿赂案件的裁判思路,可考虑将认定受贿数额的时间节点确定为"案发时",即以案发时涉案资产的市场价格与受贿人的支付价格的溢价来认定,而不再具体区分涉案股票股权未能实际变现所处于的具体环节,这样有利于减少争议,方便实际操作。

八、新型腐败与隐形腐败的惩处

当前国家反腐败斗争的力度、深度和广度前所未有,与反腐败相关的罪刑规范不断增设、完善,但以贿赂犯罪为主要形态的新型腐败与隐形腐败仍层出不穷。所以,党的二十大报告强调"惩治新型腐败和隐性腐败",二十届中央纪委二次全会提出"坚决查处新型腐败和隐性腐败"。从实践看,很多新型腐败之所以"新",就在于其"隐",与传统直接、单一、简单的腐败形式相比,呈现出更多的伪装性、隐蔽性。中央纪委国家监委办案同志对新型腐败和隐形腐败的突出特征做了精准概括,认为其具有腐败主体隐身化、行权方式间接化、好处占有非己化、权钱交易民事化、利益输送市场化、贿赂标的虚拟化、收益来源多样化、权钱关联割裂化、主观故意深藏化等新特点、新表现。[1] 这些新特点、新表现,导致新型腐败和隐性腐败行为不像传统腐败行为,性质十分清晰明了,而是表现得"似是而非",由此给案件查处与认定带来困难和挑战。以下结合新型贿赂犯罪,尝试就其司法认定的思路与方法进行探讨。

---

[1] 参见艾萍:《新型腐败和隐性腐败的突出特点与惩治对策初探》,载《中国纪检监察报》2024年1月17日,第6版。

（一）贿赂犯罪形态演进

从我国贿赂犯罪形态变迁看，基本经历了三个阶段：一是收受货币、贵金属、房产、艺术品等实物；二是收受以"去物化"为特征的财产性利益，如会员卡和旅游吃喝、保健美容、出国考察服务等；三是收受经过市场交易衍生出来的可期待性利益。第三种形态的贿赂犯罪具有较强的隐蔽性，在当前较为常见多发，典型案件除投资购买原始股外，还有其他多种情形，如合作投资、开办公司进行利益输送，利用职权借款进行投资理财，用职权获取商业机会变现谋利等。

在第三种贿赂形态中，行受贿双方的意图并不在于收受财物当时的价值，而是指向未来的预期收益，其中的"财物"具有一定特殊性。第一，虽然具有财物的基本属性，但在形式上已脱离"实物"而呈现为具有一定抽象性的"利益"。第二，"财物"收受时价值存在一定的不确定性。第三，"财物"的价值并非全部直接、单纯地源于行贿人，而是经过了一定的市场化运作或交易过程来实现。第四，收受的"财物"与实际获取的"利益"（价值）之间时常不同步、不对等。第五，虽然客观上都存在权钱交易性质，但较前两种贿赂形态而言，因为介入了市场化因素，权钱交易的链条拉长，财物与权力的关联性不够紧密，且行受贿双方之间常常介入第三方，权钱交易的直接性、对应性相对较为淡化。这也是司法实践中容易在罪与非罪、罪重与罪轻以及受贿数额、行贿人认定等方面产生分歧的重要原因。[1]

（二）司法裁判的思路与方法

现结合投资原始股型受贿、合作开办公司型受贿、借款投资理财型受贿、获取商业机会型受贿等新型贿赂典型案例，谈谈对新型腐败和隐形腐败案件进行司法裁判的基本思路与方法。

案例1：童某某利用担任证券机构负责人的职务便利，为请托人沈某某实际控制的公司上市提供帮助，在公司获批上市前让其特定关系人出资1000万元，

---

[1] 参见于同志、胡锋云：《权股交易型贿赂犯罪认定新思路——兼论贿赂犯罪的形态变迁与法律规制》，载《中国法律评论》2022年第4期。

持有沈某某提供的公司4%原始股份,公司上市后童某某指令其特定关系人将股份以1亿元的市场价格转让给沈某某联系的受让人。法院经审理认定童某某构成受贿罪,受贿数额为实际获利的9000万元。

案例2:刘某某在担任某大型国企负责人期间,发现该市一家国有化纤厂经营困难,地方政府拟整体出售该厂,便产生了购入该厂资产(包括土地)进行房地产开发赚钱的想法。考虑到自身公职身份不便出面及资金实力不足的实际情况,遂联系张某某投资。两人经商议成立了房地产公司,注册资本2800万元,刘某某在公司中系隐名股东,出资812万元,占有37.6%股份,由张某某代持。刘某某在项目开发中主要负责协调地方政府关系,不参与公司日常经营管理。公司成立后支付2800万元收购了化纤厂并进行项目开发。在项目开发过程中,刘某某利用本人职权或地位形成的便利条件,在土地性质变更、土地规划调整等方面为公司谋取了利益。其后,公司向各股东分红2.4亿元,刘某某按照37.6%的股权比例获得分红款9024万元。法院经审理认为,刘某某的行为构成受贿罪,受贿数额以注册资本金2800万元为基数以及相应的持股比例折算,即刘某某出资812万元,应占股份29%,对应的分红款6960万元(2.4亿元×29%)属于其违规经商办企业的违纪金额;刘某某未按注册资本足额缴付的出资款240.8万元,涉及股份比例8.6%,该部分的对应分红款2064万元(2.4亿元×8.6%)为其受贿的金额。

案例3:某县领导李某某利用职权为其辖区内的房地产开发商赵某某提供帮助后,从赵某某处借款2000万元,以银行同期利率约定利息,以该资金全款购买赵某某开发的位于该县黄金地段的房屋,李某某两年后转卖房屋所得价款归还赵某某本金及利息后获利400余万元。法院经审理认为,李某某的行为构成受贿罪,受贿数额为实际获利的400万元。

案例4:雷某某在担任陕西省某县某镇及某委书记期间,利用职务上的便利,为多个管理对象提供帮助,并从管理对象处大量索要或承揽工程项目后,将工程项目安排或转包给他人施工,收受施工方给予的财物共计174万元。法院经审理认为,雷某某收受施工方财物174万元的行为构成受贿罪。

在上述案件审理中,围绕受贿罪是否成立、受贿数额如何认定以及行贿人如何确定等,均存在较大争议。笔者认为,对这些新类型案件能否认定受贿罪,需要注意以下几点：

1. 运用"穿透式思维"，善于透过纷繁复杂的表象抵达被告人的行为实质

受贿犯罪，实质上就是利用公权谋取私利的行为，存在权钱交易关系，这是判断行为性质的关键，只要行为符合此本质特征，就可能构成受贿罪。深入分析上述案件，行为人都存在以公权谋取私利的问题，都存在权钱交易关系，所以，都具备认定受贿罪的基础。在办案中应注意紧紧围绕行为人的行为实质进行分析，对贿赂犯罪而言，要重点考察行为人获利与职权的关系，是不是存在以权谋利的问题。

2. 完整、妥当地理解与把握有关司法文件规定

例如，2007年《新型受贿意见》第3条第1款规定："国家工作人员利用职务上的便利为请托人谋取利益，由请托人出资，'合作'开办公司或者进行其他'合作'投资的，以受贿论处。受贿数额为请托人给国家工作人员的出资额。"该规定并未否定国家工作人员未能足额出资以及获取"收益"明显高于出资应得收益的情形可以构成受贿罪，如果机械地理解和把握上述规定，类似案例2中刘某某的行为，因为刘某某本身有出资，不属于"由请托人出资"的情形，就可能得出其行为不构成受贿罪，以及仅将刘某某未能足额缴付的出资款240.8万元认定为受贿数额的结论。同样的道理，2003年《经济犯罪纪要》规定，行为人支付股本金而购买较有可能升值的股票，由于不是无偿收受请托人财物，不以受贿罪论处。该规定主要针对正常市场交易情形，如果存在权钱交易关系，则应另当别论，否则就可能对类似案例1中童某某的行为不作为犯罪认定，导致放纵犯罪。

3. 准确判断渗透其中的民事关系

前述案件处理中之所以引发争议，定罪让人心生顾虑，就是因为其中存在投资合作协议、借款协议、转让协议等，但这些形式上的民事协议（也是新型腐败和隐形腐败的"隐身衣"），在刑事案件中通常不足以对抗刑事犯罪的认定。**民事协议有效的前提是协议双方应系平等的民事主体，这也是民事法律施行的基础，但是一旦在双方之间渗入权力因素，双方就不再是平等民事主体关系，在这种情况下就不能完全依靠民事法律来评定这些民事协议**，否则就可能背离案件的实质。事实上，类似行为之所以高发，当事人就是拿民事协议作幌子来掩盖权钱交易实质,规避法律惩处,如果办案中不善于透过现象看实质,就可能会被蒙蔽,从而放纵一些犯罪手段隐形变异、翻新升级的腐败犯罪,对此需要有清醒认识。

关于受贿数额,由于行为人意在通过职权并在市场化因素的作用下获取更大的利益,一般可按照行为人在案发时实际获利来认定,这也符合受贿罪的依职权谋私利的本质特征。**这里要注意区分违纪所得与犯罪所得,在计算受贿数额将行为人违规经商办企业的违纪所得予以扣除。**所以,案例2中将刘某某出资812万元对应的分红款6960万元,未计入受贿犯罪扣除。

关于行贿人,由于交易过程介入市场化因素,权钱交易的链条拉长,其中可能借入第三方甚至第四方因素,如何确定行贿人的问题也值得关注。例如,在上述案例4中,被告人利用职权,一方面为管理对象提供帮助,并使其本人获得了工程项目;另一方面再将工程项目转手给他人,使他人承揽到工程项目,其谋利事项涉及两个方面,通过前者获得了具有一定不确定性的商业机会,通过后者则将商业机会变现,实际获取确定性的利益,**考虑到受贿罪是收受行贿人的财物,财物变现环节在认定过程中更为突出,故一般可考虑将直接送钱的一方认定为行贿人。**

九、"受贿行贿一起查"的相关问题

党的十九大提出,要坚持无禁区、全覆盖、零容忍,坚持重遏制、强高压、长震慑,坚持受贿行贿一起查,坚决防止党内形成利益集团。党的二十大提出,坚持受贿行贿一起查,惩治新型腐败和隐性腐败。这是当前反腐败工作的基本原则,也是坚定不移深化反腐败斗争,一体推进不敢腐、不能腐、不想腐的必然要求。近年来,围绕"受贿行贿一起查",无论是立法方面、司法方面还是监察办案方面,都做了大量工作,现仅就其中涉及的突出法律适用问题作出探讨。

(一)有关背景及立法、司法应对

一般认为,行贿人不择手段"围猎"国家公职人员是腐败发生的重要原因,所谓行贿不查,受贿不止。从一些案件看,行贿人处心积虑、精准"围猎",确实具有极强的腐蚀性。

例如,赵某某受贿案:

行贿人李某在一次老乡会上结识某中管干部赵某某后,极尽攀附,其后数年几乎包揽了赵某某全家人吃喝拉撒事务,赵某某岳母住院数月、李某全程全天候陪护,赵某某感动不已,将李某视作家人,对其有求必应,帮助李某从一个包工头快速积累了数亿元财富,李某进而投桃报李,送给赵某某贿赂款3亿余元。

当前,在反腐败高压下,一些行贿行为呈现出隐蔽化、多样化、长期化和组织化特征,杀伤力更大,腐蚀性更强,对清明的政治生态、公平的市场环境、正常的社会秩序、基本的公序良俗等都有直接的破坏性。

例如,赵某行贿案:

赵某利用其父亲系原省部级领导干部的资源,用金钱开道,编织了一张庞大的政商关系网,敛财的足迹遍及江苏、山东、河北、天津等地。在其行贿过程中,致使5名原省部级干部落马,涉案金额均在千万元以上,其本人也为此获得巨额的经济利益。为了"围猎"这些国家工作人员,赵某不惜投入重金在北京打造高档会所,供这些腐败分子吃喝玩乐,并成为行贿窝点。此外,赵某还经常出面"打点"一些掌握实权的厅处级干部,有数十人被他的"糖衣炮弹"击中,甚至还将纪委的两名干部拉下水。受贿行贿与滥权渎职往往如影随形,被拉拢腐蚀的国家工作人员在收受好处、为赵某谋取利益过程中伴随着大量的违法行政、不作为、乱作为等行为,严重损害国家和人民利益,社会影响十分恶劣。

如果对行贿犯罪不处罚、轻处罚,则反腐败工作成效必然大打折扣,还会损害依法治国的根基。从1999年3月4日印发的《最高人民法院、最高人民检察院关于在办理受贿犯罪大要案的同时要严肃查处严重行贿犯罪分子的通知》来看,当时已经发现"一些大肆拉拢、腐蚀国家工作人员的行贿犯罪分子却没有受到应有的法律追究,他们继续进行行贿犯罪,严重危害了党和国家的廉政建设",故提出要特别注意依法严肃惩处下列严重行贿犯罪行为:(1)行贿数额巨大、多次行贿或者向多人行贿的;(2)向党政干部和司法工作人员行贿的;(3)为进行走私、偷税、骗税、骗汇、逃汇、非法买卖外汇等违法犯罪活动,向海关、工商、税务、外汇管理等行政执法机关工作人员行贿的;(4)为非法办理金融、证券业务,向银行等金融机构、证券管理机构工作人员行贿,致使国家利益遭受重大损失的;(5)为非法获取工程、项目的开发、承包、经营权,向有关主管部门及其主管领导行贿,致使公共财产、国家和人民利益遭受重大损失的;(6)为制售假冒伪劣产品,向有关国家机关、国有单位及国家工作人员行贿,造成严重后果的;(7)其他情节严重的行贿犯罪行为。

2015年11月1日起施行的《刑法修正案(九)》为加大对行贿犯罪惩处力度,从以下四个方面完善了行贿犯罪立法:(1)对行贿犯罪人从轻、减轻或免除处罚的限制条件分别作出更加严格规定,即"行贿人在被追诉前主动交待行贿行为的,可以从轻或者减轻处罚。其中,犯罪较轻的,对侦破重大案件起关键作用的,或者有重大立功表现的,可以减轻或者免除处罚"。原条文仅规定"行贿人在被追诉前主动交待行贿行为的,可以减轻处罚或者免除处罚"。(2)对行贿罪的处罚增加了罚金刑。(3)新增"对有影响力的人行贿罪"。(4)除对行贿罪、对有影响力的人行贿罪规定罚金刑外,对介绍贿赂罪、对单位行贿罪、单位行贿罪以及对非国家工作人员行贿罪也普遍增设了罚金刑。这些修改对严厉惩治行贿犯罪发挥了更加积极的作用。

2016年《贪污贿赂解释》则明确了行贿罪的定罪量刑标准,并对《刑法修正案(九)》规定可以减轻或者免除处罚情节涉及的"犯罪较轻""重大案件""对侦破重大案件起关键作用"作了具体界定。其中,"犯罪较轻"是指根据行贿犯罪的事实、情节,可能被判处3年有期徒刑以下刑罚的情形。"重大案件"是指根据犯罪的事实、情节,已经或者可能被判处10年有期徒刑以上刑罚的,或者案件在本省、自治区、直辖市或者全国范围内有较大影响的案件。"对侦破重大案件起关键作用"是指具有以下情形:(1)主动交待办案机关未掌握的重大案件线索的;(2)主动交待的犯罪线索不属于重大案件的线索,但该线索对于重大案件侦破有重要作用的;(3)主动交待行贿事实,对于重大案件的证据收集有重要作用的;(4)主动交待行贿事实,对于重大案件的追逃、追赃有重要作用的。上述解释规定进一步加大了对行贿犯罪的处罚力度。

但从审判实践来看,目前对行贿犯罪的惩治仍存在以下两方面的突出问题:

一是尚有大量行贿案件未被追诉。从2017年至2021年全国法院的统计数据看,行贿犯罪案件(包括行贿罪、对单位行贿罪、单位行贿罪、对非国家工作人员行贿罪,以下同)收案数仅为受贿犯罪案件(包括受贿罪、单位受贿罪、利用影响力受贿罪、非国家工作人员受贿罪,以下同)的37%,行贿犯罪案件的生效判决人数仅为受贿犯罪案件的39%。虽然两项数据较几年前的平均为25%左右有明显提升,"受贿行贿一起查"工作取得较大进展,但行贿案件数量与受贿案件数量仍然不匹配,这直接反映了现实中仍有大量的行贿人没有受到相应的刑事追究(考虑到一个受贿案件可能同时存在多个行贿人,未被追究刑事责任的行贿人比例会更高)。

二是行贿案件缓刑、免予刑事处罚的适用比例虽然呈下降趋势,但整体占比仍然相对较高。从统计数据看,行贿案件缓刑、免予刑事处罚适用比例从2017年、2018年的60%左右,降至2021年的41%,反映法院在严格控制行贿案件缓免刑适用方面已经取得了一定成效。但行贿案件缓免刑整体占比为53%,相对于同期受贿案件27%的适用比例仍然偏高。虽然行贿犯罪的法定刑低于受贿犯罪,理论上行贿案件中可适用缓免刑的概率大于受贿案件,但上述数据确实在一定程度上反映了对行贿犯罪惩处需要加强。

"重受贿轻行贿"现象的形成有多方面的原因,具体主要包括以下几个方面：

(1)从贿赂犯罪特点来看,此类犯罪侵犯的法益是国家工作人员行使职权的廉洁性,受贿人掌握国家公权力,行为具有主动性,而行贿人相对被动,主要是求人办事。贿赂犯罪的这一特点反映在司法层面上,通常对受贿犯罪的惩处都重于行贿犯罪。

(2)从社会认知来看,社会大众对反腐败的认知具有局限性,很多人认为反腐败就是抓贪官,将反腐败斗争等同于惩治受贿犯罪,忽视了行贿与受贿的对合性;为了满足人民群众对反腐败斗争的期许,监察、司法机关也始终保持对受贿犯罪的打击力度,舆论宣传也主要针对受贿案件,相应地,对行贿犯罪的关注度较低。

(3)从刑事政策来看,长期以来,我们在政策上强调"要把查处受贿大案要案同查处严重行贿、介绍贿赂犯罪案件有机地结合起来,通过打击行贿、介绍贿赂犯罪,促进受贿犯罪大案要案的查处工作"。这一政策容易被理解为"惩治受贿犯罪是第一位的,打击行贿犯罪是为了促进查处受贿犯罪",这也在一定程度上影响对行贿犯罪的查办、惩处。

（4）从行贿罪立法来看,构成行贿罪需要"谋取不正当利益",虽然 2012 年印发的《行贿解释》规定了不正当利益的范围,但司法实践中仍较难把握,这在一定程度上限缩了行贿罪的适用范围。《刑法》还规定"因被勒索给予国家工作人员以财物,没有获得不正当利益的,不是行贿",实践中部分案件可能存在被勒索行贿的情况而对行贿人不作入罪处理。此外,根据《刑法》第 390 条第 2 款的规定,无论到案方式如何,只要行贿人在立案前如实供述行贿犯罪事实的,即构成刑法针对行贿犯罪规定的特别自首,可以从轻或者减轻处罚,对侦破重大案件起关键作用的,还可以减轻或者免除处罚。该规定相较于一般自首而言,认定标准更为宽泛,导致大量行贿人因具有该情节而被从宽处理。

（5）从办理受贿案件的需要来看,贿赂行为往往无第三人在场,对受贿犯罪的查处时常需要行贿人的配合。但由于行贿人天然地会回避承认自身的违法犯罪行为,办案机关只有对行贿人作出一定的让步才更有可能取得受贿的相关证据。为了有效查办受贿案件,办案机关对行贿人往往采用类似英美法系污点证人的处理方式,在调查、侦查过程中会对行贿人作出宽大处理甚至不作犯罪处理的承诺,使部分行贿案件未被移送司法处理,部分行贿案件被移送起诉后,办案机关亦会向法院提出从轻判处的建议。

（6）巨额财产来源不明罪带来的影响。《刑法》规定,国家工作人员拒不交代或无法查明巨额财产的来源,而财产、支出又明显超出其合法收入,差额巨大的,可以被认定为巨额财产来源不明罪。这一部分巨额财产很可能是受贿所得,但对应的行贿行为却无法查处,也导致对一些行贿犯罪的惩处在实践中不能落实。

（7）因个别地方、个别领域政治生态遭受破坏,行贿行为大量存在,此种情况下,一方面,行贿人可能被视为"弱势群体",从"法不责众"的角度对其从宽处理;另一方面,部分行贿人为地方知名企业,出于经济发展和社会稳定等考虑而对行贿人从宽处理,等等。

为了贯彻中央关于"受贿行贿一起查"的决策部署,2021 年 9 月,中央纪委国家监委与中央组织部、中央统战部、中央政法委、最高人民法院、最高人民检察院联合印发了《关于进一步推进受贿行贿一起查的意见》,要求坚决查处行贿

行为,明确了查处行贿行为的五个重点:

一是多次行贿、巨额行贿以及向多人行贿,特别是党的十八大后不收敛、不收手的。该类行贿人往往将行贿作为谋取不正当利益的主要手段,对政治生态、法治环境、营商环境和市场规则等破坏较大,如果不予以严肃查处,就可能使行贿成为常态,形成"劣币驱逐良币"的"负面激励"效应。

二是党员和国家工作人员行贿的。党员和国家工作人员理应在遵纪守法方面发挥模范带头作用,对这类知纪违纪、知法犯法的人员应当严肃查处。

三是在国家重要工作、重点工程、重大项目中行贿的。该类行贿行为不仅会扰乱正常市场经济秩序,直接造成国家巨额经济损失,而且危害国家经济安全,影响党和国家工作大局,故应当坚决予以查处。

四是在组织人事、执纪执法司法、生态环保、财政金融、安全生产、食品药品、帮扶救灾、养老社保、教育医疗等领域行贿的。该类行贿行为扰乱了相关领域的正常秩序,严重影响人民群众的获得感、幸福感、安全感,故应加大查处力度,推动解决一些部门、行业、领域的顽瘴痼疾。

五是实施重大商业贿赂的。这既是落实《联合国反腐败公约》的要求,也是顺应广大市场主体呼声、营造公平竞争市场环境的重要举措。[1]

2023年12月29日,十四届全国人大常委会第七次会议审议通过了《刑法修正案(十二)》,主要涉及惩治行贿犯罪和民营企业内部腐败犯罪。这次修改是在2015年通过的《刑法修正案(九)》修改行贿犯罪的基础上对行贿犯罪的又一次重要修改,对行贿犯罪进一步加大了刑事追责力度。

第一,完善行贿罪的刑罚结构。将该罪的起点刑由"五年以下有期徒刑或者拘役,并处罚金"修改为"三年以下有期徒刑或者拘役,并处罚金",将第二档刑由"五年以上十年以下有期徒刑,并处罚金"修改为"三年以上十年以下有期徒刑,并处罚金",即将量刑节点由"五年"修改为"三年"。这样可以与受贿罪的刑罚相衔接,体现了"受贿行贿一起查"的政策精神。同时也使行贿罪的刑罚结构更加合理,相关罪名的刑罚体系更加平衡。此前行贿罪的起点刑为"五年

---

[1] 参见《进一步推进受贿行贿一起查 巩固发展反腐败斗争压倒性胜利 中央纪委国家监委案件监督管理室负责人就〈关于进一步推进受贿行贿一起查的意见〉答记者问》,载微信公众号"中央纪委国家监委网站"2021年9月8日。

以下有期徒刑或者拘役",重于受贿罪,导致行贿罪与受贿罪处罚的不匹配。从实际看,行贿罪法定刑档次配置过重,容易造成要么不处罚,要么处罚过重,影响法律适用,反而不利于严密法网。此外,随着法律修改和坚持受贿行贿一起查工作的深入推进,行贿罪查处和处罚力度将加大,在这种情况下调整其量刑档次有利于更好实现罪责刑相适应。

第二,增加行贿罪从重处罚情形。将党中央确定重点查处的行贿行为在立法上规定为从重处罚情形,进一步明确释放受贿行贿一起查的政策要求。具体包括七种情形:(1)多次行贿或者向多人行贿的;(2)国家工作人员行贿的;(3)在国家重点工程、重大项目中行贿的;(4)为谋取职务、职级晋升、调整行贿的;(5)对监察、行政执法、司法工作人员行贿的;(6)在生态环境、财政金融、安全生产、食品药品、防灾救灾、社会保障、教育、医疗等领域行贿,实施违法犯罪活动的;(7)将违法所得用于行贿的。

需要注意的是,此次行贿罪修改主要是解决实践中对行贿犯罪特别是对严重行贿犯罪过于宽大、不追究刑事责任的问题。《刑法修正案(十二)》对行贿罪增加规定了上述从重处罚情形,其意义"不仅是量刑上从重处罚,更在于或者主要目的在于对七类严重行贿要重点查处,该立案的坚决予以立案,该处罚的坚决作出处罚,一般情况下不能轻易不立案、不处罚,而是应当从严把握"。[1]

第三,完善单位行贿罪的刑罚结构。此前《刑法》第393条规定的单位行贿罪只有一档刑罚,即"五年以下有期徒刑或者拘役,并处罚金",法定刑明显低于行贿罪。实践中一些行贿人以单位名义行贿,规避处罚,导致案件处理不平衡、惩处力度不够。此次修改调整单位行贿罪刑罚档次,规定为"三年以下有期徒刑或者拘役,并处罚金"和"三年以上十年以下有期徒刑,并处罚金"两档刑罚,以适应实践中惩治此类犯罪的需要。

第四,完善对单位行贿罪的刑罚结构。对"情节严重"情形,增加一档"三年以上七年以下有期徒刑,并处罚金"的刑罚。

总体来看,《刑法修正案(十二)》对行贿犯罪进一步加大处罚力度,贯彻了推进"受贿行贿一起查"的政策要求。此外,通盘将贿赂犯罪的起点刑由"五年

---

[1] 参见张义健:《〈刑法修正案(十二)〉的理解与适用》,载《法律适用》2024年第1期。

有期徒刑"修改为"三年有期徒刑",加上此前《刑法修正案(九)》《刑法修正案(十一)》对贪污受贿犯罪、职务侵占罪、非国家工作人员受贿罪等法定刑的修改,目前除挪用公款罪外,逐渐将1997年《刑法》规定的贪污、职务侵占、行贿、受贿等腐败犯罪的起档刑统一调整为"三年以下有期徒刑",体现了刑罚设置的衔接性、科学性和罪责刑相适应原则。

(二)"谋取不正当利益"的认定

如同"利用职务上的便利"一样,"谋取不正当利益"也是职务犯罪领域的一个常见专业术语。笔者统计了一下,该术语在我国《刑法》中共出现8次,涉及7个罪名。其中,《刑法》第164条"对非国家工作人员行贿罪"、第389条"行贿罪"、第390条之一"对有影响力的人行贿罪"、第391条"对单位行贿罪"、第393条"单位行贿罪"等,均以"为谋取不正当利益"为构成要件;《刑法》第388条"受贿罪"和第388条之一"利用影响力受贿罪",则均以"为请托人谋取不正当利益"为构成要件。这些罪名的准确适用,都离不开对"不正当利益"的界定。

从我国加入的《联合国反腐败公约》以及多数国家刑法典关于贿赂犯罪的规定看,类似我国刑法设置不正当利益要件的情形十分罕见。从司法实践看,同时期进入法院审判的行贿类案件也明显少于受贿类案件,反映出现实中有大量的行贿行为没有受到相应的刑事追究。究其原因,人们普遍认为这与行贿类犯罪设置的"不正当利益"要件有一定关系。在推进"受贿行贿一起查"的过程中,无论是法学理论界还是立法及司法实务界,均有取消相关犯罪"不正当利益"要件的呼声。其理由主要是,该要件属于主观范畴,不好证明,其存在不利于司法操作;同时也制约了对相关贿赂行为的惩处,不利于打击犯罪。

笔者理解,在现阶段,行贿犯罪中"谋取不正当利益"要件仍有继续保留的必要。行贿犯罪系故意犯罪,对其入罪应坚持主客观相一致的原则。客观上,为正当利益而行贿的确侵犯了国家工作人员职务的廉洁性,但在实现正当利益的过程中,行贿人通常是希望国家工作人员依法依规履职,不要推诿、扯皮,不要吃、拿、卡、要,如此方能合理保障其正当权益的实现,因而绝大多数人在主观上并不希望或放任侵犯国家工作人员职务廉洁性的行为出现。实践中之所以会有为正当利益而行贿的现象,更多的是国家工作人员不依法、不依规、不正确履职而导致,这应是矛盾的主要方面。从实际案件看,给予国家工作人员财物与行贿人的主观愿望往往也是相背离的,甚至可能是无奈之举。

考虑到"不给钱不办事"的社会不良风气在一定范围内存在,这一特殊的社会背景要求不能简单地将所有行贿行为都纳入刑法规制,保留"不正当利益"是合理打击行贿犯罪的一种现实需要和政策考量。基于此考虑,立法机关将"谋取不正当利益"作为我国行贿犯罪的法定构成要件。尽管我国加入的《联合国反腐败公约》以及多数国外的刑法典都没有设置类似条款,但这并不能完全否定我国刑法作出相关规定的合理性与必要性。

在司法实践中,更为重要的问题是如何妥当地理解和适用现有规定。《刑法》第389条第1款规定,"为谋取不正当利益,给予国家工作人员以财物的,是行贿罪";第3款规定,"因被勒索给予国家工作人员以财物,没有获得不正当利益的,不是行贿"。据此,一种意见认为,谋取不正当利益是主观要件,获取不正当利益后给予国家工作人员财物的,不构成行贿。另一种意见认为,"谋取不正当利益"是客观要件,只有实际取得了不正当利益,才构成行贿。

笔者认为,上述两种意见均存在偏颇之处。**对于这里的"谋取不正当利益"应当参照受贿罪中"为他人谋取利益"相关司法解释规定理解。"谋取不正当利益"既包括提议给予、允诺给予,也包括实际给予,是主客观相结合的一个要件,不能截然分开、偏执一端。**随着经济的发展,职务犯罪的手段也在发生明显的变化,行贿、受贿一一对应关系不断弱化,特别是在较长时间内具有权钱交易的行为越发明显,且行为人职位越高此情况越突出。所以,不管是为了谋取不正当利益还是在获取不正当利益之后,给予国家工作人员财物的,均应以行贿罪定罪处罚。

为适应惩治行贿犯罪的现实需要,相关司法文件也一直沿着对"不正当利益"进行扩张性解释的道路行进。1999年3月4日印发的《最高人民法院、最高人民检察院关于在办理受贿犯罪大要案的同时要严肃查处严重行贿犯罪分子的通知》指出:"'谋取不正当利益'是指谋取违反法律、法规、国家政策和国务院各部门规章规定的利益,以及要求国家工作人员或者有关单位提供违反法律、法规、国家政策和国务院各部门规章规定的帮助或者方便条件。"

2008年11月20日印发的《商业贿赂意见》第9条规定:"在行贿犯罪中,'谋取不正当利益',是指行贿人谋取违反法律、法规、规章或者政策规定的利益,或者要求对方违反法律、法规、规章、政策、行业规范的规定提供帮助或者方便条件。在招标投标、政府采购等商业活动中,违背公平原则,给予相关人员财物以谋取竞争优势的,属于'谋取不正当利益'。"由此将判断标准扩张至"法律、法规、规章、政策、行业规范"。

2012年12月26日印发的《行贿解释》第12条规定:"行贿犯罪中的'谋取不正当利益',是指行贿人谋取的利益违反法律、法规、规章、政策规定,或者要求国家工作人员违反法律、法规、规章、政策、行业规范的规定,为自己提供帮助或者方便条件。违背公平、公正原则,在经济、组织人事管理等活动中,谋取竞争优势的,应当认定为'谋取不正当利益'。"由此可见,"不正当利益"的范围再次拓展,扩大至"违背公平、公正原则,在经济、组织人事管理等活动中,谋取竞争优势"。

上述三次解释,每一次都向前推进一步。从实际来看,对行贿犯罪的构成要件特别是对"谋取不正当利益"作实质化的适度扩大解释,有助于在刑事司法层面拓展行贿罪的适用范围,提高行贿罪构成要件对各类行贿行为的适应性,这既符合行贿罪的保护法益,也未突破罪刑法定原则,且与行贿罪的刑法规范能够对应,不存在法理上的障碍。

梳理上述司法文件可见,我们现在所说的"不正当利益"已经涵盖了以下五个方面:(1)违法的利益,即行为人谋取的利益违反法律、法规、规章的规定;(2)违背政策的利益,即根据相关政策不应当获得的利益;(3)违背行业规范的利益,即按照相关行业规范不应当获得的利益;(4)程序上的不正当利益,即要求国家工作人员违反法律、法规、规章、政策、行业规范的规定,通过非正常途径、程序为自己提供帮助或者方便条件而获取的利益;(5)违背公平、公正原则的利益,即在经济、组织人事管理等活动中谋取竞争优势而获取的利益。

这些不正当利益,概括起来又基本可分成两大类:一类是从法律、法规、规章、政策、行业规范的规定中能够找到不正当依据的利益;另一类是发生在竞争性活动中的不公平利益。应当说,有关司法解释已经十分详尽,但是由于实践中各种"利益"的纷繁复杂,大家对于"谋取不正当利益"的理解仍然存在争议,由此影响了具体个案中对罪与非罪以及此罪与彼罪等问题的认定。

例如,梁某行贿案:

2009年至2011年,被告人梁某为了感谢时任某县财政局局长的叶某在其承建该县保障性住房工程结算工程进度款时提供便利,分两次贿送人民币共计10万元给叶某。检察机关指控梁某犯行贿罪。一审、二审审理过程中,梁某及其辩护人均提出,梁某向叶某贿送财物,仅是为了尽快取得应收的工程款,并非为谋取不正当利益,梁某不构成行贿。一审法院经审理认定梁某构成行贿罪,二审法院审理后依法改判梁某无罪。

本案在审理过程中,对梁某的行为是否属于"谋取不正当利益"存在两种分歧观点:一种观点认为,结算工程款虽然是合法行为,但不是一种确定的可得利益。梁某所谋取的利益属于"在经济活动中谋取竞争优势"而获得的利益。另一种观点认为,工程建设合同是在双方自愿的基础上订立,双方约定了按工程进度结算工程款,上述约定真实、合法,不存在违反法律、法规、规章、政策、行业规范的情况。梁某完成工程相应进度后,理应获得发包方结算的工程款,工程款适用专款专用的规定,也不存在竞争关系,故梁某的行为不属于"为谋取不正当利益"而行贿。

本案的争议焦点在于通过贿送财物的方式谋求顺利结算工程款是否属于谋取不正当利益。由于我国刑法设定的构成要素不对应,受贿罪和行贿罪并非典型意义的对合犯,两者侵害的法益实际上是有差异的。对受贿罪而言,其法益实际上是国家工作人员"职务以及职务行为的不可交易性";对行贿罪而言,其本质不能完全从受贿罪的角度考虑。因为刑法"为谋取不正当利益"主观要素的限定,只有部分"权钱交易"行为才能进入刑法上的行贿罪的评价范围。如果行为人仅是为了促使国家工作人员正常履职(包括实体上或者程序上的正常履职)而给付财物,收买的是国家工作人员的正当履职行为,由于权力行使的结果与国家正常管理职能和职务行为行使的公正性并没有发生偏离,则并没有发生法定的行贿罪的实质侵害。

因此,在目前法律框架下,**笔者倾向于赞同对不要求国家工作人员违法或违规提供帮助的,不属于"谋取不正当利益",不构成行贿罪;为收买国家工作人员不正当履职行为,即使最终的目的是"加速""通融"合法利益的实现,则仍应认定为"谋取不正当利益"进而构成行贿罪**。在上述案件中,梁某在向叶某贿送财物的过程中,仅是为了尽快取得应收的工程款,该工程款依据合同约定,梁某亦未谋取合同外的利益，且该工程款的结算活动本身也不存在竞争性，可认为梁某只是为了促使国家工作人员正常履职而给付财物，不认定犯罪有其合理性。

梁某被控行贿案的终审裁判，对承包方为了顺利结算工程款而向工程发包方赠送财物的案件具有一定参考意义。对承包方而言，工程款通常是其依据正当程序必然获得的确定利益，承包方结算工程款的数额、时间依据的是其和发包方签订的合同，并未影响其他平等主体的利益。一般只有在发包方濒临破产，资产不足以清偿全部债务的情况下，各索要工程款的平等主体之间才是竞争关系，才涉及谋取竞争优势的问题。在其他情况下，各索要工程款的平等主体之间并无谋取竞争优势的关系存在，故通常也就不存在谋取"不正当利益"的问题。

在司法实践中，对于"谋取竞争优势"的认定，要注意结合有无违反相关条件、程序规定，是否对其他市场主体公平竞争造成实际影响等具体认定，不能直接根据行贿事实本身直接认定谋取竞争优势，否则，逻辑上就会陷入循环论证的误区，实践中也是有害的，将会从实质上架空"谋取不正当利益"这一法定定罪要件。**对企业在办理符合条件和规定的贷款、按照约定或者规定办理合同款项结算、按照规定参加"招拍挂"等经营活动中，因勒索给予国家工作人员财物，未谋取竞争优势，没有获得不正当利益的，依法不宜认定为行贿犯罪。**

当然，以上观点是建立在立法对行贿罪规定了"谋取不正当利益"要件的基础之上，如果今后立法取消了该要件，则不管行贿人谋取的利益是否正当，只要其有向国家工作人员赠送数额较大财物的行为，则依法可构成行贿罪。

(三) 单位行贿罪与行贿罪的区分

2001 年印发的《全国法院审理金融犯罪案件工作座谈会纪要》中规定："以单位名义实施犯罪，违法所得归单位所有的，是单位犯罪。"所谓"以单位名义实施犯罪"，是指单位的决策机构按照单位的决策程序决定实施危害社会的行为；所谓"违法所得归单位所有"，是指因犯罪行为所产生的非法收益归单位所有。这是认定单位犯罪的重要依据。

关于单位行贿罪与行贿罪的区分，是推进"受贿行贿一起查"过程中需要重点解决的法律适用问题。单位行贿罪与行贿罪法定刑有较大差异,一些行贿人为规避处罚,以单位名义行贿,导致案件处理不平衡、惩处力度不足。所以,《刑法修正案(十二)》修改调整了单位行贿罪刑罚档次,规定为"三年以下有期徒刑或者拘役,并处罚金"和"三年以上十年以下有期徒刑,并处罚金"两档刑罚,加大对单位行贿犯罪的惩处。尽管如此,准确区分单位行贿与个人行贿,对依法惩治行贿犯罪,贯彻受贿行贿一起查仍具有重要意义。

根据单位犯罪的认定原理,**行为是否体现单位意志是区分单位行为和个人行为的关键**。从单位意志产生过程来说,一般包括单位集体决定和单位决策机构决定两种模式,在这两种模式下形成的意志均可以认定为单位意志,在单位意志支配下实施的犯罪行为均可认定为单位犯罪行为。所以,单位行贿犯罪有两种常见形态:一是单位集体决定,为谋取不正当利益向国家工作人员行贿;二是单位实际控制人或者主管人员决定,为谋取不正当利益向国家工作人员行贿,违法所得归单位所有。

1. 单位集体决定

单位集体决定最直接体现单位意志,自然应认定为单位犯罪,无须再增加其他限制条件。对于以单位名义实施犯罪的情形,需要以违法所得归属来判断是个人犯罪还是单位犯罪,但对于单位集体决定的情形,一般不存在名不副实的问题。

2. 单位实际控制人或者主管人员决定,利益归于单位

因为实际控制人或者主管人员具有双重身份,既代表单位决策机构,也是独立个体,作出的决定既可能是单位意志,也可能是个人意志,所以有必要增加"违法所得归于单位"的限制性条件。这样认定与《全国法院审理金融犯罪案件工作座谈会纪要》关于"以单位名义实施犯罪,违法所得归单位所有的,是单位犯罪"的规定是一致的。

概言之,为谋取不正当利益向国家工作人员行贿,具有下列情形之一的,应当以单位行贿罪定罪处罚:(1)单位集体决定的;(2)单位实际控制人或者主管人员决定,违法所得归单位所有的。

值得注意的是,实践中有的"一人公司""夫妻公司",其单位财产和个人财产高度混同,单位利益和个人利益无法区分,难以判断行贿行为的实施是基于单位意志还是个人意志,对其行贿行为是认定单位行贿罪还是行贿罪容易产生分歧。经研究认为,如果个人财产和单位财产高度混同,单位通过行贿获得不正当利益实际归个人所有的,应以行贿罪定罪处罚。当然,这样认定并非否定一人公司的法人资格,如果一人公司财产独立于股东自己的财产,单位财产和个人财产能够分清,单位利益和个人利益可以分割,则要另作考虑。

十、量刑情节的审查与认定

量刑情节对所有刑事案件的裁判均具有重要意义,也是司法认定和法院裁判的事实依据之一,对此毋庸赘言。需要强调的是,量刑情节对职务犯罪案件的办理具有特殊意义。

(一)量刑情节对职务犯罪认定的意义

当前在职务犯罪案件办理中应当更加重视对量刑情节的查证、移送和裁量,这里至少有以下三个背景因素值得关注:

1.《监察法》的实施要求

《监察法》有多项关于量刑情节的规定,既有实体的,也有程序的。例如,第34条规定:"涉嫌职务犯罪的被调查人主动认罪认罚,有下列情形之一的,监察机关经领导人员集体研究,并报上一级监察机关批准,可以在移送人民检察院时提出从宽处罚的建议:(一)自动投案,真诚悔罪悔过的;(二)积极配合调查工作,如实供述监察机关还未掌握的违法犯罪行为的;(三)积极退赃,减少损失的;(四)具有重大立功表现或者案件涉及国家重大利益等情形的。"第35条规定:"职务违法犯罪的涉案人员揭发有关被调查人职务违法犯罪行为,查证属实的,或者提供重要线索,有助于调查其他案件的,监察机关经领导人员集体研究,并报上一级监察机关批准,可以在移送人民检察院时提出从宽处罚的建议。"此外,《监察法实施条例》第189条、第197条规定,无论是调查组起草《起诉建议书》还是审理部门起草《起诉意见书》,都应当明确被调查人具有的从重、从轻、减轻或者免除处罚等情节。深入贯彻执行《监察法》,必然要求我们进一步重视对量刑情节的查证和运用。

2. 贪污贿赂犯罪的立法动向

《刑法修正案(九)》对贪污贿赂犯罪的定罪及量刑作了五个方面的调整,其中之一便是取消贪污罪、受贿罪及量刑的具体数额标准,代之以"数额较大""数额巨大""数额特别巨大",以及"较重情节""严重情节""特别严重情节",由此改变了过去主要依据犯罪数额定罪处罚的做法,突出了数额之外的其他情节的作用。[1]根据"数额+情节"的刑法规定,2016年《贪污贿赂解释》通过情节认定与数额挂钩的办法,明确"严重情节""特别严重情节"的起点数额标准分别按照"数额巨大""数额特别巨大"的起点数额标准减半掌握等,并就相关情节作了细化规定,情节在量刑中的分量得到了大幅提升。相应地,我们在司法实践中也需要更加重视量刑情节。

3.《刑事诉讼法》修改的新规定

2018年10月26日,全国人大常委会表决通过了《关于修改〈中华人民共和国刑事诉讼法〉的决定》。**此次《刑事诉讼法》修改有三大亮点,其中之一便是将认罪认罚从宽制度及速裁程序写入法律。**[2] 2018年修改的《刑事诉讼法》明确了刑事案件认罪认罚可以依法从宽处理的原则,完善了刑事案件认罪认罚从宽的程序规定,增加了速裁程序,加强了对当事人的权利保障。认罪认罚从宽制度及速裁程序适用的案件范围较广,且并不排除职务犯罪案件的适用,实际中必然会有大量职务犯罪案件的审判适用认罪认罚从宽及速裁程序。认罪认罚从宽以及速裁程序本身就直接体现了对量刑情节的具体运用。这意味着,量刑情节在2018年《刑事诉讼法》实施后的地位和作用更为凸显。

(二)量刑情节的查证、移送与裁量

不仅《监察法》《监察法实施条例》对量刑情节的查证和处理有明确、具体的规定,2015年中共中央办公厅印发的《关于在查办党员和国家工作人员涉嫌违纪违法犯罪案件中加强协作配合的意见》中也有明确要求:纪检监察机关向

---

[1] 其他四个方面的修改分别是:(1)对贪污罪、受贿罪增设死刑缓期二年执行减为无期徒刑后终身监禁;(2)对贪污罪和贿赂犯罪增设罚金刑;(3)对行贿罪的从宽处罚设定更为严格的条件;(4)增设对有影响力的人行贿罪。

[2] 另外两大亮点是:(1)完善监察与刑事诉讼的衔接,调整人民检察院侦查职权;(2)丰富反腐败和国际追逃追赃手段,建立刑事缺席审判制度。

检察机关移送案件,应当随案移送"被调查人是否有自首、坦白、立功等情节的情况说明及证据材料"。

尽管有关法律规定具体、要求明确,但在实际工作中职务犯罪案件办理方面尚存在一些对量刑情节查证不到位、程序不规范、适用不严谨等问题,概括如下:

(1)未能随案移送被调查人有无自首、坦白、立功、退赃等情节的情况说明。

(2)只对具有自首、坦白、立功、退赃等情节的进行说明,对不具有自首、坦白、立功、退赃等情节的则不作说明。

(3)只对自首、坦白、立功、退赃等情节提供结论性意见,不移送相关证据材料;有的情况说明内容过于简单,缺乏相关背景材料。特别是一些案件中对被告人到案以及正式进入司法程序前如何供述等具体情况语焉不详,承办法院难以进行深入、有效的审查。

(4)一些案件的被告人及其辩护人请求人民法院调取相关自首、立功等材料时,法院通常做法是要求检察机关调取核实,检察机关又转而要求纪检监察机关调取核实,但纪检监察机关可能因工作保密、专案组人员解散等原因而不予提供。

(5)一些案件被告人在审理期间检举揭发他人犯罪事实,法院将相关线索移送案件查办机关,查办机关往往回复线索正在审查核实后便再无下文,即便法院多次催要也经常难有回应,由此不仅影响了案件的公正裁判,也易引起被告人不满,并加大案件上诉改判风险等。

从法院审判而言,鉴于量刑情节的地位和作用越来越重要,绝不能因为存在问题而疏于或放弃对量刑情节的审查、处理。笔者认为,在实际案件办理中,应当加强对下列可能存在的量刑情节的审查:(1)自首;(2)立功;(3)坦白;(4)检举揭发他人职务违法犯罪行为;(5)认罪悔罪;(6)赃款赃物退缴情况等。**如果监察机关没有就上述情节出具认定意见或者未移送相关证据材料,人民法院应当通过人民检察院要求监察机关补充出具。对于监察机关根据《监察法》第 34 条、第 35 条的规定对被告人提出从宽处罚建议的,人民法院应当根据审理查明的事实、情节依法决定是否采纳。**

(三)职务犯罪常见量刑情节的认定

鉴于《自首和立功意见》《职务犯罪认定自首、立功等意见》等司法解释文件对自首、立功、积极退赃等职务犯罪常见情节作了具体规定,对这些情节的一般认定问题不再赘述,在此仅就实践中的一些争议问题作出探讨。

1. 自首的认定问题

根据《刑法》第 67 条第 1 款的规定,成立自首需要同时具备自动投案和如实供述自己的罪行两个要件,这两个要件都有一些在司法认定上值得注意的问题。

(1)关于自动投案。

《监察法实施条例》第 214 条第 1 款结合职务犯罪的特点,对自动投案作了细化规定:"涉嫌职务犯罪的被调查人有下列情形之一,如实交代自己主要犯罪事实的,可以认定为监察法第三十一条[1]第一项规定的自动投案,真诚悔罪悔过:(一)职务犯罪问题未被监察机关掌握,向监察机关投案的;(二)在监察机关谈话、函询过程中,如实交代监察机关未掌握的涉嫌职务犯罪问题的;(三)在初步核实阶段,尚未受到监察机关谈话时投案的;(四)职务犯罪问题虽被监察机关立案,但尚未受到讯问或者采取留置措施,向监察机关投案的;(五)因伤病等客观原因无法前往投案,先委托他人代为表达投案意愿,或者以书信、网络、电话、传真等方式表达投案意愿,后到监察机关接受处理的;(六)涉嫌职务犯罪潜逃后又投案,包括在被通缉、抓捕过程中投案的;(七)经查实确已准备去投案,或者正在投案途中被有关机关抓获的;(八)经他人规劝或者在他人陪同下投案的;(九)虽未向监察机关投案,但向其所在党组织、单位或者有关负责人员投案,向有关巡视巡察机构投案,以及向公安机关、人民检察院、人民法院投案的;(十)具有其他应当视为自动投案的情形的。"但是,如果被调查人自动投案后不能如实交代自己的主要犯罪事实,或者自动投案并如实供述自己的罪行后又翻供,则不能适用前述规定。由此可见,**对"自动投案"要件,要与"如实供述自己的罪行"要件结合起来,完整地把握**。

---

[1] 现对应 2024 年修改的《监察法》第 34 条。

关于实践中经常出现的电话通知到案的情形,能否认定为自动投案?根据《职务犯罪认定自首、立功等意见》的规定,犯罪事实或者犯罪分子未被办案机关掌握,或者虽被掌握,但犯罪分子尚未受到调查谈话、讯问,或者未被宣布采取调查措施或者强制措施时,向办案机关投案的,是自动投案。在此期间如实交代自己的主要犯罪事实的,应当认定为自首。**没有自动投案,在办案机关调查谈话、讯问、采取调查措施或者强制措施期间,犯罪分子如实交代办案机关掌握的线索所针对的事实的,不能认定为自首。**

据此,在办案实践中,应当注意审查两方面:一是办案机关是否已经掌握主要犯罪事实或者犯罪分子。如果监察机关不掌握犯罪证据线索,仅根据经验电话通知行为人到案,作一般性排查询问,行为人到案后即如实交代自己的主要犯罪事实,则可以考虑认定自首,以发挥司法激励功能。二是行为人是否受到调查谈话、讯问或者被采取立案等调查措施。电话通知发生在谈话、讯问之前,通常是电话通知其本人或通过其单位负责人通知其到指定场所谈话,这不是一种调查或者强制措施,不具有强制性,也不属于司法实践中的传唤或口头传唤。虽然监察机关掌握了行为人一定的犯罪证据、线索,电话通知行为人到案,行为人到案后初期(一般指第一次)即如实供述了自己的主要或全部犯罪事实,从鼓励行为人投案、节约司法资源方面考虑,也可以视情认定自首。如果监察机关对其采取措施前或者向其出示已经掌握的证据前,一直不如实供述犯罪事实,直到出示相关犯罪证据后才供述的,则不宜认定为自首。**公职人员不同于其他主体,接到纪检监察机关电话通知后到案接受询问,如实报告自己的违纪违法问题,本身也是一种义务。**并且,公职人员有固定工作单位、居所,从节约司法资源的自首制度的本质考察,其经电话通知到案的意义逊于普通刑事犯罪的行为人。所以,**对此类行为成立自首的认定标准,通常应当更加严格掌握。如果要认定自首,应当具备投案、接受组织处理的主动性。**

目前,在实践中有将刑法规定的"自动投案"与党内法规规定的"主动投案"混淆的问题。2019年中央纪委办公厅印发的《纪检监察机关处理主动投案问题的规定(试行)》第2条规定:"本规定所称主动投案,是指:(一)党员、监察对象的涉嫌违纪或者职务违法、职务犯罪问题,未被纪检监察机关掌握,或者虽被掌握,但尚未受到纪检监察机关的审查调查谈话、讯问或者尚未被采取留置措施时,主动向纪检监察机关投案;(二)涉案人员的涉嫌行贿犯罪或者共同职务违法、职务犯罪问题,未被纪检监察机关掌握,或者虽被掌握,但尚未受到纪检监察机关的询问、审查调查谈话、讯问或者尚未被采取留置措施时,主动向纪检监察机关投案。"《中国共产党纪律处分条例》第17条规定,主动交代本人应当受到党纪处分的问题的,可以从轻或者减轻处分。《监督执纪工作规则》第3条亦规定,对主动投案、主动交代问题的宽大处理。

主动投案和自动投案虽然都是从宽处罚的依据,但两者之间存在差异性。除了规范性质(前者基于党内法规,后者基于国家法律)、主体身份(前者针对党员、监察对象和涉案人员,后者针对犯罪嫌疑人、被告人)不同外,在投案时间及认定标准上也有不同要求。根据《纪检监察机关处理主动投案问题的规定(试行)》的规定,对于涉嫌职务犯罪的监察对象而言,成立主动投案要求在纪检监察机关审查调查阶段谈话、讯问或留置前;对于涉案人员而言,成立主动投案要求在纪检监察机关初核阶段询问、审查调查谈话、讯问或者采取留置措施前。概言之,就是涉嫌职务犯罪的监察对象、涉案人员尚未与纪检监察机关办案人员进行语言交流之前,语言交流既包括当面接触谈话交流,也包括使用电话、手机、微信等进行远程通信交流。所以,对于电话通知到案情形来说,因为纪检监察机关电话通知涉嫌职务违法犯罪的监察对象或涉案人员到案,意味着纪检监察机关已经开始进行询问、谈话,在这一时间节点基本没有了成立主动投案的空间。

但这并不意味着丧失成立"自动投案"的可能。在司法实践中,是否认定自动投案,应当依照《刑法》及其司法解释关于自首制度的规定进行。如前文所述,对于电话通知情形,即便在职务犯罪的场合,根据《职务犯罪认定自首、立功等意见》的规定,也没有完全排除"自动投案"的适用,关键要看其是否属于"犯罪分子尚未受到调查谈话、讯问,或者未被宣布采取调查措施或者强制措施时"投案。当然,基于职务犯罪主体的特殊性和从严惩治腐败的政策要求,对电话通知到案情形认定自首要更为严格。但严格认定标准,不等于一律不认。对此问题还应实事求是看待,并根据具体情况分析确定。只要这样,才能够取得更好办案效果。

需要特别提及的是,在职务犯罪自首的认定中,应当特别重视监察机关出具的到案说明材料。因为职务犯罪的特殊性,调查人员在办案中会比较全面地掌握案件情况,其接触到的线索往往是详实、复杂的,同时职务犯罪的调查又涉及方方面面,并很可能关联到其他案件的调查等,不方便全部公开,所以对于行为人是主动投案还是迫于压力、无路可走的投案,监察机关掌握的线索是虚虚实实还是证据已经相当充分,没有其他证据材料比监察机关出具的到案经过更能说明问题,所以,在审理案件中应当充分重视审查、分析到案经过等情况说明材料。并且,判断行为人是否具有自首等量刑情节,也主要依靠监察机关出具的此类案件材料。

从实践来看,在一些案件中监察机关没有出具到案经过或者出具材料语焉不详,难以判断,故《监察法》和《监察法实施条例》都对此提出了要求。如《监察法实施条例》第189条第2款规定,调查组应当形成被调查人到案经过及量刑情节方面的材料,包括案件来源、到案经过、自动投案、如实供述、立功等量刑情节,认罪悔罪态度、退赃、避免和减少损害结果发生等方面的情况说明及相关材料。被检举揭发的问题已被立案、查破,被检举揭发人已被采取调查措施或者刑事强制措施、起诉或者审判的,还应当附有关法律文书。

《适用刑诉法解释》第142条进一步规定,对监察机关、侦查机关出具的被告人到案经过、抓获经过等材料,应当审查是否有出具该说明材料的办案人员、办案机关的签名、盖章。对到案经过、抓获经过或者确定被告人有重大嫌疑的根据有疑问的,应当通知人民检察院补充说明。因而,**在审理过程中,如果缺乏相应的到案经过材料或者存在材料内容不清楚、信息不详实、形式不规范的情况,应当通过人民检察院要求监察机关进一步补正。**

(2)关于如实供述自己的罪行。

如实供述自己的罪行,一般是指行为人如实交代自己的主要犯罪事实。《自首和立功意见》规定,虽然投案后没有交代全部犯罪事实,但如实交代的犯罪情节重于未交代的犯罪情节,或者如实交代的犯罪数额多于未交代的犯罪数额,一般应认定为如实供述自己的主要犯罪事实。无法区分已交代的与未交代的犯罪情节的严重程度,或者已交代的犯罪数额与未交代的犯罪数额相当,一般不认定为如实供述自己的主要犯罪事实。通常认为,主要犯罪事实是指对行为人行为性质的认定具有决定意义的事实、情节(定罪事实)以及对量刑有重大影响的事实、情节(重大量刑事实)。重大量刑事实既包括法定的加重、从重处罚事实、情节,也包括法定的减轻、从轻处罚事实、情节。考虑到职务犯罪案件尤其是贪贿案件,赃款物处置情况对案件处理具有极其重要的意义,故笔者倾向认为,**应当把赃款物去向作为主要犯罪事实的一部分,行为人对此不如实供述的,应当慎重认定自首。**

《职务犯罪认定自首、立功等意见》规定:"没有自动投案,但具有以下情形之一的,以自首论:(1)犯罪分子如实交代办案机关未掌握的罪行,与办案机关已掌握的罪行属不同种罪行的;(2)办案机关所掌握线索针对的犯罪事实不成立,在此范围外犯罪分子交代同种罪行的。"《自首和立功意见》进一步规定,犯罪嫌疑人、被告人在被采取强制措施期间如实供述本人其他罪行,该罪行与司法机关已掌握的罪行属同种罪行还是不同种罪行,一般应以罪名区分。虽然如实供述的其他罪行的罪名与司法机关已掌握犯罪的罪名不同,但如实供述的其他犯罪与司法机关已掌握的犯罪属选择性罪名或者在法律、事实上密切关联,如因受贿被采取强制措施后,又交代因受贿为他人谋取利益行为,构成滥用职权罪的,应认定为同种罪行,故不以自首论。

这里需要注意的一个实务问题是,在一些案件中,监察机关仅掌握部分违纪线索,被调查人到案后主动交代了绝大多数犯罪事实,比如,监察机关掌握其利用职权收受他人财物2万元的线索,被调查人到案到主动交待了受贿200万元的事实,对此能否认定为自首?实践中,令人易生疑问:如果不认定为自首,对被告人减轻处罚缺乏法律依据,往往会造成罪刑失衡,影响案件处理的整体效果;如果认定为自首,是否会与刑法及司法解释关于同种罪行的规定相矛盾呢?

研究认为,**如果监察机关掌握的被调查人贪污贿赂行为尚未达到数额较大,被调查人主动、如实供述监察机关尚未掌握的本人绝大部分犯罪事实的,依法应以自首论**。将此情形认定为自首,主要基于以下考虑:

首先,《刑法》第67条第2款强调的是"如实供述司法机关还未掌握的本人其他罪行",从刑法规定上看,"其他罪行"是以被掌握的行为构成犯罪为前提。

其次,《自首和立功解释》第2条关于"根据刑法第六十七条第二款的规定,被采取强制措施的犯罪嫌疑人、被告人和已宣判的罪犯,如实供述司法机关尚未掌握的罪行,与司法机关已掌握的或者判决确定的罪行属不同种罪行的,以自首论"的规定,同样强调的是"不同种罪行的",即司法机关掌握的事实必须构成犯罪,并不包括不构成犯罪的情形。

再次,《职务犯罪认定自首、立功等意见》关于办案机关所掌握线索针对的犯罪事实不成立,在此范围外犯罪分子交待同种罪行的情形可以自首论的规定,亦表明办案机关掌握的事实不构成犯罪,犯罪分子交代同种罪行的,是可以成立自首的。

最后,将此情形认定为自首有利于在个案中贯彻罪责刑相适应原则,从而更好地实现量刑均衡。所以,对监察机关掌握的被调查人贪污贿赂行为尚未达到数额较大,被调查人主动、如实供述监察机关尚未掌握的本人绝大部分犯罪事实的,应以自首论。

对于此认定规则,需要注意以下三点:

第一,监察机关掌握的被调查人的事实与被调查人主动供述的事实应是同种事实。如果是不同种事实,可直接适用《自首和立功解释》的规定。

第二,监察机关掌握的被调查人贪污贿赂行为尚未达到数额较大,不构成犯罪。这是此情形成立自首的关键要件,要确保与《自首和立功解释》的规定相协调一致,否则就失去了认定自首的空间。

第三,被调查人主动、如实供述监察机关尚未掌握的本人绝大部分犯罪事实。**所谓绝大部分犯罪事实,是指被调查人主动、如实供述的数额占全部犯罪数额的绝大部分,而不是供述的犯罪笔数占全部犯罪笔数的绝大部分,实践中对具体比例可考虑掌握在 80% 以上。**

以王某受贿、滥用职权案为例:

2020 年 8 月,审计部门在审计中发现,王某在担任 A 市市委书记期间,涉嫌在 A 市有关高速公路招标及建设中滥用职权造成国有资金巨额损失,遂将有关问题线索移送监察机关处理。监察机关经初核,发现王某涉嫌在相关项目中滥用职权造成巨额损失,还在此过程中收受中标方负责人张某给予的好处费 2 万元,遂于 2020 年 10 月 14 日对王某涉嫌职务违法犯罪问题立案调查,并于 10 月 17 日在王某办公室将其控制到案,对其采取留置措施。王某到案后除了如实供述监察机关已掌握的滥用职权事实和收受贿赂 2 万元事实,还主动交待了监察机关尚未掌握的其收受另外五人贿赂共计130万元的事实。后王某因犯受贿罪、滥用职权罪被移送司法机关处理。

考虑到监察机关掌握的受贿数额仅有2万元，尚未达到受贿罪的入罪标准，王某归案后主动交待了监察机关未掌握的受贿130万元的事实，其主动交待是受贿罪能够达到入罪标准的关键因素，且主动交待的数额占到了全部受贿数额的98%以上，故法院判决认定王某所犯的受贿罪构成自首。

值得提及的是，除监察机关掌握的贪污受贿行为未达到数额较大，被调查人主动交待绝大部分犯罪事实从而以自首论的情形外，实践中还存在这样的情形，即**监察机关掌握的线索本身已达到数额较大，但部分线索未能查实，查实的贪污受贿行为未达到数额较大，被调查人又主动交待了绝大部分犯罪事实。对于此情况，通常可以比照上述解释精神，以自首论。**

例如，刘某某受贿案：

2021年10月，监察机关收到群众举报时任某市副市长刘某某涉嫌受贿线索，遂展开初核，发现刘某某涉嫌为某民营企业负责人江某在企业经营中提供帮助并收受江某所送手表一块（江某称系花费3万美元在境外购买）及为下属于某职务提拔提供帮助并收受于某所送人民币1万元，遂对刘某某涉嫌职务违法犯罪问题立案调查，并对其采取留置措施。刘某某到案后供认上述事实，并主动交待了监察机关尚不掌握的其收受另外三人贿赂共计38万元的事实，但称江某所送手表已被其转送朋友孙某。后经监察机关核实孙某已因病去世，该手表不知去向。因手表未能提取到案，无法进行真伪鉴定和价格认定，最终监察机关未认定该起事实，仅将其余39万元受贿事实移送司法机关处理。

在本案中，虽然监察机关事先掌握的犯罪线索已超过3万元的入罪标准，但因证据问题其中部分事实未被认定为犯罪，最终司法机关认定的受贿事实中仅有1万元事实是监察机关事先掌握的，其余38万元均系被调查人主动交待。参照《职务犯罪认定自首、立功等意见》的规定，办案机关所掌握线索针对的犯罪事实不成立，在此范围外犯罪分子交待同种罪行的，以自首论。因此，该案亦属于监察机关掌握的贪污受贿行为未达到数额较大，被调查人又主动交待了绝大部分犯罪事实的情形，故法院判决认定为自首。

2. 立功的认定问题

《刑法》第 68 条规定:"犯罪分子有揭发他人犯罪行为,查证属实的,或者提供重要线索,从而得以侦破其他案件等立功表现的,可以从轻或者减轻处罚;有重大立功表现的,可以减轻或者免除处罚。"《自首和立功解释》等司法解释文件已对刑法规定作了具体阐释,现仅就实践中常见的几个问题进行解读。

(1) 揭发他人犯罪行为"查证属实"的认定。

"查证属实"系认定揭发行为构成立功的关键性要素,如何认定"查证属实",实践中有坚持立案标准、起诉标准和判决标准等不同认识。《监察法实施条例》第 217 条中规定:"查证属实一般是指有关案件已被监察机关或者司法机关立案调查、侦查,被调查人、犯罪嫌疑人被监察机关采取留置措施或者被司法机关采取强制措施,或者被告人被人民法院作出有罪判决,并结合案件事实、证据进行判断。"由此可见,这里并未单纯地坚持审判标准,其精神与刑法设置立功制度的意图是相一致的。由于揭发行为有利于司法机关发现、侦破其他犯罪案件,故我国《刑法》将之规定为立功情形。结合刑事诉讼法将立案作为刑事追责程序启动的标志,立案作为揭发行为查证属实的认定标准,完全契合立功制度的实质根据。所以,**纪委监委的立案决定书可以作为"查证属实"的认定依据,揭发的内容是否为"查证属实",并不必须经过判决来确认。**

(2) 被揭发人未被追究刑事责任是否影响立功认定。

如果监察机关最终没有追究被揭发人的刑事责任,仅给予其党纪政务处分,此种情形能否认定揭发行为构成立功?

以熊某受贿案为例:

2012 年至 2021 年,熊某利用担任某县教育局副局长的职务便利,在学校招生、设备采购、教辅资料订购、承接研学旅行、学校工程建设、营养餐采购、教师工作调动及日常监督检查等方面为他人谋取利益,非法收受季某、陈某、李某等人送的现金、购物卡、财物等合计 89 万余元。在纪委监委调查期间,熊某提交了"关于检举邓某的问题的材料",检举揭发邓某收受他人财物问题。该县纪委监委出具了两份情况说明,并对邓某涉嫌严重违纪违法问题立案审查调查。但后来经审查调查,邓某没有被追究刑事责任。

在此案审理中,对能否认定熊某有立功表现,各方有不同认识。笔者持肯定立场。从立功构成的角度来看,《刑法》第 68 条中的"犯罪行为"只是一般意义上的犯罪行为,并非构成要件意义上完整的犯罪行为。所以,**只要被追诉人揭发的他人犯罪行为是符合犯罪客观要件的法益侵害行为,不论最终他人是否被追究刑事责任,都可以依法认定立功表现**。从实际来看,被揭发的犯罪行为最终未被追究刑事责任的原因是多样的,如有的属于他人实施犯罪行为时不具备刑事责任能力,有的属于犯罪超过追诉时效,有的属于犯罪数额未能达到法定标准等,这里既有规范判断层面的因素,也有立法政策层面的考量,如果认为该行为未被刑事追究,则不认定揭发人的立功表现,也不符合立功的立法原意。

(3)揭发他人少量犯罪行为得以侦破重大案件的能否认定重大立功。

根据《自首和立功解释》第 7 条的规定,构成重大立功要求犯罪分子检举、揭发他人重大犯罪行为,提供侦破其他重大案件的重要线索,协助司法机关抓捕其他重大犯罪嫌疑人,对国家和社会有其他重大贡献等。这里的"重大犯罪""重大案件""重大犯罪嫌疑人"的标准,一般是指犯罪嫌疑人、被告人可能被判处无期徒刑以上刑罚或者案件在本省、自治区、直辖市或者全国范围内有较大影响等情形。《监察法实施条例》第 217 条亦作了类似规定。实践中有一种情况,即被告人揭发他人的职务犯罪行为,数额远远达不到重大案件的标准,比如仅是揭发他人受贿 100 万元,但是经过监察机关的调查,该人实际受贿数额过亿元,可能判处无期徒刑以上刑罚,能否据此认定被告人有重大立功表现呢?实践中对此也存在一定争议。争论的本质在于重大立功是否需要被告人的主观认识,当被告人主观上没有揭发"重大犯罪"的故意时能否认定为"重大立功"。

笔者认为,**这种情况一般不影响"重大立功"的认定**。首先,被告人揭发、检举的故意是概括性的,通常而言,被揭发人的数额超出其预期并不违背其主观意志。其次,立功制度的设立是功利性的,更偏向于结果的认定,对被告人的主观故意没有必要过分关注。再次,在司法实践中,被告人揭发、检举的线索往往是打开整个职务犯罪之门的钥匙,即使被告人揭发、检举的线索仅有 100 万元,但是监察机关完全可以此为突破口进行调查,从而掌握被揭发人的全部犯罪事实,进而终止其作为国家工作人员可能实施的所有职务犯罪行为,意义仍然十分重大。最后,如果要求被告人掌握并揭发、检举全部线索才能成立重大立功,既不客观也不现实,更不利于职务犯罪的查处。

(4)"具有其他有利于国家和社会的突出表现"的认定。

根据《自首和立功解释》第5条的规定,犯罪分子到案后有检举、揭发他人犯罪行为,包括共同犯罪案件中的犯罪分子揭发同案犯共同犯罪以外的其他犯罪,经查证属实;提供侦破其他案件的重要线索,经查证属实;阻止他人犯罪活动;协助司法机关抓捕其他犯罪嫌疑人(包括同案犯);具有其他有利于国家和社会的突出表现的,应当认定为有立功表现。《监察法实施条例》第217条也作了相应规定。据此,立功大体上有检举揭发型、提供线索型、阻止犯罪型、协助抓捕型和突出贡献型等具体类型。其中,突出贡献型立功具有兜底性质,刑法及司法解释文件均未作具体规定,如何准确把握值得关注。

从司法实践看,"具有其他有利于国家和社会的突出表现"有以下常见情形:

一是发明创造型,即被告人归案后申请并获得专利权而被认定为立功表现。例如,张某军受贿案:

法院判决认为被告人在取保候审期间获得实用新型发明专利,认定其有立功表现。[1]

二是舍己救人型,即被告人归案后存在舍己救人行为且被有关部门确认或嘉奖而被认定为立功表现。例如,肖某辉徇私枉法案:

法院判决认定被告人救助落水残疾人的行为成立一般立功。[2]

三是劝阻救治型,包括阻止他人自杀、自残,参与抢救、救治他人,呼救、救助他人等。例如,黄某华受贿案:

被告人原系医务工作者,其在羁押过程中因配合监所进行日常坐诊、多次抢救危重病人,被认定具有立功表现,获得从轻处罚。[3]

---

[1] 参见云南省曲靖市麒麟区人民法院(2018)云0302号刑初142号刑事判决书。
[2] 参见湖南省长沙市芙蓉区人民法院(2019)湘1382号刑初259号刑事判决书。
[3] 参见湖南省常德市武陵区人民法院(2016)湘0702号刑初252号刑事判决书。

四是救灾抢险型,即在抗御自然灾害或者排除重大事故中有突出表现而被认定为立功表现。例如,罗某某受贿案:

法院判决认为,"被告人罗某某在处置罗某丙在市委大院内竹园宾馆的水塘里溺水身亡所引发的上访事件中,能积极主动配合郴州市委、苏仙区委做好维稳、善后工作,为妥善处理此事起到了关键作用并有突出贡献",据此认定被告人具有一般立功情节。[1]

五是劝说同案犯归案型,即在一些案件中,被告人归案后因主动规劝同案犯投案而被认定为立功表现。例如,范某甲虚开增值税专用发票、用于骗取出口退税、抵扣税款发票案:

被告人在取保候审期间,主动规劝同案犯张某章投案,并将同案犯张某章带至县公安局,随后张某章被刑事拘留,法院判决认定被告人系有立功表现。[2]

此外,在一些职务犯罪案件中,还存在被告人归案后因提出改进工作、堵塞漏洞或避免损失的建议等而被认定为立功的情形。例如,黄某军受贿案:

被告人黄某军在被采取强制措施后,为某能源化工集团公司十三矿已四西大巷揭穿寒灰段防止水方案提供帮助,解决企业生产中的难题,为企业减少经济损失1200余万元,法院据此认为属于重大贡献,认定为重大立功,减轻处罚。

再如刘某华受贿案:

被告人刘某华在接受监察机关调查期间,自书了《电力领域需要防范的重大安全风险问题》,经调查机关向上呈报后获得多名中央领导同志批示,认为其反映的情况和建议对促进国家电力领域高质量发展发挥了重要作用。调查及起诉机关均认为被告人的该行为对国家和社会有重大贡献,构成重大立功,法院经审理予以认可。

考虑到办案的实际效果,笔者认为,对于上述情形认定立功表现,要注意加强甄别、审慎判断。

---

[1] 参见湖南省桂阳县人民法院(2018)湘1021刑初31号刑事判决书。
[2] 参见湖北省京山县人民法院(2015)鄂京山刑初字第196号刑事判决书。

第一,从实际来看,职务犯罪的被告人文化水平相对较高,且部分人员由于长期担任领导职务或者在行业、部门内担任要职而掌握了大量常人难以掌握的信息、资料和内部情况,并具有常人难以获得的工作经验,一些人在接受调查后认真悔罪,并结合之前的工作提出一系列建议,如制度中的查漏补缺、行业内的堵塞漏洞或者避免可能造成的重大损失等,有的建议和意见甚至得到很高级别领导的关注和批示。《职务犯罪认定自首、立功等意见》规定,据以立功的线索、材料属于本人因原担任的查禁犯罪等职务获取的或者负有查禁犯罪活动职责的国家机关工作人员或者其他国家工作人员利用职务便利提供,不能认定为立功。同理,如果被告人所谓的"贡献"是其在任时职责范围内的工作或者堵塞的"漏洞"本身就是其犯罪所造成的,或者本人利用了这一"漏洞"实施职务犯罪,那么这种"贡献"充其量算是其对自己渎职行为的损失弥补或补过的一种表现,可考虑对被告人认定认罪悔罪,但据此认定立功甚至是重大立功,则有违立功制度设立的初衷。当然,如果被告人的贡献主要是基于其自身的专业知识和经验,而对原工作职责范围之外的事项提出相关建议、作出相关贡献,则可以酌情考虑。

第二,通常要将被告人在案发前的"突出表现"排除在立功认定之外。虽然《刑法》第68条并未对作为量刑情节的立功行为发生的时间进行规定,但从《自首和立功解释》对五类立功情形的规定看,均限定为犯罪分子到案后至宣判之前,也即发生在到案后的行为才能认定为立功行为;《刑法》第78条作为减刑情节的立功行为则需要发生在刑罚执行期间。因此,**从体系解释的角度,突出贡献型立功也需要作限定解释,如果是作为量刑情节,则应限定在到案后,如果是作为减刑情节,则限定在刑罚执行过程中**。有的案件中将被告人到案之前的重大贡献认定为立功表现,是不妥的。

第三,突出贡献要有相应的证据支持。通常职务犯罪的被告人基于自己经验、学识作出的"贡献"都是其专业范围内的"内行建议",司法人员通过自身知识体系可能很难进行准确判断,这就需要调查机关提供的证据中不仅要有被调查人的相关建议资料,还要有证明相关内容有价值或重大价值的材料,包括但不限于领导批示、行业内专家评价、相关研讨结果、评估意见以及有关部门、行业根据被调查人的建议实施的整改措施等。[1]

需要强调的是,对于此类突出贡献型立功的判断总体应当从严,避免因标准掌握宽松导致司法不公,同时从严把握也是坚持从严治党、从严治吏的要求。事实上,无论是党纪、国法还是岗位职责,都要求公职人员爱岗敬业、履职尽责,即使是对本人工作职责范围之外的事项,通常也有提醒、建议的义务,在立功情节的认定上,应当体现这一精神。

与此类立功情节相类似的还有一种情形,**即被告人归案后揭发其在此前工作中发现或掌握的下属人员职务犯罪的行为或线索**。此情形如查证属实,符合立功构成要件的,依法可认定立功。但是在刑罚裁量上也应当严格把握。因为,对下属人员的职务违法犯罪行为,被告人在职时发现就应当履行职责,及时予以制止并依法依纪处理。当时未尽职责,本人归案后为争取宽大处理才予以揭发检举,对此如不加区分地给予从宽处罚,不符合法理、情理,也有违基本公平正义。所以,在前述的华融公司原董事长赖小民受贿、贪污、重婚案中,虽然被告人到案后向纪检监察机关检举揭发华融公司下属公司高管人员涉嫌重大职务犯罪的案件线索并经查证属实,依法构成重大立功,但法院考虑本案的具体情况,判决认定根据该重大立功情节不足以对被告人从宽处罚。

根据《刑法》的规定,有重大立功表现的,可以减轻或者免除处罚。总体来看,在目前严惩贪腐犯罪的背景下,人民法院对职务犯罪"减轻或者免除处罚"的适用更为慎重。那么,对重大立功表现能否从轻处罚呢?答案应是肯定的。所谓举重以明轻,**在法律规定"可以"减轻或者免除处罚的情况下,不予减轻或者免除处罚,而是给予从轻处罚**,自然是允许的。为避免争议,有的案件判决对此笼统表述为"从宽处罚"。

3. 积极退赃的认定

积极退赃,是指犯罪分子在作案后的一定期限内主动退还赃款赃物的行为,它是贪污贿赂犯罪案件常见的量刑情节。《刑法》第383条第3款关于贪污罪、受贿罪的处罚规定:"犯第一款罪,在提起公诉前如实供述自己罪行、真诚悔罪、积极退赃,避免、减少损害结果的发生,有第一项规定情形的,可以从轻、减

---

[1] 参见王晓东、段凰:《职务犯罪中认定立功问题》,载《法律适用》2022年第10期。

轻或者免除处罚;有第二项、第三项规定情形的,可以从轻处罚。"《监察法》第34条第3项规定,涉嫌职务犯罪的被调查人主动认罪认罚,有积极退赃,减少损失情形的,监察机关经领导人员集体研究,并报上一级监察机关批准,可以在移送人民检察院时提出从宽处罚的建议。由此可见,正确认定积极退赃这一量刑情节,对正确处理贪污贿赂案件具有重要意义。

(1)认定"积极退赃"的具体情形。

从司法实践看,"积极退赃"有以下三种具体表现形式:

其一,全额退赃,即将因实施犯罪获取的全部赃款赃物主动予以退还。这是最为典型的积极退赃。根据《刑法》第64条的规定,犯罪分子违法所得的一切财物,应当予以追缴或者责令退赔。《最高人民法院关于刑事裁判涉财产部分执行的若干规定》第10条第1~3款规定,对赃款赃物及其收益,人民法院应当一并追缴;被执行人将赃款赃物投资或者置业,对因此形成的财产及其收益,人民法院应予追缴;被执行人将赃款赃物与其他合法财产共同投资或者置业,对因此形成的财产中与赃款赃物对应的份额及其收益,人民法院应予追缴。由此可见,**积极退赃不仅要退缴犯罪直接获得的财产,还要退缴犯罪间接产生的收益**。

其二,积极配合办案机关追缴赃款赃物,且赃款赃物大部分被查封、扣押、冻结。将此情形认定为积极退赃的主要考虑是,积极退赃主要体现犯罪分子的主观态度,即对退赃是否积极主动。犯罪分子在自身退赃能力不足的情况下,如果能够积极配合办案机关追缴赃款赃物,并且大部分赃款赃物已经被追缴的,符合积极退赃情节的认定精神。对此,《监察法实施条例》第216条第2项也作出了类似的规定,即"退赃能力不足,但被调查人及其亲友在监察机关追缴赃款赃物过程中积极配合,且大部分已追缴到位的",可以认定为"积极退赃,减少损失"。

值得注意的是,此情形构成积极退赃,需要同时具备两个条件:一是被告人积极配合办案机关追缴赃款赃物,包括转托亲友退赔、协调行贿人退赃、协助办案机关开展工作等;二是涉案的赃款赃物大部分被查封、扣押、冻结。两者缺一不可。

例如,李某元受贿案:

李某元收受贿赂 1.72 亿余元。案发后,在监察机关调查期间,李某元积极配合办案机关追缴赃款赃物。在监委调查期间,部分行贿人、特定关系人和家属代李某元退缴了 8729 万余元,其中移送司法机关现金 7339 万余元,另移送查扣的房产 2 套、汽车 1 辆。在审查起诉及一审期间,其特定关系人等又代为退缴共计 3492 万元,至一审开庭后,总计扣押、冻结在案钱款 1.08 亿元,加上查扣在案的房产 2 套、汽车 1 辆,总计约 1.2 亿元。法院经审理认为,被告人案发后积极配合办案机关追缴赃款赃物,且赃款赃物大部分被查封、扣押、冻结,具有积极退赃的从轻处罚情节。

其三,共同犯罪的犯罪分子对实际分取的赃款赃物已经全部退缴,并自愿继续退缴赃款赃物。将此情形认定为积极退赃的主要考虑是,共同犯罪的犯罪分子退赃有一定的特殊性。一方面,共同犯罪是一个整体,部分行为全部责任是处理共同犯罪问题的基本要求,共同犯罪的犯罪分子对于全案退赃负有责任。另一方面,退赃不属于刑事责任范畴,其本质是消除犯罪分子通过犯罪行为获取经济利益,恢复被破坏的法律秩序和社会秩序。共同犯罪的犯罪分子退缴自己实际分取的赃款赃物,已经失去了通过犯罪行为所获取的经济利益,体现了退赃的要求。而且要求参与共同犯罪的犯罪分子全额退赃也有不完全合理的地方,例如,如果每个参与共同犯罪的犯罪分子都按照犯罪总数退赃,会出现超额退赃的情况。再如,在共同犯罪数额巨大,而个人分得较少的情况下,全额退赃的要求有失公允。兼顾上述两方面的考虑,对共同犯罪的犯罪分子将自己实际分取的赃款赃物全部退缴,并自愿继续退缴赃款赃物的,可以认定为积极退赃。

需要强调的是,此情形构成积极退赃,应当同时具备两个条件:一是共同犯罪的犯罪分子应将其实际分取的赃款赃物全部退缴;二是自愿继续退缴其共同参与的犯罪涉及的其他赃款赃物。

例如,潘某、王某受贿案:

潘某、王某伙同高某共同收受某公司的贿赂款 1.12 亿余元,其中,王某实际分得 30 万元。在法院审理案件期间,王某的家属代为退缴了 30 万元,王某同时表示愿意继续退缴赃款赃物。法院经审理认为,被告人王某具有积极退赃情节,依法可对其从轻处罚。

此外,在认定积极退赃时,还需要注意两点:一是**积极退缴是指犯罪分子归案后将违法所得向办案机关退缴,而非退存给其他机构或个人,受贿人基于各种原因将受贿款物退还给行贿人的,不能认定为积极退赃**。例如,在前述的毋保良受贿案中,被告人收受贿赂后交存到县招商局、县委办以及部分退还给行贿人的行为,均不属于积极退赃范畴。二是认定积极退赃,要求行为人将非法取得赃款赃物全部退出或者积极配合追缴工作,大部分赃款赃物已被查封、扣押、冻结。

例如,某甲受贿案:

被告人某甲收受他人贿赂人民币200万元,其在出逃前通过地下钱庄将上述钱款汇至境外,外逃后使用该笔钱款在当地购买债券、股票,获益巨大。数年后,在中央追逃追赃的雷霆之势下,当地政府对其启动了洗钱等犯罪行为的调查,其担心自己在当地受到刑事追究,又得知对于主动回国的外逃人员,在量刑上能够得到较大的从宽处理,于是回国投案,并主动向司法机关退缴了200万元赃款。但当司法机关调查其赃款去向时,其隐瞒了使用赃款营利的事实,并谎称退缴200万元已尽自己最大的努力,将来缴纳罚金都存在困难。后经调查,某甲在境外购买的债券、股票价值折合人民币600万元。

如果认定积极退赃情节,则某甲不仅需要退缴赃款本金,还要退缴其收益,但某甲隐匿赃款的真实去向,未能主动退缴数额更大的收益,故法院认为其不具有积极退赃的从宽处罚情节。

(2)亲友自愿代为退赃认定。

一般认为,实施退赃行为的应是犯罪分子本人。如果是其他人为犯罪人退赃,犯罪分子本人并不知晓,谈不上有悔罪表现,从宽处理就成为无本之木。但**认定犯罪分子本人退赃,不能片面要求犯罪分子必须亲手退缴**。实践中,由于犯罪分子被监禁或无归还能力,往往由其亲友代为退缴。亲友自愿代为退赃的,客观上完成了退赃,主观上也体现了犯罪分子意志和态度。所以,应犯罪分子要求或者经犯罪分子同意,犯罪分子亲友自愿代其退赃,符合积极退赃条件的,可以视为犯罪分子积极退赃。

在法律上,不涉案的犯罪人亲友不具有退赔的义务,但在亲属代为退赔的情况下,客观上减轻了行为的社会危害性,被告人可以获得从宽处理。鉴于亲属的代为退赔行为具有明显的功利目的,司法中一般应满足亲属的这一功利追求,据此对被告人从宽处罚。亲友应被告人要求或者经其同意,自愿代为退赃,在某种程度上相当于被告人借款还债,本身也体现了被告人的认罪悔罪态度。总体来说,法律不但鼓励被告人自己退赃,对不涉案的亲友代为退赃也持肯定的态度。为了保证亲友代为退还或者赔偿的自愿性,2015年出台的《人民检察院刑事诉讼涉案财物管理规定》还要求,代为退还或者赔偿的人员应当在清单上注明系受犯罪嫌疑人委托或者主动代为犯罪嫌疑人退还或者赔偿。

4. 索贿的认定

索贿是受贿犯罪的一种表现形式,指"国家工作人员利用职务上的便利,索取他人财物"。相对于普通的收受型受贿,索贿因其主动性、造意性等,行为人的主观恶性和实际危害更大。所以,刑法规定了"索贿的从重处罚",并且成立受贿罪不需要"为他人谋取利益",以体现对索贿型受贿犯罪更加严厉谴责的态度。

关于索贿的认定,理论上存在争议。一种观点认为,只要国家工作人员利用职务便利主动提出具体明确的财物要求,就构成索贿。另一种观点认为,索贿是指向他人"强要财物",只有索要行为对他人形成心理强制甚至是造成极度痛苦的才构成索贿。

在以往的审判实践中,一般认为,索贿以受贿人主动向请托人提出具体明确的财物要求为前提条件,但并非只要受贿人主动提出具体明确的财物要求就径直认定为索贿。索贿的本质是违背了行贿人的意愿,虽然不要求达到胁迫、勒索的程度,但是应能够反映出行贿人系出于压力、无奈、不情愿等而交付财物。具体操作上,通常需要根据受贿人给请托人谋取利益的大小,请托人请托的事项是否违法,请托人事先是否对受贿人有承诺,受贿人提出的具体、明确的财物要求是否在请托人心理预期之内,以及请托人得知受贿人的要求时的主客观表现等方面综合考量。对于请托人没有给付财物的意思表示,受贿人索要财物的数量明显超出请托人的心理预期,请托人违背其主观意志被迫给予受贿人财物的,应当认定为索贿。对于虽然由受贿人首先提出财产要求,但行贿人本就想行贿,数额亦未明显超出其心理预期,双方对于行受贿事实属于"心知肚明"的,可以不认定索贿。[1] 概言之,对索贿认定基本持综合裁量的立场。

上述裁判观点和立场有其合理性,但也面临一些现实挑战:一是综合裁量思路需要结合案件具体情况判定,需要有相关证据作为考量依据,这就对办案机关前期的取证工作提出更高要求,如果调查环节对一些方面取证不到位,容易在审判环节出现认定的两难,造成裁判标准的不统一。二是综合裁量的观点实际上调高了认定索贿的标准,导致一些虽然是主动索要的情形,但因为综合考量了谋利事项、索要财物数量、请托人主观意愿等因素,可能不再认定索贿,不利于惩处腐败,与当前强调对腐败犯罪从严惩治的政策精神不相协调。三是国家工作人员利用职权便利搞权钱交易,向管理或服务对象主动提出具体财物要求,本身就是恶劣的行径,不管对方交出财物是否出于真实意愿,主动"开口要"与被动接受财物的情形无论是在主观恶性上还是在客观危害上都有所不同,更为恶劣,如果对此不加考虑、一视同仁,不利于体现区别对待政策。四是当前反腐败斗争的重点之一是查处那些在党的十八大后"不收敛、不收手"的腐败分子,而索贿岂止是"不收敛、不收手",而是主动伸手、主动腐败,危害更大、腐蚀性更强,理应露头就打、从严查处,如将索贿解释为违背行贿人意愿的"强要财物",会导致索贿的适用范围限缩,不利于发挥其应有的惩治和预防功能。

故此,在目前强调"反腐败不能松懈、不能松手、不能慈悲"的背景下,为体现对主动索要型受贿犯罪的从严惩处,有效发挥刑罚的惩罚与预防功能,将国家工作人员利用职务便利主动提出具体明确的财物要求的行为即认定为索贿,似更具合理性。同时考虑到索贿是法定从重处罚情节,为避免认定上的泛化,可以设置"除外情形",如果国家工作人员索要财物之前或提出之时,行贿人已经明示或暗示要给予财物,可不作为索贿认定,因为在此情形下索要财物的国家工作人员已经不具有主动性、造意性,故通常按照普通的收受型受贿处理即可。

在实践中,主动索要的形式多种多样,有的表现赤裸,有的相对含蓄,比如,

---

[1] 参见胡晓景、段凰:《吴仕宝受贿案——交易型受贿犯罪数额及索贿的认定》,载最高人民法院刑事第一、二、三、四、五庭主办:《刑事审判参考》(总第128集),法律出版社2021年版。

有的案件当事人利用职务便利以借为名向他人索要财物,有的甚至采取虚构事实的欺骗方式索要财物等。这些索要财物的方式虽然相对含蓄、隐晦,但双方当事人心知肚明,行贿人交出财物不管是否出于真实意愿,只要此前没有明确作出给予财物的表示,从受贿人的角度看都是其主动提出财物要求,就满足了索贿的形式要件,对其认定索贿并依法从重处罚,有政策上的必要性。从实际看,国家工作人员以借为名索要财物或者以欺骗方式索要财物,也大多不同程度地违背行贿人的意愿,这也是其不能或不便正面、直接索要财物的原因,将此情形认定索贿从重处罚,也有法理上的正当性。

例如,《刑事审判参考》(总第106集)刊载的吴六徕受贿案:

2010年下半年,吴六徕担任洞新公司经理期间,某公司股东徐某某多次找到吴六徕,要求承接某高速所需钢绞线全部供应业务。吴六徕原计划安排情妇赵某某承接该业务,便以"让领导的朋友退出"为由,要徐某某给予"领导的朋友"好处费100万元,徐某某表示同意。之后,吴六徕利用职权,决定由徐某某以三家公司的名义承接总额7000余万元的钢绞线供应业务。2010年9月底,徐某某按约定联系吴六徕交付100万元好处费。吴六徕带徐某某与赵某某的弟弟见面,谎称赵某某的弟弟系领导的朋友。赵某某的弟弟收到徐某某所送的100万元后将该笔钱款转交给赵某某。

法院经审理认为,被告人吴六徕作为国家工作人员,在收受徐某某100万元贿赂过程中,虽然徐某某首先提出愿意出钱让"竞争对手"退出竞争,但实际上吴六徕所说的竞争对手系其特定关系人赵某某联系的单位。为获取非法利益,吴六徕假称"领导朋友"要介入钢绞线业务并以此为由收受徐某某100万元作为"领导朋友"退出竞争的对价,还安排赵某某的弟弟冒充领导朋友,最终使赵某某实际收受贿款。吴六徕并非单纯利用职务便利为他人谋取利益,而是通过虚构事实、隐瞒真相向行贿人索取财物,其情节比单纯的受贿更加严重,依法应认定其受贿事实构成索贿。

5. 受贿既未遂问题

《刑法》第23条规定:"已经着手实行犯罪,由于犯罪分子意志以外的原因而未得逞的,是犯罪未遂。对于未遂犯,可以比照既遂犯从轻或者减轻处罚。"

犯罪未遂虽然是受贿犯罪中的常见情节,但对受贿罪的既未遂区分标准法律上并没有明确规定,这也带来认识上的巨大争议。现结合审判实践对该问题分析、阐释如下:

首先,要明确**判断受贿犯罪既未遂的基点在于收受财物行为**。根据《刑法》的规定,成立受贿罪应当具备利用职务上的便利,为他人谋取利益和收受请托人财物两方面内容,二者之间紧密联系。但在实际办案中,无疑更为重视判断收受财物的行为,这也有明确的立法依据和实践根据。

从立法上看,《刑法》第385条第1款规定的索贿型受贿和第2款规定的商业受贿,并没有设置为他人谋取利益的要件,该条第1款规定的普通收受型受贿,虽然有为他人谋取利益的限定,但基于司法解释对"为他人谋取利益"的宽泛界定,实现、实施、承诺均可,甚至明知他人有具体请托事项收受财物,即可视为"为他人谋取利益",并且,履职时未被请托,但事后基于该履职事由收受他人财物,也属于"为他人谋取利益",由此可见,"为他人谋取利益"要件在规范意义上已经被严重淡化。正因如此,晚近以来刑法理论界不断有学者在反思受贿罪的构成要件,包括是否有必要将"为他人谋取利益"作为其客观构成要件的要素,应否把"利用职务便利"与"利用本人职权或者地位形成的便利条件"作为受贿实行行为的必备内容等。近年来有观点甚至提出,职务关联性与"为他人谋取利益"均不是受贿实行行为的组成部分,受贿罪属于单一行为犯,获取财物是唯一的实行行为。[1]此观点未必全面、准确,但具有启发意义。

从实践来看,如果行为人没有收受财物的具体行为,也不可能作为受贿罪处理。所以,收受财物行为在受贿罪构造中具有关键性意义,法律评价上突出其地位,也是应该的。特别是,在认定收受预期收益的新型受贿案件时,由于权力与钱物的对应关系相对较为淡化,此时强调收受财物行为,无疑更具现实意义。受贿的本质在于利用职权谋取私利,对作为贿赂对象的"财物"已经不再作过多限制,不论是狭义的财物还是作为权利的财产,对于受贿犯罪而言,主要是落脚在能够满足需要之利益的判断上,所以,财物取得行为是关键性的判断基点。有的观点认为,被告人已经利用职权为行贿人谋取到巨大(不法)利益,故

---

[1] 参见劳东燕:《论受贿罪的实行行为》,载《政法论坛》2020年第3期。

无论其是否实际收受财物,均不影响受贿犯罪既遂的认定。笔者认为,此观点不妥。受贿罪的本质在于利用职权谋取私利,如果收受财物的要件不能满足,则失去了认定受贿既遂的根基。

此外,还有观点认为,在索贿情形下,只要国家工作人员实施了索要行为就是既遂,因为已经侵害了国家工作人员职务行为的不可收买性。笔者认为,此观点也不妥。如果刑法单独规定"索贿罪"并明确为行为犯,那么此观点具有正当性和必要性,但目前刑法只是把索贿作为受贿犯罪的一种形式,并未将其独立成罪。**对索贿型受贿犯罪的既未遂问题,也应当重点从财物是否实际收受方面进行认定。**

其次,要坚持传统的"实际控制说"来判断受贿罪的既未遂问题。受贿犯罪是涉财型犯罪,认定标准原则上应与普通财产犯罪保持一致,即以行为人是否实际占有、取得、控制财物作为基本的既未遂判断标准。事实上,受贿罪的本质在于利用职权谋取私利,故**犯罪既遂成立与否,就应当看财物是否实际获取、利益是否得到满足,这也是判断犯罪既未遂问题的基本依据。**

最后,要重点关注受贿犯罪中的财物代持问题。现在随着反腐败工作的深入开展,越来越多的受贿人为规避查处,而与行贿人约定暂不交付财物,由行贿人或第三人代持。代持的对象涉及现金、银行卡、车辆、房产、股票股份等财物类型。**对于这种受贿人尚未实际占有财物的约定型受贿,仍应当坚持从实际控制财物的标准进行裁量判断。**

从实际看,受贿犯罪中的财物代持有以下常见情形:

(1)行贿人代持但受贿人实际控制。

此情形多数出现在以房产、车辆等为贿赂物的案件中。2007年《新型受贿意见》规定,国家工作人员利用职务上的便利为请托人谋取利益,收受请托人房屋、汽车等物品,未变更权属登记或者借用他人名义办理权属变更登记的,不影响受贿的认定。据此,对于法律规定登记转让所有权的不动产和动产,行受贿双方没有进行所有权转让登记,但受贿人实际控制的,一般均可认定为犯罪既遂。

关于何种情况属于"实际控制",根据《民法典》第240条的规定,所有权人对自己的不动产或者动产,依法享有占有、使用、收益和处分的权利。故一般认为,受贿人只要行使了占有、使用、收益、处分中的一项权利,即可以认定受贿人已经实际控制、支配了房屋、车辆等财物,就应视为其已经完成了受贿犯罪。

例如,蔡某华受贿案:

蔡某华要求行贿人在香港其指定的地点购买一套房屋,行贿人遂斥巨资以第三方的名义购买房屋后,又按照蔡某华的特定关系人的要求,出资对房屋进行了改造、装修,但蔡某华及其特定关系人尚未实际居住就已案发。

对于此套房屋,笔者认为,仍有认定受贿既遂的空间。改造、装修是对房屋的实质处分权,且行贿人为此也投入了巨额资金,受贿人有无实际居住或者实际居住的时间长短,一般不影响认定其对房屋的实际控制状态。

(2)行贿人代持且财物未实际交付。

对于普通的动产,交付意味着所有权的转让,对于未交付的,则意味着行为人无法实现其占有、使用、收益、处分权利,因此,一般情况下难以认定受贿人实际控制了该财物,也就难以认定受贿犯罪既遂。但对于此情形,有观点认为,如果行受贿双方对不转让交付一事已经达成合意,那么行贿人代持财物可以认为是受贿人对其财物的一种处置,是其处分权的一种体现,且考虑到受贿人通常对行贿人有实际制约力,从严惩贪腐犯罪的角度,应当认定为犯罪既遂。

笔者认为,上述观点虚化了"实际控制"标准,失之偏颇。**在行贿人承诺的财物未实际交付,且受贿人对财物的控制力不明确的情况下,受贿人对约定财物的利益只是一种预期利益,存在一定的不确定性,受贿人的财产利益未必能真正实现。哪怕受贿人自认为对约定财物具有完全、绝对的控制权,随时都能实现占有和使用,即便在理论上没有任何障碍,但事实上真正实现仍需要一个过程,仍会受到各种因素的影响以及各种主客观条件的限制。故通常情况下,仍不宜直接认定受贿既遂。**主要考虑如下:

第一,受贿人实际控制财物有赖于行贿人的意志。尽管行受贿双方在达成合意时可能有着"高度信任"的基础,但是行贿人的意志是可以自由转变的,行贿人完全可能因为请托之事未办成或者已办成而反悔,不能认为达成合意之时受贿人即已实现对财物的控制。实践中,有行贿人将存有贿赂款的银行卡及密码一并交付受贿人,之后又反悔,去银行挂失银行卡并更改密码,导致受贿人无法取款的情形,更何况尚未交付财物之时,行贿人意志并无外界强行约束,一旦行贿人改变意志,受贿人就无法实现对财物的控制。[1]

第二,受贿人实际控制财物有赖于其他外界因素。尽管有的行贿人通过种种保证甚至是书面承诺来增强受贿人对其的信任,有的行贿人将拟交给受贿人的那部分钱款单独开设账户、与自己个人财产进行分割,还有的行贿人甚至通过立遗嘱的形式确保自己死后相关财产能交给受贿人,但即使行贿人交付财物的意志没有改变,受贿人对财物的实际控制力仍可能是不确定的。例如,不能排除存在行贿人的企业经营不善甚至破产导致无法支付,行贿人的子女拒不执行遗嘱,行贿人因为其他犯罪被没收财产,以及受贿人突然死亡等情形,这些在现实生活中客观存在的"不可抗力"因素,都可能实际影响受贿人对贿赂物"控制权利"的实现。

第三,以双方对财物的合意作为既遂标准,会不当地扩大行受贿犯罪的既遂范围甚至是扩大受贿犯罪的成立范围。行受贿犯罪很多时候主要依靠受贿人、行贿人的供证一致加以认定,如果仅根据请托人的一句话和国家工作人员未明确拒绝的态度,就认定行受贿犯罪已经成立甚至已经既遂,结合我国人情社会的实际情况,可能会导致实践中部分轻微违法违纪行为被认定为犯罪,从而造成一些企业家的合法财产被不当执行。这是需要警惕的。从实际看,依据双方的合意来认定受贿罪,在一些案件中本来就经常存在罪与非罪的争议,遑论认定受贿犯罪既遂。此外,考虑到现实中绝大多数受贿案件都获取到了受贿人与行贿人供证一致的言词证据,如果把双方合意即作为认定受贿既遂的依据,那么,很可能导致受贿未遂情形在实践中将不复存在。

故此,在认定受贿既未遂问题上,仍应当坚持"实际控制财物"这一认定标

---

[1] 对于通过给予银行卡行贿的,通常认为交付银行卡就实现了钱财的转移,通常可考虑认定为既遂。但如果出现行贿人给予银行卡后又更改密码,甚至私下将卡里钱款取走的情形,则对受贿人在密码被修改后无法支取的部分宜认定为未遂,对已经支取的部分认定为既遂。例如,谢某来受贿案:被告人谢某来在2012年9月中秋节前收到行贿人陈某用儿子李某之名开设的一张银行卡,卡内存有人民币30万元。谢某来收到银行卡后随手放入其办公桌的抽屉里。2020年8月的一天,谢某来整理办公室找出了该银行卡,并持卡去附近超市购物花费600元。李某收到刷卡短信提示后即持本人身份证件到银行销户,将卡内余额30余万元(含利息)转走。2022年1月谢某来被查归案后才获悉李某将银行卡钱款取走的情况。在本案中,考虑到虽然谢某来在2012年收到银行卡,但其实际占有卡内的钱款仅为其购物消费的600元,故法院认定该30万元受贿款中,600元部分为受贿既遂,其余29万余元为受贿未遂。

准。事实上,在目前贿赂财物的形式及其控制方式愈加复杂多元的情况下,如果不坚守一个标准,将可能导致司法认定受贿既未遂问题失去统一准则甚至没有标准,这是需要思考避免的。

当然,这里有几种特殊情况需要进一步研究。一是受贿人部分使用、处分财物的情形。比如,行受贿双方达成了1000万元贿赂款的合意并放在行贿人处,受贿人随取随用,受贿人之后支取了500万元,能否根据受贿人部分处分钱款的行为推定受贿人对全部钱款具有事实上的支配权,从而对1000万元认定受贿既遂呢?笔者认为,钱款是可以分割的种类物,对此仍宜按照实际情况分别认定,通常对已实际使用、处分的数额认定为受贿既遂,对其余数额认定为受贿未遂。

二是行贿人将贿赂与自己的财产分离,单独存放,以保障受贿人可以随时使用、处分的情形。

例如,孙某军受贿案:

在该案中,行贿人将巨额现金存放在一个保险柜中,并将该保险柜特意搬放至北京郊区自己名下但平日无人居住的别墅中,让孙某军亲自设置了保险柜的指纹密码并拿走了保险柜的全部钥匙,同时行贿人给孙某军专门配了别墅的钥匙,方便其随时支取。之后,行贿人因怕保险柜在别墅被盗,又将保险柜搬至自己妹妹在廊坊的家中,直至案发被办案机关查扣。

笔者认为,对于诸如此类案件,受贿人在事实条件下具有了对财物较大的支配可能性,单独存放的情形具有一定的认定既遂的空间,但仍然要综合其他事实证据具体分析认定。例如,在上述孙某军受贿案中,法院鉴于贿赂物在案发时被办案机关查获,被告人未能实际占有控制,故认定被告人此次受贿行为成立犯罪未遂。

三是行贿人虽然代持,但是签订了书面代持协议的情形。笔者认为,对此需要审查书面协议的效力。如果书面协议形式合法,且对外具有法律上的对抗效力,使受贿人可以据此在法律上行使对财物的权益,应当以书面协议生效之时作为受贿犯罪既遂点;相反,如果书面协议仅是行受贿双方之间签署,并无履行其他通告、备案等程序,实际上只是行贿人对将来会支付贿赂款的书面承诺,不足以对抗任何第三人,那么此类协议的效力与口头承诺并无本质区别,通常仍不宜认定受贿犯罪既遂。

四是行贿人根据受贿人的指示或者征得其同意,使用贿赂款进行投资理财的情形。

例如,姚某受贿案:

姚某系某国有公司董事长,其利用职务便利为姬某承揽公司项目提供帮助,姬某承诺项目利润由二人均分。后姬某获利2亿余元,遂将1亿元送给姚某。姚某提出钱先放在姬某处,以后需要时再支取。其间,姬某提出拟使用其中的5000万元,加上自己投资的5000万元一并购买基金,姚某同意。姬某出资1亿元购买基金,获利2000万元。姬某告知基金收益情况后,姚某让姬某继续代为保管钱款,直至案发,涉案赃款1.1亿元被全部收缴。法院经审理认为,无论是贿赂款1亿元还是孳息1000万元始终都在行贿人姬某处,姚某未能实际控制相关财物,故该起事实应系受贿未遂。

有意见认为,行贿人将其代为保管的贿赂款用于投资理财已经取得受贿人同意,可视为受贿人对财物进行了处分,这是实际控制财物的体现,可认定为受贿既遂。笔者认为,对财物实际控制的判断还不能过于虚化,应从受贿人有没有实际获取、享有利益等方面进行实质化判断。就本案而言,虽然行贿人使用贿赂款投资理财取得了受贿人的同意,但无论是贿赂款还是投资收益均始终由行贿人实际占有、控制和支配,基于前述的理由,此情形认定为受贿未遂似更符合法律和法理。当然,行贿人使用贿赂款投资理财也有特殊情形,有的案件行贿人已将投资理财受益交付给受贿人,考虑此情形下受贿人已经实际获取、享用了贿赂利益,所以,法院判决认定此情形成立犯罪既遂。

(3)第三人代持。

实践中具体包括两种常见情形:一是受贿人授意请托人直接将贿赂交由第三人保管。此情况下第三人代持与受贿人本人持有在对财物的控制力上并无实质区别,故通常可以认为是受贿人实际控制财物,依法认定受贿既遂。二是双方约定将财物交给行贿人一方的第三人代持。此情况相当于请托人将财物单独存放的情形,原则上不能仅据此就认定财物脱离了行贿人以及受贿人对财物有实际控制力,只能说,这种情况下,受贿人的控制力较未单独存放的情形下稍强一些,一般情况下认定未遂为宜。

最后,**要认识到既未遂问题对职务犯罪案件办理的价值有限性**。在目前财物代持较为高发的情况下,坚持实际控制的认定标准,可能会带来受贿未遂情形的增多。但总体来看,此现象对司法实践影响有限。犯罪未遂只是犯罪的一种未完成形态,并不影响犯罪的成立,不会影响案件的查办,也不影响涉案赃款赃物的追缴等。并且,刑法规定犯罪未完成形态是为了细化刑事责任追究,司法查明犯罪的既未遂问题,同样是为了平衡量刑,实现罪责刑相适应。法律之所以规定未遂"可以"从轻或者减轻处罚,就是考虑到在一些场合,未遂的犯罪依然具有较大社会危害性,不必从轻。特别是,相较于普通刑事犯罪而言,职务犯罪尤其是贿赂犯罪的未遂对其社会危害性大小的影响更小。一方面,贿赂犯罪没有具体被害人,不存在未遂对犯罪对象伤害小的问题。另一方面,贿赂犯罪的客体是公职人员职务廉洁性,通常情况下,犯罪既遂与未遂对犯罪客体的破坏区别并不大。很多案件中的受贿人尚未取得贿赂,但谋利已完成,双方关于收受钱款的合意已形成,公职人员的职务廉洁性已经遭到破坏。鉴于贿赂犯罪被告人常用约定延迟交付或他人代持作为逃避法律追究的手段,不宜在贿赂犯罪中过于单独强调未遂对量刑的影响。[1]所以,未遂情节在受贿案件中增多,并不会给案件正常处理带来消极影响。相反,有了此量刑情节,必要时可依据该情节适当调节量刑,也有助于个案更好地落实罪责刑相适应原则。

可以说,在各种影响职务犯罪量刑的法定和酌定情节当中,未遂只是其中一种从宽处罚情节,对量刑产生一定影响但并不起决定作用,并且,未遂是平衡量刑的考量因素,最终目的仍是实现罪责刑相适应。根据《刑法》第 61 条的规定,对于犯罪分子决定刑罚的时候,应当根据犯罪的事实、性质、情节和对于社会的危害程度,依法进行判处。基于此,"以刑校罪"是一种辅助反向校验罪名认定是否准确的方法,同样,**"以刑校遂"也可以作为检验犯罪既未遂认定是否准确的辅助手段**。当犯罪处在既未遂的争议边缘时,如果认定未遂可能导致量刑明显畸轻,或者认定既遂可能导致量刑明显畸重,则应当反思是否对该罪名

---

[1] 参见段凰:《银行卡受贿犯罪既未遂的司法认定》,载《人民司法(应用)》2022 年第 19 期。

的既遂点出现了认识偏差,是否有必要进一步调整司法认定思路,以实现罚当其罪。

十一、涉案赃款赃物的处置

职务犯罪大多属于贪利性犯罪,"不能让任何犯罪分子从违法犯罪中获利"是一项基本法则。从实际来看,贪污贿赂等犯罪逃避经济处罚,隐匿、转移赃物的情况较为严重,这样会影响反腐败斗争的实际效果,所以中央反复强调,要严格执法,加大追赃力度,"决不能让腐败分子在经济上占便宜"。在办案中要充分认识到追赃工作对惩治腐败、实现公正司法的重要意义,切实摒弃"重办案轻追赃"错误观念,进一步加强对涉案财物的查证、审查与处理。

(一)赃款赃物的处理办法

《刑法》第64条规定:"犯罪分子违法所得的一切财物,应当予以追缴或者责令退赔;对被害人的合法财产,应当及时返还;违禁品和供犯罪所用的本人财物,应当予以没收。没收的财物和罚金,一律上缴国库,不得挪用和自行处理。"依据该规定,《贪污贿赂解释》第18条明确要求:"贪污贿赂犯罪分子违法所得的一切财物,应当依照刑法第六十四条的规定予以追缴或者责令退赔,对被害人的合法财产应当及时返还。对尚未追缴到案或者尚未足额退赔的违法所得,应当继续追缴或者责令退赔。"

上述法律及司法解释规定,确立了处理贪污贿赂案件赃款赃物的基本思路:

(1)对贪污贿赂犯罪分子违法所得的一切财物,包括违法所得及其收益,应当依照《刑法》第64条的规定予以追缴或者责令退赔,对被害人的合法财产应当及时返还。

(2)对尚未追缴到案或者尚未足额退赔的违法所得,应当继续追缴或者责令退赔。**对藏匿、转移赃款赃物的,要坚持不设时限、一追到底、永不清零的原则,随时发现随时追缴**,切实避免出现以刑罚执行替代经济惩处的现象,防止"因罪致富"等不正常情况的出现。

(3)追缴违法所得以追缴原物为原则,这是因为违法所得原物具有证据价值,是认定贪污贿赂犯罪事实的重要证据;同时,追缴原物可以彻底地剥夺犯罪分子犯罪的收益,防止替代追缴可能导致的增值部分未被追缴的情况。

在司法实务中,理解和适用上述规定和要求应注意以下几个方面:

1. 严格依照法律规定进行司法追缴

违法所得的范围较为广泛,这里所称的违法所得应是指犯罪所得,且系检察机关指控并移送法院处理的犯罪所得。**对于不属指控犯罪的违法所得以及未移交法院处理的财物,一般应由有关办案机关自行依法依规处理。**

2. 司法判决所追缴的违法所得,不仅指赃款赃物,还包括赃款赃物的孳息等收益

例如,收受房屋后出租的租金、收受存折或银行卡里钱款的利息等,也应当纳入追缴范围。对于投资性收益是否要一并追缴的问题,理论上有分歧认识:一种观点认为,针对犯罪应当追缴的违法所得不仅包括赃款赃物和孳息,还应当包括利用该财产进行置业、投资经营所获得的物质性利益;另一种观点认为,犯罪所得是指通过犯罪直接得到的赃款、赃物,"犯罪所得的收益"是指行为人将犯罪所得进行处理后获得的孳息、租金等,这里的"收益"应仅限于孳息或类似孳息性质的收益,并不包括经营投资所得。

笔者理解,从《刑法》第64条及《贪污贿赂解释》规定的追缴或者责令退赔"犯罪分子违法所得的一切财物"看,投资性收益应当在追缴的范围之内。2014年10月30日颁布的《最高人民法院关于刑事裁判涉财产部分执行的若干规定》第10条第1~3款也明确规定:"对赃款赃物及其收益,人民法院应当一并追缴。被执行人将赃款赃物投资或者置业,对因此形成的财产及其收益,人民法院应予追缴。被执行人将赃款赃物与其他合法财产共同投资或者置业,对因此形成的财产中与赃款赃物对应的份额及其收益,人民法院应予追缴。"由此可见,应当追缴的违法所得不仅包括赃款赃物及其孳息,还应当包括利用该财产进行置业、投资经营所获得的物质性利益。根据法律规定,对犯罪分子违法所得及其收益,都应当予以追缴或者责令退赔。如果犯罪分子违法所得与其他合法财产共同转化为其他财物的,应当追缴与犯罪分子违法所得对应的份额及其收益。

例如,缪某受贿案:

被告人缪某收受一私营企业主给予的 100 万元现金后,另筹资 200 万元,共计 300 万元入股该私营企业主经营的公司。四年后因担心被查处主动退股,按照当时的股份市场价值获得 414 万元的"退股金"。法院经审理后判决追缴了其中 100 万元受贿款对应份额的收益 38 万余元。

客观地说,违法所得投资收益的追缴在法律上本无异议,之所以在实践中出现争议,主要在于不好判断投资收益是单纯来源于违法所得还是混杂了其他因素。如果能够确定就是违法所得的投资收益,则毫无疑问地应予追缴,只是实践中投资收益的具体情况更为复杂。"因为案件的复杂性,判断的基础离不开证据的支撑,因而查明投资的来源、性质、比例等证明活动同等重要,应当遵循'存疑时有利于行为人'的基本原则。对于通过多年合法投资活动取得巨大收益的复杂案件,追缴与否不是要考虑追缴巨额收益是否符合比例原则,而是要考虑证据层面能否准确界定违法所得在投资收益产生的价值的比例。"[1]**如果根据在案的证据对此不能明确地区分、界定,按照有利于行为人的原则,则追缴要特别慎重。**

3. 检察机关对需要追缴的赃款赃物应当依法向法院移送并指控,但移送指控的形式并不局限于起诉书

对于已移送法院、属于违法所得的赃款赃物及其孳息等,即便起诉书未能明确提及,但在案指控证据能够充分证明的,仍应当依法判处。例如,受贿案件中被告人收受房屋后出租的租金、收受存折或银行卡里钱款的利息等,起诉书通常是仅明确被告人收受财物的名称及价值,对于租金、利息等孳息可能未提及,但只要有充分的在案证据证明,并不影响法院判决追缴(通常在判决追缴的赃款赃物清单中列明)。

4. 要全面、准确把握"对犯罪分子违法所得,一般应当追缴原物"原则

第一,针对实践中一些案件中暴露出来"受贿人收受的贿赂是房产,仅追缴购房时价款"的突出问题,应当强调"行受贿双方形成贿赂房屋合意的,依法追缴房屋"。换言之,**如果贿赂物是房屋,应当首先追缴房屋。**此种情况下房屋是受贿犯罪的违法所得,因房价上涨而形成的增值部分属于违法所得的收益,应

---

[1] 左袖阳:《违法所得投资收益的追缴:判断标准与追缴范围》,载《中国法律评论》2022 年第 4 期。

当一并追缴,不能让腐败分子从犯罪行为中获利。

第二,如果有确实、充分证据证明原物已经转化为其他财物,应当退缴转化后的财物。犯罪分子违法所得与其他合法财产共同转化为其他财物的,追缴与犯罪分子违法所得对应的份额及其收益。

第三,有确实、充分证据证明依法应当追缴、没收的涉案财物无法找到、被他人善意取得、价值灭失减损或者与其他合法财产混合且不可分割的,可以依法追缴、没收其他等值财产。《监察法实施条例》第209条第2款规定对此处理精神作了规定:"追缴涉案财物以追缴原物为原则,原物已经转化为其他财物的,应当追缴转化后的财物;有证据证明依法应当追缴、没收的涉案财物无法找到、被他人善意取得、价值灭失减损或者与其他合法财产混合且不可分割的,可以依法追缴、没收其他等值财产。"此外,2019年最高人民法院、最高人民检察院、公安部、司法部联合印发的《关于办理黑恶势力刑事案件中财产处置若干问题的意见》第19条第1款也作出了类似规定:"有证据证明依法应当追缴、没收的涉案财产无法找到、被他人善意取得、价值灭失或者与其他合法财产混合且不可分割的,可以追缴、没收其他等值财产。"

5. 无论赃款赃物在哪里,都要坚决依法追缴到案

如果赃款赃物尚未交付给受贿人或者已经退还给行贿人,应当依法向行贿人追缴;如果赃款赃物由第三人代为持有、保管,应当依法向第三人追缴。中央纪委国家监委、最高人民法院等部门联合印发的《关于进一步推进受贿行贿一起查的意见》对此亦有明确要求,行贿人或者第三人代为持有、保管的赃款赃物,无论是在案发前退回还是尚未实际交付,均应坚决追缴。故此,对赃款赃物被行贿人或第三人代为持有、保管的,监察机关在调查阶段应当加大追缴力度,做到应追尽追,不能以受贿人对赃款赃物未实际占有、控制或者案发前已经退还给行贿人为由而不予追缴。受贿未遂不是免除赃款赃物退缴、追缴法律义务的理由。只要确定为受贿的赃款赃物,就应当依法追缴、坚决追缴、一追到底。

6. 妥善处理违纪所得追缴和违法所得追缴的关系

职务犯罪案件同时也是违纪违法案件,《监察法》第53条规定,监察机关经调查,对违法取得的财物,依法予以没收,追缴或者责令退赔;对涉嫌犯罪取得的财物,应当随案移送人民检察院。但当被调查人违纪违法所得与犯罪所得混合,且查扣的涉案财物不能同时满足追缴违纪违法所得与犯罪所得时,实践中如何处置涉案财物有较大争议。有的认为应按照"纪在法前"的精神,优先保障违纪违法款的收缴,避免出现被调查人在开除党籍、开除公职后无法追缴其违纪违法款的问题。有的则认为被调查人积极退赃、退赔系量刑情节,是否足额退缴犯罪所得对于量刑具有重要实质意义,应当将涉案财物优先移送司法机关处理。

笔者认为,对于作为指控职务犯罪所得的赃款赃物,通常应当依法移交司法机关处理。换言之,**在犯罪所得的查处、追缴中,司法判决具有优先性**。这主要基于以下考虑:

第一,职务犯罪是严重的违法行为,相对于一般职务违法行为而言,职务犯罪行为对社会造成的危害和影响更大,从区分轻重缓急的常理出发,应当首先修复被职务犯罪行为破坏的法律关系、经济关系和社会秩序,优先追缴职务犯罪所得。

第二,刑罚是最严厉的法律制裁手段。对于既违纪违法又严重犯罪的人而言,犯罪所得追缴情况是影响定罪量刑的重要情节,优先追缴犯罪所得,有助于法院判决综合考量案件情节、公正裁判,这样更有利于做被调查人的工作,更有利于从整体上取得良好办案效果。

第三,根据减刑、假释相关规定,对于已服刑的罪犯,犯罪所得退缴情况是影响其减刑、假释的重要条件,直接关系到当事人的法定权利,并与改造罪犯密切相关。

第四,如果被调查人被追究刑事责任,没有退缴全部赃款赃物,依据法律规定,司法机关要不设时限、一追到底、永不清零,所以,作为犯罪所得追缴也更为有力、彻底。

(二)赃款赃物的处置程序

考虑到职务犯罪案件中涉案款物的处置十分重要,无论是《监察法》、《刑事诉讼法》及司法解释,还是有关政策文件,均重视规范。例如,《监察法》第28条规定,"监察机关在调查过程中,可以调取、查封、扣押用以证明被调查人涉嫌违法犯罪的财物、文件和电子数据等信息。采取调取、查封、扣押措施,应当收集原物原件,会同持有人或者保管人、见证人,当面逐一拍照、登记、编号,开列清单,由在场人员当场核对、签名……对价值不明物品应当及时鉴定,专门封存保管……"第 30 条规定,"监察机关在调查过程中,对于案件中的专门性问题,可以指派、聘请有专门知识的人进行鉴定。鉴定人进行鉴定后,应当出具鉴定意见,并且签名"。第 53 条规定,"监察机关经调查,对违法取得的财物,依法予以没收、追缴或者责令退赔;对涉嫌犯罪取得的财物,应当随案移送人民检察院"。

《监察法实施条例》则用了数十个条款详细规定了查询、冻结、搜查、查封、扣押等涉及款物的调查程序要求。根据《监察法实施条例》第 208 条、第 209 条第 4 款的规定,对冻结的涉嫌职务犯罪所得财物及孳息应当妥善保管,并制作《移送司法机关涉案财物清单》随案移送人民检察院。对作为证据使用的实物应当随案移送;对不宜移送的,应当将清单、照片和其他证明文件随案移送。**对于移送人民检察院的涉案财物,价值不明的,应当在移送起诉前委托进行价格认定**。在价格认定过程中,需要对涉案财物先行作出真伪鉴定或者出具技术、质量检测报告的,应当委托有关鉴定机构或者检测机构进行真伪鉴定或者技术、质量检测。对不属于犯罪所得但属于违法取得的财物及孳息,应当依法予以没收、追缴或者责令退赔,并出具有关法律文书。对经认定不属于违法所得的财物及孳息,应当及时予以返还,并办理签收手续。**人民检察院、人民法院依法将不认定为犯罪所得的相关涉案财物退回监察机关的,监察机关应当依法处理**。《刑事诉讼法》第 141~149 条对物证、书证的扣押,鉴定等也作了具体规定,同样适用于职务犯罪案件的办理。此外,最高人民法院、最高人民检察院在单独或会同相关部门颁布的司法解释文件中,也有不少内容涉及刑事诉讼中涉案财物的处置问题。

除此之外,2015 年 1 月,中共中央办公厅、国务院办公厅印发的《关于进一步规范刑事诉讼涉案财物处置工作的意见》规定:"查封、扣押、冻结涉案财物,应当严格依照法定条件和程序进行。严禁在立案之前查封、扣押、冻结财物。不得查封、扣押、冻结与案件无关的财物。凡查封、扣押、冻结的财物,都应当及时进行审查;经查明确实与案件无关的,应当在三日内予以解除、退还,并通知有关当事人。""对查封、扣押、冻结的财物,均应当制作详细清单。对扣押款项应当逐案设立明细账,在扣押后立即存入扣押机关唯一合规账户。对赃物特别是贵重物品实行分类保管,做到一案一账、一物一卡、账实相符。对作为证据使用的实物一般应当随案移送,如实登记,妥善保管,健全交接手续,防止损毁、丢失等。""对易损毁、灭失、变质等不宜长期保存的物品,易贬值的汽车、船艇等物品,或者市场价格波动大的债券、股票、基金份额等财产,有效期即将届满的汇票、本票、支票等,经权利人同意或者申请,并经县级以上公安机关、国家安全机关、人民检察院或者人民法院主要负责人批准,可以依法出售、变现或者先行变卖、拍卖。所得款项统一存入各单位唯一合规账户。涉案财物先行处置应当做到公开、公平。"

2015年,中共中央办公厅印发的《关于在查办党员和国家工作人员涉嫌违纪违法犯罪案件中加强协作配合的意见》还规定,纪检监察机关向检察机关移送案件时,应当将暂扣的涉嫌违法所得的款物及清单一并移送。检察机关提起公诉时,应当将涉案款物及清单一并移送审判机关。

上述规定至少明确了以下几点:

第一,经调查确认为违法取得的财物,由监察机关依法予以没收、追缴或者责令退赔;对涉嫌犯罪取得的财物,应当随案移送司法机关处理。

第二,涉案款物的处置,包括查封、扣押、冻结、鉴定等都有一整套的处理程序及要求,如对价值不明或者有争议的物品应当及时委托同级政府价格部门设立的价格认定机构认定等,处置涉案款物应当严格依照法定程序和条件进行。

第三,对涉嫌犯罪取得的财物,要通过检察机关将款物及清单一并移送审判机关判决。除法定情形外,有关办案机关未经人民法院判决不得先行处置涉案财物等。

从实际来看,尽管相关规定较为明确,但目前职务犯罪案件涉案财物处置方面仍存在以下问题需要改进:

(1)一些案件的检察机关向法院移交案件时,存在未随案移送涉案款物、涉案款物移送不全,以及当事人反映所扣物品在证据卷中记载不全,办案机关查扣的物品不在案等情况。有的案件,检察机关起诉时未向法院出具供法庭调查使用的需要通过判决处置的涉案款物清单,赃款赃物的实物照片亦缺失等。

(2)对涉案财物没有依法进行价格认定;一些贵重物品如珠宝、字画等只有价格认定,没有真伪鉴定(有的黄金制品未能做纯度鉴定);有的案件所做价格认定、真伪鉴定的机构缺乏相应资质;有的认定、鉴定程序不符合法律规定。此外,还有的案件未能将外汇折算成人民币等。

(3)调查、侦查阶段对涉案财物扣押、追缴不力,造成赃款赃物被转移或者不当返还;一些案件被告人供述在案发前已将赃款退还行贿人,但办案机关没有进一步查证、追缴,影响了法院判决对赃款赃物的追缴;有的案件还把被告人因担心被查而将赃款赃物退还给行贿人的情形,不当地认定为积极退赃情节,甚至认为被告人"已经全部退赃",且对赃款赃物也未能实际追缴。

(4)对涉案特定款物的权属性质调查不到位。有的案件中办案机关扣押的财产明显超出起诉的数额,被告人家属称系根据办案机关要求交出的,有的属于亲戚朋友的借款。目前一些案件存在法院作出有罪判决后,执行完罚金、没收财产等财产刑,还需要退还被告人巨额财物的问题,这在一定程度上影响了司法判决的公正性、合理性。

(5)有的办案机关擅自扣留或者未经法院判决先行处置涉案财物,随意处分被告人财产的情况仍时有发生。

(6)涉案房产没有查封、不作评估,权属不明,价值不清,有的购房款来源、性质不清,是否属于房主代缴不清。

(7)对违纪违法所得的监察处置与对犯罪所得的司法处置之间客观上存在重合与交叉的情况,个案中时常出现两者需要进一步协调、确保追缴工作合法有序的问题。

(8)有的案件中查扣银行卡后未能及时冻结银行账户,导致行贿人挂失后将卡内钱款取走。

(9)有的案件中赃款赃物去向不清楚,对赃款赃物的收益(如投资房产的租金、投资分红等)未查证、未追缴、未处置等。

例如,某市原市长助理陈某某受贿案:

纪检监察机关、检察机关和陈某某本人均认为1.26亿余元受贿赃物已全部追缴,但法院经审理发现:(1)近1300万元的赃物缺口未到案而办案机关对此未能作出具体说明;(2)检察机关在移送案件前先行将1.08亿余元赃物直接上缴国库;(3)对陈某某案发前已退还给行贿人的赃物未能追缴;(4)扣缴的金块与法院认定为受贿赃物的金块"张冠李戴";(5)对价格大幅上涨的房屋仅按照收受当时的市场价格折算现金追缴等。

这些不规范的做法既给法院庭审阶段的举证、质证、认证工作造成了困难,也给依法判决、处置涉案赃款赃物带来了障碍。特别是,现在随着违法所得退缴情况在定罪量刑中的作用越来越大,如对有关问题不加改进,将会直接影响对被告人的准确定罪量刑。

为推动涉案财物的妥善处置,根据有关法律的规定,在审判环节应当重视审查以下事项:

(1)涉案财物是否追缴到案。

(2)涉案财物是否移送。

(3)有无查封、扣押物品清单且单证相符。对于不宜移送的实物,是否将其清单、照片和其他证明文件随案移送。未随案移送的,应当要求检察机关补充移送。

(4)对于真伪或者价值不明的财物,应当依法进行鉴定、估价。

(5)受贿犯罪案件的赃款赃物尚未交付给受贿人,以及被告人已将赃款赃物退还给行贿人或者交由第三人代为持有、保管的,如果调查、侦查机关未能依法向行贿人、第三人追缴,应当向检察机关提出并要求其协调有关部门继续追缴、查封、扣押等,同时要对涉案财物的处置依法作出判决,不能不管不顾、不做处理。

十二、证据的审查与判断

《监察法》第36条规定:"监察机关依照本法规定收集的物证、书证、证人证言、被调查人供述和辩解、视听资料、电子数据等证据材料,在刑事诉讼中可以作为证据使用。监察机关在收集、固定、审查、运用证据时,应当与刑事审判关于证据的要求和标准相一致。以非法方法收集的证据应当依法予以排除,不得作为案件处置的依据。"《监察法实施条例》第64条规定:"严禁以暴力、威胁、引诱、欺骗以及非法限制人身自由等非法方法收集证据,严禁侮辱、打骂、虐待、体罚或者变相体罚被调查人、涉案人员和证人。"《中央纪委国家监委监督检查审查调查措施使用规定(试行)》以及《监察法实施条例》则对谈话、讯问、询问、留置、查询、冻结、搜查、调取、查封、扣押、勘验检查、鉴定、技术调查、通缉、限制出境等调查措施、手段的运用,规定了具体的审批权限、工作流程和工作要求等。这为办理职务犯罪案件收集、审查证据提供了重要依据。在此仅就审判实践中的几个突出问题试作解读。

(一)监察证据转化问题

《监察法》第19条规定:"对可能发生职务违法的监察对象,监察机关按照管理权限,可以直接或者委托有关机关、人员进行谈话,或者进行函询,要求说明情况。"第20条规定:"在调查过程中,对涉嫌职务违法的被调查人,监察机关可以要求其就涉嫌违法行为作出陈述,必要时向被调查人出具书面通知。对涉嫌贪污贿赂、失职渎职等职务犯罪的被调查人,监察机关可以进行讯问,要求其如实供述涉嫌犯罪的情况。"第41条规定:"需要采取初步核实方式处置问题线索的,监察机关应当依法履行审批程序,成立核查组。初步核实工作结束后,核查组应当撰写初步核实情况报告,提出处理建议。承办部门应当提出分类处理意见。初步核实情况报告和分类处理意见报监察机关主要负责人审批。"第42条规定:"经过初步核实,对监察对象涉嫌职务违法犯罪,需要追究法律责任的,监察机关应当按照规定的权限和程序办理立案手续。监察机关主要负责人依法批准立案后,应当主持召开专题会议,研究确定调查方案,决定需要采取的调查措施。立案调查决定应当向被调查人宣布,并通报相关组织。涉嫌严重职务违法或者职务犯罪的,应当通知被调查人家属,并向社会公开发布。"

由上述规定可见,**在职务违法犯罪的查办过程中,存在职务违法的初步调查(核查)和职务犯罪的立案调查两个阶段**。两者在调查主体和措施使用上有所不同:(1)职务犯罪的调查只能由监察机关进行,而职务违法的调查可以委托有关机关、人员进行。(2)职务犯罪的调查使用讯问措施,形成讯问笔录;职务违法的调查使用谈话措施,形成谈话笔录、被调查人陈述等。此外,在调查措施的使用方法上,《监察法》还规定对人身权利和财产权利影响较大的讯问、留置、冻结、搜查、查封、扣押、通缉措施应在立案后使用,不适用于初核阶段。

在刑事诉讼中,证据合法性审查的一个重要方面是证据资格的审查,包括取证主体是否适格,程序和措施是否符合法律规定,通常只有有权机关在刑事立案后依程序取得的证据材料才能作为定案根据。考虑到在监察机关调查过程中可能存在先是以职务违法进行调查，后来才转为对职务犯罪调查的情况。在这种情况下，先期以职务违法进行调查收集的证据，如果在刑事诉讼中使用，就会引起调查主体、措施是否适格，能否直接在刑事诉讼中使用、是否还需要转化的疑问，需要进一步研究明确。

有的同志顾虑，《监察法》第36条第2款规定"监察机关在收集、固定、审查、运用证据时，应当与刑事审判关于证据的要求和标准相一致"，而《刑事诉讼法》对定案证据明确要求需经过刑事立案程序后取得，监察机关对职务犯罪亦实际上在行使刑事侦查权，所以，对初核阶段取得的证据，特别是被调查人的言词证据，应当考虑作必要的证据转化工作，在刑事诉讼中一般不宜直接作为刑事诉讼的证据使用。只有在经过初步核实，对监察对象涉嫌职务违法犯罪按照规定的权限和程序办理立案手续，相关讯问形成笔录材料后才可作为诉讼证据使用。

从笔者了解掌握的情况看，在中央纪委国家监委查办的原中管干部职务犯罪案件中，将初核阶段取得的证据移送司法机关的情况，已经极少出现，通常都是移送正式立案调查后取得的证据材料，但此情况在地方监察机关办理的职务犯罪案件中并不鲜见。如果立足于刑事诉讼法，立案程序对于证据收集、审查和运用确实具有重要意义，司法认定职务犯罪案件应当使用经过正式立案后监察调查取得的证据，这样也更为规范。但同时也要看到，监察机关对职务违法犯罪的查办有其特殊性，具有纪法贯通的特点，在证据使用上完全将初核和立案调查分开，也不现实。监察体制改革基于一个重要考量就是，将违纪与违法的审查调查有机衔接，避免过去将两者割裂起来，案件进入司法程序后还需要重复进行大量重新取证的证据转化工作。所以，《监察法》第36条第1款特别规定，"监察机关依照本法规定收集的物证、书证、证人证言、被调查人供述和辩解、视听资料、电子数据等证据材料，在刑事诉讼中可以作为证据使用"。《监察法实施条例》第59条第3款进一步规定："监察机关依照监察法和本条例规定收集的证据材料，经审查符合法定要求的，在刑事诉讼中可以作为证据使用。"

监察机关在立案调查前的初核阶段收集的证据材料，显然也属于依据《监察法》及《监察法实施条例》收集的证据材料，有关取证活动本身也有严格的法定程序要求,故此,无论是物证、书证、视听资料、电子数据,勘验、检查等笔录,以及鉴定意见等客观证据材料,还是被调查人口供、证人证言等主观证据材料,在《监察法》施行后通常都可以在刑事诉讼中直接使用,而无须像监察体制改革之前那样,再进行证据转化。

除前述内容外,关于证据转化问题还有几个问题值得重视。

1. 监察机关或者公安机关在立案调查、侦查期间发现对案件无管辖权,需要移交有管辖权的机关调查、侦查时,对于移交前收集的证据材料能否在刑事诉讼中作为证据使用的问题

实践中对此有不同认识:有的观点认为,办案机关没有管辖权则不是合法的取证主体,其收集的证据材料不具有合法性,故前期收集的证据材料全部应当重新收集;有的观点则认为,客观证据材料的收集往往不具有可重复性,且真实可靠程度高,不会因为取证主体不同影响其客观性,故客观证据材料无须重新收集,而言词证据材料具有可重复性,具备重新收集的客观条件,故应当重新收集。

笔者认为,根据《监察法》和《刑事诉讼法》的规定,监察机关和人民检察院、公安机关都是法定的调查、侦查机关,收集证据材料都必须符合刑事审判的要求和标准,按照法定程序收集并办理移交手续的各类证据材料具有合法性基础,因此经审查符合法定要求的,原则上可以在刑事诉讼中作为证据使用。当然,从更为稳妥的角度出发,有管辖权的机关一般应当重新讯问被调查人(犯罪嫌疑人)、询问重要证人,并根据工作需要进一步补充完善证据。

2. 监察机关和公安机关办理互涉案件的证据材料使用问题

一般认为,监察机关和公安机关办理互涉案件时,基于同样的考量,原则上证据也可以共享,一方可以从另一方调取已经收集的证据材料并注明证据材料来源,由另一方加盖单位公章,经审查符合法定要求的,可以在刑事诉讼中作为证据使用。

3. 行政机关、司法机关等收集的证据材料使用问题

《监察法实施条例》第68条规定:"监察机关对行政机关在行政执法和查办案件中收集的物证、书证、视听资料、电子数据,勘验、检查等笔录,以及鉴定意见等证据材料,经审查符合法定要求的,可以作为证据使用。根据法律、行政法规规定行使国家行政管理职权的组织在行政执法和查办案件中收集的证据材料,视为行政机关收集的证据材料。"第69条规定:"监察机关对人民法院、人民检察院、公安机关、国家安全机关等在刑事诉讼中收集的物证、书证、视听资料、电子数据,勘验、检查、辨认、侦查实验等笔录,以及鉴定意见等证据材料,经审查符合法定要求的,可以作为证据使用。监察机关办理职务违法案件,对于人民法院生效刑事判决、裁定和人民检察院不起诉决定采信的证据材料,可以直接作为证据使用。"

根据上述规定,**监察机关可以依法使用行政机关、司法机关等在办理案件中收集的证据材料**,这样既能防止不必要的重复取证,提高工作效率,节省公共资源,也能防止因取证不及时引起的证据毁损、灭失、污染、变质等,有其现实必要性,也与现行刑事诉讼法规定相吻合。

(二)调查录音录像问题

关于调查、讯问录音录像问题,《监察法》与《刑事诉讼法》均作了规定。但相较而言,两者内容不尽一致。

1. 适用对象范围不同

根据《刑事诉讼法》第123条的规定,对于可能判处无期徒刑、死刑的案件或者其他重大犯罪案件,应当对讯问过程进行录音或者录像。不仅录音录像适用的案件范围受限制,且主要针对讯问过程。《监察法》第44条第2款规定:"调查人员进行讯问以及搜查、查封、扣押等重要取证工作,应当对全过程进行录音录像,留存备查。"这里对案件是否重大未作限制,且不仅针对讯问,对询问、搜查等其他重要取证工作也需要录音录像。《监察法实施条例》第83条第5款规定:"讯问时,应当告知被讯问人将进行全程同步录音录像。告知情况应当在录音录像中予以反映,并在笔录中记明。"第87条第4款规定:"询问重大或者有社会影响案件的重要证人,应当对询问过程全程同步录音录像,并告知证人。告知情况应当在录音录像中予以反映,并在笔录中记明。"第116条第1款规定:"对搜查取证工作,应当全程同步录音录像。"由此可见,在监察机关调查取证过程中,**录音录像的适用范围相对更为广泛**。

2. 具体使用方式不同

《刑事诉讼法》对录音录像的使用未作规定，但2012年《实施刑诉法规定》第19条有具体规定，侦查人员对讯问过程进行录音或者录像的，应当在讯问笔录中注明。人民检察院、人民法院可以根据需要调取讯问犯罪嫌疑人的录音或者录像，有关机关应当及时提供。《监察法》第44条第2款规定，对讯问以及搜查、查封、扣押等重要取证工作录音录像后，只是"留存备查"。

3. 移送与调取要求不同

《刑事诉讼法》对讯问录音录像的性质未作规定，是否需要移送法庭亦未作强制性要求。关于讯问录音录像是否为诉讼证据，法学界一直有不同认识，反对与肯定的声音均有一定依据。目前较为折中的观点是，**作为取证过程的记录，讯问录音录像一般不作为证明案件事实的证据使用，但在证明取证合法性问题上则应系证据**。考虑到一般情况下讯问录音录像不是证据，在目前的刑事诉讼中，讯问录音录像可以不随案移送，但需要进行非法证据审查时，检察机关应将讯问录音录像同案卷材料一并移送法院审查。检察、审判机关也可以根据办案需要向侦查、调查机关调取，有关机关应配合提供。

《监察法》对调查录音录像的移送问题亦未涉及，但《国家监察委员会与最高人民检察院办理职务犯罪案件工作衔接办法》第27条第2款明确规定："国家监察委员会对调查过程的录音、录像不随案移送最高人民检察院。最高人民检察院认为需要调取与指控犯罪有关并且需要对证据合法性进行审查的讯问录音录像，可以同国家监察委员会沟通协商后予以调取。所有因案件需要结存录音、录像的人员，应当对录音、录像的内容严格保密。"由此可见，职务犯罪的调查录音录像已明确了不随案移送，但检察机关可以协调监察机关依法调取。上述规定未涉及人民法院审判活动中需要调取录音录像的程序问题，后经协调、会商，在国家监察委员会与最高人民法院等部门联合制定的《关于加强和完善监察执法与刑事司法衔接机制的意见（试行）》中对此作了具体规定。

根据有关规定和实践做法，对于监察机关立案调查的职务犯罪案件，存在下列情形之一，人民检察院、人民法院经审查认为有必要的，可以商请监察机关调取讯问被调查人的同步录音录像，对证据收集的合法性以及被调查人供述的真实性进行审查，监察机关应当支持配合，在监察机关案件审理部门报本机关主要负责人审批后,由承办的调查部门提供:(1)犯罪嫌疑人、被告人或者辩护人提出犯罪嫌疑人、被告人供述系非法取得,并提供相关线索或者材料的;(2)犯罪嫌疑人、被告人或者辩护人提出讯问活动违反法定程序,并提供相关线索或者材料的;(3)犯罪嫌疑人、被告人或者辩护人提出讯问笔录内容不真实,并提供相关线索或者材料的;(4)人民检察院、人民法院认为讯问活动可能存在暴力、威胁等非法取证行为的。

(三)证据补查补正问题

1. 职务犯罪证据特点及工作应对

较之其他犯罪,职务犯罪大多是在"一对一"的情况下发生的,定案主要依靠被告人和证人(行贿人)的"供证一致",对言词证据的依赖度高。另外,案件的外围证据普遍较少,比如,有些案件缺乏证明行贿款来源、受贿款去向的证据;在一些以借款为名索取、收受财物的案件中,有的缺乏对双方平时有无经济往来,被告人借款时的经济状况以及有无正当、合理的借款事由等方面的查证。在案件调查、侦查阶段,行受贿双方可能供述高度一致,但一旦到了法院审理阶段,一方或双方就开始翻供、翻证。有些案件经查证发现,前期双方供述的受贿地点不存在,或行受贿的时间不真实;还有一些案件,双方在行受贿的数额、具体细节上供述不一致等。由于外围证据相对较少,导致法庭在司法认定上颇为纠结。特别是近年来被告人及其辩护人申请排除非法证据的情况有增多的趋势,在调查、侦查同步录音录像工作尚未完全到位的情况下,给法庭审理工作带来了不少困扰。之所以产生这些问题,既有职务犯罪疑难复杂、隐蔽性强的客观原因,也有办案机关在证据收集方面手段、措施不多,实施不够规范、严谨的原因。

从职务犯罪本身来看,此类犯罪的证据形式相对单一,"一对一"的交易方式决定了知情人往往只限于受贿人和行贿人,且行贿不少是现金交易,难有其他客观证据印证。在定罪量刑的关键证据系行受贿双方供证的情况下,由于双方存在共同利益,被告人时常存在强烈的博弈心理,翻供现象时有发生,证明犯罪的完整证据链不易形成。

从证据收集情况来看,一些办案人员往往把调查、侦查的主要精力放在对行受贿双方口供以及污点证人证言的突破上,有时会忽视对被告人供述以及证人证言中反映的一些细节的查证和客观性证据的收集。职务犯罪案件的证据裁判,时常需要借助相关间接性证据,一方面可与被告人供述或证人证言相印证,另一方面可以强化审判人员对被告人供述或证人证言的内心确信。

鉴于上述情况,为有效解决职务犯罪案件证据审查和认定上的问题,笔者认为,还是要从源头上提高办案机关收集证据的能力和水平。

(1)注重全面收集证据。案件查办过程中,办案人员不但要重视收集证明被调查人、犯罪嫌疑人有罪、罪重的证据,而且要注重收集证明其无罪、罪轻的证据;不仅要收集直接证据、原生证据、言词证据,还要重视收集间接证据、再生证据、实物证据,以此来辨别和印证直接证据、原生证据、言词证据。例如,**在职务犯罪案件中,经常存在以下四类行为形成的再生证据:一是串供、订立攻守同盟,二是隐匿、销毁证据,三是转移赃款、赃物,四是收买、威胁证人,由此产生的再生证据对甄别相关证据、认定案件事实具有重要作用,应重视收集、审查和运用。**

全面收集证据,特别要注意围绕两点进行:其一,要从犯罪构成要件的角度收集证据。根据特定犯罪构成的主体、客体、主观方面和客观方面四个要件,对证据材料分门别类,逐一细化,全面收集。其二,**要按照以审判为中心的刑事诉讼制度改革要求,以审判的标准和要求来收集、固定、移送证据,确保证据切实经得起法庭的质证、检验。**

(2)重视收集间接证据。在受贿被告人翻供现象易发高发的情况下,应当加强对间接证据的收集、固定、移送。如行受贿的起因,受贿人谋取利益时的行为表现及危害后果,行贿款的来源,受贿款物的去向,行受贿双方平时的关系,受贿人转移赃款赃物、订立攻守同盟、串供的情况,受贿人在案发后的反常表现等。这些间接证据虽然不能直接证明某一犯罪事实,但在证据"一对一"的情况下却是认定案件事实的有力佐证,某些细节甚至会直接影响法官对案件真实性的判断和确信。

(3)重视收集电子数据。在网络信息技术高度发展的今天,办理职务犯罪案件需要有强烈的"大数据意识"。为查明事实、补强证据,减少职务犯罪案件犯罪嫌疑人、被告人翻供的机会,应当充分利用近年来突飞猛进的互联网技术,通过手机短信、网络监控等渠道,积极探索电子数据收集、运用的措施和方法,并将网上调查、侦查和网下调查、侦查相结合,加快办案模式的科技化转变,积极依托现代信息科技进步的有利条件,运用单位代码、人口、车辆、民航、金融、房地产、水电煤气等各类信息平台以及话单分析、数据恢复、心理测试等技术,不断提升职务犯罪调查、侦查取证能力。

从实践来看,电子数据往往蕴藏着被调查人、犯罪嫌疑人的心理活动、人际交往、生活轨迹等信息,是其当时思想行为的表达载体。**尤其是以下三类信息:一是财产类信息,如银行、房产、证券、股票、工商注册及电子消费等数据;二是交往类信息,如电话账单、短信记录、电子邮件、即时通信等数据;三是生活类信息,如住宿、网购、水电气缴费等数据信息。**这些信息往往对办案具有重要价值,值得重视收集。在收集过程中,不仅要及时做好证据固定保全工作,还要加强数据分析研判,充分运用大数据与云计算技术,进行数据的比对、整合、挖掘等,积极找寻、锁定对办案有价值的证据、信息、线索等。

(4)切实做到同步录音录像全覆盖。从实践来看,重大贿赂犯罪案件虽然都有调查、讯问同步录音录像,但录音录像不规范、不完整,录音录像与调查、讯问笔录不完全一致的情况时有发生。贿赂案件被告人的口供以及证人证言受到多种因素的影响,极不稳定,易出现翻供的情况,一些被告人还在审理阶段提出非法证据排除申请。对此,讯问同步录音录像可以较好地解决这一问题,故应当注意将调查、讯问同步录音录像全覆盖工作切实落到实处。

(5)加强技术调查、侦查手段在侦破职务犯罪案件中的运用。由于此类犯罪存在证据发现难、取证难、固定难的问题,实践中运用一般性的调查、侦查措施往往难以奏效。技术调查、侦查措施集秘密性、技术性以及收集证据的顺时性和直接性于一体,可以大大提高收集证据的能力。办案机关在案件办理过程中,应当充分利用《刑事诉讼法》《监察法》等法律文件中关于对贿赂犯罪使用技术调查、侦查措施的规定,以提高办案机关掌握和固定关键证据的能力。同时,办案人员还应进一步提升调查能力、讯问水平、庭审水平,扭转过于依赖行贿人口供、忌惮行贿人翻供的状况。

2.证据补查工作的开展

尽管《刑事诉讼法》对侦查终结、移送起诉和审判定案规定了同一的证明标准,提出了同样的要求,但基于实际办案条件的限制以及各机关的办案立场,各自对证据标准的把握可能不一致,后续开展证据的补查工作实难避免且有重大现实意义。

(1)证据补查工作尽可能做在前面。从实际来看,基于工作机制、工作人员变动(如专案组解散)等原因,加之受被告人认罪态度不好或未能退赃等因素影响,有的办案人员对证据补查的积极性不高;对于指定管辖案件,由于调查、侦查和起诉工作往往由不同地方、系统的纪检监察、检察机关承担,补充完善证据的沟通协调工作存在一定难度等。为了更顺畅地办理案件,证据补查工作要尽可能做在前面。

2021年《监察法实施条例》第225条也作了具体规定:"监察机关对于人民检察院在审查起诉中书面提出的下列要求应当予以配合:(一)认为可能存在以非法方法收集证据情形,要求监察机关对证据收集的合法性作出说明或者提供相关证明材料的;(二)排除非法证据后,要求监察机关另行指派调查人员重新取证的;(三)对物证、书证、视听资料、电子数据及勘验检查、辨认、调查实验等笔录存在疑问,要求调查人员提供获取、制作的有关情况的;(四)要求监察机关对案件中某些专门性问题进行鉴定,或者对勘验检查进行复验、复查的;(五)认为主要犯罪事实已经查清,仍有部分证据需要补充完善,要求监察机关补充提供证据的;(六)人民检察院依法提出的其他工作要求。"

(2)明确证据补查的主体责任。根据《监察法》第54条第3款的规定,人民检察院经审查,认为需要补充核实的,应当退回监察机关补充调查,必要时可以自行补充侦查。《国家监察委员会与最高人民检察院办理职务犯罪案件工作衔接办法》第28条规定:"被指定的人民检察院在审查起诉过程中,发现需要补充提供证据的,可以列明需补充证据的目录及理由,由最高人民检察院同国家监察委员会沟通协商。"该规定确定了补查主体为监察机关的大的原则,但只明确了审查起诉阶段监察机关的补查问题。对于审理阶段的证据补查,从有利于保持工作连续性、提高办案效率的角度,应当参照上述规定执行。

2020年国家监察委员会、最高人民法院、最高人民检察院、公安部印发的《关于加强和完善监察执法与刑事司法衔接机制的意见(试行)》对此亦作了确认,即人民法院认为证据需要进行补正或者解释的,应当向人民检察院提出。人民检察院可以自行补充侦查,也可以书面商监察机关补充提供证据。《监察法实施条例》第229条第1款进一步规定,在案件审判过程中,人民检察院书面要求监察机关补充提供证据,对证据进行补正、解释,或者协助人民检察院补充侦查的,监察机关应当予以配合。监察机关不能提供有关证据材料的,应当书面说明情况。故此,**对审判过程中发现需要补查补正的问题,考虑其本身亦属于控诉机关的举证责任范畴,应当向检察机关提出,由检察机关自行补充侦查或者书面要求监察机关补充提供证据。**

(3)梳理证据补查的重要方面。从实际来看,当出现以下情形时,通常需要开展证据的补查工作:一是调查经过、被告人到案经过不明的;二是被告人、证人的言词证据多次反复,办案机关只形成或者移送一次、二次笔录的;三是需要补充或者重新鉴定的;四是需要补充相关书证(如被告人任免职文件)的;五是笔录签名存在不规范等证据瑕疵情况的;六是涉案款物的权属、性质、来源和权属不明的,等等。

(四)非法证据排除问题

《监察法》第36条第2款、第3款规定:"监察机关在收集、固定、审查、运用证据时,应当与刑事审判关于证据的要求和标准相一致。以非法方法收集的证据应当依法予以排除,不得作为案件处置的依据。"《国家监察委员会与最高人民检察院办理职务犯罪案件工作衔接办法》第27条第1款规定:"国家监察委员会调查取得的证据材料,可以在刑事诉讼中作为证据使用。被指定的人民检察院应当对取证合法性进行审查。"《监察法实施条例》及《国家监察委员会、最高人民法院、最高人民检察院、公安部关于加强和完善监察执法与刑事司法衔接机制的意见(试行)》亦明确规定,对于调查人员采用暴力、威胁以及非法限制人身自由等非法方法收集的被调查人供述、证人证言、被害人陈述,应当依法予以排除。收集物证、书证不符合法定程序,可能严重影响案件公正处理的,应当予以补正或者作出合理解释;不能补正或者作出合理解释的,对该证据应当予以排除。《监察法实施条例》第65条第2款还对"暴力、威胁"的非法方法进行界定:暴力的方法,是指采用殴打、违法使用戒具等方法或者变相肉刑的恶劣手段,使人遭受难以忍受的痛苦而违背意愿作出供述、证言、陈述;威胁的方法,是指采用以暴力或者严重损害本人及其近亲属合法权益等进行威胁的方法,使人遭受难以忍受的痛苦而违背意愿作出供述、证言、陈述。

比较可见,上述规定内容与《刑事诉讼法》《适用刑诉法解释》《严格排除非法证据规定》等法律文件关于排除非法证据的规定基本一致。所以,**排除非法证据,在职务犯罪案件中适用并无禁区**。实际办案中,应当严格按照刑事诉讼法及司法解释、规范性文件关于排除非法证据的有关规定,切实做好证据的合法性审查,确保职务犯罪案件审判的公平公正,经得起法律、历史的检验。

鉴于非法证据排除问题在前文已有专门的阐释,在此不再赘述。需要注意的是,**法庭在对证据进行合法性审查时,对于认为需要调取调查、讯问以及搜查、查封、扣押等重要取证工作的录音录像的,应当通知人民检察院依照有关诉讼程序及工作机制调取**。

(五)调查人员出庭问题

审判阶段的证据收集合法性调查,是非法证据排除程序的核心,而侦查人员出庭作证又是其中非常重要的环节。所以,2012年《刑事诉讼法》修改时增加规定:"现有证据材料不能证明证据收集的合法性的,人民检察院可以提请人民法院通知有关侦查人员或者其他人员出庭说明情况;人民法院可以通知有关侦查人员或者其他人员出庭说明情况。有关侦查人员或者其他人员也可以要求出庭说明情况。"

根据《刑事诉讼法》的规定,第一,侦查人员出庭坚持必要性原则,是最后手段,在现有证据材料不能证明证据收集的合法性的情况下才使用,以最大可能地减少对侦查机关正常工作的影响。第二,**侦查人员出庭是"说明情况",不同于普通证人"出庭作证"**。值得注意的是,《严格排除非法证据规定》第27条规定了侦查办案人员出庭的身份是"出庭作证或者说明情况"。立法则回避使用"出庭作证"的表述,其意图仍在于减少侦查人员出庭需要负担的义务和责任。换言之,立法的良苦用心就是,"侦查人员尽量不出庭,如果确有必要出庭,也主要是'说明情况'"[1]。

---

[1] 董坤:《侦查人员出庭说明情况问题研究——从〈刑事诉讼法〉第57条第2款切入》,载《法学》2017年第3期。

尽管如此,立法对侦查人员出庭毕竟作出了正式规定,这是一个巨大进步,对推动和保障非法证据排除程序的适用具有重要意义。修改后的《刑事诉讼法》施行后,各地陆续都有了一些侦查人员出庭说明情况的刑事案件。2018年监察体制改革后,在职务犯罪案件审判中经常出现被告人及其辩护人申请排除非法证据的情况,由此也促使调查人员出庭问题成为理论与实务上的关注重点。

经过沟通会商,2020年国家监察委员会、最高人民法院、最高人民检察院、公安部印发的《关于加强和完善监察执法与刑事司法衔接机制的意见(试行)》对此作了规定。2021年《适用刑诉法解释》第136条也对调查人员出庭说明情况制度作了确认,明确调查人员出庭的,应当向法庭说明证据收集过程,并就相关情况接受控辩双方和法庭的询问等。根据有关规定和实践中的做法,具体工作机制如下:

(1)坚持必要性原则,即现有证据材料不能证明证据收集的合法性,如确有必要,经沟通后人民法院可以通知监察机关的调查人员出庭说明情况。据此,人民法院通知有关调查人员出庭时,要先与监察机关进行沟通。

(2)启动的主体是人民法院。根据案件情况,法庭可以依职权通知调查人员出庭说明情况。控辩双方申请法庭通知调查人员出庭说明情况的,法庭需要进行审查,如认为有必要,应当通知有关人员出庭。

(3)明确监察机关配合的义务和办理程序。对人民法院要求有关调查人员出庭说明情况的,监察机关应当根据工作需要予以配合,由案件审理部门进行研究并报本机关主要负责人审批后,由调查部门派员出庭说明情况。

(4)建立必要的保障机制。**如果监察机关认为调查人员不宜出庭说明情况,应当向人民法院出具书面说明。**

(5)人民法院召开庭前会议,也可以根据工作需要通知监察机关调查人员参加,具体程序参照庭审的相关要求办理。

需要提及的是,2021年《监察法实施条例》第229条第2款对监察人员出庭问题也作了明确规定:"人民法院在审判过程中就证据收集合法性问题要求有关调查人员出庭说明情况时,监察机关应当依法予以配合。"

第十讲　刑事指导案例的"参照适用"

根据《最高人民法院关于案例指导工作的规定》,对于指导性案例,各级人民法院审判类似案例时应当参照。由于我国是成文法国家,法官判案的主要依据是制定法,那么如何参照指导性案例,值得研究。[1] 从案例指导制度的性质来看,具有参照价值作用的指导性案例依附于法律条文,体现为对特定法律条文的具体解释,从而在法官寻找和发现裁判规范的过程中,为其提供线索和指向,辅助法官找到恰当的制定法依据。但对法律条文的解释可能不是一种,与特定法律条文关联的指导性案例也可能不止一个,法官时常需要在两种或两种以上的解释结论或相关指导性案例提供的指引中作出选择。所以,**运用类比推理,通过案情的比对,找到与当下待决案件最为接近的指导性案例,并将法律针对指导性案例所赋予的规则转用于该待决案件,便成为我国刑事指导性案例参照适用的基本方式**。[2]

一、案情相似性的判断

参照指导性案例判案的首要环节,是在与制定法条文相关联的若干指导性

---

[1] 2024年2月27日,最高人民法院建设的"人民法院案例库"正式上线并向社会开放,集中收录经最高人民法院审核认为对类案具有参考示范价值的权威案例,包括指导性案例和参考案例。本文虽然主要针对指导性案例展开,但就具体适用方法而言,人民法院案例库入库的参考案例与指导性案例没有差异,故本文观点亦可用于参考案例适用。

[2] 参见于同志:《论指导性案例的参照适用》,载《人民司法》2013年第7期。

案例中寻找到与待决案件最为相似的一个。这就需要对待决案件与指导性案例中的法律事实进行分析和选择，判断两者的案情相似性。

（一）判断案情相似的思路

任何案件都有很多事实，那么，哪些事实相似时才可以适用指导性案例呢？卡尔·拉伦茨曾说，对两个案件作相同的评价，是因为二者的构成要件相类似。所谓构成要件，是指与法律对特定问题的评价有关的重要观点。[1]构成要件必然存在于一定的案件事实之中，所以，分析、研究案件事实以及与之密切关联的法律关系，对准确把握构成要件具有重要的意义。

在司法实践中，我们所面对的具有可比性的案件事实，通常是拥有特定法律意义、能够成为法律评判对象的事实，尤其是有关根据法律确定案件事实性质的关键点或争议点，这就是构成要件。[2]这种构成要件的事实，在英美判例法中也被称为必要事实（necessary fact），即对于形成判决结论有必要的基础事实，而其他的事实为非必要的事实（unnecessary fact）或假设的事实（hypothetical fact）。必要事实往往决定着案件的性质，因此由前案的必要事实推导出来的裁判规则对后案的审判具有拘束力，而非必要事实或假设的事实则没有拘束力。[3]所以，**判断待决案件与某个指导性案例的相似性，主要看其必要事实**。必要事实相似，则意味着案件的争议焦点即法律问题相似，这是参照指导性案例办案的基础。

笔者认为，司法实践中，在待决案件与指导性案例的必要事实的相似性判断上，应当满足以下两个基本条件：（1）待决案件在所有必要事实上与指导性案例已经判定的必要事实，全都相一致；（2）待决案件与指导性案例的其他不同之处，不足以排斥或推翻上述评价。

以上两个条件，从正反两方面对案件必要事实相似性的判断作了限定。**如果待决案件与指导性案例之间的必要事实经过比较，满足这两个基本条件，那么，就可以认为两者的案情是相似的**，就可以把法律针对指导性案例所赋予的

---

[1] 参见[德]卡尔·拉伦茨：《法学方法论》，陈爱娥译，商务印书馆2003年版，第258页。
[2] 参见张骐：《论寻找指导性案例的方法——以审判经验为基础》，载《中外法学》2009年第3期。
[3] 参见潘维大、刘文琦编著：《英美法导读》，法律出版社2000年版，第58~61页。

规则,转用于法律没有规定或者规定不明确,但与指导性案例相类似的当下待决的疑难案件。

(二)判断案情相似的方法

待决案件与指导性案例的案情比对的思路,体现了类比法律推理的运用,其基本的方法与步骤大致如下:

1. 列举指导性案例(源案例)的事实模式 A 的某些特征 X、Y 和 Z;
2. 归纳出处理事实 A 的法律原则是 P;
3. 列举待决案件的事实模式 B,有特征 X、Y 和 A,或者 X、Y、Z 和 A;
4. 对事实 A 和 B 之间进行比对,发现 A 和 B 之间的关联性;
5. 因为 A 和 B 之间具有共同之处,所以 B 也适用 A 的法律规则 P。[1]

笔者理解,与英美国家的法官运用归纳推理方式去分析、总结判决理由的复杂性相比,由于指导性案例的裁判规则前期已经被案例编写者归纳、抽取出来,所以,**具体的操作过程和难度大大简化了,基本上可以省去第二个环节中比较复杂的归纳和提取裁判规则的活动**。不需要像英美国家的法官那样花费大量功夫去发现与理解为什么这样处理源案例的原则或规则,法官可以集中精力结合裁判规则对指导性案例的必要事实进行总结和列举,并对照当下待决案件的必要事实,来比对两者之间的异同,据此确定是否可以参照该指导性案例判案。

以北京市高级人民法院发布的"指导案例"——李某等 31 人以危险方法危害公共安全案为例:

自 2004 年 4 月以来,31 名被告人纠集在一起,先后组成以北京无业人员李某、顾某、英某和辽宁省无业人员卜某等人为首的两个团伙,在北京市二环路、三环路、四环路等城市主干道以及部分高速公路上多次故意制造交通事故,并以此向事故的另一方当事人索要钱财。其采用的作案方法主要是,由李某等人驾车在道路上寻找外省市进京的中、高档小轿车并尾随其后,当前车正常变更

---

[1] 参见[美]凯斯·R.孙斯坦:《法律推理与政治冲突》,金朝武等译,法律出版社 2004 年版,第 77~78 页。

车道时,突然加速撞向前车侧后方,造成前车变更车道时未让所借车道内行驶的车辆先行的假象;事故发生后,其他被告人轮流冒充驾驶人,待到达事故现场的交通民警作出前车负全部责任的认定后,以此要挟甚至采用威胁的方法,向被害人索要钱财。31名被告人先后制造对方负全部责任的事故220余次,非法获利共计人民币51万余元。

法院经审理依法以危险方法危害公共安全罪分别判处其中的27名被告人九年六个月至一年六个月不等的有期徒刑,4名被告人判处缓刑三年至一年六个月;同时责令31名被告人退赔被害人经济损失总计51万余元。

对于该案件,通过归纳其判决理由可形成以下裁判规则:"在城市主干路及高速路驾驶机动车'碰瓷'的,行为人采取突然变速冲撞的方法,很可能使正常快速行驶的被害人车辆因突然受到撞击或紧急避让而失去控制,进而危及其他不特定多数人的人身、财产安全,按照牵连犯择一重罪处断的原则,可对行为人按以危险方法危害公共安全罪论处。"[1]

上述案例包括以下必要事实:(1)犯罪地点是在行车速度快、车流量大的城市主干路及高速路上;(2)行为人的犯罪工具是机动车;(3)行为方式是驾驶机动车故意突然变速碰撞正在正常行驶的其他车辆;(4)行为的直接后果是碰撞到了他人正在正常行驶的机动车,造成该车辆不同程度的违章;(5)行为人主观上具有索取他人财物的非法目的性;(6)行为人使用了要挟甚至威胁的方法勒索财物等。

这些必要事实是判断李某等人的行为具有故意危害公共安全,而不是单单的敲诈勒索性质的关键。至于行为人的数量、犯罪行为的次数、被撞车辆实际的违章程度、行为人有没有索取到他人的财物以及索要财物的实际数额等,可能影响案件的具体量刑,但不足以对案件的整体认定产生实质性影响,也就不是本案的必要事实,而是非必要事实,可以不作为案情比对的重要因素考虑。

我们在处理同类案件时,将待决案件的事实与上述指导案例的必要事实进行比对,如果待决案件具备该"指导案例"的必要事实的全部构成要素,则可以

---

[1] 谭京生、于同志:《对在城市主干道驾驶机动车"碰瓷"的定罪》,载《人民法院报》2007年12月7日,第5版。

参照该"指导案例"的裁判规则,适用同一刑法条文进行裁判。例如,面对这样的待决案件,就可以通过上述程序确定是否参照该"指导案例"裁判:

2008年6月21日至12月16日,被告人李某某、熊某某、侯某某等人先后19次驾车至京珠高速湖南株洲市地段,不顾其他车辆的行车安全,先后故意撞到袁某某等19名受害人驾驶的轿车上,并迫使受害人停车。继而索要车辆赔偿费,共勒索现金39,900元、金项链1条。

分析这一案件的事实,该案也是发生在行车速度快、车流量大的高速路上,犯罪手法同样是通过驾驶机动车故意碰撞其他正常行驶车辆,造成其车辆违章的结果,并勒索财物。通过案情的分析与比对可以看出,该案完全具备上述案例的必要事实的构成要素。所以,法院审理认为,被告人李某某、熊某某、侯某某等人无视国家法律,采取在高速公路上碰撞他人正在行驶中的汽车的手段勒索财物,危害不特定多数人的人身和重大财产安全,其行为构成以危险方法危害公共安全罪,依法判处李某等人九年到三年不等的有期徒刑。[1]

值得注意的是,既然必要事实是构成一个判决不可或缺的基础事实,那么,经案情比对后决定适用指导性案例时,应当保证待决案件能够完全满足该指导性案例的必要事实的所有构成要素。**如果待决案件不能全部满足该指导性案例的必要事实的各个构成要素,则需要对其实质的危害性作进一步考量。**因为,缺少其中一个必要事实,对于疑难案件来说,往往不能保证参照适用该指导性案例所要求的、不可或缺的案情相似性。

以王某敲诈勒索案为例:

2006年4月至2007年1月,被告人王某为取得高额修理费,在北京市海淀区大柳树北口、阜石路、北三环联想桥、西城区西二环官园桥、朝阳区东三环主路国贸桥北侧等城市道路上驾驶出租车,在对方车辆变更车道或转弯时,故意追撞前车侧方或减速剐蹭后车侧方,从而制造对方车辆变更车道或借道行驶时影响相关车道内行驶的机动车正常行驶的假象;或者急刹车造成对方车辆追尾的假象,待到达事故现场的交通民警认定对方车辆负全部责任后,向对方当事

---

[1] 参见秦飞雁等:《高速公路上驾车"碰瓷"的司法认定——湖南株洲中院判决李百鹏等以其他方法危害公共安全罪一案》,载《人民法院报》2010年1月30日,第6版。

人索要汽车修理费及车份钱等事故赔偿款共计人民币8635元,后被公安机关抓获。针对以上事实,检察院以王某犯以危险方法危害公共安全罪向法院提起公诉。

法院经审理认为,王某以非法占有为目的,在城市道路上故意制造交通事故后,以对方负事故全部责任为由索要钱款,数额较大,其行为已构成敲诈勒索罪,公诉机关指控罪名不当,应予纠正。据此,依法判决王某犯敲诈勒索罪,判处有期徒刑一年八个月,并责令王某退赔人民币8635元,发还各被害人。[1]

从本案在案证据证实的案件事实来看,王某采用的犯罪手法,包括驾驶机动车故意碰撞其他车辆,造成对方违章负责的假象,索取他人钱财等,均符合李某等31人以危险方法危害公共安全案的必要事实的构成要素,但在影响案件定性的部分必要事实上则并不完全与之符合,即现有证据难以证实被告人实施的犯罪行为发生在行车速度快、车流量大的城市主干路或高速路上,由此也就难以确定被告人的行为具有危害公共安全的本质属性。具体分析如下:

(1)控方现有证据无法证明案发时相关道路的车流量及危及周围公共安全的情况,且本案多起事故发生在凌晨或非高峰期,涉案的道路并非城市主干道或高速路,案发时车流量不大,难以认定被告人的行为对周围的不特定多数人构成威胁。

(2)从几名被害人关于案发情况的描述看,他们只讲述了自己的车与被告人的车发生事故的全过程,并未谈及案发时车流及周围人的状况,且根据被害人的陈述,他们驾车准备并线或者转弯时目测附近车辆不多,案发时很多被害人都不能明确地感知发生剐蹭,故在案的被害人陈述无法证明被告人与其发生交通事故的行为在当时条件下存在危及公共安全的可能。

综合全案证据分析,被告人王某是在非高峰期制造交通事故,且事故并未发生在高速路、快速路等路段,现有证据也无法证明案发时王某的车速及道路周围情况,而各被害人的陈述证明了交通事故轻微、道路状况并不复杂等事实。这些事实与行为人驾驶机动车在行车速度快、车流量大的城市主干路或高速路上"碰瓷"的李某等31人以危险方法危害公共安全案的必要事实不完全符合。

---

[1] 参见北京市海淀区人民法院(2008)海刑初字第18号刑事判决书。

所以,审理该案的北京市海淀区人民法院未参照该"指导案例",而是根据在案证据证实的案件事实,并依据《刑法》第274条的规定,认定故意制造交通事故索取他人较大数额财物的被告人犯敲诈勒索罪,这样的处理是妥当的。

(三)情势权衡原则的运用

运用指导性案例,意味着我们无法直接从法律条文中通过演绎推理的方法直接得出案件的处理结论,同时也无法通过归纳推理的方法解决问题,所以要以类比推理作基础,在众多先前案例中选择最具有相似性的指导性案例来指导待决案件的处理。**类比推理作为辩证推理的一种,侧重于对法律规定和案件事实的实质性内容进行价值评判**。因此,包含价值判断、利益衡量、政策考量等内容的情势权衡原则在认定案件相似性的过程中具有重要的现实意义。

从指导性案例的运作过程看,待决案件的事实与特定指导性案例的必要事实之间,很难完全吻合。**当前后案件的事实不完全相同时,我们时常需要使用"类推"的方法,按照缩小广泛或者扩展狭窄的原则,对用以认定案件的某些重要事实进行人为地增减,据此来确定指导性案例的适用**。如果待决案件的事实与两个以上的指导性案例相关联,则需要在它们之间选择一个与待决案件的重要事实相同或类似程度最高的指导性案例作为参照适用的依据。但是,案件事实之间类比点及其相似性,并不能借由直观的方式获取,案情相似性的判断在很大程度上还要依靠我们自身的决断,即取决于"权力的分配和运用"。[1]换言之,两个案件之间是否可作类比适用,并非由外部观察到其有达到某种物理程度的相似性,而是要从内涵上认知到其有规范评价意义的相同性。[2]

为了保证案件裁判的公正性,需要我们根据情势权衡原则,综合运用价值判断、利益衡量、政策考量等方法与思路来作出恰当的认定和判断。日本法学家川岛武宜指出,法律价值判断与逻辑推理并行,贯穿审判过程始终。这种作为审判依据的价值判断往往与审判的逻辑说明同时进行或者先于逻辑说明进

---

[1] 参见林立:《法学方法论与德沃金》,中国政法大学出版社2002年版,第77页。
[2] 参见陈林林:《裁判的进路与方法》,中国政法大学出版社2007年版,第127页。

行,相互交错、互相影响。[1]从实践来看,在案件比对过程中,类比点的选择十分重要,类推或类比推理涉及一种评价性的思考过程,而不是仅局限于形式逻辑的思考运作。所以,选择适用某一个指导性案例而排除适用另一个指导性案例,往往就是在一种价值判断模式指导下的结果。

例如,2008年年初,北京市高级人民法院在奥运会开幕前夕,为了维护首都地区城市道路交通安全,将"李某等31人以危险方法危害公共安全案"作为"指导案例"发布。[2]如前文所述,这一案例确立了对在车流高峰期的城市主干路及高速路驾驶机动车"碰瓷"按以危险方法危害公共安全罪认定的裁判思路,统一了全市法院的司法尺度。这对指导北京各级司法机关用足用好法律武器,稳、准、狠地打击此类违法犯罪,切实维护首都地区城市道路交通安全,保护人民群众人身安全、重大财产安全,具有重要的实际意义。但对于车流高峰期在二环、三环等主干道上相互"飙车"这一新型交通违法犯罪行为如何处理,实践中仍不无疑问。

例如,单某等人以危险方法危害公共安全案:

2006年3月15日23时许,单某、王某等三人饮酒后,分别驾驶经过私自改装的轿车,行驶至北京市东三环主路时,以轰油门等方式相互联络后,由北向南方向超速"飙车",互相追赶。单某在超车时与他人正常行驶的车辆发生碰撞,导致三车损坏,一人受轻微伤。事故发生后单某驾驶前机器盖已经掀起的汽车继续前进,又与一正常行驶的出租车发生碰撞,导致该车受损。单某因车辆严重损坏而弃车逃跑,后与王某等人投案。

以前对此类案件基本上是按违反交通运输管理法规对其进行行政处罚,如造成他人重伤、伤亡,财产重大损失后果的,则考虑依照交通肇事罪定罪处罚。这样的处理显然与该类行为的严重社会危害性不相符合,也难以有效地防范与打击此类违法犯罪。同时,此类案件的案情与上述关于驾驶机动车"碰瓷"的指导案例明显不同,直接适用该指导案例的裁判规则依据不充分。但是,通过情

---

[1] 参见[日]川岛武宜:《现代化与法》,申政武等译,中国政法大学出版社1994年版,第250~251页。

[2] 参见北京市高级人民法院编:《北京法院指导案例》(第5卷),知识产权出版社2010年版,第25~30页。

势权衡原则的运用,办案机关仍然从两者案情的比较中发现了两案件的实质相似性,即车流高峰期在城市主干道上实施相互"飙车"与驾车"碰瓷"的违法犯罪行为均具有危及公共安全的性质,由此从"碰瓷"案例中获得实际指导,依法以危险方法危害公共安全罪对相互"飙车"行为予以定罪处罚。

法院经审理认为,对于部分情节严重的"飙车"行为,可以认定为以危险方法危害公共安全罪。具体裁判思路如下:

(1)"飙车"行为并不完全等同于驾车超速行为,行为人往往出于争强好胜、追求刺激、挑战速度极限等目的,驾驶机动车以超快甚至极限速度行驶,一旦发生事故,后果明显会比一般的超速行为更加严重,并给其他交通参与人带来更大、更持久的恐慌心理,具有比普通超速行为危害更大的破坏公共交通安全的性质,行为本身即具备危及公共安全的基本属性。结合特定的条件与环境,其危险程度、可能造成的危害后果通常与放火、爆炸等行为相当。因此,虽然法律上未对"飙车"行为作出明确的界定,但在司法实践中,参考驾驶机动车"碰瓷"的案例,将某些确实严重危及公共安全、可能造成不特定多数人生命、健康、财产重大损害的"飙车"行为,认定为以危险方法危害公共安全的行为,并无不妥。三环主路是北京城市交通运输主干道路,车流量大且行车速度较快。被告人酒后在这种城市交通干道上高速"飙车",相互追逐、逼挤、赶超,具有高度的危险性,很可能会使快速行驶的其他车辆因受到碰撞或因紧急避让而失去控制,进而造成不特定多数人的死伤或公私财产的重大损失,因此,这已构成对公共安全的严重危害,应属于以危险方法危害公共安全的行为。

(2)行为人以追求速度胜出对方为目的在城市交通干道上"飙车",车辆速度比一般超速违法行为更快,且伴有多车间的追逐、逼挤、超车等情形,其产生危害结果的可能性大大增加,行为的危险程度和危害后果的严重性明显上升。作为一名驾驶员,通常都能明确、清楚地认识到在这种特定环境和条件下"飙车"会造成严重的危害后果,却仍然置道路上行驶的其他机动车及驾驶员的生命、财产安全于不顾,亦未有可借以避免危害结果发生的现实有利条件和措施,其主观上应具有放任危害结果发生的故意,故不符合交通肇事罪的构成要件。就本案而言,被告人单某在发生了第一起交通事故后,其车辆因撞击导致前方视线被掀起的机器盖遮挡,却仍驾驶该车辆继续高速行驶,并与他人再次发生碰撞,后又强行驾驶车辆继续逃逸,无视他人的生命、财产安全,造成了损害后果的继续扩大,其放任危害结果发生的意志因素尤为明确。所以,法院依法以以危险方法危害公共安全罪分别判处单某有期徒刑三年,判处王某有期徒刑一年。[1]

这种对李某等31人以危险方法危害公共安全案的参考与借鉴,就是借助于案件的实质性要件或关键性的类比点——在行车速度快、车流量多的城市主干路上实施驾车"碰瓷""飙车"行为所共同具有的对不特定多数人生命、健康、重大财产安全的高度危险性。运用情势权衡原则,通过一定的价值判断,寻找到了它们之间的"相似性",从而有了参考适用该案例的客观基础,在有效地解决了疑难法律问题的同时,也填补了刑法相关规定模糊导致的法律空缺。所以,对单某等人以危险方法危害公共安全案的裁判,本身也具有了形成指导案例的基础与条件。

从实际来看,某些案件在审判实践中之所以"疑难",在形式上可能表现为法律本身的"空缺",但在实质意义上可能是因为我们在两种或两种以上存在冲突的法律价值或者利益之间一时难以抉择。 比如,就刑事司法而言,是突出惩罚犯罪还是强调保障人权,是追求形式公正还是落实实质正义,是司法公正优先还是侧重于司法效率等。这时就需要我们根据立法目的、立法原则,审查、判断指导性案例是否正确地反映立法精神和立法原则,并能满足或适应于现实的司法需要。

这其实是一项较有挑战性的工作。**在这种情况下,需要我们综合考虑案件的必要事实及其体现的法律关系、案件背后的诉讼目的、判案理由、当时的社会环境、判决的社会效果、案例的基本方向、对事实的评析、最新的学术研究成果、相关法律规定等诸多因素,来判断参照指导性案例判案是否适当,进而决定参照与否。**

(四)刑法谦抑原则的制约

刑法具有谦抑性的特点,运用刑法调整社会生活时,应当体现出刑法的补

---

[1] 参见北京市高级人民法院编:《北京法院指导案例》(第5卷),知识产权出版社2010年版,第31~33页。

充性、不完整性及宽容性。其主要包括以下三个方面:(1)刑法的补充性,是指刑法作为保护法益的最后手段,只有在其他法律手段不能提供充分保护的情况下,才能运用刑法进行保护。(2)刑法的不完整性,是指刑法应当限缩、内敛,不能扩张性地介入国民生活的每个角落。(3)刑法的宽容性,是指即使出现犯罪行为,如果从维护社会秩序的角度看缺乏处罚的必要性,也不能处罚。[1]

笔者认为,刑事指导性案例作为对刑法的一种适用解释形式,在其具体运用过程中也应当体现或落实刑法谦抑性的要求。

(1)在运用指导性案例的裁判规则论证待决案件的裁判理由时,应适当考虑刑法所具有的"他法不能,我方登场"的补充性,以体现其内缩、后隐而非外张、突前的价值立场。所以,**参照指导性案例具体适用刑法时,对可入罪可不入罪的,一般宜考虑不作犯罪处理;对可予刑罚处罚也可不予刑罚处罚的,一般宜以非刑罚方法处理;对可予重刑处罚也可予轻刑处罚的,一般宜适时地施以轻刑。**

(2)**指导性案例在阐释理由、修正刑法的僵硬性时不能忽视人权保障的内容,尤其不能通过指导性案例创设新的罪名,确立新的刑罚。**即使遇到存在社会危害性需要以刑法来规制而法无明文规定(包括显性规定和隐性规定)的情况时,也只能以现行法律为依据处理,以体现对罪刑法定原则的遵守,防止指导性案例的适用不当地扩张了刑法对社会生活的干预范围。

(3)做好对待决案件的实质危害性的价值判断,从维护社会秩序的角度看,如果行为缺乏处罚的必要性,或者缺乏对行为人不利的指导性案例适用所要求的实质处罚条件,则不能借助指导性案例使行为人不当地入罪受罚。

在刑事指导性案例适用过程中贯彻刑法谦抑性的要求,尤其需要处理好规范、事实及价值的关系。**对刑法规范应当基本持严格解释立场,对案件事实要保证其相似性判断的准确性,对实质方面的价值判断应当合理,以确保刑法指导性案例适用过程及结果的正当性。**

例如,在李某等31人以危险方法危害公共安全案中,虽然形成了"在车流高峰期的城市主干路及高速路驾驶机动车'碰瓷'按以危险方法危害公共安全

---

[1] 参见张明楷:《外国刑法纲要》,清华大学出版社1999年版,第8页。

罪认定"的裁判思路,但对该案例的适用,应当限定在城市主干路及高速路上驾车"碰瓷"的这一类行为。即便是驾车"碰瓷"行为发生在城市主干路及高速路上,也需要认真审查和判断在案证据,包括"碰瓷"发生的时间是否为交通高峰时段、车流量及行人的多少、车辆驾驶的速度、车辆碰撞时在道路上的具体位置以及车辆碰撞部位、碰撞行为是发生在车辆的正常行驶过程中还是发生在车辆刚起步阶段、行为人的精神状态如何等。总之,要从主客观方面综合判断行为是否现实地危害到"公共安全"。

从实际来看,"碰瓷"发生在道路交通领域的具体情况是多种多样的,对于生活中大量出现的利用道路混乱、机动车停车起步阶段以及违规行驶等,用身体故意或者假装与机动车发生碰撞而声称受伤,要求对方"赔偿",以及在居民区、行人稀少的街道等场所,车流量少,行车速度慢,驾驶机动车制造"碰瓷"事故的,则一般不能认为其行为危害到公共安全,而参照本案例认定为以危险方法危害公共安全罪。[1]

再如,在单某等人以危险方法危害公共安全案中,虽然法院裁判确立了在城市主干道上相互"飙车"的,可以认定为以危险方法危害公共安全罪的裁判思路,但该案例的适用也要根据具体情势进行权衡、判断,并非所有的"飙车"行为都能够按以危险方法危害公共安全罪追究刑事责任。在司法实践中运用此案例,必须综合考虑"飙车"行为发生的时间、地点、环境、车辆速度、行为动机等多方面因素,据此判断行为人的主观心态及行为的客观危害,并依法作出恰当的认定。对于在案证据能够证明"飙车"行为人主观上持放任危害结果发生的心态,客观上可能或已经损害不特定多数人的生命、健康、重大财产安全,确实危害公共安全的,可以参考该案例,按以危险方法危害公共安全罪追究刑事责任。对于尚不属于以危险方法危害公共安全的"飙车"行为,如果在"飙车"过程中发生事故,致人重伤、死亡或者使公私财产遭受重大损失的,可考虑以交通肇事罪论处;如果未发生事故造成后果的,应依交通运输管理法规给予行政处罚,不能参考本案例认定为以危险方法危害公共安全罪。

---

[1] 参见于同志:《驾车"碰瓷"案件的司法考量——兼论具体危险犯的可罚性判断》,载《法学》2008年第1期。

(五)案例选择的基本法则

从实际来看,寻找指导性案例就是按照一定的价值标准,在若干具有关联性的指导性案例中选择、确定与待决案件事实最为接近、裁判效果最好的一个,据以参照适用。为了找到这样的指导性案例,我们在司法实践中应当特别注意以下几点。

1. 全面掌握案件事实,吃透案情

这是准确认定案件事实、判断案件相似性以及进行类比推理的前提条件。案件事实的建构本身具有一定的人为色彩,并不是一个单纯的客观描述过程,在形成案件事实的同时,司法人员就在考量个别事实在法律上的可能意义[1]。所以,只有对相关指导性案例以及待决案件的事实及案情全面掌握,了然于心,才可能顺利地进行案情及构成要件的比对,对其相似性作出恰当的判断,并以类比推理为基础,通过对比案件的相似性而发现可供参照适用的恰当的指导性案例。

2. 重点判断案件的必要事实及实质构成要件

一个案件的事实要素涉及方方面面,不能也不应当全部地、逐一地进行案情比对。要注意区分案件的必要事实与非必要事实,避免因过于拘泥于纷繁的非必要事实,而放弃了从整体上对案情作出判断。要注意把握案件的必要事实及形成判决基础的构成要件,并在此基础上判断指导性案例中法律解释方案的合理性或实质性理由,进而决定是否参照适用该指导性案例。

3. 正确处理好事实、规范与价值之间的关系

要准确判断案件的相似性,结合待决案件的实际情况客观地评价指导性案例的解释结论,并立足于法律的基本精神、立法目的和预设价值,以事实为根据,以法律为准绳,全面把握,审慎认定,权衡情势,作出判断,确保运用指导性案例进行法律推理的实质合理性,保障待决案件法律适用及裁判结果的正当性。

---

[1] 参见于同志:《刑法案例指导:理论·制度·实践》,中国人民公安大学出版社2011年版,第144页。

4. 在形式与实质之间寻求平衡

对构成要件的实质和案件相似性的判断,在很大程度上体现为我们具有一定价值倾向性的决断、决疑,取决于我们对裁判权力的合理运用。因此,应当遵循一定的形式性原则或程序对该权力的行使进行必要的规制,以保障指导性案例在适用中的"实质合理性与形式合理性的平衡"。[1]

例如,当面对两个或两个以上同类的指导性案例时,可根据案例发布机关的层级高低、案例发布时间的先后顺序、案例发布法院的专业化程度等确定其权威性的高低、说服力的强弱以及可供参照适用的程度。一般来说,最高人民法院发布的指导性案例优先于各高级人民法院通过各种途径发布的参考性案例;同一级别法院新近发布的指导案例优先于以前的同类指导案例;审理某一类案件专业化程度较高的法院发布的案例优先于其他法院的案例等。

如果考察英美国家的判例法实践,其在判断判例的效力价值上,也很重视一些形式性因素,如先例法院在法院体系中的层级位置、先例法院的影响力、主审法官的威望,法官意见的一致程度,法院判决是否为押后判决(择期宣判),法院所辖区环境的相似程度,是否只有一个判决理由或系同一上诉法院的共同的判决理由,判决理由是否为共同判决的大多数、终审上诉法院的判决理由、容易获得的判决理由以及为系列先例所支持的判决理由,是否为被维持的判决、新近的判例、被正确解释过的先例、经过律师辩论的判决等。[2]上述这些判断效力的参考因素,值得我们在具体办案中关注、借鉴。

二、指导性案例的援用

一般来说,任何生效判决的法律效力都是直接针对特定案件本身的,不会涉及其他的案件。只有在该案被作为先例而援引入其他案件的审理过程,才有可能对其他案件的裁判产生实质上的效力。指导性案例如果没有被援引,就难以称为先例,也就不好说现实审判已参照指导性案例了。而且,如果指导性案

---

[1] 参见张骐:《论寻找指导性案例的方法——以审判经验为基础》,载《中外法学》2009年第3期。

[2] See Michael F. Rutter, *The Applicable Law in Singapore and Malaysia: A Guide to Reception, Precedent and the Sources of Law in the Republic and Singapore and the Federation of Malaysia*, Malayan Journal Pte Ltd., Singapore, 1989, p.27–28.

例不能在裁判文书中被引用,我们就可以不理会指导性案例,当事人、律师以及检察官也会觉得它对当下的案件没有意义而不予重视,这样只会导致指导性案如同目前一些法院发布的典型案例一样,仅是形式上的"指导",并无实质性的意义。

从司法实践来看,指导性案例在法院审判工作中真正地被参照、遵循必须具备两个基本条件:(1)法官们对指导性案例知悉、熟悉;(2)指导性案例可以成为二审法院维持、变更或撤销一审判决的依据或理由。从国外经验来看,暂且不论英美普通法体系中法官经常将先例直接作为案件裁判的法律依据,即便是大陆法系国家,将判例引入法院判决的情形也比比皆是,这正体现了其判例的事实拘束力。同样的道理,对于指导性案例而言,我们决定参照指导性案例对待决案件进行处理,最终也要体现为援用指导性案例并在裁判文书中加以适当的表述。

此外,在我国,在裁判文书中明确地引用法官参照适用的指导性案例,其意义还不止于落实指导性案例的效力,在笔者看来,它至少还可能起到以下实际作用:(1)可以让当事人全面地了解案件裁判的真正理由,落实司法公开原则,从而有助于当事人息诉服判。(2)可以保持人民法院审判的一致性和连贯性,推动法律适用的统一,贯彻现代法治原则。(3)可以增强裁判文书的说理性,提高司法的公信力和审判效率。(4)有助于法律人共同体整合司法经验,统一法律认识,提高业务素质等。

鉴于此,指导性案例的参照适用要体现为在裁判书中被援用,但因为它并非法源之一,又不能直接援用作为裁判依据。这就产生了如何援用指导性案例的问题,具体包括从指导性案例中援用什么和如何援用两方面的内容。

(一)案例援用的内容

指导性案例援用的内容,即指导性案例中哪些部分具有效力或指导性而能够被援用。详言之,具有指导意义而被援用、需要参照执行的是针对相应案件事实所作出的判决的具体内容,是案例中说明判决结果赖以确立的法律主张的理由,还是经案例选编机构对有关法律问题或观点加以抽象和概括而形成的"裁判要点"。我国法律界对此有以下几种不同认识:

（1）指导性案例的"指导性"来源于案例本身,但世界上不可能存在完全相同的两个案件,所以,并不是所有的案例(判决)都会成为指导性案例,只有那些在判决理由部分能宣示新的法律原则或规则的,才能成为指导性案例。故指导性案例的指导意义,是以其在判决的理由部分所宣示的法律原则为基准的。[1] 换言之,指导性案例的指导效力或者说应予援用的内容只能体现在发布机关从指导性案例中概括和提炼出来的"裁判要点"或者"要旨"上,指导性案例中的其他内容,包括案件事实、证据、理论评析等不可能具有指导性而被援用。

（2）从判例的产生机制看,发生指导效力的不可能是裁判的具体内容,而只能是法院在判决理由中对某些法律问题所提出的主张,是在指导性案例中被正确理解或具体化的规范。所以,指导性案例中具有指导性、一般性而应予援用的部分,就是判决中所确立的法律观点或对有关问题的法律解决方案以及对该观点或该方案的法律论证。[2]

（3）如果脱离指导性案例的整体内容,单纯地参阅其裁判理由或者裁判要点和要旨,可能会因为裁判理由的抽象性以及裁判要点或要旨所固有的僵化、不周延等成文规范的弊端而导致人们理解不准,甚至会断章取义,由此将削弱指导性案例的价值和作用。所以,指导性案例的整个裁判内容,包括裁判理由、裁判要旨以及理论评析等内容均具有指导意义而有援用价值。[3]

上述几种意见有共识之处,但各自侧重点又不尽相同。从世界范围看,英美法系国家与大陆法系国家在这方面的做法有所不同。在英美法系国家,判例一经宣判就自然形成,而不需要在宣判之外另行确认与发布,所以,判例中具有约束力的是案件据以裁判的判决根据或判决理由(ratio decidendi),而判决书记载的不构成判例理由必要部分的个别见解即附带意见(ofiter dieta),对以后处理类似的案件并无拘束力。[4]例如,E.博登海默说:"在一个司法判决中所作的

---

[1] 参见周佑勇:《作为过渡措施的案例指导制度——以"行政[2005]004号案例"为观察对象》,载《法学评论》2006年第3期。

[2] 参见张骐:《试论指导性案例的"指导性"》,载《法制与社会发展》2007年第6期。

[3] 参见胡云腾、于同志:《案例指导制度若干重大疑难争议问题研究》,载《法学研究》2008年第6期。

[4] 参见[美]理查德·A.波斯纳:《联邦法院:挑战与改革》,邓海平译,中国政法大学出版社2002年版,第404页。

每一个陈述,并非都是一种应当在呈现相似情形的日后案件终于以遵循的权威性渊源。只有那些在早期判例中可以被称为该案件的判决理由(ratio decidendi)的陈述,一般来讲,才能在日后的案件中被认为是具有约束力的。当法官在裁定一个日后的案件时,他完全可以不考虑那些不具有判决理由性质的主张。"[1]但判决根据的最终确定不是由先例中作出判决的法官形成的,而是由后来需要适用该先例的法官在判决其手头的案件时作出的。[2]美国官方或非官方的判例汇编中虽然也编辑判决理由概要或判决提要,但其作用主要是为查找相关法律点提供方便。

大陆法系国家在面对这个问题时各自的认识也不尽一致。法国的判例理论更倾向于上述第三种做法,反对单纯地把判例的拘束力范围限定在裁判理由或者裁判要旨上,认为应"根据每一个判决的具体情况来解决"。[3]德国的判例理论较多地支持第二种做法,认为发生先例拘束力的不是有既判力的个案裁判,而是法院在判决理由中对某法律问题给出的解释或答复。[4]例如,出身于民法法系的美国学者达玛什卡教授在谈到欧陆法官对先例的理解的特点时指出:"法官在'先例'中所寻找的是更高的权威所做出的类似于规则的表述,而案件的事实却被弃置一旁。"[5]在日本,官方的判例汇编虽然也编辑了裁判要旨,但尚没有见到有法律文件明确赋予裁判要旨法律上的效力[6]。

在我国的司法实践中,比较重视裁判要旨或者裁判规则。在最高人民法院和最高人民检察院发布的指导性案例中,都已对案例的裁判理由进行了归纳和提炼,形成了"裁判要点"或"要旨"。这里的"裁判要点"或"要旨"凝结了指导性案例明确的裁判规则、阐释的法理、说明的事理等。所以,**"裁判要点"或"要旨"应属于法律规则或者原则范畴**。法律规则,是指那些具体规定法律权利、法

---

〔1〕 [美]E.博登海默:《法理学——法律哲学与法律方法》,邓正来译,中国政法大学出版社2004年版,第571页。
〔2〕 参见最高人民法院:《判例在联邦德国法律制度中的作用》,载《人民司法》1998年第7期。
〔3〕 参见[法]雅克·盖斯旦、[法]吉勒·古博:《法国民法总论》,陈鹏等译,法律出版社2004年版,第460页。
〔4〕 参见[德]卡尔·拉伦茨:《法学方法论》,陈爱娥译,商务印书馆2003年版,第310页以下。
〔5〕 [美]米尔伊安·R.达玛什卡:《司法和国家权力的多种面孔——比较视野中的法律程序》,郑戈译,中国政法大学出版社2004年版,第51页。
〔6〕 参见[日]后藤武秀:《判例在日本法律近代化中的作用》,载《比较法研究》1997年第1期。

律义务和法律后果,具有严密逻辑结构的行为准则;法律原则是指那些可以作为法律规则的基础或本源的综合性、稳定性的原理和准则。"判例之所以为法,是以其在判决的理由部分中所宣示的法律原则为基准的。"[1]换言之,判例在裁判中所宣示的理由已具备法律规则或原则的规范性指引的特征与要求。

指导性案例本质上属于个别性指引,而非规范性指引,其案件事实本身是特定的、个体的;但是,指导性案例属于类型化的案例,依据案件事实适用法律的过程及其结论所形成的裁判规则,一般是非特定的、非个体的,由此对同一类的相似案件便具有了普遍指导意义。所以,**指导性案例的效力内容更多地(而不是唯一地)体现为,从法律适用过程中提炼出来的"裁判要点"或"要旨"对一定范围内的案件的指导**,类似于英美判例法中具有拘束力的判决理由。但与英美判例法运作中需要后案法官去发现和总结先例中的裁判规范不同,指导性案例中的裁判规范在案例发布的时候已经被案例编写者以"裁判要点"或"要旨"的形式予以明确宣示,后案法官不需要再从中提炼或发现案例的"判旨"。这样就极大地方便了办案人员接受指导性案例的"指导"。

从司法实践来看,我们也确实普遍比较重视或依赖于具有制定法规范意义的"裁判要点"或"要旨"。但也应当看到,这种从案例中直接抽象出指导规则的做法如同制定司法解释规定一样,其本身并非没有缺点。因为案例编写者并不一定是案件主审法官,姑且不论可能存在把"附带意见"或者"傍论"当作先例性规范本身的做法,由于案例指导规则不得不具有的概括性和抽象性,它只能"省略了基本的事实,或只予提示,而从不提供判决所根据的理由"[2],因而会削减指导性案例中规范命题与案件事实关联的生动与鲜活,有时甚至还可能遗漏案例本身具有指导性的法律命题,特别是在一个案例存在多个法律命题的情况下,顾此失彼的情况很可能发生。并且,作为具有制定法性质的规范,它还会不可避免地带有成文规范的通病:因"过于执着于细节事实上会弄巧成拙,使得制定法复杂化且难以解释和适用,并从而鼓励对实质推理的使用,以及不愿

---

[1] 郭道晖:《提高判例的法理质量》,载《判例与研究》1998年第1期。
[2] [德]K.茨威格特、[德]H.克茨:《比较法总论》,潘汉典等译,贵州人民出版社1992年版,第467页。

太认真地对待文本的态度"[1]。所以,有时它可能导致人们的理解要么过于宽泛,要么又过于狭隘。

总体来看,成文法模式下的法律与事实油水分离型的先例性规则,与英美法系中事实与法律水乳交融的判例法规则在适用层面上还是有一定差别的。在传统上以判例法为主要法律渊源的普通法系国家,法律规则由实践自发生成,并且,通过成熟的区别技术以及判例接纳和规避技巧的运用,"判例法规则呈现一种可以随着对于案件事实的不同把握而进行宽窄调整的情形,法官往往根据源于案件事实的实质理由来调整先例的范围"[2],而我们的指导性案例由最高司法机关筛选、确认,采取的仍是立法模式提供规则的路径,且案例规则是以较高抽象性的"裁判要点"或"要旨"的形式存在,一旦确立则会固化乃至僵化,显然还不具备英美判例法规则所具有的可以人为调控、与时俱进的灵活性及其蕴含的更为丰富的法律资源。

鉴于此,在充分肯定"裁判要点"或者"要旨"的指导性的同时,也要有适度超越"裁判要点"或"要旨"的意识。具体来说,**一方面,要重视对指导性案例的"裁判要点"或"要旨"的归纳、提炼、理解和适用。另一方面,还要对通过"裁判要点"或"要旨"将指导性案例抽象化的努力保持在适当的程度,避免舍本逐末,因过分执着于发掘指导性案例中的抽象规则,而忽视案例本身在事实认定、判决说理与案例评析等其他方面可能具有的更为丰富的法律信息。**

从实际来看,要想准确地发现与理解指导性案例的裁判规范,不能完全脱离指导性案例所依附的案件事实、证据以及裁判的说理和案例的评析等。特别是裁判论证和说理过程,其对待决案件的法律适用而言意义重大,因为案例指导制度的重心在于论证适用法律的合理性。正如拉伦茨所言,制作司法先例的法官首先考虑的是他所裁判的事件,"裁判要点"或"要旨"不过是裁判理由中"蒸馏"出来的结晶,与案件事实密切相关,在很大程度上本身也需要解释;与立法者相比,他并不能预见他的"要旨"未来可能适用的情况。[3]换言之,如果离

---

[1] [美]P.S.阿蒂亚、[美]R.S.萨默斯:《英美法中的形式与实质——法律推理、法律理论和法律制度的比较研究》,金敏等译,中国政法大学出版社2005年版,第82~83页。
[2] 张骐:《指导性案例中具有指导性部分的确定与适用》,载《法学》2008年第10期。
[3] 参见[德]卡尔·拉伦茨:《法学方法论》,陈爱娥译,商务印书馆2003年版,第233页。

开相应的案件事实,"裁判要点"或"要旨"可能很难被妥当地理解与适用。事实上,也正是通过从整体上对指导性案例与待决案件二者之间进行"类似性"判断(包括类比推理和区分辨别等),才能决定是否参照指导性案例,接受其具体指导。

从英美法系国家判例法的查明和适用看,一条确定的判例法规则也常常要有一系列相关案例作为基础,也即被以后不同案件多次考量和运用以后才能最后确定,故法官适用判例法在具体解读判例法规则时,同样要联系这个案例以前和以后的对同类问题的判例。[1]所以,**不能孤立地把"裁判要点"或"要旨"与指导性案例的整体割裂开来,而应全面地把握指导性案例对类似案件的指导**。"案例的意义绝不止于从个案中归纳出的特定规则,它更是一种通过判决理由传达的全方位的导向意见。"[2]故从这个意义上来看,**裁判要旨加上裁判文书原文这种指导性案例的编写体例,理应受到更多的重视**。

从笔者调研了解的情况看,审判实践中大家也都愿意关注"裁判要点"或"要旨"以外的其他法律资源,比如,作为指导性案例的判决书原文,特别是这些判决书原文中的法律论证或推理部分,期望从中找到可用于当下待决案件的裁判思路、推理方法等。**所以,指导性案例的援用虽然重点在于"裁判要点"或"要旨",但又不能拘泥于这一点,更不能忽视案例中其他更为丰富的内容,在具体运用指导性案例时还应当将裁判规范与形成裁判规范的案例事实、证据、判决理由及结论等结合起来整体把握**,只有这样才能准确地发现与全面地理解指导性案例的指导意义。

(二)案例援用的方式

我国是成文法国家,成文法是正式的法律渊源,而指导性案例不是。因为指导性案例本身不具有法律拘束力,故理论上一般认为,它不宜作为"裁判依据"来援引,但作为判决理由加以援引,却是值得认真对待的。裁判的核心实际上就是法官的说理论证。"权威来自确信和承认。对有理性的现代人而言,确

---

[1] 参见梁迎修:《判例法的逻辑——兼论我国案例指导制度的构建》,载葛洪义主编:《法律方法与法律思维》(第4辑),法律出版社2007年版。
[2] 杨力:《中国案例指导运作研究》,载《法律科学(西北政法大学学报)》2008年第6期。

信是由证明过程决定的,承认是由说服效力决定的。"[1]因此,运用指导性案例强化法官的说理论证,显然有助于提升裁判的说服力和权威性。

最高人民法院研究室负责人就案例指导制度答记者问时曾指出:"'参照'主要指指导性案例明确的裁判规则、阐释的法理、说明的事理,不是依葫芦画瓢参照具体的裁判结果;参照也不同于适用法律、司法解释必须作为根据、依照,只要类似案件的裁判符合指导性案例的裁判要点,可以引用为说理的依据,也可以不在裁判文书中具体应用。如果当事人在诉讼中明确地要求法院参照某个指导性案例,法官可以在裁判过程中或者裁判文书中的说理中作出回应并说明理由。"[2]《最高人民检察院关于案例指导工作的规定》第 15 条第 1 款规定:"各级人民检察院应当参照指导性案例办理类似案件,可以引述相关指导性案例进行释法说理,但不得代替法律或者司法解释作为案件处理决定的直接依据。"这就明确肯定了指导性案例作为裁判说理的理由而援引的意见。

指导性案例引用的模式就是:由于指导性案例是这样理解和适用法律的,而本案的情形与指导性案例相同或类似,所以,本案也应当像指导性案例一样理解和适用法律,从而作出相对一致的裁判。

我国裁判文书的文风取向一直注重格式、语言简洁且篇幅较小。在裁判文书中援引指导性案例,不可能也不应当是引用案例整体,而主要是引用指导性案例的"裁判要点"或"要旨"。笔者认为,**在司法实践中,引用指导性案例应以不在裁判文书中表述案情比对理由为宜,仅揭示本裁判援引的指导性案例的名称和编号,以及指导性案例的具体指导规则即可**。这在两大法系国家也大体如此,法官适用或遵从的不是判例的整体,而主要是判例中蕴含的裁判规则,所以,无论是大陆法系还是英美法系的法官在援引判例判案时一般只在裁判文书中指出判例的名称及出处,并不将其适用判例的全部思维过程表述出来。[3]

如前文所述,引述指导性案例的重点虽是"裁判要点"或"要旨",但准确理解和把握该案例指导规则,又不能完全脱离指导性案例所依托的案件事实和关

---

〔1〕 季卫东:《法治秩序的建构》,中国政法大学出版社 1999 年版,第 53 页。
〔2〕 胡云腾主编、最高人民法院案例指导工作办公室编:《最高人民法院指导性案例参照与适用》,人民法院出版社 2012 年版,第 293 页。
〔3〕 参见董皞主编:《中国判例解释构建之路》,中国政法大学出版社 2009 年版,第 215 页。

键证据、裁判的说理论证以及案例的评析等内容。我们所说的指导性案例可以作为判决理由加以援引,援引的主要是其裁判的论说依据。所以,**我们在裁判文书中虽然不用详细表述案情比对理由,但在形成裁判结论的过程中,如合议庭合议时,有必要详细讨论指导性案例的具体运用过程,包括案情如何比对,裁判规则如何理解以及如何适用于当下待决案件等,并记录在合议笔录中备查;对特别复杂的案情比对,甚至有必要另行制作案情比对意见留存于案卷中。**

在裁判文书中引述只是指导性案例援用的一方面,不仅如此,在法庭审判中,当事人、律师和检察官都可以使用指导性案例作为法庭辩论及发表法律意见的理由、依据,我们也应在裁判文书中对他们提出的适用或不适用具体指导性案例的意见进行回应,阐明适用、不适用或排除适用指导性案例的理由,以及引用相关指导性案例来论证案件裁判结果等。

从大陆法系国家来看,判例援引的前提是对诉争案件与判例之间的"类似性"程度有正确的判断。笔者认为,由于中国案例指导制度重点关注法律适用的合理性论证,且案例本身主要体现为具有抽象性和形式性的裁判规则,其事实与结论之间的联结要求一般不像事实与规范交织在一起的英美判例法那样严格,那样充满技艺性,因此,在"类似性"的判断上,一般不会存在较大的识别困难。

三、指导性案例的排除

在适用指导性案例判案的过程中,当出现一些情形时还需要绕开具有事实拘束力的指导性案例,从而排除该指导性案例的"指导"。从国外判例制度及其运作实践来看,判例的避开适用是判例制度不可或缺的组成部分。[1] 为了保证我国案例指导的实际效果,在建立和完善案例指导制度时,我们还有必要创设关于不当的指导性案例的排除适用规则。

(一)域外判例的排除规则

从普通法的运作实践来看,当出现以下两种情况时应排除判例的适用:

---

[1] 参见李浩:《英国判例法与判例规避》,载《比较法研究》1995年第1期。

1. 前后案件不同

判例适用的前提是待决案件与其在必要案件事实及法律关系上具有实质的相似性。如果待决案件与先前的某一个判例经过比对不具有相似性,则可以排除适用。美国学者拉特认为,以下五种情况应被区分:(1)事实不同;(2)法律争议不同;(3)实际的判决理由比被主张的理由宽或窄;(4)判决可以在不同的背景下解释;(5)社会、经济或其他情况不同。[1]

2. 判例规则存在缺陷

通常以下情况要作为"遵循的例外":(1)错误的先例;(2)冲突的先例;(3)过时的先例;(4)没有理由的先例;(5)疏忽作出的先例等。[2]

普通法理论认为,判例的接纳与排除不仅是一门知识,更是一门技艺。特别是面对先例在进退维谷的选择中,更需要这种技艺的发挥。美国学者法恩斯沃思曾形象地指出:"使用判例的技巧与其说是科学不如说是技艺。通过阅读有关判例学说的讨论来获得这种技巧并不比通过钻研机械教科书去学自行车更容易些。"[3]卡尔·卢埃林甚至将先例原则的运用比作"Janus 的脸",认为它不是一项原则,而是相互矛盾的两项原则,却同时适用于一个先例,一方面要剔除造成麻烦的先例,另一方面还要利用有益的先例。[4]这种对判例的接纳与排除,反映的正是区别技术的运作过程。

一般而言,运用先例的技巧主要包括,对不太受欢迎但却是必要的先例的接受和对应当适用但被认为是有必要区分的先例的规避,而后者更是经常发生的情形。卡尔·卢埃林在《普通法传统》一书中选取了 64 个判例,从中提出了美国上诉法院遵循先例、规避"已判决"和一些正确的但不常见的运用材料或技巧的方法。

其中,遵循先例的方法包括:(1)自觉控制或缩小坚持或遵循先例的后果的

---

[1] See Michael F. Rutter, *The Applicable Law in Singapore and Malaysia: A Guide to Reception, Precedent and the Sources of Law in the Republic and Singapore and the Federation of Malaysia*, Malayan Journal Pte Ltd., Singapore, 1989, p. 27-28.

[2] 参见孟凡哲:《普通法系的判例制度——一个源与流的解读》,吉林大学 2004 年博士学位论文。

[3] [美]E.阿伦·法恩斯沃思:《美国的判例法》,陶正华译,载《环球法律评论》1985 年第 6 期。

[4] See K. N. Llewellyn, *The Bramble Bush*, Oceana Publications, 1960, p. 68.

方法;(2)通过简单的"依据"或者"已决事项"的方法所获得的选择范围;(3)遵循权威先例时大部分自觉倾向于更为简单的创造方式之多样性;(4)材料应用过程中的重要扩展或改变方向等。规避"已判决"的方法包括:(1)不承担对未来负责任的规避:合法技巧;(2)无责任感的规避:非法技巧;(3)明确的限制和缩小范围;(4)抹杀先例。不常见的方法包括从旧材料中另起炉灶、扩大渊源或技巧的标准等。[1]由此可见,英美判例法的运作过程确实充满了技艺性。

(二)指导性案例排除适用

相较而言,我国指导性案例的适用过程应不至于如此复杂。因为我们运用指导性案例重点关注的是案例指导规则,而该规则通常已经事先被案例发布的机关从案件事实及裁判中归纳并抽取出来,适用指导性案例甚至可以像适用司法解释一样,并不像英美法系法官适用先例那样复杂、烦琐。后者既要在事实与规则水乳交融的众多判例中找到据以遵循的先例,还要对先例规则进行归纳、提取和遵照适用。当然,由于案例指导规则的抽象性及其不周延性,后案法官显然又不能完全脱离具体的案件事实去理解和适用该规则,普通法体系下的判例识别问题,在我国案例指导实践中仍一定程度存在。

指导性案例要真正发挥作用,有赖于司法人员的能动适用,尽管"在某种程度上,判决先例可主张其享有正确性推定,但法官不可不假思索地信赖它,如其发现判决先例有可疑之处,即须自为判断"。[2] 所以,**在司法实践中,当前后案件不同以及发现案例指导规则缺陷而需要排除指导性案例的适用时,我们可以借鉴英美判例法的一些识别与排除技巧,合理地避开不当的或存有缺陷的指导性案例的实际指导**,"从而在表面上不以推翻原判决来表达法院的看法,但事实上已经改变了原判决的拘束力范围"[3]。

(1)区别前后案,即尽量找出目前待决案件与指导性案例在案件事实上的差异性,从而排除该指导性案例的适用。指导性案例的指导性在于其所确立的

---

[1] 参见[美]卡尔·N.卢埃林:《普通法传统》,陈绪纲等译,中国政法大学出版社2002年版,第89~106页。

[2] [德]卡尔·拉伦茨:《法学方法论》,陈爱娥译,商务印书馆2003年版,第203页。

[3] 潘维大、刘文琦编著:《英美法导读》,法律出版社2000年版,第58页。

指导规则或法律解决方法的合理性,而该指导规则或解释方案之合理性的基础是案件事实。一旦案件事实的条件发生变化,则据此确立的指导规则或解释方案的合理性势必因为该条件的改变或丧失而失去合理化基础,如勉强参照该指导性案例判案将可能导致判决的不公正,故需要排除适用。

(2)指出指导性案例规则的模糊或不明之处,拒绝遵从该指导性案例,从而排除其对待决案件的适用,或者对其作出釜底抽薪式的解释,即案例从表面看仍具有指导性,但该指导性已被赋予新的含义,引出新的规则。

(3)宣布指导性案例与法律的基本原则相冲突,从而直接避开该指导性案例的适用。

(4)在指导性案例发生冲突时选择其一从而避开其他不当的指导性案例的适用,包括选择指导性案例从而避开了较低级别的参考性案例,选择在后的指导性案例从而避开在前的指导性案例等。

(5)因原有指导性案例的裁判规则为制定法所直接吸收、推翻或替代而不再适用该指导性案例。

(6)直接宣布案例的指导性已过时,不再适应于司法、社会的实际需要,或者其适用法律是不当的、错误的,而代之以新的指导性案例等。

一般来说,指导性案例一旦确定便具有了纵向的事实拘束力及一定的横向说服力,各级司法机关非经法定程序不得任意否决或拒绝适用。所以,**对指导性案例的排除,必须慎而又慎**,实践中应当特别地防止恶意的规避适用。对此,我们可以借鉴意大利的区分论证责任制度[1],德国的判例背离报告制度[2],

---

[1] 意大利最高法院在1983年5月13日发布的第3275号判决指出:"下级法院在处理一个明确表达出来的问题的时候,即使只参考了最高法院判例,就视为已经履行了说明理由的义务。"另外,在1983年12月3日发布的第7248号判决还指出:"背离最高法院先例的下级法院法官,有义务准确地说明其理由,并且要提出协调一致、令人信服的理由来反驳并且推翻受到其批评的解释方案的可靠性。"换言之,如果下级法院判决参考了最高法院的判例,就视为已经履行了说明理由的义务;如果拒绝最高法院通过判例所表达的解释方案,则必须提出特别妥当的、充分的理由来论证自己的做法。参见薛军:《意大利的判例制度》,载《华东政法大学学报》2009年第1期。

[2] 在德国,当联邦法院中的一个审判庭,可能偏离另一个审判庭以前的判决时,前者需要将有争议的法律问题提交大审判庭,大审判庭再以特别裁定作出决定;除了联邦宪法法院的判例具有强制约束力以外,没有适用判例的立法,但当法院要背离判例另行判决时,必须向上级法院报告。参见王玠:《判例在联邦德国法律制度中的作用》,载《人民司法》1998年第7期。

以及德国、日本的严格审理程序制度[1]等,通过构建以下保障机制,予以必要的规范：[2]

(1)如果司法人员参照了指导性案例判案,可视为其已经履行了说明裁判理由的义务；如果拒绝或排除指导性案例所表达的法律解释规则或解决方案,则必须提出特别妥当的、更加充分的理由来论证自己的判决,否则不能拒绝或排除指导性案例的指导。

(2)当要背离或不适用指导性案例,尤其是若干连续一致的指导性案例而另行处理时,应当报告给上级机关以接受监督。**非经报告的背离裁决,可以构成当事人上诉、检察院抗诉以及二审改判或者发回重审,乃至提起再审的事由**。当然,二审或再审是否因此需要改判或发回重审还应当从程序公正的角度,根据《刑事诉讼法》及最高司法机关有关诉讼程序及证据使用的规定,区别情况分别处理。

(3)进一步严格办理程序,背离指导性案例裁决的案件,原则上应由审判员组成的合议庭审理,并提请本院审判委员会审议决定等。对此,2010年《最高人民检察院关于案例指导工作的规定》第16条曾有类似规定："在办理同类案件、处理同类问题时,承办案件的检察官认为不应当适用指导性案例的,应当书面提出意见,报经检察长或者检察委员会决定。"

通过这些监督机制的构建和运用,一方面,可对我们自觉地参照指导性案例办案的司法行为予以鼓励；另一方面,可对不当的排除指导性案例适用的行为,尤其是恶意规避适用的行为予以规制,这将有助于落实指导性案例的实际指导效力,更好地发挥其在总结工作经验、统一法律适用、提高办案质量、维护司法公正等方面的功能和作用。

---

[1] 日本《裁判所法》第10条第3项规定,关于宪法或者其他法律法规的解释或适用问题,如果意见与先前最高裁判所作出的裁判相反,最高裁判所小法庭不能进行审判,必须得全体法官的合议庭的大法庭来进行。旧的《裁判所构成法》第49条还曾规定,就同一法律问题,有与先前一个或两个以上的庭所为判决相反的意见时,该庭应向大审院长报告,大审院长因该报告,依事件之性质,责令联合民事总庭、刑事总庭或民事及刑事总庭再予审问及裁判等。德国也有类似规定,当联邦法院中的一个审判庭,可能偏离另一个审判庭以前的判决时,前者需要将有争议的法律问题提交大审判庭,大审判庭再以特别裁定作出决定；除了联邦宪法法院的判例具有强制约束力以外,没有适用判例的立法,但当法院要背离判例另行判决时,必须向上级法院报告。参见解亘：《日本的判例制度》,载《华东政法大学学报》2009年第1期；王玑：《判例在联邦德国法律制度中的作用》,载《人民司法》1998年第7期。

[2] 参见于同志：《案例指导研究：理论与应用》,法律出版社2018年版,第231~232页。

案 例 索 引

案例名称	关键词	页码
第一讲　刑事审判的一般思路		
1. 崔某某杀害城管案	风险防范	004
2. 纸馅包子案	扩张解释	011
3. 北京首例网络裸聊案	罪刑法定	013
4. 大兴摔童案	法律推理	022
5. 醉酒驾驶机动车案	机械司法	025
6. 内蒙古农民收购玉米案	实质判断	026
7. 张氏叔侄案	常识判断/证据缺失	029
8. 云南杜培武冤错案	常识判断	029、052
9. 天津老太非法持有枪支案	形式判断	032
10. 赵宇正当防卫案	价值判断	032
第二讲　以审判为中心的刑事诉讼制度改革		
11. 于英生"杀妻"案	常识判断/证据缺失	029、051
12. 聂树斌故意杀人、强奸案	证据缺失/证据审查/证据分析	052、079、088、094、095、096
第三讲　刑事证据审查运用的基本思路		
13. 薄熙来受贿、贪污、滥用职权案	证据辩护/文书表述/特定关系人	066、182、186、483
14. 周某滥用职权案	庭前会议	068
15. 王伟男诈骗案	庭前会议	069
16. 钟某某故意伤害案	举证	076

案例索引　607

续表

案例名称	关键词	页码
17. 尹某、刘某受贿案	证据关联性	086
18. 王维喜强奸案	证据瑕疵	100
19. 某甲被控抢劫杀人案	客观证据关联性	102
20. 胡某故意杀人、强奸案	客观证据缺失	103
21. 任某受贿案	间接证据定案	105
22. 陶某被控故意杀人案	间接证据定案	106
第四讲　排除非法证据的实务操作		
23. 赵作海"故意杀人"案	疑案/冤案	109
24. 吴毅、朱蓓娅贪污案	疲劳审讯	121、133
25. 佘祥林"杀妻"案	威胁	110、124
26. 郑祖文贪污、受贿、滥用职权案	威胁/重复性供述	125、132
27. 黄金东受贿、陈玉军行贿案	非法限制人身自由/疲劳审讯	129
28. 李继轩等贩卖运输毒品案	重复性供述	133
29. 郑建昌故意杀人案	排除非法证据申请	141
30. 李志周运输毒品案	争点形成责任	142、149、160
31. 杨增龙故意杀人案	证明责任	142、147、162
32. 李刚、李飞贩卖毒品案	证据合法性证明	150、161
33. 黄志坚等贩卖、运输毒品案	证据合法性证明	152、162
34. 贵阳小河案	证据合法性裁判	155
35. 邢某、吴某故意杀人案	证明标准	157、160
第五讲　裁判文书的制作方法与规范样式		
36. 劳荣枝故意杀人、绑架、抢劫案	事实表述	170
37. 张某某受贿案	事实表述	170
38. 乌鲁木齐铁路运输中级法院被控单位受贿案	法条适用	175
39. 龚德田交通肇事案	禁止重复评价	176

续表

案例名称	关键词	页码
40. 深圳市快播科技有限公司及王欣等传播淫秽物品牟利案	文书表述	182、192
41. 百香果女童被害案	文书表述/死刑适用	183、349
42. 刘汉等组织、领导、参加黑社会性质组织案	文书表述	187
43. 汪某受贿案	事实表述	194
44. 梁某挪用公款、贪污和巨额财产来源不明案	事实表述	199
45. 张守刚职务侵占案	裁判理由	206
46. 顾雏军等虚报注册资本,违规披露、不披露重要信息,挪用资金案	裁判理由	210
47. 张某某盗窃案	二审事实表述	225
48. 张某盗窃案	二审事实表述	225
49. 刘某盗窃案	二审事实表述	225
50. 费明强、何刚抢劫案	上诉不加刑/罪数	227、360
第六讲　热点刑事案件判决书的撰写思路		
51. 于欢故意伤害案	裁判说理/法律推理	105、182、191、231
第七讲　刑事案件常见情节的司法裁量		
52. 孙某某故意杀人案	被害人过错	258
53. 张某某故意伤害案	被害人过错	259
54. 余正希故意伤害案	被害人过错	259
55. 刘宝利故意杀人案	被害人过错	261
56. 张某故意杀人、盗窃案	被害人过错	263
57. 陆某故意杀人案	被害人过错	264
58. 龚某故意伤害案	被害人过错	265
59. 陈天杰正当防卫案	被害人过错	266
60. 王志才故意杀人案	情感纠纷	268
61. 杨某某故意杀人案	情感纠纷	269
62. 受虐妇女杀夫案	婚姻家庭	271

续表

案例名称	关键词	页码
63. 刘某杀夫案	婚姻家庭	272
64. 刘某某杀夫案	婚姻家庭	272
65. 刘某巧杀夫案	婚姻家庭	272
66. 吴某杀夫案	婚姻家庭	272
67. 李飞故意杀人案	民事赔偿	277
68. 胡方权非法拘禁、故意杀人案	民事赔偿	279
69. 林明龙强奸案	民事赔偿	282
70. 王某等故意伤害、贩卖毒品、强迫他人吸毒、容留他人吸毒案	民事赔偿	283
71. 冯某勇贪污、受贿案	坦白	292
72. 温国星盗窃案	避免特别严重后果发生	294
73. 祝某某贪污、受贿案	退赃	299
74. 李群受贿案	退赃	301
75. 孟某某受贿案	退赃	302
76. 许某某雇凶杀人案	雇凶	306
77. 叶得利、孙鹏辉故意杀人、窝藏案	雇凶	307
78. 陈某某故意杀人、保险诈骗案	雇凶	309
79. 谢某某雇凶杀人案	雇凶	310
80. 胡某雇凶伤害案	多重雇佣/实行过限	311、314
81. 王某某等故意伤害案	实行过限	313
82. 吴晴兰非法出售珍贵、濒危野生动物案	犯意引诱	321
83. 荆某某运输毒品案	犯意引诱	322
84. 苏永清贩卖毒品案	机会引诱	324
85. 包占龙贩卖毒品案	数量引诱	327
第八讲　死刑案件的政策把握与刑罚适用		
86. 白恩培受贿、巨额财产来源不明案	终身监禁	342
87. 魏鹏远受贿、巨额财产来源不明案	终身监禁	342

续表

案例名称	关键词	页码
88. 于铁义受贿案	终身监禁	342
89. 武长顺贪污、受贿、挪用公款、单位行贿、滥用职权、徇私枉法案	终身监禁	342
90. 孙正启、石伟受贿、贪污、非法经营同类营业案	终身监禁	342
91. 邢云受贿案	终身监禁	342
92. 姜喜运等贪污,受贿,违规出具金融票证,故意销毁会计凭证、会计账簿案	终身监禁	342
93. 张中生受贿、巨额财产来源不明案	终身监禁	343
94. 赖小民受贿、贪污、重婚案	死刑立即执行	343、410、413
95. 谷俊山贪污、受贿案	死刑缓期二年执行	343
96. 王富玉受贿、利用影响力受贿案	死刑缓期二年执行	343
97. 李金柱受贿案	死刑缓期二年执行	343
98. 许某杀害父母案	弑亲量刑	345
99. 吴谢宇弑母案	弑亲量刑	346
100. 闫新华故意杀人、盗窃案	自首	347
101. 闫某故意杀人案	自首	348
102. 何某故意杀人案	自首	348
103. 覃鹏安故意杀人案	自首	351
104. 张士禄故意杀人案	民间矛盾	352
105. 郭光伟、李涛抢劫案	共同犯罪	353、363
106. 刘传林故意伤害案	特别残忍手段	358
107. 刘某强奸案	被害人死亡	366
108. 周某强奸案	教师身份	367
109. 黄某强奸案	强奸多人	367
110. 赵志勇强奸案	奸淫幼女	368
111. 谈某强奸案	奸淫幼女	369
112. 曾强保强奸案	手段残忍	369

续表

案例名称	关键词	页码
113. 曾某强奸案	情节恶劣	369
114. 秦某强奸案	情节恶劣	369
115. 牛旭旭、郭华涛、张延明等绑架案	共同犯罪	371
116. 田磊等绑架案	绑架致死	373
117. 吴德桥绑架案	绑架致重伤	374
118. 金复生以危险方法危害公共安全、故意杀人案	危害公共安全	376
119. 朱某某爆炸案	死刑政策	378
120. 吉火木子扎运输毒品案	毒品数量	383
121. 陈恒武、李祥光贩卖、运输毒品案	共同犯罪	385
122. 常茂、吴江运输毒品案	共同犯罪	387
123. 宋光军运输毒品案	共同犯罪	388
124. 高洪雷等贩卖、运输毒品,介绍卖淫案	共同犯罪	390
125. 孙奇志等贩卖毒品案	毒品上下家	393
126. 唐立新、蔡立兵贩卖毒品案	毒品上下家	396
127. 赵扬运输毒品案	运输毒品	401
128. 夏志军制造毒品、非法持有枪支案	制造毒品	402
129. 王丹俊贩卖、制造毒品案	新型毒品	403
130. 李昭均运输毒品案	新型毒品	403
131. 黄某、卢某走私、贩卖、运输毒品案	毒品灭失	406
132. 郑筱萸受贿、玩忽职守案	死刑适用	412
第九讲　监察体制改革后职务犯罪案件的审判		
133. 崔某职务侵占、挪用资金案	行业协会人员	420
134. 工商银行神木支行、童某等国有公司人员滥用职权案	国有公司、企业	422

续表

案例名称	关键词	页码
135. 吴小军非法经营同类营业、对非国家工作人员行贿案	国有公司、企业人员	423
136. 朱思亮非国家工作人员受贿案	委派	424
137. 顾荣忠挪用公款、贪污案	委派	426
138. 周根强、朱江华非国家工作人员受贿案	转委托	428
139. 赵玉生、张书安职务侵占案	土地征用补偿费	432
140. 廖常伦贪污、受贿案	拆迁安置补偿费	435、437
141. 曹建亮等职务侵占案	土地征用补偿费	436
142. 陈某、林某、李甲滥用职权案	骗补	438
143. 张正中贪污案	其他依照法律从事公务的人员	440
144. 詹某受贿案	利用职务便利	457
145. 甘某受贿案	利用职务便利	457
146. 王甲受贿案	利用职务便利	459
147. 邱某受贿、贪污案	利用职务便利	462
148. 许某受贿案	利用职务便利	462
149. 莫某受贿案	利用职务便利	462
150. 陈某受贿案	利用职务便利	462
151. 张某受贿案	利用职务便利	462
152. 王某受贿案	利用职务便利	462
153. 李某受贿案	利用职务便利	462
154. 杨某职务侵占案	利用工作便利	467
155. 李某涉嫌受贿案	为他人谋取利益	474
156. 孙某某受贿案	离职人员	475
157. 毋保良受贿案	受贿故意	482
158. 李某行贿、受贿、滥用职权案	以借为名型受贿	486
159. 贾某受贿案	借款免息型受贿	487

案例索引　613

续表

案例名称	关键词	页码
160. 胡某某受贿案	放贷收息型受贿	489
161. 沈财根受贿案	放贷收息型受贿	490
162. 王某安受贿案	财产性利益	495
163. 朱某受贿案	受贿数额	496
164. 徐某受贿案	受贿数额	497
165. 王某玉受贿案	受贿数额	497
166. 王某某受贿案	受贿数额	498
167. 盖某受贿案	真伪鉴定	499
168. 于某岩受贿案	收受房屋型受贿	504
169. 李某华受贿案	权股交易型受贿	506
170. 曹某受贿案	权股交易型受贿	507
171. 张某阳等人受贿案	权股交易型受贿	508
172. 李镭受贿案	权股交易型受贿	509
173. 赵某受贿案	权股交易型受贿	513
174. 童某某受贿案	新型受贿	515
175. 刘某某受贿案	新型受贿	516
176. 李某某受贿案	新型受贿	516
177. 雷某某受贿案	新型受贿	516
178. 赵某某受贿案	受贿行贿一起查	519
179. 赵某行贿案	受贿行贿一起查	519
180. 梁某行贿案	谋取不正当利益	527
181. 王某受贿、滥用职权案	自首	539
182. 刘某某受贿案	自首	540
183. 熊某受贿案	立功	541
184. 张某军受贿案	立功	543
185. 肖某辉徇私枉法案	立功	543
186. 黄某华受贿案	立功	543
187. 罗某某受贿案	立功	544

续表

案例名称	关键词	页码
188. 范某甲虚开增值税专用发票、用于骗取出口退税、抵扣税款发票案	立功	544
189. 黄某军受贿案	立功	544
190. 刘某华受贿案	立功	544
191. 李某元受贿案	积极退赃	547
192. 潘某、王某受贿案	积极退赃	548
193. 某甲受贿案	积极退赃	549
194. 吴六俫受贿案	索贿	552
195. 蔡某华受贿案	犯罪既未遂	555
196. 谢某来受贿案	犯罪既未遂	556
197. 孙某军受贿案	犯罪既未遂	557
198. 姚某受贿案	犯罪既未遂	558
199. 缪某受贿案	赃物追缴	561
200. 陈某某受贿案	涉案财物处置	567
第十讲　刑事指导案例的"参照适用"		
201. 李某等31人以危险方法危害公共安全案	案情相似性	583
202. 李某某等以危险方法危害公共安全案	案情相似性	585
203. 王某敲诈勒索案	案情比对	585
204. 单某等人以危险方法危害公共安全案	情势权衡	588

要 点 索 引

A

案件事实罗列 21

案件由来与审理经过 190,224

案件质量风险 3

案例要旨 598,600

案情相似性 581

B

败诉方思维 22

绑架罪 370

被告人"翻供" 53,99

被害方意见 196,230

被害人过错 254

被害人为犯罪提供机会 260

本院认为 207,210

比对印证 96

必要事实 582

避免特别严重后果发生 293

边际事实 168

变相肉刑 121

辩方意见 195,230

辩护实质化 53

辩护职能 53

标点符号使用 201

不纯粹雇凶犯罪 309,314

C

财产刑表述 200,217,219

财产性利益 491

财物代持 554

财物价格认定 500

财物遗失 499

财物真伪鉴定 499

裁判理由 205,226

裁判说理 21,163,178,248

裁判说理要求 178

裁判说理原则 179

裁判说理重点 180

裁判文书表述 183

裁判文书的"五理" 21,249

裁判文书个性化 21

裁判文书价值 164,167

裁判文书结构 182

裁判文书美感 23

裁判文书释法 184

裁判文书要素　167,181

裁判文书制作方法　164

裁判要点　597

裁判引领功能　34

裁判主体责任　7,55

常见多发型案件　13

常识判断　28

承诺斡旋　464

程序公正　46

程序审查　181

程序性违法救济与制裁　62

冲突性过错　263

传闻证据规则　82

纯粹雇凶犯罪　306

从事公务　440

促公正、提效率、强队伍　42

村民小组组长　437

村委会等基层组织人员　430,437

D

大众化判决　251

单位行贿罪　529

但书规定　27

当事人的基本情况　184,223

第二审判决　223

第三人代持财物　558

地域管辖　449

电话通知到案　535

电子数据　575

调查录音录像　572

调查人员出庭　579

定放两难　47,61

定性先行、量刑调整　18

定罪证据存疑　100

定罪证据瑕疵　100

毒品共同犯罪适用死刑　384

毒品灭失　405

毒品上下家适用死刑　392

毒树之果　117

E

二审排除非法证据　161

F

法律解释方法　175

法律逻辑　22

法律适用　173

法律体系位阶　174

法律援助　53

法条引用　211,226

法庭辩论　58

法庭调查　57,146

法治思维　8

繁简分流　19,50,75

反面证伪　104

反证　80

犯意扩大型引诱　326

犯意引诱　317,318,319

犯罪概念定量因素　27

犯罪化　15,16

犯罪圈　16,17

犯罪形态　503

要点索引　617

房屋增值追缴 505

放贷收息型受贿 487

非法的物证、书证 134

非法经营罪 26

非法拘禁等限制人身自由的方法 128

非法取证 115

非法证据 119

非法证据排除 20,44,55,89,112,116

非法证据排除规则适用范围 119,578

非法证据先行调查 146

非法证据证明 148

非法证据证明标准 156

非犯罪化 15

风险防范 3

风险刑法理论 14

G

感情投资 476

干股 506,507

公共安全 375

公设辩护人制度 54

公诉审查制度 62

公职人员 418

共同犯罪责任 353,362,370,384,388

共同抢劫适用死刑 362

故意杀人罪 344

故意伤害罪 356

雇凶犯罪 302

关联性规则 81

国法、天理、人情 4,30,250

国家工作人员 418

国家机关工作人员 418,419

国有公司、企业人员 421

H

互殴 266

互涉案件 571

化解矛盾 6

回应性说理 206,246

贿赂犯罪形态 515

贿赂物 491

J

机械司法 24

积极退赃 301,546

技侦证据 48,576

价值判断 27,174,587

间接引诱 329

间接证据定案 104

监察管辖 449

监察证据转化 569

检察引导侦查制度 62

检警一体化 62

减轻处罚 293

教师的教学行为 466

借贷免息型受贿 487

揭发下属违法犯罪 546

紧急避险 273

禁止重复评价 176

经验法则 105

警察圈套 319

举证 74

举证责任 20,51

聚众淫乱罪 13

卷宗依赖主义 55

K

可能严重影响司法公正 135

客观证据 97

客观证据关联性存疑 101

客观证据缺失 103

控方意见 193

控方证明 148

控制下交付 318

跨法犯 216

宽严相济 18

扩张解释 12,175

L

类比推理 587,593,600

离退休后受贿 474

厉而不严的刑法结构 15

立案审查 57

立功 541

利益衡量 24,587

利用工作便利 467

利用职权或者地位形成的便利条件 454,460

利用职务便利 453,460,465,467

量刑情节 531,534

量刑证据存疑 100

留有余地的裁判 51

流水作业式的刑事诉讼模式 37,60

落款日期 229

履职与受财分离型受贿 479

M

民愤 272

民间矛盾 267,275

民事赔偿 274

谋取不正当利益 525

N

内心确信 94

能动司法 10

P

排除非法证据程序 138

排除非法证据后果 159

排除非法证据文书表述 163

判决理由 598,600

判决主文 216,227

判例背离报告制度 605

陪审团制度 86,114

骗补 437

品格证据 87

破案经过 88

Q

期待可能性 261,273

其他依法履行公职的人员 439

启动非法证据排除程序 138

强奸罪 365

抢劫罪 358

亲友自愿代为退赃　549

情势权衡　174,587

区别技术　603

区分论证责任制度　605

取证程序违法影响证据客观性规则　83

权股交易型受贿　506

全案卷宗移送制度　68

R

人民陪审员参与审理案件事实　59

人民法院案例库　85,581

人身危险性　255,267

认证　78

认罪认罚从宽制度　55,532

认罪认罚具结书　195、205

如实供述　287

如实供述自己的罪行　537

S

三个效果　31,251

三同步机制　10

杀亲　345

社会危害性　277

社会治安综合治理　19

涉案财物处置　57,73,220,560,566

审理查明的事实　196

审判的中心地位　38

审判人员署名　228

审判思路　1

审判中立　6

实行过限　304,312

实质公正　5

实质判断　12,27

事后受贿　473

事实认定与表述　169,230,237

收受房屋型受贿　502

受贿既未遂　552

受贿数额　496,504,512

受贿行贿一起查　518

受虐妇女综合症　272

受委托管理、经营国有资产的人员　428

数量引诱　317

司法裁判的"八个维度"　8

司法的"最大公约数"　24,34

司法令状制度　63

司法推理　105

司法资源优化配置　60

死缓　338

死缓限制减刑　338

死刑立即执行　342

死刑适用标准　335

死刑罪名　330

诉讼管辖　449

诉讼阶段变更的例外　133

损害商品声誉罪　11

索贿　550

T

贪污、受贿适用死刑　406

坦白　285

特定关系人　482

特情引诱　324

提供机会型引诱　324

条件性过错　260

庭前会议　20,49,57,68,73,144

庭前准备程序　49,68

庭审的关键地位　39

庭审驾驭　7,10,19

庭审实质化　19,39,49,67,74

同步录音录像全覆盖　572,576

推动性过错　263

退赃情节　296

W

威胁的方法　123

伟大的判决　34

尾部　228

为他人谋取利益　471

未经法定程序查证的证据规则　84

斡旋受贿　465

无责性被害人　254

无罪推定　41

五人合议庭　60

X

瑕疵证据规则　82,90

先供后证　94

先证后供　94

限缩解释　176

新类型案件　10

新型毒品犯罪适用死刑　404

新型腐败与隐形腐败　514

刑罚量提升　16

刑法扩张　16

刑法谦抑原则　590

刑事二审开庭　56

刑事附带民事诉讼　205

刑事特情　316

刑事证据规则　85,89

刑讯逼供　120

刑讯逼供等非法方法　123

形式判断　12,26

叙述案件事实　201,224

削减死刑罪名　333

讯问被告人　77

讯问录音录像　150

Y

严格规则主义　26

严格司法　24,45

严重残疾　357

严重过错　262

验真规则　81

一审的重心地位　39

一体化的诉讼理念　41

医生的处方行为　466

疑难案件　12,590

疑罪　109

疑罪从无　45,110

以借为名型受贿　485

以审判为中心　35,67

以危险方法危害公共安全罪　375,584,588

意见证据规则　82

引诱、欺骗等方法　127

隐匿身份侦查　318

应当排除的证据　90

应当判处死刑　334,336

有责性被害人　254

诱惑侦查　315

舆情风险　3

冤错案件　28,37,51,67,79,95,110

运输毒品适用死刑　383

Z

再生证据　575

赃款物去向　538

赃款物追缴　560,567

责任阻却事由　273

侦查陷阱　319

侦查主体变更的例外　132

争点形成责任　141

正当程序　42

正当防卫　34,252,266

正面证真　104

证据辩护　66

证据标准"同一说"　46

证据表述　170,194,201

证据补查补正　76,574,576

证据裁判　43,45,168,196,236

证据裁判说理　23

证据分析　172

证据关联性　86

证据合法性　89,139,146,147,155

证据合法性审查程序　89

证据禁止制度　137

证据开示　50

证据客观性　93

证据列举　240

证据罗列　172

证据能力　80

证据能力规则　81

证据确实充分　46

证据审查三步法　96

证据数量主导认定模式　108

证据摘录　171,240

证明标准　99,156

证明力　80

证人不适格的证言规则　83

政治敏感意识　1

直接言词原则　20,54

直接证据　104

值班律师制度　54

职能管辖　442

职能管辖不当　450

职务犯罪证据特点　574

职务犯罪主体　417

职务犯罪罪名　444

职务侵占罪　468

职务上的隶属、制约关系　456

指导性案例　581

指导性案例排除适用　604

指导性案例引用　601

指定管辖　451

制造毒品适用死刑　402

质证　77

终身监禁制度　332,341,414

重大立功　542

重大敏感案件　9

重复性供述　131

重受贿轻行贿　521

主观恶性　255

主观推测　93

主观证据　97

主要犯罪事实　287

抓获经过　88

转委托　426

自动投案　534

自首　347,534

走私、贩卖、运输、制造毒品罪　379

最佳证据规则　82

罪错　262

罪刑法定　12

罪行极其严重　334

醉驾入刑　18,25

遵循先例　603